KB212451

이 책을 보라! 21 세기의 천로역정!

예수그리스도와 천국복음

"의 + 사랑= 빛 에너지 생명"

(영적 에너지 생명의 법칙)

민 조수아 지음

엘맨
하나님의 사랑을 만들어 가는 ELMAN

이 책을 보라! 21세기의 천로역정

예수그리스도와 천국복음

초판 1쇄 2024년 2월 25일

지은이 : 민 조수아
펴낸이 : 이규종
펴낸곳 : 엘맨출판사
등록번호 : 제13-1562호(1985.10.29.)
등록된곳 : 서울시 마포구 토정로222
            한국출판콘텐츠센터 422-3
전화 : 02) 323-4060,6401-7004
팩스 : 02) 323-6416
이메일 : elman1985@hanmail.net

www.elman.kr

ISBN : 978-89-5515-096-4 03230

값 25,000 원

이 책을 보라! 21 세기의 천로역정!

예수그리스도와 천국복음

"의 + 사랑= 빛 에너지 생명"

(영적 에너지 생명의 법칙)

민 조수아 지음

엘맨
하나님의 사람을 만들어 가는 ELMAN

프롤로그

저는 전통적인 불교와 유교집안에서 태어났습니다. 그래서 저의 집에서는 명절이 아니라도 제삿날이 돌아오면 어른들이 모여서 제사를 지냈습니다. 그리고 어머니는 사월 초파일이 되면 계룡산 신도안에 있는 절에 가시곤 했는데 저도 엄마를 따라서 절에 갔습니다. 마을 앞에 작은 교회가 있었는데 초등학교를 다닐 때 교회 앞을 매일 지나다녔으나 한번도 교회에 들어가지는 않았습니다. 고등학교를 다닐 때는 같은 반의 교회를 다니는 학생들과 논쟁을 하기도 했는데 저는 그 때 철저한 반기독교 주의자였습니다. 그러다가 저는 1974년 12월에 영장을 받고 군대에 가게 되었는데 같은 동네에 사는 나이 많은 형이 교회의 집사였는데 '군대에 가면 교회에 나가라 그러면 일요일에 사역을 하지 않는다'고 해서 '군대에 가면 한번 교회에 나가 봐야지'라는 생각을 했습니다. 그리고 수용연대에서 단기 하사로 차출되어서 전북 익산에 있는 제2 하사관 학교에 입교를 해서 훈련을 받게 되었는데 그때 군목이신 황 목사님이 항상 웃으시는 모습이 너무 인상적이었습니다. 그 모습에 끌려서 교회를 나가게 되었습니다. 그러던 어느 일요일 날 연락병이 내무반에 와서 교회에 갈 사람은 나오라고 해서 몇 명이 교회에 갔고, 갔다 와서 귀대보고 하려고 중대본부 앞에 서 있는데 당직 하사인 2내부반장(별명이 독사)이 나오더니 모두 중대본부로 들어오라는 것입니다. 그래서 들어갔는데 하는 말이 '너희들 왜 청소 않고 교회에 갔어?' 하더니 '엎드려 뻗쳐!'라는 것입니다. 그때 몽둥이로 10대씩 맞았는데 어찌나 아픈지 정신이 몽롱했습니다. 그 후로는 다시 교회에 가지 않았습니다. 하사관 학교 훈련을 마치고 서울 대학교 101학군단에서 조교로 복무하다가 군대를 제대를 해서 집에서 잠시 쉬고 있었는데 삼성출판사에서 발행한 50권으로 된 '세계사상 전집'을 사서 읽던 중 '노자'의 사상에 크게 매료되어서 성경책을 보듯이 매일 그 책을 읽었고 노자(老子) 장자(莊子)의 책을 머리맡에 두고 살았습니다. 처음으로 '노자'의 책을 접하니까 그 기분은 마치 뜨거운 여름 날에 땀을 많이 흘리고 나서 냉수나 콜라를 마신 것같이 아주 시원했습니다. 요즘 식으로 말한다면 막혔던 것이 '뻥' 뚫리는 기분이었고 스트레스가 '확' 날라가는 기분이었습니다. 사실 노자는 물을 보고 도(道)를 깨달은 사람입니다. 참으로 그의 사상은 물같이 깊고 부드러워서 인류의 스승이 될 만합니다. 그 통에 유교의 경전인 '사서삼경'(四書三經)을 독파하고 그 중에서도 공자(孔子)의 논어(論語)에 깊이 빠져서 읽은 기억이 납니다. 3년쯤 되니까 건방진 말 같으나 '나도 이제 도를 통했구나!'라는 생각을 했습니다. 저는 중국철학을 깨닫는 데는 3년이 걸렸으나 성경을 깨닫는 데는 무려 30년이 걸렸습니다. 그러나 유한한 인간이 어찌 전지전능하신 하나님의 뜻을 다 헤아릴 수 있겠습니까? 그저 윤곽만 본 것에 지나지 않는 것입니다. 그 외에도 주자학이나 퇴계의 성리학에도 관심을 갖고 책을 보았고 그리고 중국통이 되어서 옛날 중국 책들을 '사기(史記)'에서부터 '삼국지'까지 많이 읽었던 기억이 납니다. 그리고 삼성출판사의 '세계 사상 전집'에 수록된 50권 중에 서양 철학에도 관심을 가지고 소크라데스, 플라톤, 아리스토텔레스, 데카르트, 볼테르, 파스칼, 로크, 흄, 루소, 칸트, 헤겔, 쇼펜하워, 니체, 러셀, 까뮈, 싸르트르까지 공부를 했습니다. 그리고 불교와 이슬람교의 경전도 읽어 보았습니다. 그리고 가을에 계룡산에 있는 봉0사 절에서 석달 동안을 있었는데 거기에 계신 여(女)

스님을 수양엄마로 삼고 수양을 하면서 저녁이 되면 법당에 불을 켜기도 하고 담백한 절 음식을 먹으면서 새로운 세계를 경험했습니다. 그 여(女) 스님이 저보고 하는 말이 "너는 스님이 되면 대사가 되겠다"고 했던 기억이 납니다. 그 후에 산에서 내려와 앞으로의 진로의 문제를 놓고 고민하다가 심한 불면증에 걸려서 밤마다 뜬 눈으로 밤을 새우며 고생한 적이 있습니다. 어떤 날은 새벽 4시까지 잠이 안 오는데 밤에 잠을 못 이루는 그 고통이라는 것은 겪어보지 않은 사람은 모릅니다. 그 때 어머니가 부여 시내에 있는 성결교회에 새신자로 다니고 계셨는데 옆집에 사는 집사님의 권유를 받고 저도 그 교회에 처음으로 나갔습니다. 제가 용기를 내어 교회에 나가게 된 이유가 있었는데 그것은 '불면증'으로 밤에 잠을 못자니까 '세상을 잊어버리고' 잠을 자기 위해서였습니다. 얼떨떨한 마음으로 교회 안으로 들어가서 의자에 앉아서 예배를 드리는데 성가대에서 부르는 찬양을 듣고 그 소리가 얼마나 가슴을 후벼파는지 그만 눈물을 흘리고 말았습니다. 1절 '그 크신 하나님의 사랑 말로다 형용 못하네 저 높고 높은 별을 넘어 이 낮고 낮은 땅위에 죄범한 영혼 구하려 그 아들 보내사 화목제로 삼으시고 죄 용서하셨네 하나님 크신 사랑은 측량 다 못하며 영원히 변치않는 사랑 성도여 찬양하세'(통일찬송가 404장, 새찬송가 304장) 예배를 마치고 밖으로 나와서 하늘을 보니 문득 이런 생각이 들었습니다. "아! 이제 내 인생은 끝났구나! 이제는 그 좋아하던 담배도 못피우고, 술도 못마시고, 고스돕도 못치고 이제 무슨 재미로 살아야하나?" 라고 생각을 하니까 나도 모르게 또 눈물이 나왔습니다. 그리고 집에 와서 그 좋아하던 노자 장자 공자 책을 모두 치워버리고 기독교 서점에 가서 성경책을 한권 사서 읽기 시작했습니다. 그러나 성경책은 쉬운 책이 아니었습니다. 상식으로 이해되는 책이 아니었습니다. 그래서 회의를 느끼고 교회를 다니다 말다를 세 번이나 반복했습니다. 그러나 하나님은 저를 그냥 두지 않으셨습니다. 어느 봄날 그 날이 주일 아침이었는데 교회에 가지 않고 집에서 TV에 나오는 조 용기 목사님의 '살든지 죽든지 흥하든지 망하든지 주님 뜻대로 하시옵소서'라는 설교를 듣고 감동을 받아서 다시 교회에 다니게 되었고 그러자 얼마 안되어 지긋지긋하던 불면증이 완전히 떠났습니다. 그것은 저에게는 기적이었습니다. 밤에 잠을 자니까 얼마나 좋은지 날아갈 것 같았습니다. 그리고 생각을 해보았습니다. '왜 내가 불면증에 걸렸었지?' 그 이유를 알게 되었습니다. 밤에 잠을 못자는 이유는 다른게 아니라 '낮(세상)에 있었던 일을 잊어버리지 못하기 때문이었습니다.' 그러다가 교회 다니고 하나님께 모든 것을 맡기고 세상 생각을 잊어버리니까 밤에 잠이 잘 오는 것입니다. 이것은 지금도 마찬가지입니다. 지금도 세상 생각이 복잡한 날은 밤에 잠이 잘 오지 않습니다. 세상 생각을 버려야 잠이 옵니다. 하나님을 믿고 의지하면 세상과 인간에 대한 미움 시기 원망 분노 적개심 좌절 절망 두려움 등을 떨쳐버릴 수 있습니다. 그래서 마음이 깨끗해지고 편하고 밤에 잠도 잘 오는 것입니다. 이것 하나만 가지고도 우리가 하나님을 믿음으로 얻을 수 있는 축복이요 은혜인 것입니다.

제가 그렇게 좋아하던 중국철학과 불교를 버리고 기독교를 택한 것은 그것들이 인생의 위기를 맞았을 때는 조금도 도움이 되지 않았기 때문입니다. 철학이나 다른 종교들은 평화시에는 좋으나 위기에는 약합니다. 그러나 기독교는 위기에 강하고 우리가 세상을 살다가 큰 위기에 닥쳤을 때 우리를 구해주는 '구원의 종교'인 것입니다. 저는 기독교 신앙을 한 마디로 이렇게 정의하고 싶습니다. **"하나님! 살려 주세요!"** 이것은 물에 빠진 자가 **"사람 살려!"**라고 부르짖는 것과 똑같습니다.

저는 이 책의 제목을 정하려고 고민을 많이 했습니다. 그러다가 요즘 교회에 세속의 물결이 들어와서 교회에서 복음이 사라지고, 교회의 본질이 흐려지고, 신앙생활에서 진리와 진실이 사라진 것을 안타깝게 여겨서 교회 안팎에 있는 자들에게 기독교의 진면목을 증거하기 위해서 '예수 그리스도와 천국복음'이라고 제목을 정했습니다. **호세아** 선지자는 이렇게 증거하고 있습니다. **"내 백성이 지식이 없으므로 망하는도다"**(호세아서4:6절) 무엇이나 첫 출발은 지식(知識)입니다. 그러나 지식이라고 다 지식은 아닙니다. 지식 중에서도 최고의 지식, 올바른 지식을 가져야 합니다. 특히 교회는 더 그렇습니다. 지금 교회가 어려움에 빠진 것도 컴퓨터 디지털 인공지능(A.I) 유전공학 양자역학 지식정보의 홍수 시대에 교회가 지식(교리)의 한계에 왔기 때문입니다. 그래서 우리는 성령의 감동으로 성경에서 세상의 모든 지식을 압도할 수 있는 새로운 지식을 찾아내고 가져야 하는 것입니다.

아무쪼록 이 책이 이 시대에서 기독교의 진리를 변증하고, 널리 알리고, 마귀와 세상 특히 과학으로부터 교회를 지키고, 불신자들 중에서도 학생 교수 의사 변호사 판사 검사 공무원 회사원 군인 등 이 나라의 엘리트 지성인들을 그리스도께로 인도하고, 전 세계 모든 그리스도인들의 신앙 지침서로서 큰 역할을 할 것을 기대해 봅니다. 저의 신앙의 스승은 '로이도 죤스' 목사님입니다. 저는 신대원에 다닐 때부터 로이드 죤스를 알고 그에게 매료되어서 매일 성경책 다음으로 로이드 죤스 목사님의 강해설교를 읽었는데 로마서와 에베소서 강해서는 지금까지 4번은 읽은 것 같습니다. 그래서 저의 신앙의 스승이 되어준 영국의 '로이드 죤스' 목사님과 미국의 '조나단 에드워즈' 목사님께 감사드립니다. 그리고 그동안 저를 위해 기도해주신 분들께 머리 숙여 감사를 드리며, 그 중에서도 저를 격려해주고 이 책의 보급에 큰 도움을 주신 서울 노원구 샘교회의 이근실 목사님과 의정부 새중앙교회 이현식 목사님, 캐나다 토론토 찬양의 교회 최요셉 목사님과 경남 하동 호산나 교회의 정상신 목사님께 감사드리며, 누구보다도 저를 사랑해주신 할아버지 민경식님과 할머니 조옥규님, 아버지 민병직 집사님과 어머니 김용호 집사님께 이 책을 드리고, 옆에서 저를 위해 기도해준 사랑하는 아내와 두 딸 혜인이, 예린이에게 감사드리며, 인생의 어려운 고비마다 저를 일으켜주시고 저를 '날카로운 펜촉'같이 다듬어서 이 책을 쓰게 하신 주님께 진심으로 감사드리며, 우리를 죄와 사망에서 구원해 주시려고 예수 그리스도를 이 땅에 보내주셔서 천국과 영생의 소망을 주신 성삼위 하나님께 영영토록 영광과 찬송을 드립니다. 아멘!

목차

주기도문 찬송

작시: 마 6:9-13절
작곡: 민조수아

제1장

하나님은 어떤 분이신가?

1. 하나님은 삼위일체(三位一體)이십니다.

성경은 이렇게 시작이 되고 있습니다. "태초에 하나님이 천지를 창조하시
니라 땅이 혼돈하고 공허하며 흑암이 깊음 위에 있고 하나님의 신은 수면에
운행하시니라 하나님이 가라사대 빛이 있으라 하시매 빛이 있었고 그 빛이
하나님의 보시기에 좋았더라 하나님이 빛과 어두움을 나누사 빛을 낮이라
칭하시고 어두움을 밤이라 칭하시니라 저녁이 되며 아침이 되니 이는 첫째
날이니라"(창세기1:1-(5) 성경에서 하나님의 이름은 시대에 따라서 대략 셋
으로 불리어지고 있는데 첫째, 엘로힘(창조주 하나님), 둘째, 엘샤다이(전
능하신 하나님), 셋째, 여호와(구원의 하나님)이십니다. 창세기 1:1절에 나
오는 하나님의 이름은 천지만물을 창조하신 '엘로힘' 하나님이십니다. '엘로
힘' אלהים은 하나님을 의미하는 히브리어 '엘' אל의 복수인데 삼위일체 하나
님과 관련이 있는 것입니다. 하나님이 천지만물을 창조하실 때 성부 하나
님은 하늘보좌에 계셨고 성자 하나님은 말씀(명령)하셨고 성령 하나님은 영
(靈)으로서 물 위 즉 현장에서 일을 하셨던 것입니다. 유대교와 이슬람교에

서는 한 분 하나님 즉 단일신(單一神)을 믿습니다. 그러나 기독교에서는 세 분 하나님 즉 유일신(唯一神)을 믿습니다. 이 유일신이 참 하나님이시요 바로 여기에 기독교의 우월성이 있는 것입니다. 우리가 하나님에게서 눈여겨 보아야 할 것은 바로 삼위일체 하나님이십니다. 하나님은 성부(聖父) 성자(聖子) 성령(聖靈) 세 분이신데 세 분이시면서 동시에 한 분이십니다. 여기에 아주 깊은 진리가 있습니다. 사람은 둘만 있으면 싸우고 셋이 모이면 파벌이 생긴다고 합니다. 그러나 하나님은 세 분이신데도 영원히 단 한번도 싸우신 적이 없습니다. 왜냐하면 하나님은 자아(自我)가 없고 오직 남(상대방)을 위해 존재하시기 때문입니다. 다시 말하면 하나님은 대자(對自)적 존재가 아니라 대타(對他)적 존재인 것입니다. 성부 하나님은 성자.성령 하나님을 높이고, 성자 하나님은 성부.성령 하나님을 높이고, 성령 하나님은 성부.성자 하나님을 높이십니다. 이것이 바로 세 분 하나님 사이의 관계인 것입니다.

(1) 그러면 삼위일체가 무엇입니까?

가장 쉬운 예로 '물'을 들어 보겠습니다. 물은 세 가지 형태로 존재하는데 액체 기체 고체입니다. 만일 물이 액체 상태로만 존재한다면 바다에서는 생물들이 살 수 있으나 땅 위에서는 생물들이 살 수 없을 것입니다. 그러나 물은 고맙게도 기체인 수증기가 되어 하늘에 올라 액체인 비로 다시 내림으로 땅위에서도 수많은 생물(동식물)들이 살고 있는 것입니다. 만일 물이 고체(얼음)로만 존재한다면 어떻게 되겠습니까? 지구에서 생물들은 하나도 존재할 수 없을 것입니다. 그러나 물은 신기하게도 자신의 몸을 액체 기체 고체로 변신함으로 하늘과 땅과 바다에 편만하고, 땅속 살속 핏속 세포속 가지 않는 곳이 없고 모든 생물들을 살리는 어머니가 되고 있습니다. 그러나 물은 액체이든 기체이든 고체이든 그 본질은 변함없는 인 것입니다. 마찬가지로 하나님은 성부 성자 성령 세 분이시나 그 본질은 하나인 것입니다. 만약 하나님이 하늘나라에만 계신다면 땅에 있는 인간과 어떻게 교제할 수 있겠습니까? 그리하여 하나님(聖父)은 구약시대에는 천사들을 보내셔서 인간과 교제하셨습니다. 그리고 신약시대에는 그 아들을 보내셨는데 그 분이 바로 말씀으로 오신 성자(聖子) 예수 그리스도이십니다. 그리고 예수님이 십자가에서 죽으시고 3일 만에 부활하고 승천하셔서 하늘나라로 돌아가시자 이번에는 영이신 성령(聖靈)을 보내셔서 인간과 교제하시는 것입니다. 이것을 **'경륜적(經輪的) 삼위일체'**라고 하는데 한 분이신 하나님이 세 분이 되신 것도 인간을 구원하려는 하나님의 계획과 목적이 있기 때문인 것입니다. 또 만일 세 사람이 있는데 이 셋이 언제나 같이 다니고 같은 말을 하고 같은 일을 하고 항상 협조적이라면 사람들이 뭐라고 하겠습니까? "셋이 하나같아!"라고 할 것입니다. 삼위일체 하나님도 이와 같이 이해하면 됩니다. 또 인간은 육체와 정신과 말(행동)이 한 인격(人格)을 이루고 있습니다. 하나님도 마찬가지입니다. 성부 하나님은 본체(本體)이시고 성자 하나님은 말(말씀)이시고 성령 하나님은 영(靈) 즉 정신(행동)이십니다. 이 세 분 하나님이 한 신격(神格)을 이루는데 이것이 바로 **삼위일체**입니다. 3차원에서 인간은 각자 이름과 주소를 가진 각 사람으로 존재합니다. 그러나 하나님은 시공(時空)을 초월하는 4차원 그 이상의 세계에 계시기 때문에 존재방식이 다른 것입니다. 셋이 하나이고 동시에 하나가 셋입니다. 2차원의 세계에 사는 개미가 3차원의 세계에 사는 인간을 이해할 수 없듯이 3차원의 세계에서 사는 인간도 4차원 그 이상의 세계에 사시는 하나님을 완전히 이해할 수는 없는 것입니다. 다만 하나님이 계시하시는 한도 내에서만 알 수 있는 것입니다. 그리고 이것은 인간의 이성이나 경험이나 지적능력으로 분간할 수 없고 이해할 수도 없습니다. 삼위일체 하나님에게서 우리가 배워야할 것은 하나님의 존재방식, 의사결정방식, 통치방식 그리고 **의**와 **사랑**입니다. 제네바에서 종교개혁자인 **칼빈**(1509-1564)에 의해서 시작된 근대 민주주의도 바로 여기에서 영감을 얻은 것입니다. 하나님은 결코 독재자가 아니요 영원 전에 세분이 모여서 회의를 하셨고(영원전 회의) 역할을 분담하셨습니다. 하나님은 세분이시면서 한 분이시고 한 분이시면서 세 분이십니다. 이것은 논리적인 문제가 아니라 차원(次元)의 문제입니다.

(2) 그러면 어떻게 이런 일이 가능합니까?

바로 여기에 하나님의 사랑이 있습니다. 천재 수학자요 천문학자요 물리학자였던 **뉴턴**(1643-172(7))은 떨어지는 사과를 보고 '**만유인력**'을 발견했다고 합니다. 만유인력은 천체와 천체, 별과 별, 물체와 물체 사이에서 작용하는 힘을 말합니다. 그러나 사랑은 생명과 생명, 인격과 인격 사이에서 작용하는 힘을 말합니다. 이것이 곧 '**사랑의 인력**'입니다. 이 인력(引力)은 하나님과 인간사이, 인간과 인간 사이, 인간과 다른 생물 사이에 작용하는 (끄는) 힘을 말합니다. 그러면 어떻게 이런 힘이 존재합니까? 하나님이 그렇게 창조하셨기 때문입니다. 그래서 사랑은 창조의 원리요 하늘보좌의 기초요 천국의 윤리인 것입니다. 그런데 인류의 조상인 아담과 하와가 마귀에게 속아 죄짓고 나서 이것을 잃어 버렸습니다. 예수님은 바로 이것을 회복시켜 주시려고 오셨고 대신 십자가를 지고 가셨습니다. 기독교는 하나님이 인간을 대신(代身)하는 종교입니다. **대신!** instead 바로 여기에 감사 감격 감동이 있는 것입니다. 학자들은 종교를 **자력**(自力)종교와 **타력**(他力)종교로 나누고 있습니다. 자력종교는 인간 스스로 모든 것을 하는 것입니다.(고행 수행 수도 수련) 그러니 얼마나 지치고 힘들겠습니까? 그리고 남는 것은 절망과 한숨 밖에 없습니다. 그러나 기독교는 하나님이 인간을 대신하는 타력종교인 것입니다. 여기에 바로 하나님의 은혜와 사랑이 있는 것입니다. 또한 하나님은 의(義)로우신 분이십니다. '의'는 헬라어로 δικαιος(디카이오스)인데 '옳은 것, 바른 것, 참된 것, 거짓이 없는 것'을 의미합니다. 또 하나님은 사랑이십니다. 그리고 하나님의 **'의와 사랑'**은 하나님의 성품 가운데서도 핵심적인 것으로서 성경의 대 주제요, (신앙) 인격의 완성이요, 세상 인간에게 있어서도 의(정의)와 사랑은 최고의 의미요 가치요 능력인 것입니다. 그리고 성경이 바로 그것을 우리에게 가르쳐 주고 있으니 성경은 책 중의 책이요 영원한 베스트 셀러인 것입니다. 우리가 하나님으로부터 배워야 할 것은 거룩과 성결 그리고 의와 사랑입니다. **'하나님은 의로 마귀를 심판하시고 사랑으로 인간을 구원하십니다'.** 그래서 우리가 하나님을 섬기고 세상을 살면서 항상 추구해야 하는 것도 바로 이 **의**와 **사랑**인 것입니다.

2. 하나님은 '스스로' 계시는 분이십니다.

출애굽기 3장을 보면 하나님이 호렙산에서 양을 치는 모세를 부르시는 장면이 나오고 있습니다. 그 때 하나님이 모세를 부르셨습니다. "모세야 모세야"(4절) 그러자 모세가 이렇게 대답을 했습니다. "내가 여기 있나이다"(4절) 그러자 하나님이 모세에게 명령하셨습니다. "너의 선 곳은 거룩한 땅이니 네 발에서 신을 벗으라"(5절) 그리고 나서 하나님이 자신을 모세에게 이렇게 소개하셨습니다. "또 이르시되 나는 네 조상의 하나님이니 아브라함의 하나님, 이삭의 하나님, 야곱의 하나님이니라"(6절) 그리고 이렇게 말씀하셨습니다. "이제 내가 너를 바로에게 보내어 너로 내 백성 이스라엘 자손을 애굽에서 인도하여 내게 하리라"(10절) 그러자 모세가 불평하듯 이렇게 대답하고 있습니다. "내가 누구관대 바로에게 가며 이스라엘 자손을 애굽에서 인도하여 내리이까"(11절) 그리고 이렇게 묻고 있습니다. "내가 이스라엘 자손에게 가서 이르기를 너희 조상의 하나님이 나를 너희에게 보내셨다하면 그들이 내게 묻기를 그 이름이 무엇이냐 하리니 내가 무엇이라고 그들에게 말하리이까"(13절) 그러자 하나님이 이렇게 말씀하셨습니다. "나는 스스로 있는 자니라 … 너는 이스라엘 자손에게 이같이 이르기를 스스로 있는 자가 나를 너희에게 보내셨다 하라"(14절) **나는 스스로 있는 자니라!** 영어 성경에는 'I am who I am'이라고 되어 있습니다. 이것을 번역하면 **'나는 나다'**라는 것입니다. 이것이 히브리 말로는 '야훼'이고 헬라어로는 '여호와'입니다. 나는 나다! 이 말은 여러 가지 의미를 가지고 있습니다. ① 나는 나 스스로 존재한다. 이것은 존재의 '독립성'을 말합니다. ② 나는 누구와도 비교될 수 없다. 이것은 존재의 '우월성'을 말합니다. ③ 나는 우주 만물을 다스리는 최고의 통치자다. 이것은 존재의 '절대성'을 말합니다. ④ 나는 하늘과 땅의 모든 지식과 지혜를 가진 자다. 라는 것입니다. 하나님은 그 분의 지식과 지혜로 모든 우주만물을 창조하셨습니다. **우주를 보십시요!** 놀랍고도 신비합니다. 이 대우주에는 천억 개가 넘는 소우주 즉 은하계가 있다고 합니다. 그리고 각 은하계에는 1조개가 넘는 별들이 있는 것입니다. 이것은 인간의 작은 머리로는 상상도 되지 않습니다. 그런대도 그 별들이 질서있고 조화롭게 잘 운행이 되고 있는 것입니다. 이것이 바로 하나님의 지혜이고 능력인 것입니다. 우리와 가장 가까이 있고 우리가 그 안에서 살고 있는 **태양계**를 보십시요! 태양계에는 11개의 행성들이 있고 지구도 그들 중에 하나인 것입니다. 지구는 태양의 주위를 일 년에 한 바퀴를 돕니다. 이것이 **공전(空轉)**인데 그 기간이 365일인 것입니다. 그것으로 인하여 4계절이 생기는 것입니다. 그리고 지구는 하루에 한번 씩 스스로 돕니다. 이것이 **자전(自轉)**인데 그것으로 인하여 24시간 밤과 낮이 생기는 것입니다. 그런데 그 시간이 얼마나 정확한지 오메가 시계보다 더 정확하다고 합니다.

그런데 이것보다 더 놀라운 것이 있습니다. 이 지구 위에서 살고 있는 생명체들입니다. 이 지구에는 바다 육지 공중에 수많은 생명체들 즉 식물과 동물들이 살고 있습니다. 이런 궁금증을 벗겨보려고 과학이라는 학문이 생겼습니다. 그러나 학문이 초기에는 좋았으나 지금은 너무 발전을 하고 도를 넘자 이제는 하나님의 영역까지 침범하므로 큰 문제를 일으키고 있는 것입니다. 그것이 바로 **'기후의 변화'**이고 '생태계의 변화'인데 인간이 유전자를 조작함으로 하나님의 진노를 사고 생태계의 반격이 시작된 것입니다.

그러면 과학(科學)이 무엇입니까? 피조물인 인간이 창조주 하나님이 만드신 창조의 원리나 법칙, 기술을 베끼거나 도적질하는 것입니다. 마치 도둑고양이가 주인 몰래 부엌에 들어가서 생선을 훔쳐먹듯이, 하와가 하나님 몰래 선악과를 따먹듯이, 인간들이 하나님의 것을 훔쳐 먹는 것입니다. 그러니 심판받고 망하지 않을 수 있겠습니까? 그런데 날이 갈수록 인간의 이런 도적질이 확대되고 흉포화되고 극성스러워져서 큰 문제가 생기고 있는데 그것이 최근에 일어난 **코로나 팬데믹 사태**인 것입니다. 이것은 추측컨대 인간의 유전자 조작에 대한 하나님의 경고의 표시인 것입니다. 인간의 '유전자 조작'이나 편집은 인간이 저지른 천인공로할 만행이고 횡포인 것입니다. 이것은 하나님의 진노와 심판과 함께 인간의 전멸을 가져 올지도 모르는 인간의 철없는 불장난에 지나지 않는 것입니다. 만약 여기서 그런 만행을 멈추지 않는다면 장차 어떤 불행한 일이 인류에게 일어날지도 모르는 것입니다. **인류의 멸망**은 물론이고 **지구의 종말**이 오고 말 것입니다. 그래서 지금은 인류의 역사 이래 최대의 위기시대인 것입니다. 그래서 교회가 이것을 위해 기도하고 복음을 전해서 어리석은 만행을 막아야 하는 것입니다.

3. 하나님은 신(神) 중의 신이시오, 최고의 신이시오, 그리고 '참' 신이십니다.

그러면 왜 하나님이 신(神) 중의 신이시오 최고의 신이시요 '참' 신이 되십니까? 하나님이 성경에서 창조와 심판, 죄사함과 구원, 천국과 영생과 함께 공의(정의)와 사랑을 가르치시기 때문입니다. 다른 종교들에서도 사랑이나 인(仁)이나 자비(慈悲)를 가르치고 있습니다. 그러나 하나님은 여기에 하나를 더하셔서 공평(公平)과 정의(正義) 즉 '공의(公義)'를 가르치십니다. **(공평+정의=공의)** 하나님이 다른 신들과 구별이 되는 것은 바로 이 **공의** 때문입니다. 만약 하나님에게 공의가 없다면 하나님이 다른 신들과 무엇이 다르겠습니까? 이 **'공의'**에서 심판이 나오고 **'사랑'**에서는 구원이 나오는 것입니다. **인간 사회를 떠받치는 가장 근본적이고 핵심적인 이념과 가치는 정의(공의)와 사랑입니다. 정의(공의)와 사랑이 없는 사회는 아무리 겉모습이 화려해도 망한 사회입니다.** 그러나 현대의 과학 문명사회는 안타깝게도 극도의 개인주의 민주 인권 기술 능률 위주의 문화 속에서 **공의**와 **사랑**을 잃어가고 있습니다. 그 결과로 세계 곳곳에서 미움과 증오, 분열과 싸움이 일어나고 있는 것입니다. 인간은 하나님의 형상으로 지음받았습니다. 그래서 하나님의 속성(성품)이 인간에게도 있습니다. 이것을 신학에서는 **공유적(公有的) 속성**이라고 합니다. 그래서 하나님과 인간 사이의 관계가 인간과 인간 사이의 관계에서도 그대로 나타나고 있고, 역으로 인간과 인간 사이의 관계가 하나님과 인간 사이의 관계에서도 그대로 나타나고 있는 것입니다. 그것은 곧 부자관계, 부부관계, 친구관계, 동반자 관계입니다. 성부 하나님은 우리의 아버지이십니다. 성자 예수님은 우리의 신랑이시요 친구가 되십니다. 성령 하나님은 우리의 동행자(동반자) 인도자 보호자가 되십니다. 이처럼 인간관계의 모든 면이 하나님과 우리 사이에서도 그대로 나타나고 있습니다. 이것은 기독교에서만 있는 독특하고 위대한 것입니다. 그래서 하나님은 신(神) 중의 신(神)이시오, 최고의 신(神)이시오, 참 신(神)이시고, 기독교가 참 종교요, 최고의 종교요, 가장 인격적이고 실제적인 종교가 된 것입니다. 이 모든 것이 예수 그리스도가 세상에 오심으로 드러났습니다. 그래서 예수님은 인류의 구원자가 되시고 우리의 참 친구, 참 신랑, 참 목자, 참 하나님이 되십니다.

여기서 우리가 하나님에게서 살펴보아야 할 것이 있는데 **'하나님의 이름'**입니다. 왜냐하면 하나님은 이름으로 존재하시고, 이름으로 나타나시고, 이름으로 역사하시기 때문입니다. 하나님의 이름 속에 하나님에 관한 모든 것이 다 들어있습니다. 예수님이 세상에 오신 목적은 '하나님의 이름'을 드러내기 위해서였습니다. 예수님은 마지막 기도에서 **"세상 중에서 내게 주신 사람들에게 내가 아버지의 이름을 나타내었나이다"**(요한복음17:6절)라고 기도하셨습니다. 구약성경에서 가장 많이 등장하는 하나님의 이름은 **'여호와'**입니다. 여호와는 '스스로 있는 자'라는 뜻인데 구약시대에 천사들과 함께 이 세상에 오셔서 인간과 교제하시는 하나님을 가리키고 있습니다. 구약 성경에는 '여호와' 하나님의 이름이 시대에 따라서 여러 가지로 나타나고 있습니다. ① 여호와 이레(준비하시는 하나님) ② 여호와 닛시(승리의 하나님) ③ 여호와 샬롬(평화의 하나님) ④ 여호와 라파(치료의 하나님) ⑤ 여호와 삼마(함께하시는 하나님) ⑥ 여호와 찌드케누(의로우신 하나님)입니다. 그리고 '아직 알려지지 않은' 하나님의 이름이 또 있습니다. 이에 대해서 예수님은 이렇게 말씀하고 계십니다. "내가 아버지의 이름을 저희에게 알게 하였고 또 알게 하리니 이는 나를 사랑하신 사랑이 저희 안에 있고 나도 저희 안에 있게하려 함이니이다"(요한복음 17:26절) a. **"또 알게 하리니"** 아직도 알려지지 않은 하나님의 이름이 또 있다는 것입니다. 참 놀랍지 않습니까? 추측컨대 그것은 세상을 심판하시고 새롭게하실 하나님의 이름이 될 것입니다. 하나님의 심판은 아직 이루어지지 않았습니다. 성경은 약속과 성취의 책입니다. 장차 예수님이 세상을 심판하러 오실 때에도 하나님은 자신의 이름을 먼저 선포하실 것입니다. 또 여기서 우리가 간과해서는 안되는 사실이 하나 있습니다. 그것은 예수 그리스도의 이름입니다. 예수님의 이름을 구약식으로 표현한다면 어떻게 되겠습니까? **'여호와 예수'** 즉 '구원의 하나님'이 되십니다. 예수는 '구원'이라는 뜻을 가지고 있습니다. 구약시대에 천사들과 함께 이 세상에 가끔 내려오셔서 선지자들과 교제하신 하나님이 '여호와 하나님'이십니다. 그 하나님이 신약 시대에 인간의 몸을 가지시고 하나님의 아들로 오셔서 마리아의 몸에서 태어나셨는데 그 분이 바로 b. **"말씀이 육신이 되어"** 이 세상에 오신 예수 그리스도이십니다. 그래서 예수님의 구약적인 명칭은 '여호와 예수'입니다. **'여호와= 예수'**입니다. (이것은 성경에 기록된 것은 아니나 성령의 감동을 받아서 개인적으로 생각해 본 것입니다)

4. 하나님은 전지전능, 무소부재, 영원무궁하십니다.

(1) 하나님이 하나님이 되시는 첫 번째 조건을 든다면 '하나님은 전지전능(全知全能)하시다'라는 것입니다.

a. 전지(全知)는 '모든 것을 아신다'는 것입니다. 하나님이 '전지하신다'는 것은 현재 뿐만아니라 과거와 미래의 모든 것을 다 아신다는 것입니다. 그것도 창세 전부터 영원 후까지 하나님은 이미 모든 걸 다 알고 계신다는 것입니다. b. 전능(全能)은 '하나님은 모든 것을 다 하실 수 있다'는 것입니다. 예수님은 이에 대해서 이렇게 말씀하셨습니다. "사람으로는 할 수 없으되 하나님으로서는 다 할 수 있느니라"(마태복음19:26절) 하나님은 6일 동안 천지만물을 창조하실 때 무(無)에서 유(有)를 창조하셨습니다. 그러니 무엇을 못하시겠습니까? 하나님은 천지만물을 창조하실 때 손이 아니라 말씀과 명령으로 모든 것을 만드셨습니다. 그러면 일은 누가 했습니까? 천사들이 했습니다. 초등 학교 다닐 때는 공작시간에 개울에 가서 손으로 진흙을 이겨서 사람이나 동물들의 모양을 만들기도 했습니다. 그러나 하나님은 신(神)이시니 손이 필요없습니다. 말씀으로 명령하십니다. 그러면 일은 천사들이 하는 것입니다. 그러면 왜 하나님이 명령만 하십니까? 하나님은 이 우주에서 최고의 권력자이시기 때문입니다. 국가에서 최고의 권력자인 대통령도 명령만 내리면 일은 그 아래 사람들이 하는 것입니다. 이 우주도 거대한 나라입니다. 이 나라는 하나님의 명령으로만 움직이는 것입니다.

(2) 하나님의 하나님 되심의 두 번째 조건은 '하나님은 무소부재(無所不在)하시다'라는 것입니다.

‘무소부재하다’는 것은 ‘없는 곳이 없다’는 것입니다. 이것을 어려운 용어로는 ‘하나님은 우주에 편만하시다’고 합니다. 이것은 공간을 말하는 것입니다. 하나님은 우주 만물의 창조주이시고 주인이십니다. 그래서 어디에나 가실 수 있습니다. 그러나 ‘편만하다’는 것은 ‘여기에서 저기로 간다 온다’는 개념이 아니라 ‘동시에 어디에나 존재하신다’는 것입니다. 지금 하나님은 천국에도 계시고 이 땅에도 계십니다. 그것이 어떻게 가능합니까? 하나님은 본체이시면서 또한 말씀과 영이시기 때문입니다. 하나님은 말씀과 성령으로 그 어디나 가시고 또 계십니다.

시편의 기자는 이렇게 고백하고 있습니다. "이 지식이 내게 너무 기이하니 높아서 내가 능히 미치지 못하나이다 내가 주의 신을 떠나 어디로 가며 주의 앞에서 어디로 피하리이까 내가 하늘에 올라갈 찌라도 거기 계시며 음부에 내 자리를 펼찌라도 거기 계시나이다 내가 새벽 날개를 치면 바다 끝에 거할찌라도 곧 거기서도 주의 손이 나를 인도하시며 주의 오른 손이 나를 붙드시나이다"(시편139:7-10절) 왕이면서 선지자였던 **다윗**은 자기가 바다든 하늘이든 땅속이든 이 땅 어디에 가 있든 하나님이 거기에도 계신다고 고백하고 있습니다. 그런데 그 지식이 너무 기이하고 높아서 거기에 미칠 수 없다는 것입니다. 요나서에 보면 선지자 **요나**가 원수의 나라 니느웨(고대 앗수르의 수도)로 가라는 하나님의 명령을 거역하고 하나님을 피해 보려고 배를 타고 멀리 바다 건너 다시스(고대 스페인의 항구)로 도망을 치다가 풍랑을 만나자 선원들이 그를 수상하게 여겨 바다에 던져지자 큰 물고기가 나타나 그를 삼켜버렸고 큰 물고기의 뱃속에까지 들어가게 되었습니다. 그 때 요나가 물고기 뱃속에서 하나님께 회개하고 탄원하자 하나님이 요나의 기도를 들으시고 물고기를 시켜 요나를 바닷가에 토해놓게 하자 요나가 극적으로 구출되었던 것입니다. 하나님은 깊은 바다 속 물고기 뱃속에도 계시고, 탄광 300m 지하에도 계시고, 달에도 별에도 이 우주 어디에든 계시지 않은 곳이 없습니다. 하나님이 이렇게 '동시에'' 어디에나' 계신 것은 하나님은 인간이 아니라 신(神)이시고 영(靈)이시기 때문입니다.

　(3) 하나님의 하나님 되심의 세 번째 조건은 '하나님은 영원무궁(永遠無窮)하시다'라는 것입니다.

　이것은 **시간**을 말합니다. 하나님은 시간을 창조하셨습니다. 그래서 시간의 지배를 받지 않고 시간을 지배하십니다. 인간은 100년을 살기도 힘드나 하나님은 영원히 살아계십니다. 예수님은 이렇게 기도하셨습니다. "아버지여 창세 전에 내가 아버지와 함께 가졌던 영화로써 지금도 아버지와 함께 나를 영화롭게 하옵소서"(요한복음17:5절) 예수님은 자신이 창세 전부터 하나님과 함께 있었다고 증거하고 계십니다. 하나님은 영원 전부터 영원 후까지 계십니다. 이것이 하나님의 시간입니다. 지금 인류의 최대의 꿈은 **'우주 여행'**입니다. 미국이나 러시아에서 50년전 부터 달이나 화성 탐사여행을 해오고 있으나 태양계를 넘어서 저 멀리 은하계까지 여행하는 것이 인류의 꿈이고 계획인 것입니다. 인류의 꿈이 또 하나 더 있는데 그것은 **'시간 여행'**입니다. 시간을 뛰어 넘어서 남녀가 사랑하는 소설이 이미 나왔고 몇 년 전에는 현대의 남성과 신라시대의 여성이 사랑하는 TV 드라마가 방영이 된 적이 있는데 이것은 공상이나 환상에 지나지 않는 것입니다. 그러나 하나님은 시간을 초월하시기 때문에 얼마든지 '시간 여행'을 하실 수 있는 것입니다. 하나님에 있어서 시간은 언제나 현재입니다. 그래서 하나님은 과거나 미래의 일까지도 모두 보시고 알고 계신 것입니다. 베드로는 베드로후서 3:8절에서 "사랑하는 자들아 주께는 하루가 천년같고 천년이 하루같은 이 한가지를 잊지말라"고 진술하고 있는 것입니다. 인간은 사는 날이 짧아서 아주 조급합니다. 그래서 '예수님은 가신 날이 2,000년이 더 지났는데 왜 안 오시나?'라고 묻는 것입니다. 그러나 그것이 하나님에게는 하루 밖에 지나지 않은 것입니다. 모든 피조물은 시간의 지배를 받습니다. 그러나 하나님은 시간을 만드신 조물주이시기 때문이 시간의 지배를 받지 않으십니다. 그래서 우리도 예수님처럼 멋진 시간여행을 하려면 하나님을 믿고 그 뜻대로 살아야 하는 것입니다.

5. 하나님은 '시간(時間)'과 '공간(空間)' 속에서 우주만물을 창조하셨습니다.

창세기 1:1-5절입니다. "태초에 하나님이 천지를 창조하시니라 땅이 혼돈하고 공허하며 흑암이 깊음 위에 있고 하나님의 신은 수면에 운행하시니라 하나님이 가라사대 빛이 있으라 하시매 빛이 있었고 그 빛이 하나님의 보시기에 좋았더라 하나님이 빛과 어둠을 나누사 빛을 낮이라 칭하시고 어두움을 밤이라 칭하시니라 저녁이 되며 아침이 되니 이는 첫째, 날이니라"

a.태초에! in the beginning! 여기서 태초(太初)란 우주만물이 시작되는 싯점을 말합니다.

b.하나님이 천지를 창조하시니라! 천지(天地)는 하늘과 땅 즉 우주와 만물을 의미합니다. 여기에서 '창조론'이 나온 것입니다.

c. 땅이 혼돈하고 공허하며 흑암이 깊음 위에 있고! 이것은 땅이 아직 형태를 갖추지 않은 마그마와 같은 물질의 상태를 의미합니다.

d.저녁이 되며 아침이 되니 이는 첫째 날이니라! 여기서 '첫째 날'이란 바로 '시간'이 시작된 날을 의미하는 것입니다.

창세기 1:6-8절입니다. "하나님이 가라사대 물 가운데 궁창이 있어 물과 물로 나뉘게 하리라 하시고 하나님이 궁창을 만드사 궁창 아래의 물과 궁창 위의 물로 나뉘게 하시매 그대로 되니라 하나님이 궁창을 하늘이라 칭하시니라 저녁이 되며 아침이 되는 이는 둘째, 날이니라" **a.물 가운데 궁창이 있어!** 여기서 **'물'**이란 먹는 물이 아니고 아직 형태를 갖지 않은 덩어리 물질(物質)을 의미하는 것입니다. **'궁창'**이란 Space 같은 '빈 공간'을 의미합니다.

b.궁창 아래의 물과 궁창 위의 물로 나뉘게 하시매! 이것은 아직 별들이 생성되기 전의 '원시 우주'를 말합니다.

c.저녁이 되며 아침이 되니 이는 둘째 날이니라! 여기서 '둘째 날'이란 바로 **'공간'**이 시작된 날을 의미하는 것입니다.

(1) 여기서 우리가 알아야 하는 것은 예수 그리스도는 시간과 공간을 만드시고 다스리고 지배하는 '창조주'시라는 것입니다. 그것이 예수님의 말씀에서 드러나고 있습니다.

요한복음 8장을 보면 어느날 예수님이 이렇게 말씀하셨습니다. "너희 조상 아브라함은 나의 때 볼 것을 즐거워하다가 보고 기뻐하였느니라"(56절) 그러자 유대인들이 항의하듯 예수님께 이렇게 물었습니다. "네가 아직 오십도 못 되었는데 아브라함을 보았느냐"(57절) 그러자 예수님이 이렇게 대답하셨습니다. "진실로 진실로 너희에게 이르노니 아브라함이 나기 전부터 내가 있느니라"(58절) 그러자 화가 난 유대인들이 돌을 들어 예수님을 치려하자 예수님이 성전에서 숨어 나가셨던 것입니다. 여기서 우리는 예수님의 이 말 한마디 때문에 그 때의 상황이 얼마나 심각해졌는가를 알 수 있습니다. **아브라함이 나기 전부터 내가 있느니라!** 예수님의 이 한 마디는 유대인들에게는 하나님과 자신들을 모독하는 도발이 된 것입니다. 그래서 그들이 예수님을 죽이려 했던 것입니다.

이것을 잠언 8장에서는 이렇게 증거하고 있습니다. "여호와께서 그 조화의 시작 곧 태초에 일하시기 전에 나를 가지셨으며 만세 전부터, 상고부터, 땅이 생기기 전부터 내가 세움을 입었나니 아직 바다가 생기지 아니 하였고 큰 샘들이 있기 전에 내가 이미 났으며 산이 세움을 입기 전에 언덕이 생기기 전에 내가 이미 났으니 하나님이 땅도 들도 세상 진토의 근원도 짓지 아니하셨을 때에라"(22-26절) 여기서 '나'는 하나님의 아들이신 예수 그리스도를 지칭합니다. 이렇게 예수님의 기원은 만물이 생기기 전인 창세 전까지 거슬러 올라간다는 것입니다.

(2) 그러면 예수님이 공생애 3년 동안 어떻게 시간과 공간을 지배하셨는가? 에 대해서 알아보겠습니다.

마태복음 26장을 보면 베드로가 예수님께 이렇게 말을 했습니다. "다 주를 버릴지라도 나는 언제든지 버리지 않겠나이다"(33절) 그러자 예수님이 이렇게 말씀하셨습니다. "내가 진실로 네게 이르노니 오늘밤 닭 울기 전에 네가 세 번 나를 부인하리라"(34절) 그러자 베드로가 이번에는 맹세하고 예수님께 이렇게 말했습니다. "내가 주와 함께 죽을지언정 주를 부인하지 않겠나이다"(35절) 그리고 바로 그 날 밤에 예수님은 십자가를 지실 때가 가까이 온 것을 아시고 제자들을 데리시고 겟세마네 동산에 기도를 하러가셨습니다. 기도를 다 마치시고 나자 가룟 유다가 군병들과 함께 예수님을 잡으러 왔습니다. 그리고 예수님을 잡아서 끌고 대제사장 가야바에게로 가서 공회 앞에 세웠습니다. 그러자 베드로도 사도 요한과 함께 예수님이 심문을 받으시는 대제사장의 뜰 안에 들어갔습니다. 그것을 본 비자가 베드로에게 이런 말을 했습니다. "너도 갈릴리 사람 예수와 함께 있었도다"(마태복음26:69절) 그러자 베드로가 '나는 예수를 모른다'고 펄펄 뛰면서 세 번이나 부인을 했습니다. 바로 그때 닭이 세 번 울자 베드로가 예수님의 말씀이 생각이 나서 밖에 나가서 통곡했다고 기록하고 있는 것입니다.(75절) 이처럼 예수님은 베드로가 닭이 울기 전에 세 번 예수님을 부인할 것을 이미 알고 계셨습니다. 이것이 무엇입니까? 예수님의 '시간 지배 능력'인 것입니다.

마태복음 15장을 보면 예수님이 어느날 제자들과 함께 두로와 시돈 지방으로 가셨습니다. 그런데 가나안 여자 하나가 예수님을 보자 이렇게 소리를 질렀습니다. "주 다윗의 자손이여 나를 불쌍히 여기소서 내 딸이 흉악히 귀신이 들렸나이다"(22절) 그러자 예수님은 "나는 이스라엘집의 잃어버린 양 이외는 다른 데로 보내심을 받지 아니하였노라"(24절)고 대답하셨습니다. 그러자 여자는 물러가기는 커녕 예수님께 더 다가와 절을 하면서 애원을 했습니다. "주여 저를 도우소서"(25절) 그러자 예수님도 물러서지 않고 이렇게 말씀하셨습니다. "자녀의 떡을 취하여 개들에게 던짐이 마땅치 아니하니라"(26절) 그러자 여자도 물러서지 않고 이렇게 응수를 했습니다. "주여 옳소이다 마는 개들도 주인의 상에서 떨어지는 부스러기를 먹나이다"(27절) 그러자 예수님이 이렇게 말씀하셨습니다. "여자야 네 믿음이 크도다 네 소원대로 되리라"(28절) 그러자 그 시간에 그 여인의 딸에게서 귀신이 나가고 온전한 사람이 된 것입니다. 여기에서 우리의 의문은 이것입니다. '어떻게 예수님이 가보지도 않고 명령도 하지 않았는데 그 여인의 딸에게서 흉악한 귀신이 나갔느냐?'는 것입니다. 이것은 창조주로서 예수님의 '공간 지배능력' 을 말해주는 것입니다. 사복음서에 나오는 보리떡 다섯 개와 물고기 두 마리로 2만명을 배부르게 먹이신 오병이어의 기적, 풍랑이 거세게 휘몰아치는 갈릴리 바다를 "잠잠하라"는 명령 한 마디로 잔잔하게 하신 기적은 예수님이 시간과 공간을 지배하는 창조주이시라는 것을 보여주는 사건들입니다.

그러나 모든 기적 중에 가장 큰 기적은 예수님이 죽은지 나흘이 지나 장사된 나사로의 무덤에 가셔서 "나사로야 나오라"는 명령 한 마디로 죽어서 장사된 나사로가 무덤에서 살아서 걸어나온 사건입니다. 그러자 그것을 보려고 수많은 사람들이 몰려왔고 이 때부터 위기의식을 느낀 대제사장들과 바리새인들이 예수님을 죽이려고 모여 의논하고 본격적인 행동에 들어갔던 것입니다. 여기에 우리에게 좀처럼 풀리지 않는 의문이 있습니다. '어떻게 뜨거운 중동 지방에서 그것도 죽은지 나흘이 되어 썩어서 냄새가 진동하던 나사로가 무덤에서 살아나왔는가?' 하는 것입니다. 이 사건은 **'창조의 역사'**가 아니라면 도저히 설명이 불가능한 것입니다. 그러면 나사로가 어떻게 살아났습니까? 추측컨대 예수님이 **시간과 공간**을 나사로가 죽기 이전으로 돌려놓으신 것입니다. 3차원에서 시간은 과거에서 현재로, 현재에서 미래로 쉬지 않고 흘러갑니다. 그러나 4차원에서 시간은 흘러가지 않습니다. 머물러 있습니다. 그래서 전지전능하신 하나님은 시간을 미래에서 현재로, 현재에서 과거로 돌려놓을 수가 있는 것입니다. 예수님도 인간의 몸을 입고 오셨기 때문에 시간과 공간의 지배를 받으셨습니다. 이것은 누구도 부인할 수 없는 사실입니다. 그러나 예수님의 사역을 보면 예수님은 '때때로' 그런 지배를 받지 않으시고 사역을 하신 것을 보게 되는 것입니다. 그것이 바로 '오병이어'의 기적이고 '죽은 나사로'가 무덤에서 살아나온 기적인 것입니다. 이것은 '창조의 역사'가 아니고서는 달리 설명할 길이 없는 것입니다.

(3) 이 우주가 얼마나 넓고 큰 지는 인간의 두뇌로는 감히 상상도 할 수 없습니다.

은하계(銀河系)라는 이 소우주가 이 대우주 안에 셀 수도 없이 많이 있다고 하니 어찌 그것이 상상이나 되겠습니까? 여기서 중요한 것은 각 소(小)우주마다 크기가 다르고 중력이 다르기 때문에 시간과 공간이 다르다는 것입니다. 이런 이야기도 있습니다. 한 우주비행사가 우주비행을 마치고 지구로 돌아왔는데 지구에서는 벌써 몇 백년이 흘러서 아는 사람들은 다 죽고 없더라는 것입니다. 이것은 지구와 다른 우주에서의 시간의 흐름이 다르다는 것을 말해줍니다.

과학자들은 우주탄생의 비밀을 **빅뱅**(Big bang)이라고 합니다. '빅뱅'이란 말 그대로 '대폭발'을 의미하는데 최초에 '대폭발'이 일어나서 우주가 탄생했다는 것입니다. 그리고 등장한 이론이 또 있는데 **'블랙홀 이론'**입니다. 블랙홀(black hole)이란 문자 그대로 모든 것을 빨아들이는 악마같이 무시무시한 '검은 천체'를 말합니다. 각 우주마다 중심부에는 이런 블랙홀들이 있다고 합니다. 빅뱅과 블랙홀! 이것이 우주 탄생과 종말의 양대 이론이었습니다. 여기서 잠간 **'블랙홀'**에 대해서 말씀드린다면 태양보다 몇만 배나 더 큰 별이 활동(핵융합)을 끝내고 식어지면 블랙홀 즉 '검은 별'이 된다고 합니다. **'검은 별'**이란 별이 활동을 다 끝내고 죽어서 빛을 내지 않는 상태를 말합니다. 그러면 에너지나 빛을 내보내지 못하고 반대로 수축현상이 일어나서 중력(重力)이 최대한으로 더 강해지는데 즉 어마어마한 흡인력이 생겨서 빛을 포함한 모든 물체를 끌어당긴다는 것입니다. 그 힘이 너무 세어서 시간과 공간까지 휘어진다고 합니다. 그러다가 중력의 힘이 **한계점(특이점)**에 이르면 '빅뱅' 즉 '대폭발'이 일어나서 다시 우주의 역사가 시작된다는 것입니다. 그리고 우주는 계속 팽창하다가 때가 되면 수축이 되기 시작하고 블랙홀이 된다는 것입니다. 이 블랙홀이 다시 폭발하여(빅뱅) 우주의 역사가 다시 시작이 되는 것입니다. 이것이 천체 과학자들이 주장하는 '우주 물리학'인 것입니다.

(4) 물리학을 고전 물리학과 현대 물리학으로 나누는데 고전 물리학의 대표는 뉴턴이고 현대 물리학의 대표는 아인슈타인입니다.

뉴턴은 **'만유인력'**을 발표했고 아인슈타인은 **'상대성이론'**과 **'시공간 이론'**을 발표했습니다. 20세기에 들어서자 아인슈타인을 통해서 '우주 물리학'은 새로운 발전과 전기를 가져왔습니다. 그 중에서도 '시공간 이론'은 우주물리학에 일대 혁명을 가져 왔습니다. **'시공간(SPACE-TIME)'**이란 '아인슈타인'의 일반상대성 이론에서 나온 것으로 시간과 공간이 한데 어우러진 (통합된) 상태를 말합니다. 우주가 '시공간'이란 카테고리 안에서 스스로 진화하고 스스로 팽창과 수축을 반복해 간다는 이론인 것입니다. 아인슈타인의 일반상대성 원리와 시공간 이론을 기반으로 최근에 탄생한 우주 물리학 이론이 있는데 스티븐 호킹의 **'양자역학'** 즉 **'양자중력 이론'**입니다. 이것은 빅뱅에 의해서 태어난 우주가 시공간 안에서 어떻게 그 수많은 별들과 행성들이 각자 정해진 위치에서 생성과 소멸하면서 궤도를 가지고 움직이는가? 를 연구하는 학문입니다. 스티븐 호킹은 그것을 원자 안에 있는 기본 입자인 양자의 물리적 특성에서 찾으려고 합니다. 그래서 **'양자 역학'**이라고 불리는 것입니다. 물질(物質)을 분석해 보면 물체(物體) 안에 분자(分子)가 있고, 원자(原子)가 있고, 그 안에 전자(電子) 양성자(陽性子) 중성자(中性子)가 있습니다. 그러니까 양자는 전자보다 더 작은 물질인데 물질을 이루는 '기본입자'입니다. 그런데 스티븐 호킹이 우주의 역사를 설명하기 위해서 이'양자 역학이론'을 들고 나온 것입니다. 그는 양자에 대해서 이렇게 설명합니다. **"양자는 물질세계에서 가장 작은 단위의 입자(粒子)로서 신비스럽게도 유(有)에서 무(無)로, 무에서 유로 자유롭게 이동할 수 있다. 그래서 양자에서 우주가 시작이 되었다"**는 것입니다. 그에게서 **양자**는 우주 탄생의 모체가 됩니다. 그래서 그는 **신** 즉 하나님의 존재를 인정하지 않습니다.

(5) 그러나 이 '양자 역학이론'을 성경적으로 본다면 이것도 하나님의 창조의 원리에 속하는 것입니다.

성경의 창세기에서는 우주 탄생의 비밀을 말하지 않습니다. 우주만물의 탄생에 대해서 성경은 창세기 1장에만 간단히 기록하고 있습니다. 왜냐하면 성경은 과학책이 아니라 인간의 탄생과 죄와 심판과 구원을 다루는 책이기 때문입니다. 그러나 분자나 원자나 전자나 양자나 중성자를 만드신 분도 하나님이십니다. 하나님이 이렇게 시간과 공간 안에서 이런 입자들을 통해서 우주 만물을 창조하셨고, 또 시간과 공간을 통해서 우주만물을 다스리시고 계시고, 또 언젠가는 이 모든 것을 마감하시고 다시 창조하신다는 것이 성경의 가르침입니다. 그런데 과학자들은 이 모든 현상을 **자연 선택**이나 **우연의 소산**으로 본다는데 문제가 있는 것입니다. 이 우주 안에 우연(偶然)은 없습니다. 왜냐하면 이 큰 우주가 너무나 완벽하고 그 중에서도 인간은 인간 스스로도 상상할 수도 없는 지성이나 이성을 가지고 있기 때문입니다. 이것은 절대로 우연히 될 수 있는 것이 아닌 것입니다.

현대 물리학에서는 법칙의 절대성을 주장하지 않습니다. 현대 물리학에서 모든 법칙은 가변적이고 상대적이고 확률적입니다. 뉴턴의 **'만유인력의 법칙'**도 현대 물리학에서는 절대적인 것으로는 보지 않습니다. 상대적으로 봅니다. 시간적인 것으로 봅니다. 비시간적이고 절대적인 것으로 믿었던 **'만유인력의 법칙'**을 시간적이고 상대적이고 확률로 본다면 **'인류의 원리'** 즉 인간의 탄생을 어떻게 설명할 수 있겠습니까? 인간의 탄생도 확률이나 우연의 소산입니까? 인간은 하나님 다음으로 고도의 지성을 가진 생명체입니다. 그런 인간의 출현을 자연선택이나 돌연변이나 우연으로 본다는 것은 바보의 논리인 것입니다. **'양자역학 이론'**은 이론일 뿐 사실로 증명이 된 것도 아니고 성경적이지도 않습니다. 그런데 지금 양자 역학이론이 우주 물리학의 대세로 자리잡고 있기 때문에 이것을 한번 성경적으로 풀어보려고 합니다. **'하나님은 태초에 우주만물을 창조하셨'습니다.** 그러나 원시의 우주는 상대적이고 불완전하고 유동적인 것이었습니다. 이것이 하나님의 창조의 지혜인 것입니다. 만약 우주가 처음부터 절대적이고 확정적이고 안정적이었다면 우주는 거기에 머물고 더 이상 아무런 움직임이나 변화가 없이 존재했을 것입니다. 그러나 상대적이고 불안정하기에 움직이고 변화하고 상호작용을 할 수 있었던 것입니다. **하나님은 모든 것을 상대적으로 창조하셨습니다.** 하늘과 땅, 남자와 여자. 음과 양 모든 것이 상대적입니다. 그래서 조화를 이룹니다. 원자나 전자나 양자의 세계도 이와 같습니다. 그것들은 처음부터 불완전하고 불안정하게 창조된 것입니다. 그래서 움직이고 요동치고 상호작용을 해서 변화하고 발전하는 것입니다. **양자**(揚子)만 놓고 보아도 양(陽)이 있고 음(陰)이 있다고 합니다. 그래서 마치 전기나 자기처럼 서로 밀기도 하고 당기기도 하고 상호작용을 하면서 운동하는 것입니다. 어린 시절에는 **자석**(磁石)을 가지고 많이 놀았는데 자석이 어떤 때는 서로 끌어당기고 어떤 때는 서로 밀어내는 것이 너무 신기했습니다. 저는 그 비밀을 지금에야 알았습니다. 이것은 자석이 같은 극을 만나면 입자 하나를 내어보냄으로 밀어내고, 다른 극을 만나면 입자 하나를 받아들임으로 서로 끌어당긴다는 것입니다. 이것이 곧 인력이고 자력이 되는 것입니다. **양자**에게도 양(플러스)와 음(마이너스)가 있습니다. **양(陽)**은 존재하나 **음(陰)**은 존재하지 않습니다. 그런데도 물리학자들은 음(陰)의 존재를 인정합니다. 그래야 이 둘이 합쳐지면 안정과 균형을 이루게 되기 때문입니다. 이것이 곧 **일반 상대성 이론**이고 **양자 역학이론**입니다. 여기에서 우주가 탄생하고 중력이 나오고 별들이 운행을 한다는 것입니다. 그런데 문제는 이 우주가 고정된 것이 아니라 시공간이나 중력의 작용에 의해서 '**휘어진다**'는 것입니다. 그러니까 힘의 이동이 **직선**이 아니라 **곡선**이 되는 것입니다. 예를 들어 공중에 돌멩이를 던지면 그것이 수직이 아니라 포물선을 그리며 떨어지는 것을 보는데 이것은 지구 중력의 작용으로 시공간이 휘어진다는 것을 보여주는 것입니다. 이것이 또한 우주라는 시공간 안에서 이루어지는 별들과 행성들의 궤도이기도 한 것입니다. **지구**를 보면 지구는 태양이라는 엄청난 질량과 힘을 가진 별 주위를 날마다 공전과 자전을 거듭하며 돌고 있습니다. 그런데도 지구는 어마어마한 태양의 중력에 끌려가지 않고 변함없이 그 궤도를 돌고 있는데 왜 그렇습니까? 그렇게 될 수 있는 것은 지구는 태양과의 상호관계 속에서 시공간의 법칙에 의해 형성되는 길을 가고 있기 때문인 것입니다. **바로 여기에 하나님의 창조의 지혜와 섭리가 있는 것입니다.** 하나님은 우주 만물을 창조하신 후에 시간과 공간을 두셨고, 처음부터 각 우주와 별들과 행성들의 위치를 정하셨고, 그것을 시간과 공간과 중력을 통해서 운행하고 계신 것입니다. 이것은 마치 **인형극**과도 같습니다. 무대 위에 각종 인형들이 있는데 자세히 보면 인형마다 위에 **끈**이 달려 있습니다. 무대 뒤에서 연출자가 끈을 조종하는 대로 인형들이 움직이는 것입니다. **우주도 이와 같습니다.** 하나님도 시간과 공간과 중력이라는 매개체를 통하여 우주를 움직이고 계십니다. 공간은 부동적입니다. 그러나 시간은 유동적입니다. 그래서 '**시간은 공간을 움직이는 것은 끈과 같다**'는 것입니다. 하나님은 이렇게 시공간을 통해서 우주 만물은 통치하고 계십니다. (그러나 이것도 어디까지나 저의 추측과 상상에 지나지 않는 것입니다) **시간**은 존재하는가? 아니면 시간이라는 개념은 환상인가? 학자들은 이에 대해서 연구하고 논란을 해왔습니다. 뉴턴의 '고전 물리학'에서는 시간의 비실재성을 주장했습니다. 그러나 아인슈타인의 '현대 물리학'에서는 시간의 실재성을 주장하기 시작했고 특히 미국의 우주 물리학자인 Lee Smolin은 그의 저서 'Time Reborn'(다시 태어난 시간)에서 시간의 실재성을 강력하게 주장하고 있습니다. 왜냐하면 **시간**이 공간과 함께 우주를 움직이는 한 축이 되기 때문입니다.

우주 물리학자들은 지금이 우주의 '**팽창기**'라고 말합니다. 그러나 그것은 정확한 이론이 아닙니다. 우주에는 안정성과 불안정성, 확정성과 불확정성, 미시세계와 거시세계, 순간성과 영원성, 양과 음, 팽창과 수축 등 모든 것을 다 포함하고 있습니다. 천체 물리학자들은 지금이 우주의 팽창기라고 주장하나 그것은 잘못된 이론입니다. 우주는 '시공간' 안에서 한 쪽에서는 팽창하면서 다른 쪽에서는 수축하고 있는 것입니다. 그래야 우주가 균형과 안정을 이룰 수 있기 때문입니다. 하나님이 하시는 일에는 우연이나 실수가 없습니다. 모든 것이 하나님의 영원 전의 예정과 계획대로 되어지는 것입니다. 지금까지 '어거지로나마' 하나님의 창조를 상대성 원리와 양자 역학이론에 비추어 생각해 보았는데 굳이 이것에 이름을 붙인다면 '**창조 물리학**'

이라고 할 수 있습니다. 천지만물을 창조하시고 다스리시는 분은 하나님이십니다. 그 누구도 이것을 부인하고 거스리는 자는 하나님의 심판을 받게 될 것입니다.

(6) 창세기 1장을 보면 태초에 하나님이 우주만물을 창조하실 때 하늘과 땅을 창조하셨고 에덴동산을 창설하사 사람을 거기에 두시고 그들에게 시간과 공간을 누릴 수 있는 은혜와 축복을 주셨습니다.

그리고 하나님의 한 가지 명령만 어기지만 않으면 에덴동산에서 시간과 공간을 마음껏 누리면서 죽지 않고 살 수 있었던 것입니다. 그런데 이것을 본 마귀가 배가 아팠던지 어느날 여자인 하와를 찾아와서 온갖 아양을 다 떨고 거짓말로 하와를 속이고 유혹을 해서 선악과의 열매를 따먹게 해서 죄짓게 하고 결국 에덴동산에서 쫓겨나게 했던 것입니다. 이것이 바로 **'선악과 사건'**인 것입니다. 인간은 이 사건으로 선악을 분별하는 **지혜**는 얻었으나 죽지않고 살 수 있는 **생명**은 잃어버렸습니다. 이로 인하여 인간은 하나님께 버금가는 지혜로 '공간' 속에서 문명을 일으킬 수 있게 되었으나 '시간' 속에서 죽지않고 영원히 살 수 있는 생명(영생)은 잃게된 것입니다.(여기서 지혜는 공간과 관련이 있고 생명은 시간과 관련이 있는 것입니다.) 선악과를 따먹게 되자 그 결과로 인간은 공간은 마음대로 지배할 수 있게 되었으나 시간은 지배할 수 없게 된 것입니다.그래서 아무리 과학문명이 발달해서 인간이 원자핵을 분해하고 유전자를 조작하고 우주선을 타고 우주를 날아 다녀도 인간은 시간적으로는 120년을 살기가 어렵고(하나님은 인간의 수명을 120년으로 정하셨음) 또 언제 죽을지 모르고 한치 앞 즉 1초 앞을 내다볼 수 없는 영적 소경이 된 것입니다. 한치 앞을 내다볼 수 없는 인간! 이러고도 어찌 인간이 만물의 영장이라고 자랑할 수 있겠습니까? 그래서 인간은 옛날부터 자신들보다 낮은 위치에 있으나 시간상으로 더 오래 산다는 한 가지 이유만으로 바위나 나무나 동물을 신처럼 섬겨왔던 것입니다. 이것이 바로 미신이고 우상숭배인 것입니다. 지금은 과학문명이 최고로 발달하여 인간이 원자핵을 분해하더니 유전자를 조작하고, IT 혁명을 통하여 사이버 공간에서 모든 것이 이루어지고, AI(인공지능) 인간로봇의 등장으로 4차 산업혁명이라는 말까지 나오고 있습니다. 또 3D 기술의 발달로 인간복제라는 말까지 나오고 있고, 인간이 죽음까지도 정복할 수 있을 것처럼 의기양양하는 시대입니다. 그러나 문제는 인간이 천년을 산다고 해도 인간은 1초 앞을 내다볼 수 없는 소경이라는 것입니다. 그래서 1,000년을 살 수 있다해도 언제 죽을지 알 수 없으니 과연 1,000년을 사는 사람이 얼마나 되겠습니까? 그리고 이 지구라는 이 좁은 공간에서 1,000년을 산다면 인구폭발로 그것도 더 큰 문제인 것입니다. 그래서 성경에서는 도시문명과 과학문명의 발달은 인류의 종말이 될 것이라고 예언하고 있는 것입니다. 그래서 지금 도시와 과학문명의 발달로 지구가 파괴되고 인간성까지 파괴되자 코로나19라는 괴질이 발생하여 온 세계를 죽음의 공포로 몰아가고 있고, 마스크를 쓰지 않고는 밖에도 못나가고 만나서도 마음 놓고 말을 할 수 없는 이상한 세상이 되어가고 있는 것입니다. 그래서 성경에서는 세상을 **장망성**(將亡城)(장차 망할 성)이라고 부르는 것입니다.

(7) 그러나 하나님은 지금까지 인간의 이런 만행을 보고도 내버려두고 계십니다.

왜냐하면 하나님은 인간의 시종을 다 아시기 때문입니다. 이것을 성경에서는 '**하나님의 버려두심**' 혹은 '**하나님의 오래 참으심**'이라고 기록하고 있습니다. 인간은 하나님의 형상대로 지음을 받았습니다. 그래서 마치 부모가 망나니 자식을 모른체하고 버려두듯이 하나님은 알고도 모른체 하십니다.'이 철없는 것아! 그래 할테면 마음대로 해봐라! 아마 얼마 못가서 후회하게 될 것이다'이것이 하나님의 마음인 것입니다. 지금까지 하나님은 인간의 무모한 도전을 보고도 용납하고 계셨습니다. 왜냐하면 인간은 아무리 날고 뛰어도 지구 내지 태양계라는 소우주의 공간을 벗어날 수 없고 시간을 지배할 수 없고 언제 죽을지 알 수 없고 또 죽으면 흙으로 돌아가는 유한하고 미약한 존재이기 때문입니다. 그러나 때가 되면 하나님은 반드시 심판하시고 그 책임을 물으실 것입니다. 소돔과 고모라도 그렇게 망했습니다. 그리고 하나님이 참으시는 가장 큰 이유는 이 땅에는 소수의 무리이지만 '택함받은' 하나님의 자녀들이 살고 있기 때문입니다. 하나님의 구원계획은 **다수(多數)**가 아니라 **소수(小數)**입니다. 이것이 성경의 일관된 증거인 것입니다. 하나님은 타락한 다수의 무리 가운데서 선택된 소수의 무리를 구원해 주십니다. 이것을 구약성경에서는 '**남은 자**'라고 합니다. 기독교는 '초청받은' 다수의 종교이면서도 '선택받은' 소수의 종교입니다. 그것이 오분의 일인지, 십분의 일인지는 알 수 없으나 구원을 받아서 천국에 들어가는 자는 '소수'라는 것입니다. 그래서 예수님은 이렇게 말씀하셨습니다. "청함을 받은 자는 많되 택함을 입은 자는 적으니라"(마태복음22:14절) 산과 들에도 양과 염소가 같이 다니면서 풀을 뜯어 먹듯이 교회 안에도 양과 염소가 있는 것입니다. 그래서 '**다수**'의 무리가 교회를 넘나들어도 그 중에서 구원받아 천국에 이르는 자는 '**소수**'의 무리인 것입니다.

(8) 하나님은 시간과 공간 안에서 우주 만물을 창조하셨습니다. 그래서 인간을 포함한 모든 우주 만물은 시간 뿐만 아니라 공간의 지배도 받는 것입니다. 그리고 끝이 있습니다.

기독교에서의 시간은 영겁회귀 속에서 돌고도는 (윤회설)이 아닙니다. 다른 종교에서의 시간이 끝없이 돌고도는 **원**이라면 기독교에서의 시간은 시작과 끝이 있는 **직선**입니다. 하나님이 시간과 공간 속에서 창조하신 우주 만물은 영원히 존재하는 것이 아닙니다. 반드시 마지막이 있습니다. 그 마지막이 **하나님의 심판**이요 **인류의 종말**인 것입니다. 그 후에 하나님은 우주만물을 새롭게 하신다고 성경은 기록하고 있습니다. 하나님은 우주만물을 창조하실 때 지구라는 **공간**과 인생이라는 **시간**도 주셨습니다. 그래서 우리는 세상을 살아갈 때에 하루하루 우리가 살아갈 수 있는 시간과 공간을 주신 하나님께 감사해야 합니다. 그래야 우리가 하나님과 소통하며 하나님의 은혜 가운데서 행복한 삶을 살 수 있는 것입니다.

6. 하나님은 때가 되면 새 일을 행하십니다.

(1) '때'입니다.
구약성경의 전도서에 보면 지혜의 왕인 **솔로몬**이 이렇게 설파하고 있습니다. "천하에 범사가 기한이 있고 모든 목적이 이룰 때가 있나니 날 때가 있고 죽을 때가 있으며 심을 때가 있고 심은 것을 뽑을 때가 있으며...울 때가 있고 웃을 때가 있으며 슬퍼할 때가 있고 춤출 때가 있으며... 찾을 때가 있고 잃을 때가 있으며 지킬 때가 있고 버릴 때가 있으며... 사랑할 때가 있고 미워할 때가 있으며 전쟁할 때가 있고 평화할 때가 있느니라... 하나님이 모든 것을 지으시되 때를 따라 아름답게 하셨고 또 사람에게 영원을 사모하는 마음을 주셨느니라 그러나 하나님의 하시는 일의 시종을 사람으로 측량할 수 없게 하셨도다"(전도서3:1-11절)

이 길지 않은 단락에서 '때'라는 단어가 29번이나 나오고 있습니다. 이것은 인생을 다 살아본 자만이 할 수 있는 말인 것입니다. 우리들이 가장 흔이 듣는 말이 있습니다. **'다 때가 있느니라'** 곡식도 때가 되어야 열매를 맺듯이 모든 일들이 때가 되어야 이루어지는 것입니다. 그래서 지나치게 서두르지 말라는 것입니다. 여기서 핵심이 되는 구절이 있습니다.

　a. 하나님이 모든 것을 지으시되 때를 따라 아름답게 하셨고! 봄 여름 가을 겨울 사계절을 보세요! 계절마다 아름다운 꽃들이 피고 열매를 맺는 것입니다.

　b. 또 사람에게 영원을 사모하는 마음을 주셨느니라! '영원을 사모하는 마음'이것보다 더 귀한 것은 없습니다.

그러면 이것을 하나님이 누구에게 주셨습니까? 하나님의 모양과 형상을 닮은 인간에게 주셨습니다. 그런데 이것을 거절한다면 어떻게 되겠습니까? 스스로 인간됨을 포기하는 것입니다.

요한복음 7장을 보면 유대인의 명절인 '초막절'이 가까이 오자 동생들이 형인 예수님께 이렇게 말하고 있습니다. "당신의 행하시는 일을 제자들도 보게 여기를 떠나 유대로 가소서 스스로 나타나기를 구하면서 묻혀서 일하는 사람이 없나니 이 일을 행하려 하거든 자신을 세상에 나타내소서" 그러자 예수님이 이렇게 대답하고 계십니다. "내 때는 아직 이르지 아니하였거니와 너희 때는 늘 준비되어있느니라…너희는 명절에 올라가라 나는 내 때가 아직 차지 못하였으니 이 명절에 아직 올라가지 아니 하리라"(8절)

a. 내 때는 아직 이르지 아니하였거니와! 예수님은 언제나 때가 되어야 움직이시는 것을 볼 수 있습니다. 예수님은 공생애 사역도 나이가 30이 되어서야 시작을 하셨습니다.

b. 너희 때는 늘 준비되어 있느니라! 이 말씀은 좋은 말 같으면서도 아주 슬프고 비관적인 말씀입니다. **인간의 때!** 그것은 정해지지 않았으나 언제든지 찾아올 수 있습니다. 그래서 사람들은 '올 때는 순서가 있어도 갈 때는 순서가 없다'라는 말을 하기도 합니다. **인간은** '때'를 가리지 않습니다. 하고 싶으면 언제든지 합니다. 그리고 후회하는 것입니다. 그러나 예수님에게는 하늘에서 아버지가 정해주신 '때'가 있었습니다. 예수님은 그 때를 지키셨습니다. 그래서 예수님은 실패하지도 않고 후회하지도 않으셨습니다.

(1) **현대문명은 때가 없습니다.** 밤과 낮이 따로 없고, 봄 여름 가을 겨울 계절이 따로 없습니다. 모든 것이 인간의 필요나 편의 위주로 되어 가고 있습니다. 겨울에도 참외 수박 오이 토마토가 나오고, 여름에도 에어컨을 켜면 겨울같은 추위를 느끼는 것입니다. 그래서 여름이 오면 에어컨의 온도 때문에 다투기도 하는 것입니다. (2) **현대문명은 인간의 욕망과 편의성만을 추구하는 기술문명입니다.** 그래서 아주 위험한 문명인 것입니다. 동네의 골목마다 편의점(Convenience store)들이 난립을 하고 있고, 음식점에서 커피나 음식 배달도 인공로봇이 하고 있고, 자동차도 자동화 되었고, 무인 자동차까지 나오고 있고, 아파트 현관의 문도 자동화 되어서 앞에만 가면 열리고, 앞으로는 무엇이 또 나올지도 모르고, 한 마디로 옛날의 속담처럼 '손 안대고 코를 푼다'라는 인간의 오랜 꿈을 향하여 가고 있는 것입니다. 그러나 그 결과는 아주 비참한 것이 되고 말 것입니다.

(3) **현대문명의 특징은 '인간의 기계화, 기계의 인간화'라고 할 수 있습니**

다. 이것은 인간이 하나님의 창조의 법과 질서를 어지럽히는 것이고 '**원리 원칙**'에서 벗어나 잘못된 길을 가고 있는 것입니다. 무엇이나 원리 원칙을 벗어난 것은 비행기가 항로를 벗어나듯이, 큰 사고로 이어지고 결국은 끝이 나고 마는 것입니다. 우주만물의'원리 원칙'을 만드신 분은 하나님이십니다. 그래서 우리는 하나님의 말씀을 듣고 그 말씀에 순종해야 형통하게 되는 것입니다.

창세기에 3장에 보면 하나님은 사람을 지으실 때 하나님의 모양과 형상대로 지으셨고, 인간이 죄짓고 타락하자 인간의 수명을 120세로 정하셨고, 또 아담에게는 이런 명령을 하셨습니다. "네가 네 아내의 말을 듣고 내가 너더러 먹지 말라한 나무의 실과를 먹었은즉 땅은 너로 인하여 저주를 받고 너는 종신토록 수고하여야 그 소산을 먹으리라... 네가 얼굴에 땀이 흘러야 식물을 먹고 필경은 흙으로 돌아가리니 그 속에서 네가 취함을 입었음이라"(창세기3:17-19절) **a. 네가 얼굴에 땀이 흘러야 식물을 먹고!** 이것은 하나님이 인간에게 주신 형벌이자 또한 삶의 원리이기도 한 것입니다. 그런데도 인간들은 이런 하나님의 명령을 저버리고 이마에 땀을 안 흘리고, 편하게만 살려고 하니까 어떤 일이 벌어지고 있습니까? 각종 산업이 발달하고 그 중에서도 피자 햄버거 치킨같은 음식산업이 발달하여 과식으로 인한 비만과 과체중이 되어 인간의 몸이 괴물이 되어가고 있습니다. 여자들이 자식을 낳아도 젖은 물리지 않고 대신 우유를 먹입니다. **그 결과가 무엇입니까?** 사람의 몸이 **소**를 닮아가고 있습니다. 어린아기한테 소젖을 먹이니까 유전자 변이가 일어나서 사람의 몸이 소처럼 커지고 살까지 쪄서 '저게 사람인가?' 하고 이상한 눈으로 바라보는 것입니다. 그래도 마귀의 유혹에 빠져 욕망의 포로가 되어버린 인간들은 그것이 무엇인지도 모르고 잘못된 길로만 가고 있는 것입니다.

또, 예수님은 이렇게 말씀하셨습니다. **"때가 찾고 하나님의 나라가 가까
웠으니 회개하고 복음을 믿으라"**(마가복음 1:15절) **때가 찾고!** 여기서 '찾
다'는 헬라어로 πληρόω(플레로우)이고 영어로는 Fill up인데 예수님이 가
나의 혼인잔치에서 물을 포도주로 만들려고 '항아리에 물을 가득 채우라고'
명령하셨듯이 드디어 예수님이 일하실 때가 임박했다는 것입니다. 영어성
경은 이것을 The time has been filled up이라고 번역하고 있습니다. 예
수님은 갈릴리 나사렛에서 사실 때부터 자신이 어떤 자라는 것을 어렴풋이
나마 알고 계셨습니다. 그러나 하나님 아버지로부터 OK사인이 올 때까지
목수 일을 하면서 묵묵히 기다리고 있었던 것입니다. 나이 30이 되자 하나
님 아버지의 명령을 받고 고향 나사렛을 떠나 예루살렘으로 올라가셔서 공
생애를 시작하셨고 각처에 다니시면서 복음을 전하셨습니다. 이것이 바로
"때다 찾다"는 것입니다.

(2) "새 일"입니다.

이사야서 43장 18-20절입니다. **"너희는 이전 일을 기억하지 말며 옛적 일
을 생각하지 말라 보라 내가 새 일을 행하리니 이제 나타날 것이라 너희가
그것을 알지 못하겠느냐 정녕히 내가 광야에 길과 사막에 강을 내리니 장차
들짐승 곧 시랑과 타조도 나를 존경할 것은 내가 광야에 물들을, 사막에 강
들을 내어 내 백성 나의 택한 자로 마시게 할 것임이라" 보라 내가 새 일을
행하리니!** 하나님은 창조주이십니다. 그래서 하나님이 하시는 일은 언제나 '
새 것'입니다. 하나님에게는 '옛 것'이 없습니다. 이것이 우리가 항상 염두해
두어야 할 사항인 것입니다.

지혜의 왕 **솔로몬**은 이렇게 말했습니다. "해 아래는 새 것이 없나니 무엇을 가리켜 보라 이것이 새 것이라 할 것이 있으랴 우리 전 세대에도 있었느니라"(전도서 1:9-10절) 그러면 왜 해 아래에 '새 것'이 없습니까? 세상의 풍습이나 유행은 돌고 돌고, 인간들의 마음도 자주 변하기 때문입니다. 지금은 **'디지털 시대'**입니다. 디지털 시대는 편리하기는 하나 인간적인 낭만이 없습니다. 그래서 이것도 머지않아서 바뀔 것이고 '아날로그 시대'가 다시 올지도 모르고 한 쪽에서는 그런 바람이 불고 있는 것입니다. 저에게는 제가 초등학교에 다니던 시절인 1960년대가 가장 행복한 시절이었고, 그때는 T.V도 없었고 라디오가 막 보급되기 시작했던 것입니다. 그러나 그 때는 가족 간에 , 이웃 간에 끈끈한 정이 있었습니다. 그래서 그 시절이 그리운 것입니다. 저 개인적인 경험과 생각으로는 1980년대가 인간의 삶에 있어서 가장 적합한 시기이었고 90년대부터 마이카 시대에다 컴퓨터 디지털 시대가 시작되고 나서는 개인주의가 발달하여 인간적인 낭만이 사라지는 메마른 세상이 시작되지 않았는가 하는 생각이 듭니다. 지금은 골목과 사무실마다 CCTV가 설치되어서 범인같이 감시를 당하는 기분이고, 개인의 사생활이 침범을 당하는 것같고, 컴퓨터 핸드폰이 편리하기는 하나 반대급부로 인간관계가 단절되고 인간의 가치가 기계의 가치에 밀려나고 있고, 인간들이 고도로 발달하는 기계문명 속에서 도리어 고립되고 소외되는 현상이 나타나고 있는 것입니다.

이사야서 65장 17-20절입니다. "보라 내가 새 하늘과 새 땅을 창조하나니 이전 것은 기억되거나 마음에 생각나지 아니할 것이라 너희는 나의 창조하는 것을 인하여 영원히 기뻐하며 즐거워할지라 보라 내가 예루살렘으로 즐거움을 창조하며 그 백성으로 기쁨을 삼고 내가 예루살렘을 즐거워하며 나의 백성을 기뻐하리니 우는 소리와 부르짖는 소리가 그 가운데서 다시는 들리지 아니할 것이며 거기는 날수가 많지 못하여 죽는 유아와 수한이 차지 못한 노인이 다시는 없을 것이라 곧 백세에 죽는 자가 아이겠고 백세가 못되어 죽는 자는 저주받은 것이리라" **보라 내가 새 하늘과 새 땅을 창조하나니!** 이 말씀의 정확한 의미는 우리는 모릅니다. 다만 아는 것은 이것이 하나님이 우리를 위하여 구상하시는 새로운 세계라는 것입니다. 그것이 이 땅인지, 아니면 우주 공간의 어디인지, 아니면 우주 밖에 있는 천국의 어느 한 부분인지 우리는 알 수 없습니다. 그러나 그것이 '새 하늘과 새 땅'이라는 것은 압니다. 그리고 그 세계는 영원한 세계인 천국으로 들어가는 통로인 것만은 분명한 것 같습니다. 천국에 대해서 전(前)천년, 후(後)천년, 무천년 등 여러 가지 학설이 있으나 정확한 것은 하나님 이외는 아무도 모른다는 것입니다. 그러나 그것이 새 하늘과 새 땅을 가진 세계라는 것은 분명합니다.

누가복음 5장을 보면 어느날 예수님이 레위가 세관에 앉은 것을 보시고 "나를 쫓으라"(27절)고 명하시자 세리인 레위가 모든 것을 버리고 예수님을 쫓았던 것입니다. 그 후 어느날 레위가 예수님을 자기의 집으로 초청하여 큰 잔치를 베풀었습니다. 그러자 바리새인들과 서기관들이 그것을 보고 예수님의 제자들에게 이런 항의를 했습니다. "너희가 어찌하여 세리와 죄인과 함께 먹고 마시느냐"(30절) 그러자 예수님이 그들에게 이런 말씀을 하셨습니다. "건강한 자에게는 의원이 쓸데없고 병든 자에게라야 쓸데 있나니 내가 의인을 부르러 온 것이 아니요 죄인을 불러 회개시키러 왔노라"(31-32절) 참으로 예수님이 아니라면 누구도 할 수 없는 놀라운 말씀인 것입니다. 그리고 그 자리에서 예수님은 이런 말씀을 하셨습니다. "새 옷에서 한 조각을 찢어 낡은 옷에 붙이는 자가 없나니 만일 그렇게 하면 새 옷을 찢을 뿐이요 또 새 옷에서 찢은 조각이 낡은 것에 합하지 아니하리라. 새 포도주를 낡은 가죽 부대에 넣는 자가 없나니 만일 그렇게 하면 새 포도주가 부대를 터뜨려 포도주가 쏟아지고 부대도 버리게 되리라 새 포도주는 새 부대에 넣어야 할 것이니라"(36-38절) 새 포도주는 새 부대에 넣어야 할 것이니라! 중동지방은 포도농사를 하기에 아주 좋은 곳입니다. 그래서 옛날부터 좋은 포도가 많이 나고 그와 함께 향기있고 맛좋은 포도주가 생산되었던 것입니다. 물이 귀한 그들에게는 포도주가 물같은 식수 대용이기도 했습니다. 그래서 예수님도 포도주를 드신 것으로 성경에 기록이 되어 있는 것입니다. 새 포도주는 새 부대에 넣어야 할 것이니라! 이것은 예수님의 비유의 말씀인데 여기서 '새 옷'과 '새 포도주'는 복음을 말합니다.

율법과 복음은 헌 옷과 새 옷, 묵은 포도주와 새 포도주처럼 같은 종류이기는 하나 다른 것입니다. 차이가 있다면 율법은 '종의 법'이고 복음은 '자녀의 법'이라는 것입니다. 그러면 어느 것이 더 좋습니까? 물어볼 필요도 없습니다. 그러나 안타깝게도 바리새인들과 서기관들은 율법에 매여 그것을 알지 못하고 예수님을 힐뜯고 있는 것입니다. 그래서 예수님이 질책하듯 그들에게 의미심장한 말씀을 하셨습니다. "묵은 포도주를 마시고 새 것을 원하는 자가 없나니 이는 묵은 것이 좋다함이라"(39절) 흔히 '친구는 오랜 친구가 좋고 술은 오래된 술이 좋다'라는 말을 합니다. 그러나 복음 즉 **'하나님의 계시'**는 그렇지 않습니다. '하나님의 계시'는 마치 혜성처럼 점점 더 가까이 다가오는데 이것을 **'계시의 점진성'**이라고 합니다. 그래서 묵은 술인 율법보다 새 술인 복음이 더 좋은 것입니다.

사도 바울은 이에 대해서 이렇게 증거하고 있습니다. "그런즉 누구든지 그리스도 안에 있으면 새로운 피조물이라 이전 것은 지나갔으니 보라 새 것이 되었도다"(고린도후서 5:17절) **a.새로운 피조물이라!** 이것은 예수 그리스도 안에서 거듭나는 것을 말합니다. **b.보라 새 것이 되었도다!** 우리는 예수 그리스도를 믿음으로 말미암아 새로운 피조물 즉 새 사람이 된 것입니다. 그렇다고 저절로 새 사람이 되는 것이 아니고 끊임없는 신앙고백과 자기훈련이 있어야 하는 것입니다.

요한계시록 21장1-2절입니다. "또 내가 새 하늘과 새 땅을 보니 처음 하늘과 처음 땅이 없어졌고 바다도 다시 있지 않더라 또 내가 보매 거룩한 성 예루살렘이 하나님께로부터 하늘에서 내려오니 그 예비한 것이 신부가 신랑을 위하여 단장한 것 같더라" **a.또 내가 새 하늘과 새 땅을 보니!** 이 말씀의 정확한 의미는 알 수 없습니다. 그러나 여기 '새 하늘과 새 땅'이란 천국은 천국인데 3층천이 있는 천국은 아닌 것 같습니다. **b.또 내가 보매 거룩한 성 예루살렘이 하나님께로부터 하늘에서 내려오니!** 이 천국은 하나님으로부터 내려온 천국입니다. 그래서 신학자들은 이것은 빌미로 전천년, 후천년을 말하는 것입니다. 그러나 정확한 것을 우리는 알 수 없고 이것이 우리에게 주는 메시지는 하나님은 '새 일'을 행하시고 새로운 세계를 준비하고 계신다는 것입니다. 그래서 우리도 거기에 맞는 삶을 살아야 하는 것입니다.

사람들은 미래보다는 과거에 더 집착을 합니다. 이것은 나이가 들수록 더 심해집니다. 왜냐하면 죽을 날이 가까워 오기 때문입니다. 그러나 하나님에게는 죽음이 없습니다. 하나님은 과거가 없고 언제나 현재입니다. 이것을 더 알기쉽게 표현한다면 하나님은 과거와 미래 속에서 현재를 사시는 분이십니다. 하나님은 계획을 가지고 계십니다. 그것은 새로운 창조입니다. 하나님이 때가 되면 **'새 일'**을 행하신다면 우리는 어떠해야 하겠습니까? 우리도 하나님의 뜻에 따라서 새로운 꿈과 소망을 가지고 그 때를 맞을 준비를 해야 합니다.

7. 하나님은 민왕의 왕이시오, 만유의 주시오, 만복의 근원이십니다.

(1) 하나님은 '만왕의 왕(王)'이십니다.

인류의 역사를 보면 유명한 왕이나 황제들이 있었습니다. 예를 든다면 이집트의 바로왕이나 중국의 진시왕이나 마케도니아의 알렉산더 대왕이나 이스라엘의 다윗왕이나 바벨론의 느부갓네살왕이나 몽고의 징기스칸이나 프랑스의 나폴레옹 황제가 그렇습니다. 그들은 세계를 제패한 '왕 중의 왕'이었습니다. 성경에 보면 사울왕과 다윗왕이 나오는데 인류의 역사에서 가장 위대한 **'왕 중의 왕'**은 **다윗왕**일 것입니다. '위대하다'(Great)는 것은 아무에게나 주는 칭호가 아닌 것입니다. 거기에는 그의 권력 못지않게 인품(人品)이 따라야 하는 것입니다. **징기스칸**이 인류의 역사에서 가장 넓은 땅을 정복했다고 해서 위대한 왕이 되는 것은 아닙니다. 그러나 다윗왕은 이스라엘 백성들을 자식같이 여기고 돌보아 주었습니다. 그래서 백성들이 그를 **'아버지'**라고 부르며 따랐던 것입니다. 그에 못지않은 위대한 왕이 우리나라에도 있었는데 **세종대왕**입니다. 세종대왕도 백성들을 자식같이 여겨서 집현전을 만들어서 한글을 창제하게 했던 것입니다. 왕은 그 나라에서 최고의 권력과 권세를 가진 자입니다. 그 권세가 어느 정도라며는 사람을 마음대로 죽이고 살리기도 하는 권세입니다. 그래서 왕이 지나가면 산천초목이 벌벌 떨었던 것입니다. 그러나 하나님이 가지신 권세는 산천초목이 아니라 우주만물을 벌벌 떨게하는 권세인 것입니다.

이사야서 6장에 보면 이사야 선지자가 이렇게 고백하고 있습니다. "화로다 나여 망하게 되었도다 나는 입술이 부정한 사람이요 입술이 부정한 백성 중에 거하면서 만군의 여호와이신 왕을 뵈었음이로다"(5절) 이것은 이사야 선지자가 기도하다가 환상 중에 하나님을 본 후의 고백인 것입니다. 여기에서 이사야 선지자는 하나님을 왕이라고 부르고 있습니다. 그것도 보통 왕이 아니라 '만군의 왕'이라는 것입니다. 여기서 만군(萬軍)이란 하늘과 땅의 모든 군대를 말합니다. 그러니 그 권세가 얼마나 크겠습니까? 그래서 하나님을 '만왕의 왕'이라고 부르고 있습니다.

시편 5편 2절에서 다윗은 이렇게 기도하고 있습니다. "나의 왕 나의 하나님이여 나의 부르짖는 소리를 들으소서 내가 주께 기도하나이다" **나의 왕 나의 하나님이여!** 다윗은 이스라엘의 왕이었습니다. 그런데도 하나님을 '나의 왕'이라고 부른 것입니다. 또 다윗은 시편 24편에서 또 이렇게 노래하고 있습니다. "문들아 너희 머리를 들찌어다 영원한 문들아 들릴찌어다 영광의 왕이 들어가시리로다 영광의 왕이 뉘시뇨 강하고 능한 여호와시요 전쟁에 능한 여호와시로다"(7-8절) **영광의 왕이 들어가시리로다!** 여기서 다윗은 하나님을 '영광의 왕'이라고 부르고 있습니다. 이것은 다윗이 하나님께 드리는 최고의 칭호입니다. 아마 하나님도 이런 찬사를 받으시고 매우 기뻐하셨을 것입니다. **하나님의 영광!** 이것은 인간이 감히 필설(筆舌)로는 표현할 수도 없는 영광인 것입니다. 그것은 찬란한 빛이고 그 빛 가운데 계시는 하나님의 영광스런 모습인 것입니다. 할렐루야!

(2) 하나님은 '만유(萬有)의 주(主)'가 되십니다.

역대상 29장10-12절을 보면 다윗이 온 회중 앞에서 여호와를 이렇게 찬양하고 있습니다. "우리 조상 이스라엘의 하나님 여호와여 주는 영원히 송축을 받으시옵소서 여호와여 광대하심과 권능과 영광과 이김과 위엄이 다 주께 속하였사오니 천지에 있는 것이 다 주의 것이로소이다 여호와여 주권도 주께 속하였사오니 주는 높으사 만유의 머리심이니이다 부와 귀가 주께로 말미암고 또 주는 만유의 주재가 되사 손에 권세와 능력이 있사오니 모든 자를 크게 하심과 강하게 하심이 주의 손에 있나이다 우리 하나님이여 이제 우리가 주께 감사하오며 주의 영화로운 이름을 찬양하나이다"

a. 천지에 있는 것이 다 주의 것이로소이다! 천지만물이 다 하나님의 것이라는 고백인데 이것은 별것이 아닌 것 같으나 최고의 신앙고백이 되는 것입니다. 이것은 '나의 모든 소유를 하나님께 드린다'는 것인데 신앙의 최고의 경지에 이른 사람만이 할 수 있는 고백인 것입니다.

b. 주권도 주께 속하였사오니! 여기서 '주권'은 최고 통치자의 권력을 말합니다. 다윗은 왕이었으나 이것 까지도 다 내려놓고 하나님께 복종을 했던 것입니다. 다윗은 고백은 점점 더 깊어지고 있습니다.

c. 주는 만유의 주재가 되사 손에 권세와 능력이 있사오니! 만유(萬有)란 히브리어로 כל(콜)이고 영어로는 'All' 즉 '모든 것'이라는 의미를 가지고 있는데 우주만물을 가리키는 것입니다. '주재(主宰)'는 주관하는 자 즉 통치자를 일컫는 말입니다.

d. 주의 영화로운 이름을 찬양하나이다! 하나님의 이름은 곧 하나님 자신을 의미합니다. 옛날에는 자식이라도 부모의 이름을 함부로 부르지 못했습니다. 더구나 이스라엘 민족은 하나님의 이름을 종이에 써놓고도 이름을 부르지 않았고 대신 the Lord 즉 '주'라고 불렀습니다. 찬양은 언제나 하나님께 영광을 드리는 최고의 수단인 것입니다.

예수님은 이렇게 기도하셨습니다. "천지의 주재이신 아버지여 이것을 지혜롭고 슬기있는 자들에게는 숨기시고 어린아이들에게는 나타내심을 감사하나이다"(마태복음11:25절) **천지의 주재이신 아버지여!** Father, the Lord of heaven and earth! 하나님은 천지 즉 하늘과 땅의 창조자이시고 또 주관자가 되십니다. 이것을 인정하고 고백하는 것이 신앙생활의 첫 번째 단계입니다. 그러면 지금 나는 어떤 단계에 와 있습니까? 하나님을 우주만물의 창조자 내지 주관자로 인정하고 내 삶의 주인으로 모시고 있습니까? 아니면 내가 아직도 모든 소유의 주인이요 내 인생의 주인입니까? 내가 모든 것의 주인이 되어 있다면 하루 빨리 거기에서 벗어나시기 바랍니다. 왜냐하면 그것은 하나님을 거역하고 거스리는 것이기 때문입니다. 만약 오늘이라도 내가 거기에서 벗어난다면 하나님이 하늘에서 주시는 기쁨과 평안을 얻고 더 보람되고 활기찬 인생을 살아갈 수 있을 것입니다.

(3) 하나님은 '만복의 근원'이 되십니다.

창세기 1장을 보면 하나님은 천지만물을 창조하시고 나서 가장 먼저 '복'을 주셨습니다. "하나님이 자기 형상 곧 하나님의 형상대로 사람을 창조하시되 남자와 여자를 창조하시고 하나님이 그들에게 복을 주시며 그들에게 이르시되 생육하고 번성하여 땅에 충만하라 땅을 정복하라 바다의 고기와 공중의 새와 땅에 움직이는 모든 생물을 다스리라 하시니라"(27-28절) **그들에게 복을 주시며!** 여기서 '복'은 히브리어로 ברך(바라크) 영어로는 blessing 인데 '소유의 개념' 보다는'생육하고 번성하고 충만하고 정복하고 다스리라'는 '형통과 번영' 그리고 '지배와 통치의 개념'을 가지고 있습니다. 그런데 세월이 흘러가면서 마귀가 개입을 하게되자 다른 복의 개념이 들어온 것입니다. 그것이 개인의 소유나 이기심이나 부귀영화같은 현세만을 위한 복이 된 것입니다. 이것은 마귀의 유혹입니다. 그래서 이것은 천국을 지향하는 신앙생활의 걸림돌이 되고 있고 우리가 조심해야할 암초이기도 한 것입니다.

하나님은 믿음의 조상인 **아브라함**을 부르실 때에 이렇게 말씀하셨습니다. "너는 너의 본토 친척 아비집을 떠나 내가 네게 지시할 땅으로 가라 내가 너로 큰 민족을 이루고 네게 복을 주어 네 이름을 창대케 하리니 너는 복의 근원이 될찌라"(창세기12:1-2절) **너는'복의 근원'이 될찌라!** 이것이 무슨 말씀입니까? 그 해답이 3절에 있습니다. "너를 축복하는 자에게는 내가 복을 내리고 너를 저주하는 자에게는 내가 저주하리니 땅의 모든 족속이 너를 인하여 복을 얻을 것이니라" **너는 복의 근원이 될찌라!** 이것은 아브라함이 하나님의 축복의 '대리인'이 된다는 것인데 여기서 아브라함은 '**복의 근원**'이 되었습니다. 그러나 하나님은 '**만복의 근원**'이 되십니다. 하나님이 복의 '시혜자'시라면 아브라함은 복의 '수혜자'인 동시에 하나님이 내려주시는 복을 나누어주는 '전달자'의 역할을 하라는 것입니다. 비록 그럴지라도 아브라함이 받은 '복의 근원'은 엄청난 복인 것입니다. 그래서 아브라함이 신구약을 통틀어서 하나님을 믿는 세계 모든 민족의 조상이 된 것입니다.

너는 복의 근원이 될지라! 이것은 신앙적으로나 신학적으로나 아주 중요한 말씀입니다. 예수님은 성육신 하셔서 성부 하나님의 대리인이 되셨습니다. 그래서 예수님에게는 엄청난 권세와 능력이 있었습니다. 아브라함도 마찬가지입니다. '**복의 근원**'이라는 것은 깊은 산속에 있는 '샘물의 근원지'처럼 모든 복이 거기서부터 흘러나온다는 것입니다.

시편 1편은 이렇게 시작이 되고 있습니다. "복 있는 사람은 악인의 꾀를 쫓지 아니하며 죄인의 길에 서지 아니하며 오만한 자의 자리에 앉지 아니하고 오직 여호와의 율법을 즐거워하여 그 율법을 주야로 묵상하는 자로 다"(1-2절) a.복 있는 사람은! 이 '복'은 세상 사람들이 생각하는 복과는 전혀 성격과 내용이 다른 것입니다. 그러면 그 복이 어떤 복입니까? 그 해답이 다음에 나오고 있습니다. "저는 시냇가에 심은 나무가 사절을 좇아 과실을 맺으며 그 잎사귀가 마르지 아니함 같으니 그 행사가 다 형통하리로다"(3절) 여기서 시편 기자는 복(福)을 '시냇가에 심기워진 나무'에 비유하고 있습니다. 세상 사람들은 복을 말할 때 '호박이 넝쿨채 굴러 들어오는 것'을 연상합니다. 아무런 노력도 없이 거저 들어오는 것을 복(福)이라고 생각합니다. 그러나 하나님의 '복'은 그렇지 않습니다. 그것은 시냇가에 심기워진 나무와 같습니다. 시냇가에 심기워진 나무는 사시사철 언제나 푸르고 꽃이 피고 열매를 맺습니다. 이사야 선지자는 이것을 이렇게 노래하고 있습니다. "나 여호와가 너를 항상 인도하여 마른 곳에서도 네 영혼을 만족케 하며 네 뼈를 견고케 하리니 너는 물댄 동산 같겠고 물이 끊어지지 아니하는 샘 같을 것이라"(이사야서58;11절) 너는 물댄 동산 같겠고! '물댄 동산'처럼 우리의 마음을 기쁘고 흐뭇하게 하는 것은 없습니다. 하나님이 바로 이런 복을 주시겠다는 것입니다. 그러면 우리의 심령이 '물댄 동산'같이 되려면 어떻게 해야 합니까? 먼저 예배를 귀하게 여기고 매일 하나님의 말씀을 읽고, 듣고, 묵상하고, 깨달아서 하나님과 좋은 관계를 맺는 것이 우선이고, 마귀가 주는 악과 죄와 오만함의 자리에서 벗어나야 하는 것입니다. 그래야 하나님이 복을 주시겠다는 것입니다. 그 결과는 b.그 행사가 다 형통하리로다! 입니다. 성경에서 말씀하는 복을 한마디로 말한다면 '만사형통'입니다. 그래서 이런 찬송을 부릅니다. 1절 '나의 갈 길 다가도록 예수 인도하시니 내 주 안에 있는 긍휼 어찌 의심하리요 믿음으로 사는 자는 하늘 위로 받겠네 무슨 일을 만나

든지 만사형통하리라 무슨 일을 만나든지 만사형통하리라'(통일찬송가434
장 새찬송가384장)

마태복음 5장을 보면 예수님이 **산상수훈**을 말씀하실 때에도 가장 먼저 '**9
가지의 복**'을 말씀하셨습니다. "심령이 가난한 자는 복이 있나니 천국이 저
희 것임이요"(마태복음5:3절) 그러나 예수님이 여기에서 말씀하시는 복(福)
은 대부분 '땅의 복'이 아니라 '하늘의 복'이라는 것입니다. 이것이 구약과
신약 즉 율법과 복음의 차이이기도 한 것입니다. 그리고 **요한계시록**도 이렇
게 시작이 되고 있는 것입니다. "이 예언의 말씀을 읽는 자와 듣는 자들과 그
가운데 기록한 것을 지키는 자들이 복이 있나니 때가 가까움이라"(요한계시
록1:3절) **복이 있나니!** 이처럼 '복'이라는 것은 창조주 하나님이 모든 피조
물들에게 가장 먼저 주시고자 하는 사랑의 표현입니다. 왜 그렇습니까? 하
나님이 우주만물을 선한 목적으로 아름답게 지으셨기 때문입니다. 그럼에
도 불구하고 세상이 어지러운 것은 악한 마귀가 들어와서 그런 복을 받지 못
하도록 훼방을 놓고 있기 때문입니다. 부모는 자식이 무조건 잘되는 것을 좋
아합니다. 왜냐하면 낳아서 길렀기 때문입니다. 부모는 자신은 굶어도 자식
은 먹이고 자신은 헐벗어도 자식은 잘 입힐려고 합니다. 하나님도 마찬가지
인 것입니다. 하나님은 우리를 지으신 분이십니다. 그래서 천하 만물이 다
잘되기를 바라십니다. 그 중에서도 사람은 하나님의 모양과 형상대로 지음
을 받았습니다. 그래서 하나님은 우리의 육신의 부모 이상으로 우리가 잘 되
기를 바라십니다. 이것이 바로 '**하나님의 복**'인 것입니다.

어느날 한 여인이 예수님께 이렇게 말했습니다. "당신을 밴 태와 당신을
먹인 젖이 복이 복이 있도소이다"(누가복음11:27절) 그러자 예수님이 이렇
게 대답하셨습니다. "오히려 하나님의 말씀을 듣고 지키는 자가 복이 있느

니라"(28절) 우리 모두 마음 속 깊이 새겨 들어야할 말씀인 것입니다. 왜 하나님의 말씀을 듣고 지키는 자가 복이 있습니까? 하나님이 말씀으로 천지만물을 지으셨기 때문입니다. 왜 그가 복이 있습니까? 그 말씀에 순종해야 영육 간에 강건해지고 만사가 형통하기 때문입니다.

　　사도 바울은 에베소서 1장에서 **'신령한 복'**에 대해서 이렇게 증거하고 있습니다. "찬송하리로다 하나님 곧 우리 주 예수 그리스도의 아버지께서 그리스도 안에서 하늘에 속한 모든 신령한 복으로 우리에게 복주시되"(에베소서 1:3절) 하늘에 속한 모든 신령한 복으로 우리에게 복주시되! 이것을 영어성경은 Having blessed us with every spiritual blessing in the Heavenlies이라고 번역하고 있습니다. 여기서 우리가 알 수 있는 것은 하나님이 우리에게 가장 주시고자 하는 복은 땅의 복이 아니라 '하늘에 속한 영적인 복'이라는 것입니다. 그렇다고 '땅의 복'이 포함되지 않는 것은 아닌 것입니다. "곧 창세 전에 그리스도 안에서 우리를 택하사 우리로 사랑 안에서 그 앞에 거룩하고 흠이 없게 하시려고 그 기쁘신 뜻대로 우리를 예정하사 예수 그리스도로 말미암아 자기의 아들들이 되게 하셨으니"(4-5절) **a.예수 그리스도 안에서!** 모든 것은 예수 그리스도 안에서 이루어집니다.

　　b.우리를 택하사! 우리가 구원받아 하나님의 자녀가 된 것은 창세전에 하나님이 우리를 선택하셨기 때문입니다.

　　c.우리를 예정하사! 이것을 신학적으로는 **'예정론'**이라고 하는데 하나님은 창세 전에 이미 우리의 구원을 예정해 놓으셨습니다.

　　d.예수 그리스도로 말미암아 자기의 아들들이 되게 하셨으니! 복 중에서 최고의 복은 하나님의 자녀가 되는 것입니다. 왜냐하면 하나님의 자녀가 되

면 천국에 가고 영생을 소유할 수 있기 때문입니다. 여기에서 중보자 역할을 하신 분이 바로 예수님이십니다.

"이는 그 사랑하시는 자 안에서 우리에게 거저 주시는 바 그의 은혜의 영광을 찬미하게 하는 것이라"(6절) **e.그의 은혜의 영광을 찬미하게 하는 것이라!** 하나님이 우리에게 복을 주시는 것은 다름이 아니고 '그의 은혜의 영광을 찬미하게 하는 것이다'라는 것입니다. 하나님의 보좌 앞에서 하나님의 영광을 찬미하는 것보다 더 큰 행복과 축복은 없습니다. 그것을 지금은 하늘나라에서 천사들이 하고 있으나 장차 이것을 구원받은 하나님의 자녀들이 할 것인데 그것보다 더 큰 복은 하늘과 땅의 그 어디에도 없는 것입니다. 그런 복(福)을 누리게 해 주신다는 것입니다. 사도 바울은 이것을 또 이렇게 표현하고 있습니다. "이는 그리스도 안에서 전부터 바라던 우리로 그의 영광의 찬송이 되게 하려 하심이라"(12절) **f.그의 영광의 찬송이 되게 하려 하심이라!** 이것이 무슨 말씀입니까? 이 말씀은 참으로 놀랍습니다. 이번에는 반대로 우리가 그 영광의 '주인공'이 된다는 것입니다. 왜냐하면 우리는 하나님의 자녀 즉 아들과 딸들이기 때문입니다. 그러면 '그의 영광의 찬송'이 무엇을 말하고 있습니까? 이것은 마치 부모가 사랑스런 어린 자식을 두 팔로 들어 올려서 흔들고 입맞추면서 좋아하는 것을 연상시켜 주고 있습니다. 그 때 부모는 가장 행복하고 자식도 또한 행복한 것입니다. 장차 우리가 하나님 앞에서 그런 영광을 누린다는 것인데 이것은 자녀들만이 누리는 복이요 특권인 것입니다. 할렐루야!

8. 하나님은 우리의 '참' 아버지이시오 '아바 아버지'이십니다.

하나님이 '아버지'라는 기록은 구약성경에 이미 나오고 있습니다. 이 말씀은 하나님과 우리의 친밀한 관계를 말해주는 것입니다. 어머니와 아버지는 다릅니다. 어머니는 자녀의 잘못을 무조건 덮어주고 감싸주지만 아버지는 잘잘못을 따지고 야단을 치고 벌을 주기도 하는 것입니다. 아버지는 두 가지 특성을 가지고 있는데 **사랑**과 **권위**입니다. 하나님도 이 두 가지 특성을 다 가지고 계십니다. 우리가 하나님의 사랑에 대한 친밀함과 하나님의 권위에 대한 두려움을 가질 때 그것을 성경에서는 '하나님을 경외한다'고 표현하고 있는 것입니다. 사랑과 권위! 이 두 가지가 함께 있을 때 우리가 하나님을 바로 섬기는 것입니다.

예수님은 이렇게 가르치셨습니다. "땅에 있는 자를 아비라 하지 말라 너희 아버지는 하나이시니 곧 하늘에 계신 자시니라"(마태복음23:9절) 이 말씀은 듣는 이에 따라서 오해의 소지가 있을 수 있으나 곰곰이 생각해보면 이해가 됩니다. 땅에 있는 육신의 아버지는 우리가 이 세상에 존재할 때뿐입니다. 아무리 좋아도 죽으면 그 인연도 끝이 나는 것입니다. 그러나 하늘 아버지는 그렇지 않습니다. 영원합니다. 그 사랑이 변치 않습니다. 육신의 아버지는 흠이 많습니다. 그러나 하나님 아버지는 흠이 없으십니다. 그래서 '참 아버지'십니다. 그리고 예수님은 갓난 아기처럼 하나님을 "아바 아버지여"라고 부르셨습니다. "아바 아버지여 아버지께서는 모든 것이 가능하시오니 이 잔을 내게서 옮기시옵소서 그러나 나의 원대로 마옵시고 아버지의 원대로 하옵소서"(마가복음14:36절)입니다. 여기서 '**아바**'는 Abba 즉 '아빠'라는 말입니다. 예수님은 하나님을 '아버지'(father)도 부족해서 '아빠'(papa)라고 부르셨습니다. '엄마' '아빠'라는 호칭은 자녀들이 아주 어릴 때 부르는 호칭입니다. 자식이 어느 정도 크면 더 이상 '엄마' '아빠'라고 부르지 않고 '어머니' '아버지'라고 부르는 것입니다. **'아빠'**와 **'아버지'**는 차이가 있습니다. '아버지'가 격식이 있고 예의를 갖춘 말이라면 '아빠'는 격식이나 예의를 따지지 않고 품 속에서 재롱을 피우듯이 부르는 호칭입니다. 자식이 **'아버지'**하고 부르면 '응! 왜 그래? 무슨 할 말 있어?'라고 묻지만 **'아빠'**라고 부르면 아무 생각도 없이 '오! 내 새끼!' 하면서 팔을 벌리고 덥석 안아주는 것입니다. 이처럼 아무 형식도 격식도 없이 '나는 당신에게 모든 것을 맡기고 싶니다'라는 표현이 "아바 아버지"인 것입니다. 그리고 예수님의 "아바 아버지"는 곧 우리의 "아바 아버지"가 되는 것입니다.

사도 바울은 이에 대해서 이렇게 증거하고 있습니다. "너희가 아들인고로 하나님이 그 아들의 영을 우리 마음 가운데 보내사 아바 아버지라 부르게 하셨느니라"(갈라디아서4:6절) 우리는 하나님으로부터 '아들의 영'을 받았습니다. 그래서 우리도 예수님처럼 하나님을 **"아바 아버지"**라고 부를 수 있습니다. 우리가 하나님을 **'아바'**라고 부른다는 것이 알면서도 쉬운 것이 아닙니다. 여기에는 굉장한 친밀감이 있어야 하는 것입니다. 이것은 부모와 자식을 보아도 알 수 있습니다. '아빠 아빠'하면서 다가오는 자식이 있고 '아빠'라는 말을 꺼리는 자식도 있습니다. 왜 그렇습니까? 친밀감이 다르기 때문입니다. 자식이라도 아주 가까운 사이에서나 '아빠'라고 부르듯이 다같이 하나님을 믿어도 **"아바 아버지"**라고 부르는 자는 흔하지 않은 것입니다. 옛날 엄한 유교사회에서도 **'부자유친'**이라는 말을 했습니다. 부모와 자식 사이는 '친한' 것이 최고라는 것입니다. 아빠와 아버지가 다르듯이 '하나님 아버지'와 '아바 아버지'는 다릅니다. 사랑이 다르고 느낌이 다르고 거리감이 다릅니다. 하나님을 "아바"라고 부른다는 것은 그만큼 가깝고 신뢰감이 있다는 것입니다. 이것은 기도할 때 나타납니다. **"하나님 아버지"**라고 부르며 기도

하다가도 더 가까와지면 **"아바 아버지"**라고 부르는 것입니다. 그러면 더 확신이 오고 사랑을 느끼는 것입니다. 예수님은 하나님을 **"아바 아버지"**라고 부르셨습니다. 자기가 모시는 신을 "아버지" 그것도 모자라서 "아바"라고 부르는 것은 기독교 밖에 없습니다. 그래서 기독교가 가장 인격적이고 가장 현실적이고 가장 구체적이고 가장 이상적인 종교인 것입니다.

제2장

인간은 어떤 존재인가?

1. 인간은 하나님의 '모양과 형상'으로 창조되었습니다.

창세기 1장을 보면 하나님이 6일 동안에 천지만물을 창조하셨는데 6일째 되는 마지막 날에 각종 동물들을 지으셨고 마지막으로 사람을 지으셨습니다. 그리고 이렇게 말씀하셨습니다. "우리의 형상을 따라 우리의 모양대로 사람을 만들고 그로 바다의 고기와 공중의 새와 육축과 온 땅과 땅에 기는 모든 것을 다스리게 하자"(창세기 1:16절) 여기서 **형상**(形象)은 히브리어로 מלצ (첼렘) 영어로 image 인데 '내적인' 것을 의미하고 **모양**(模樣)은 히브리어로 תומד(데무트) 영어로 likeness인데 '외적인' 것을 의미합니다. 그러니까 인간은 마음 뿐 아니라 모습까지도 하나님을 닮은 것입니다. 그러나 문제는 그 후 에덴동산에서 일어났던 것입니다. 하나님은 사람을 남자와 여자로 만드신 후에 개나 소처럼 목을 매어 끌고 다니신 것이 아니라 **자유의지**(自由意志)를 주셨습니다. **a. 그러면 자유의지가 무엇입니까?** 인간의 자유로운 선택권입니다. 그러나 여기에는 반드시 인간의 책임이 따르는 것입니다. 책임이 없는 자유는 방종이고 죄악으로 빠지기 쉬운 것입니다. 하나님은 하와가 선악과를 따먹는 것을 보시고도 말리지 않으셨습니다. 그냥 보고만 계셨던 것입니다. 하나님은 가인이 동생 아벨을 돌로 쳐서 죽이는 것을 보시고도 말리지 않으셨습니다. 이런 표현이 어떠할지는 모르겠으나 그저 보고만 계셨습니다. 만약 그 때 하나님이 하늘에서 천둥을 치거나 벼락을 쳤다면 하와가 선악과를 따먹지 못했을 것이고, 가인이 아벨을 죽이지 못했을 것입니다. 그러나 하나님은 알고도 모른체 하셨습니다. 왜 그랬을까요? 그들에게 자유의 의지를 주셨고 그 댓가로 그들의 책임을 물으시기 위해서인 것입니다.

b. 그러면 왜 인간에게 '자유의지'가 있어야 할까요? 인간은 하나님의 형상을 닮은 인격적인 존재들이기 때문입니다. 만약 인간에게 자유의지가 없다면 인간이 개나 소나 말 같은 다른 짐승들과 무엇이 다르겠습니까? 여기에는 하나님의 놀라운 사랑과 배려가 있는 것입니다. 우리가 자녀를 키울 때 어떻게 합니까? 개는 말썽을 피우면 목에 줄을 달아 끌고 다니지만 자녀는 그렇게 하지 않습니다. 아기가 돌이 지나면 걷기 시작하는 데 걷다가 넘어지고 이곳 저곳을 다니면서 일을 저지르기도 하는 것입니다. 그럴 때는 엄마나 아빠, 할머니나 할아버지가 뒤를 따라 다니면서 일으켜주고 위험한 것을 만지지 못하도록 지켜주는 것입니다. 이것이 인격이 있는 사람과 인격이 없는 다른 동물과의 차이입니다. 사람은 하나님을 닮아서 인격(人格)이 있습니다. 그래서 하나님은 죄를 지을 줄 알면서도 인간에게 자유의지를 주신 것입니다. 그러나 인간이 아무리 하나님의 형상을 가졌다 하더라도 창조주이신 하나님과 피조물인 인간 사이에는 엄연한 구분이 있는 것입니다. 그래서 에덴동산에는 법(法)이 하나 있었는데 그것은 하나님의 절대주권(絕代主權)을 상징하는 동산 중앙에 있는 '선악을 알게 하는 나무'의 열매를 따먹지 말라는 하나님의 명령이었습니다.(창세기2:16-17절) 그러나 인간은

이간자인 마귀의 유혹에 속아서 그 열매를 따먹음으로 하나님의 진노를 사서 에덴 동산에서 쫓겨나게 된 것입니다. 마귀는 하늘나라에서 '하나님보다 더' 높아지려고 하나님을 반역했습니다. **하나님보다 더!** 이것이 마귀의 **교만**입니다. 인간은 땅에서 마귀에게 속아'하나님처럼' 되려고 하나님이 금지하신 선악과 나무의 열매를 따먹었습니다.(창세기3:4-6절) **하나님처럼!** 이것이 인간의 **욕심**(탐욕)입니다. **교만과 욕심!** 이것이 모든 죄의 뿌리인 원죄(原罪)인 것입니다.

(1) 여기서 잠간 창조론과 진화론에 대해서 알아보고자 합니다.

창조론의 근거는 창세기 1장 1절입니다. "태초에 하나님이 천지를 창조하시니라" 이것은 말씀 그대로 하나님이 태초(太初) 즉 까마득히 멀고도 먼 그 옛날에 우주만물을 지으셨다는 것입니다. 이에 대해서 중세까지는 아무도 의심을 하지 않았습니다. 그러다가 근세에 이르러 물리학자인 '라마르크(1744-1829)'가 주장한 **용불용설**(用不用說)에 의해서 이 신념에 변화가 일어나기 시작했고 영국의 20대 청년이었던 **다윈**이 '**종의 기원**'(1859)을 학계에 발표하자 진화론이 서서히 고개를 들기 시작했던 것입니다. 이로 인하여 다윈은 '원숭이 다윈'이라는 좋지 않은 별명을 얻게 되었습니다. 이 학설이 때마침 등장한 후서얼의 현상학이나 프로이드의 '정신 분석학'이나 니체의 '실존주의 사상'과 합세해서 세상을 바꾸어 놓았던 것입니다. 그 후 100여년이 흘러갔고 지금은 **창조론**이 다시 고개를 들고 있는 것입니다.

진화론이란 모든 생명체들은 환경의 조건에 따라서 진화(進化)해 간다는 것입니다. 이것은 생물학자인 **찰스 다윈**(1809-188(2)이 군함을 타고 남미의 갈라파고스 제도나 남태평양의 여러 섬들을 돌면서 보고 연구해서 얻은 학설입니다. 진화론도 어느 범위에서는 틀리지 않습니다. 그러나 창세기 1장을 보면 하나님이 천지만물을 지으실 때 생물들을 "그 종류대로 창조하시니"(21절, 24절, 25절)라고 기록하고 있습니다. 이것은 모든 생물은 '종'(種)을 넘어서는 진화할 수 없다는 것입니다. 그러나 다윈의 진화론은 '종'(種)을 넘어서도 진화할 수 있다고 주장하는 것입니다. 그래서 창조론과의 충돌이 일어난 것입니다. 우리가 학교에서 배운 것처럼 진화론자들은 이렇게 주장합니다. '최초의 생물은 바다에서 시작이 되었고 바다 생물이 육지로 올라와서 육지 생물이 되었다. 그리고 동물은 단세포 생물인 아메바에서 시작이 되었다'라는 것입니다. 이것이 우리가 알고 있는 진화론에 대한 일반적인 상식입니다. 그리고 그 근거로 생물학자들은 **게놈** 즉 **유전자 지도**를 들고 있습니다. 인간의 유전자 구조나 다른 동물들의 유전자 구조가 크게 다르지 않다는 것입니다. 그러나 그 모양이나 생김새를 보면 식물과 동물이 다르고, 인간과 동물이 다르고, 동물도 종류에 따라서 모습이 전혀 다른 것입니다. 이것을 어떻게 설명하겠습니까? 인간과 가장 비슷한 동물은 원숭이 침팬지 고릴라입니다. 그것들은 너무나 인간을 닮아서 **'유인원'**이라고 부르고 '혹시 저것들이 인간의 조상이 아닌가?'라는 의구심을 갖게도 하는 것입니다. 여기서 염색체의 수를 놓고 보면 인간의 염색체 수는 46개, **침팬지**는 48개, 고양이나 호랑이는 36개, 개는 78개라고 합니다. 호랑이는 '고양이과'라서 염색체의 수가 36개로 고양이와 똑같습니다. 그러나 사람과 침팬지는 염색체의 수가 각각 46개와 48개로 차이가 있는 것입니다. 이것은 침팬지가 인간의 조상이 아니라는 것을 과학적으로 증명해주는 것입니다. 또 **개**는 염색체 수가 78개로 사람보다 훨씬 더 많습니다. 이것은 100여 년 전에 등장한 진화론에 오류가 있다는 것을 말해주는 것입니다.

이번에는 **'정신적인 측면'**에서 접근해 보겠습니다. 인간의 몸이 원숭이나 침팬지 고릴라에서 진화되었다면 인간의 정신 즉 지능이나 이성이나 양심도 원숭이 침팬지 고릴라에게서 진화되었습니까? 상상도 되지 않는 것입니다. 그러면 이것을 진화론으로 어떻게 설명할 수 있습니까? 그래서 진화론은 학자들을 위한 학설로 밖에는 달리 설명할 길이 없는 것입니다.

그러면 인간의 지성이나 이성이나 양심은 어디에서 왔습니까? 그것은 하나님이 주신 하나님의 **'모양과 형상'**인 것입니다. "하나님이 가라사대 우리가 우리의 형상을 따라 우리의 모양대로 사람을 만들고 그로 바다의 고기와 공중의 새와 육축과 온 땅과 땅에 기는 모든 것을 다스리게 하자"(창세기 1:26절) **우리의 형상을 따라 우리의 모양대로!** 여기서 **형상**이란 눈에 보이지 않는 인간이 가진 양심 지성 이성을 말하는 것이고 **모양**이란 눈에 보이는 인간의 외모와 형태를 말하는 것입니다. 하나님의 모양과 형상! 이 귀한 것을 받고도 하나님을 부인하고 인간을 아메바나 원숭이 수준으로 끌어내리는 자들은 인간을 모독하고 존엄성을 해치는 자들입니다.

(2) 오래전부터 철학자들은 성선설(性善說)과 성악설(性惡說)을 주장했습니다.

인간은 두 개의 얼굴을 가진 '야누스'와 같습니다. 인간은 도덕적으로 선하면서도 악한 존재입니다. 그러나 성경은 이 두 가지 학설을 뛰어넘어서 인간을 하나님의 '모양과 형상'으로까지 높이고 있는 것입니다(창세기1:26절). **하나님의 모양과 형상!** 이보다 더 인간의 가치와 자존심을 높이는 것은 없습니다. 그러나 인류학자들은 과학을 근거로 인간을 아메바나 원숭이나 유인원 수준으로 끌어내렸습니다. 이것은 그들이 인간을 육체적인 존재로만 보았기 때문입니다. 이것은 인간 스스로 자기 발등을 찍는 것과 같습니다. 여기에 무슨 의미가 있고 유익이 있고 비전이 있습니까? 인간을 단순히 물질이나 육체나 동물적인 존재로 보는 것은 무지이고 인간에 대한 모독입니다. 성경에 보면 하나님이 흙으로 사람을 만드시고 그 코에 생기(영)를 불어 넣으셨습니다.(창세기2:7절) 이것이 인간의 출발입니다. 그래서 인간은 물질적이거나 육체적이거나 동물적인 존재가 아니라 인간 스스로도 알 수 없는 **'그 이상의 존재'**인 것입니다. 인간에게는 육체만 있는 것이 아니라 정신도 있고 영혼도 있습니다. 이 땅에 사는 인간은 과학으로도 밝힐 수 없는 신비스런 존재인 것입니다. 그래서 우리는 창조주 하나님을 떠나서는 결코 인간을 알 수 없는 것입니다.

(3) 모든 사람은 하나님의 모양(模樣)과 형상(形狀)을 가지고 있습니다.

선인이든 악인이든 그에게는 하나님의 모양과 형상이 있습니다. 그래서 사람은 모든 피조물 중에서도 약하지만 이 땅의 지배자가 되었고 가장 귀한 존재가 된 것입니다. 살인 강도라도 그에게도 하나님의 형상이 있습니다. 그래서 그가 복음을 듣고 회개하면 새사람이 되는 것입니다. 예수님과 함께 십자가에 못박힌 우편 강도는 십자가 위에서 회개하고 구원받아 천국에 갔습니다. 60년대 말에 한 가족을 7명이나 죽인 살인마 '고0봉'은 감옥에서 전도를 받아 회개하고 예수 믿고 구원을 받았고, 감옥에서 많은 사람들을 전도해서 구원받게 했다고 합니다. 그리고 그는 사형이 집행될 때 찬송을 불렀다고 합니다. '하늘가는 밝은 길이 내 앞에 있으니 슬픈 일을 많이 보고 늘 고생하여도 하늘영광 밝음이 어둔 그늘 헤치니 예수 공로 의지하여 항상 빛을 보도다(통일찬송가 545장 새찬송가 493장)

2. 인간은 마귀의 말을 듣고 타락했습니다.

그러면 왜 하나님이 그들을 에덴동산에서 쫓아내셨을까요? 우리는 여기에서 몇 가지 이유를 생각해 볼 수 있습니다.

(1) 그들이 마귀의 말을 듣고 타락했기 때문입니다.

그러면 타락이 무엇입니까? 타락의 **첫번째** 의미는 인간에게서 '하나님의 영'이 떠난 것입니다. 그러자 육체만 남았고 결국은 흙으로 돌아가게 된 것입니다.(창세기6:3절, 3:19절) 하나님은 흙으로 사람을 만드시고 그 코에 생기를 불어넣으셨습니다. 그러자 생령(生靈)이 되었습니다(창세기2:7절) 이것이 하나님의 형상을 가진 인간의 원래의 모습이었습니다. 그러나 인간이 마귀의 꾀임에 빠져 죄짓고 타락하자 하나님이 그의 영을 거두어가신 것입니다. 그후 인간은 에덴동산에서 쫓겨났고 밭을 갈고 땅을 일구는 고달픈 삶이 시작되었던 것입니다. 그러나 사랑의 하나님은 인간을 쫓아 내신 후에 그냥 두시지 않고 구원의 길을 마련하셨습니다. 하나님은 아담과 하와를 위해서 양을 잡아서 구원의 옷인 '가죽옷'을 지어 입히셨던 것입니다.(창세기3:21절)

여기서 잠간 **'가죽옷'**에 대해서 알아보고자 합니다. 이 '가죽옷'은 구속사적으로도 아주 중요한 의미를 가지고 있습니다. 구약적인 관점에서 본다면 '가죽옷'은 수치스런 짐승의 옷이요 형벌의 옷입니다. 하나님의 형상으로 지음받고 으시대던 인간이 어느날 하나님으로부터 벌을 받고 에덴동산에서 쫓겨나서 짐승과 같은 '가죽옷'을 입고 다니는 것을 보고 다른 짐승들이 무어라고 쑥덕거렸겠습니까? '야! 저기 아담과 하와 좀 봐! 잘난체 하더니 우리와 똑같은 가죽옷을 입고 있잖아! 참! 꼴 좋다!'라고 비웃었을 것입니다. 아마 얼마 동안은 아담과 하와도 이 충격에서 헤어나지 못했을 것입니다. 그러나 이것을 신약적인 관점에서 본다면 이 '가죽옷'은 죄를 가리우는 '의의 옷'이요 '은혜의 옷'이 되는 것입니다. 왜냐하면 하나님이 이 '가죽옷'을 만드시려고 양을 잡아서 피를 흘리고 양의 가죽으로 옷을 만들어 친히 입혀주셨으니 여기에 하나님의 은혜와 사랑이 있는 것입니다. 그리고 이 '가죽옷'은 먼 훗날에 이 세상에 오셔서 십자가에서 피를 흘리셔서 인류의 죄를 대속하시는 예수 그리스도의 십자가 사건을 예시하고 있는 것입니다. 이처럼 성경의 모든 사건은 구속사적인 의미를 가지고 있는 것입니다. 선악과의 사건으로 인하여 그들은 하나님께 죄를 짓고 에덴동산에서 쫓겨났으나 '오히려' 이 사건으로 인하여 그들은 죄사함을 받고 에덴동산보다 더 좋은 천국에 들어가게 된 것입니다. 이것이 바로 하나님의 은혜와 사랑인 것입니다.

타락의 **두 번째** 의미는 하나님 중심에서 인간중심 즉 자기중심이 된 것입니다. '자기중심'이란 모든 것을 자기의 눈으로 보고 자기 위주로 생각하고 판단하고 자기의 유익을 위해서 행동하는 것입니다. 창세기 3;7절입니다. **"이에 그들의 눈이 밝아 자기 몸의 벗은 것을 알고 무화과 나뭇잎을 엮어 치마를 하였더라"** 아담과 하와는 마귀에게 속아서 하나님이 금지하신 선악과 열매를 따먹고 나자 그들의 눈이 밝아져서 자신들의 벗은 몸을 보게 되었습니다. 이것이 바로 **자아(自我)의식의 출현**입니다. 지금 우리에게는 자아의식이 너무나 당연한 것처럼 여겨지나 최초의 인간은 그렇지 않았던 것입니다. **자의식(自意識)**은 인간의 타락이고 악한 것이고 창조의 질서에서 벗어난 것입니다. 왜 인류사회가 이렇게 복잡하고 혼란스럽습니까? 자기 중심적인 사고방식과 자기와 남을 구분하는 배타적인 자아의식 때문입니다. 바로 여기에서 미움과 시기 원망과 싸움과 전쟁이 일어나는 것입니다.

　세상이 인간중심, 자기 중심의 세계라면 천국은 하나님 중심, 타인 중심의 세계입니다! 성경에서 자기(自己) 곧 나'는 곧 죄와 타락을 의미합니다.(나= **죄.타락)** 사람들은 언어 중에서 '나'라는 말을 가장 많이 사용합니다. 이것은 모든 것이 '나' 중심이고 내가 주인공이기 때문인 것입니다. 그러나 천국에는 '나'라는 개념이 없습니다. 모두가 하나님 중심이고 타인 중심입니다. 그래서 천국에는 미움 시기 원망 다툼이 없습니다. 그리고 남을 미워하거나 시기하거나 원망하거나 남과 다투는 자는 천국에 들어갈 수 없는 것입니다. 십자가는 바로 '나'를 죽이는 곳입니다. 그래서 예수님은 **"아무든지 나를 따라오려거든 자기를 부인하고 자기 십자가를 지고 나를 좇을 것이니라"**(마태복음16:24절)고 말씀하셨습니다. 천국에는 자아(自我)가 없습니다. 그래서 천국에 가려면 먼저 자기를 부인해야 합니다. 십자가는 '자기'를 부인하고 '나'를 못박는 곳입니다. 이에 대해서 사도바울은 이렇게 증거했습니다. **"내가 그리스도와 함께 십자가에 못박혔나니 그런즉 이제는 내가 산 것이 아니요 오직 내 안에서 그리스도께서 사신 것이라"**(갈라디아서2:20절) 성경에서 '나'는 죄와 타락이요 하나님의 원수입니다. 나의 가장 큰 적은 마귀가 아니라 바로 '나' 자신인 것입니다! 그래서 마땅히 '나'를 먼저 십자가에 못박아야 하는 것입니다. 그래야 나도 살고 남도 살릴 수 있는 것입니다.

　또 사도 바울은 이렇게 권면하고 있습니다. **"그러므로 형제들아 하나님의 모든 자비하심으로 너희를 권하노니 너희 몸을 하나님이 기뻐하시는 거룩한 산 제사로 드리라 이는 너희의 드릴 영적 예배니라"**(로마서12:1절) **a.산 제사로 드리라!** 살아있는 것은 제물이 될 수 없습니다. 죽어야 제물이 되는 것입니다. 그러면 '산 제사'가 무엇입니까? 양도 아니고 소도 아니고 바로

'나'를 드리는 제사입니다.

　b.영적 예배니라! 그러면 영적 예배가 무엇입니까? 쉽게 말하면 하나님이 가장 기뻐 받으시는 예배인 것입니다. 이렇게 산 제사와 영적 예배는 서로 통하는 것입니다. 이것은 옛사람(육)이 죽고 새사람(영)으로 거듭나는 것인데 이것이 바로 하나님이 가장 기뻐 받으시는 '산 제사'요 '영적 예배'라는 것입니다.

　에덴동산에서 마귀(뱀)가 선악과를 따서 강제로 하와에게 먹인 것이 아닙니다. 마귀(뱀)는 하와를 유혹했고 하와는 손을 내밀어서 선악과를 따먹은 것입니다. **마귀**가 '원인 제공자'라면 **하와**는 '행위자'인 것입니다. 아담과 하와의 후손들인 우리는 누구나 우리 안에 하와와 같은 옛사람 즉 육의 사람이 있습니다. 그것이 바로 '**나**'인 것입니다. 그래서 '나'를 십자가에 못박아야 하는 것입니다. 이것이 바로 하나님이 기뻐 받으시는 **산제사요 영적 예배**인 것입니다. 한편 **아담과 하와**는 선악과 나무의 열매를 따먹고 나서 자기들의 몸이 벗은 것을 알고 무화과 나뭇잎으로 치마를 해 입었습니다. 이것이 무엇입니까? 인류 최초의 패션이고 인간 문화(文化)의 시작인 것입니다. 그러나 무화과 나뭇잎으로 만든 옷이 얼마나 오래 가겠습니까? 곧 마르거나 해어지고 또 싫증이 날 것입니다. 그래서 인간의 문화는 오래 가지 못하고 자주 바뀌는 것입니다.

　(2) 하나님이 아담과 하와를 에덴동산에서 쫓아내신 것은 그들이 회개하지 않았기 때문입니다.

　날이 서늘해질 저녁 무렵에 하나님이 그들을 찾으셨습니다. 그러나 그들은 반가워하기는 커녕 나무 뒤에 숨고 말았습니다. 그러자 하나님이 아담에게 이렇게 물으셨습니다. **"네가 어디 있느냐"**(9절) 그러자 아담은 아무 대답도 하지 않았습니다. 그러자 하나님이 다시 물으셨습니다. **"누가 너의 벗었음을 네게 고하였느냐 내가 너더러 먹지 말라고 명한 그 나무 실과를 네가 먹었느냐"**(11절) 그러자 아담은 자신의 잘못을 인정하지 않고 그 책임을 하나님과 하와에게 떠넘겼습니다. **"하나님이 주셔서 나와 함께하게 하신 여자 그가 그 나무 실과를 내게 주므로 내가 먹었나이다"**(12절) 지금 하나님은 아담과 하와가 저지른 일을 다 알고 계십니다. 그런데도 물으시는 것은 그들에게 회개의 기회를 주시기 위한 것입니다. 만약 그 때 아담이 하나님께 "하나님, 제가 하와의 말을 듣고 선악과 열매를 먹었는데 부끄럽고 두려워하여 숨었습니다. 용서해 주세요"라고 회개했다면 그는 용서받았을 것입니다. 그러나 그는 회개하기는 커녕 책임을 떠넘기고 변명하기에 급급했던 것입니다. (하나님에게 가장 약한 것이 있는데 회개(悔改)입니다. 하나님은 어떤 죄를 지었어도 회개하면 다 용서해 주십니다). 그러자 이번에는 하나님이 하와에게 물으셨습니다. **"네가 어찌하여 이렇게 하였느냐"**(13절) 그러자 하와는 그 책임을 뱀에게 떠넘겼던 것입니다. **"뱀이 나를 꾀므로 내가 먹었나이다"**(13절) 그러자 하나님이 그들에게 심판을 내리셨는데 뱀에게는 땅에 기어다니고 흙을 먹는 형벌을 내리셨습니다. (지금은 뱀이 작고 기어 다니나 최초의 뱀은 그렇지 않았고 하와의 친구가 될 정도로 크고 예쁘고 서서 다녔을 것입니다. 그러다가 저주를 받고 오늘날처럼 작아지고 배로 기어다니게 된 것입니다). 하나님은 하와에게는 '해산의 고통'을 주셨고(16절) 아담에게는 '종신 노동형'과 '죽음'을 선고하셨습니다.

창세기 3:17-19절을 보면 하나님이 이렇게 아담에게 말씀하셨습니다. **"네가 네 아내의 말을 듣고 내가 너더러 먹지 말라한 나무 실과를 먹었은즉**

땅은 너로 인하여 저주를 받고 너는 종신토록 수고하여야 그 소산을 먹으리라 … 네가 얼굴에 땀이 흘려야 식물을 먹고 필경은 흙으로 돌아가리니 그 속에서 네가 취함을 입었음이라 너는 흙이니 흙으로 돌아갈 것이니라" 그런데 에덴동산에서 쫓겨난 후에 인간들은 하나님이 내리신 형벌에서 벗어나려고 몸부림을 쳤던 것입니다. '어떻게 하면 하나님의 간섭을 받지않고 얼굴에 땀을 흘리지 않고 편하게 살 수 있을까'를 놓고 연구에 연구를 거듭한 나머지 이탈리아에서 **르네상스 운동**이 일어났고, 프랑스에서는 **계몽주의 운동**이 일어났고, 영국에서 **산업혁명**이 일어났고, 그 결과로 전기, 기차, 자동차, 컴퓨터가 나오더니 요즘은 AI 로봇이 나왔고, 드론이 하늘을 날고, 자율주행차들이 도로 위에 등장하고 있는 것입니다. 그리고 사람들은 마트에도 가기 싫어서 집에서 인터넷으로 주문을 하면 홈쇼핑이나 각종 배달서비스나 택배회사들이 바쁘게 움직이고 있고, 동네마다 편의점들이 성업을 하고 있는 것입니다. 옛날을 생각하면 꿈과 같은 일들이 벌어지고 있는 것입니다. 그러나 그 결과는 비만 당뇨 고지혈 고혈압 암 발생이 늘고 인간의 몸은 과식에다 운동부족이 겹쳐서 차마 볼 수 없는 괴물이 되어가고 있는 것입니다. 왜 그렇습니까? 하나님의 법에서 벗어났기 떼문입니다. 그래서 "**네가 종신토록 수고하고 얼굴에 땀을 흘려야 먹고 산다**"(창세기3:17-19절) 는 하나님의 심판이 형벌이 아니라 축복이라는 것을 다시한번 깨닫게 됩니다. 이 모든 것들은 어리석은 인간들이 마귀의 사주를 받고 하나님을 배척하는 데서 오는 결과들인 것입니다.

(3) 여기에는 하나님의 배려와 깊은 뜻이 있었습니다.

만약 죄지은 인간이 '생명나무'의 열매를 따먹으면 어떻게 되겠습니까? 마귀처럼 영원히 하나님을 대적하는 악한 자가 되는 것입니다. 그래서 하나님이 화염검을 가진 천사들을 시켜서 생명나무의 길을 지키게 하신 것입니다. 여기서 **'화염검'**이란 마치 화염방사기 같이 번쩍번쩍 불을 내뿜는 칼을 말하는데 요즘식으로 표현한다면 최신식 무기를 가지고 개미 한 마리 들어오지 못하도록 에덴동산을 철통같이 지키게 하셨다는 것입니다. 이것이 인간적인 생각으로는 "참 하나님도 너무 하신다! 하나님이 저렇게까지 하실 필요가 있었을까?"라고 의구심을 가질 수 있습니다. 그러나 여기에는 인간이 알 수 없는 하나님의 깊으신 뜻이 있는 것입니다. 여기에 끓는 가마솥이 있고 그 옆에 어린아기가 놀고 있다면 어찌 하겠습니까? 아기를 다른 곳으로 옮기든지 아니면 철조망이라도 쳐서 아기가 가마솥에 가까이 가지 못하게 할 것입니다. 하나님의 마음도 그와 같은 것인데 불행하게도 아담과 하와는 하나님의 마음을 헤아리지 못하고 원망과 불평만 하다가 점점 타락의 늪 속으로 빠져들고 말았던 것입니다.

한편 인간은 선악과의 열매를 따먹고 하나님의 진노를 사서 에덴동산에서 쫓겨났으나 마귀(뱀)의 말처럼 눈이 밝아져 사물을 보고 판단하는 지혜를 얻게 되었고 이 땅에서 문화(文化)와 문명(文明)을 건설하게 된 것입니다. 18세기 영국에서 일어났던 산업혁명과 21세기에 일어나고 있는 IT산업과 4차 산업혁명을 보십시오! 하나님도 깜짝 놀라실 일을 지금 인간들이 하고 있는 것입니다. 이것이 무엇 때문 입니까? 이것은 인류의 조상인 아담과 하와가 에덴동산에서 선악과를 따먹고 하나님에 버금가는 지혜를 얻었기 때문입니다 그러나 인간은 반대급부로 생명(영생)을 잃게 된 것입니다. **지혜냐 생명이냐?** 어느 쪽이 더 좋은지는 깊이 생각해 보아야할 문제인 것입니다. 아담과 하와의 범죄로 인하여 인간은 영원이 살 수 있는 존재에서 120 살이라는 시한부 인생을 살게 된 것입니다.(창세기6:3절) 그러나 예수님은 인간이 범죄로 인하여 잃어버린 생명(영생)을 다시 찾아주시려 오셨고 예수 믿고 구원받으면 천국과 영생을 얻는 것입니다.

3. 인간은 선악과를 따먹고 나서 '마귀의 종'이 되었습니다.

창세기 3장을 보면 마귀가 뱀의 탈을 쓰고 하와를 유혹하는 장면이 나옵니다. 어느날 아담이 없는 틈을 이용해서 뱀이 하와를 이렇게 유혹하고 있습니다."하나님이 참으로 너희더러 동산 모든 나무의 실과를 먹지 말라 하시더냐"(1절) 지금 마귀는 엉뚱한 질문으로 하와의 마음을 교란시키고 있는 것입니다. 그러자 하와가 뱀의 질문에 대해서 '그게 무슨 소리냐? 어디서 그런 엉터리 소문을 듣고 와서 나를 시험하느냐? 모든 나무의 열매가 아니라 선악과 나무 열매만 따먹지 말라고 하셨어'라고 대답을 했어야 했는데 하와는 그러지를 않고 뱀의 질문에 동조하듯이 원망 불평을 섞어서 이렇게 대답을 했던 것입니다. "동산 나무의 실과를 우리가 먹을 수 있으나 동산 중앙에 있는 나무의 실과는 하나님의 말씀에 너희는 먹지도 말고 만지지도 말라 너희가 죽을까 하노라 하셨느니라"(2-3절) **만지지도 말라!** 여기서 하와의 대답을 보면 하나님의 말씀에 자기의 말을 첨가하면서 약간의 불만을 노출시키고 있는 것입니다. 그러자 눈치빠른 마귀가 그 틈을 파고 들었습니다. 간교한 마귀는 하와의 마음을 알고서 본격적인 작업에 들어갔던 것입니다. "너희가 결코 죽지 아니하리라 너희가 그것을 먹는 날에는 너희 눈이 밝아 하나님같이 되어 선악을 알 줄을 하나님이 아심이라"(5절) **하나님 같이 되어!** 이것은 그때나 지금이나 인간에게는 최고의 유혹인 것입니다. 지금도 인간은 하나님처럼 신이 되려 하고 있습니다. 이 유혹에 넘어가서 하와는 하나님이 금지하신 선악과 나무의 열매를 따먹고 말았던 것입니다. 그러자 하나님이 진노하셔서 그들을 에덴 동산 밖으로 쫓아 내셨던 것입니다. 그것을 본 마귀가 얼마나 좋아했겠습니까? '그것 참 꼴 좋다! 너희도 우리처럼 쫓겨나서 지옥이나 가게 되었으니 이제야 억울한 마음이 조금은 풀리는 것 같구나!' 하면서 좋아했을 것입니다. 그러면 왜 마귀가 에덴 동산에 들어와서 아담과 하와를 유혹해서 죄짓게 만들었겠습니까? 아담과 하와를 동지로 만들어서 함께 하나님을 대적하고 인간을 종으로 삼기 위해서였던 것입니다. 인류의 조상인 아담과 하와는 죄짓고 에덴동산에서 쫓겨나 하나님의 보호에서 벗어나자 어쩔 수 없이 세상 임금인 마귀의 종이 된 것입니다. 그러나 인간들은 매일 마귀의 종노릇을 하면서도 자기가 **'마귀의 종'**이 된 것을 모릅니다. 하나님을 믿고 영안이 열려야 그 때 가서야 비로소 그것을 알게 되는 것입니다.

여기서 우리의 의문점이 있습니다. '왜 성경은 뱀을 보고 마귀라고 하는가? 왜 마귀는 뱀으로 나타나는가?' 하는 것입니다. 요한계시록에는 이렇게 기록하고 있습니다. **"큰 용이 내어 쫓기니 옛 뱀 곧 마귀라고도 하고 사단이라고도 하는 온 천하를 꾀는 자라 땅으로 내어 쫓기니 그의 사자들도 저와 함께 내어 쫓기니라"**(요한계시록 12:9절) 여기서 "옛 뱀"이란 창세기 3장에서 하와를 유혹해서 선악과를 따먹게 한 뱀을 말하는 것입니다. 그렇다면 뱀하고 마귀하고 무슨 관계가 있느냐는 것입니다. 이것 또한 우리가 풀 수 없는 수수께끼인 것입니다.

여기서 잠간 저의 이야기를 해 보겠습니다. 저는 30이 넘어서 뒤늦게 예수를 믿었습니다. 그런데 이상한 것은 저는 예수를 처음 믿고 나서 **'뱀 꿈'**을 많이 꾸었습니다. 그 중에서 5가지만 말해보겠습니다. 첫번째 뱀 꿈은 이렇습니다. 옛날 저의 시골집에는 안 마당과 바깥 마당이 있었습니다. 바깥 마당에는 가에 100년 된 큰 대추나무가 서 있었습니다. 그래서 어린 시절에는 가을이 되면 대추를 따먹으러 대추나무에 자주 올라 다녔습니다. 그런데 꿈에 보니까 대추나무에 뱀이 걸려서 꼬리를 나무 가지에 감고 아래를 쳐다보면서 혀를 날름거리고 있었습니다. 그런데 바로 그 때 어린아기가 아장아장 걸어서 그 대추나무 아래로 가고 있는 것입니다. 너무 놀라서 "아가야! 안돼!"라고 소리를 지르면서 잠을 깨었는데 꿈이었습니다. 그리고 생각해 보니까 그 어린아기가 바로 저였습니다.

두 번째, 뱀 꿈은 저희 집 바로 앞에 텃밭이 있었는데 채소도 심고 고구마나 콩을 심는 밭이었습니다. 꿈에 보니까 그 밭에 검은 색의 뱀 두 마리가 뒤엉켜 싸우고 있는 것입니다. 얼마나 큰지 마치 용처럼 생겼습니다. 너무 놀라서 집으로 달려가서 작대기를 가지고 와서 휘두르며 달려드니까 뱀 두 마리가 싸우다가 겨우 도망을 갔습니다. 얼마나 힘이 들었던지 잠에서 깨어났는데 온 몸이 땀에 젖어 있었습니다. 그리고 생각을 해보았습니다. '이 뱀이 무슨 뱀이지?' 아무리 생각을 해보아도 보통 뱀은 아니었습니다.

세 번째, 뱀 꿈은 동네 한 가운데 시냇물이 흐르고 있었는데 어렸을 때 여름에 비가 많이 오면 물이 불어나고 강에서 물고기들이 올라오면 물고기를 잡던 개울이었습니다. 그 중간 쯤에 큰 정자나무 한 그루가 서있었는데 때가 여름인지라 제가 나무 밑에서 돗자리를 깔고 낮잠을 자고 있었습니다. 자다가 깨어서 눈을 떠보니 나무 위에서 뱀들이 가지마다 뒤엉겨서 노는지 싸우는지 난리를 치고 있는 것입니다. 너무 놀라서 '걸음아 날 살려라!' 하면서 도망을 쳤는데 깨어보니 또 꿈이었습니다. 네 번째 뱀 꿈은 저의 동네 동쪽으로 '도둑놈골'이라 불리는 작은 마을이 있었습니다. 그 동네는 산도 높고 이상한 소문이 있어서 잘 가지않는 곳이었습니다. 하루는 동네 아이들하고 칡뿌리를 캐러 그 산에 올라갔습니다. 괭이로 칡뿌리를 캐고 있는데 갑자기 땅 속에 뱀이 나오는 것입니다. 그래서 뱀을 찍어 죽일려고 괭이를 휘두르다 보니까 흙이 파지면서 뱀들이 하나씩 하나씩 나오는데 뱀 수백마리가 뒤엉켜 있는 것입니다. 너무 놀라서 괭이를 버리고 도망을 쳤는데 눈을 떠보니 꿈이었습니다. 그래서 가슴을 쓸어내린 적이 있습니다. 다섯 번째 뱀 꿈은 저의 바로 뒤에 함석으로 지붕을 올린'양철집'이라 불리는 집이 있었습니다. 그 집의 마당 옆에 '액비통'이라고 부르는 시멘트로 만든 사각형 거름통이 있었습니다. 하루는 보니까 그 통속에 뱀들이 뒤엉켜서 가득차 있었습니다. 그래서 놀라서 집으로 달려가서 삽을 가지고 와서 뱀들을 사정없이 내리찍었습니다. 그러자 통속에 붉은 피가 가득하고 되었습니다. 찍고 또 찍다 보니 저도 지쳐서 쓰러졌습니다. 나중에 눈을 떠보니 뱀들은 간 곳이 없고 꿈이었습니다. 얼마나 힘을 썼던지 속옷이 다 져져 있었습니다. 이 이외도 뱀 꿈을 더 꾸었는데 이런 꿈들을 처음 교회 다니기 시작할 때 꾸고는 그 후에는 뱀 꿈을 꾼 적이 없습니다. 제가 그 때 깨달은 것은 마귀와 뱀은 영적으로 같은 족속이라는 것입니다. 그래서 창세기 1장이나 요한계시록에서도 마귀가 뱀으로 등장하는 것입니다.

제가 어린 시절인 1950, 60년대는 어딜가나 뱀이 많았습니다. 산에 가도 뱀, 들에 가도 뱀, 밭에 가도 뱀, 논에 가도 뱀, 심지어는 뱀이 부엌 안에까지 들어와 살았습니다. 그러니까 하루를 지내다 보면 뱀을 보지 않는 날이 거의 없었습니다. 또 비가 오면 앞 산에서 구렁이 우는 소리가 들리고 밤에 길을 가다가도 갑자기 뱀이 나타나서 놀란 적이 한 두번이 아니었습니다. 그럴 땐 뱀을 보면 그냥 지나가지 않았습니다. 돌멩이를 던지거나 막대기로 때려서 죽여야 마음이 풀렸습니다. 뱀은 독해서 아무리 때려도 잘 죽지 않습니다. 막대기로 때려서 뱀이 죽는 시늉을 하면 돌멩이를 가지고 뱀의 머리를 짓이겨 놓았습니다. 그러고도 성이 안 풀려서 나무 위에 걸어놓고 갔습니다. 이것이 에덴동산에서부터 시작된 인간과 뱀의 악연(惡緣)인 것입니다.

그러면 인간이 '마귀의 종'이 되었다는 증거가 무엇입니까? 첫째, 악합니다. 사람들의 말과 행동이 점점 더 악해지고 T.V드라마를 보아도 옛날에는 상상도 못했던 끔찍한 장면들이 버젓이 나오고 있습니다. 둘째, 교활합니다. 거짓말로 남을 잘 속이는 것입니다. 둘도 없는 친구 사이인데도 속이고 잠적해 버리기도 하는 것입니다.

셋째, 죄의식이 없습니다. 보험금을 타려고 다른 남자와 공모해서 자기 남편을 유인해서 죽이고도 뉘우치기는 커녕 발뺌을 하고 뻔뻔스런 것입니다. 넷째, 음란하고 방탕합니다. 동물 중에서도 뱀이 가장 음란합니다. 뱀은 성기가 두 개라서 24시간씩 48시간을 교미를 한다고 합니다. 그런 마귀가 지배하는 세상이라 그런지 신문 잡지 TV, 유투브를 통해 음란문화가 공공연히 퍼져나가고 있습니다. 음란문화는 인간의 이성을 마비시켜서 짐승이 되게 만드는 악질적인 범죄인 것입니다. 이것은 소돔과 고모라같은 말기적 현상인 것입니다. 다섯째, 인간들이 하나님을 대적하고 신(神)이 되려고 합니다. 근세에 들어서 철학과 과학기술이 발달하자 인간들이 점점 하나님을 무시하고 폄하하고 대적하고 있습니다. 이것은 인간들이 마귀의 길을 가고 있는 것입니다. 그 대표적인 것이 **'뉴에이지 운동'**입니다. 요즘의 인간들은 지나친 개인 인권 자유주의 상업주의 편의주의의 문화 속에서 남의 간섭을 싫어하고 하나님을 생각지도 않으려고 합니다. 이것은 마치 3살짜리 어린애가 아빠의 간섭을 피하려고 떼를 쓰는 것과 같고 돌이 갓지난 어린아기가 엄마를 찾으러 혼자 집을 나온 것과 같습니다. 생각만해도 아찔한 것입니다. 지금 인간들이 마귀의 꼬임에 속아서 그 길을 가고 있는 것입니다. 그래서 신불신 간에 지금 세상을 말세라고 하고 세상 끝날을 바라보며 걱정하고 있는 것입니다.

어느날 예수님이 유대인들에게 이런 말씀을 하셨습니다. "너희가 내 말에 거하면 참 내 제자가 되고 진리를 알찌니 진리가 너희를 자유케 하리라"(요한복음8:31-32절) 그러자 유대인들로부터 거센 반발이 일어났습니다. "우리가 아브라함의 자손이라 남의 종이 된 적이 없거늘 어찌하여 우리가 자유케 되리라 하느냐"(33절) 그러자 예수님이 이렇게 대답을 하셨습니다. "죄를 범하는 자마다 죄의 종이라…그러므로 아들이 너희를 자유케 하면 너희가 참으로 자유하리라"(34-36절) **죄를 범하는 자마다 죄의 종이라!** 여기서 '죄의 종'은 곧 '마귀의 종'인 것입니다. 모든 인간들은 세상에 살면서 매일같이 죄를 밥먹듯이 지으면서 살고 있습니다. 여기에는 누구도 예외가 없습니다. 그런데 문제는 사람들이 죄를 지으면서도 그것이 마귀의 종노릇인 것을 모르거나 인정하지 않는다는 것입니다. 하나님을 믿어야 영안이 열리고 죄가 무엇인지를 알고 자기가 '마귀의 종'이 된 것을 비로소 깨닫게 되는 것입니다. 예수님은 바로 **'마귀의 종'**으로부터 인간을 해방시키고 구원해주시려고 오셨습니다. 그리고 우리를 '종의 신분'에서 하나님의 '자녀의 신분'으로 격상시켜주시는 것입니다.

4. 인간은 죄와 허물로 '죽은 자'가 되었습니다.

어느날 예수님은 제자들과 함께 **'나인'**이라는 성에 들어가셨습니다. **"그후에 예수께서 나인이란 성으로 가실 째 제자와 허다한 무리가 동행하더니 성문에 가까이 오실 때에 사람들이 한 죽은 자를 메고 나오니 이는 그 어미**

의 독자요 어미는 과부라 그 성의 많은 사람도 그와 함께 나오거늘 주께서 과부를 보시고 불쌍히 여기사 울지 말라 하시고 가까이 오사 그 관에 손을 대시니 멘 자들이 서는지라 예수께서 가라사대 청년아 내가 네게 말하노니 일어나라 하시매 죽었던 자가 일어나 앉고 말도 하거늘 예수께서 그를 그 어미에게 주신대"(누가복음7:11-15절)

a.사람들이 한 죽은 자를 메고 나오니! 여기서 죽은 자는 노인이 아니라 젊은 청년이었습니다. b.그 어미의 독자요! 독자(獨子)는 외아들인데 외아들이 죽었으니 어미의 슬픔이 얼마나 컸겠습니까? c.그 어미는 과부라! 더구나 이 어미는 과부였습니다. 그래서 아들이 죽고 혼자만 남은 것입니다. 그러니 하늘이 무너지는 것 같은 충격과 슬픔에 싸여있는 것입니다. 마침 예수님은 그 곳을 지나시다가 그 광경을 보시고 가던 발걸음을 멈추시고 그 여인에게 "울지 말라"고 말씀하셨습니다. 그리고 가까이 가서서 그 관에 손을 대시고 이렇게 명령하셨습니다. "청년아 내가 네게 말하노니 일어나라"(14절) 그러자 죽었던 청년이 일어나서 앉고 말도 했다고 기록하고 있습니다. 그 때 그것을 본 사람들이 얼마나 놀랐겠습니까? 그의 어미는 너무 좋아서 춤을 추었을 것입니다. 그리고 예수님의 소문이 널리 퍼져서 더 많은 사람들이 예수님을 따랐던 것입니다.

본문을 보면 죽은 청년과 그의 어미가 나오고 있습니다. 당연히 어미가 먼저 죽어야 하는데 자식이 먼저 죽은 것입니다. 그것도 하나 밖에 없는 독자였습니다. 이런 일들이 오늘도 세상에서는 비일비재하게 일어나고 있습니다. 그래서 사람들은 '올 때는 순서가 있어도 갈 때는 순서가 없다'라는 말을 합니다. 언제 죽을지 모르는 기약없는 인생! 이것은 인류의 조상인 아담과 하와가 마귀에게 속아서 하나님의 명령을 거역하고 하나님이 금지하신 선악과를 따먹고 하나님으로부터 죽음을 선고받았기 때문인 것입니다. 그리고 하나님은 인간의 수명을 120세로 정해놓으셨습니다.(창세기 6:3절)

우리가 잘 아는 '일사각오'의 순교자 '주 기철' 목사님은 평북 정주의 오산학교와 평양 장로회 신학교를 졸업하고, 목사 안수를 받고 부산의 초량교회(1926) 마산의 문창교회(1931)를 거쳐 평양의 산정현 교회(1936)에 부임해서 신사참배 반대운동을 펼치다가 일제의 감시를 받던 중 1939년 2월 첫째, 주일에 '다섯 종목의 나의 기도'라는 제목으로 설교를 마치고 일제에 의해 검속되어 감옥에 갇히게 되었습니다. 마지막 설교에서 목사님은 자신의 운명을 예견하셨고 '여러분! 예수님은 살아계십니다. 예수로 죽고 예수로 살으십시다'라는 말로 설교를 마쳤습니다. 감옥에 갇히어 일본의 형사들이 갖은 방법으로 회유를 했으나 목사님은 그것을 거부하고 1944년 형무소에서 순교하셨습니다. '일사각오', 그것은 '죽으면 죽으리라'입니다. 이것은 '나는 예수 그리스도로 살고 예수 그리스도로 죽겠다'는 것입니다. 이런 순교의 정신을 가지고 초대교회 때는 수많은 사람들이 불 속에 들어가고, 원형경기장에서 사자나 호랑이 곰이나 늑대의 밥이 되었던 것입니다. 그런 그들이 있었기에 지금 이 땅에 기독교가 전 세계에 널리 퍼진 것입니다.

사도 바울은 에베소서 2장에서 이렇게 증거하고 있습니다. "너희의 허물과 죄로 죽었던 너희를 살리셨도다 그 때에 너희가 그 가운데서 행하여 이 세상 풍속을 쫓고 공중의 권세잡은 자를 따랐으니 곧 지금 불순종의 아들들 가운데 역사하는 영이라"(1-2절) 너희의 허물과 죄로 죽었던 너희를 살리셨도다! 여기서 허물은 헬라어로 παράπτωμα(파랍토마) 영어로는 fault인데 '실수 실책 과오'라는 의미를 가지고 있습니다. 죄는 헬라어로 άμαρτία(하말티아) 영어로는 to miss the mark 즉 '과녁에서 빗나가다'라는 의미를 가지고 있습니다. **허물과 죄!** 이것은 인간이 하나님을 배신하고 마귀의 편을 드는 것입니다. 그래서 반드시 하나님으로부터 벌이나 심판을 받는 것입니다. 그러나 하나님은 그 누구라도 예수 믿고 회개하면 다 용서해 주시는 것입니다.

그러면 죄가 무엇입니까? 첫째, 죄는 '진리(眞理) 즉 원리(原理) 원칙(原則)'에서 벗어나는 것입니다. 그래서 문제를 불러오는 것입니다. 만약 비행기가 항로에서 벗어나서 다른 길로 간다면 어떻게 되겠습니까? 얼마 못가서 큰 사고를 일으키고 말 것입니다. 죄도 이와 같습니다. 하나님의 말씀에서 벗어나는 순간 비행기가 항로를 이탈하듯이 잘못된 길로 가는 것입니다. 둘째, 죄는 목적과 목표(目標)에서 벗어나는 것입니다. 올림픽 종목에 양궁이 있는데 우리나라가 최강국입니다. 그래서 금메달을 휩쓰는 것입니다. 왜냐하면 조상들이 몽고족이고 기마민족인지라 몽고의 초원이나 만주 벌판에서 말을 타고 활을 잘 쏘았기 때문인 것 같습니다. 그 때 보면 과녁의 정중앙을 맞추어야 10점이 되고 벗어나면 9점 8점 7점이 되는데 그러면 메달권에서 벗어나는 것입니다. 그 때 선수들의 심정이 어떠하겠습니까? 국민이나 가족이나 자기 자신에게 죄를 지은 기분이 들어서 고개를 푹 숙이고 죄인 아닌 죄인이 되어서 어디든 숨고 싶을 것입니다. 죄도 이와 같은 것입니다. 죄를 짓고 나면 부끄러워서 숨을 곳을 먼저 찾는 것입니다.

셋째, 죄는 하나님을 떠나서 **'세상 풍조'**를 따라가는 것입니다. 아담과 하와는 에덴동산에서 쫓겨나자 세상에서 살게 되었습니다. 그러다보니 어쩔 수 없이 세상풍속을 좇게 된 것입니다. 세상은 타락한 곳입니다. 그래서 세상 풍속을 따라가다 보면 나도 모르게 죄에 점점 더 깊이 빠져들게 되는 것입니다. 속담에 '바늘 도둑이 소도둑 된다'라는 말을 합니다. 세상은 깊은 수렁과 같습니다. 한번 수렁에 빠지면 움직이면 움직일수록 점점 더 깊이 빠져

드는 것입니다. 죄도 이와 같습니다. 한번 빠져들면 빠져나오려고 해도 빠져나오기가 쉽지 않은 것입니다.

사도바울은 이렇게 증거하고 있습니다. "그 때에 너희가 그 가운데서 행하여 이 세상 풍속을 좇고 공중의 권세잡은 자를 따랐으니 곧 지금 불순종의 아들들 가운데 역사하는 영이라"(에베소서2:2절) a.이 세상풍속을 좇고! 이 세상 풍속은 하나님보다는 마귀를 더 좋아합니다. b.공중의 권세잡은 자를 따랐으니! '공중'이란 Space인데 천국과 세상 사이를 말합니다. 마귀를 일컬어 '공중의 권세잡은 자'라고 합니다. 이처럼 마귀는 지배영역이 넓다는 것인데 우리가 천국에 가는 것을 중간에서 방해하는 자가 있는데 그가 바로 '공중의 권세잡은'마귀인 것입니다.

러시아의 문호인 톨스토이(1828-1910)가 지은 '부활'이라는 유명한 명작 소설이 있습니다. 이 소설은 농노의 딸인 마슬로바(일명:카튜사)와 귀족이요 공작인 네휼류도프와의 사이에서 일어나는 사랑을 다루고 있습니다. 공작인 네휼류도프는 군대에 입대하기 전에 부활절을 맞이하여 고모의 집에 잠시 머무르게 되는데 거기에서 하인으로 일하는 카튜샤를 보고 첫 눈에 반합니다. 그리하여 하룻밤을 보내고 아이를 임신시키고 떠나버립니다. 그 후 네휼류도프는 군대에 입대하여 장교가 되었고 세상풍조를 따라 점점 더 '타락의 길'로 빠져들게 됩니다. 한편 카튜샤는 네휼류도프를 기다리다가 지쳐서 그녀도 '타락의 길'로 빠져 들어서 매춘부로 세월을 보내게 됩니다. 그러다가 어떤 사람의 모함으로 억울하게 이상한 살인사건에 연류가 되어서 기소가 되고 재판을 받게 되고 우연하게도 바로 그 재판에 네휼류도프가 배심원으로 참석하게 되는데 네휼류도프는 20여년 만에 본 카튜샤를 보자 충격에 빠지고 모든 것이 자기의 잘못으로 일어난 일로 생각하고 몹시 괴로워하다가 카튜샤를 구해주기로 마음을 먹고 자신의 일을 모두 접고 오직 카튜샤의 석방을 위해서 발벗고 나섭니다. 그는 먼저 형무소에 갇혀있는 카튜샤를 만나려고 면회를 신청합니다. 네휼류도프는 카튜샤를 보자 반가웠으나 카튜샤는 못 볼 것을 본 것처럼 차갑게 외면을 하고 돌아서 버립니다. 그래도 네휼류도프는 계속 면회신청을 해서 감옥으로 카튜샤를 찾아갑니다. 그리고 지난 날의 잘못에 대해 용서를 구하고 자신과 결혼을 해줄 것을 애원합니다. 그러자 카튜샤의 마음도 서서히 돌아서게 됩니다. 그러나 카튜샤는 그의 청혼만은 받아들이지는 않습니다. 그래도 네휼류도프는 카튜샤를 석방시키려고 황제에게까지 청원서를 넣었으나 기각을 당하고 결국 카튜샤는 시베리아로 유형을 떠나게 되는데 네휼류도프도 마차를 타고 먼 여행길을 뒤따라갑니다.

이 소설은 죄수들이 춥고 배고픈 먼 시베리아 유형지로 떠나는 과정에서 일어나는 사건들로 절정을 이룹니다. 거기에는 정치범에서부터 살인 강도 도적 사기꾼 또 억울하게 죄를 뒤집어 쓴 자들까지 수천명이 끌려가고 있었습니다. 그는 그런 자들과의 만남을 통해 많은 것을 배우고 깨닫게 되고 정의의 투사가 되려고 결심도 합니다. 그러나 그의 최대의 관심은 '카튜샤의 석방'이었습니다. 그의 끈질긴 노력으로 얼마 후에 **카튜사**는 감형이 되어 자유의 몸이 됩니다. 그러나 기쁨도 잠시 뿐 그들에게는 더 큰 고민이 생겼습니다. 왜냐하면 그들 사이에 정치범 **시몬손**이라는 한 남자가 끼어들었기 때문입니다. 시몬손은 무정부주의자로서 정치사상 운동을 하다가 잡혀온 정치범으로서 시베리아 유형지로 끌려 가다가 카튜샤를 만나고 나서 그가 카튜샤에게 결혼을 청했기 때문입니다. 카튜샤도 이 둘 사이에서 방황하게 되고 네휼류도프도 그 일로 고민을 하다가 카튜샤의 의견을 들으려고 마지막으로 카튜샤를 찾아갑니다. 그 자리에서 두 사람은 상대방의 마음을 읽으려고 서로 날카로운 눈빛을 교환합니다. **네흘류도프**는 카튜샤가 원한다면 언제든지 그녀와 결혼할 준비를 하고 있었으나 또한 카튜샤가 원한다면 시몬손과의 결혼도 허락할 마음도 가지고 있었습니다. 한편 **카튜샤**는 네흘류도프를 진정으로 사랑해서 그가 자기를 붙잡아 주기를 바랐으나 네흘류도프의 그런 미지근한 태도에 실망을 하고 마음을 돌려서 시몬손을 따라 가기로 마음을 굳히게 됩니다. 그것을 아는지 모르는지 네흘로도프는 속으로 이런 의문을 가집니다. '카튜샤가 나보다 시몬손을 더 사랑하기 때문인가? 아니면 나를 사랑하기 때문에 나의 행복을 위하여 시몬손을 따라가려는 것인가?' 그러나 그들의 사랑의 실패의 결정적인 원인은 네흘류도프의 그런 미지근한 태도에 있었던 것입니다. 그래서 그들은 결국 헤어지게 됩니다. 결국 그들의 사랑은 열매를 맺지 못하고 끝이 나고 맙니다. 그리하여 이 소설은 독자들의 마음에 아쉬움을 주고 있는 것입니다.

그러면 그들이 사랑에 실패한 이유가 무엇입니까? 그들이 하나님의 말씀인 진리가 아니라 세상의 인심이나 풍조를 따랐기 때문입니다. 만약 그들이 예수 그리스도의 십자가의 사랑을 따랐다면 그들의 사랑은 결코 실패로 끝나지 않았을 것입니다. 그러나 같은 시기에 나온 소설인 쎙케비치가 쓴 '**퀴바디스**'에 보면 로마의 귀족이요 집정관이요 장군인 **비니키우스**가 전쟁에서 패하고 인질로 잡혀온 리기아국의 공주를 사랑합니다. 리기아 공주는 신앙심이 독실한 사람으로 베드로와 알고 가까이 지내는 사람입니다. 비니키우스는 리기아을 얻기 위해서 자신의 신분 지위 재산 등 모든 것을 포기하고 리기아 공주를 따라갑니다. 네로 황제도 그들의 사이를 알고 떼어놓으려고 갖은 방법을 다 했으나 실패하고 그들은 마침내 부부가 되고 먼 섬에 가서 살고 맙니다. 이 소설은 너무나 감동적이라서 마치 예수님과 성도들의 사랑을 보여주는 것 같습니다. 그래서 잃고 또 읽게 되는 것입니다.

한편 예수님을 만난 **막달라 마리아**는 창녀였으나 예수님을 만나고 나서 예수님의 사랑을 알게 되자 회개하고 새사람이 되어서 제자들과 함께 예수님을 끝까지 따라다니면서 극진히 섬겼습니다. 굳이 말을 한다면 **'열세번째 제자'**가 되었습니다. 창녀가 성녀가 되었습니다. 그후 막달라 마리아는 예수님이 십자가에서 죽으시고 무덤에 장사되자 이른 새벽에 예수님의 무덤까지 따라가서 부활하신 예수님을 만나는 첫 번째 목격자가 되었습니다. 이것이 어찌 사랑이 아니고서 가능하겠습니까? 그러나 카튜사는 네흘류도프를 만나고 나서도 점점 타락의 길로 빠져들다가 창녀가 되었고 다시 재회를 했으나 서로를 믿지 못하고 등을 돌리게 됩니다. 결국 네흘류도프는 카튜샤를 포기하고 말았는데 그에게 있는 것은 사랑이 아니라 인도주의적인 동정심이나 정의감이었습니다. 그래서 그들은 사랑이 실패로 끝나고 만 것입니다.

넷째, 결국 죄는 사망 즉 죽음을 불러오는 것입니다. 사도바울은 이렇게 증거하고 있습니다. **"이러므로 한 사람으로 말미암아 죄가 세상에 들어오고 죄로 말미암아 사망이 왔나니 이와같이 모든 사람이 죄를 지었으므로 사망이 모든 사람에게 이르렀느니라"**(로마서6:12절) 인류의 죄는 한 사람에게서 시작이 되었습니다. 이것은 마치 중국의 한 병원에서 시작된 **코로나19**가 삽시간에 전 세계로 전파되어 전 세계를 죽음의 공포에 떨게한 것과도 같습니다. 그러나 죄는 '코로나 바이러스'보다도 더 전파력이 강해서 모든 인류를 다 집어삼키고 죽음으로 내 몰고 말았습니다. 그래서 **"기록된 바 의인은 없나니 하나도 없으며"**(로마서3:10절)라는 말씀이 성경에 기록이 된 것입니다. 그리하여 하나님은 인간을 죄와 사망에서 구해주시려고 독생자 예수 그리스도를 보내주셔서 십자가에서 대신 죄를 지고 가게 하심으로 인간은 죄에서 해방되어 의인이 되고, 사망에서 구원받아 영생의 길이 열린 것입니다.

다섯째, 죄를 이기는 것은 오직 예수님이 십자가에서 흘리신 피 밖에 없습니다.

사도 바울은 이렇게 증거하고 있습니다. "우리가 아직 죄인 되었을 때에 그리스도께서 우리를 위하여 죽으심으로 하나님께서 우리에 대한 자기의 사랑을 확증하셨느니라 그러면 이제 우리가 그 피를 인하여 의롭다하심을 얻었은즉 더욱 그로 말미암아 진노하심에서 구원을 얻을 것이니"(로마서 5:8-9절) **그 피를 인하여 의롭다 하심을 얻었은즉!** 여기서 '그 피'는 예수님이 십자가에서 흘리신 피를 말합니다. 그래서 그 피를 보혈(寶血) 영어로는 the precious blood라고 합니다. 인간은 예수님이 십자가에서 흘리신 피를 믿음으로 말미암아 죄사함을 받고 하나님의 자녀가 되고 천국과 영생을 소유하게 되는 것입니다.

또 사도 바울은 이렇게 증거하고 있습니다. "그러나 이제는 너희가 죄에게서 해방되고 하나님께 종이 되어 거룩함에 이르는 열매를 얻었으니 이 마지막은 영생이라"(로마서6:22절) **a.그러나 이제는 너희가 죄에게서 해방되고!** 우리는 예수 그리스도의 십자가로 말미암아 죄에게서 해방이 되었고 마귀의 참소로 부터도 해방이 되었습니다.

b.이 마지막은 영생이라! 우리의 최종 목표는 천국과 영생입니다. 그 영생은 예수 믿고 구원받는 순간에 시작이 되는 것입니다. 그래서 예수 믿고 구원받으면 죽는 것도 더 이상 죽음이 아니요 잠을 자듯 잠간 쉬는 것입니다. 그러다가 예수님이 재림하시면 무덤에서 부활하여 새로운 몸을 입고 천국과 영생에 이르는 것입니다. 이렇게 예수님이 오심으로 죽음에 대한 개념

이 바뀌었습니다. 하나님은 살아계십니다! 하나님은 죽은 자도 살리십니다. 그래서 하나님 앞에서는 죽음도 죽음이 아닌 것입니다. 그것은 이 땅에서 하늘나라로 들어가는 통로입니다. 죽음은 영생으로 들어가는 문입니다. 그래서 스데반은 돌에 맞아 죽어가면서도 하나님을 찬양하고 그 얼굴이 천사처럼 빛이 났던 것입니다. 이처럼 우리도 **죽음**에 대한 개념을 바꾸어야 합니다. 죽음은 끝이 아니라 천국과 영생 즉 우리의 **본향**을 찾아가는 축제입니다. 이 모든 것은 오직 예수님이 십자가에서 흘리신 피로써만 가능한 것입니다.

5. 인간은 에덴동산에서 쫓겨난 후에 '방황하는 자'가 되었습니다.

창세기 4장을 보면 가인이 동생 아벨을 죽이는 장면이 나오고 있습니다. 그 때 하나님이 가인에게 이렇게 물으셨습니다. "네 아우 아벨이 어디 있느냐"(9절) 그러자 가인이 이렇게 대답을 했습니다. "내가 알지 못하나이다. 내가 내 아우를 지키는 자니이까"(9절) 그러자 하나님이 이렇게 말씀하셨습니다. **"네가 무엇을 하였느냐 네 아우의 핏소리가 땅에서부터 내게 호소하느니라. 땅이 입을 벌려 네 손에서부터 네 아우의 피를 받았은즉 네가 땅에서 저주를 받으리니 네가 밭을 갈아도 땅이 다시는 그 효력을 네게 주지 아니할 것이요 너는 땅에서 피하며 유리하는 자가 되리라"**(10-12절)

a.네 아우의 핏소리가! 이것이 바로 '피의 복음'입니다. 옛날부터 피라는 것은 생명을 의미했던 것입니다. 그래서 어린 시절에는 친구와 싸우다가 코피가 터지면 흥분이 되어서 죽자사자 달려들며 싸웠던 것입니다. 피는 호소력을 가지고 있습니다. 그래서 억울한 죽음을 당하면 그 피가 소리를 지르

는 것입니다. 예수님은 십자가에서 피흘려 죽으셨습니다. 그 핏소리가 지금
도 호소하고 있는 것입니다. 그러나 그 핏소리는 원한의 핏소리가 아니라 사
랑의 핏소리입니다.

　　b. 너는 땅에서 피하며 유리하는 자가 되리라! 여기서 a. "피하며"는 히브
리어로 ינ(누아)인데 영어로는 vagabond '이리저리 옮겨다니다' 라는 의미
이고 b. "유리하는"은 히브리어로 נד(누드)인데 fugitive 즉 '도망자' 라는 뜻
을 가지고 있습니다. 영어 성경에서는 You shall be a vagabond and a
fugitive on the earth라고 번역하고 있습니다. 학자들은 인류를 가리켜
'아벨의 후예'가 아닌 '가인의 후예'라고 부릅니다. 왜 그렇습니까? 인간에게
는 아벨같은 의인보다는 가인같은 죄인들이 더 많다는 것입니다.

　　그러면 그 후에 **가인**이 어떻게 되었습니까? **"가인이 여호와의 앞을 떠나
나가 에덴 동편 놋 땅에 거하였더라"**(16절) **놋 땅에 거하였더라!** 여기서 '놋'
은 히브리어로 נד(노드)인데 영어로는 wander 즉 '방황하다' 라는 뜻을 가지
고 있습니다. 그러니까 가인이 집과 고향을 떠나 '유리 방황하는' 자가 되었
다는 것입니다.

　　미국의 소설가 **죤 스타인벡**(1902-1968)이 쓴 **'에덴의 동쪽'**이라는 유명
한 소설이 있는데 그 소설은 19세기 말과 20세기 초에 이르는 미국의 서부
개척 시대를 배경으로 하고 있습니다. 아일랜드와 미국의 동부에 살다가 서
부로 이민 온 트래스코와 해밀턴이라는 두 가정의 3대에 걸친 이야기를 다
루고 있습니다. 이 소설은 제목이 말해주듯이 동생인 아벨을 죽이고 하나님
의 벌을 받고 에덴의 동쪽인 롯 땅에 거주했던 가인을 배경으로 쓴 소설입니
다. 그래서 인간의 원죄, 선과 악, 사랑과 증오, 삶과 죽음, 인간의 자유의지
등 인간의 가장 근본적인 문제를 다루고 있습니다. 이 소설의 중심사상은

창세기 4:6-7절입니다. **"네가 분하여 함은 어찜이며 안색이 변함은 어찜이뇨 네가 선을 행하면 어찌 낯을 들지 못하겠느냐 선을 행치 아니하면 죄가 문에 엎드리느니라 죄의 소원은 네게 있으나 너는 죄를 다스릴지니라"** 하나님은 여기에서 인간의 죄에 대한 욕구와 선과 악에 대해서 말씀하고 계십니다. 그런데 우리들의 머리를 갸우뚱하게 만드는 구절이 있습니다.

　a.**죄의 소원은 네게 있으나!** 여기서 우리의 관심은 **'죄의 소원'**이 무엇인가 하는 것입니다. 가인은 하나님이 아벨의 제사를 열납하시고 자신의 제사는 열납하지 않으시자 시기심과 분노가 끓어올라 동생 아벨을 죽이고 싶은 마음이 생겼습니다. 이것은 죄에게 사로잡힌 것입니다. 그리하여 아벨을 들로 유인하여 죽였습니다. **죄를 짖고 싶어서 견딜 수 없는 마음!** 이것은 마귀가 주는 마음이고 바로 이것이 죄의 소원인 것입니다. 이것을 영어성경은 이렇게 번역하고 있습니다. It desires to have you(N.I.V) 즉 '죄가 너를 소유하고 싶어서 안달이 났다'는 것입니다.

　b.**너는 죄를 다스릴지니라!** 영어성경에서는 But you must master it(N.I.V) '그러나 너는 죄를 다스려야 한다' But you must overcome it.(G.N.B) '그러나 너는 죄를 극복해야 한다'라는 의미입니다. 소설 **'에덴의 동쪽'**의 주인공은 바로 가인입니다. 여기에서 부각되는 것은 하나님이 인간에게 주신 **자유의지**입니다. 그런데 가인은 하나님이 주신 이 귀한 '자유의지'를 동생을 죽이는데 사용한 것입니다. 이것은 지금도 마찬가지입니다. 대부분의 사람들은 하나님이 주신 최고의 특권인 이 **자유의지**를 남을 돕는 선한 일에 사용하지 않고 자신의 사리사욕을 위하여 사용함으로 죄를 짖고 하나님과의 충돌이 일어나고 있고 행복이 아닌 불행으로 빠져들고 있는 것입니다. 하나님은 땅의 모든 것을 인간의 책임과 자유의지에 맡기셨습니다.

이것은 인간이 청지기가 된 것입니다. 그래서 하나님은 일일이 간섭을 하지 않으십니다. 그러나 청지기는 언젠가는 주인과 결산을 해야하고 주인(하나님)은 그 책임을 물을 것입니다.

성경에서 떠돌이 중의 대표자는 **야곱**입니다. 그는 아버지와 형을 속이고 집에서 쫓겨나와 루스(벧엘) 광야를 헤매다가 돌베개를 베고 잠이 들었는데 꿈 속에서 하나님을 만났고 그 길로 하란에 있는 외삼촌 라반의 집에서 20년을 머슴살이를 하다가 마침내 거부가 되어 고향으로 돌아와 할아버지 아브라함이 살았던 브엘세바에 정착을 했습니다. 그러다가 가나안땅에 가뭄과 흉년이 들자 애굽의 총리가 된 아들 요셉의 초청으로 애굽에 내려가서 바로왕을 알현한 적이 있었는데 그 때 이런 말을 했습니다. "내 나그네 길의 세월이 일백 삼십년이니이다 나의 연세가 얼마 못되니 우리 조상의 나그네 길의 세월에 미치지 못하나 험악한 세월을 보내었나이다"(창세기47:9절) 그는 인생을 한 마디로 '나그네 길'이라고 부르고 있습니다.

우리나라에서도 유명한 떠돌이가 있었는데 방랑시인 **김 삿갓**입니다. 그는 조선 시대에 과거시험에 장원으로 급제하여 벼슬길에 올랐으나 그가 과거 시험장에서 역적으로 매도한 사람이 그의 할아버지인 것을 알고는 벼슬을 사직하고 삿갓에 바랑을 메고 지팡이 하나만을 들고 삼천리 방방곡곡을 누비며 술과 시로 세월을 보냈습니다. 그에 관한 이런 노래가 있습니다. '죽장에 삿갓 쓰고 방랑 삼천리 흰구름 뜬 고개 넘어 가는 객이 누구냐 열두 대문 문간방에 걸식을 하며 술 한잔에 시 한 수로 떠나가는 김삿갓', 1960년대에 방송된 **'하숙생'**이라는 유명한 라디오 연속극이 주제가가 있었습니다. '인생은 나그네길 어디서 왔다가 어디로 가는가 구름이 흘러가듯 떠돌다 가는 길에 정일랑 두지말자 미련이랑 두지말자 인생은 나그네길 구름이 흘러가듯 정처없이 흘러만 간다'인생은 한마디로 나그네라는 것입니다.

히브리서에서는 이것을 이렇게 증거하고 있습니다. "이 사람들은 다 믿음을 따라 죽었으며 약속을 받지 못하였으되 그것들을 멀리서 보고 환영하며 또 땅에서는 외국인과 나그네로라 증거하였으니 이같이 말하는 자들은 본향 찾는 것을 나타냄이라 ...저희가 이제 더 나은 본향을 사모하니 곧 하늘에 있는 것이라"(히브리서11:13-16절)

a.나그네로라 증거하였으니! 왜 나그네가 되었습니까? 고향(故鄉)을 떠났기 때문입니다.

b.이제 더 나은 본향을 사모하니 곧 하늘에 있는 것이라! 우리의 육체의 고향은 이 땅입니다. 그래서 누구나 명절이 오면 고향에 가는 것을 좋아합니다. 그러면 고향보다 **'더 나은 본향'**은 어디입니까? 우리의 영혼의 고향인 하늘 나라 즉 천국입니다. 지금 그곳에서 하나님이 우리를 기다리고 계신 것입니다.

6. 인간은 구원을 받아야 '영원한 존재'가 될 수 있습니다.

하나님 다음으로 귀한 것은 사람(인간)입니다. 하나님은 사람을 구원하시려고 그의 아들을 보내신 것이지 짐승을 구원하려고 그의 아들을 보내신 것이 아닙니다. 예수님은 사람들 중에서도 세리나 창기같은 죄인들을 더 가까이 하셨습니다. 그러자 율법주의자요 외식주의자들인 바리새인들로부터 거센 반발에 직면했던 것입니다. 예수님은 의인을 부르러 오신 것이 아니라 죄인을 구원하려고 오셨고 십자가에서 대신 죽으셨습니다. 그 이유는 모든 사람은 하나님 앞에서 똑같은 죄인들이기 때문입니다. 하늘나라에서 하나님을 반역한 마귀는 벌을 받고 지옥에 갔으나 인간은 에덴동산에서 하나님을 반역했어도 용서받고 하나님의 자녀가 되었습니다. 그 이유는 단 하나! 사람은 하나님의 형상으로 지음을 받았기 때문입니다. 이에 대해서 시편은 이렇게 기록하고 있습니다. "사람이 무엇이관대 주께서 저를 생각하시며 인자가 무엇이관대 주께서 저를 권고하시나이까"(시편8:4절)

a. "사람이 무엇이관대 주께서 저를 생각하시며" 사람은 하나님의 형상대로 지음받은 하나님의 자녀입니다. 여기에 인간의 참 의미와 가치가 있습니다. 그래서 마귀는 정죄받고 지옥에 갔으나 인간은 용서받고 천국에 가게 된 것입니다.

b. "인자가 무엇이관대 주께서 저를 권고하시나이까" 인자(人子)는 하나님의 아들이신 예수 그리스도를 가리키고 있습니다. 하나님이 인간을 생각하시고 아들이신 예수 그리스도를 인간의 모양으로 이 세상에 보내셔서 인간의 죄를 대신 지고 가심으로 인간을 구원해 주신 것은 인간은 하나님의 형상대로 지음받은 하나님의 자녀이기 때문입니다. 이것은 아무리 강조해도 지나치지 않고 아무리 말해도 지치지 않고 오히려 더 자랑스러운 것입니다. 그리고 인간의 명운이 여기에 달렸다고 해도 과언이 아닌 것입니다. 그러나 시편은 이렇게 증거하고 있습니다. "사람은 존귀하나 장구치 못함이여 멸망하는 짐승같도다"(시편49:12절) 사람은 피조물 가운데서 가장 존귀한 자였습니다. 그러나 어느날 하나님께 죄짓고 타락해서 쫓겨났고 영생을 잃고 나자 짐승과 다름없는 존재가 되었습니다. 그래서 죽음이 찾아왔고 100살을 사는 것이 어렵게 되었습니다. 그러나 거북이같은 동물은 1,000년을 산다고 합니다. 우리나라에도 전국에 유명한 나무들이 곳곳에 서 있는데 양평에 있는 용문산의 은행나무는 수령이 1,000년이 넘었다고 합니다. 따져보

면 그 기원이 통일 신라 시대까지 거슬러 올라갑니다. 그러나 인간은 한 세기 100년도 살지 못하니 어느 면에서 본다면 거북이나 은행나무만도 못한 것입니다. 그래서 장구하지 못하는 인간은 멸망하는 짐승같다는 것입니다. 에덴동산에서 쫓겨난 인간은 만물의 영장으로서 한평생을 살지만 어디서 와서 어디로 가는지 모르고 인생(人生)이 무엇인지도 모르고 살고 있는 것입니다. 이것이 인간의 가장 큰 비극입니다. 왜 그렇습니까? 창조주이신 하나님을 떠났기 때문입니다.

어느날 **공자**의 제자들이 공자에게 와서 이렇게 물었다고 합니다. **"선생님, 사람이 죽으면 어떻게 됩니까?"** 그러자 공자가 이런 대답을 했다고 합니다. **"사람이 사는 것도 모르는데 죽은 후의 일을 어찌 알겠느냐?"** 참으로 솔직한 대답입니다. 지금 이 세상에서 하나님을 믿지 않고 사는 대부분의 인간들은 '인생이 무엇인지? '어디로 와서 어디로 가는지?'왜 사는지?' 그 의미도 이유도 목적도 방향도 모른체 짐승들처럼 먹고 자고 살다가 어느날 갑자기 죽음이 오면 나무나 풀처럼 땅 속으로 들어갈 뿐입니다. 그래서 성경은 **"존귀에 처하나 깨닫지 못하는 사람은 멸망하는 짐승같도다"**(시편49:20절)라고 말씀하는 것입니다. 인간은 다른 동물과는 다른 영적이고 지적인 동물입니다. 그리고 머리를 하늘에 두고 직립보행을 하는 하늘에 속한 존재인 것입니다. 그런데 찰스 다윈이 진화론을 발표하고 나자 학계에서는 기다렸다는 듯이 창조론에 반기를 들고, 이렇게 귀한 인간을 과학이라는 탈을 쓰고 그것이 무슨 대단한 학설이라도 되는 것처럼 인간 스스로 인간을 원숭이같은 부류에 집어넣는 것은 인류에게 큰 죄를 짓는 것입니다. 과학이 전부가 아닙니다. 성경은 시공(時空)을 초월하는 '초(超)과학'을 우리에게 제시하고 있는 것입니다. 인간의 가치는 육체가 아니라 정신에 있습니다. 육체보다 정신이 더 중요합니다. 요즘 세상을 보세요! 과학문명이 발달하여 누구나 다 배부르고 편리하게 살고 있으나 정신은 황폐화되고, 몸은 망가지고, 인간관계는 단절되고, 가정은 파괴되고, 인간이 인간보다 짐승을 더 좋아하고, 짐승처럼 되어가고 있는 것입니다. 이것이 무엇 때문입니까? 편리하고 자동화되고 인공지능화 되고, 디지털화 된 과학 물질문명 때문입니다. 그래서 깨닫지 못하면 멸망하는 짐승과 별로 다를 것이 없다는 것입니다. 그러나 깨달음이 중요하나 깨달음이 전부는 아닙니다. 깨달음은 구원과는 아무 상관이 없는 것입니다. 어느 종교에서 가르치는 것처럼 '깨닫는다'고 구원받아 영생을 얻는 것이 아닙니다. 구원받고 영생을 얻으려면 전지전능하시고 영생하시는 하나님을 믿고 하나님이 보내신 그의 아들 예수 그리스도를 나의 구원자로 믿을 때 죄사함을 받고 하나님과의 관계가 회복이 되고 하나님의 자녀가 되어서 잃어버린 천국과 영생을 다시 찾을 수 있는 것입니다.

우주만물을 창조하신 분은 하나님이십니다. 다윈은 **진화론**을 주장했으나 그것도 많은 문제점을 가진 하나의 학설일 뿐 인간의 존재를 다 설명해주지는 못합니다. 다윈은 무신론자가 아니라 영국 국교회의 신자이었고 지금 그의 무덤이 런던의 웨스트민스터 사원 안에 있습니다. 성경에서 하나님이 천지만물을 창조하실 때 생물들을 '그 종류대로' 창조하셨습니다.(창세기1장) 그래서 모든 생물은 '종(種)'을 넘어서는 진화할 수 없습니다. 다만 환경에 대한 적응과 변화가 있을 뿐입니다.

(1) 실존주의 철학자 알베르토 까뮈(1913-1960)가 쓴 '시지프의 신화'라는 에세이가 있습니다.

그 에세이의 주제는 '**삶의 부조리**(不條理)'입니다. 주인공인 **시지프스**는 부조리한 죽음에서 벗어나기 위해서 '죽음의 신'을 쇠사슬로 꽁꽁 묶어 놓습니다. 그러다가 죽음의 신이 풀려나서 반대로 자신이 죽게 되었을 때에 시지프스는 속임수를 써서 탈출에 성공합니다. 마침내 그가 붙잡히자 신들은 그를 지하에 가두고 그에게 형벌을 내리는데 그것은 평생 **'바윗돌을 산 밑에서 산꼭대기로 밀어올리는 것'**이었습니다. 그런데 죽자사자 힘껏 밀어올린 돌멩이는 산꼭대기에 거의 다다르면 아래로 굴러 내리는 것입니다. 그러면 다시 밀어올리고 이런 일을 매일 반복해야 하는 것입니다. 이것이 그가 주장하는 **'삶의 부조리'**입니다. 이에 지친 시지프스는 '죽음의 신'을 속이고 지하의 세계에서의 다시 탈출을 감행하는 것입니다. 이것이 이 에세이의 줄거리인데 그것이 또한 그의 비관적인 인생관이기도 한 것입니다. 사물은 보는 관점에 따라서 그 모양이나 의미나 가치가 달라지는 것입니다. 위냐 아래냐? 좌냐 우냐? 긍정적이냐 부정적이냐? 에 따라서 인식과 판단이 달라지는 것입니다. 또 검은 색 안경을 쓰고 보면 모든 것이 검게 보이고 붉은 색 안경을 쓰고 보면 모든 것이 붉게 보입니다. **까뮈**는 프랑스인이었으나 알제리에서 태어났고 어릴 때 아버지가 죽자 홀어머니 밑에서 가난한 삶을 살아야 했고 이리저리 떠도는 삶을 살아야 했습니다. 그러던 중 세계 2차 세계대전을 겪었고 주위에서 죽어가는 많은 사람들을 보면서 '삶의 부조리'를 느꼈던 것입니다. 그것이 그의 소설 **'이방인'**에서 잘 나타나고 있는 것입니다. 그 소설은 너무 난해해서 다 읽고 나서도 '이것이 무슨 말인가?'라고 머리를 갸우뚱하는 이상한 소설입니다. 까뮈는 신에게 반항하고 신으로 부터의 자유를 추구했으나 결국 그의 삶은 '더 큰 부조리'에 빠져들게 된 것입니다. **그러면 왜 삶이 부조리합니까?** 창조주 하나님을 떠났기 때문입니다. 하나님을 믿는다고 하면서도 그 명령에 불순종하고 말씀대로 살지 않기 때문입니다. 그러면 어떻게 해야 합니까? 창조주이신 하나님께로 돌아가야 합니다. 그 곳이 바로 교회요 천국인 것입니다. 우리의 목표는 이 세상이 아니라 천국입니다. 하나님을 믿고 천국을 소유하는 순간에 우리의 마음의 '빈 공간'은 채워지고, 삶은 더 이상 부조리하지 않고, 인생의 풍요로움 속에서 감사하고 찬양하며 살 수 있는 것입니다.

(2) 실존주의(實存主義 existentialism)는 20세기 전반에 프랑스와 독일에서 나타난 철학과 문학의 사조입니다.

실존주의 철학은 키에르 케고르(1813-185(5)와 니체(1844-1900)를 그 시조로 하며, 후서얼(1859-1938)의 '현상학'과 하이데거(1889-197(6)의 '존재론'이 큰 영향을 미쳤습니다. 대표적인 인물로는 야스퍼스(1883-1969), 싸르트르(1905-1980), 시몬 드 보봐르(1908-198(6) 까뮈(1913-1960) 등이 있습니다. 실존주의의 기본사상은 **'존재는 본질에 앞선다'**는 것입니다. 여기서 **'존재'**는 인간이고 **'본질'**은 신(神) 즉 하나님입니다. 이런 급진적이고 인본주의적인 사상이 인류가 1,2차 세계대전의 전쟁이라는 폭력을 경험하면서 급속히 퍼지면서 철학 문학 예술 심리학 정신분석학 행동학 등 각 분야에 큰 영향을 주었던 것입니다. 20세기 초반에 일어났던 1, 2차 세계대전으로 인간의 폭력성과 신의 무기력함을 경험한 학자들은 신에 대한 회의를 느끼게 되고 인간에 대해서 다시 생각하는 계기를 만들었다고 할 수 있습니다. 그것은 '신은 어떤 존재인가?' '인간은 어떤 존재인가?' '나는 무엇을 해야 하는가?'라는 물음으로 시작이 된 것입니다.

사전에서는 **실존주의**를 이렇게 설명하고 있습니다. "실존주의는 선택을 통해 자아를 형성하는 인간의 존재방식을 말한다. 그들의 사상에 의하면

'인간은 타의에 의해 태어난 이상 자신의 삶을 자신이 선택할 수 밖에 없으며 이러한 선택에 대한 불안감에 압도되면서도 그 '선택의 자유'를 통해 자신의 미래를 만들어가는 존재라는 것이다. 칸트와 헤겔로 대표되는 이전까지의 관념론적 철학이 '객관적 이성'을 인간존재의 근거로 보았다면, 실존주의는 '자신의 삶과 자유'를 인간존재의 근거로 삼았다. 이런 점에서 실존주의는 철저히 개인주의적인 철학이라고 할 수 있다. 그리고 실존주의 철학은 까뮈의 부조리 철학과도 깊은 관련이 있다. 자신의 삶을 살려면 그것을 가로막는 자신의 운명이나 사회조건 등의 부조리에 저항을 하게 되는데 이러한 저항을 강조하는 것이 **부조리 철학**'이다. 또한 실존주의 철학은 포스트 모더니즘과도 밀접하게 연결이 되어 있다. 왜냐하면 포스트 모더니즘은 기계론적 본질론적 관점을 정면으로 비판하고 해체하는 경향을 보이기 때문이다. 실존주의는 **보편성**보다 **개별성**을 더 중요시한다. 실존주의에도 유신론(有神論)적 실존주의와 무신론(無神論)적 실존주의가 있는데 유신론적 실존주의의 대표자는 키에르 케고르이고 무신론적 실존주의의 대표자는 쟝 폴 싸르트르이다."

우리가 **실존주의** 철학에 관심을 가져야 하는 이유는 실존주의 철학이 20세기 초에 등장한 하나님께 대한 강한 저항운동이고 반역이기 때문입니다. 그들은 신(하나님)을 부정하고 신보다 인간을 더 위에 놓습니다. 본질보다 존재를 더 강조합니다. 보편성보다 개별성을 더 강조합니다. 그들은 '생존의 불안'을 극복하기 위하여 신(神)이 아니라 자신(自身)을 선택합니다. 그들은 '존재의 부조리'를 해결하기 위하여 본질에 대한 반역을 선택합니다. 이것은 하늘을 향해 침을 뱉는 어리석은 행동입니다. 하나님이 없는 인간들만의 세상은 부모없이 사는 아이들과 똑같습니다. 그래서 우리의 조상들은 무당이나 점쟁이를 찾아갔고, 큰 나무나 암석 앞에 절하고, 장독대 위에 물을 떠 놓고 빌었던 것입니다.

그러면 실존주의가 인류의 역사에 무엇을 가져왔습니까? 빛이 아니라 어두움, 소망이 아니라 절망, 행복이 아니라 불행을 가져오고 있습니다. 아무리 위대한 과학자나 철학자가 나타나 인생의 문제를 해결하려해도 그것은 불가능합니다. 인간은 본질적으로 신 즉 창조주 하나님을 떠나서는 존재할수가 없는 것입니다. 인간에게 정신이 있는 한 신(神)은 존재합니다. 신이 없다면 인간의 정신세계는 길을 잃고 말 것입니다.

(3) 그러면 실존(實存)이 무엇입니까?

Existence! 말 그대로 현실세계에 존재하는 것을 말합니다. 그러면 눈으로 보고 귀로 듣고 과학으로 증명되어야만 존재하는 것입니까? 이것은 인간의 안일하고 근시안적인 사고방식입니다. 공기는 눈에 보이지 않아도 존재합니다. 마찬가지로 신(神) 즉 하나님도 눈에 보이지 않아도 존재하는 것입니다. 정신(精神)이 존재한다면 마찬가지로 신(神)도 존재하는 것입니다. 왜냐하면 서로 연결되어 있고 같은 부류이기 때문입니다. 프랑스의 계몽주의 철학자인 **데카르트**는 **'나는 생각한다 고로 나는 존재한다'**라는 유명한 말을 했습니다. 나는 존재한다! 이것이 그의 실존입니다. 독일의 합리주의 철학자인 **헤겔**은 **'정신은 실체다'**라는 유명한 말을 했습니다. 이 말은 물질보다 정신이 먼저라는 것입니다. 신(神)의 존재는 곧 인간의 정신세계의 전제조건이 되는 것입니다. 그래서 신(神) 즉 하나님의 존재를 부인하는 것은 바보가 손바닥으로 자기 눈을 가리우고 '하늘이 없다'고 말하는 것과 같은 것입니다. 이 우주가 물질로만 된 세계라고 생각한다면 참으로 그것은 지성이 아니라 어리석음인 것입니다. 인간은 육체적인 존재만이 아니라 정신적인 존재입니다. 오히려 육체보다 정신이 더 위에 있는 것입니다. 여기까지는 그 누구도 다 인정할 것입니다.

그러면 **영혼**은 무엇입니까? 정신세계를 지배하는 최상위의 실체입니다. 바로 여기에서 각자의 실존이 드러나는 것입니다. **'나는 신의 존재를 인정하지 않는다'** 그러면 그의 실존은 거기까지입니다. **'나는 신의 존재를 인정한다'** 그러면 그의 실존은 거기까지 더 연장이 되는 것입니다.

(4) 실존이냐 생존이냐?

지금 이 시대는 **실존**(實存)보다 **생존**(生存)을 더 걱정할 때가 되었습니다. **'실존주의'철학**이 20세기의 철학이라면 **'생존주의'철학**은 21세기의 철학이 될 것입니다. 세상은 과학 문명이 발달하여 더 편리하고 부유해졌으나 인간의 정신과 삶은 더 황폐되고 불행해져 가고 있습니다. 왜 그런지 그 이유는 아무도 모릅니다. 왜 잘 살게 되었는데 인간은 더 불행해져 갈까? 이것은 풀리지 않는 수수께끼와도 같습니다. 그것은 인간이 육체적인 존재가 아니라 정신적인 존재인 것을 말해줍니다. 인간은 소나 말이나 개나 돼지처럼 배부르다고 만족할 수 없습니다. 또 인간은 과학문명 속에서 편리함과 배부름으로는 결코 행복해질 수 없다는 것을 보여주는 것입니다. 인간 사회는 **동물농장**이 아닙니다. 인간을 평등하고 배부르게 해주겠다던 **공산주의**도 반세기가 못가서 망하고 말았습니다.

현대의 과학 기술문명도 마찬가지입니다. 현대 과학문명은 창조주 하나님의 기술을 훔쳐간 도적과 같은 문명입니다. 그래서 원리원칙을 벗어나 있고 정당하지 못합니다. 그래서 얼마 못가서 망하고 말 것입니다. 하나님이 눈에 보이지 않는다고 해서 '하나님이 없다'고 생각하는 것은 어리석은 것입니다. 하나님은 영원히 살아계셔서 '불꽃같은 눈으로' 지금도 세상을 지켜보고 계십니다. 하나님은 천지만물을 창조하실 때 **원리원칙** 즉 **법**을 정해놓으셨습니다. 그래서 어느 인간이나 국가나 사회나 문명도 이것을 벗어나면 망하는 것입니다.

지금 21세기의 **현대문명**은 앞으로 나아갈 수도 뒤로 돌이킬 수도 없는 진퇴양난에 빠져있습니다. 그래서 세익스피어의 4대 비극인 **'햄릿'**에 나오는 햄릿 왕자의 고백인 **'사느냐 죽느냐 그것이 문제로다'**(To be or not to be is the question)를 생각하게 해주고 있습니다. 덴마크의 왕자인 **햄릿**은 아버지가 돌아가신 뒤 하루하루를 슬픔 속에서 보내고 있었는데 어느날 아버지의 유령이 나타나 자신을 죽인 것이 작은 아버지인 클로디어스라고 알려주었습니다. 클로디어스가 형인 왕을 죽이고 왕이 된 다음 햄릿의 어머니와 결혼까지 합니다. 왕자인 햄릿은 미친 척하며 복수할 기회만을 기다렸습니다. 그러나 복수는 그리 쉬운 일이 아니었습니다. 내성적이었던 햄릿은 **'사느냐 죽느냐'**를 놓고 고민하던 중 이런 생각을 하게 되었습니다. '숙부인 클로디어스가 아버지를 죽이는 장면을 연극으로 만들어 사람들에게 보여 주자' 그 연극은 많은 사람들의 관심을 끌었고 대성공을 거두었습니다. 그러자 그 연극을 보고 자신의 범죄가 들통이 난 것을 안 클로디어스는 햄릿을 죽이기 위해 술잔에 독을 탔습니다. 그러자 햄릿의 어머니가 이 잔을 대신 마시고 죽었습니다. 그 일로 결국 햄릿도 클로디어스도 모두 죽고 맙니다. 그러니까 왕실에서 권력을 놓고 싸우다가 가족 4명이 모두 죽은 것입니다.

바로 지금 세상이 이와 같습니다. 지금 지구는 과학문명과 산업 상업주의의 발달과 여기에 인간의 무분별한 욕망으로 자연 생태계의 파괴로 인하여 남극과 북극, 히말라야와 알프스의 빙하가 다 녹고, 그로 인한 기후의 변화로 태풍, 지진, 대형 산불이 세계 곳곳에서 일어나고 있고, **지구의 종말**이 눈앞에 다가와 와 있습니다. 그런데도 여전히 사람들은 거기에는 관심이 없이 마치 '소돔과 고모라' 같이 먹고 놀고 즐기기에 바쁘고, 각국은 자기 나라의 이익을 챙기기에 급급하고 있습니다. 이런 와중에서도 구시대적인 국가 민족주의로 인한 우크라이나와 러시아의 전쟁이 일어나 수많은 사상자를 내고 지구를 더 혼란 속으로 몰아넣고 있습니다. 지금 인류는 생(生)과 사(死)의 기로에 서 있습니다. **'사느냐 죽느냐? 멸망이냐 생존이냐?'**를 놓고 고민하고 결단을 해야 할 시점이 되었습니다. 해결책은 한 가지 밖에 없습니다. 하나님 앞에 나아가 그동안 저지른 죄를 회개하고, 인간의 교만과 탐욕과 헛된 꿈을 버려야 합니다. 이런 근본적인 회개가 없이는 인류는 다시한번 마귀에게 속아서 멸망의 길로 가고 말 것입니다.

예수님은 이렇게 말씀하셨습니다. **"누구든지 제 목숨을 구원코자 하면 잃을 것이요 누구든지 나와 복음을 위하여 제 목숨을 잃으면 구원하리라"**(마가복음8:35절) 이것이 무슨 말씀입니까? '누구든지 자기를 위하여 살면 죽을 것이고 주님과 복음을 위하여 살면 영원히 살리라'는 것입니다. 21세기 인류문명과 지구종말의 시대에 당신은 어느 쪽입니까? 자기만을 위한 **실존**입니까? 아니면 하나님의 영광과 이웃을 위해 살고, 나도 영원히 사는 **생존**입니까?

(5) 인간은 영(靈)과 혼(魂)과 육(肉)으로 이루어졌습니다.

인간에게 있어서 **육체**보다 더 중요한 것은 **정신**이고 정신보다 더 중요한 것은 **영혼**입니다. 누가 이것을 부인할 수 있겠습니까? 만약 이것을 부인한다면 스스로 자신의 존재가치를 낮추는 것이 될 것입니다.

예수님은 이렇게 말씀하셨습니다 **"내가 문이니 누구든지 나로 말미암아 들어가면 구원을 얻고 또는 들어가며 나오며 꼴을 얻으리라...내가 온 것은 양으로 생명을 얻게 하고 더 풍성히 얻게 하려는 것이라"**(요한복음10:9-10절) a.**내가 문이니!** 예수님은 구원의 문, 천국의 문, 영생의 문이십니다. b.**양으로 생명을 얻게하고!** 예수님은 우리의 영. 혼. 육의 구원을 위해 오셨습니다. 이것을 신학에서는 '전인(全人) 구원'이라고 합니다. 여기서 영(靈)은 영혼이고, 혼(魂)은 정신이고, 육(肉)은 육체를 말합니다. 인간은 영과 혼과 육의 세 가지 구성요소로 되어 있습니다. 그런데 눈에 보이는 육체만을 존재로 보는 것은 짐승같은 태도입니다. 정신까지를 존재로 보는 것은 성숙한 태도이고, 영혼까지를 존재에 포함시키는 것은 완전한 태도입니다. 그래서 우리는 실존주의자들의 어리석고 편협하고 천박스런 논리에 속아서는 안됩니다. 신(神)의 존재를 부인했던 그들은 모두 인생의 비참한 말로를 맞이하고 말았던 것입니다. c. **더 풍성히 얻게 하려는 것이라!** 예수님은 항상 주시고도 더 넘치도록 부어주시는 분이십니다. 예수님은 하나님의 아들로서 우리의 영. 혼. 육을 항상 강건하고 풍성하게 채워주시는 분이십니다. 아멘!

예수님은 이렇게 말씀하셨습니다.**"나를 보내신 이는 참이시니 너희는 그를 알지 못하나 나는 아노니 이는 내가 그에게서 났고 그가 나를 보내셨음이라"**(요한복음7:28-29절) a.**나를 보내신 이는 참이시니!** 이 한마디 속에 하나님의 모든 것이 응축되어 있는 것입니다. 오직 하나님만이 '참'이십니다. b.**내가 그에게서 났고!** 이것은 예수님의 출생입니다. c.**그가 나를 보내셨음이라!** 이 말씀은 예수님의 출처를 말합니다. 예수님은 스스로 오신 것이 아니라 하나님이 보내셔서 오셨습니다.

또 예수님은 이렇게 말씀하셨습니다. **"내가 아버지께로 나와서 세상에 왔고 세상을 떠나 아버지께로 가노라"**(요한복음16:28절) 여기서 '아버지'는 천국을 말합니다. 이것이 인간에 대한 가장 정당한 설명이 아닐까요? 인간은 비록 땅에 살고 있으나 그 근본은 하늘에 속한 자인 것입니다. 인간은 하나님께로부터 왔고 하나님께로 돌아갑니다. 인간은 다른 동물들처럼 죽으면 끝나는 그런 하등(下等)의 존재가 아닙니다. 인간은 하나님을 닮은 가장 귀한 존재 그리고 영원한 존재입니다. 그래서 인간은 하나님을 떠나서는 그 존재의 의미와 가치와 당위성을 인정받을 수 없는 것입니다.

제3장

교회는 어떤 곳인가?

예수님이 이렇게 말씀하셨습니다 "내가 이 반석 위에 내 교회를 세우리니 음부의 권세가 이기지 못하리라"(마태복음16:18절)

1. 교회는 이 세상에 떠있는 방주와 같습니다.

구약성경을 보면 노아시대에 하나님이 물로 세상을 심판하실 때 노아와 그의 일곱 가족은 하나님의 명령대로 방주를 짓고 방주에 들어가서 홍수가 끝나기까지 400일을 살아야 했습니다. 이것을 '방주교회'라고 부릅니다. 홍수가 끝나자 그들은 방주에서 나와서 다시 인류를 이 땅에 퍼뜨릴 수 있었습니다.(창세기6:13-22절)

창세기 6장을 보면 세상에 사람들의 죄악이 관영하자 하나님이 노아에게 방주(方舟)를 지으라고 명령하시는 장면이 나오고 있습니다. "모든 혈육 있는 자의 강포가 땅에 가득함으로 그 끝날이 내 앞에 이르렀으니 내가 그들을 땅과 함께 멸하리라 너는 잣나무로 너를 위하여 방주를 짓되 그 안에 간들을 막고 역청으로 그 안팎에 칠하라"(13-14절)

a."너는 잣나무로 너를 위하여 방주를 짓되" 흔히 이것을 '노아의 방주'라고 하는데 그러면 방주가 어떤 배입니까? 방주를 히브리어로 תבה'테바'라고 부르는데 영어로는 ark(모양없는 배, 모세의 십계명을 넣은 상자)입니다. 출애굽기 2:3절에 보면 모세의 어머니가 모세를 낳았으나 숨겨서 키우다가 더 이상 어찌할 수 없어서 갓태어난 아기 모세를 갈대상자에 넣어서 나일강에 띄웠던 것입니다. 여기에 나오는 **'갈대상자'**가 바로 תבה'테바'입니다. 여기서 '노아의 방주'는 크기만 다를뿐 모양은 모세의'갈대상자'와 같은 것입니다. 그러니까 방주는 타원형같은 배가 아니라 네모난 상자같은 볼품없는 배인 것입니다. 만약에 이런 네모난 큰 배를 만들어서 강이나 바다에 띄운다면 어떻게 되겠습니까? 얼마 못가서 파도를 맞고 부서지거나 물에 잠기고 말 것입니다. 그러면 왜 하나님이 노아에게 이런 배를 만들라고 하셨습니까? 노아가 배를 만드는 기술이 없는 것도 문제이지만 이 방주는 전적으로 하나님의 보호나 인도에 그 운명이 달려 있는 것입니다. 방주의 구조를 보면 이와같습니다. 방주는 1층 2층 3층으로 되었는데 문은 각 층마다 하나밖에 없습니다. 우리가 볼 때는 배 같지도 않은 배인 것입니다. 요즘은 이런 배를 찾아볼 수도 없는 것입니다. 그 때 40일 동안을 밤낮으로 하늘에서 장대비가 쏟아졌고 물이 150일 동안 땅 위에서 창일했고, 비가 그치자 물이 감하기 시작하여 1년이 조금 지나서 노아가 방주문을 열고 밖으로 나왔던 것입니다. 여기서 방주는 바로 **교회**입니다. 교회는 세상이라는 물 위에 떠있는 배와 같습니다. 물 위에 떠있는 방주처럼 교회는 전적으로 하나님의 보호와 인도하심이 있어야 하는 것입니다. 만약에 노아가 너무 답답하여 하나님의 명령도 없이 방주문을 연다거나 밖으로 나온다면 어떤 일이 벌어지겠습니까? 방주는 물 속으로 침몰하고 말 것입니다. 교회도 마찬가지입니다. 아무

리 하나님의 방법이 더디고 느리고 답답해도 참고 기다리고 하나님의 말씀과 명령을 따라야하는 것입니다. 성경을 보면 노아는 무려 1년 동안을 방주 안에서 지내야 했습니다. 그런데도 하나님은 배 안에서 그 지루한 기간 동안 그에게 말씀 한마디 하지 않으셨던 것입니다. 그래서 노아는 너무 답답하여 까마귀를 내어보내 보았고 그래도 소식이 없자 이번에는 비둘기까지 내어 보내서 바깥 사정을 알려고 했던 것입니다. 그러자 비둘기가 감람나무 새 잎을 물고 오자 비가 그치고 물이 마른 것을 알았던 것입니다. 그것을 성경은 이렇게 기록하고 있는 것입니다. **"또 칠일을 기다려 비둘기를 내어 놓으매 다시는 그에게로 돌아오지 아니 하였더라 육백 일년 정월 그달 일일에 지면에 물이 걷힌지라 노아가 방주 뚜껑을 제치고 본즉 지면에 물이 걷혔더니 이월 이십칠일에 땅이 말랐더라"**(창8:12~14절) 여기서 우리의 관심을 끄는 것은 하나님이 그 때까지 노아에게 한 말씀도 하지 않으셨다는 것입니다. 지금 우리 같으면 '하나님! 이거 어떻게 된 거에요? 왜 아무 말씀도 하지 않으세요?'하면서 원망 불평이 대단했을 것입니다. 사실 1년 동안을 배 안에 갇혀있는 노아와 일곱 식구들의 답답함이 얼마나 했겠습니까? 그래도 노아는 불평 한마디 하지 않았던 것입니다. 그래서 노아를 의인이라고 불렀고 하나님이 그에게 은혜를 주신 것입니다. 그래서 우리도 때로는 하나님의 응답이 느리고 우리 마음에 들지 않는다 할지라도 끝까지 믿고 묵묵히 참고 기다려야 하나님의 방식대로 일이 잘 해결이 되는 것입니다.

b."**역청으로 그 안팎에 칠하라**" 여기서 '역청'은 히브리어로 동사 כפר'카파르에서 나온 말인데 '덮는다,구원한다'라는 뜻을 가지고 있습니다. 명사형으로는 '코페르'인데 영어로는 asphalt인 것입니다. 만약에 '역청'을 칠하지 않는다면 방주는 물이 들어와서 곧 가라앉고 말 것입니다. 여기서 '역청'

은 예수 그리스도의 피를 상징하고 있는 것입니다. 예수님이 십자가에서 흘리신 피가 우리의 모든 죄를 사하고 덮고 마귀로부터 지켜주는 것입니다. 그리고 성령이 오셔서 우리를 더 안전한 곳으로 인도해 주시는 것입니다.

성경은 인류의 역사를 '홍수 전'과 '홍수 후'로 나누고 있습니다. 노아의 대(大)홍수 전에도 이 땅에는 사람들이 많이 살고 있었고 문명이 발달하고 있었습니다. 그러나 사람들이 하나님의 말씀을 순종하지 않고 세상에 죄악이 관영함으로 하나님이 홍수로 세상을 심판하신 것입니다.(창세기6장) 여기서 특이한 사실은 홍수 전과 홍수 후의 지구의 자연환경의 변화입니다. 홍수 전에는 하늘에 **'물층'**이 있어서(창세기7:11절) 온실효과로 자연환경이 온화해서 살기에 좋았습니다. 그래서 과목과 식물들은 아주 크게 자랐고 사람들과 짐승들도 장수할 수 있었습니다.(지금 땅 속에 묻혀있는 어마어마한 양의 석유와 석탄자원도 아마 그 때 식물들이 자라서 생긴 것일 것입니다.) 그러다가 대홍수로 인하여 하늘의 '물층'이 사라지고 자연환경이 파괴되자 지구는 더위와 추위가 번갈아 찾아오는 지금과 같은 열악한 환경이 된 것입니다.(창세기8:22절) 그리하여 인간의 수명이 단축되기 시작한 것입니다. 예를 든다면 홍수 전에 인류의 조상인 아담은 930세를 살았고 므두셀라는 969세. 노아는 950세를 살았습니다. 그러다가 홍수 후에는 수명이 급격히 감소하여 800세 700세 600세. 500세. 400세. 300세.200세가 되더니 아브라함 때부터 수명이 200세 이하로 내려왔고 아브라함은 176세를 살았고 모세는 120세를 살았습니다. 그 후 수명이 더 단축이 되어서 100세 이하로 내려오게 된 것입니다. 이것은 인간의 죄와 타락으로 인한 지구의 자연환경과 사회환경의 변화 때문인 것입니다. 요즘은 과학자들이 생명공학과 의학의 발달로 인간의 수명을 1000세까지 연장할 수 있다고 호언 장담하고 있으나 그것은 어디까지나 한낮의 꿈에 지나지 않고 하나님이 정하신 인간의 수명은 120세인 것입니다.(창세기6:3절) 인간의 수명은 죄와 관련이 있습니다. 모든 인류가 하나님 앞에서 진정으로 회개하지 않는한 인간의 수명은 하나님이 정하신 120세를 넘지 못할 것입니다.

2. 교회는 이 땅에 세워진 하늘 나라에 들어가는 '대기소'와 같고 하나님의 백성을 훈련시키는 '훈련소'와도 같습니다.

(1) 교회는 대기소와 같습니다.

이스라엘 민족은 모세의 인도로 출애굽(Exodus 심야의 대탈출)을 감행한 후에 광야(시나이반도)에서 40년을 살았습니다. 광야는 물이 없어서 풀 한 포기 자랄 수 없고, 돌멩이들만 널려 있고, 그 사이에서 전갈과 뱀이 살고, 낮에는 덥고 밤에는 추워서 사람이 살 수 없는 곳입니다. 그런데 어떻게 이런 곳에서 300만 명이나 되는 한 민족이 40년 동안이나 살 수 있었겠습니까? 이것은 기적 중의 기적인 것입니다. 그 때 하나님은 이스라엘 민족을 낮에는 **구름기둥**으로 인도하셨고 밤에는 **불기둥**으로 보호하셨습니다. 그리고 하늘에서 매일 만나와 메추라기를 내려주셨고 반석에서 물이 솟아나서 그들이 먹고 살 수 있었던 것입니다. 그 때 이스라엘 민족은 **천막**(天幕)을 치고 살았는데 가까운 곳에 **회막**(會幕)을 짓고 거기에서 하나님을 만나고 하나님께 예배를 드렸던 것입니다.(출애굽기33:7-11절) 이것을 성경은 **'광야교회'**라고 부르고 있습니다. 그러면 이 회막이 무엇입니까? 회막은 가나안 땅에 성전이 세워지기 전에 잠시 머물었던 대기소와 같은 것입니다. 병원에 가보면 언제나 진료실 앞에는 사람들이 앉아서 대기하고 있습니다. 바쁘다고 해서 내가 먼저 들어가서 진료를 받을 수는 없습니다. 내 이름을 부를 때까지 기다리고 있어야 하는 것입니다. 어떤 때는 한 시간 이상이나 기다리자면 짜증이 날 때도 있습니다. 이스라엘 민족은 애굽에서 사흘이면 곧장 가나안땅에 들어갈 수도 있었으나 광야에서 무려 40년을 떠돌며 기다려야 했습니다. **그러면 그 40년이란 기간이 무의미했습니까?** 절대 그렇지 않습니다. 그 기간 동안에 그들은 고생은 했지만 하나님께 기도했고, 하나님을 만났고, 날마다 하늘에서 내려오는 만나와 메추라기를 먹었고, 수많은 기적을 체험했던 것입니다. 그리고 그로 인하여 모세의 오경 중에서 출애굽기, 레위기, 민수기, 신명기라는 주옥같은 성경이 쓰여져서 이스라엘 민족의 율법과 교훈과 양식이 된 것입니다. 이정도면 광야 40년이라는 고생도 충분한 가치와 보상이 되지 않습니까? 교회도 회막과 같습니다. 교회는 완전한 장소가 아닙니다. 세상에서 그리스도인들이 예수 그리스도의 재림을 기다리며 임시로 머무는 장소인 것입니다.

(2) 교회는 훈련소와 같습니다.

그러면 왜 하나님이 이스라엘 민족을 곧장 가나안땅으로 인도하지 않고 거친 광야로 인도하셨습니까? 광야는 이스라엘 민족의 신앙의 훈련소였던 것입니다. 저는 군대에 입대해서 하사관 학교로 차출되기 전에 수용연대에서 15일을 기다려야 했습니다. 그리고 '인간 재생공장'이라고 불리던 하사관 학교에서 6개월 동안 고된 훈련을 받았습니다. 그리고 6개월의 고된 훈련을 마치고 이등병 일등병 상병 병장을 뛰어넘어 단기하사 계급장을 달았는데 서울 대학교 101학군단에서 군사학 조교로서 군복무를 했습니다. 그리고 대학교에서 군복무를 하니 학교의 직원들이나 학생들로부터 부러움을 샀고, 대학 입학시험 때가 되면 교수와 함께 시험감독을 했고, 일반 학과의 조교들과 똑같은 대우를 받았고, 학교로부터 월 2만원이라는 조교수당까지 받았습니다. 그 때는 군대생활이 아니라 직장생활을 하는 기분이었습니다. 이것이 무엇입니까? 고된 훈련의 결과였습니다. 이스라엘 민족은 광야에서 이런 훈련의 과정을 마쳤기에 가나안땅에 들어가서 죽기살기로 달려드는 가나안 7동맹군을 물리치고 가나안을 정복할 수 있었습니다. 만약 이런 훈련과정이 없었다면 그들은 오합지졸이 되어서 가나안 정복은 그리 쉽지만은 않았을 것입니다. 그러나 무엇보다도 그들이 광야에서 고된 훈련을 받은 것은 그들이 하나님의 은혜와 사랑을 체험하게 하기 위한 것이었습니다. 만약 이스라엘 민족이 곧장 가나안땅으로 들어갔다면 처음에는 그들이 하나님의 은혜와 사랑을 알고 감사하고 기뻐했을지는 몰라도 얼마 안가서 그들은 믿음이 해이해져서 가나안 일곱 족속들의 공격을 받고 무너지고 말았을 것입니다.

우리의 신앙생활도 이와 같습니다. 하나님이 우리를 마귀가 울부짖는 광야와 같은 세상에 두시는 것은 마귀와의 싸움을 통해 우리의 신앙이 더 견고해지고, 하나님의 은혜와 사랑을 깨닫고, 하나님의 임재와 역사를 체험하게 하기 위해서인 것입니다. 공짜는 좋은 것 같으나 얼마가지 못하는 것입니다.

세상의 모든 것은 상대적(相對的)입니다. 절대적인 것은 하나님 밖에 없습니다. 천재 이론 물리학자인 **아인슈타인**(1879-195(5)은 '특수 상대성 이론 (1905년)과 일반 상대성 이론(1915년)'으로 물리학에 새로운 혁명을 일으켰습니다. 그는 E=mc2이라는 물리적 **'에너지 법칙'**을 발표했는데 이것은 물리학에 새로운 혁명을 가져온 것입니다. (여기서 E는 에너지이고, m은 질량이고, c는 빛의 속도입니다) 그는 **'특수 상대성 이론'**에서 '질량'과 '에너지'를 등가(等價) 즉 하나로 통합했습니다. 그리고 일반상대성 이론(191(5)에서는 '시간'과 '공간'을 하나로 통합했습니다. 즉 **'시공간'**(space-time)이라고불렀습니다. 수학자이며 물리학자이며 천문학자인 뉴턴(1643-172(7)은 시간과 공간을 다른 개념으로 보았으나 아인슈타인은 시간과 공간을 하나의 개념으로 보았습니다. 그래서 시공간(時空間)이라는 신조어가 탄생한 것입니다. 이 '시공간'이 중력의 영향을 받아서 휘어지거나 뒤틀린다는 것입니다. 이것이 바로 **'일반 상대성 이론'**입니다.

하나님은 모든 만물을 '상대적'으로 창조하셨습니다. 하늘과 땅. 빛과 어두움, 남자와 여자, 천국과 지옥… 모든 가치는 상대적입니다. 만약 하나만 있다면 그 존재가치를 평가할 수 없는 것입니다. 어두움이 있기에 빛이 드러나는 것처럼 지옥이 있기에 천국이 드러나고, 마귀가 있기에 하나님이 드러나고, 여자가 있기에 남자가 드러나고, 광야가 있기에 가나안땅이 드러나는 것입니다. 그래서 하나님은 이스라엘 민족을 곧장 가나안땅으로 들이지 않고 돌려서 홍해를 건너 마실 물과 먹을 양식도 없는 광야로 인도하셨던 것입니다. 그래야 그들이 가나안땅의 가치를 알고 하나님의 은혜에 감사할 수 있기 때문입니다.

그래서 지금도 하나님은 우리를 곧장 천국에 들이시지 않고 광야같이 거친 세상에 두고 계신 것입니다. 하늘나라에서 마귀는 호의호식하면서 살다가 하나님의 은혜를 모르고 하나님을 배반하고 말았습니다. 이런 마귀의 전철을 밟게하지 않으려고 하나님은 인간을 처음부터 낮은 이 땅(에덴동산)에 두신 것입니다. 그리고 마귀를 보내서 '시험에 시험을 거듭 하신 후에' 이 시험을 통과해야 천국에 들이시는 것입니다. 그래서 이스라엘 민족은 가나안땅에 들어가기 전에 광야에서 많은 시험과 혹독한 신앙의 훈련을 받아야 했던 것입니다. 그리고 40년이 지나자 이스라엘 민족은 여호수아의 인도로 요단강을 건너 '꿈에도 그리던' 가나안땅에 들어갔던 것입니다. 바로 여기에 하나님의 크시고 높으신 지혜가 있는 것입니다. 가나안은 젖과 꿀이 흐르는 '약속의 땅' 인데 천국을 상징하고 있습니다. 천국도 이처럼 광야같이 험한 세상에서 훈련을 받아야 들어갈 수 있는 곳입니다.

그러면 우리의 가장 좋은 훈련 장소가 어디입니까? 첫째, 교회입니다. 교회에도 사람들이 많이 모이고, 할 일이 많고, 많은 직분들이 있습니다. 그래서 교회도 시험들기 아주 쉬운 곳입니다. 이것을 이기려면 겸손과 온유, 사랑과 인내 뿐입니다. 둘째, 가정입니다. 가정은 우리가 태어나서 사는 행복의 보금자리 같으나 또한 시험도 많은 곳입니다. 부부관계, 부모와 자녀의 관계, 형제 관계에서 시험이 오는 것입니다. 더구나 현대의 가정은 개인주의나 세상의 잘못된 문화가 들어와서 가족간의 불화나 이혼이 급증하고 있습니다. 그래서 가정도 안식처가 아니라 훈련소가 되어가고 있는 것입니다. 그러면 어떻게 시험을 이길 수 있습니까? 사랑, 인내, 양보, 용서 이해입니다. 셋째, 직장입니다. 특히 기독교인들에게 사회생활은 많은 인내와 노력을 요구하는 것입니다. 직장에서 상사와 동료 간에 시험이 오고 특히 회식과 음주문화 때문에 기독교인 들이 많은 어려움을 겪고 있는 것입니다. 이런 시험을 이기기 위해서는 사랑과 용서와 인내심을 가지고 평소에 근무에 더 열심을 내야하고 인간관계를 잘 맺어야 하는 것입니다.

3. 교회는 이 땅에서 '음부(陰府)의 권세' 즉 마귀같은 악한 무리와 싸우는 '군대'와도 같습니다.

예수님은 이렇게 말씀하셨습니다. "내가 이 반석 위에 내 교회를 세우리니 음부의 권세가 이기지 못하리라"(마태복음16:18절) **내 교회를 세우리니!**
원래 교회는 예수 그리스도의 것이고 예수님이 주인이십니다. 그래서 교회
는 마귀가 아무리 공격을 해도 망하지 않습니다. 잠간 휘청할 뿐이고 다시
일어나는 것입니다. 예수님은 마귀를 심판하고 마귀의 일을 멸하러 오셨습
니다. 그래서 교회는 어떤 시련이 와도 다시 일어납니다. 반드시 하나님의
뜻과 계획대로 됩니다. 침체기는 침체기대로, 코로나 시대는 코로나 시대대
로 하나님의 뜻과 계획이 있는 것입니다. 그리고 하나님은 모든 것을 합력하
여 선을 이루십니다. 그래서 지금은 낙심하고 절망하기 보다는 교회의 개혁
과 부흥을 위해서 합심하여 간절히 기도할 때입니다. 하나님은 전지전능하
십니다. 하나님은 사막을 강으로, 광야를 옥토로, 지옥을 천국으로 만드시
는 분이십니다. 인간이 보기에는 다 끝난 것 같아도 하나님이 보시기에는 그
것이 출발점이 될 수도 있는 것입니다. 농부가 잡초들과 가시떨불이 무성한
풀밭을 갈아엎고 곡식을 심듯이 하나님도 타락한 세상이나 교회를 갈아 엎
으시고 새롭게 시작하시는 것입니다. 그래서 우리는 어떤 시련이나 힘든 상
황이 닥쳐와도 하나님을 믿고 절대로 절망하거나 낙심하지 말고 소망을 가
지고 기도해야 하는 것입니다.

　마귀는 원래 하늘나라에서 천사장(天使長)이었는데 죄짖고 쫓겨난 자입
니다. 그래서 그런지 마귀는 아무데나 가지 않습니다. 마귀가 가는 곳은 가
장 좋은 곳 즉 낙원(樂園)인데 에덴동산, 교회, 가정, 사람입니다. 우리가 알
기로는 마귀는 하나님을 대적하고 하나님의 일을 훼방하는 자입니다. 그래
서 마귀는 하나님이 가장 애지중지하시는 교회, 가정, 사람 속에 들어와서
활동하고 있고 그것들을 파괴하려고　온갖 흉계를 다 꾸미고 있는 것입니
다. 마귀는 천국에서 왔기에 누구보다도 하나님을 더 잘 알고 있습니다. 그

리고 마귀는 항상 하나님을 모방하고 있습니다. 하나님이 성부 성자 성령 삼위로 계신 것처럼 마귀도 사탄 악령 귀신 셋으로 존재하고 활동하고 있습니다. 성경에서는 하나님을 12군대와 그 이상, 마귀는 7군대, 인간은 1군대로 묘사하고 있습니다. 그래서 마귀는 하나님을 이길 수 없고 인간은 마귀를 이길 수 없습니다. 그래서 우리가 마귀를 이기려면 반드시 하나님의 도움을 받아야 하는 것입니다. 그러나 이 세상으로 쫓겨난 마귀는 온갖 나쁜 짓을 다하더니 급기야 대제사장 서기관 바리새인들을 충동질하여 예수님을 십자가에 못박아 죽이고 '하나님의 아들을 죽인 죄'로 형벌을 받아 지옥에 갔고 지금 지상에 남아서 활동하는 자들은 마귀의 졸개들인 악령과 귀신들입니다. 그래서 마귀는 힘을 잃고 우리가 예수의 이름으로 대적하면 물러가는 것입니다. 그래서 예수님은 **"음부(陰府)의 권세가 내 교회를 이기지 못하리라"**고 말씀하셨습니다.

사도 바울은 디모데에게 이렇게 권면하고 있습니다. **"네가 그리스도 예수의 좋은 군사로 나와 함께 고난을 받을지니 군사로 다니는 자는 자기 생활에 얽매이는 자가 하나도 없나니 이는 군사로 모집한 자를 기쁘게 하려 함이라"**(디모데후서 2:3-4절)

a.네가 그리스도의 좋은 군사로! 여기서 군사는 군인을 말합니다. 예수 믿는 자들은 매일 마귀와 싸우는 그리스도의 영적 군사들입니다. 그런데도 이것을 모르고 교회에 다니는 자들이 부지기수이니 참으로 한탄하지 않을 수 없는 것입니다. 왜 그렇습니까? 교회의 지도자들이 무사안일과 세속적인 기복신앙에 빠져 이것을 교인들에게 가르치지 않기 때문입니다. 이제는 마귀의 달콤한 유혹을 물리치고 돌아서야 합니다. **b. 나와 함께 고난을 받을찌니!** 신앙생활이란 어찌보면 세상을 등지는 삶인 것입니다. 그래서 세상으로

부터 조롱과 핍박과 고난이 오는 것입니다. 만약 이런 것이 전혀 없다면 내가 신앙생활을 잘하고 있는지 돌아보아야 하는 것입니다. **c. 군사로 모집한 자를 기쁘게 하려 함이라!** 군대생활이라는 것은 자유가 없습니다. 상급자의 명령을 따라야 합니다. 이렇게 하는 것은 상급자를 위한 것이 아니라 국민 전체를 위한 것이고 또 나 자신을 위한 것이기도 한 것입니다. 그리고 그것도 군복무란 기간이 있고 제대하면 끝이 나는 것입니다. 마찬가지로 마귀와의 싸움도 기간이 있고 끝이 있는 것입니다. 그것은 우리가 이 세상에 살 때뿐인 것입니다. 그러나 마귀와의 싸움에서 방심하거나 주님의 명령에 따르지 않는다면 지고 망하고 마는 것입니다.

저도 1974 년 12월에 군대에 입대해서 제2 하사관 학교에서 6개월 동안 고된 훈련을 받은 적이 있습니다. 서대전 역에서 입영열차를 타고 논산 수용연대를 향해 가는데 열차에 타고 열차가 떠나자마자 분위기가 싹 달라지는데 웬 사병이 오더니 '열중셧! 차렷!'을 반복하면서 하는 말이 '이것 봐라! 눈알 구르는 소리가 자갈밭에 마차 지나가는 소리가 난다'하면서 군기를 잡는데 '이제 죽었구나!'하는 생각이 들었습니다. 수용연대에 들어 가니까 병장 계급장을 단 내무반장이 얼마나 겁을 주는지 다리가 후들후들 떨리고, 밥맛도 없고, 자리가 좁아서 잠도 칼잠을 잤습니다. 초겨울에 하사관 학교에 입교해서 훈련을 받는데 매일 기압받고 언어맞고 하루라도 안맞으면 밤에 잠이 오지않을 정도였습니다. 그 때 많이 들어서 지금까지 잊혀지지 않는 말이 있습니다. '너희는 국가를 위해서 바쳐진 소모품이다. 죽었다 하고 살아라. 살려는 자는 죽고 죽으려는 자는 살 것이다' 그 말이 이해는 되었지만 충격이기도 했습니다. 하사관 학교에서는 얼마나 군기가 센지 하루가 한달같이 지루하게 느껴지고 6개월 동안 달력을 만들어서 하루하루 달력을 지워가면서 훈련을 다 마쳤습니다. 그리고 훈련을 다 마치고 졸업을 할 때는 호랑이 같던 중대장도 같이 끌어안고 눈물을 흘렸습니다. 하사관 학교에서 가장 많이 불렸던 군가가 있습니다. '사나이로 태어나서 할 일도 많다만 너와 나 나라 지키는 영광에 살았다 전투와 전투 속에 맺어진 전우야 산봉우리에 해뜨고 해가 질 적에 부모 형제 나를 믿고 단잠을 이룬다'이것이 **'진짜 사나이'**라는 군가 의 가사입니다. 가사가 의미가 있고 곡도 흥이 나서 신나게 불렸던 기억이 납니다. 다행히 1975년도에 갑자기 월남전이 휴전협정으로 끝이나서 월남에는 안 가고 육군종합행정학교 학군중대로 전보발령이 나서 종로구 연건동에 있는 서울의대 101 학군단에서 군사교육 조교로서 학생들을 훈련시키다가 제대를 했습니다. 어쩌면 군대는 필요악입니다. 그러나 국민들을 적으로부터 지키기 위해서는 군대는 꼭 있어야 하는 것입니다. **신앙생활도 이와 같습니다.** 우리가 예수 믿고 구원받고 하나님의 은혜를 누리면서 살고 있으나 그 이면에는 보이지 않는 마귀와의 치열한 싸움이 매일 벌어지고 있는 것입니다. 만약 이 싸움에서 이기지 못한다면 우리는 마귀의 포로가 되어서 영원히 지옥으로 끌려가고 마는 것입니다. 여기에는 어느 누구도 예외가 없는 것입니다. 그래서 사도 바울은 자신을 '그리스도의 군사'라고 부르고 있는 것입니다. 군대 가고 싸우는 거 좋아하는 사람은 아무도 없습니다. 그러나 이것은 적이 있기 때문에 피할 수 없는 현실인 것입니다. 적을 피하려하다가는 적에 의해 죽임을 당하고 마는 것입니다. **화려한 백제 시대를 보세요!** 의자왕이 정신을 못차리고 매일 같이 술과 여자와 풍류에 빠져 살다가 나당 연합군의 공격으로 백제가 망하고 자신은 당나라로 끌려가서 죽고 말았습니다. 지금 우리의 형편이 이와 같을 수도 있습니다. 지금 우리도 **은혜**받았다고 좋아하고 **축복**받았다고 흥청거리면서 살다가 마귀와의 영적전쟁을 모르면 어느 날에 마귀의 공격을 받고 그 싸움에서 지면은 마귀를 따라서 지옥으로 갈 수 밖에 없는 것입니다. 이런 마귀와의 싸움은 평생 계속되는 것입니다. 마태복음 4장을 보면 예수님도 마귀의 시험을 세 번이나 받으셨습니다. 그 때마다 예수님은 "기록되었으되"라는 말씀으로 물리치셨습니다. 이것은 지금도 마찬가지입니다. 마귀와의 싸움은 인간의 힘이나 감정으로 되지 않습니다. 그러다가는 오히려 마귀에게 잡히고 마는 것입니다. 마귀를 이기는 권세와 힘은 **하나님의 말씀** 밖에는 없는 것입니다. 그리고 **성령**이 오셔야 마귀가 완전히 물러가는 것입니다. 그런데 여기에 또 마귀와 싸우는 아주 좋은 무기가 있습니다. 그것은 **찬송**입니다. 군대에 가면 훈련장으로 이동할 때 항상 군가를 부릅니다. 마찬가지로 신앙생활도 찬송이 아주 중요한 것입니다. 언제 어디서나 속으로라도 찬송을 불러야 마귀의 시험이 물러가는 것입니다. 그래서 옛날 구약시대에 이스라엘이 전쟁에 나갈 때는 성가대가 맨 앞에 나아갔던 것입니다.

그러면 마귀와 싸울 때 부르는 찬송에 어떤 것들이 있습니까?

첫째, 십자가 찬송입니다. 1절 '십자가 군병들아 주 위해 일어나 기들고 앞서 나가 굳세게 사워라 주께서 승전하고 영광을 얻도록 그 군대 거느리사 늘 이김 주시네'(통일찬송가390장, 새찬송가352장) 이 찬송이 성령의 감동으로 올 때는 군가 이상으로 엄청난 힘이 솟아나는 것입니다.

둘째, 보혈찬송입니다. 1절'내 주의 보혈은 정하고 정하다 내 죄를 정케 하신 주 날 오라 하신다 내가 주께로 지금 가오니 골고다의 보혈로 날 씻어 주소서'(통일찬송가186장, 새찬송가254장)

셋째, 마귀와 싸우는 찬송입니다. ① 1절 '마귀들과 싸울지라 죄악벗은 형제여 담대하게 싸울지라 저기 악한 적병과 심판 날과 멸망의 날 네가 섰는

눈 앞에 곧 다가 오리라 영광 영광 할렐루야 영광 영광 할렐루야 영광 영광
할렐루야 곧 승리하리라'(통일찬송가488장 새찬송가348장)

이 외에도 다른 찬송가들이 많이 있으나 대표적인 것 3곡을 뽑아 보았습
니다. 이 찬송가들은 19세기에 미국에서 **'대각성 부흥운동'**이 일어났을 때
부르던 찬송들입니다. 이 찬송들은 인간의 감정으로 부르면 아무런 의미가
없습니다. 그러나 성령에 감동이 되어서 믿음으로 부르면 엄청난 힘과 폭발
력을 체험할 수가 있는 것입니다. 십자가와 보혈이 없으면 교회는 회막에 지
나지 않는 것입니다. 그래서 지금 우리도 성령의 감동으로 가사의 참 의미
를 알고, 믿음으로 목이 터져라 부르면 놀라운 성령의 역사로 '각성과 부흥
운동'을 다시 한번 일으킬 수 있는 것입니다. 저도 전에는 이런 찬송가들의
진가를 몰랐습니다. 그저 예배시간에만 불렀습니다. 그런데 어느날부터 이
찬송들이 성령의 감동으로 다가 오는데 군대에서 부르던 '진짜 사나이'는 아
무 것도 아니었습니다. 얼마나 힘이 솟아나고 은혜가 넘치는지 철벽 여리고
성이 무너져 내리는 것같은 감동과 감격을 맛보았습니다. 그리고 십자가 보
혈찬송을 매일 부르고 있습니다.

4. 교회는 가정(家庭)과 같습니다.

창세기 2장을 보면 하나님이 인간을 만드실 때 남자와 여자를 만드셨습니
다. 하나님은 먼저 흙으로 아담을 만드셨습니다. 아담이 혼자서 외로와 하는
모습을 보자 하나님은 아담을 잠들게 하신 후 아담의 갈비뼈로 화와를 만드
셨습니다. 하와를 보자 아담은 너무 좋아서 이런 말을 했습니다. **"이는 내 뼈
중의 뼈요 내 살 중의 살이로다"**(창세기2:23절) 그리고 그들은 너무 좋아서

날마다 희희낙락하며 시간 가는 줄 모르면서 살았습니다. 그리고 둘 사이에 자녀들이 태어났습니다. 이것이 바로 인류 최초의 가정입니다. 그러면 가정은 어떤 곳입니까? 가정을 이루기 위해서는 먼저 남자와 여자가 결혼을 해야 합니다. 그러나 결혼을 했다고 그것이 가정이 되지는 않습니다. 집이 가정이 되기 위해서는 자녀들이 있어야 합니다. 그리고 거기에는 공동의 소유와 목표를 가지고 함께 모여서, 함께 일하고, 함께 잠자고, 함께 식사하는 '혈연 공동체'가 형성되어야 하는 것입니다. 예를 들어서 자녀가 둘이 있는데 두 자녀가 외국에 유학을 가 있다면 그것은 **가족(家族)**은 될 수 있어도 **가정(家庭)**은 될 수 없는 것입니다. 가정이 될려면 함께 먹고 자고 살아야 합니다. 또 가정에 꼭 있어야 하는 것은 **사랑**입니다. 부부끼리 싸우고 자녀들이 싸운다면 그것은 가족은 될 수 있어도 가정은 될 수 없는 것입니다. 이처럼 가정이라는 것은 아주 특별한 집단인 것입니다. 그런데 불행하게도 인류 최초의 가정은 마귀의 역사로 인하여 에덴동산에서 쫓겨난 후에 아담과 하와가 서로 원망하면서 싸우고 그것을 본 두 아들인 가인과 아벨이 싸우다가 형인 가인이 동생인 아벨을 죽이는 살인사건이 일어나고 말았던 것입니다. 그후 아브라함의 가정이나 이삭의 가정이나 야곱의 가정에서도 불행한 일들이 계속 되었던 것입니다. 이런 일들은 지금까지도 계속되고 있는 것입니다.

한편 **교회**의 역사를 보면 오늘날과 같은 교회는 예수님이 부활 승천하시고 제자들이 마가의 다락방에 모여 기도하자 하나님이 성령을 부어주심으로 탄생했습니다. 그때 베드로와 10명의 제자들이 성령충만을 받고 밖에 나가 예수 그리스도의 부활을 증거하자 예루살렘 교회가 탄생한 것입니다. 그때의 모습을 성경은 이렇게 기록하고 있는 것입니다. **"믿는 사람이 다 함께 있어 모든 물건을 서로 통용하고 또 재산과 소유를 팔아 각 사람의 필요를 따**

라 나누어주고 날마다 마음을 같이하여 성전에 모이기를 힘쓰고 집에서 떡을 떼며 기쁨과 순전한 마음으로 음식을 먹고 하나님을 찬미하며 또 온 백성에게 칭송을 받으니 주께서 구원받는 사람을 날마다 더하게 하시니라"(사도행전2:44-47절) 초대 교회 사람들은 주로 가정에서 모여 예배를 드렸는데 물건을 서로 통용하고 재산을 나누어주고 집에서 함께 떡을 먹고 하나님을 찬미했습니다. 이것은 하나의 '신앙 공동체'의 모습인데 마치 하나의 아름다운 가정을 보여주고 있는 것입니다. 이처럼 교회와 가정은 서로 통하는 것입니다. 가정이 '혈연 공동체'라면 교회는 하나님이 아버지가 되시는 '영적 공동체'인 것입니다. 모든 인간은 가정에서 태어나서 가정에서 자랍니다. 그리고 또 가정을 이룹니다. 인생의 보금자리는 **가정**입니다. 그래서 아무리 성공하고 출세하고 부자가 되어도 가정을 떠나서 인간은 살 수 없고 또 행복도 찾을 수 없는 것입니다. **교회**도 마찬가지입니다. 이 세상에서 아무리 성공하고 출세하고 부자가 되었어도 교회를 떠나면 마귀가 찾아와서 달콤하게 유혹을 하고 죄를 짓게 해서 하나님을 멀리하게 하고 결국은 인생을 망치고 지옥으로 끌려가고 마는 것입니다.

마태복음 12장을 보면 어느날 사람들이 예수님께 이렇게 여쭈었습니다. "보소서 당신의 모친과 동생들이 당신께 말하려고 밖에 섰나이다"(47절) 그때 예수님이 이렇게 대답하셨습니다. "누가 내 모친이며 동생들이냐 …나의 모친과 나의 동생들을 보라 누구든지 하늘에 계신 내 아버지의 뜻대로 하는 자가 내 형제요 자매요 모친이니라"(48-50절) **내 형제요 자매요 모친이니라!** 이것이 무슨 말씀입니까? 교회는 가정과 같다는 것입니다. 예수님의 대답은 참으로 놀랍고도 의외였던 것입니다. 그러면 여기에서 예수님의 말씀이 우리에게 주는 의미가 무엇입니까? 예수님이 어머니 마리아와 동생들을 홀대하고 있습니까? 절대 그런 것이 아닙니다. 지금 예수님은 혈연관계보다 더 중요한 것이 '영적인 관계'라는 것을 말씀하고 계신 것입니다. 가정과 교회는 하나님이 대자연과 함께 만드신 우리의 삶의 터전입니다. 그런데 21세기에 와서 과학문명의 발달로 자연(自然)이 파괴되고 인간성이 파괴되고 그로인해 가정과 교회도 큰 위기를 맞고 있습니다. 왜 그럴까요? 그 때나 지금이나 마귀가 들어와서 역사하기 때문입니다. 또 그 원인은 인간 스스로에게도 있습니다. 과학 문명의 발달로 인하여 믿는 자이든 믿지 않는 자이든 사람들이 하나님을 무시하고 하나님을 멀리하고 하나님의 말씀에 순종하지 않기 때문입니다. 심지어 뉴에이지(new age) 운동이 일어나 인간이 하나님을 제치고 신(神)이 되려 하고 있습니다. 생명공학 유전공학 전자공학 우주공학 컴퓨터공학이 발달하여 인간이 유전자를 조작하여 하나님의 영역을 침범하고 있고 인간의 탐욕과 마귀의 교만이 하늘을 찌르고 있습니다. 성경에서 탐욕과 교만은 패망의 선봉이라고 가르치고 있습니다. 그리하여 모든 인간의 문명은 역사가 증명하듯이 언젠가는 스스로 망하고 마는 것입니다.

5. 교회는 예수 그리스도의 신부(新婦)입니다.

요한복음 15장을 보면 **농부와 포도나무**의 비유에서 예수님이 이렇게 말씀하고 계십니다. "너희는 내가 일러준 말로 이미 깨끗하였으니 내 안에 거하라 나도 너희 안에 거하리라"(15:3-4절) 이것은 예수님이 인류에게 보내는 **'사랑의 초대장'**인 것입니다. 그러면 누가 감히 이런 말을 할 수 있겠습니까? 예수님 밖에는 없습니다. 그리고 바로 여기에 놀라운 교회의 비밀(祕密)이 있는 것입니다.

a. **"내 안에 거하라"** 그러면 누가 '안에' 거할 수 있습니까? 이것은 **부부관계**를 말하는데 오직 사랑하는 사람만이 '안에' 들어와 함께 거할 수 있고 오직 신랑 신부만이 한 몸이 되어 한 방에서 살 수 있는 것입니다.

b. **"나도 너희 안에 거하리라"** 예수님의 말씀은 참 놀랍습니다. 그러면 누가 '내'안에 들어와 살 수 있습니까? 이것은 일심동체인 부부 사이라도 불가능한 것입니다. 왜냐하면 모든 인간관계는 육체적 관계이기 때문입니다. 그러나 부활하신 예수님은 영이시기 때문에 내 안에 들어와 거하실 수 있는 것입니다. 그러면 우리가 예수님 안에 거하고 예수님이 우리 안에 들어와 거할 수 있는 전제조건이 무엇입니까? **깨끗하였으니!** (You have already been cleansed)즉 정결한 것입니다. **신부**(新婦)는 이 세상에서 가장 깨끗하고 아름다운 자입니다. 결혼식 날에 신부는 몸을 깨끗히 씻고 아름답게 화장을 하고 하얀 드레스를 입고 신랑을 맞이하는 것입니다. 그래서 아무리 못생긴 여자라도 결혼식장에 가보면 그렇게 예쁠 수가 없는 것입니다. 예수 그리스도는 우리의 영원한 신랑이십니다. 지금 우리들은 예수 그리스도의 **'예비 신부들'**입니다. 그래서 우리는 결혼을 앞 둔 신부처럼 신혼의 단꿈을 꾸며 우리의 몸과 마음(영혼)을 말씀과 성령, 믿음과 기도와 찬송 그리고 예수님의 보혈로 깨끗히 씻고 아름답게 단장을 해야 하는 것입니다.

c. **"내 안에 거하라 나도 너희 안에 거하리라"** 여기에 신앙생활의 아주 중요한 원리가 들어 있습니다. 예수님은 언제나 "내 안에 거하라 나도 너희 안에 거하리라"고 말씀하시지 "내가 너희 안에 거할테니 너희도 내 안에 거하라"고 말씀하시지 않는다는 것입니다. 여기서 우리가 알 수 있는 것은 신앙생활의 성공비결은 우리가 '먼저' 예수님 안으로 들어가려는 노력이 있어야 한다는 것입니다. 그런 노력도 없이 '감나무 밑에 누워서 감이 입 속으로 떨

어지기만을 바라는 어리석은 사람처럼' 예수님이 먼저 내 안에 들어오시기를 바란다면 예수님의 신부가 될 수 없고 하나님과의 관계는 멀어지고 신앙생활은 실패하게 될 것입니다.

6. 교회는 예수 그리스도의 몸입니다.

유월절이 가까운 어느날 예수님은 제자들과 함께 예루살렘 성전으로 올라가셨습니다. 예수님은 성전에 들어 가셔서 가장 먼저 노끈으로 채찍을 만드시고 성전 안에서 양과 소를 다 내어 쫓으시고 비둘기 파는 사람들의 상을 둘러 엎으시고 난 후 이렇게 말씀하셨습니다.

"이것을 여기서 가져가라 내 아버지의 집으로 장사하는 집을 만들지 말라"(요한복음2:16절) 그러자 유대인들이 예수님께 이렇게 항의를 했습니다.**"네가 이런 일을 행하니 우리에게 무슨 표적을 보이겠느냐"**(18절) 그러자 예수님은 말씀하셨습니다.**"이 성전을 헐라 내가 사흘 동안에 일으키리라"**(19절) 그러자 유대인들이 이렇게 예수님을 조롱했습니다.**"이 성전은 사십 육년 동안에 지었거늘 네가 삼일 동안에 일으키겠느냐"**(20절) **"그러나 예수는 성전된 자기의 육체를 가리켜 말씀하신 것이라"**(21절) 지금까지 유대인들은 성전을 건물로만 생각해 왔습니다. 그러나 예수님은 자신의 '몸'이 성전이라고 말씀하고 계십니다. 바로 여기에서 예수님과 유대인들 사이의 시각차이로 인한 충돌이 일어나고 있는 것입니다. 유대인들은 하루에 세 번씩 성전에 올라가서 예배를 드렸습니다. 그러니 그들의 삶(생활)이 어떻게 되겠습니까? 이것은 축복이라기 보다는 차라리 형벌인 것입니다. 그런데도 그들은 그것을 몰랐습니다. 그러나 예수님은 이제는 성전에 올라가지 않아도 각자의 몸이 성전이 되니 서 있는 그 자리에서 하나님께 기도하고 예배를 드릴 수 있다는 것입니다. 그 이유는 성령이 오셨기 때문입니다. 이것이 바로 교회시대의 예배입니다. 그리고 공동예배는 정해진 날짜에 정해진 시간에 정해진 장소에 가서 드리면 되는 것입니다. 이것은 곧 **'예배의 개혁'**이면서도 동시에 **'생활의 개혁'**이기도 한 것입니다. 이것은 예수님이 가져오신 은혜이면서 축복이기도 한 것입니다. 그러나 율법주의에 빠진 대제사장 서기관 바리새인들은 그것을 알지도 못하고, 예수님이 가져오신 자유와 은혜와 축복을 받지 않으려고 했던 것입니다. 그러다가 결국 예수님을 로마의 총독 빌라도의 손을 빌려서 십자가에 못박아 죽이고 그들은 하나님의 심판을 받고 주후 70년 경에 예루살렘 성전이 파괴되어 돌 하나도 돌 위에 남지 않고, 그들은 **디아스포라**가 되어서 2000년 동안을 세계 각지를 돌면서 고난과 멸시와 배척을 받았고 1948년에 2차 대전의 승전국인 영국과 미국의 도움으로 이스라엘의 독립국가가 세워지게 된 것입니다.

사도 바울은 이렇게 증거하고 있습니다. **"몸은 하나인데 많은 지체가 있고 몸의 지체가 많으나 한 몸임과 같이 그리스도도 그러하니라"**(고린도전서 12:12절) 우리의 '몸'에는 오장육부가 있고 머리 눈 코 입 귀 손 발등 여러 가지의 지체들이 있습니다. 이 중에서 귀하지 않은 것은 하나도 없습니다. '몸'은 서로 연결이 되어있기 때문에 하나가 아프면 다른 것들도 아픔을 느끼는 것입니다. 이것은 마치 자동차나 비행기의 부속품과도 같은 것입니다. 하나가 고장이 나면 다른 것들도 무용지물이 되는 것입니다. 만약 비행기가 운항 중에 날개가 하나 부려졌다고 생각해 보세요! 생각만 해도 끔찍합니다. 만약 자동차가 고속도로를 달리다가 바퀴 하나가 빠진다면 어떻게 되겠습니까? 다른 자동차와 충돌하여 차는 박살이 나고 운전자는 물론 탑승자들까지 모두 죽거나 아니면 크게 다칠 것입니다. **우리의 몸도 이와 같습니다.** 장기 하나가 고장이 나면 나머지 장기들도 고장이 나기 쉬운 것입니다. 이처럼 교회라는 것은 몸과 같아서 하나가 고장이 나면 다른 것들도 영향을 받는 것입니다. 교회에서는 나 혼자만 잘 한다고 되는 것이 아니고 혼자만 잘하면 다른 사람들은 위축이 되어서 오히려 교회라는 공동체를 해치는 것입니다. 그래서 상호간에 양보하고 협력해서 조화를 이루어야 하는 것입니다. 또 모든 교회는 하나입니다. 내 교회 네 교회가 따로 없고 모두가 하나님의 한 몸인 것입니다. 장로교 성결교 침례교 순복음 교회가 따로 없고 모두가 하나님의 교회입니다. 내가 다니는 교회만 잘 된다고 되는 것도 아니고 다른 교회가 잘못하면 교회 전체에 피해가 오는 것입니다. 이렇게 교회는 몸의 조직과도 같이 긴밀하게 연결이 되어 있습니다. 교회는 마치 **컴퓨터**와도 같습니다. 컴퓨터는 아주 작은 공간에 많은 부속품들이 모여 있고 또 서로 네트워크로 연결이 되어 있어서 그런지 컴퓨터는 아주 예민합니다. 그래서 컴퓨터를 잘 모르는 사람은 손을 대기도 조심스러워서 아예 손을 대지 않으려고 하는 것입니다. 컴퓨터를 열고 클릭을 한번 잘못해 버리면 프로그램이 엉뚱한 데로 가고 모든 데이터가 날라가는 피해를 입기도 하는 것입니다. 그래서 전문가가 아니면 손을 대기를 꺼리는 것입니다. 왜냐하면 이것은 고도로 발달한 지식과 정보와 기술이 집약된 조직체이기 때문입니다. **교회도 이와같습니다.** 교회도 남녀노소 각계 각층에서 일하던 사람들의 모임이기 때문에 그 운영이 아주 까다로운 것입니다. 물론 하나님의 은혜로 되는 것이지만 서로 다른 사람들의 집단이기 때문에 하나로 통합하는 것이 쉬운 것이 아닌 것입니다. 사도 바울이 설립하고 돌보았던 고린도 교회는 로마시대에 번성했던 항구도시 고린도에 세워진 교회이기 때문에 교회 안에서도 여러 파벌이 생기고 신분이나 인종 민족 생활수준의 차이로 화합하기 어려운 교회였던 것입니다. 그러나 대사도였던 사도 바울이 있었기에 그나마 그런대로 꾸려나갈 수 있었던 것입니다. **"그러나 하나님이 그 원하시는 대로 지체를 각각 몸에 두셨으니 만일 다 한 지체뿐이면 몸은 어디뇨 이제 지체는 많으나 몸은 하나라"**(고린도전서18-20절) 우리의 몸에는 많은 지체들이 있습니다. 그러나 몸은 하나인 것입니다. 각 지체는 한 몸에 붙어있는 부품과도 같은 것입니다. 그래서 각 지체가 중요하지마는 몸을 떠나서는 따로 존재할 수 없는 것입니다. **"이뿐 아니라 몸의 더 약하게 보이는 지체가 도리어 더 요긴하고 우리 몸의 덜 귀히 여기는 그것들을 더욱 귀한 것들로 입혀주며 우리의 아름답지 못한 지체는 더욱 아름다움을 얻고 우리의 아름다운 지체는 더 요구할 것이 없으니 오직 하나님이 몸을 고르게 하여 부족한 지체에게 존귀를 더하사 몸 가운데서 분쟁이 없고 오직 여러 지체가 서로 같이 하여 돌아보게 하셨으니"**(고린도전서12:22-25절) 참으로 교회에 대한 귀하고 아름다운 묘사인 것입니다. 교회를 자신의 몸과 같이 사랑하고 아시아와 유럽에 다니면서 수많은 교회를 개척하고 사역했던 사도 바울이 아니면 누가 이런 말을 할 수 있겠습니까? 부모는 잘난 자식보다 못난 자식에게 관심을 더 많이 두는데 사도 바울도 이렇게 교인들을 사랑했던 것입니다. 몸에도 영적인 몸과 육적인 몸이 있습니다. '육적인 몸'은 눈에 보이나 '영적인 몸'은 눈에 보이지 않습니다. 그러나 눈에 보이는 것들보다 눈에 보이지 않는 것들이 더 중요하다는 것을 우리는 알 수 있는 것입니다. 눈에 보이는 것들은 극히 일부분에 지나지 않습니다. 흔히 **'빙산의 일각'**이라고 하는데 바다에 떠있는 얼음도 밖에 드러난 얼음보다 바다 물 속에 가리워진 얼음덩이가 7배나 더 큰 것입니다. **우리의 몸도 마찬가지입니다.** 눈 코 입 손과 발등 밖에 보이는 신체들보다 안에 있는 심장 간장 위장 폐장 신장 등등 눈에 보이지 않는 장기들이 더 중요한 것입니다. **모든 교회는 그리스도의 몸입니다.** 그래서 모여서 하나를 이루어야 합니다. 교회 안에도 여러 가지 직분들이 있으나 교회는 하나입니다. 세상에 많은 교회들이 있으나 교회는 하나인 것입니다. 많은 부품들이 모여서 하나의 자동차가 탄생하듯이 교회도 많은 지체들이 모여서 하나의 몸을 형성하고 있는데 그것이 바로 그리스도의 몸인 교회인 것입니다. 더구나 교회는 **'사랑의 공동체'**입니다. 그래서 반드시 하나가 되어야 하는 것입니다. 이것이 바로 '몸의 원리'요 '교회의 원리'인 것입니다. 그래서 이 어려운 코로나 시대에 교회는 **'지역 공동체'**를 형성하여 큰 교회들이 이웃에 있는 작은 교회를 도와야 하는 것입니다. 만약 그러지 못한다면 교회로서의 사명을 다하지 못하고 있는 것입니다.

7. 교회는 세상을 지키는 '파수꾼'과 같습니다.

하박국 2장 1절입니다. "내가 파수하는 곳에 서며 성루에 서리라 그가 내게 무엇이라 말씀하실는지 기다리고 바라보며 나의 질문에 대하여 어떻게 대답하실는지 보리라" **하박국 선지자**는 망해가는 조국의 모습을 보면서 눈물을 흘렸고 예루살렘의 멸망에 대한 **'경고의 나팔'**을 불었으나 그들은 듣지 않았던 것입니다. 그래서 예루살렘은 망했고 이스라엘 민족은 바벨론으로 끌려가서 70년 동안 처참한 포로생활을 해야 했던 것입니다. 이것을 학자들은 **'바벨론 유수'**라고 부르는 것입니다. 70년이 지나자 하나님은 이스라엘 민족에게 긍휼을 베풀어서 이스라엘 민족을 꿈에도 그리던 가나안 땅으로 돌려 보내셨던 것입니다 그 때 활동했던 선지자가 바로 에스라와 느헤미야입니다.

느헤미야 4:17-20절입니다. "성을 건축하는 자와 담부하는 자는 다 각각 한 손으로 일을 하며 한 손에는 병기를 잡았는데 건축하는 자는 각각 칼을 차고 건축하며 나팔부는 자는 내 곁에 섰느니라…너희가 무론 어디서든지 나팔 소리를 듣거든 그리로 모여서 우리에게 나아오라 우리 하나님이 우리를 위하여 싸우시리라 하였느니라" **느헤미야**는 페르샤의 아닥사스다 왕 때에 궁궐에서 술관원장이었는데 그 당시에 술관원장은 왕의 측근 중에 측근이었습니다. 그는 아닥사스다 왕으로부터 유다의 총독으로 임명되어 고국에 돌아와 예루살렘성을 건축하고 있었습니다. 그러자 주변의 나라들로부터 거센 반발과 방해공작을 받고 있었던 것입니다. 그래서 칼을 차고 일을 했고 곁에는 나팔수가 있어서 적이 쳐들어 오면 나팔을 불어서 모든 사람들이 일을 중단하고 적과 맞서서 싸웠던 것입니다. 이런 제도는 지금도 있어서 우리 나라도 북한이 쳐들어오면 민방위 싸이렌이 울리고 국민들은 대피하고 예비군들과 민방위 대원들은 무기를 들고 싸우러 나가는 것입니다. 이처럼 나라에는 파수꾼과 경고의 나팔이 있어야 하는 것입니다. 교회는 이 땅에 세워진 '하나님의 나라'입니다. 그래서 '**파수꾼**'을 세우고 '**경고의 나팔**'을 불어야 하는 것입니다.

예수님도 여러 차례 세상을 향하여 '**경고의 나팔**'을 부셨습니다. "악하고 음란한 세대가 표적을 구하나 선지자 요나의 표적 밖에는 보일 표적이 없느니라 요나가 밤낮 사흘을 큰 물고기 뱃 속에 있었던 것같이 인자도 밤낮 사흘을 땅 속에 있으리라"(마태복음16:4절) 이스라엘의 선지자였던 **요나**는 옛 시리아의 수도인 니느웨로 가서 '40일이 지나면 이 성이 망한다'는 경고의 나팔을 불라는 하나님의 명령을 거역하고 고대 스페인의 항구인 다시스로 도망을 치다가 바다에서 큰 풍랑이 일어나 선원들이 요나를 바다에 던지자 큰 물고기가 다가와 요나를 삼킴으로 밤낮 사흘을 물고기 뱃 속에 있었습니다. 이와같이 예수님도 물고기 뱃 속에 들어간 요나처럼 인류의 죄를 대신 지시고 십자가에서 죽으신 후에 3일 동안을 무덤에서 계셨던 것입니다. 요나는 물고기 뱃 속에서 회개하고 나와 니느웨로 가서 하나님의 말씀을 전했습니다. 그러나 막상 니느웨 사람들이 회개하고 구원받자 시기가 가득하여 하나님을 원망하고 말았던 것입니다. 그러면 이 요나가 바로 누구이겠습니까? 사사건건 하나님의 명령에 불순종하는 나요!'나'인 것입니다.

그리고 예수님은 예루살렘을 향하여 이렇게 경고하셨습니다. "**예루살렘아 예루살렘아 선지자들을 죽이고 네게 파송된 자들을 돌로 치는 자여 암탉이 그 새끼를 날개 아래 모음과 같이 내가 네 자녀를 모으려 한 일이 몇 번이냐 그러나 너희가 원치 아니하였도다 보라 너희 집이 황폐하여 버린 바 되리라**"(마태복음23;37-38절) **보라 너희 집이 황폐하여 버린바 되리라!** 예수님의 경고대로 예루살렘은 주후 70년에 로마 군대의 침략으로 예루살렘 성전과 성벽이 다 허물어지고 유대인들은 '디아스포라'가 되어 세계 각국으로 흩어져지고 이방인들이 들어와 살았던 것입니다. 그 후 예루살렘성은 이방인들에 의해 짓밟히게 되고, 2,000년이 지나 이스라엘 민족은 제 2차 세계대전 때 독일의 히틀러에 의해서 대학살을 당했고, 1948년에 승전국인 영국 미국 쏘련에 의해서 독립이 승인되자 이스라엘의 새 역사가 시작되었던 것입니다. **2,000년만에 독립이라니!** 이것은 하나님의 역사가 아니라면 상상할 수도 없는 것입니다.

또 예수님은 세상을 향하여 이렇게 경고하셨습니다. "**더러운 귀신이 사람에게서 나갔을 때에 물없는 곳으로 다니며 쉬기를 구하되 얻지 못하고 이에 가로되 내가 나온 내 집으로 돌아가리라 하고 와보니 그 집이 비고 소제되고**

수리되었거늘 이에 가서 저보다 더 악한 귀신 일곱을 데리고 들어가서 거하니 그 사람의 나중 형편이 전보다 더욱 심하게 되느니라 이 악한 세대가 또한 이렇게 되리라"(마태복음12:4-45절) **이 악한 세대가 이렇게 되리라!** 이것은 무서운 예수님의 경고의 나팔인 것입니다. 학자들은 복지제도나 산업 경제의 발달로 삶이 더 나아지리라고 생각하고 있습니다. 그리고 교육이나 철학이나 인권의 신장으로 인간성도 더 선해지리라고 기대하고 있습니다. 그러나 예수님은 세월이 갈수록 세상은 더 악해지고 인간성은 더 나빠진다고 경고하고 계신 것입니다. **그러면 어느 쪽이 진실입니까?** 요즘 우리 나라나 세계에서 일어나는 일들을 보세요! 우리나라도 세계 8위의 경제대국이 되고 명실공히 선진국이 되었으나 각종 사건과 사고는 말할 것도 없이 자식이 부모를 죽이고 부모가 어린 자식을 버리거나 죽이는 비인간적이고 엽기적인 사건들이 자주 일어나고 있습니다. 이것은 세상이 **물질적**으로는 풍요할지 몰라도 **정신적**으로는 더 빈곤해졌다는 증거입니다. 그래서 성경은 예수님이 이 세상에 오신 이후를 '말세(末世)'라고 부르고 있습니다. 이것은 인류역사의 마지막이 되었다는 것입니다. 그러면 입이 있어도 말 할 수 없고, 교회에 가서 예배도 드릴 수 없는 이 비대면 **'코로나 시대'**에 교회의 할 일은 무엇입니까? 교회는 이런 때일수록 세상에서 '파수꾼'이 되고 '경고의 나팔'을 더 크게 불어야 합니다. 그러나 요즘의 교회는 자유주의 인본주의 다원주의 과학물질주의 성공주의 파고에 좌초되어 교회인지 세상인지 구분이 안 되고 오히려 교회가 더 세상의 타락을 부추기고 있는 것입니다. 교회가 세상의 타락을 보고 경고하기는 커녕 거들고 도와주고 복을 빌어주고 있습니다. **그러면 왜 교회가 이 지경이 되었습니까?** 교회에서 '의'가 사라졌기 때문입니다. 성경에서 '의'는 해와 같습니다. 그런데 교회가 구원과 은혜와 사랑과 축복은 말하나 웬일인지 '의'와 심판은 더 이상 말하지 않습니다. 이것은 교회가 소경이 된 것이고 벙어리가 된 것입니다. 소경은 보지 못하고, 벙어리는 말할 수 없어서 '경고의 나팔'을 불 수가 없는 것입니다. 자리에서 일어나 불의와 싸우고 경고의 나팔을 불어서 세상을 깨워야할 교회가 안일하고 세속적인 기복신앙으로 잠을 자고 있는 것입니다. 기복신앙은 현세주의 물질주의 이기주의 기회주의 신앙입니다. 기복신앙은 악한 것입니다. 기복신앙은 마귀에게서 온 것입니다. 교회 안에 이런 기복신앙이 만연하여 교회를 병들게 하고 있는 것입니다. 그래서 교인 수는 불어날지라도 교회는 정체성과 본질과 가치와 힘을 잃고 세상 종교가 되어서 쇠락의 길로 가고 있는 것입니다. 그러나 우리는 이런 때일수록 믿음과 소망과 용기를 가지고 하박국 느헤미야 예레미야 선지자나 세례 요한같이 망해가는 세상을 보면서 교회의 안과 밖에서 경고의 나팔을 크게 불어야 하는 것입니다. 그러기 위해서는 교회가 먼저 말씀과 기도로 무장해야 합니다. 성경을 더 많이 읽고, 기도를 더 많이 하고, 하나님 중심, 교회 중심, 예배중심의 삶을 살아야 하는 것입니다.

(1) 현대문명은 인간이 쌓아올린 바벨탑입니다.

창세기 11장에는 그 유명한 바벨탑 사건이 기록이 되고 있습니다. "온 땅에 구음이 하나요 언어가 하나이었더라 이에 그들이 동방으로 옮기다가 시날평지를 만나 거기 거하고 서로 말하돼 자, 벽돌을 만들어 견고히 굽자 하고 이에 벽돌로 돌을 대신하며 역청으로 진흙을 대신하고 또 말하되 자, 성과 대를 쌓아 대 꼭대기를 하늘에 닿게하여 우리의 이름을 내고 온 지면에 흩어짐을 면하자하였더니"(창세기11:1-4절) 홍수 후에 인간이 바벨탑을 쌓은 것은 하나님께 대한 도전이고 반역이었습니다. 이렇게 인간의 역사는 에덴동산 이후로 하나님께 대한 도전과 반역의 역사인 것입니다. 지금도 그것은 계속되고 있습니다. a.**"벽돌을 만들어 견고히 굽자"**여기서 '벽돌'은 인간문명을 상징하는 것입니다. 현대문명은 철근과 시멘트와 벽돌로 쌓아올린 문명입니다. b.**"역청으로 진흙을 대신하며"**여기서 역청은 아스팔트를 말합니다. 지금 전 세계의 도로는 모두 아스팔트로 포장되어 있습니다. 그래서 발로 흙을 밟기가 어렵게 되었습니다. c.**"성과 대를 쌓아 대 꼭대기를 하늘에 닿게 하여"**여기서 성과 대는 도시에 즐비한 고층빌딩들을 말합니다. 지금 세계의 도시들은 100층이 넘는 고층빌딩들을 경쟁적으로 짓고 있습니다. d.**"우리의 이름을 내고"** 이것은 인간들이 '하나님처럼' 되려고 태초에 가졌던 가장 오래된 꿈을 말합니다. 이것은 명백히 하나님께 대한 도전이고 반역인 것입니다. 지금 세상은 과학문명과 인본주의 문화가 극도로 발달하여 하나님은 안중에도 없고 인간이 세상의 주인이 되었고 인간이 하나님을 밀어내고 신(神)이 되려하고 있습니다. 그러나 하나님은 아는 듯 모르는 듯 지켜보고만 계십니다. 성경은 이것을 **'하나님의 오래 참으심'**(로마서2:4절) 이라고 부르고 있습니다. 그러나 '하나님의 오래 참으심'이 끝나고 하나님이 이 세상에 내려오셔서 간섭을 하시면 바벨탑이 무너지듯이 인간의 문명도 순식간에 무너지고 마는 것입니다. 지금 세상을 보세요! 눈에도 보이지 않고 현미경으로만 볼 수 있는 **코로나 바이러스** 하나가 온통 전 세계를 뒤집어 놓고 있는 것입니다. 이것이 하나님을 떠난 세상의 실상인 것입니다. 코로나 바이러스 앞에는 과학도 권력도 돈도 무용지물이 되고 인간과 바이러스와의 힘겨운 싸움이 벌어지고 있는 것입니다.

"여호와께서 인생들의 쌓는 성을 보시려고 강림하셨더라 여호와께서 가라사대 이 무리가 한 족속이요 언어도 하나이므로 이같이 시작하였으니 이

후로는 그 하는 일을 금지할 수 없으리로다 자, 우리가 내려가서 그들의 언어를 혼잡케하여 그들로 서로 알아듣지 못하게 하자 하시고 여호와께서 그들을 온 지면에 흩으신고로 그들이 성 쌓기를 그쳤더라 그러므로 그 이름을 바벨이라하니 이는 여호와께서 거기서 온 땅의 언어를 혼잡케 하셨음이라 여호와께서 그들을 온 지면에 흩으셨더라"(5-9절) 이 말씀은 21세기를 살아가는 인류에게 큰 경종을 울려주고 있습니다. 인류의 역사를 보면 21세기가 되기 전까지는 모든 민족들이 세계 곳곳에 터를 잡고 흩어져 살았습니다. 그러다가 21세기가 되자 각종 산업과 컴퓨터 인터넷 교통 항공 해운업의 발달로 전 세계가 **글로벌** 즉 **지구촌**이 되었습니다. 흩어졌던 인종들이 다시 모이고 있습니다. 우리나라도 단일민족은 옛 말이 되었고 '**다문화**' 사회가 되었습니다. 외국인과의 결혼이 일상화 되었습니다. 이것은 누구도 막을 수 없는 대세인 것 같습니다. 세상이 이렇게 변화된 것은 유럽에서 중세의 봉건주의 암흑시대가 끝나고 근세로 들어와서 르네상스 운동과 더불어 일어난 과학기술 혁명 즉 영국에서 일어난 산업혁명, 자본주의와 상업주의 발달과 현대의 도시문명 때문입니다. **도시문명**(都市文明)! 이것은 흩어졌던 인간들이 모여서 하나님을 거역하고 무너진 바벨탑을 다시 쌓고 있는 것입니다. 이것은 하나님께 대한 도전이고 반역인 것입니다. 하나님이 만드신 문명은 **자연문명**(自然文明)입니다, 그러나 인간이 만든 문명은 도시문명입니다. **도시문명은 지구의 사막화입니다.** 신도시 건설은 자연녹지를 밀어내고 지구를 사막으로 만드는 작업인 것입니다. 그래서 지구의 기온이 상승하여 남극과 북극에서 빙하가 녹고 있는데도 여전히 인간들은 욕망의 포로가 되어서 신도시를 건설하고 있고, 사람들은 도시로 모여들고, 개인마다 자동차를 몰고 다니고, 비행기를 타고 세계여행을 다니면서 희희락락 즐기고만 있으니 이것을 누가 말릴 수 있겠습니까? 지구 기온 상승의 주범은 바로 도시화와 산업화 그리고 자동차와 비행기인 것입니다. 이런 도시의 사막화가 전 세계에서 경쟁적으로 일어나고 있는 것입니다. **바벨탑**은 바로 이 도시문명을 상징하고 있습니다. 편리한 도시 속에서 그들은 더 이상 신(하나님)이 필요치 않습니다. 컴퓨터, 인터넷, 핸드폰이 신이 되고 있습니다. 신(神)이 귀찮은 존재인 것입니다. 그래서 **'신을 죽이자' '신은 죽었다'**라는 말이 나오는 것입니다. 바쁜 생활 속에서 인간은 더 이상 신을 생각할 시간도 없습니다. 복잡하고 전문화 되고 다기능화된 사회 속에서 인간은 더 이상 **전인적**(全人的)인 존재가 아니라 소시민(小市民)이 되었고 기계의 부속품 같은 작은 **개체**(個體)로 전락하고 말았습니다. 그로 인하여 양심이나 인격, 윤리도덕은 땅에 떨어지고 말았습니다. 자본주의 상업주의 자유민주주의 홍수 속에서 개인주의 이기주의가 극도로 발달하여 하나님이나 부모나 스승같은 기존의 가치나 권위나 질서가 무너지고, 가정은 해체되고, 결혼은 선택사항이 되고, 남녀 간의 순수한 사랑도 더 이상 빛을 잃고 말았습니다. 현대인들은 모지고 각진 도시의 빌딩 숲과 시커먼 아스팔트 도로 위에서 더 이상 발로 흙을 밟지 않고 살고 있습니다. 축지법(縮地法)을 쓰듯 자동차들이 도로 위를 질주하고 드론과 비행기가 하늘을 날아갑니다. 옛날에는 걸어서 사흘길이 지금은 자동차로 한 시간이면 갈 수 있습니다. 배타고 한 달을 가야했던 미국을 비행기로 10시간이면 갈 수 있게 되었습니다. 마치 아프리카나 아마존의 정글같은 빌딩 숲속에서 사람들이 극도의 생존경쟁을 하며 양심과 윤리 도덕마저 팽개쳐 버리고 오직 마지막 수단인 법(法)만 남아 있고, 각 도시마다 사람들이 넘쳐나자 이제 **생존 경쟁**(競爭)은 옛말이 되었고 **생존 전쟁**(戰爭)이 일어나서 이웃사촌은 사라지고 이웃이 적이 되어가고, 전통이나 미풍양

속이 사라지고 엽기적인 사건들이 연일 꼬리를 물고 일어나고 있고, 인간들은 도시라는 아파트와 빌딩 숲속에서 **야수**(野獸)로 전락하고 있는 것입니다. 그래서 남녀 가릴 것 없이 아프리카 남미 남태평양의 토인들같이 벗고 뛰고 춤추고 소리지르는 야생(野生)을 닮아 가고 있습니다. 이런 삭막하고 메마른 환경 속에서 인간들이 추구하고 얻는 것이 과연 무엇이겠습니까? 인간성이 아니라 야만성. 정신이 아니라 물질. 평안이 아니라 불안. 미래가 아니라 현재, 전통이 아니라 새 것, 화합이 아니라 분열, 행복이 아니라 불행, 천국이 아니라 지옥인 것입니다. 그러나 인간들은 마귀에게 속아서 이것이 무엇인지 조차 알지 못하고 마귀의 유혹에 이끌려서 멸망으로 가고 있는 것입니다.

현대문명(現代文明)은 겉으로 보기에는 화려하고 대단한 것 같으나 알고 보면 몸(육체)만을 편하게 하고 살찌우는(비만증) '저속한' 물질문명인 것입니다. **고대문명**이 정신문명이라면 **현대문명**은 물질문명입니다. 그래서 아무리 우주공학 전자공학 생명공학 유전자 공학이 발달하고 디지털 컴퓨터 아이테크 A.I 유전자를 복사하거나 편집해서 새로운 생명체를 만들고, 우주를 탐험하고 정복한다 해도 그것은 저속한 물질문명이기 때문에 지구를 병들게 해서 '코로나 바이러스'가 창궐하고 있고, 인간성마저 파괴해서 양심이나 윤리도덕이 사라지고, 인류의 미래에 빛이 아니라 어두움을 드리우고 있는 것입니다. 인간은 습관과 관습의 동물입니다. 무엇이나 익숙해지고 습관화가 되어야 심리적 안정을 얻는 것입니다. 그러나 현대의 인간들은 날마다 새로워지는 문화와 과학기술에 적응하지 못하고 끌려다니면서 누구나 **불안**(不安)에 허덕이고 있고, **불행**(不幸)을 향해 가고 있는 것입니다. 이것은 어리석은 인간들이 마귀의 유혹에 속아서 자초한 불장난에 지나지 않는 것이고 언젠가는 그 댓가를 치르고야 말 것입니다. 만약 이것을 알고도 멈추지 못한다면 인류의 조상인 아담과 하와가 그랬듯이 인류는 다시한번 마귀의 속임수에 넘어가서 멸망의 길로 가고 말 것입니다. **분명한 사실은 현대문명은 인류의 '마지막 문명'이 될 것이라는 것입니다.** 왜냐하면 마귀에게 미혹된 인간들은 탐욕에 사로잡혀서 너무 많이 자연을 파괴하고 있고, 지하자원과 석유를 고갈시키고, 공기를 오염시키고, 강과 바다를 쓰레기 처리장으로 만들고, 생활 쓰레기 산업 쓰레기가 넘쳐나서 땅을 온통 뒤덮고 있고, 유전자까지 파괴하고 있기 때문입니다. 이것을 알면서도 인간들은 마귀의 포로가 되어서 멈출 수가 없는 것입니다.

(2) 자연(自然)은 살아있는 생명체입니다.

그래서 함부로 대하거나 파괴해서는 안되는 것입니다. 그러나 현대(現代)문명은 자연을 마음대로 파괴하고 있습니다. 그래서 대자연의 반격(복수)에 시달리고 있는 것입니다. 그것이 지난 3년동안 전 세계를 강타하고 있는 '코로나 팬데믹 사태'입니다. 지금까지는 양심이나 윤리도덕 법을 어기는 것만 **'죄'**라고 정의하고 가르쳐 왔는데 이제는'죄'에 대한 개념을 바꾸어서 자연을 파괴하는 것과 환경을 오염시키는 것도 죄의 개념이나 정의에 포함시켜야 합니다. 저는 가끔 이런 생각을 합니다. "만약 지구의 온도가 계속 상승해서 남극과 북극의 얼음이 다 녹는다면 어떤 일이 일어날까? 기온차이로 인한 공기의 이동 즉 바람이 불지 않아서 지구는 찜통이 되고 한증막이 될 것이다. 이대로 기온이 계속 상승한다면 모든 빙하가 다 녹고 **'어느날 갑자기'** 산이나 들의 식물들이 다 타죽고 나면 지구는 그야말로 순식간에 사막이 되고 생지옥이 될 것이다" 이런 재앙이 코로나19 팬데믹 같이 예고도 없이 **'어느날 갑자기'** 찾아올 수도 있는 것입니다. 이런 어리석은 인간의 불장난을 막을 수 있는 것은 예루살렘의 멸망을 외쳤던 예레미야나 하박국 선지자같은 교회 밖에 없는 것입니다.

(3) 인간은 환경(環境)의 지배를 받습니다.

그리고 편리한만큼 그 대가를 치루어야 하는 것입니다. 인간이 기계를 만들었으나 인간이 자신도 모르는 사이에 기계를 닮아가고 있고, 우리가 컴퓨터를 만들어 사용하고 스마트폰이 우리의 손이 되고, 자동차가 우리의 발이되는 사이에 우리는 그것들을 닮아가고 있는 것입니다. 지금 세계는 바야흐로 제1차 2차 3차 산업혁명 시대를 지나 '제 4차 산업혁명'으로 일컬어지는 IoT(사물인터넷), 3D 인공지능, 인간 로봇, 챗GPT 시대가 열리고 있습니다. **4차 산업혁명**이란 CPS(cyberphysical system) 즉 사이버 물리시스템인데 사이버 세계와 현실 세계가 서로 연계되어 소통하며 지능적으로 제어되는 것을 말합니다. 이것을 구체적으로 보여주는 것이 **'가상현실'**이나 인공지능을 가진 **'인간로봇'**입니다. 머지않아 '인간 로봇'이 세상을 좌지우지하는 날이 올 것입니다. 이것은 공상 과학소설 속의 이야기가 아니라 현실이되어가고 있습니다. 2016 년에는 바둑의 최고 고수인 **'이 세돌'** 9 단이 인공지능 '알파고'에게 4:1로 패하여 전세계에 큰 충격을 준 적이 있습니다. 로봇의 지능이 인간의 지능을 앞지르게 되면 인간은 로봇의 하수인으로 전락하게 되고 말 것입니다. 왜냐하면 프로그램화된 로봇이 인간보다 더 합리적이고 효율적이고 생산적이고 지능적이기 때문입니다. 앞으로 **'인공지능'**이더 발전해서 인간 로봇이 지성과 이성과 감성까지 갖추게 된다면 인간들은설 땅을 잃고 인간 로봇들에게 그 자리를 내어주게 될 것입니다. 그리하여가정이나 학교 병원 법원 사무실 공장이나 백화점 마트 운전 군사 우주탐험

등 모든 분야에서 인간 로봇들이 활동하게 될 것입니다. 앞으로는 만화에서 나 보았던 군사 로봇이 등장하여 로봇들이 인간을 대신하여 전쟁을 하게 될 지도 모릅니다. 그리고 인간로봇이 담당하게 될 최고의 분야는 '**우주탐험**' 이 될 것입니다. 인간 로봇들은 인간이 할 수 없는 우주여행을 아무런 제약 없이 멋지게 해낼 것이기 때문입니다. 그러면 인간로봇이 최고의 스타가 될 날도 멀지 않았습니다. 그리고 인간로봇이 **미**(美)와 **교양**과 **예절**을 갖추게 되면 남녀의 결혼도 '**로봇 인간**'과 하게 될 것입니다. 왜냐하면 인간 대 인간 의 결혼은 싸움과 이혼으로 끝이 나지만 인간과 로봇의 결혼은 100% '**맞춤 형 결혼**'이 될 것이기 때문에 싸울 일이 전혀 없게 될 것이기 때문입니다. 이 렇게 로봇 인간들이 모든 분야에서 인간을 압도하고 세상을 활보하는 날이 오면 인간은 만물의 영장으로서의 지위를 상실하고, 인간의 가치는 떨어지 고, 인간성은 역사관의 유물이 되고, 인간은 다기능화 되고 자동화된 시스템 속에서 지식과 편의성만을 추구하다가 머리는 크게 발달하나 팔다리는 퇴 화되어 문어같고 외계인(外界人)같은 괴물(怪物)이 될지도 모릅니다.

태초에 하나님은 자신의 모양과 형상대로 사람(인간)을 만드셨습니다. 그 런데 이제는 그 인간이 자신을 닮은 '**제 2의 인간**', '또 하나의 인간'을 만 들고 있는데 그것이 바로 '**로봇인간**'입니다. 이것은 인간이 하나님의 뜻을 거스리는 것이고 하나님의 절대주권에 대한 도전인 것입니다. 그리고 반드 시 그 대가를 치루고야 말 것입니다. **인간이 만든 인간!** 인간보다 더 지능 이 높고 생산성과 효율성이 높은 **로봇 인간!** 미래의 세계는 인간과 인간로 봇의 대결장이 될 것이고 그렇게 되면 세상은 바야흐로 가치관의 혼란, 윤 리의 부재, 인간존엄성의 추락, 목적의식의 상실로 **인류 문명의 종말**을 가 져오고 말 것입니다.

(4) 그러면 왜 하나님은 알고도 모른체 하시는가?

그 해답이 누가복음 15장에 있는 유명한 '**탕자의 이야기**'에 기록되어 있습니다. 어떤 사람에게 두 아들이 있었는데 큰 아들은 마음이 착하여 아버지의 말을 잘 듣고 집에서 열심히 아버지를 도와서 일을 했습니다. 그러나 둘째, 아들은 아버지의 말도 듣지 않고 말썽만 피우더니 어느날 아버지를 찾아와서 이런 말을 했습니다. "**아버지여 재산 중에서 내게 올 분깃을 주소서**"(12절) 그러자 아버지가 재산을 분배하여 두 아들에게 나누어 주었던 것입니다. 둘째 아들은 얼마 안돼서 재산을 모두 팔아서 먼 나라로 가서 허랑방탕하게 살다가 재산을 모두 잃어버리고 먹을 것이 없자 시골로 가서 돼지 키우는 집에 가서 일을 해주고 돼지가 먹는 쥐엄 열매로 배를 채우다가 어느날 문득 아버지 집이 생각이 나서 회개하고 아버지께로 돌아오는데 아버지가 그 소식을 듣고 달려 나와서 아들을 끌어 안고 입을 맞추었던 것입니다. 그리고 아버지는 종들에게 명령하여 돌아온 둘째 아들에게 제일 좋은 옷을 입히고, 손에 가락지를 끼우고, 발에 신발을 신기우고, 살진 송아지를 잡아서 잔치를 벌였던 것입니다. 아무리 못된 자식이라도 부모는 자식을 버리지 않습니다. 자식이 살인죄를 저지르고 감옥에 갇혔어도 부모는 그 자식을 찾아갑니다. 자식이 어떤 죄를 저질렀어도 자식이 뉘우치면 부모는 용서를 해줍니다. 그러면 이런 사랑과 성품이 어디서 왔습니까? 하나님의 형상 즉, 하나님이 주신 것입니다. 옛말에도 '자식 이기는 부모 없다'고 했습니다. 왜냐하면 부모는 지는 해이고 자식은 뜨는 해이기 때문입니다. 부모도 늙으면 자식을 의지해야 하고 죽으면 장사라도 지내 주고, 제사라도 지내줄 사람이 자식 밖에 없기 때문입니다. 비록 그것이 아니더라도 자식은 곱던 밉던 부모의 분신이고 핏줄이기 때문입니다. 그리고 어릴 때 키운 정이 있기 때문입니다.

그래서 부모는 자식이 어떤 죄를 지었어도 자식을 감싸고 도는 것입니다. 하나님과 인간사이도 이와 같습니다. 더하면 더했지 못하지 않습니다. 하나님은 인간을 만드셨습니다. 그래서 하나님도 인간들이 회개하고 돌아오기를 손꼽아 기다리고 계십니다. 그래서 알면서도 모르는체 하고 계신 것입니다.

사도 바울은 이렇게 증거하고 있습니다. "**그러므로 하나님이 저희를 마음의 정욕대로 더러움에 내어버려 두사 저희 몸을 서로 욕되게 하셨으니 이는 저희가 하나님의 진리를 거짓 것으로 바꾸어 피조물을 조물주보다 더 경배하고 섬김이라**"(로마서1:24-25절) a.내어버려 두사! 이것을 신학에서는 '**하나님의 유기**'라고 합니다. 이것은 하나님이 인간을 버리셨다는 것입니다. 그러면 왜 하나님이 인간을 버리셨습니까? 그 해답이 여기에 있습니다. b.**피조물을 조물주보다 더 경배하고 섬김이라!** 이것은 어떤 사람이 자기 아버지가 싫다고 이웃에 사는 아저씨를 아버지라고 부르는 것과 같습니다. 이것은 가당치 않은 행동인 것입니다. 아무리 못난 아버지라도 아버지는 아버지인 것입니다. 그것을 알고서도 아버지는 말 한마디 하지 않고 자식이 돌아오기를 기다리는 것입니다. 이것이 바로 부모의 마음인 것입니다. 하나님과 인간 사이도 이와 같습니다. '하나님의 내버려 두심'이나 '하나님의 침묵'도 알고 보면 하나님의 기다리심과 사랑의 표현인 것입니다.

지금 인간들은 집을 나간 '**망나니**' 자식같이 하나님을 떠나서 제멋대로 하고 있습니다. 하나님을 무시하고 하나님이 만드신 자연을 파괴하고 오염시키고, 윤리도덕은 물론 가정과 인간성까지 파괴하고 있습니다. 과학 물질문명의 발달로 지구의 자원은 고갈되고, 환경은 오염되고, 가정과 결혼이 무너지고, 하나님의 형상을 닮은 인간은 인간인지 짐승인지 알 수 없는 괴물이되어가고 있습니다. 저는 이것을 '**인간 3분론(三分論)**'이라고 부릅니다. '요즘 인간은 삼분의 일은 **인간**이고, 삼분의 일은 **짐승**이고, 삼분의 일은 **기계**다'라는 것입니다. 지금 지구는 지하자원 낭비, 자연파괴, 환경오염으로 **폐행성**(廢行星)이 되어가고 있습니다. '세상에 공짜는 없다'라는 말을 합니다. 우리가 즐기고 편하게 사는 만큼 반드시 그 대가를 치루어야 하는 것입니다. 우리가 자가용을 몰고 전국을 희희락락하며 여행을 즐기는 것만큼 지구나 다른 생물들이나 인간들은 환경오염으로 병들어가는 것입니다. 현대 과학 문명이 인간에게는 기회가 될지 모르나 다른 동물이나 생물들에게는 최대의 위기인 것입니다. 그래서 '멸종 위기를 맞은' 동물과 식물들이 신음하며 울부짖고 있는 것입니다. 하나님은 인간 뿐만이 아니라 다른 생물들도 지으셨습니다. 그래서 그것들이 잘되고 번영하기를 바라시는 것입니다. **그런데도 인간들이 다른 생물들을 학대한다면 어떤 결과가 오겠습니까?** 하나님이 인간에게 책임을 물으실 것이고 인간의 문명은 종말을 고하고 말 것입니다. 그런데 문제는 그것을 제지시킬만한 정치 지도자나 학자가 없고 그것을 포기할 만한 개인들도 없다는 것입니다. '내일 죽더라도 오늘은 즐기고 보자' 너 죽고 나살자'라는 것이 모든 인간들이 가진 보편적인 인생철학이라면 인류와 지구는 미래가 없는 것입니다.

저는 가끔 이런 생각을 해봅니다."만약 이대로 땅 속에 있는 원유(原油)를 계속 퍼낸다면 지구의 중량이 줄고 그에 따라 지구의 중력에 변화가 생긴다면 지구와 태양과의 거리에 변화가 생겨서 지구가 태양으로부터 멀어지거나 아니면 더 가까워지는 것이 아닐까? 그러면 지구의 온도에 큰 변화가 와서 지구 위에 생물들이 살 수 있을까?" 양식있는 학자들은 '지구가 100년 안에 망한다'고 예언하고 있으나 마귀의 유혹에 넘어간 인간들은 그런 말을 들을 생각도 하지 않고 욕망의 포로가 되어 '불장난'을 계속하고 있는 것입니다. 이것은 인간 자신도 어쩔 수 없는 일인지도 모릅니다. 왜냐하면 타락한 인간들은 하나님의 말씀보다 마귀의 말에 귀를 더 기울이기 때문입니다. 그래서 우리 세대보다 다음 세대가 더 걱정이 되는 것입니다.

(5) 한편 전지전능하신 하나님은 인간의 각자 안에 CCTV를 설치해 놓으셨는데 그것이 무엇입니까?

양심(良心)입니다. 양심은 하나님의 눈입니다. 양심은 법이나 윤리 도덕보다 앞선 또 하나의 하나님의 법(法)입니다. 사도 바울은 로마서 2:14-16절에서 **'양심의 심판'**에 대해서 이렇게 증거하고 있습니다. **"율법없는 이방인이 본성으로 율법의 일을 행할 때에는 이 사람은 율법이 없어도 자기가 자기에게 율법이 되나니 이런 이들은 그 양심이 증거가 되어 생각들이 혹은 서로 송사하며 변명하여 그 마음에 새긴 율법의 행위를 나타내느니라 나의 복음에 이른 바와같이 하나님이 예수 그리스도로 말미암아 사람들의 은밀한 것을 심판하시는 그 날이라"**

a.**"자기가 자기에게 율법이 되나니"** 율법은 하나님이 모세를 통하여 이스라엘 민족에게 주신 것입니다. 그러나 이방인들에게는 율법을 주지 않으셨습니다. 그런데 어떻게 자기가 자기에게 율법이 된다는 것입니까? 여기에 그 해답이 있습니다.

b.**"양심이 증거가 되어 생각들이 서로 송사하며 혹은 변명하여"** 하나님은 참으로 멋지신 분이십니다. **양심**은 인간 안에 하나님이 베풀어 놓으신 법정과도 같습니다. 법정에는 원고와 피고, 판사 검사 변호사가 있습니다. 지금 **'양심의 법정'**에서 그런 일들이 벌어지고 있는 것입니다. 그 때 인간 안에서 '양심'은 증인이 되고 '생각'들은 검사가 되고 변호사가 되고 '하나님'

은 재판장이 되십니다. 그러니 인간은 하나님은 물론 자신조차도 속일 수가 없는 것입니다. 왜냐하면 자기의 양심이 증인이 되었기 때문입니다. 양심은 하나님이 인간 안에 설치해 놓으신 CCTV와 같습니다. 그래서 인간은 자기가 지은 죄를 하나도 숨기지 못하고 하나님 앞에서 낱낱이 이실직고하게 될 것입니다. 그래서 하나님은 오늘도 서두르지 않고 침묵하고 계십니다. 하나님은 눈에 보이지 않습니다. 그러나 하나님은 우리의 일거수일투족을 다 보고 계십니다.

c. **"사람들의 은밀한 것을 심판하시는 그 날이라"** 은밀한 것이 무엇입니까? 사람들의 마음이나 생각 속에 숨어 있는 악이나 죄를 말합니다. 그것은 마귀에게서 온 것입니다. 그래서 CCTV를 검색하듯 하나님이 그것을 한번 들여다 보시고 심판을 하시겠다는 것입니다.

사도 바울은 이렇게 증거하고 있습니다. **"깊도다 하나님의 지혜와 지식의 부요함이여 그의 판단은 측량치 못할 것이며 그의 길은 찾지 못할 것이로다"**(로마서11:33절) 하나님의 지혜와 지식은 무궁무진하시고 하나님은 무소부재하셔서 우주의 어디에 있는 것이라도 다 알고 계십니다. 하나님은 과거와 현재와 미래의 모든 것을 다 알고 계십니다. 하나님은 우리의 오장육부까지 다 알고 계십니다. 요즘은 도로마다 골목마다 CCTV가 설치되어 있어서 24시간 감시하고 있고 누구도 이 감시를 벗어날 수 없습니다. 그래서 범인 잡기가 훨씬 수월해졌습니다. 마찬가지로 우리가 하나님을 속이고 싶어도 하나님이 우리 안에 설치해 두신 양심이라는 CCTV가 있기 때문에 하나님을 속일 수가 없고 하나님의 심판을 피할 수가 없는 것입니다.

d. **"율법 없는 이방인이 본성으로 율법의 일을 행할 때에는"** 참으로 이 말씀은 해석하기가 어렵고 또 조심스럽습니다. 여기에서 사도 바울은 율법을

모르는 이방인들의 구원에 대해서 기술하고 있습니다. 그렇다면 우리의 관심은 예수 안믿고 돌아가신 할아버지나 할머니 그리고 그 윗대의 조상들인 것입니다. 그 분들은 하나님이 누구인지 예수님이 어떤 분인지 듣지도 못했습니다. 그러면 그런 분들의 구원은 어떻게 됩니까? 바로 그 문제를 사도 바울이 언급하고 있는 것입니다. 사도 바울은 여기서 먼저 인간의 '본성(本性)'을 들고 있습니다. 율법은 몰라도 인간에게는 누구나 본성이 있습니다. 그것이 심판의 근거가 된다는 것입니다.

e. **"율법이 없어도 자기가 자기에게 율법이 되나니"** 여기서 '자기'가 가지는 의미가 무엇입니까? 인간이라면 누구나 가지고 있는 **본성**과 **양심**인 것입니다. **양심**은 율법 이전에 하나님이 모든 인간에게 주신 법인 것입니다. 그래서 하나님은 인간의 본성 안에 있는 이 양심을 근거로 아담과 하와 이래로 살았던 모든 인간들을 심판하시고 구원해 주신다는 것입니다. (그러나 이것은 어디까지나 저의 개인적인 견해인 것을 밝혀 둡니다)

8. 교회는 이 땅위에 세워진 '천국의 모형'인데 하나님으로부터 부르심을 받은 하나님의 백성들이 형제처럼 모여서 하나님을 경배하고 찬양하며 서로 교제하는 곳입니다.

사도행전 2장43-47절입니다. "사람마다 두려워하는데 사도들로 인하여 기사와 표적이 많이 나타나니 믿는 사람이 다 함께 있어 모든 물건을 서로 통용하고 또 재산과 소유를 팔아 각 사람의 필요를 따라 나누어주고 날마다 마음을 같이 하여 성전에 모이기를 힘쓰고 집에서 떡을 떼며 기쁨과 순전한 마음으로 음식을 먹고 하나님을 찬미하며 또 온 백성에게 칭송을 받으니 주께서 구원받는 사람을 날마다 더하게 하시니라" 오순절날 제자들이 마가의 다락방에서 기도하다가 성령충만을 받고 밖에 나가 복음을 전하자 많은 사람들이 모여들었고 그날에 3천명이 세례를 받고 유대교에서 기독교로 개종을 했습니다. 그리고 자신들의 소유를 팔아서 없는 자들에게 나누어주고 날마다 가정에 모여서 예배드리고 찬양하며 음식을 함께 먹었습니다. 이것은 그들이 하나의 신앙공동체와 경제공동체를 이루고 한 가족이 되었다는 것을 의미합니다. 이것이 성령이 충만한 초대교회의 모습인 것입니다. 천국은 하나님을 아버지로 모시고 구원받은 모든 자들이 남녀와 인종을 초월하여 한 형제 한 가족이 되어 사는 곳입니다. 거기는 빈부귀천이나 남녀노소의 구별이 없고 결혼제도도 없고 그야말로 모든 사람들이 한 가족과 같은 것입니다. 교회는 이 땅에 세워진 하나님의 나라 즉 천국입니다. 그리고 우리는 교회생활을 통해서 천국을 미리 경험하게 되는 것입니다. 그러나 교회는 세상 속에 있기 때문에 여러 가지 잘못이나 오류, 사건에 휘말리게 되고 종종 사회의 지탄의 대상이 되기도 하는 것입니다. 이것은 과거에도 그랬고 현재에도 그렇고 앞으로도 그럴 것입니다. 그래서 기독교는 개혁주의(改革主義)인 것입니다. 그리고 우리는 교회 안의 사람을 보지 말고 교회의 몸이 되시고 교회의 주인 되시는 예수님만을 바라보아야 하는 것입니다.

9. 마지막으로 교회의 위기와 나아갈 방향에 대해서 말씀 드리고자 합니다.

(1) 십자가의 위기입니다.

지금 교회는 '복음의 제 3시대'를 맞이하고 있습니다. 제1시대가 초대교회라면, 제 2시대는 종교개혁에서 청교도에 이르는 시대이고, 제 3시대는 21세기 이후의 4차 산업혁명 시대입니다. 이 제 3시대의 특징은 교회에서 십자가와 보혈이 사라지고, 성령의 역사가 사라지고, 교회가 중세시대의 로마 캐도릭을 닮아가고, 유대교의 회당처럼 되어가고 있다는 것입니다. 그 증거가 교회에서 **십자가**가 홀대받고 **보혈**찬송이 퇴색하고 교회의 십자가의 색깔이 붉은 색에서 하얀 색이 된 것입니다. 이것은 교회가 세상문화의 옷을 입은 것이고 교회의 타락인 것입니다. 요즘 대도시의 교회들은 거의 '**붉은**' 십자가를 볼 수 없게 되었고 '**하얀**' 십자가가 대세입니다. 이것은 신앙의 위기라고 말하지 않을 수 없습니다. 전통적으로 유럽의 캐도릭 교회들은 교회 건물 꼭대기에 나무로 된 십자가를 세워놓았습니다. 그러나 개신교의 종조국이었던 영국의 교회는 십자가를 세우는 것을 그리 중요시하지 않았다고 합니다. 그러나 한국교회의 가장 큰 특징은 **십자가**였습니다. 그것도 '**밤하늘에 빛나는 붉은 십자가**'는 한국교회의 큰 자랑거리였던 것입니다. 그런데 이것이 언제부터인가 '하얀색'으로 바뀌고 있다는 것은 한국 교회의 위기인 것입니다. '붉은 색'은 불과 에너지, 힘과 능력, 도전과 열정, 피와 생명을 상징하고, '흰색'은 성결 순결 깨끗함 천사와 천국을 상징합니다. 그래서 계시록에 보면 흰옷 입은 천사들이 나오는 것입니다. 그러나 세상은 그렇지 않습니다! 세상은 흰 옷을 입으면 금방 더러워지고 마는 것입니다. 세상은 날마다 마귀와의 '**영적전쟁**'이 치열하게 일어나는 곳입니다. 매 순간마다 마귀가 우는 사자같이 달려드는 곳입니다. 이런 와중에서 '**하얀 십자가**'는 보기에는 좋을지 모르나 마귀와의 싸움을 피하고 안일하게 살려는 세속주의 신앙을 대변하는 것입니다. 그리고 이것은 교회가 마귀와의 영적전쟁에서 백기(白旗)를 든 것입니다. 더 한심스러운 것은 대형교회에서는 **강단의 중앙**에 있어야할 십자가가 한 쪽 구석으로 밀려나 있고 그 자리에는 **대형화면**이 설치되어 있는 것입니다. 물론 교회의 사정도 이해가 됩니다. 그러나 아무리 그럴찌라도 성전의 설교단 중앙에는 십자가 외에 다른 것 즉 대형화면이나 스크린이 있으면 안됩니다. 부득히 할려면 화면을 강단의 양 옆으로 옮겨서 설치해야 합니다. 왜냐하면 신앙생활의 중심은 **십자가**인 것입니다. 교인들이 예배드리러 교회에 와서 가장 먼저 보는 것은 **'강단 중앙에 있는 십자가'**입니다. 예배드리기 전에 먼저 **십자가**를 보면서 예수님을 생각하고 잠시나마 머리 숙여 기도하는 것입니다. 이것이 설교를 듣는 것보다 더 우선인 것입니다. 그리고 예배시간에 교인들이 성경도 펴지 않고 TV 화면만 바라보다 오는 것입니다. 이것은 진정한 예배가 아닌 것입니다. 또 오순절 성령운동을 한다는 여의도 순복음 교회마저 강단에 **'하얀 십자가'**가 걸려있는 것을 보면 기가 막혀서 말이 나오지 않습니다. 왜 그럴까요? 여러 가지 이유가 있겠습니다만 첫째는 목사나 신학자들이 십자가보다 부활을 더 강조하기 때문이고, 두 번째로는 세상문화에 적응해서 보기에 좋고 무엇이나 쉽고 편하게 하려하다 보니 그렇게 된 것입니다. 그러나 그 결과는 매우 심각합니다. 교인들의 신앙 열정이 식어져서 기도하지 않고 전도하려 하지 않습니다. 금요 철야기도회가 심야기도회가 되었고, 수요 기도회나 새벽기도회도 열정이 식어가고 있습니다. 이것은 한국교회가 심각하게 고민해 봐야 할 문제입니다. 100년 전에 우리 신앙의 선조들이 자랑스럽게 세워놓은 신앙의 금자탑을 지금 우리들이 무너뜨리고 있는 것입니다. **'한국은 제 2의 이스라엘입니다'** 아무리 생각해봐도 예수님이 오시는 날까지 기독교 복음을 짊어지고 나아갈 민족은 한국 민족 밖에는 없는 것입니다. 왜냐하면 역사적으로 한국 민족은 세계 민족 가운데 하늘을 숭상해온 아주 우수한 민족이고 지정학적으로도 이스라엘과 아주 흡사하기 때문입니다. **밤하늘에 빛나는 '붉은 십자가'**는 한국교회의 특징이요 자랑입니다. 그래서 우리는 '붉은 십자가'로 다시 돌아와서 옛 신앙을 다시 회복해야 하는 것입니다.

예수님은 이렇게 경고하셨습니다. **"삼가 바리새인과 사두개인들의 누룩을 주의하라"**(마태복음16;6절) 누룩은 그 안에 효모가 있어서 변질을 시키는 것입니다. 그러나 누룩은 눈에는 보이지 않습니다. 그래서 주의해야 합니다. 그리고 그 영향력은 아주 큰 것입니다. 우리는 잘못된 신학이 신앙을 망친다는 것을 알아야 합니다. **바리새인들**은 유대교를 신봉하는 율법주의자들이고 **사두개인들**은 권력을 탐하는 현실주의자들인 것입니다. 이것은 기독교 복음과는 배치되는 것입니다. 그래서 예수님이 경고하시는 것입니다. 기독교는 누가 뭐라해도 **십자가**가 중심이고 핵심입니다. 그런데도 세상의 문화와 인간들의 구미에 따라서 십자가의 색깔이 달라져야 한다는 발상은 참으로 가슴 아프고 슬픈 것입니다. 이것은 예수님을 다시 한번 십자가에 못박는 것입니다.

최근에 저는 **'붉은'** 색의 위력을 체험한 적이 있습니다. 문방구를 하는 어느 분이 저한테 판매기한이 지난 검정 파랑 빨강의 3가지 색이 나오는 '삼색 볼펜'을 한 꾸러미 준 적이 있습니다. 그래서 볼펜들을 하나씩 꺼내서 종이 위에 그어 보니까 검정색 볼펜은 10자루 중에 한 자루가 나오고, 파랑색 볼펜은 10자루 중에 다섯 자루가 나오는데 빨강 볼펜은 10자루를 그으면 10자루 다 나오는 것입니다. 놀랍지 않습니까? 이것이 무엇입니까? 이것이 붉은 색의 위력입니다. 그래서 **검은 색**은 죽음을 상징하고, **붉은 색**은 불, 빛, 힘, 에너지, 피, 생명, 도전과 열정을 상징하는 것입니다. 반면에 **흰색**은 순결 성결 청결을 상징하나 눈과 얼음이 흰색입니다. 그것은 차갑고 생명이 존재할 수 없는 극지방과 같은 것입니다. 모닥불을 얼음 위에 피워놓으면 곧 사그러지고 맙니다. 그래서 하얀 십자가 아래서는 성령의 불같은 역사가 일어나지 않습니다. 말만 무성합니다. **피와 불!** 모두 붉은 색입니다. 예수님의 피도 붉은 색이고 성령의 불도 붉은 색입니다. 그래서 십자가도 붉은 색으로 빨리 돌아오기를 위해 기도합니다.

　십자가는 하나님의 아들이신 예수님이 인류의 죄를 대신 지시고 제물이 되신 곳입니다. 그러나 우리는 여기에서 멈춰서는 안되는 것입니다. 예수님은 십자가를 지시려고 겟세마네 동산에서 **'땀방울이 핏방울'**이 되도록 밤새워 기도하셨습니다. **"예수께서 힘쓰고 애써 더욱 간절히 기도하시니 땀이 땅에 떨어지는 핏방울같이 되더라"**(누가복음22:44절)라고 기록하고 있습니다. 예수님이 십자가를 지고 가시면서 온갖 조롱과 멸시, 욕설, 침뱉음, 채찍을 맞으면서 넘어지고 쓰러지자 구레네 시몬이 십자가를 대신 지고 갔던 것입니다. 그리고 예수님은 그 뜨거운 한낮에 십자가에서 손과 발에 못이 박힌채 6시간 동안을 피를 흘리시면서 그 고통을 다 참고 견디셨습니다. **이것이 무엇 때문입니까?** 죄 때문입니다. **이것이 누구 때문입니까?** 나 때문입니다. 그렇다면 우리가 십자가 보혈찬송을 부를 때에 그런 고통을 '조금이나마' 느끼고 있습니까? 우리 모두는 죄와 마귀와 싸우는 십자가 군병들입니다. 그저 예배나 드리고 은혜받고 헌금하는 것이 전부가 아닌 것입니다. 우리는 빨리 이런 세상의 안일한 잠에서 깨어나서 영의 사람, 하늘의 사람이 되어서 하나님의 전신갑주로 무장해야 합니다. 그래야 마귀와의 영적 전쟁에서 승리할 수 있습니다. 그리고 우리가 꼭 해야할 것이 있습니다. 그것은 매일 십자가 보혈 성령 그리고 마귀와 싸우는 찬송을 불러야 하는 것입니다. 마귀가 가장 무서워하는 것은 **말씀**과 **찬송**입니다 그 중에서도 십자가 보혈찬송입니다.

① 1절 '갈보리산 위에 십자가 섰으니 주가 고난을 당한 표라 험한 십자가를 내가 사랑함은 주가 보혈을 흘림일세 최후 승리를 얻기까지 주의 십자가 사랑하리 빛난 면류관 받기까지 험한 십자가 붙들겠네'(통일찬송가135장, 새찬송가150장) 이런 찬송을 부르면서 두 주먹을 불끈 쥐고 가슴을 치면서 회개를 한 적이 있습니까?

② 1절 '십자가로 가까이 나를 이끄시고 거기 있는 보혈로 정케하옵소서 십자가 십자가 무한 영광일세 요단강을 건넌후 무한 영광일세'(통일찬송가496장, 새찬송가 439장) 이런 찬송을 부르면서 땅바닥을 내리치면서 통곡을 한 적이 있습니까?

③ 1절 '십자가 군병들아 주 위해 일어나 기들고 앞서 나가 굳세게 싸워라 주께서 승전하고 영광을 얻도록 그 군대 거느리사 늘 이김 주시네'(통일찬송가390장, 새찬송가352장) 이 찬송은 우리가 마귀의 군대와 싸우러 나갈 때 부르는 아주 강력한 찬송입니다. 그래서 이 찬송을 부르면 마귀가 벌벌 떨면서 도망을 치는 것입니다. 우리는 구원받은 하나님의 자녀이면서 부름받은 십자가의 군병들인 것을 절대로 잊으면 안됩니다.

④ 1절 나의 죄를 씻기는 예수의 피 밖에 없네 다시 성케하기도 예수의 피 밖에 없네 예수의 흘린 피 날 희게 하오니 귀하고 귀하다 예수의 피 밖에 없네'(통일 찬송가 184장, 새찬송가252장) **귀하고 귀하다!** 이것은 **'보혈의 가치'**를 말합니다. ⑤ 1절 '죄에서 자유를 얻게함은 보혈의 능력 주의 보혈 시험을 이기는 승리되니 참 놀라운 능력이로다 주의 보혈 능력 있도다 주의 피 믿으오 주의 보혈 그 어린양의 매우 귀중한 피로다'(통일찬송가 202장, 새찬송가 268장) **주의 보혈 능력 있도다!** 이것은 **'보혈의 능력'**을 말합니다. 가

치와 능력! 그래서 이 두 개의 찬송은 모든 찬송가들 중에서도 단연 으뜸을 차지하고 있는 것입니다. 참고로 이 두 개의 찬송은 제가 2009년도에 내놓은 **'찬송으로 떠나는 천국여행'**(도서출판 영문)에 수록된 '천국마차 모형도'에서 좌우 두 바퀴를 차지하고 있습니다. 이 두 개의 찬송은 엄청난 영적 에너지와 능력을 가지고 있는 것입니다. 아멘!

그러나 우리의 **'영적전쟁'**은 여기서 끝나는 것이 아닙니다. 우리들은 마귀와의 전쟁 즉 요단강은 건넜으나(예수 믿고 구원은 받았으나) 아직도 자아(自我)와의 싸움 즉 자기 안에 있는 **'여리고성'**과 **'아이성'**이 무너지지 않고 있는 것입니다. 그래서 교회도 시끄럽고, 예수 믿는 가정도 하나가 되지 못하고 싸우고 이혼을 하는 것입니다. **요단강**을 건넜다고 다 끝난 것이 아닙니다. 그 때부터 '더 지독한' **자기와의 싸움**이 시작이 되는 것입니다. 그것은 자아(自我) 즉 영과 육, 옛사람과 새사람과의 싸움인데 그 싸움은 마치 여야(與野)가 싸우듯이 주도권을 쟁취하기 위한 혈투(血鬪)라고 할 수 있습니다. 이것은 **'마지막 전쟁'**인데 이 전쟁에서 이기려면 날마다 말씀을 듣고, 늘 기도하고 찬양을 해야 하는데 그 중에서도 십자가와 보혈, 성령 찬송으로 무장해야 합니다. 성령의 감동으로 십자가 보혈 찬송을 부를 때 '철벽' 여리고성과 그렇게 끈질기게 '마지막까지 반항하던' 아이성도 무너져 내리고 마는 것입니다. 할렐루야! 이것이 바로 영적 전쟁에서의 승리요 내가 죽고 예수 그리스도의 생명으로 거듭나는 것입니다. 바로 그 때 해방의 감격으로 감사하면서 울고, 기쁨으로 웃으면서 이런 찬송을 부릅니다. ① 1절. '구주 예수 의지함이 심히 기쁜 일일세 허락하심 받았으니 의심 아주 없도다 예수 예수 믿는 것은 받은 증거 밝도다 예수 예수 귀한 예수 믿음 더욱 주소서'(통일찬송가340장 새찬송가542장) ② 1절. '내가 매일 기쁘게 순례의 길 행함은 주의 팔이 나를 안보함이요 내가 주의 큰 복을 받는 참된 비결은 주의 영이 함께 함이라 성령이 계시네 할렐루야 함께 하시네 좁은 길을 걸으며 밤낮 기뻐하는 것 주의 영이 함께 함이라'(통일찬송가 427장, 새찬송가 191장) 모든 영광을 성부 성자 성령 삼위 하나님께 드립니다! 아멘!

(2) 진리의 위기입니다.

예수님은 이렇게 말씀하셨습니다. **"너희가 내말에 거하면 참 내 제자가 되고 진리를 알찌니 진리가 너희를 자유케하리라"**(요한복음8:31-32절) '진리(眞理)'란 참되고 바른 이치를 말하는 것인데 종교마다 자기네가 진리라고 주장할 수도 있으나 참 진리는 우주만물의 창조주시고 최고의 신이시고 영원하신 하나님의 말씀 이외는 없는 것입니다. **진리가 너희를 자유케 하리라!** 그러면 진리가 우리를 무엇으로부터 자유케한다는 것입니까? 그것은 죄와 사망, 마귀와 지옥 그리고 세상과 율법입니다. 그러자 유대인들로부터 거센 항의가 나왔습니다. **"우리가 아브라함의 자손이라 남의 종이 된 적이 없거늘 어찌하여 우리가 자유케되리라 하느냐"**(33절) 지금 예수님과 유대인들 사이에서 진리의 싸움이 벌어지고 있습니다. 사실 율법이라는 것은 이스라엘 민족이 출애굽하여 광야에서 하나님에게 불순종할 때 임시방편적으로 주어진 것입니다. 그것은 징벌의 성격이 짙은 법인 것입니다. 그런데도 이스라엘 민족은 그것을 모르고, 마치 원숭이가 안경을 목에 걸고 좋아하듯이, 그것이 하나님께로부터 자기들에게만 주어졌다는 한 가지 사실 때문에 율법을 자랑을 해왔던 것입니다. 예수님은 그들을 율법의 구속과 형벌에서 해방시켜 주시려고 오셨는데 그들은 그것을 모르고 반대를 하고 있는 것입니다. 이것이 바로 무지(無知)입니다. **그러면 어떻게 해야 그들이 자유를 얻을 수**

있습니까? 예수님이 그 해답을 제시하고 계십니다. "진실로 진실로 너희에게 이르노니 죄를 범하는 자마다 죄의 종이라 종은 영원히 집에 거하지 못하되 아들은 영원히 거하나니 그러므로 아들이 너희를 자유케하면 너희가 참으로 자유하리라"(34-36절) **아들이 너희를 자유케 하면!** 해답은 '아들'입니다. 너희가 '종'의 신분에서 '아들'의 신분이 되면 자유케 된다는 것입니다. 예수님은 '내가 하나님의 아들로 너희를 자유케하러 왔으니 나를 믿으면 자유케된다'는 것입니다. 그런데도 그들은 그것을 인정하지 않고 거세게 항의를 하고 있는 것입니다. 여기서 예수님은 '**종**'과 '**아들**'을 비교하고 계십니다. "종을 봐라! 매일 일만하고도 대우도 못받고, 쉬지도 못하고, 먹는 것도 형편없고, 잠도 제대로 자지 못하고 주인의 눈치만 보지 않느냐? 그러나 아들을 봐라! 매일 놀고 먹어도 누가 무어라고 하더냐? 이것이 종과 아들의 차이다. 그러니 너희들도 이제는 종의 멍에를 벗어버리고 아들이 되어라! 그러면 자유를 얻을 수 있다. 내가 하나님의 아들이요 구원자로 왔으니 나를 믿으면 '종'에서 해방되어 '아들'이 된다. 그러면 자유하게 된다"는 것입니다. 그러자 유대인들의 반발은 더 거세어져 가고 있습니다. 그러자 예수님이 마지막으로 이렇게 책망하고 계십니다. "내가 진리를 말하므로 너희가 나를 믿지 아니하는도다 너희 중에 누가 나를 죄로 책잡겠느냐 내가 진리를 말하매 어찌하여 나를 믿지 아니하느냐 하나님께 속한 자는 하나님의 말씀을 듣나니 너희가 듣지 아니함은 하나님께 속하지 아니하였음으로다"(45-47절) 예수님의 이 한마디는 결정적으로 저들의 자존심에 비수를 꽂고 말았습니다. 그러자 저들도 가만히 있지 않고 예수님에게 비수를 들이대고 있습니다. "우리가 너를 사마리아 사람이라 또는 귀신이 들렸다하는 말이 옳지 아니하냐" 예수님이 귀신이 들렸다는 것입니다. 그리고는 마침내 유대인들이 예수님을 돌로 치려하자 예수님은 성전에서 숨어서 나가셨던 것입니다. 이것이 무엇입니까? 진리의 논쟁! 요즘 말로는 '진실게임'입니다. 진리는 영원히 변치 않는 원리(原理)이고 원칙(原則)입니다. 그것은 오직 하나님의 말씀인 것입니다. 왜냐하면 오직 하나님만이 참되시고 변함이 없으시고 영원하시기 때문입니다. 예수님은 이 땅에 진리를 전하러 오셨습니다. 그러나 유대인들 특히 바리새인들과 서기관들과 대제사장들은 진리를 거부하고 그것도 모자라서 예수님을 십자가에 못 박았던 것입니다. 그 결과 그들은 하나님의 심판을 받아서 주후 70년에 예루살렘성은 로마군대에 의해서 포위되어 돌 하나도 돌 위에 남지 않고 망하고 말았습니다. 그 후 그들은 **디아스포라**가 되어서 2,000년 동안 세계를 떠돌아 다니면서 갖은 멸시천대를 받으며 살았고 제 2차 세계대전 때는 독일의 독재자 **히틀러**에 의해서 수용소에 갇히고 대학살을 당했던 것입니다. 이것은 그들이 진리를 거부하고 진리를 전하러 오신 예수님을 십자가에 못박았기 때문입니다. 그런데 안타깝게도 오늘날의 교회에서도 날이 갈수록 세속화 되어 진리가 사라지고 진리가 비진리하고 타협을 하고 있는 것입니다. **진리는 빛과 같습니다.** 빛이 사라지면 어두워질 수 밖에 없습니다. 그래서 세상을 밝혀야할 교회가 어두워지자 거꾸로 세상으로부터 무시와 질타를 당하고 있는 것입니다. 그 결과 교회의 성장이 멈추고 젊은 세대가 교회를 떠나고 있는 것입니다.

요한복음 18장에는 예수님과 **빌라도**의 대화가 기록이 되고 있습니다. 그 때 빌라도가 예수님께 이렇게 물었습니다. **"그러면 네가 왕이 아니냐"**(37절) 그러자 예수님이 이렇게 말씀하셨습니다. **"네 말과 같이 내가 왕이니라 내가 이를 위하여 났으며 이를 위하여 세상에 왔나니 곧 진리에 대하여 증거하려 함이로라 무릇 진리에 속한 자는 내 소리를 듣느니라"**(37절) 그러자 빌라도

가 이렇게 묻고 있습니다. "진리가 무엇이냐"(38절) **여러분! 진리가 무엇입니까?** 세상에는 진리가 많습니다. 다 각자 자기들이 믿는 것이 진리라고 주장합니다. 그러나 진리 중에서도 진리가 있는 것입니다. 진리를 사전적으로 풀이한다면 '참된 이치나 원리나 도리'가 될 것입니다. 그래서 각 분야마다 진리가 있는 것입니다. 그러나 **'모든 진리 중의 진리'**는 '하나님의 아들로 오신 예수 그리스도가 인류의 구원을 위하여 십자가에서 대신 제물이 되었다'는 것입니다. 이것을 능가하는 진리는 없습니다. 그리고 여기에 하나님의 의와 사랑이 있는 것입니다. 결론적으로 말한다면 진리의 핵심은 **십자가**이고 거기에 있는 **의**와 **사랑**인 것입니다. 이것보다 더 큰 진리는 없습니다. 다시 한번 강조하지만 진리의 중심은 **십자가**입니다. 그래서 이것이 흔들리면 마귀가 틈을 타서 교회가 흔들리는 것입니다. 우리가 마귀와 세상을 이기는 길은 **십자가** 이외는 없습니다. 마귀가 가장 두려워하는 것은 **십자가**입니다. 그래서 교회에서 **십자가**가 홀대를 받으면 즉시 마귀가 틈을 타는 것입니다. 그것이 바로 세속화된 일부 현대 교회들의 모습인 것입니다.

그래서 이런 찬송을 불러야 합니다. ① 1절 '십자가로 가까이 나를 이끄시고 거기 흘린 보혈로 정케 하옵소서 십자가 십자가 무한 영광일세 요단강을 건넌 후 무한 영광일세'(통일찬송가496장, 새찬송가439장) ② 1절 '주의 진리 위해 십자가 군기 하늘 높이 쳐들고 주의 군사되어 용맹스럽게 찬송하며 나가세 나가세 나가세 주 예수만을 위하여 목숨까지도 바치고 싸움터로 나가세'(통일찬송가400장, 새찬송가358장)

진리에는 여러 가지 내용이 있는데 이 모든 것이 한꺼번에 다 나타난 곳이 바로 **십자가**인 것입니다. 교회의 중심은 십자가이고 십자가의 핵심은 뭐니 뭐니해도 '의'와 '사랑'입니다. **십자가에서 마귀는 '의'로 심판을 받았고 인**

간은 '사랑'으로 구원을 받았습니다. 그래서 '사랑'만 있어도 안되고 '의'만 있어도 안되고 의와 사랑이 함께 있어야 합니다. 그런데 교회에서 지금까지 '사랑'은 말해 왔으나 교회에서 '의'가 사라진 것이 1,000년도 더 되었을 것입니다. 이것은 교회의 비극이요 타락입니다. 성경에서 '의'는 '빛'인데 빛이 사라지면 '어둠'이 찾아오고 어두움은 곧 죽음인 것입니다. 이제 교회는 '의'를 회복하고 '의'와 '사랑'을 함께 말함으로 진리 위에 서고 교회의 본질과 정통성을 회복해야 하는 것입니다.

(3) 강단(예배)의 위기입니다.

구약시대에는 성전에 뜰이 있었고 성소가 있었고 지성소가 있었습니다. 그러다가 예수님이 십자가에서 죽으시자 성소의 휘장이 둘로 찢어지고 지성소의 모습이 드러났던 것입니다. 그러자 교회시대가 시작되고 나서 강단이 생기게 된 것입니다. '강단(講壇)'이란 문자적인 의미로는 '설교가 행해지는 장소'라고 할 수 있습니다. 그러나 강단의 중앙에 걸려있는 십자가는 하나님의 임재하심을 상징하는 것입니다. 그래서 강단은 예배의 봉사자들 이외는 아무나 함부로 오를 수 없는 성스러운 곳입니다. 그런데 이것이 현대에 와서 몰지각한 인간들에 의해서 훼손이 되고 있는데 아무나 강단에 올라가는 것입니다. 그것은 미국에서 불어온 자유주의 신앙 때문일 것입니다. 지금의 미국 교회를 보세요! 강단에 십자가도 없고 강대상도 없고 목사가 청바지를 입고 나와서 마이크를 손에 들고 마음대로 다니면서 설교를 합니다. 이런 모습이 부흥집회라면 이해가 되지마는 예배에는 적합지 않은 것입니다. 이 것은 교회라기 보다는 차라리 회당에 가까운 것입니다. 물론 그렇지 않은 교회들도 많이 있지만 이 자유주의, 인본주의 바람이 우리나라의 교회에서도 불고 있는 것입니다. 지금까지 한국 교회의 상징은 교회의 지붕과 강단 중앙의 '붉은 십자가'이었습니다. 그런데 어찌된 일인지 교회 지붕과 강단의 십자가는 흰색으로 바뀌고, 강단 중앙의 십자가는 한쪽 모퉁이로 밀려났고, 대신 그곳에는 대형화면이 설치되어 있고, 설교하는 목사의 모습만이 크게 비추어지고 있는 것입니다. 그리고 성도들은 예배 시간에도 시간과 프로그램에 쫓겨 성경책도 펴지 않고 대신에 화면을 보고 말씀을 읽고 찬송을 따라 부르는 것입니다. 이것은 예배에 참여하는 것이 아니고 구경하는 것입니다. 그러니 신앙이 성장할 이유가 없는 것입니다. 그리고 **목사**가 가운이나 신사복을 입지 않고 청바지나 티셔츠를 입고 나와서 마음대로 강단을 누비면서 설교를 합니다. 목사가 마치 개그맨이나 연예인같은 인기스타를 닮아가고 있는 것입니다. 경건의 모습은 어느 곳에서도 찾아볼 수도 없습니다. 예배의 주인공이 하나님이 아니라 목사가 된 것입니다. 그러나 우리가 알아야 할 것은 **'목사도 예배자의 한 사람에 불과하다'**는 것입니다. 이것은 예배의 위기이고, 하나님께 불경죄를 짓고 있는 것입니다. 그래서 강단에 선 설교자나 예배 봉사자는 복장부터 경건하게 갖추어야 하는 것입니다.

예수님은 **'예배의 개혁'**을 위해 오셨습니다. 그렇다고 '예배의 형식'을 무시하는 것은 아닙니다. 무엇이든지 **내용**과 **형식**이 있는 것입니다. 일반적인 의미에서 내용과 형식을 비교해 본다면 물론 형식보다는 내용이 더 중요합니다. 그렇다고 형식을 무시하면 안되는 것입니다. 예를 들어서 호두와 땅콩 있는데 껍데기가 없다면 알맹이가 존재할 수 있겠습니까? 상상할 수도 없습니다. 껍데기 즉 형식도 매우 중요합니다. **예배도 마찬가지입니다.** 예배의 형식을 무시하면 예배의 내용도 퇴색해 버리고 마는 것입니다. 우리가 예배 시간에 **'듣는'** 것도 중요하지만 **'보는'** 것도 중요합니다. 어쩌면 인간에게는 청각(聽覺)보다 시각(視覺)이 더 중요할 수도 있는 것입니다. 그래서 '예배의 형식'을 무시하면 안되는 것입니다. 결과만을 바라고 절차를 무시하면 안됩니다. 공산주의는 절차를 무시하고 결과만을 얻으려다가 망했습니다. 과학 문명의 영향을 받아 편의주의를 추구하는 현대사회에서 교회는 이런 현상을 경계해야 합니다.

지금 세계는 중심축이 하나님 중심에서 인간 중심으로 이동하고 있습니다. 그러나 교회는 영원히 하나님 중심이 되어야 합니다. 만일 그것이 아니라면 그것은 더 이상 교회가 아닌 것입니다. 그래서 우리는 예수님이 겟세마네 동산에서 잠자는 제자들을 깨우신 것처럼 세속의 물결에 휩쓸려 잠자는 교회들을 깨우고 함께 기도해야 하는 것입니다.

(4) 교회가 항상 바라보고 추구해야 할 것은 초대교회와 청교도 신앙과 대각성 부흥운동입니다.

초대교회는 예수님이 부활하신 후에 오순절 마가의 다락방에 성령이 임하시고 나서 탄생했습니다. 그 모습이 사도행전 2장에 자세히 기록이 되어 있습니다. 초대교회는 하나님 중심, 교회중심, 예배중심, 말씀과 성령, 은혜와 권능 그리고 믿음 소망 사랑이 넘치는 교회였습니다. 그래서 우리는 교회의 위기가 올 때마다 항상 초대교회를 바라보고 초대교회로 돌아갈 준비를 해야하는 것입니다. 그리고 '청교도 신앙'은 종교개혁가인 칼빈에 의해서 제네바에서 시작이 되었습니다. 칼빈의 제자였던 죤 낙스가 제네바에서 칼빈에게 배운 것을 고향인 스코틀랜드에 가서 시작한 복음주의 운동인 것입니다. 그리고 우리는 죤 낙스의 공로를 결코 잊어서는 안 될 것입니다. 이것이 잉글랜드로 건너가서 영국에서 '청교도 혁명'(1642년)으로 이어져서 잠간 성공하는 듯 했으나 청교도 혁명의 지도자인 '크롬웰'이 죽자 후임 통치자의 무능과 교회의 분열로 청교도 혁명도 막을 내리게 되고, 영국 국민들의 요청으로 쫓겨나 피신했던 왕(찰스2세)이 다시 돌아오는 **'왕정복고'**(1660년)로 이어졌던 것입니다. 한편 청교도들은 영국 국교회의 탄압을 피하여 화란으로 건너갔고, 1620년에 105명이 '메이플라워호'라는 화물선을 타고 66일의 항해 끝에 신대륙인 미국에 도착을 했는데 그 중에서 105면 중에 35명이 청교도들이었다고 합니다. 이 몇명 안되는 그들로 인하여 미국에서 '청교도 신앙운동'은 꽃을 피우고 열매를 맺었던 것입니다. 그것이 미국에서 죠나단 에드워즈를 중심으로 일어난 **'대각성과 부흥운동'**인 것입니다.

이 부흥운동이 19세기 말에 선교사들을 통하여 우리나라에 들어 왔고 1907년에 평양 장대현 교회에서 **길 선주** 장로(목사 안수 받기 전)를 중심으로 **'평양 대부흥운동'**이 일어났던 것입니다. 길 선주 장로가 새벽 기도회 때에 자신이 '아간'과 같은 죄인임을 고백하고 회개하자 한꺼번에 교인들의 회개가 터져 나왔고 이 회개는 일주일 동안 계속 되었던 것입니다. 그 후 미국 북장로 교회의 '블레어' 선교사가 장대현 교회에서 고린도전서 12:27절을 본문으로 '너희는 그리스도의 몸이요 그리스도의 지체들이라'는 제목으로 설교를 했는데 설교가 끝나고 수백명의 성도들이 통성으로 기도하자 성령의 큰 역사가 들불같이 일어났던 것입니다. 그 때 많은 성도들이 줄지어 앞으로 나와서 대중 앞에서 부끄러운 줄도 모르고 자신들의 죄를 고백하고 가슴을 치고 통곡하며 눈물로 회개하자 여기저기에서 똑같은 회개의 역사가 일어났던 것입니다. 그들은 집에도 가지 않고 몇날 몇일을 교회에서 머물면서 회개하고 새사람이 되어서 집으로 돌아갔던 것입니다. 이것이 **'평양 대부흥운동'**입니다. 이런 성령의 역사는 평양의 숭의 여학교, 숭덕 여학교에서도 일어났고 다른 학교들이나 모임에서도 일어났던 것입니다, 영국의 런던 타임즈는 이 상황을 '마치 밖으로부터 뭔가 물밀듯이 밀려드는 강력한 힘의 임재에 압도당한듯 했다'고 보도를 했던 것입니다. 이런 부흥의 불길은 삽시간에 서울을 거쳐서 전국으로 번져나갔던 것입니다. 이 부흥 운동의 특징은 미국에서와 같이 **각성**과 **회개**였습니다. 그것도 가슴을 치고 땅을 치면서 통곡하는 큰 회개가 일어났던 것입니다. 그리고 며칠만에 완전히 새사람이 되어서 웃음이 가득하여 집으로 돌아갔던 것입니다. 그리하여 소문이 퍼져나가자 소문을 들은 사람들이 교회로 몰려왔던 것입니다. 이런 것이 아니라면 그것은 교회성장은 될지몰라도 부흥은 아닌 것입니다. 그리고 일제 36년을 거치고 1960, 70년대에 와서 여의도 순복음 교회를 중심으로 부흥의 바람이 다시 한번 불어왔던 것입니다. 그런데 어찌된 일인지 1990년대에 들어서자 부흥의 열기가 서서히 식어가더니 지금은 침체기에 이른 것입니다. 엎친데 덮친격으로 '코로나19 사태'까지 일어나서 주일 예배가 금지되는 사태가 일어나고, 예배가 비대면 화상예배로 바뀌고, 교회가 큰 위기를 맞고 있는 것입니다. 그래서 교회의 개혁에 대한 목소리가 여기저기에서 터져 나오고 있는 것입니다. 개혁(改革)이 무엇입니까? **초대교회**로 돌아가고 복음으로 돌아가고, 신앙의 본질로 돌아가서 교회의 정체성을 회복하는 것입니다. 여기에 한 가지를 더한다면 **'청교도 신앙'**을 본받는 것입니다. 청교도 신앙운동도 약간의 오류가 있었으나 우리가 계승하고 이어나가야 할 중요한 신앙운동인 것입니다. 지금 우리가 예배시간에 부르는 대부분의 찬송가들은 미국에서 일어났던 대각성 부흥운동 때 청교도들이 불렀던 찬송들인 것입니다.

그러면 어떻게 해야 그런 '대각성 부흥운동'이 지금도 다시 일어날 수 있습니까? 부흥을 위해서 기도하면서 그 때 그들이 불렀던 찬송가들의 의미를 알고 집중적으로 열심히 불러야 합니다. 그것이 바로 십자가, 보혈, 성령 찬송입니다. 십자가 보혈 성령 찬송 속에는 부흥의 흔적이 고스란히 남아 있습니다. 이것은 그들이 가슴을 치고 회개하면서 부른 찬송들입니다. 그래서 지금 우리도 그 찬송가들의 깊은 의미를 알고 부르면 죄가 깨끗이 씻어지고 성령이 부어지면 대부흥이 찾아오는 것입니다. **부흥**(復興)이라는 것은 성장과는 다른 것입니다. **성장**은 양적 팽창이지만 부흥은 질적인 변화와 함께 양적인 팽창이 오는 것입니다. '부흥운동'은 영어로 the Revival인데 이것은 '다시 태어나다' '다시 살다' '다시 일어나다'라는 의미인 것'입니다. 하나님 앞에서 지은 죄를 진심으로 애통하며 회개할 때 성령이 오셔서 위로해 주시고 새사람으로 거듭나게 해주시는데 그 때 큰 기쁨을 얻는 것입니다. 이것이 바로 영국과 미국에서 일어났던 **'대각성 부흥운동'**인 것입니다. 여기서 **'대각성'**이란 the Great awakening인데 영어의 awakening은 '잠에서 깨어나다'라는 의미를 가지고 있습니다. 그러니까 교회가 세상에서 잠을 자고 있다는 것인데 그것을 깨우는 것입니다. 그리고 **'부흥'**은 영어로 Revival인데 '다시 태어난다'라는 의미를 가지고 있습니다. 그런데 이 부흥운동에서 꼭 잊지말아야 할 것이 있습니다. 여기에는 반드시 자기 심령 속에서 먼저 부흥을 경험한 인도자가 있어야 한다는 것입니다. 그래야 그 부흥의 불길이 옮겨가는 것입니다.

(5) 교회는 하나님이 세우셨고 하나님이 살아계시니 언제나 희망이 있습니다.

창세기 9장을 보면 노아가 어느날 포도주를 마시고 취하여 대낮에 벌거벗은채로 누워서 잠을 자고 있었습니다. 노아에게는 셈 함 야벳이라는 세 아들이 있었는데 그것을 본 둘째 아들 함이 밖에 나가 다른 형제들에게 알렸습니다. 그러자 셈과 야벳은 뒷걸음을 치며 들어가서 아버지의 수치를 가리워 주었던 것입니다. 그 때 노아가 술에서 깨어나자 그것을 알고 세 아들인 셈. 함. 야벳에게 복(福)과 저주(詛呪)를 내렸는데 하나님은 **셈**의 하나님이 되었고, **함**은 두 형제의 종이 되었고, **야벳**에게는 물질의 복을 주었습니다. 세계사를 보면 모든 종교들이 **아시아(셈족)**에서 시작되었습니다. 그런데 아시아에서 시작된 기독교는 먼저 **유럽(야벳족)**으로 건너갔습니다. 여기에는 참으로 놀라운 하나님의 섭리가 있었던 것입니다. **복음은 빛입니다.** 바울이 '복음의 빛'을 들고 아시아에서 유럽으로 건너가자 유럽이 먼저 어두움에서 벗어나서 자유 민주주의와 과학문명과 산업경제가 발달해서 선진국이 되었습니다. 그리고 복음이 유럽에서 미국을 거쳐 아시아로 왔는데 그 기간이 무려 2,000년이나 걸린 것입니다. 그러나 이것도 알고 보면 아시아를 떠난 복음이 세계를 한 바퀴 돌아서 원래의 자리로 돌아온 것입니다. 이것이 하나님의 뜻이라면 이제 복음은 원주인을 찾아온 것입니다. **원래 종교는 아시아 즉 셈족의 것이었습니다.** 우리 나라에는 100여년 전에 복음이 처음 들어 왔는데 일제의 식민지 시대를 지나고 일제의 탄압을 거치면서 기독교가 뿌리를 깊게 내렸습니다. 지금 기독교(개신교)는 **'신은 죽었다'**는 니체의 말처럼 유럽에서는 기독교의 종조국인 영국에서조차도 거의 막을 내렸습니다. 그것은 이상한 일이 아닙니다. 여기에도 하나님의 섭리와 계획이 있는 것입니다. 원래 유럽인들(야벳족)은 종교와는 거리가 먼 자들이었습니다. 그리고 유럽은 수평(水平) 사회입니다. 그래서 수직적인 기독교와는 잘 맞지 않는 것입니다. 그러나 아시아(셈족)는 수직(垂直) 사회입니다. 그래서 하나님을 섬기는 기독교와는 잘 맞는 것입니다. 그래서 **한국**에 기독교가 들어오자마자 급속도로 확산되었고 지금은 한국이 복음이 들어온 지 불과 100년만에 전 세계 기독교의 종조국이 되어서 세계선교를 주도하고 있는 것입니다. 세계 모든 민족을 보아도 한국 민족 밖에 복음을 전할 민족은 없는 것 같습니다. 한국은 이스라엘처럼 주변에 강대국들로 둘러싸여 있어서 바라볼 곳은 오직 하늘 밖에 없는 것입니다. 또 한국 민족은 이스라엘 민족과 같이 두뇌가 우수하고, 언어 표현능력이 다양하고, 피부가 백인과 흑인의 중간색이고, 근면하고 끈질긴 민족이라서 복음과는 딱 들어맞는 것입니다. 그래서 기독교가 **영국**에서는 쇠퇴했으나 **한국**에서는 절대 쇠퇴하지 않을 것이라는 점입니다. **한국은 제 2의 이스라엘입니다.** 이스라엘이 '**유대교**'를 신봉했다면 한국은 '**기독교**'를 신봉해서 예수님이 오시는 그 날까지 기독교의 강국이 될 것을 믿어 의심하지 않습니다. 지금 우리 나라를 둘러싸고 있는 주변 4강대국들을 보면 놀라울만치 고대 이스라엘과의 상황과 아주 비슷합니다. 미국이 애굽이라면 중국은 앗수르이고, 러시아는 바벨론이고, 일본은 블레셋입니다. 이 중에서 이스라엘을 가장 괴롭힌 나라는 블레셋(팔레스타인)입니다. 이스라엘은 지금도 블레셋 즉 팔레스타인과 영토 분쟁을 벌이고 있습니다. 블레셋은 예나 지금이나 심심하면 이스라엘을 쳐들어 옵니다. 일본이 이와 같습니다. 일본은 옛날부터 항상 한국의 영토를 노리고 심심하면 쳐들어 왔습니다. 영적으로 일본은 하나님이 쓰시는 블레셋 즉 채찍과 같습니다. 이스라엘 민족이 하나님께 불순종했을 때 블레셋이 쳐들어 왔듯이 우리나라도 하나님께 불순종할 때 일본이 쳐들어 온다는 것을 잊어서는 안되는 것입니다. 우리나라의 역사를 보면 지난 5,000년 동안 많은 외세의 침략을 당했습니다. 그것은 대부분 중국과 일본의 침략이었습니다. 그러나 하나님의 보호로 망하지 않았고 지금까지 잘 버텨왔고 지금은 세계에서 10위권 안에 드는 선진국이 되었습니다. 이로 보건대 우리 나라는 장차 고난은 있으나 하나님이 함께 하시는 나라와 민족인지라 주변의 어느 강대국도 삼키지 못하고 끝까지 이 **복음의 사명**을 잘 감당할 것입니다. 이 나라 이 민족이 갈 길은 오직 하나님! 오직 예수! 오직 성령! 오직 교회! 오직 복음! 뿐입니다. 그리고 오직 믿음과 순종만이 이 나라와 교회를 세계 위에 우뚝 세워 놓을 것입니다. 아멘!

제4장

예수 그리스도는 왜 세상에 오셨는가?

1. 예수님은 '죄인의 구원'을 위해서 오셨습니다.

누가복음7장에는 창녀로 소문이 난 **'막달라 마리아'**의 이야기가 나오고 있습니다. "한 바리새인이 예수께 자기와 함께 잡수시기를 청하니 이에 바리새인의 집에 들어가 앉으셨을 때에 그 동네에 죄인인 한 여자가 있어 예수께서 바리새인의 집에 앉으셨음을 알고 향유담은 옥합을 가지고 와서 예수의 뒤로 그 발 곁에 서서 울며 눈물로 그 발을 적시고 자기 머리털로 씻고 그 발에 입맞추고 향유를 부으니"(36-38절) a.**한 바리새인이 예수께 자기와 함께 잡수시기를 청하니!** 그 당시에 바리새인이 예수님을 자신의 집으로 초청한다는 것은 참으로 놀라운 사건인 것입니다. 여기서 우리는 먼저 성경에 자주 등장하는 **'바리새인'**이 어떤 자들인가 하는 것을 알아야 합니다. '바리새인'은 헬라어로 φαρισαίος(화리사이오스) 영어로는 pharisee인데 '구별하다'라는 의미를 가진 말입니다. '바리새인'이란 '구별된 자, 분리주의자'라는 뜻입니다. 그러니까 '바리새인'이란 '우리가 하나님을 가장 잘 섬기는 자들'이라고 스스로 분리되어 나간 자들이라는 것입니다. 이것은 '영적인 교만'입니다. 그래서 예수님을 가장 앞장 서서 반대했고 예수님으로부터 가장 책망을 많이 받았던 것입니다. 그리고 또 알아야할 것은 바리새인들은 제사장이나 율법사나 서기관들 같이 공적인 직책을 가진 성직자들이 아니라 평신도들인 것입니다. 평신도들이라고 해서 성경을 모르고 하나님을 잘 경외하지 않는다는 것은 아닙니다. 그럴지라도 성직자들과 평신도는 차이가 있는 것입니다. 성직자들에게 흠이 없는 것은 아니나 성직자들은 신학을 공부하고 교회의 역사를 배운 자들인 것입니다. 그래서 이것은 전문인과 비전문인의 차이일수도 있는 것입니다. 그리고 바리새인들 중에서도 예수님에 대해서 반대하는 자들이 있었는가 하면 호의적인 자들이 있었던 것입니다. 오늘 본문에 나오는 바리새인은 예수님께 호의적인 사람인 것 같습니다.

b. 그 동네에 죄인인 한 여자가 있어! 이 여인은 죄를 많이 지어서 사람들이 상대해 주지 않는 불쌍한 여인이었습니다. c.향유담은 옥합을 가지고 와서! 여기서 '향유'는 perfume 즉 향수를 말하고 '옥합'은 a box of alabaster 즉 향유를 담는 그릇을 말합니다. d.예수의 뒤로 그 발 곁에 서서! 이 여인은 온 동네에 소문난 죄인이기 때문에 예수님의 앞에 서지 못하고 뒤로 와서 서 있는 것입니다. e.울며 눈물로 그 발을 적시고! 드디어 이 여인은 예수님 앞에 서자 그 감격과 그 기쁨을 못이겨 울고 있는 것입니다. 그리고 또 이 여인은 하나님의 아들이신 예수님 앞에 서자 자신도 모르게 회개의 눈물이 줄줄 흘러내려서 그 눈물이 마치 비가 오듯이 예수님의 발을 적시고 있는 것입니다. f.자기 머리털로 씻고! 머리털은 면류관처럼 여자에게는 가장 소중한 것입니다. 그런데 그 머리털로 발을 씻는다는 것은 미친 여자가 아니고서는 있을 수가 없는 것입니다. 이것은 이성을 넘는 행동인 것입니다. 그러면 이 여자가 미쳤습니까? 맞습니다! 그러면 무엇에 미쳤습니까? 예수님의 사

랑에 미쳤습니다. 이 여자는 예수님에 대한 소문을 들었고 예수님이 죄인을 더 사랑하신다는 소문을 듣고 찾아온 것입니다. 그래서 모든 반대를 무릅쓰고 용기를 가지고 여기까지 나온 것입니다. **g.그 발에 입맞추고 향유를 부으니!** 이것은 인간으로서 상상할 수 없는 행위인 것입니다. 사랑하는 부부 사이가 아니라면 누가 더러운 발에 입을 맞추겠습니까? 이것은 미친 사람의 행위인 것입니다. 발을 머리털로 씻은 것까지는 어느 정도는 이해가 되었습니다. 그래서 주위에서 보고도 아무도 말리지 않았습니다. 그러나 발에 입을 맞추는 것을 보고는 제자들도 깜짝 놀랐고 그 자리에 있던 바리새인의 분노를 촉발시키고 만 것입니다. '이 여자가 여기가 어디라고 감히 들어와서 이게 무슨 미친 짓이야!'생각하면서 그 불만을 예수님께 돌렸습니다. **"예수를 청한 바리새인이 이것을 보고 마음에 이르되 이 사람이 만일 선지자더면 자기를 만지는 이 여자가 누구며 어떠한 자 곧 죄인인 줄을 알았으리라 하거늘"**(39절) 지금 바리새인은 자기가 예수님을 집으로 초청한 것을 후회하고 있는 것입니다. 만일 이 사실이 밖에 알려진다면 자기가 망신을 당할 것이라는 것을 걱정하고 있는 것입니다. 그러나 예수님은 바리새인의 마음을 벌써 알고 계셨습니다. 그래서 이렇게 말씀을 꺼내고 계십니다. **"시몬아 내가 네게 이를 것이 있다"** 그리고 예수님의 말씀이 이어지고 있는 것입니다. 그 때 예수님은 결론으로 이렇게 말씀하셨습니다. **"이러므로 내가 네게 말하노니 저의 많은 죄가 사하여졌도다 이는 저의 사랑함이 많음이라 사함을 받은 일이 적은 자는 적게 사랑하느니라 이에 여자에게 이르시되 네 죄 사함을 얻었느니라"**(47-48절) **a.이는 저의 사랑함이 많음이라!** 예수님도 이 여인의 사랑을 인정하셨습니다. **b.사함이 적은 자는 적게 사랑하느니라!** 이것이 무슨 말씀입니까? 예를 든다면 두 사람이 있는데 한 사람은 1억의 빚을 지었고 다른 한 사람은 10억의 빚을 지었습니다. 그런데 주인이 두 사람의 빚을 모두 면제해 주었습니다. 그러면 누가 주인을 더 사랑하겠습니까? 물론 10억을 탕감받은 자입니다. '죄를 빚으로 생각한다면' 작은 죄를 사함받은 자보다 큰 죄를 사함받은 자가 예수님을 더 사랑하는 것입니다.

막달라 마리아는 죄인 중의 죄인이었습니다. 그래서 아무도 그를 상대해 주지도 않았던 것입니다. 그래서 그녀는 예수님을 찾아올 수 밖에 없었고 예수님은 그녀의 마음을 아시고 많은 사람들의 눈총을 받으면서도 그녀를 기꺼이 맞아주셨고 변호해 주신 것입니다. 그 후 막달라 마리아는 회개하고 새사람이 되었고 예수님을 누구보다도 더 사랑했고 예수님이 십자가에서 죽으시고 무덤에 묻히자 안식 후 첫날 이른 새벽에 예수님의 무덤을 찾아가서 예수님의 부활을 가장 먼저 목격한 **'부활의 증인'**이 되었던 것입니다. c.네 **죄 사함을 얻었느니라!** 이것은 죄로부터 해방의 선언인 것입니다. 드디어 이 여인의 기구하고 한많은 인생에 마침표를 찍고, 죄가 사해지므로 이 여인은 드디어 죄에서 해방이 되었고, 예수님의 공생애 3년 동안 예수님과 제자들을 그림자같이 따라다니면서 음식을 만들고 옷을 만들면서 섬겼던 것입니다. 그리고 부활의 첫 목격자가 되었던 것입니다. 그 이유는 단지 **지식**이 아니라 **사랑**이 많았기 때문입니다.

또 예수님은 이렇게 말씀하셨습니다. "내가 의인을 부르러 온 것이 아니요 죄인을 부르러 왔노라"(마태복음 9:13절, 마가복음2:17절, 누가복음5:32절) **죄인을 부르러 왔노라!** 참으로 이 말씀은 인간의 이성이나 상식에는 맞지 않는 놀라움 그 자체인 것입니다. 죄인을 구원하러 오신 예수님이 아니라면 그 누구도 말할 수 없는 비상식적인 말이기도 한 것입니다. 모든 인간은 하나님 앞에 죄인입니다. 그러나 하나님은 죄인 중의 죄인을 변화시켜서 더 큰 사역자로 쓰시기도 하는 것입니다.

또, 예수님은 이렇게 말씀하셨습니다. "**인자가 온 것은 섬김을 받으려 함이 아니라 도리어 섬기려하고 자기 목숨을 많은 사람의 대속물로 주려함이니라**"(마태복음20:28절) **대속물로 주려 함이라!** 예수님은 이 세상에 살려고 오신 것이 아니고 섬기고 죽으러 오셨습니다. 왜 그렇습니까? 그것은 인간의 죄와 타락 때문입니다. 인간은 죄짓고 타락했기 때문에 스스로는 아무리 노력해도 하나님을 알 수 없고 자신을 알 수도 구원할 수도 없습니다. 마치 **깊은 우물 속에 빠진 개구리**와 같습니다. 누가 와서 건져주어야 하는데 그가 바로 예수 그리스도이십니다. 예수 그리스도는 하나님이 보내신 인류의 구원자 이십니다. 그래서 "**예수+나(ego)= 구원**" 이런 등식이 성립하는 것입니다. 인간은 모든 지식과 학문을 다 동원해도 하나님을 알 수 없고 스스로를 알 수도 구원할 수도 없습니다. 마치 다람쥐가 쳇바퀴 돌듯이 그 세계를 벗어날 수 없습니다. 죄의 덫에 걸렸기 때문입니다. **죄는 어두움과 같습니다.** 어두움 속에서는 아무 것도 볼 수도 없고 알 수도 없습니다. 그래서 예수님은 이렇게 말씀하셨습니다. "**나는 빛으로 세상에 왔나니 무릇 나를 믿는 자로 어두움에 거하지 않게 하려 함이로라**"(요한복음12:46절) 예수님은 죄에 빠져 어둠 속을 헤매는 인간들을 구원해 주시려고 빛으로 세상에 오셨습니다. 하나님의 어린양으로 오신 예수님이 대신 십자가를 지고 가심으로 인간은 용서받고 죄와 어둠에서 벗어날 수 있게 되었습니다.

여기에서 잠간 구약성경의 출애굽기와 여호수아서에서 보여주는 '**구원의 서정**'(序程) 또는 **여정**(旅程))에 대해서 알아보고자 합니다. 이것을 라틴어로는 Ordo Salutis, 영어로는 the Order of Salvation 이라고 합니다. 출애굽기 14장에는 이스라엘 민족이 모세의 인도로 출애굽을 하는 장면이 나오고 있습니다. 그 때 하나님은 이스라엘 민족을 낮에는 구름기둥, 밤에는 불기둥으로 인도하셨습니다. 이스라엘 민족의 출애굽을 허락한 바로왕은 이스라엘 민족이 막상 떠나가자 곧 후회하게 됩니다. 그리고 병거와 모든 군대를 총동원하여 급히 이스라엘 민족을 뒤쫓게 합니다. 그것을 보고 이스라엘 진영에서는 우왕좌왕 난리가 났습니다. 그리고는 모세를 원망하기 시작했습니다. **"애굽에 매장지가 없어서 당신이 우리를 이끌어 내어 이 광야에서 죽게 하느뇨 어찌하여 당신이 우리를 애굽에서 이끌어내어 이같이 우리에게 하느뇨 … 애굽 사람을 섬기는 것이 이 광야에서 죽는 것보다 났겠노라"**(11-12절) 그 때 모세가 그들에게 한 말이 이것입니다. **"너희는 두려워말고 가만히 서서 여호와께서 오늘날 너희를 위하여 행하시는 구원을 보라 너희가 오늘 본 애굽 사람을 또 다시는 영원히 보지 못하리라 여호와께서 너희를 위하여 싸우시리니 너희는 가만히 있을지니라"**(13-14절) a.**구원을 보라!** 이것은 적의 공격을 겁내지 말고 하나님이 베푸시는 구원을 구경하듯 보라는 것입니다. 애굽 군대가 말과 병거를 타고 쫓아오고 있는데 이런 말을 할 수 있다는 것은 하나님을 믿는 강한 믿음이 아니고서는 도저히 불가능한 것입니다. b.**너희는 가만히 있을 지니라!** 놀라서 이리저리 왔다갔다 허둥대지 말고 한 곳에 가만히 있으라는 것입니다. 왜 그렇습니까? 잠시 후면 펼쳐질 장관을 보려면 가만히 있어야 한다는 것입니다. 모세의 말이 끝나자마자 구름기둥이 이스라엘과 애굽군대 사이에 서니 저 쪽은 캄캄한 흑암이 덮쳤으나 이스라엘 진영은 광명이 비치어서 애굽 군대가 더 이상 접근을 하지 못했던 것입니다.(출애굽기14:19-20절) 그리고 모세가 하나님께 기도했습니다. 하나님이 모세에게 이런 응답을 주셨습니다. **"이스라엘 민족을 명하여 앞으로 나가게 하고 지팡이를 들고 손을 바다 위로 내밀어 그것을 갈라지게 하라**

이스라엘 자손이 바다 가운데 육지로 행하리라"(15-16절) 모세도 처음에는 이 말을 듣고 자기의 귀를 의심을 했을 것입니다. "도대체 이게 무슨 말씀이야? 어떻게 지팡이로 바다가 갈라진다는 거야?" 모세가 의심을 할 때마다 하나님은 똑같은 말씀으로 명령하셨습니다. 그래서 모세가 하나님의 명령대로 지팡이를 바다를 향하여 내밀자 거짓말 같이 바다가 갈라져서 이스라엘 민족이 바다를 육지같이 건너갔던 것입니다. 그리고 뒤쫓던 애굽 군대는 모두 다 바다에 빠져 몰사하게 된 것입니다. 이것이 바로 '홍해의 기적'입니다.

여기서 우리가 배우는 교훈이 있습니다. 모세가 말한 "너희는 두려워말고 가만히 서서 여호와께서 오늘날 너희를 위하여 행하시는 구원을 보라" 구원을 보라! 이 단계에서는 모든 것을 하나님이 다 해 주셨습니다. 적이 뒤따라 왔으나 이스라엘 민족은 다만 하나님과 모세를 믿고, 오히려 싸움 구경을 하는 입장이 되고 말았던 것입니다. 모든 것이 하나님의 은혜였습니다. 그들은 이 감격을 못 이겨 이런 찬송을 불렀습니다. "여호와는 나의 힘이며 노래시면 나의 구원이시로다 그는 나의 하나님이시니 내가 그를 찬송할 것이요 내 아비의 하나님이시니 내가 그를 높이리로다"(출애굽기 15:2절) 홍해의 기적! 그들은 이 기적을 체험하고 나서 너무 좋아서 춤을 추고 하나님께 감사하며 찬양을 했습니다, 그러면 이것이 무엇입니까? 젖먹이 유아기 초기 신앙인 것입니다. 유아기의 신앙은 순수하고 좋은 것이나 모든 것을 하나님이 다 해주셨습니다. 이것이 하나님의 은혜라서 참 좋은 것일지라도 언제까지 그들이 어린아이로만 있을 수는 없는 것입니다. 생명은 성장하는 것이고 신앙도 성장해야 합니다. 성장을 멈추면 안 됩니다. 나이가 20세 30세 50세 60세가 되었는데 어린아이처럼 젖이나 빨고 살아서야 되겠습니까? 만약 성장하지 않는다면 병이 든 것입니다.

하나님의 은혜로 그들은 홍해를 건너 드디어 광야로 나왔습니다. 그러나 좋아하던 것도 잠시 뿐이었고 며칠을 넘기지 못하고 곧바로 고난과 시련이 찾아 왔습니다. 태양은 뜨거운데 마실 물이 없는 것입니다. 더군다나 광야는 독사와 전갈이 살고, 낮에는 뜨겁고 밤에는 추위에 떨어야 했습니다. 그러자 여기저기에서 원망불평이 나오기 시작했습니다. 그러자 모세가 하나님께 기도하자 하나님이 응답하셔서 '**마라**'에서 쓴물이 단물이 되어 마셨습니다. 갈증이 해결되자 이제는 먹을 것이 다 떨어져서 배가 고프다고 원망하기 시작했습니다. "**우리가 애굽 땅에서 고기 가마 곁에서 앉았던 때와 떡을 배불리 먹던 때에 여호와의 손에 죽었더면 좋았을 것을 너희가 이 광야로 우리를 인도하여 내어 이 온 회중으로 주려 죽게 하는도다**"(출애굽기16:3절) 참으로 못말리는 자들입니다. 얼마 전에 마라에서 쓴 물이 단물이 되어 마시고서도 이번에는 먹을 것이 없다고 원망하고 있는 것입니다. 그러자 또 모세가 하나님께 기도하자 하나님이 하늘에서 만나와 메추라기를 내려 주셔서 배불리 먹게 해 주셨던 것입니다.(출애굽기16:13-15절)

신앙생활도 이와 같습니다. 누구나 처음 교회에 나갈 때는 "나는 예수 믿고 구원 받았다"는 뿌듯함과 자부심을 가지고 교회에 다닙니다. 이것이 '첫사랑'입니다. 그러나 죽고 못살던 남녀 사이도 결혼하면 서로를 더 잘 알게 되고, 눈에 씌웠던 콩깍지가 벗겨지면 상대방의 약점이 보이기 시작하고, 그런 중에 어떤 문제가 생기면 의견충돌이 일어나서 싸우듯이, 신앙생활도 얼마 못가서 시험이 옵니다. '아! 이게 아니었는데! 나한테 왜 이런 일이 생기는거지?' 의구심이 생기기 시작합니다. 그래서 어떤 사람은 교회를 다니다 말다 하기도 하고, 어떤 사람은 아예 교회를 나오지 않고 옛날로 돌아가서 술 마시고, 담배 피우고, 도박에 빠지기도 하는 것입니다. 그러나 한번 교회에 발을 들여 놓으면 언젠가는 다시 돌아오는 것입니다. 이스라엘 민족은 이런 갈등이 무려 40년이나 지속이 되었는데 그 와중에서 가나안땅에 들어간 사람은 겨우 **여호수아**와 **갈렙** 두 사람 뿐이었습니다. 나머지는 모두 광야에서 하나님과 모세를 원망하다가 지진이 나서 죽고, 뱀에 물리거나 병에 걸려서 죽었고, 광야에서 태어난 신세대들만 가나안땅에 들어갈 수 있었던 것입니다. 이런 결과를 보고 우리는 실망할 수도 있습니다. '그럴려면 왜 애굽에서 나온 거야? 차라리 애굽에서 노예로 그냥 살지!'광야는 황무지라서 풀한 포기 나지 않고 사람이 살기에 아주 힘이 드는 곳입니다. 힘들다기 보다는 전혀 불가능한 곳입니다. 한 두명도 아니고 3백만 명이 무슨 수로 광야에서 40년을 살 수 있겠습니까? 이것은 하나님에 대한 굳센 믿음과 약속의 땅인 가나안땅에 들어간다는 뚜렷한 목표와 소망과 인내심 그리고 하나님의 인도와 도우심이 없이는 불가능한 것입니다. 그러나 그들은 이런 믿음이나 목적의식 보다는 먹고 사는 것에서 오는 불편함 때문에 하나님과 모세를 원망하다가 하나님의 징벌을 받고 광야에서 하나씩 하나씩 죽어갔던 것입니다. **출애굽**은 이스라엘 민족이 원해서 한 것이 아닙니다. 하나님이 모세에게 나타나셔서 '출애굽을 하라'고 명령을 하셨기 때문에 이루어진 것입니다. 거기에는 하나님의 약속이 있었고 하나님의 목적과 계획이 있었던 것입니다. 좀 미안한 말이지만 이스라엘 민족은 하나님이 인류의 구원을 위해서 쓰시려고 먼저 부르신 민족에 지나지 않았던 것입니다. 그래서 세상에서 호의호식하거나 남의 나라에서 종노릇할 민족이 아닌 것입니다. 그래서 그들이 원했던 원하지 않았던 애굽에서 나와야 했던 것입니다. 그들은 하나님의 섭리에서 벗어날 수가 없는 것입니다. 그리고 그들이 광야에서 모두 죽은 것은 하나님의 잘못이 아니라 그들의 불신앙이나 불순종 때문인 것입니다.

만약 그들이 하나님의 명령에 순종했다면 그들은 한 사람도 죽지 않고, 40년도 걸리지 않고, 그 보다 더 일찍 가나안 땅에 들어갔을 것입니다. 이것은 지금 우리도 마찬가지입니다. 우리 모두는 내가 좋아서 교회에 나온 것이 아니라 하나님의 예정과 선택과 섭리 가운데서 교회에 나온 것입니다. 그리고 우리의 최종 목표는 세상이 아니라 천국인 것입니다. 만약 우리가 이것을 모르고 교회에 다닌다면 그것은 무지(無知)이거나 어리석은 것입니다. 선택받은 우리는 절대 하나님의 섭리에서 벗어날 수 없습니다. 그래서 원망하고 불순종하다가 광야에서 멸망하는 어리석은 이스라엘 백성같이 되지 말고 여호수아와 갈렙같이 지혜로운 자가 되어서 하나님이 주시는 모든 은혜와 축복을 누리며 살아야 하는 것입니다. 예수님은 이렇게 말씀하셨습니다. "너희는 먼저 그의 **나라와 그의 의를 구하라 그리하면 모든 것을 너희에게 더하시리라**"(마태복음 6:33절) **그의 나라와 그의 의를 구하라! 하나님의 나라와 의!** 이것 외에 우리에게 다른 길은 없습니다. 오직 이 길만이 우리가 믿고 나아가야 할 길인 것입니다. 하나님은 우리가 믿고 순종할 때 모든 것을 더하여 주시지만 원망하고 불순종할 때는 모든 것을 거두어가시고 돌아오는 것은 채찍뿐인 것입니다. 이것을 알고 행하는 자가 지혜롭고 현명한 자인 것입니다.

드디어 광야 40년이 지나고 이스라엘 민족은 우여곡절 끝에 요단강 앞까지 왔습니다. 그런데 여기서 큰 문제가 생기고 말았습니다. 그들을 여기까지 인도해 온 위대한 민족 지도자 **모세**가 갑자기 죽은 것입니다. 그것도 기력이 쇠하여 죽은 것이 아니고 하나님이 그를 데려가신 것입니다. 그러니 그들의 슬픔과 실망과 좌절이 얼마나 컸겠습니까? 아마 그들은 날마다 밥도 먹지 못하고, 땅을 치고 통곡하며 '하나님 이러실려고 우리를 애굽에서 불러내어 여기까지 오게 하셨습니까?'라고 하나님을 원망했을 것입니다. 이스라엘 백성들은 크게 동요했고 출애굽 이후에 최대의 위기가 찾아온 것입니다. '가나안 땅을 눈 앞에 둔 가장 중요한 시점에 하나님이 모세를 데려가시다니요?' 이 것이 인간의 지식이나 상식이나 이성으로 이해가 됩니까? 그러나 바로 이것이 인간과 다른 하나님의 계획이고 섭리인 것입니다. 바로 그 때 새 지도자 **여호수아**가 나타난 것입니다. 그 때 그들은 여호수아가 마음에 안 차서 비웃었을 지도 모릅니다. 그들이 갈피를 못잡고 우왕좌왕하고 있을 때 하나님이 여호수아에게 나타나셨던 것입니다. **"내 종 모세가 죽었으니 이제 너는 이 백성으로 더불어 일어나 이 요단을 건너 내가 그들 곧 이스라엘 자손에게 주는 땅으로 가라"**(여호수아서1:2절) 하나님의 명령을 받고 여호수아는 성령이 충만한 능력자가 된 것입니다. 그래서 그들은 심기일전하여 여호수아를 중심으로 뭉쳤던 것입니다. 그러나 모세의 시대와 여호수아의 시대는 다른 것입니다. 권력의 구조가 다르고 삶의 패러다임이 다른 것입니다. 이것이 **광야 시대**와 **가나안 시대**의 차이점인 것입니다. 모세 시대는 지도자 모세의 명령에 따르면 되었으나 여호수아 시대는 백성들 한사람 한 사람이 옆에서 여호수아를 도와야 하는 것입니다. 그러니까 일인 권력시대에서 민주화 시대가 된 것입니다. 그것이 바로 **"더불어 일어나"**입니다. 이제 남은 문제는 이 요단강을 어떻게 건너가느냐 하는 것이었습니다. 그 때 여호수아가 백성들에게 이렇게 말했습니다. **"이리 와서 너희 하나님 여호와의 말씀을 들으라"**(여호수아서3:9절) **a.이리 와서!** Come here! '여기에 함께 모이자'는 것입니다. 왜냐하면 어려운 때일수록 뭉쳐야 살기 때문입니다. **b.여호와의 말씀을 들어라!** Listen to what the Lord your God has to say! 위기는 인간의 힘만으로는 해결할 수 없습니다. 그래서 하나님의 도움이 필요한데 그것은 무엇보다도 먼저 하나님의 말씀을 듣는 것입니다. 왜냐하면 하나님은 말씀이시고 말씀이 곧 하나님이시기 때문입니다.(요한복음1;1절) 지금은 '코로나 위기시대'입니다. 이때 우리가 가장 먼저 해야 할 것은 성경을 읽거나 설교를 통하여 하나님의 말씀을 듣는 것입니다. 항상 언제 어디서나 하나님의 말씀이 우선입니다.

그때 **여호수아**가 백성들에게 이렇게 명령했습니다. "보라 온 땅의 주의 언약궤가 너희 앞서 요단으로 들어가니 이제 이스라엘 지파 중에서 매 지파에 한 사람씩 십 이명을 택하라 온 땅의 주 여호와의 궤를 멘 제사장들의 발바닥이 요단물을 밟고 멈추면 요단 물 곧 위에서부터 흘러 내리던 물이 끊어지고 쌓여 서리라"(11-13절) a.보라! 이것은 이스라엘 백성들의 마음을 한 곳으로 모으고 그들에게 용기와 자신감을 주려는 의도인 것입니다. **b.주의 언약궤가 너희보다 먼저 요단강에 들어가니!** 언약궤 속에는 십계명이 들어 있습니다. 그래서 언약궤는 하나님의 임재를 상징하는 것입니다. 그리고 십계명은 곧 하나님의 말씀이고 약속인 것입니다. 이처럼 언제 어디서나 하나님의 **말씀**과 **약속**이 우선입니다. **c.매 지파에서 한 사람씩 십 이명을 택하라!** 이것이 무엇입니까? 권력이 지도자 한 사람에게서 이스라엘 12지파에게로 분산이 된 것입니다. 그러면 이것이 퇴보입니까? 아닙니다. 권력의 민주화요 권력구조의 진보입니다. **d.주 여호와의 궤를 멘 제사장들의 발바닥이 요단물을 밟고 멈추면!** 이것이 무슨 의미입니까? **여호와의 궤!** 즉 말씀의 시대가 열린 것입니다. 지금까지는 법궤가 성막 안에 있는 지성소에만 있었으나 이제는 법궤가 성막에서 밖으로 나와서 이스라엘 민족의 맨 앞에서 인도자가 된 것인데 이것은 '**말씀 우선의 신앙**'입니다. 그리고 법궤 즉 하나님의 말씀이 앞에서 이끌고 가다가 요단강의 중간 지점 즉 옆에서 함께하고 그들을 지켜주고 있는 것입니다. 할렐루야! 이것이 무엇입니까? '**말씀중심의 신앙**'

바로 **복음**인 것입니다. 그래서 **'여호수아'**라는 이름은 신약시대의 **'예수'**라는 말이고 **'구원자'**라는 의미인 것입니다. 그래서 **'율법시대'**를 상징하는 모세는 요단강 이 편에서 죽어야 했고 대신 **'복음시대'**를 상징하는 여호수아가 요단강을 건너 백성들을 이끌고 가나안땅에 들어갔던 것입니다. 참으로 하나님의 섭리가 놀랍지 않습니까? 그런데 마침 이 때는 절기적으로 모맥 즉 밀과 보리를 거두는 시기였습니다. 그래서 요단강 물이 가장 넘실대는 시기였던 것입니다. 평소 같으면 물이 무릎 정도 밖에 차지 않아서 쉽게 건널 수 있었으나 이 시기는 물의 깊이가 성인의 키를 넘어서 배를 타지 않고는 건너갈 수가 없는 것입니다. 이제 바라볼 것은 하나님의 기적(奇蹟) 밖에는 없는 것입니다. 그래서 그들은 하나님께 기도했고 하나님의 명령을 따라서 하나님의 법궤 즉 '하나님의 동행과 임재'를 앞세우게 된 것입니다. 이것이 **홍해**와 **요단강**의 차이점인 것입니다. 그들이 하나님의 법궤를 앞세운 것은 하나님의 약속을 믿는 살아있는 **믿음**에 근거한 것입니다. 그들은 '하나님의 임재하심과 함께하심'을 믿었습니다. 그리고 **순종**했습니다. 그래서 넘실대는 요단강물도 두려워하지 않고 요단강물에 뛰어 들 수 있었던 것입니다. 그러나 수확기의 요단강은 그리 만만하지 않았습니다. 물이 무릎에 차고 물이 허리에 차도 요단강물은 멈추지 않았습니다. 그래도 그들은 하나님의 약속을 믿고 법궤를 메고 순종하므로 앞으로 나아갔습니다. 그런데 물이 목에 거의 차자 흐르던 요단강물이 갑자기 멈추어선 것입니다. 이것이 바로 믿음과 순종의 결과였던 것입니다. **홍해와 요단강!** '홍해'는 건너기 전에 먼저 갈라졌으나 '요단강'은 물 속에 한참을 들어 가서야 멈추었습니다. '홍해'는 모세의 지팡이가 갈라 주었으나 '요단강'은 백성들이 스스로 갈라야 했습니다. '홍해'는 물고기들이 노니는 맑은 물이었으나 '요단강'은 물고기 한 마리 보이지 않는 진흙탕물이었습니다. 그래서 믿음으로 뛰어들어야 했던 것입니다. 이렇게 신앙생활은 단계가 있고 훈련이 필요한 것입니다.

지금 우리의 신앙생활도 이와 같습니다. 애굽에서 가나안까지! 홍해에서 요단강까지! 이것이 우리들이 가야할 길인 것입니다. 이스라엘 백성들은 애굽을 나와서 광야에서 40년을 살면서 하나님의 수많은 기적을 체험했으나 광야의 생활은 무엇이나 부족하고 힘들고 겨우 하루하루 사는 곳이었습니다. 그러니 그들이 한 두 번은 원망하고 불평하는 것도 어쩌면 당연한 지도 모릅니다. 그러나 그들은 사사건건 불신앙과 불순종에 원망 불평까지 하면서 사흘이면 갈 수 있는 길을 40년을 헤매다가 고생고생을 하다가 광야에서 다 죽고, 우여곡절 끝에 후 세대가 요단강 앞에 도착을 한 것입니다. 그러나 지금 그들 앞에는 넘실대는 요단강물이 가로막고 있는 것입니다. 엎친데 덮친 격으로 그 때 지도자 모세마저 죽고 말았습니다. 이스라엘 민족에게 최대의 위기가 찾아온 것입니다. **이런 때에 어떻게 해야 하겠습니까?** 돌아가야 하겠습니까? 돌아갈 곳도 없습니다. 그들은 지금 진퇴양난의 위기에 처한 것입니다. 이제는 사나죽으나 오직 앞만 보고 나아갈 수 밖에 없는 것입니다. 그것이 바로 **요단강**인 것입니다. 저기 강건너 눈 앞에 보이는 꿈에도 그리던 가나안땅! 그러나 지금 저들 앞에는 넘실대는 요단강이 놓여 있는 것입니다. 우리는 언제까지 강가에서 노는 어린아이가 될 수는 없습니다. 때가 되면 넘실대는 요단강물을 건너가야 하는 것입니다. 이럴 때 우리에게 요구되는 것은 **믿음**과 **순종** 그리고 **용기**와 **결단**인 것입니다.

(1) 그러면 나는 지금 어디에 와 있습니까?

현재 나의 영적인 주소는 어디 입니까? 애굽입니까? 어서 빨리 나와야 합니다. 홍해입니까? 믿음을 가지고 통과해야 합니다. 광야입니까? 말씀과 성령과 기도와 찬양으로 적들과 싸워서 이겨야 합니다. 요단강입니까? 하나님의 약속에 대한 강한 믿음과 온전한 순종으로 건너가야 합니다. 이것을 위해서 우리는 지난 세월을 40년 아니면 50, 60년 70년 80년을 광야같은 세상에 살면서 많은 어려움과 슬픔과 고난을 겪고, 때로는 원망 불평하면서도 믿음을 가지고, 기도하면서 말씀을 앞세우고, 은혜와 기적을 체험하면서 지금까지 살아 왔습니다. 바로 오늘 이 **요단강**을 건너기 위함이었습니다. 지금은 코로나 비대면 예배시대입니다. 지금 우리도 진퇴양난의 위기에 처해 있습니다. 그러나 길은 오직 하나 밖에 없습니다. 하나님의 살아계심과 약속을 믿고 '앞으로' 나아가야 합니다.

(2) 그러면 이 요단강이 무엇입니까?

우리를 천국에 들어가지 못하게 막고 있는 우리의 원수인 마귀인 것입니다. 이것은 마귀와의 마지막 전쟁인 것입니다. 마귀는 애굽에서부터 요단강까지 이스라엘 민족을 따라 다녔습니다. **애굽**에서는 마귀가 훼방자가 되어서 이스라엘 민족을 괴롭혔고 결국에는 몰살시키려는 음모까지 꾸몄으나 하나님의 도우심으로 이스라엘 민족은 거기에서 벗어날 수 있었던 것입니다. **광야**에 나오자 마귀는 다른 얼굴로 나타나 이스라엘 민족이 하나님을 의심하게 만들고 원망 불평하게 만들었습니다. 그래서 많은 이스라엘 민족이 광야에서 벌을 받고 죽게했던 것입니다. 그러다가 이제 **요단강**에 이르자 마귀는 악마의 모습으로 나타나 결정적으로 이스라엘 민족의 앞길을 가로막고 최후의 발악을 하고 하는 것입니다. 더구나 모세까지 죽고 없는 상황에서 이스라엘 민족은 진퇴양난의 위기에 처한 것입니다. 그 때 나타난 지도자가 바로 **여호수아**입니다. 여호수아는 결코 무지하거나 무능한 지도자가 아닙니다. 여호수아는 모세의 제일 참모로서 모세와 함께 시내산에 올라갔고 그동안 후계자의 수업을 착실히 받아온 사람입니다. 비록 그럴찌라도 모세와는 그는 다른 것입니다. 그래서 다른 지도체제가 등장하고 있는 것입니다. **때는 바야흐로 여호수아 시대입니다!** 여호수아란 '구원자'라는 뜻을 가지고 있습니다. 그래서 그는 예수 그리스도를 상징하는 인물입니다. 예수님도 광야에서 세 번 마귀의 시험을 받으셨는데 그 때마다 말씀으로 마귀를 물리치셨습니다. 그러면 이 요단강에서 마귀의 방해공작을 무엇으로 물리칠 수 있습니까? 그것이 바로 이스라엘의 장로들이 메고 앞장을 섰던 **'법궤'**인 것입니다. 법궤 안에는 기적을 상징하는 '아론의 싹난 지팡이'와 '십계명이 새겨진 증거판' 즉 하나님의 말씀이 들어있는 것입니다. **말씀과 기적!** 그래서 장로들은 법궤를 메고 이스라엘 민족이 모두 건널 때까지 요단강 한가운데를 '밟고' 서 있었던 것입니다. 여기서 **"밟는다"**는 것은 영적으로는 뱀의 머리를 짓밟듯이 원수 마귀의 머리를 밟는다는 의미이기도 한 것입니다. 그러자 요단강물이 멈추었고 이스라엘 민족은 요단강을 건너갔고 법궤를 메고 밖으로 나오자 요단강물이 다시 흘러갔던 것입니다. 이것이 바로 **법궤!** 즉 말씀의 위력인 것입니다.

그러나 **'영적인 전쟁'**은 여기서 끝나는 것이 아닙니다. 또다른 전쟁이 우리를 기다리고 있는 것입니다. 이것이 바로 여리고성과 아이성 그리고 가나안 7족속과의 전투입니다. 요단강을 건넌 이스라엘은 '길갈'에 12돌을 취하여 기념비를 세우고 나서 본격적인 전쟁에 들어갔던 것입니다. 그러나 이 전쟁은 하나님의 도우심이 없이는 전혀 불가능한 싸움인 것입니다. 그 증거가 여호수아서 5장 13-15절에 나오는 것입니다. 여리고성을 돌기 전에 여호수아가 보니 한 사람이 칼을 빼들고 서 있는 것입니다. 그래서 물었습니다. **"너는 우리를 위하느냐 우리의 대적을 위하느냐"**(13절) 그러자 천사가 이렇게 대답하고 있습니다. **"나는 여호와의 군대 장관으로 이제 왔느니라"**(14절) 그러자 여호수아가 급히 땅에 엎드려 이렇게 말하고 있습니다. **"나의 주여 종에게 무슨 말씀을 하시려 나이까"**(14절) 그러자 그 천사가 이렇게 말하고 있습니다. **"네 발에서 신을 벗으라 네가 선 곳은 거룩하니라"**(15절) 이것은 마치 **모세**가 시내산 떨기나무 숲에서 하나님을 만나는 장면과 똑같습니다. 그 때 여호수아는 하나님으로부터 권위와 능력을 입고 하나님의 큰 종이 된 것입니다. 이 때 하나님의 **군대장관**이 나타났던 것은 여리고성과 아이성과 가나안의 전투 때문인 것입니다. 그 군대 장관이 하늘 군대를 거느리고 온 것입니다.

(3) 그러면 '여리고성'은 무엇입니까?

여리고성은 당대 최고의 성입니다. **여리고성**은 내벽과 외벽의 이중으로 되었는데 큰 바위들 사이에 쌓아놓은 그야말로 난공불락의 철옹성이었다고 합니다. 그래서 다른 모든 성(城)들이 여리고성 앞에서는 머리를 숙였던 것입니다. 그래서 완악함과 교만이 하늘을 찔렀던 것입니다. 그리고 영적으로 여리고성은 인간들이 쌓아올린 **'자아(自我)의 성'**인 것입니다. 그래서 여리고성은 인간의 교만을 보여주고 있습니다. 교만은 하나님을 무시하고 하나님보다 더 높아지려는 마음인 것입니다. 그런 자들은 대개 이런 말을 잘합니다. "하나님이 어디 있어? 있으면 나와 보라고 해! 그러면 믿을께!"그러나 성경은 **"교만은 패망의 선봉이요 거만한 마음은 넘어짐의 앞잡이니라"**(잠언 16;18절)"라고 가르치고 있는 것입니다.

한편 이스라엘 민족은 새로운 지도자인 여호수아의 말을 듣고 명령대로 움직였습니다. 그들은 하루에 한 바퀴씩 6일을 돌았습니다. 여기서 중요한 것은 그들이 전쟁에 임하는 태도였습니다. 그 때 이스라엘 민족은 창이나 칼 같은 무기를 하나도 소유하지 않았습니다. 성을 돌 때도 서로 아무 말도 하지 않고 묵묵히 법궤만을 따라갔습니다. 마지막 날인 일곱째 날은 이른 새벽부터 시작해서 늦은 밤까지 아무런 불평도 없이 조용히 믿음으로 일곱 바퀴를 돌았습니다. 그리고 마지막 일곱 바퀴를 다 돌고 그들이 여호수아의 명령대로 크게 외치자 갑자기 천둥치는 소리가 나더니 철벽 여리고성이 무너져 내린 것입니다. 그러면 이것이 영적으로 무엇을 말해주고 있습니까? 인간의 철옹성 즉 교만이 무너진 것입니다. 인간의 교만이 이와같습니다. 교만은 마귀에게만 있는 것이 아닙니다. 인간의 교만도 마귀 못지 않습니다. 우리는 하나님을 믿고 하나님의 일을 하면서도 좀처럼 자신의 고집, 주장, 이론, 지식, 철학, 습성을 내려놓지 않습니다. 회개를 한다고 하지만은 그 때 뿐이고 다시 옛날로 옛사람으로 돌아가는 것입니다. 하나님을 믿고 섬기고 사랑한다고 고백을 하면서도 여전히 자기가 하나님보다 앞서려고 하는 것입니다. 하나님의 뜻보다 자신의 계획이나 의지를 앞세우려고 하는 것입니다. 그러면서도 그것이 죄인 것을 모르거나 인정하려 하지도 않는 것입니다. **그러면 이런 교만이 언제 무너집니까?** 마지막 날 마지막 순간에 무너지는 것입니다. 이처럼 인간의 교만은 끈질긴 것입니다. 하나님을 무시하고 하나님을 앞서려는 인간의 교만! 이것은 우리가 하나님 앞에서 저지르는 무서운 죄악입니다. 이런 철벽같은 여리고성이 나도 모르는 사이에 지금 내 안에 자리잡고 있는 것입니다. 이것은 스스로는 어찌할 수 없는 것입니다. 그래서 이스라엘 백성은 이런 여리고성을 무너뜨리기 위해서 여호수아의 명령을 받고 그 명령대로 움직이고 있는 것입니다. 그들은 6일 동안은 아무 말없이 법궤를 앞세우고 묵묵히 여리고성을 돌았습니다. 일곱 번째 마지막 날은 아침 일찍부터 저녁 늦게까지 일곱 바퀴를 다 돌고 나서 여호수아의 명령에 맞추어서 '여리고성아 무너져라!' 외치자마자 철벽 여리고성이 갑자기 천둥소리를 내면서 무너져 내린 것입니다. **여리고성의 붕괴!** 그러면 이것이 무엇을 의미하고 있습니까? '나' 자신 즉 '자아의 붕괴'인 것입니다. 그리고 이것은 마귀보다 '나'자신을 무너뜨리는 것이 더 힘이 든다는 것을 말해주고 있습니다. 그런데 이것이 무너지는 날이 오는데 일곱째 **'마지막 날'**일곱 바퀴를 다 돌고 나서 **'마지막 순간'**에 오는 것입니다. 이 날은 지금까지 하나님을 거역했던 '자아'가 무너지는 날이고 우리의 영혼에 해방과 자유가 찾아오는 축제의 날인 것입니다. '여리고성'의 붕괴! 교만과 자만의 붕괴! 여리고성이 무너지는 것은 전적인 하나님의 역사입니다.

(4) 그러면 '아이성'은 무엇입니까?

탐욕! 즉 욕심입니다. 인간의 욕심은 끝이 없습니다. 그러나 그것은 안에 숨어 있습니다. **아간**과 같이 밖으로 드러나지 않습니다. 그래서 심지를 뽑아서 찾아낸 것입니다. 그러나 이것이 들어나는 때가 있습니다. 그것은 여러분 각자가 더 잘 알 것입니다. 옛 사람들은 '과유불급'이라고 해서 지나친 욕심을 경계했습니다. 언제나 욕심이 지나치면 문제를 일으키는 것입니다. 아담과 하와도 이 욕심 때문에 에덴동산에서 죄짓고 쫓겨 났습니다. **'아이성'**은 가장 작은 성입니다. 그래서 성(城)같지도 않습니다. 그러나 이것이 문제를 크게 일으켰던 것입니다. 아간이 아무도 모르게 숨겼던 외투 한 벌과 은 이백 세겔과 금 이십 세겔! 이것은 돈으로 쳐도 얼마가 되지 않습니다. 그러나 이것 때문에 이스라엘은 전쟁에서 패했던 것입니다. 전쟁에서 패한 이스라엘 민족은 하나님의 명령대로 심지를 뽑는데 아간이 걸린 것입니다. 아간을 불러내어 돌로 쳐죽이고 나서야 이스라엘이 전쟁에서 승리할 수 있었던 것입니다. 인간의 욕심! 별거 아닌 거 같아도 이것이 인생을 망치고 신앙을 마치는 것입니다.

(5) 그러면 여리고성의 전투와 아이성의 전투가 우리에게 무엇을 가르쳐주고 있습니까?

이것은 마귀와의 싸움이 아니라 **'자기 자신과의 싸움'**인 것입니다. 우리는 마귀를 하나님의 원수로 여기고 마귀와의 싸움만을 생각하기 쉬운데 마귀보다 더 큰 적은 바로 **'나'** 자신인 것입니다. 왜 그렇습니까? 하와가 선악과를 따먹었으나 마귀는 유혹을 한 것 뿐이고 그 유혹에 넘어가서 손을 뻗어서 선악과를 따먹은 것은 하와 자신인 것입니다. 마귀가 따서 강제로 먹인 것이 아닙니다. **마귀**는 말을 했을 뿐이고 그것을 행동으로 옮긴 것은 **하와** 자신인 것입니다. **이것은 지금도 똑같습니다.** 마귀는 유혹을 합니다. 그러나 그 유혹에 넘어가는 것은 **'나'**입니다. 그래서 최후의 책임자는 바로 **'나'** 자신인 것입니다. 마귀가 '범죄 교사자'라면 나는 현행범인 것입니다. 이것을 모르고서는 우리는 결코 이 영적 전쟁에서 승리할 수 없는 것입니다. 허구한 날 마귀만 원망하다가 싸움에서 지고마는 것입니다. **여리고성과 아이성**은 가나안땅 안에 있는 성들입니다. 지금 우리 안에도 여리고와 아이라는 두 개의 성이 있습니다. 그것은 우리가 예수 믿고 구원을 받았으나 아직도 처리되지 않은 우리 옛사람의 성품인 것입니다. 이것이 무너질 때 우리에게 진정한 해방의 자유와 감격과 기쁨이 오는 것입니다.

(6) 그러면 '가나안 일곱 족속'이 무엇입니까?

'나'라는 인간성 안에 있는 **'일곱 귀신들'**인 것입니다. 요단강이 마귀라면 가나안 일곱 족속은 그의 부하들인 일곱 귀신들인 것입니다. 예수님이 십자가를 지심으로 대장 마귀는 지옥판결을 받고 지옥에 갔으나 악령 귀신들은 이 세상에 남아서 여전히 활동을 하고 있는 것입니다. 가나안 전쟁은 바로 우리 안에 있는 **'일곱 귀신'**과의 싸움을 보여주는 것입니다. 지금 그 싸움이 우리 안에서 매일 벌어지고 있는 것입니다.

(7) 그러면 일곱 귀신이 무엇입니까?

우리 마음 안에 있는 의심, 근심(걱정), 미움(증오), 시기, 원망(불평), 낙심(절망), 두려움입니다. 이런 것들을 물리쳐야 우리 안에 평화가 찾아오고 천국이 이루어지는 것입니다. 예수님은 이렇게 말씀하셨습니다. **"더러운 귀신이 사람에게서 나갔을 때에 물없는 곳으로 다니며 쉬기를 구하되 얻지 못하고 …이에 가서 저보다 더 악한 귀신 일곱을 데리고 들어가서 거하니 그 사람의 나중 형편이 전보다 더욱 심하게 되느니라 이 악한 세대가 또한 이렇게 되리라"**(마태복음12;4345절) **a.더 악한 귀신 일곱을!** 이것은 가나안의 일곱 족속을 염두에 두신 말씀입니다. **b.그 사람의 나중 형편이 전보다 더욱 심하게 되느니라!** 이것은 예수님이 인류의 미래를 바라보시고 하신 말씀인 것입니다. 예수님의 말씀처럼 지금은 너무나 악한 세상이 되어서 사랑이 식어지고 인간관계가 단절이 되고 인류문명의 종말이 눈앞에 온 것 같습니다. 이 모든 것들은 우리 안에 들어온 악한 영들인 일곱 귀신들이 활동하기 때문입니다.

2. 예수님은 '잃어버린 자'를 찾으러 오셨습니다.

누가복음 15장을 보면 예수님이 '세 가지 비유'의 말씀을 하고 계십니다.

첫째, '잃어버린 한 마리 양'의 비유입니다. "너희 중에 어느 한 사람이 양 일백 마리가 있는데 그 중에 하나를 잃으면 양 아흔 아홉을 들에 두고 그 잃은 것을 찾도록 찾아다니지 아니 하느냐 또 찾은즉 즐거워 어깨에 메고 집에 와서 그 벗과 이웃을 불러 모으고 말하되 나와 함께 즐기자 나의 잃은 양을 찾았노라 하리라"(4-6절)

a. 어느 한 사람이 양 일백 마리가 있는데 그 중에 하나를 잃으면! 성경에서 양은 이스라엘 민족을 상징하고 있습니다. 예수님은 요한복음 10장에서 양과 목자에 대해서 말씀하셨는데 이것도 같은 맥락인 것입니다. 사람들은 양을 볼 때 먼저 마릿수를 생각합니다. 100마리, 200마리, 300마리, 500마리, 1,000마리... 그러나 하나님은 양의 마릿수를 보지 않고 '양 한 마리'에 더 관심을 가지시는 것입니다. 이것은 **'경제적 원리'**가 아니라 **'사랑의 원리'**인 것입니다. 사람들은 사랑보다는 돈 즉 경제에 더 관심이 많습니다. 이것은 신불신을 떠나서 대동소이합니다. 인간은 타락하기 전에는 욕심이 없었습니다. 주는 대로 먹고 가진 대로 만족하며 살았습니다. 그러다가 마귀의 유혹을 받고 타락한 후에 욕심이 생겼습니다. 그래서 이런 말을 합니다. '양 99마리 가진 사람이 양 1마리 가진 사람에게 가서 그 양 한 마리를 자기에게 달라고 한다' 왜 입니까? 100마리를 채우기 위해서인 것입니다. 이것이 인간의 타락한 욕심입니다. 이런 욕심은 재물에만 있는 것이 아니고 권력, 명예, 육체의 정욕에도 있습니다. 그래서 권력을 얻으려고 사람을 죽이고, 명예를 얻으려 싸우고, 정욕을 채우려고 몸부림을 치는 것입니다. 지금

러시아와 우크라이나 사이에서 일어나는 전쟁을 보세요! 이것이 누구 때문입니까? 러시아 국민들 때문입니까? 아닙니다. 푸틴 러시아 대통령인 한 사람의 권력욕 때문입니다. 이것은 남북 사이도 마찬가지인 것입니다. 독재자한 사람 때문에 온 나라가 온 민족이 희생을 당하고 있는 것입니다. 세상이 이렇게 어지러운 것은 인간들의 지나친 욕심 때문입니다. 이런 욕심을 버려야 세상에 평화가 찾아오는 것입니다.

b.**나와 함께 즐기자!** 여기서 '즐기자'는 것은 헬라어로 συγκαιρω(성카이로우) 영어로는 rejoyce together인데 '함께 즐긴다'라는 의미인 것입니다. 이처럼 하나님의 나라는 '함께 하는 나라'입니다. 그래서 혼자서는 하나님의 나라에 들어갈 수 없는 것입니다.

c.**나의 잃은 양을 찾았노라!** 예수님이 이 세상에 오신 목적은 잃은 양을 찾기 위한 것입니다. 양은 동물 중에서도 가장 약한 동물입니다 그래서 반드시 목자가 있어야 하는 것입니다. 양은 스스로는 살아갈 수 없습니다. 반드시 보호자와 인도자가 있어야 합니다. 이것이 양의 특징입니다. 그래서 목자이신 예수님이 하늘 나라에서 이 세상에 오신 것입니다.

예수님은 이렇게 말씀하셨습니다. "**내 양은 내 음성을 들으며 나는 저희를 알며 저희는 나를 따르느니라**"(요한복음10:27절) 오직 예수님만이 양의 목자이십니다. 그래서 우리는 항상 말씀 속에서 예수님의 음성을 들어야 합니다.

둘째, '잃어버린 드라크마'의 비유입니다. "**어느 여자가 열 드라크마가 있는데 하나를 잃으면 등불을 켜고 집을 쓸며 찾도록 부지런히 찾지 아니하겠느냐 또 찾은즉 벗과 이웃을 불러 모으고 말하되 나와함께 즐기자 잃은 드라크마를 찾았노라 하리라**"(누가복음15:8-9절) 여기서 '드라크마'는 로마시대의 은전의 명칭입니다. 은전은 금전 보다는 못하지만 동전보다는 화폐의 가치가 더 큰 것입니다. **하나를 잃으면!** 드라크마 하나가 요즘의 화폐의 가치로 얼마인지는 모르겠으나 가난한 여자에게는 그것도 큰 것이어서 하나만 잃어도 밤새워 등불을 켜고 찾는다는 것입니다. 이것도 잃어버린 한 마리의 양과같이 하나님의 사랑을 말해주고 있습니다. 여기서 예수님의 결론은 이렇습니다. "내가 너희에게 이르노니 이와같이 죄인 하나가 회개하면 하나님의 사자들 앞에 기쁨이 되느니라"(10절) **죄인 하나!** 하나님은 의인 아흔 아홉보다 죄인 하나에 더 관심을 두십니다. 이것이 하나님의 사랑입니다. 여기서 '**드라크마**'는 작은 것입니다. 그래서 호주머니에 넣고 다니면 빠져나가기 쉬운 것입니다. 그러나 하나님은 이 작은 것에 더 관심을 두시는 것입니다.

셋째, '집을 나간 탕자'의 비유입니다. 예수님이 이렇게 말씀하셨습니다. "**어떤 사람이 두 아들이 있는데 그 둘째가 아비에게 말하되 아버지여 재산 중에서 내게 돌아올 분깃을 주소서 하는지라 아비가 그 살림을 각각 나누어 주었더니 그 후 며칠이 못되어 둘째 아들이 재물을 다 모아가지고 먼 나라에 가 거기서 허랑방탕하여 그 재산을 허비하더니**"(누가복음15:11-13절)

a.어떤 사람이 두 아들이 있는데! 같은 자식이라도 모습도 다르고 성격도 다른 경우가 많이 있습니다. 이 집이 바로 그런 경우인 것 같습니다. 첫째 아들은 부모의 말을 잘 듣는 착한 아들이었으나 둘째 아들은 그야말로 망나니였습니다. 그는 아버지를 졸라서 상속재산을 미리 받아가지고 다시는 집에 돌아오지 않으려고 아예 먼 나라로 가버렸습니다. 그야말로 불효자인 것입니다. 그는 방탕한 생활로 인하여 가지고 갔던 재산을 금방 다 날려버리고 거지가 되었습니다.

b. 먼 나라에 가서 거기서 허랑방탕하여! 여기서 "허랑방탕하여"는 헬라

어로 ασώτως(아소토스) 영어로는 wastefully 즉 '낭비하여' 라는 뜻을 가지고 있습니다. 그러니까 돈을 뿌리듯이 무분별하고 무절제한 생활을 한 것입니다. 둘째 아들은 가지고 간 돈을 금새 다 날려버리고 거지신세가 되자 한 부자에게 붙어 살게 되었는데 그가 그를 들로 보내서 돼지를 치게 했던 것입니다. 그런데 흉년이 너무 심한지라 쥐엄열매도 다 떨어지고 굶어 죽는 신세가 된 것입니다. 그러니까 인생의 막다른 골목에 이른 것입니다. 이 지경에 이르면 누구나가 다 자신의 처지를 생각해 보고 '철학적인 사색'을 하게되는 것입니다. '나는 누구인가? 나는 어디서 왔는가? 나는 지금 무엇을 하고 있는가? 나는 어디로 가야 하는가?' 등등 드디어 둘째 아들은 자신의 처지를 깨닫게 되었습니다. 그리고 자신이 버리고 떠나온 아버지의 집을 생각했습니다. "내 아버지에게는 양식이 풍족한 품군이 얼마나 많은고 나는 여기서 주려 죽는구나 내가 일어나 아버지께로 가서 이르기를 아버지여 내가 하늘과 아버지께 죄를 얻었사오니 지금부터는 아버지의 아들이라 일컬음을 감당치 못하겠나이다 나를 품군의 하나로 보소서 하리라"(17-18절) 그리고는 염치불구하고 아버지의 집으로 돌아오고 있는 것입니다. 그런데 아버지가 그 소식을 듣고는 거리가 먼데도 달려와서 목을 안고 입을 맞추었던 것입니다. 그리고는 제일 좋은 옷을 입히고, 제일 좋은 신발을 신기고, 동네 사람들을 불러다가 성대한 잔치를 했던 것입니다. 그것을 본 큰 아들은 불만이 가득하여 집에 들어오지도 않고 아버지를 원망을 했던 것입니다. 그러자 아버지가 큰 아들에게 이렇게 말하고 있습니다. "얘 너는 항상 나와 함께 있으니 내 것이 다 네 것이로되 이 네 동생은 죽었다가 다시 살았으며 내가 잃었다가 다시 얻었기로 우리가 즐거워하고 기뻐하는 것이 마땅하다 하니라"(31-32절)

  a. 죽었다가 다시 살았으며! 그는 아버지에게 이미 죽은 자였습니다. 그래

서 아버지가 그를 이미 포기했었다는 것입니다. 그런데 그가 살아서 돌아오고 있는 것입니다. 우리도 마찬가지입니다. 우리도 집을 나간 둘째 아들같이 이미 죽은 자요 하나님이 포기한 자들이었습니다. 그런데 예수님이 오셔서 십자가에서 우리의 죄를 대신 지시고 죽으시므로 죄용서 받고 다시 살아난 자들인 것입니다. 그래서 예수 그리스도가 우리의 구세주가 되신 것입니다.

b. **잃었다가 다시 얻었기로!** 우리가 종종 물건을 잃어버리는 경우가 있는데 그 때는 아주 난감한 것입니다. 특히 지갑이나 핸드폰을 잃어버리면 찾으려고 이리 뛰고 저리 뛰는 것입니다. 하물며 자식을 잃어버리면 어떠하겠습니까? 거기에는 상상을 초월하는 고통이 따르는 것입니다.

저는 딸만 둘을 낳아서 키웠는데 둘째 아이가 태어나자 첫째 아이가 질투를 너무 심하게 해서 걱정이 되었습니다. 큰 애가 작은 애를 너무 미워해서 제가 큰 애를 자주 혼내주었습니다. 상봉동에서 살 땐데 어느날에 큰 애를 혼내주자 큰 애가 집을 나가고 말았습니다. 그래서 집사람하고 "혜인아! 혜인아!" 이름을 부르면서 상봉동을 다 뒤지고 다녔습니다. 그래도 아이를 찾지 못하자 얼마나 난감했는지 눈 앞이 캄캄했습니다. 해는 져서 저녁이 되었는데도 아이는 집에 돌아오지 않았습니다. 그래도 희망의 끈을 놓지 않고 마지막으로 동네를 한 바퀴 더 돌려고 집을 나서는데 바로 집 옆에 세워놓은 자동차 사이에 혜인이가 서있는 것입니다. 그래서 너무 반가워서 끌어안고 물었습니다. '혜인아! 너 어디 갔다 왔어? 아빠 엄마가 너 찾는 소리 못 들었어?' 그랬더니 하는 말이 '아빠! 나 여기 있었어'라는 것입니다. 알고 보니까 혜인이가 엄마 아빠가 찾는 것을 알고도 가까이 오면 자동차 뒤로 숨었던 것입니다. 그러다가 날이 어두워지니까 무서워서 밖으로 나온 것입니다. 그 후로는 애들을 심하게 혼내지 않았습니다.

그런데 죽은 줄로만 알았던 둘째 아들이 죽지 않고 어느날 살아서 돌아오고 있는 것입니다.그러나 둘째 아들은 금의환향을 하는 것이 아니라 남들 보기에도 부끄러운 거지꼴을 하고 있는 것입니다. 그런데도 아버지는 그런 것에 전혀 아랑곳하지 않고 너무 반가워서 달려가 목을 안고 입을 맞추고 기쁘게 맞아들인 것입니다. 그러면 이 아버지가 누구입니까? 사람이 아니라 하나님인 것입니다. 만약 사람이라면 아무도 이렇게 할 수 없는 것입니다. 예수님의 이 비유는 이유와 조건을 따지지도 않고 측량할 수도 없는 하나님의 사랑을 보여주고 있습니다. 여기서 큰 아들이 유대인이라면 둘째 아들은 이방인들을 가리키는 것입니다. 예수님의 이 비유처럼 결국 유대인들은 쫓겨나는 신세가 되었고 이방인들이 들어와 대신 그 자리를 차지하게 된 것입니다.

c. 우리가 기뻐하고 즐거워하는 것이 마땅하니라! 세상에서 가장 즐거운 일이 있다면 죽은 줄 알았던 자식이 살아서 돌아오고 잃어버린 자식을 찾는 것일 것입니다. 저도 혜인이를 찾고 나니까 얼마나 좋은지 복권이 당첨된 것보다 더 기뻤습니다. 잃어버린 자식을 찾는다는 것은 무엇보다도 기쁜 일인 것입니다. 이것이 바로 잃어버린 자식을 찾듯 우리를 찾으시는 하나님의 마음이요 사랑인 것입니다. 그리고 여기서 큰 아들은 유대인을 가리키고 작은 아들은 이방인들을 가리키는데 유대인들이 언제 이것을 깨닫고 이방인들을 형제로 맞아들일지 궁금한 것입니다.

3. 예수님은 '예배의 개혁'을 위해 오셨습니다.

요한복음 4장에는 예수님과 **사마리아 여인**과의 대화가 나오고 있습니다.

어느날 예수님은 제자들과 함께 유대땅을 떠나서 고향인 갈릴리로 가시다가 사마리아 땅을 지나게 되셨습니다. 원래 이 땅은 북이스라엘이 망하고 앗수르의 왕이 이스라엘 민족을 말살시키려고 흩어버리는 과정에서 여러 이방 민족들을 이주시켰던 곳입니다. 그래서 자연스레 혼혈족들이 생기게 되었습니다. 그래서 유대인들은 그 곳을 '버려진 땅' 즉 **'사마리아'**라고 불렀고 그 땅을 밟지도 않고 멀리 돌아서 갈릴리로 갔던 것입니다. 그런데 지금 그 금기의 땅에 예수님이 제자들을 데리시고 찾아오신 것입니다. 이것은 파격이고 율법을 어기는 것이기도 한 것입니다. 예수님이 이 곳에 오신 것은 예수님 나름의 목적이 있었을 것입니다. 그것은 이방의 세계 그 중에서도 '가장 가까우면서도 가장 먼 곳'에 대한 복음전도의 문을 여는 것입니다. 이것은 또한 복음이 이스라엘을 넘어서 이방으로 전파된다는 첫 번째 신호탄이기도 한 것입니다. 지금 예수님이 그 신호탄을 쏘아 올리신 것입니다. 할렐루야! 그 때 예수님이 사마리아 여인에게 이렇게 말씀하셨습니다. "물을 좀 달라"(7절) 그러자 여자가 이렇게 대답하고 있습니다. "당신은 유대인으로서 어찌하여 사마리아 여자 나에게 물을 달라하나이까"(9절) 그러자 예수님이 이렇게 말씀하셨습니다. "네가 만일 하나님의 선물과 또 네게 물좀 달라 하는 이가 누구인 줄 알았다면 네가 그에게 구하였을 것이요 그가 네게 생수를 주었으리라"(10절) '생수를 준다'는 말에 이 여자는 귀가 번쩍 띄어서 고개를 돌려서 예수님을 쳐다보며 이렇게 물었습니다. "주여 물길을 그릇도 없고 이 물은 깊은데 어디서 이 생수를 얻겠삽나이까"(11절) 조금 전까지 이 여인은 예수님이 유대인이라서 외면하고 쳐다보지도 않았는데 갑자기 예수님을 향하여 고개를 돌려서 묻고 있는 것입니다. 거기다가 한 술 더 떠서 예수님을 "주여"라고까지 부르고 있는 것입니다. 이것이 무엇 때문입니까? '생수를 준다'는 말 한 마디 때문입니다. 그러면 이 여인에게 **생수**(生水)는 어떤 의미를 가지고 있습니까? 예수님의 말씀을 통해서 그것을 알아보고자 합니다.

"그가 네게 생수를 주었으리라" 여기서 생수(生水)는 헬라어로 υδωρ ζων(휘도르 존)이고 영어로는 living water인데 '생명수, 살아있는 물, 살리는 물'이라는 의미를 가지고 있습니다. **물**에도 여러 가지 종류가 있습니다. 지금 우리나라에도 마트에 가면 여러 가지의 물들이 판매되고 있습니다. 그 물들을 보면 수원지가 다르고 성분이 다르고 값도 다릅니다. 백두산물이 있는가 하면 한라산물도 있고, 소백산 물도 있고, 지리산물도 있고, 가평이나 포천 물도 있습니다. 그것들을 판매회사에서 그것을 생수(生水)라고 부르는 것은 수돗물과 비교해 볼 때 순수하고 맛이 좋고 또 몸에 더 이롭기 때문입니다. 그러나 여기서 예수님이 말씀하시는 생수는 그것들과는 전혀 차원이 다른 '영원히 목마르지도 않고 죽지도 않는 생명수'를 가리키고 있는 것입니다. 이처럼 예수님이 말씀하시는 생수와 이 여인이 생각하는 생수는 전혀 의미가 다릅니다. 예수님과 사마리아 여인의 대화는 점점 더 깊어지고 있습니다. 그 때 예수님이 여인에게 하신 말씀이 이것입니다. **"이 물을 먹는 자마다 다시 목마르려니와 내가 주는 물을 먹는 자는 영원히 목마르지 아니 하리니 나의 주는 물은 그 속에서 영생하도록 솟아나는 샘물이 되리라"**(13-14절)

a.이 물을 먹는 자마다 다시 목마르려니와! 여기서 '이 물'은 사마리아 여인이 뜨러온 우물물을 말합니다. 이 물은 육체가 목이 마를 때 마셔야하는 물입니다. 마시고 또 마시고 하루에도 수없이 마시는 물입니다. 그러나 예수님이 주시는 물은 그런 물과는 차원이 다른 것입니다.

b.내가 주는 물을 먹는 자는 영원히 목마르지 아니 하리니! 이 물은 한번만 마셔도 영원히 목마르지 않는 신비스런 물입니다. 할렐루야! 이 여인은

예수님의 이 한마디에 큰 감동을 받고 예수님께 이렇게 요구하고 있습니다. "주여 이런 물을 내게 주사 목마르지도 않고 또 여기 물 길러 오지도 않게 하옵소서"(15절) 이 여인은 예수님을 보자마자 예수님의 얼굴에서 풍기는 광채와 친근한 태도와 권세있는 말씀에 크게 감동이 되었습니다. 그래서 서슴없이 예수님을 "주여"라고 부르고 있는 것입니다.

c. 나의 주는 물은 그 속에서 영생하도록 솟아나는 샘물이 되리라! 아멘!

하나님의 아들이신 예수님이 아니라면 감히 누가 이런 말을 할 수 있겠습니까? 사람들에게 천만번 들어도 더 듣고 싶은 말이 있다면 '당신을 사랑해'일 것입니다. 그러나 예수님의 이 말씀은 이것보다 억만배나 더 귀하고, 듣고 또 들어도 언제나 은혜가 되고 기쁨과 소망을 주는 말씀입니다. 왜냐하면 이 말씀 속에는 누구나가 바라는 천국과 영생의 소망이 있기 때문입니다. 믿고 깨달을진저!

예수님의 말씀에 크게 감동된 여인이 예수님께 이렇게 요구하고 있습니다. "주여 이런 물을 내게 주사 목마르지도 않고 또 여기 물길러 오지도 않게 하옵소서"(15절)

a.이런 물을 내게 주사!

드디어 예수님의 말씀을 듣고 이 여인은 무언가를 깨닫기 시작했습니다. 이것이 바로 '영의 눈'이 열린 것이고 '영적인 성장'입니다.

b.또 여기 물길러 오지도 않게 하옵소서!

한낮에 혼자 그 먼 길을 물길러 오는 것이 얼마나 싫었으면 이런 말을 하겠습니까? 아마 지긋지긋했을 것입니다. 그래서 혼자서 울기도 하고 신세타령도 많이 했을 것입니다. 지금 이 여인은 예수님의 '말씀 한 마디'에 감동이 되고 한껏 고무되어 있습니다. 그러나 아직은 예수님의 말씀의 참 의미를 모르고 있는 것입니다. 그래서 예수님이 이 여인을 일깨워주시려고 이렇게 요청하셨습니다. **"가서 네 남편을 불러오라"**(16절) 이 말을 듣고 여인의 마음이 마치 도둑질하다가 들킨 사람처럼 철렁하고 내려 앉았을 것입니다. 왜냐하면 예수님이 이 여인이 숨기고 싶은 가장 아픈 상처를 건드렸기 때문입니다. 그러면 왜 예수님이 이 여인의 가장 아픈 상처를 건드리면서까지 이 여인에게 남편을 불러 오라고 요구하셨습니까? 예수님이 이 여인의 과거를 모르시기 때문입니까? 아닙니다. 지금 예수님은 보지 않아도 이 여인의 과거와 현재와 미래의 모든 것을 다 알고 계십니다. 그런데도 불구하고 그런 요구를 하신 것은 이 여인의 믿음을 한번 시험해 보시려는 것입니다. 그러자 이 여인이 크게 당황을 하면서 이렇게 대답을 했습니다. **"나는 남편이 없나이다"**(17절) 지금 이 여인에게는 남편이 있습니다. 그런데도 '없다'고 하는 것은 범상치 않은 예수님께 자신의 부끄러운 과거를 보여주고 싶지 않았기 때문입니다. 그래서 거짓말을 하고 있는 것입니다. 그러나 예수님의 추적은 집요합니다. 예수님도 뒤로 물러서지 않고 맞장구를 치듯이 이렇게 말씀하셨습니다. **"네가 남편이 없다하는 말이 옳도다 네가 남편 다섯이 있었으나 지금 있는 자는 네 남편이 아니니 네 말이 참되도다"**(17-18절)

   a. 네가 남편이 없다하는 말이 옳도다! 여인이 당황을 하자 예수님은 작전을 바꾸어서 여인의 말이 거짓인 것을 알면서도 여인을 책망하지 않고 위로하듯이 말씀하셨습니다. 그리고 여인을 불쌍히 여기시고 이 여인의 거짓말을 참 말로 인정해 주셨습니다.

   b. 네가 남편 다섯이 있었으나! 지금 예수님은 이 여인의 가장 아픈 상처를 건드리고 계십니다. 왜냐하면 상처는 드러내야 치료할 수 있기 때문입니다. 그리고 예수님은 진실을 드러내시는 참되신 하나님의 아들이시기 때문

입니다. 또 예수님은 빛으로 오셨기 때문에 숨기고 넘어가지 않습니다. 밝히고 드러내고, 치료하시고, 깨닫게 하시고, 용서하시고, 그 다음에 덮어 주십니다. 진실을 숨기고 넘어가면 당장은 좋은 것 같으나 시간이 지날수록 어둡고 후미진 곳에 쥐들이 뛰어다니듯이 마귀만을 이롭게 하는 것입니다. 상처는 덮기 전에 도려내고 수술을 해야 합니다. 그래야 치유가 되는 것입니다. 죄도 마찬가지입니다. 드러내고 책망하고 회개하고 용서받고 사함을 받아야 합니다.

c. **지금 있는 자는 네 남편이 아니니!** 이 말을 듣고 이 여인은 깜짝 놀랐을 것입니다. 그리고 속으로 이런 생각을 했습니다. '예수님이 내 마음을 어찌 그리 속속들이 잘 알고 계실까? 이 분은 보통 사람이 아니야!' 그리고는 예수님을 다시 보게 된 것입니다.

"지금 있는 자는 네 **남편이 아니니**" 이 말을 듣고 이 여인은 **부끄러워** 고개를 숙이고 말았습니다. 그러면 이것이 무슨 말씀입니까? 이것은 예수님만이 할 수 있는 특유한 어법(語法)인 것입니다. 이것은 지금 예수님이 이 여인을 '현재의 관점'이 아니라 '미래의 관점'에서 보고 계시는 것입니다. 그러면 예수님이 이 여인을 보시는 '미래의 관점'이 무엇입니까? 지금 예수님은 이 여인이 얼마 못가서 그 남자와도 헤어질 것을 알고 계십니다.

여러분! 신앙이 무엇입니까? 하나님의 관점에서 나를 보고, 미래의 관점에서 현재를 보고, 의인의 관점에서 죄인을 보는 것입니다. '네가 지금은 이럴지라도 미래에는 그렇지 않을 것이다' 이것이 하나님이 우리를 보시는 관점입니다.

d. **네 말이 참되도다!** 죄인 중의 죄인인 자기를 예수님이 다시한번 인정해주고 칭찬해 주자 이 여인은 갑자기 신이 났습니다. 그리고 예수님과 사마리

아 여인의 대화는 점입가경으로 치닫고 있습니다. 그래서 이렇게 말하고 있습니다. "주여 내가 보니 선지자로소이다 우리 조상들은 이 산에서 예배하였는데 당신들의 말은 예배할 곳이 예루살렘에 있다 하더이다"(20절) 이 여인은 예수님을 '선지자'라고 치켜세우고 있습니다. 그리고 놀랍게도 성경에서 처음으로 이 여인의 입에서 **예배**에 대한 말이 나오고 있는 것입니다. 드디어 예수님과 사마리아 여인의 대화는 최정점에 이르게 된 것입니다. 그것이 바로 예배입니다.

그러면 예배가 무엇입니까? 오늘 본문에 나오는 예수님의 말씀을 통해서 예배가 무엇인가에 대해서 알아본다면

첫째, 예배는 하나님께 나아가서 단(檀)을 쌓는 것입니다. 이것이 가장 원시적인 예배의 형태입니다. 창세기 8장을 보면 노아가 홍수 후에 여호와 하나님께 나아가 단을 쌓고 제물을 드렸다는 기록이 있습니다. "노아가 여호와를 위하여 단을 쌓고 모든 정결한 짐승 중에서와 모든 정결한 새 중에서 취하여 번제로 단에 드렸더니"(20절) 상고시대에 이런 제단은 어느 나라에나 있었던 것입니다. 믿음의 조상인 아브라함도 가는 곳마다 단을 쌓고 하나님께 제물을 두렸던 것입니다. 이것이 출애굽 후 모세시대에 이르러서는 5가지 제사법이 된 것입니다.

둘째, 예배는 하나님을 '아바 아버지'라고 부르면서 가까이 나아가 교제하는 시간입니다. 예배를 헬라어로 προσκυνεω(푸로스쿠네오)라고 하는데 이것은 '그 앞에 나아가 무릎을 꿇고 그 손에 입맞춘다'라는 의미인 것입니다. '입을 맞춘다'는 것은 아무에게나 할 수 있는 것이 아닙니다. 아주 가까운 사이 그것도 사랑하는 남녀 사이에서나 하는 행위입니다. 그런데 그것을 하나님께 나아가 할 수 있다는 것이 놀라운 것입니다. 그것이 바로 예배인데 여

기에는 경외함과 사랑이 동시에 있는 것입니다.

예수님이 이렇게 말씀하고 계십니다. "**여자여 내 말을 믿으라 예루살렘에서도 말고 이 산에서도 말고 너희가 아버지께 예배할 때가 이르리라**"(21절) 여기에서 예수님은 **예배**에 대해서 말씀하시면서 놀랍게도 '**아버지**'라는 용어를 사용하고 계십니다. 지금까지 유대인들은 엄한 율법 아래서 '종의 신분'으로 하나님을 섬겨 왔습니다. 그래서 하나님을 '아버지'라고 부르지 않았습니다. 그러나 예수님은 하나님을 '아버지'로 소개하고 계십니다.

저에게도 '아버지'가 있었으나 어릴 때에는 '**아버지**'라고 잘 부르지 않았습니다. 더구나 '아빠'라고 부른다는 것은 상상도 할 수 없었습니다. 왜냐하면 아버지가 너무나 엄하셨기 때문입니다. 무엇 하나 잘못하면 불호령이 떨어졌습니다. 그렇다고 아버지가 나쁜 사람이냐며는 절대 그렇지 않습니다. 아버지는 성격이 곧고 깨끗해서 집 안팎의 환경정리를 잘 하셨습니다. 집의 울타리에는 무궁화 나무를 심어서 사시사철 무궁화꽃이 만발했고, 길가에는 파란 난초를 심었고, 화단에는 장미 백합 봉숭아 수선화 국화 목련 등 각종 꽃나무들을 심었습니다. 그래서 외부에서 손님들이 찾아오면 너무나 집 환경이 좋다고 칭찬이 자자했고, 어떤 거지는 '이 집은 너무 깨끗하고 아름다워서 동냥을 할 수 없다'고 하면서 그냥 돌아가기도 했습니다. 아버지는 1963년에 충남 도지사로부토 모범 도민상을 받으셨고, 동네 이장을 오래 하셨고, 관가에서도 정직한 사람으로 소문이 나 있었습니다. 그런데도 너무 깔끔하고 엄격하셔서 자식들을 불편하게 했습니다. 그래서 '아버지'가 돌아가시자 아무도 울지 않았습니다. 그러다가 마지막으로 무덤 속의 관 위에 삽으로 흙을 덮으면서 자식들이 눈물을 흘렸습니다. '**아버지**'가 있어도 마음 놓고 '**아버지**'라고 부르지 못하는 그 안타까운 심정! 이것이 바로 율법 아래서 하나님과 유대인들의 관계였던 것입니다. 그런데 예수님이 오셔서 이것을 바꾸어 주시려고 하는 것입니다. 그런데도 유대인들은 그것을 모르고 오히려 예수님을 핍박하고 십자가에 못박아 죽였던 것입니다.

예수님의 입에서 **'아버지'**라는 말이 나오자 이 여인도 처음에는 깜짝 놀랐을 것입니다. '세상에 하나님이 아버지라니 이게 무슨 말이야'라고 의구심을 가졌을 것입니다. 그러다가 예수님의 말씀과 태도에 점점 감동 감화되어서 그것을 받아들이게 된 것입니다. 남녀 간에도 사랑이 무르익으면 키스(kiss) 즉 입을 맞추기 시작하는 것입니다. 그러면 사랑이 급속도로 깊어지고 그 기쁨과 행복은 말로 다 할 수 없는 것입니다. 예배도 이와 같습니다. 하나님께 나아가 그 손에 입을 맞추는 것입니다.

셋째, 예배는 성령과 진리 안에서 하나님을 만나는 시간입니다. 예수님이 사마리아 여인에게 이렇게 말씀하고 계십니다. **"아버지께 참으로 예배하는 자들은 신령(영)과 진정(진리)으로 예배할 때가 오나니 곧 이 때라 아버지께서는 이렇게 자기에게 예배하는 자들을 찾으시느니라 하나님은 영이시니 예배하는 자가 신령(영)과 진정(진리)으로 예배할지니라"**(23-24절)

a. **곧 이 때라!** '드디어 그 때가 왔다'는 것입니다.

b. **하나님은 영이시니 예배하는 자가 신령과 진정으로!** 이 구절은 문제가 있는 구절입니다. 그래서 개역개정 성경은 "신령과 진정"을 "영과 진리"로 바꾸었습니다. 그러나 이 번역도 문제가 있는 것입니다. 가장 정확한 번역은 **"성령과 진리 안에서"**입니다. 헬라어로는 "ἐν πνεύματι καί άληθεία" 영어성경에서는 "in Spirit and truth"라고 번역하고 있습니다.(N.I.V) 여기서 보면 헬라어 원문에 전치사 ἐν(in)이 들어갔기 때문에 이 문장은 능동태가 아니라 수동태인 것입니다. 하나님께 드리는 예배는 언제나 수동적입니

다. 우리가 드리는 것 같으나 사실은 하나님의 부르심에 우리가 응답하는 것이고, 모세가 성막을 짓듯이 모든 것 하나 하나를 하나님의 지시에 따르는 것입니다. 그것이 곧 "성령과 진리 안에서"드리는 예배인 것입니다. 예배는 우리가 "신령과 진정으로" 아니면"영과 진리로"하나님께 드리는 것이 아닙니다. 예배는 성령의 인도로 말씀 안에서 하나님께 나아가는 것입니다. "성령과 진리 안에서"드려지는 예배는 율법 아래서의 제사가 아니라 복음 안에서의 교제가 된 것입니다. 이것이 바로 지금 예수님이 말씀하시는 **'예배의 개혁'**인 것입니다.

c. **예배할지니라!** 이것이 헬라어 성경에는 δει πρσκυνειν(데이 프로스쿠네인)이고, 영어성경은 Behave to worship 즉 '이것이 올바른 예배다'라고 번역하고 있습니다. 지금까지 유대인들은 하루에 세 차례씩 정해진 시간에 성전에 올라가서 무릎을 꿇고 하나님께 경배를 드렸습니다. 이것이 전통적인 유대인들의 예배였습니다. 그런데 예수님이 오심으로 이 예배에 변화가 온 것입니다. 가장 큰 이유를 든다면 예수님이 인류의 죄를 지시고 십자가에서 제물이 되심으로 죄가 사해지자 죄인이 의인이 되고, 종의 신분에서 자녀가 되고, 천국과 영생의 길이 열렸기 때문입니다. 그래서 당연히 예배에도 큰 변화가 찾아온 것입니다. 그리고 여기에 더해져서 예수님은 '언제 어디서나' 그리고 "신령(영)과 진정(진리)으로 예배할지니라"고 가르치고 계신 것입니다. 이렇게 예수님이 오심으로 '예배의 개혁'이 오고 '진정한 예배'가 시작이 된 것입니다.

넷째, 예배는 하나님께 나아가 '생명의 생수'를 받아 마시는 시간입니다.

오늘 본문에 나오는 예수님과 사마리아 여인의 대화에서 예배의 '핵심요소'가 나오고 있는데 그것이 바로 예수님이 사마리아 여인에게 하신 이 말씀입니다. "네가 만일 하나님의 선물과 또 네게 물 좀 달라하는 이가 누구 인줄 알았다면 네가 그에게 구하였을 것이요 그가 생수를 네게 주었으리 라"(10절) **그가 생수를 네게 주었으리라!** 생수(生水)는 영어로 living water 즉 생명수(生命水)입니다. 예배는 우리가 하나님 아버지 앞에 나아가 '하늘 의 생수'를 받는 시간입니다. 예수님의 말씀은 계속되고 있습니다. **"이 물을 먹는 자마다 다시 목마르려니와 내가 주는 물을 먹는 자는 영원히 목마르 지 아니하리니 나의 주는 물은 그 속에서 영생하도록 솟아나는 샘물이 되리 라"(13-14절) 영생하도록 솟아나는 샘물이 되리라!** 여기서 '영생하도록 솟 아나는 샘물'은 곧 **성령**인 것입니다. 어느날 예수님은 성전에서 이렇게 외 치셨습니다. **"누구든지 목마르거든 내게로 와서 마셔라 나를 믿는 자는 성 경에 이름과 같이 그 배에서 생수의 강이 흘러나리라"**(요한복음7:37-38절)

예배는 나의 가장 귀한 것을 하나님께 드리고 하나님으로부터 가장 귀한 선물을 받아가는 시간입니다. 이것은 부모와 자식 사이를 보면 알 수 있습니 다. 자식이 서울에 살다가 명절이 되어서 오랜만에 고향에 오면 어머니 아버 지가 싱글벙글하면서 좋아하고 자식이 돌아갈 때는 있는 것 없는 것을 모두 꺼내서 가지고 가라고 싸주는 것입니다. 그 때는 주는 부모나 받는 자식이나 모두 기분이 좋은 것입니다. **예배도** 가장 귀한 것을 **'주고 받는'**이런 축제의 시간이 되어야 합니다. 그것이 바로 **생수**이고 **성령**인 것입니다.

다섯째, 예배는 성전시대를 마감하고 복음시대를 여는 문입니다. 요한복 음 2장을 보면 예수님은 유월절이 가까운 어느 날 제자들과 함께 예루살렘 성전으로 올라가셨습니다. 예수님은 성전으로 올라가셔서 가장 먼저 노끈 으로 채찍을 만드시고 성전 안에서 양과 소를 다 내어 쫓으시고 비둘기 파는 사람들의 상을 둘러 엎으시고 난 후에 이렇게 말씀하셨습니다. **"이것을 여**

기서 가져가라 내 아버지의 집으로 장사하는 집을 만들지 말라"(16절) 그러자 유대인들이 예수님께 이렇게 항의를 했습니다. **"네가 이런 일을 행하니 무슨 표적을 우리에게 보이겠느뇨"**(18절) 그러자 예수님이 이렇게 말씀하셨습니다. **"이 성전을 헐라 내가 사흘 동안에 일으키리라"**(19절) 그러자 유대인들이 예수님을 이렇게 조롱했습니다. **"이 성전은 사십 육년 동안에 지었거늘 네가 사흘 동안에 일으키겠느뇨"**(20절) **"그러나 예수는 성전된 자기의 육체를 가리켜 말씀하신 것이라"**(21절)라고 기록하고 있는 것입니다. **이 성전을 헐라!** 왜 성전을 헐어야 합니까? 지금은 성전시대가 아니기 때문입니다. 그러면 무슨 시대입니까? 교회시대입니다. 교회시대는 하나님과 더 가까워진 시대입니다. 율법시대가 성전시대라면 복음시대는 교회시대입니다. 율법시대가 주종관계라면 복음시대는 부자관계입니다. 그래서 율법과 복음 즉 성전과 교회는 비교가 되지 않는 것입니다. 그래서 예수님은 **"이 성전을 헐라"**고 말씀하신 것입니다. 그러나 예수님의 말씀의 참 뜻은 성전이 건물을 의미하지 않고 자신의 육체를 말씀하신 것이었으나 유대인들은 이것 조차도 오해를 했던 것입니다. **"이 성전을 헐라"** 이 말씀이 가르치는 또 다른 의미는 **'예배의 개혁'**인 것입니다. 건물은 한 곳에 고정되어 있고 시간과 장소의 지배를 받습니다. 그러나 몸은 한 곳에 고정되어 있지 않고 움직이기 때문에 시간과 장소의 구애를 받지 않는 것입니다. 이렇게 구약시대의 예배와 신약시대의 예배는 큰 차이를 보이고 있습니다. 왜냐하면 예수님을 통하여 예배가 개혁되었기 때문입니다.

4. 예수님은 마귀를 심판하고 '마귀의 일'을 멸하려 오셨습니다.

창세기 3장에는 마귀(뱀)가 하와를 유혹하여 타락시키는 장면이 나오고 있습니다. 하와는 마귀(뱀)의 꾀임에 속아서 선악과를 따먹고 말았던 것입니다. 그러자 마귀(뱀)의 말처럼 그들의 눈이 밝아져서 자신들의 벗은 모습을 보고 나뭇잎으로 옷을 해입고 나무 뒤에 숨었던 것입니다. 그래도 그들이 회개를 하지 않자 하나님은 그들을 에덴동산에서 쫓아내셨던 것입니다. 그러면 왜 마귀가 하와를 유혹해서 선악과 열매를 따먹게 했습니까? 그들을 자신의 종으로 삼기 위해서인 것입니다. 이 때부터 인간은 '마귀의 종'이 되었고 동지가 되었던 것입니다. 예수님이 오신 목적은 바로 이런 마귀를 심판해서 지옥으로 보내고 마귀의 일을 멸하기 위해서인 것입니다.

어느날 예수님이 안식일에 가버나움 회당에서 가르치셨습니다. 그 때 더러운 귀신들린 사람이 이렇게 소리를 질렀습니다. "나사렛 예수여 우리가 당신과 무슨 상관이 있나이까 우리를 멸하러 왔나이까 나는 당신이 누구인 줄 아노니 하나님의 거룩한 자니이다"(마가복음1:24절) 그러자 예수님이 그 귀신을 향하여 "잠잠하고 그 사람에게서 나오라"고 명령하시자 귀신이 그 사람으로 경련을 일으키고 큰 소리를 지르며 나왔던 것입니다.(25-26절) 예수님은 어디에 가시든지 가장 먼저 귀신을 쫓아내셨습니다. 왜냐하면 귀신은 눈에 보이지 않는 영적인 존재요 마귀의 졸개들로서 세상을 어지럽히고 온갖 나쁜 짓을 다하는 죄의 원흉이기 때문입니다. 귀신이 떠나가자 소경이 눈을 뜨고 귀머거리가 듣고 벙어리가 말하고 각종 질병이 치료되는 역사가 일어났던 것입니다. 예수님은 마귀를 '세상임금'이라고 부르셨습니다.(요한복음12;31절) 하늘나라에서 천사장이었던 '루시포'는 마귀가 되어 하나님을 반역하다가 쫓겨나서 땅으로 왔고 인간을 타락시켰고 세상임금이 된 것입니다. 그래서 지금 이 세상의 실질적인 최고의 권력자(지배자)는 왕이나 수상이나 대통령이 아니라 마귀인 것입니다. 인간은 문명이 발달해서 잘 먹고, 잘 입고, 잘 살고, 편해질수록 선하고 바르게 되는 것이 아니라 그 반대로 이상하게도 세상은 점점 더 악해지고, 사랑이 식어지고, 양심이 사라지고, 윤리도덕은 땅에 떨어지고, 인정이 메마르고, 인간들은 불행해지고 있는 것입니다. 이것은 우리가 이해하기 힘든 부분인데 뒤에 공중의 권세잡은 악한 마귀가 있기 때문입니다. 마귀는 하늘나라에서 하나님께 반역하다가 쫓겨났습니다. 그 후 마귀는 에덴동산에 들어와서 아담과 하와를 타락시키더니 하나님의 백성인 유대인들을 선동하여 **'하나님의 아들을 십자가 못박아 죽인 죄'**로 지옥판결을 받고 지옥으로 갔고 지금 이 지상에서 남아서 활동하는 자들은 마귀의 졸개들인 악령과 귀신들인 것입니다. 예수님이 다시 오시면 이 악령 귀신들도 모두 심판을 받고 지옥의 무저갱이나 불못에 떨어질 것입니다.

그러면 마귀는 어떤 자입니까? ① 마귀는 하나님을 대적하는 자입니다. 그러나 아이러니하게도 마귀는 또한 하나님의 일을 돕고 있는 하나님의 종이기도 한 것입니다. 이것은 우리들이 이해할 수 없는 부분인 것입니다. 예수님이 가이사랴 빌립보 지방에 가셔서 장차 있을 십자가의 죽음을 말씀하시자 베드로는 "주여 그리하지 마옵소서"(마태복음16:22절)하면서 예수님을 만류하다가 예수님으로부터 "사단아 내 뒤로 물러가라 너는 나를 넘어지게 하는 자로다"(23절)는 호된 질책을 받았습니다. 한편 빌라도의 법정에 모인 군중들(유대인들)은 대제사장들과 바리새인들의 사주를 받고 "저를 십자가에 못박게 하소서"(마가복음15:13절)라고 계속 소리를 지르자 할 수 없이 빌라도가 예수님을 십자가에 못박게 내어주었던 것입니다. 그러면 누가 하나님의 일을 했습니까? 베드로입니까? 군중들입니까? 말할 것도 없이 마귀의 사주를 받은 군중들입니다. 만약 그때 군중들이 아니었다면 예수님은 십자가에 달리지 않았을 것이고 그러면 죄사함도 구원도 없고 예수님은 부활하지도 않았을 것이고 천국도 없을 것입니다. 그러면 기독교는 이 세상에 존재하지도 않을 것입니다. 이것이 우리가 이해할 수 없는 하나님의 역사인 것입니다. 예수님이 이 세상에 오심으로 드디어 마귀(귀신)의 정체가 드러나고 말았습니다. 그래서 예수님이 회당에 들어가시자 회당에서 귀신들린 자가 예수님께 "우리를 멸하러 왔나이까"라고 소리를 지른 것입니다.

예수님의 공생애 3년은 마귀와의 싸움이라고 해도 과언이 아닙니다. 예수님은 가시는 곳마다 가장 먼저 귀신들을 쫓아 내셨던 것입니다.

② 마귀는 '강한 자'입니다. 왜냐하면 하늘나라에서 마귀는 천사장이었기 때문입니다. 하늘나라에서 천군과 천사들을 지휘하는 천사장 루시포가 부하들을 데리고 하나님을 반역했는데 그가 곧 마귀인 것입니다. 예수님은 마귀를 '강한 자'라고 부르셨습니다. **"사람이 먼저 강한 자를 결박지 않고는 그 강한 자의 집에 들어가 세간을 늑탈치 못하리니결박한 후에야 그 집을 늑탈하리라"**(마가복음3:27절)

③ 마귀는 '악한 자'입니다. 창세기 4장을 보면 아담과 하와의 가정에서 가인이 동생 아벨을 죽이는 인류 최초의 살인 사건이 일어났는데 그 속에 마귀가 들어갔기 때문입니다. 모든 악은 마귀로부터 왔습니다.

④ 마귀는 '거짓말장이'입니다. 예수님은 마귀를 '거짓의 아비'라고 부르셨습니다 **"저는 처음부터 살인한 자요 진리가 그 속에 없으므로 진리에 서지 못하고 거짓을 말 할 때마다 제것으로 말하나니 이는 저가 거짓말장이요 거짓의 아비가 되었음이라"**(요한복음8:44절) 60년 대에는 '서울에 가서 눈감으면 코베어간다'라는 말이 유행하던 적이 있었습니다. 그래서 저도 1963년

초등학교 6학년 때에 서울로 처음 수학여행을 갔는데 서울역에 내지자마자 주위를 두리번 거리며 살핀 적이 있습니다. 그러나 아무리 둘러보아도 아무도 내 코를 베어가지 않기에 '에이, 거짓말이구나!'라고 중얼거린 적이 있었습니다. 그런데 지금이 바로 그런 시대입니다. '눈을 뜨고 있어도 코를 베어가는 시대'가 되었습니다. 컴퓨터 인터넷 싸이버 공간이 발달해서 가짜 뉴스나 보이스 피싱같은 진실보다 거짓이 더 판을 치는 세상이 온 것입니다. 왜 그렇습니까? 마귀가 횡행하는 말기적 증상이 성경의 예언대로 된 것입니다.

　⑤ 마귀는 '유혹하는 자'입니다. 창세기 3장을 보면 어느날 하와는 에덴 동산을 혼자 거닐고 있었습니다. 하와는 중앙에 있는 선악을 알게하는 나무의 실과를 호기심 어린 눈으로 바라보고 있었습니다. '야! 그거 참 예쁘게도 생겼네! 그런데 왜 하나님은 유독 이 나무의 실과를 먹지 말라고 하실까?'바로 그 때 이런 하와의 마음을 알고 마귀가 예쁜 뱀의 탈을 쓰고 하와를 찾아와서 유혹을 했던 것입니다. 그러자 하와가 하나님을 원망하듯 이런 대답을 했습니다. **"동산 나무의 실과를 우리가 먹을 수 있으나 동산 중앙에 있는 나무의 실과는 하나님의 말씀에 너희는 먹지도 말고 만지지도 말라 너희가 죽을까 하노라 하셨느니라"**(창3:2-3절) 하와의 불평불만을 다 듣고 나서 마귀가 하와에게 이렇게 속삭이고 있습니다. **"너희가 결코 죽지 아니하리라 너희가 그것을 먹는 날에는 너희 눈이 밝아 하나님같이 되어 선악을 알 줄을 하나님이 아심이라**(4-5절) **하나님같이 되어!** 이것이 마귀의 최대의 유혹입니다. 지금도 인간들은 마귀의 이런 유혹을 이기지 못하고 '하나님같이 되려고' 몸부림을 치고 있습니다. 마귀의 유혹을 받고 과학문명의 탈을 쓰고 유전자까지 조작하여 하나님의 영역을 침범하고 스스로 신이 되려하고 있는 것입니다. 그러나 성경에 이미 인간의 운명은 정해져 있는 것입니다. 그것은 **장망**

성(將亡城)'이라는 세 글자입니다.

⑥ 마귀는 '이간자'입니다. 창세기 3장1절입니다. **"여호와 하나님이 지으신 들짐승 중에 뱀이 가장 간교하더라"** 여기서 '간교하다'는 것은 간사하고 교활하다는 것입니다. 그러니까 '여기 가서 이 말하고 저기 가서 저 말해서 둘 사이를 갈라놓는 것입니다. 지금 마귀는 하나님과 인간 사이, 인간과 인간 사이를 갈라놓으려고 온갖 수작을 다 부리고 있습니다. 그러나 대부분의 사람들은 마귀의 존재를 믿지 않습니다. 왜냐하면 마귀가 눈을 가리워 놓아서 보지 못하기 때문입니다. '요즘같은 세상에 그런게 어디 있어?' 하면서 도리어 비웃는 것입니다. 그러나 마귀는 예수님이 오심으로 그 정체가 처음으로 드러났던 것입니다.

⑦ 마귀는 '훼방자'입니다. 마귀는 하나님의 일을 훼방하는 자입니다. 그 중에서도 하나님의 구원의 역사를 훼방합니다. 왜 그렇습니까? 땅에 사는 인간이 죄사함 받고 하나님의 자녀가 되자 그것을 보고 배가 아파서 그런지도 모릅니다.

⑧ 마귀는 '틈을 노리는 자'입니다. 창세기 3장에는 어느날 뱀(마귀)이 하와를 찾아와서 선악과를 따먹으라고 유혹을 하는 장면이 나옵니다. 그 때 마귀는 아담이 어디에 가고 하와가 혼자 있는 틈을 노렸던 것입니다. 통일교나 영생교 구원파 신천지 같은 이단들의 특징이 무엇입니까? 교회의 틈을 노리는 것입니다. 다시 말하면 약점을 노리고 파고드는 것입니다. 이것이 마귀의 전형적인 수법인 것입니다.

우리의 가정에도 틈을 노리는 것들이 있습니다. **바퀴벌레**입니다. 아무리 약을 뿌려도 시간이 지나면 여전히 바퀴벌레들이 자기 집인냥 방 안 구석구석을 돌아다니는 것입니다. 그런데 바퀴벌레보다 더 지독한 것이 있는데 쌀벌레입니다. 저의 집에도 쌀통에 쌀을 부어놓으면 쌀벌레가 생겨서 진공 쌀통에다가 쌀벌레약까지 함께 넣어 놓았습니다. 그런데 이게 웬일입니까? 놀랍게도 진공 쌀통에 여전히 쌀벌레가 기어다니고 작은 나비들이 날아다 니는 것을 보고는 할 말을 잃어버렸습니다. '야! 참 생명력 대단하다! 어쩌 면 이럴 수가 있단 말인가?'하고 탄복을 하고 말았습니다. '진공 쌀통에 쌀 벌레가 왜 생기는지?' 저는 그 이유를 지금도 모릅니다. 멀쩡한 밤도 까보 면 그 안에 벌레가 들어 있습니다. 왜 그렇습니까? **이미** 그것들이 **먼저** 들어 와 있기 때문입니다.

마귀의 역사도 이와 같습니다. 우리가 아무리 벗어나려 해도 벗어날 수가 없습니다. 왜냐하면 우리보다 **'이미 먼저'** 들어와 있기 때문입니다. 마귀는 공기와 같습니다. 문을 닫아도 들어 옵니다. 마귀는 바이러스 세균과도 같 습니다. 잠시 물러갔다가도 다시 돌아오는 것입니다. 그래서 이 세상에서는 누구도 마귀를 완전히 물리칠 수 없습니다. 천국문 앞까지 마귀는 우리를 따라 올 것입니다. **마귀는 언제나 틈을 노립니다.** 그래서 우리는 마귀에게 틈을 주지 말아야 합니다. 사도 바울은 이렇게 권면하고 있습니다. **"마귀의 궤계를 능히 대적하기 위하여 하나님의 전신갑주를 입으라"**(에베소서6:11 절) 전신갑주는 온 몸을 감싸는 전투복인데 적에게 틈을 주지 않는 옷인 것 입니다. 하나님의 전신갑주에는 여러 가지가 있습니다. a. 진리의 허리띠 b. 의의 흉배. c. 복음의 신발. d. 믿음의 방패. e. 구원의 투구. f. 성령의 검 곧 하나님의 말씀. g.기도와 간구입니다. 이것을 갖추어 입어야 마귀와의 싸움 에서 잠시나마 이길 수가 있는 것입니다. 그러나 마귀와의 싸움은 언제 어 디서 어떻게 일어날지 아무도 모릅니다. 그래서 우리는 항상 말씀과 기도 로 무장하고 성령과 하나님의 은혜와 능력으로 충만해져야 하는 것입니다.

⑨ 마귀는 '시험하는 자'입니다. 마태복음 4장에는 마귀가 예수님을 시험하는 장면이 나오고 있습니다. **"그 때에 예수께서 성령에 이끌리어 마귀에게 시험을 받으러 광야로 가사 사십일을 밤낮으로 금식하신 후에 주리신지라"**(1-2절) **a.성령에 이끌리어!** 이것은 예수님을 시험하시는 분이 하나님이라는 것입니다. **b.마귀에게 시험을 받으러!** 이것은 시험관이 마귀라는 것입니다. 그러면 이 둘을 어떻게 조화시킬 수 있습니까? 이것은 해석하기 어려운 점이 있는데 이 시험의 주관자는 하나님이시고 시험의 감독관은 마귀라는 것입니다. 그러니까 하나님이 시험을 마귀에게 의뢰하신 것입니다. 왜 그렇습니까? 욥기서 1장을 보면 알 수 있습니다. 그 때 하나님은 마귀의 참소를 받고 욥을 마귀의 손에 붙이셨던 것입니다. 물론 '예수님의 시험'은 '욥의 시험'하고는 성격이 다릅니다. 예수님이 받으신 이 시험은 마귀의 참소가 아니라 하나님이 스스로 시험하신 것입니다.

첫 번째 시험입니다. **"시험하는 자가 예수께 와서 가로되 네가 만일 하나님의 아들이어든 명하여 이 돌들이 떡덩이가 되게 하라"**(3절) 그 때 예수님은 이렇게 대답하셨습니다. **"기록되었으되 사람이 떡으로만 살 것이 아니요 하나님의 입으로 나오는 말씀으로 살 것이라 하였느니라"**(4절) 그러면 이 시험이 무슨 시험입니까? **'생존의 시험'**입니다. 모든 살아있는 자에게 가장 시급한 것은 '무엇을 먹고 사는가?'하는 것입니다. 모든 생명체들에게 제일의 생존 조건은 먹는 것입니다. 그것은 떡과 고기와 식물입니다. 그러나 예수님의 첫 번째 생존조건은 하나님의 말씀인 것입니다. 하나님의 말씀은 영의 양식입니다. 그러면 지금 나의 첫번째 생존조건은 무엇입니까? **"기록되었으되"** 예수님은 마귀의 시험을 자신의 감정이 아니라 기록된 성경의 말씀으로 물리치셨던 것입니다. 이것이 우리가 예수님께 배워야할 점인 것입니다.

두 번째 시험입니다. "이에 마귀가 예수를 거룩한 성으로 데려다가 성전 꼭대기에 세우고 가로되 네가 만일 하나님의 아들이어든 뛰어내리라 기록 하였으되 저가 너를 위하여 저 사자들을 명하시리니 저희가 손으로 너를 받 들어 발이 돌에 부딪히지 않게 하리로다 하였느니라"(5-6절) 이번에는 마귀 가 예수님을 성전으로 데려다가 꼭대기에 세웠습니다. 그리고는 뛰어 내리 라는 것입니다. 그러면 이 시험이 무슨 시험입니까? **'정체성의 시험'**입니다. 마귀의 논리는 이런 것입니다. '네가 만일 하나님의 아들이고 인류를 구원하 러 왔다면 먼저 너의 정체성을 사람들에게 보여주라'는 것입니다. 그래야 사 람들이 믿고 따른다는 것입니다. 예수님은 하나님의 아들이고 하늘에서 오 셨습니다. 그것을 증명해 줄려면 구름 위로 올라갔다가 다시 내려와야 하 는데 그 대신에 성전 꼭대기에서 뛰어 내리면 모든 사람들이 하나님의 아들 이신 것을 믿을 것이라는 것입니다. 그러나 예수님은 기적을 행하거나 이스 라엘 민족을 로마의 압제에서 구하러 오신 것이 아니고 인류의 죄사함과 구 원을 위해서 십자가를 지러 오셨습니다. 그런데 유대인들이 이것을 믿지 않 으려 했던 것입니다. 그 때 예수님은 이렇게 마귀의 시험을 물리치셨습니다. "또 기록되었으되 주 너의 하나님을 시험치 말라 하였느니라"(7절) **주 너희 하나님을 시험치 말라!** 하나님은 마귀나 인간의 시험의 대상이 아닙니다. 반 대로 마귀나 인간이 하나님의 시험의 대상인 것입니다.

세 번째 시험입니다. "마귀가 또 그를 데리고 지극히 높은 산으로 가서 천 하 만국과 그 영광을 보여 가로되 만일 내게 엎드려 경배하면 이 모든 것을 네게 주리라"(8-9절) 이번에는 마귀가 예수님을 제일 높은 산으로 데리고 갔습니다. 그리고는 자기에게 절하라는 것입니다. 그러면 천하 만국의 영광 을 다 주겠다는 것입니다. 그러면 이것이 무슨 시험입니까? **'영광의 시험'**

입니다. 천하 영광을 누가 차지할 것인가? 이것은 또한 '**권력의 시험**'이기도 한 것입니다. 얼마 전에 우리나라의 대통령 선거가 끝났습니다. 대통령은 나라의 최고 통지권자입니다. 대통령의 말 한마디면 온 나라가 움직이는 것입니다. 그 권력을 차지하려고 여야가 싸우고 후보자들끼리 싸웠던 것입니다. 하나님은 우주만물의 통치자입니다. 그 권세는 대통령과는 비교도 되지 않습니다. '그 권좌를 한번 노려보라'고 마귀가 유혹을 하고 있는 것입니다. "**내게 절하라**"이것은 마귀의 속임수입니다. 만약 예수님이 마귀에게 절하면 어떤 일이 벌어지겠습니까? 천하만국의 영광을 차지하기는 커녕 예수님은 하나님의 진노를 사서 버리우는 신세가 되고 말 것이고 마귀는 마귀대로 하나님의 심판을 받고 쫓겨나고 말 것입니다. 그러나 우리는 이 시험도 마귀가 스스로 한 시험이 아니고 하나님이 시켜서한 시험이라는 것을 알아야 합니다. 추측컨대 마귀는 혼자의 힘으로는 절대 예수님을 이렇게까지 시험하지는 못할 것입니다. 그 때 예수님은 마귀에게 이렇게 대답하셨습니다. "**사단아 물러가라 기록되었으되 주 너의 하나님께 경배하고 다만 그를 섬기라 하였느니라**"(10절)

사단아 물러가라! '하나님의 영광에 도전하라'는 시험을 받고 예수님은 드디어 분노하셨습니다. 그리고 사단에게 직격탄을 날리셨습니다. 예수님은 이 세 가지 시험을 무사히 통과하셨습니다. 그러자 마귀는 물러가고 천사들이 수종을 들었던 것입니다.

그러면 왜 하나님이 예수님을 시험하셨습니까? 예수님이 하시는 일이 너무나 중대하고 예수님도 우리처럼 약한 인성(人性)을 입으셨기 때문입니다. 그리고 그 이상은 알 수가 없는 것입니다. 하여튼 예수님은 이 세 가지 시험을 다 통과하신 후에 '**공생애**'에 들어가셨던 것입니다.

5. 예수님은 죄와 질병과 죽음으로 고난받는 인생들에게 죄사함과 치유와 생명 그리고 자유와 해방을 주려고 오셨습니다.

(1) '죄사함'입니다.

마가복음 2장을 보면 어느날 예수님은 제자들과 함께 가버나움 집에 계셨습니다. 그 때 사람들이 소문을 듣고 몰려와서 용신할 수 없게 되었습니다. 사람들이 한 중풍병자를 침상에 누인채 메고 왔으나 예수님께로 갈 수 없어 지붕에 올라가서 지붕을 뜯고 침상채로 예수님 앞으로 달아내렸습니다. 예수님이 그것을 보시고 이렇게 말씀하셨습니다. **"소자야 네 죄사함을 받았느니라"**(5절) 그러자 그 자리에 있던 바리새인들과 서기관들이 반감을 가지고 수군거리면서 이런 의논을 했던 것입니다. **"이 사람이 어찌 이렇게 말하는가 참람하도다 오직 하나님 한분 외에 누가 능히 죄를 사하겠는가"**(7절) 그러자 예수님이 그들의 생각을 아시고 이렇게 말씀하셨습니다. **"어찌하여 이것을 마음에 의논하느냐 중풍병자에게 네 죄사함을 받았느니라 하는 말과 일어나 네 상을 가지고 걸어가라 하는 말이 어느 것이 쉽겠느냐 그러나 인자가 땅에서 죄를 사하는 권세가 있는 줄 너희로 알게 하려 하노라"**(8-11절) 하시고 중풍병자에게 이렇게 명령하셨습니다. **"내가 네게 이르노니 일어나 네 상을 가지고 집으로 가라"**(11절) 그러자 그 중풍병자가 병이 나아서 일어나 침상을 가지고 집으로 갔던 것입니다. 그러자 그것을 본 사람들이 너무 놀라서 입을 다물지 못했고, 그것을 본 바리새인들과 서기관들은 할 말을 잃고 하나씩 자리에서 떠나갔던 것입니다.

네 죄사함을 받았느니라! 그러면 왜 예수님이 바리새인들과 서기관들 앞에서 이런 도전적인 말씀을 하셨을까요? 이 중풍병은 병균이나 세균으로 생긴 병이 아니고 마귀의 저주로 인하여 생긴 정신적이고 영적인 병이기 때문입니다. 그래서 먼저 죄사함이 있어야 하는 것입니다.

저도 어릴 때는 형하고 나이가 두 살 차이라서 자주 싸웠습니다. 키도 비슷해서 같이 다니면 사람들이 쌍둥이냐고 물었습니다. 주로 옷이나 신발, 먹는 것 때문에 싸웠습니다. 지금도 생각나는 것이 있습니다. 밥을 먹다가 서로 반찬을 더 먹으려고 하다가 싸우면 아버지가 바깥에서 마당을 쓰시다가 빗자루를 들고 와서 방문을 열어 제치고 호통을 치시면 밥을 먹다 말고 뒷문으로 도망을 갔습니다. 그러면 하루 종일 집 주위만 빙빙 도는 것입니다. 그러면 동생들이 먹을 것도 갖다 주면서 연락병 노릇을 했습니다. 저녁 때가 되면 집에 들어가야 하는 데 지은 죄가 있어서 들어가지 못하고 있으면 동생들이 찾으러 옵니다. 그러면 물어 봅니다. '아버지 집에 계셔?' 그러면 동생들이 '응! 집에 계셔. 오빠! 아버지가 들어오래' 해야 '응! 알았어' 하고 집에 들어갔습니다. 어릴 때는 아버지가 하늘같은 존재였고 호랑이같이 무서웠습니다. 아버지의 말이 곧 법이었습니다. 그래서 아버지가 용서해 주어야 집에 들어갈 수 있었습니다. 그러고도 나중에 또 싸우는 것이 어린시절이었습니다. 죄용서를 받고 또 죄 짓고! 이것이 우리의 인생이 아니겠습니까? 그래서 죄용서 즉 죄사함이 있어야 하는 것입니다. 그리고 우리는 우리를 죄에서 구원해 주시려고 그 험한 십자가를 지고가신 예수님의 은혜와 사랑을 영원히 찬양해야 합니다.

a. 그러면 죄가 무엇입니까? 죄(罪)는 헬라어로 άμαλτία(하말티아) 영어로는 to miss the mark '과녁에서 빗나가다'라는 뜻을 가지고 있습니다. 이것을 더 구체적으로 말씀드린다면 '죄'란 마귀의 유혹을 받고 하나님의 뜻에서 벗어나는 것입니다. 그러면 비행기가 항로를 이탈하듯이 큰 문제가 생

기는 것입니다.

우리가 죄와 관련해서 잊지말아야 할 것이 있는데 **'죄의 영향력'**입니다. 죄는 영향력이 너무 커서 쉽게 오염되고 전염이 잘 된다는 것입니다. 요즘 유행하는 '코로나 19'를 보세요! 전염성이 얼마나 강한지 예방주사를 맞고 마스크를 써도 기하급수적으로 늘어나고 있고 또 변이까지 계속 생기고 있는 것입니다. **죄도 이와 같습니다.** 쉽게 오염이 되고 전염이 되고 또 변이까지 생기는 것입니다. 좋은 행동은 열심히 배워야 할 수 있습니다. 그러나 나쁜 행동은 누가 가르쳐 주지 않아도 금방 배워서 하는 것을 볼 수 있습니다. 왜 그렇습니까? 악한 마귀한테 이미 오염이 되었기 때문입니다. 마치 벼논에서 피가 자라듯이 피는 심지 않아도 어느새에 자라서 벼이삭 위로 머리를 내미는 것입니다. 그러면 농부들이 뜨거운 여름 태양 아래서 피들을 뽑아버리는 것입니다. 그래도 다음 해에 가보면 논에서 피가 자라는 것입니다.

b. **죄사함이 무엇입니까?** '사함'이란 헬라어로 ἀφίημι(압히에미) 영어로는 Send away인데 '멀리 보내다'라는 뜻을 가지고 있습니다. 이것을 영어로 번역하면 Your sins are sent away 이것은 **'죄로부터의 해방'**즉 **'죄로부터의 탈출'**인 것입니다. 타락한 인간에게 죄는 죽을 때까지 따라옵니다. 그 이유는 인간이 타락했기 때문입니다. 어린 시절에 시골에서 소를 키우며 살았는데 항상 소를 따라다니는 **'쇠파리'**가 있었습니다. 쇠파리는 소의 엉덩이만 따라다닙니다. 왜냐면은 소의 엉덩이가 항상 더럽기 때문입니다. 소가 아무리 꼬리를 휘둘러도 쇠파리는 도망을 갔다가 다시 돌아옵니다. 죄도 이와 같습니다. 아무리 쫓아버려도 죄는 도망을 갔다가 다시 돌아옵니다. 왜냐면은 인간이 죄로 더러워졌기 때문입니다.

c. **그러면 왜 죄사함을 받아야 합니까?** 그것이 죄와 마귀로부터의 해방이

기 때문입니다. 1945년 8월 15일 우리나라가 일제로부터 해방된 날을 생각해 보십시요! 삼천리 방방곡곡에서 태극기를 흔들고 **'대한 독립만세'**를 부르며 한반도가 감격의 함성과 웃음과 눈물로 뒤덮였습니다. 이처럼 해방과 자유는 인간 생존의 첫 번째 조건이 되는 것입니다. **그러면 우리 나라가 우리 나라의 힘으로 해방되었습니까?** 어림도 없습니다. 그 배후에는 강대국 미국의 힘이 있었고 원자폭탄의 위력이 있었습니다. 원자폭탄이 아니었다면 일본은 절대로 항복하지 않았을 것입니다. 죄와 마귀로부터의 해방도 이와같습니다. 죄는 엄청난 힘을 가지고 있습니다. 그래서 하나님의 도우심 없이 인간 스스로 죄에서 벗어난다는 것은 불가능합니다.

한 가지 예를 들어보겠습니다. 우주 안에 있는 모든 천체와 물체에는 만유**인력** 즉 **중력**(重力)이 작용하고 있습니다. 사과가 떨어지는 것도 지구의 중력이 작용하기 때문이고 내가 이 땅에 붙어서 사는 것도 지구의 중력이 작용하기 때문입니다. 만약 지구의 중력이 없어진다면 나는 이 지구를 떠나서 멀리 다른 우주로 날아가고 말 것입니다. **지구의 중력**이 어느 정도냐면은 인공위성이 이 지구의 중력을 벗어날려면 그 만한 힘이 있어야 하는데 이것을 '**탈출속도**'라고 합니다. 이'탈출속도'가 지구의 경우에는 대략 초속 10km정도라고 합니다. 시속이 아니고 초속 10km라면 어마어마한 속도입니다. 이것은 고속도로를 달리는 자동차의 300배, 비행기의 30배 정도가 된다고 하니 상상하기도 어렵습니다. 그런 정도의 힘이 있어야 인공위성이 지구를 벗어나 달에 갈 수 있다고 하니 지구 중력의 힘이 어느 정도인가를 알 수 있는 것입니다. 우리나라는 2022.6.21일 최초의 달탐사 우주선인 **'누리호'**를 순수한 우리의 기술로 전남 고흥에 있는 우주기지에서 성공적으로 발사해서 온 국민이 환호성을 질렀습니다. 그래서 우리나라는 세계에서 일곱번째의 달 탐사국이 된 것입니다. 발사에 최종적으로 성공하려면 1차, 2차 ,3차의 엔진 점화가 잘 이루어져서 궤도에 무사히 진입해야 합니다. 이 발사에서 가장 핵심이 되는 것은 강력한 엔진입니다. 그런 힘이 있어야 우주선이 지구의 중력권을 벗어나 달나라로 향할 수 있는 것입니다.

죄로 부터의 해방도 이와 같습니다. 죄의 뒤에는 언제나 마귀가 있습니다. 그래서 인간의 힘만 가지고는 절대로 되지 않습니다. 더 큰 하나님의 힘을 빌어와야 합니다. 지금 우리는 '지구 중력의 영향권' 아래에 살고 있으면서도 우리는 그것을 전혀 알지도 느끼지도 못합니다. 이것이 바로 무지이고 무능입니다. 마찬가지로 마귀가 우리를 **'죄의 줄'**로 꽁꽁 묶어 놓았는데도 사람들은 그것을 전혀 알지도 못하고 느끼지도 못하면서 살고 있습니다. 이것을 성경에서는'마귀가 인간의 눈을 가리워 놓았다'라고 표현합니다. 사람들은 세상을 살면서 서로 미워하고 시기하고 원망하고 욕하고 싸우고 속이고 죽이는 것을 매일 밥먹듯이 하면서 있습니다. 이것이 바로 **'죄의 줄'**에 묶인 것인데도 사람들은 이것이 마귀가 쳐놓은 '죄의 줄'인 것을 모르고 또 인정하지도 않으려고 합니다. 이것이 바로 영적인 무지이고 인간이 마귀의 종이 되었다는 증거인데도 그것을 모르고 살고 있으니 얼마나 불쌍합니까? 그래서 예수님이 그것을 알려주시고 거기에서 벗어나게 해주시려고 오신 것입니다. 그것이 바로 **'죄로부터의 해방'** 즉 **탈출**인 것입니다.

예수님은 중풍병자에게 이렇게 말씀하셨습니다. **"네 죄 사함을 받았느니라"** 이것은 예수님이 먼저 죄로부터의 해방을 선언하신 것인데 오직 하나님만이 하실 수 있는 권세인 것입니다. 그러자 그가 마귀의 저주에서 풀려났습니다. 그리고 그 다음에 예수님은 중풍병자에게 이렇게 명령하셨습니다. **"내가 네게 이르노니 일어나 네 상을 가지고 집으로 가라"** 이 명령을 듣고 그는 중풍병에서 놓여서 침상을 들고 집으로 갔던 것입니다.

이 사건은 예수님이 인류의 구원을 위해 하나님이 보내신 구원자이시라는 것을 확실히 보여주고 있습니다. 그것을 본 바리새인과 서기관들은 시기와 분노가 끓어 올랐으나 그 놀라운 광경에 입을 다물고 머리를 숙인채로 물러갔던 것입니다. 아무리 힘센 **삼손**이나 **항우** 장사라도 묶어 놓으면 아무 것도 할 수 없습니다. 그러나 풀어놓으면 아무도 그를 당할 수가 없는 것입니다. **죄사함이란 바로 하나님이 우리의 속사람인 영혼을 죄의 속박에서 풀어 놓는 것입니다.** 그러면 귀신도 떠나가고 질병도 떠나가는 것입니다. 아멘!

그래서 이런 찬송을 부릅니다. 1절. '죄에서 자유를 얻게 함은 보혈의 능력 주의 보혈 시험을 이기는 승리되니 참 놀라운 능력이로다 주의 보혈 능력 있도다 주의 피 믿으오 주의 보혈 그 어린양의 매우 귀중한 피로다'(통일찬송가202장, 새찬송가 268장)

(2) 치유(治癒)입니다.

마가복음 10장을 보면 어느날 예수님이 제자들과 함께 여리고에서 나가실 때에 소경 **바디매오**가 길 옆에 서 있다가 "다윗의 자손 예수여 나를 불쌍히 여기소서"라고 크게 소리지르면서 따라오고 있었습니다. 그러자 그곳에 있던 사람들이 "잠잠하라"고 꾸짖었습니다. 그래도 아랑곳하지 않고 바디매오는 소리지르면서 예수님을 따라왔던 것입니다. 그 때 예수님이 바디매오에게 이렇게 물으셨습니다. "네게 무엇을 하여 주기를 원하느냐"(51절) 그러자 바디매오가 예수님께 이렇게 대답했습니다. "선생님이여 보기를 원하나이다"(51절) 그러자 예수님이 이렇게 말씀하셨습니다. "가라 네 믿음이 너를 구원하였느니라"(52절) 그러자 소경이 눈을 뜨고 길에서 예수님을 따라갔던 것입니다. 그 때 바디매오의 심정이 어떠했겠습니까? 세상에 다시 태어나는 기분이었을 것입니다.

그러면 어떻게 해서 그가 눈을 뜨게 되었습니까? 하나님은 전지전능하시다고 해서 아무나 이유없이 병을 고쳐주지는 않습니다. 그렇게 하면 인간들이 자기가 잘나서 병고친 줄 알고 하나님의 은혜를 모르기 때문입니다. 그래서 예수님은 먼저 그의 **믿음**을 시험하시려고 그의 **소원**을 물어보셨습니다. **"네게 무엇을 하여 주기를 원하느냐"** 그러자 그가 대답합니다. **"선생님이여 보기를 원하나이다"** 그러자 예수님이 그의 믿음을 보시고 이렇게 말씀하셨습니다. **"가라 네 믿음이 너를 구원하였느니라"** 그래서 그가 즉시 눈을 뜨고 길에서 예수님을 따라갔던 것입니다.

여기서 우리가 살펴보아야 할 것은 예수님은 "내가 너를 고쳤다"거나 "내가 너를 구원했다"라고 말씀하지 않으신다는 것입니다. 예수님은 **"네 믿음이 너를 구원하였느니라"**고 모든 것을 '너' 즉 그에게 돌리고 있는 것입니다. 그러나 정작 병을 고치신 분은 예수님이신 것입니다. 이렇게 치유에 있어서는 병자의 **믿음**과 **소원**이 중요하다는 것입니다. 하나님이 그걸 보시고 병을 고쳐주시는 것입니다. 그러면 이것이 왜 지금 우리에게도 중요합니까? 지금 우리 앞에는 예수님이 계시지 않습니다. 우리에게 있는 것은 말씀과 믿음과 그리고 병을 낫고자 하는 소원 뿐인 것입니다. 그러나 우리도 예수님이 지금 내 앞에 안 계셔도 **강한 믿음**과 **간절한 소원**이 있다면 병을 고칠 수 있는 것입니다. 또 여기서 중요한 것은 그가 모든 장애물을 물리치고 예수님께로 나아갔다는 것입니다. 그리고 그는 드디어 예수님 앞에 섰습니다. 바로 이것입니다! **무엇이나 1:1의 관계가 되어야 문제가 해결된다는 것입니다.** 바디매오는 모든 장애물을 뿌리치고 예수님 앞에 나아가 1:1 로 마주 섰습니다. 그러자 눈을 뜨게 된 것입니다. **우리의 신앙생활도 이와 같습니다.** 비록 이것이 질병이 아닐지라도 우리의 신앙을 방해하는 것들을 다 뿌리치고 예수님 앞까지 나아가서 예수님과 1:1로 마주 설 때 예수님의 관심을 끌고 우리의 신앙은 절정에 달하는 것입니다. 바로 그때 문제가 해결되고 예수님의 뜨거운 사랑을 함께 느낄 수가 있는 것입니다. 그리고 병을 고친 것보다 더 큰 기쁨을 누리면서 살 수 있는 것입니다.

누가복음 8장을 보면 어느날 예수님은 **회당장 야이로의 딸**이 죽어간다는 연락을 받고 회당장의 집으로 가고 계셨습니다. 그 때 한 여인이 예수님의 뒤로 몰래 와서 '예수님의 옷자락'에 손을 대었던 것입니다. 그러자 그의 혈루의 근원이 마르고 병이 나았던 것입니다. 그 때의 상황을 이렇게 기록하고 있습니다. **"이에 열두 해를 혈루증으로 앓던 중에 아무에게도 고침을 받지 못하던 여자가 예수의 뒤로 와서 그 옷가에 손을 대니 혈루증이 즉시 그쳤더라"**(43-44절) 그때 예수님이 뒤를 돌아 보시면서 이렇게 물으셨습니다. **"내게 손을 댄 자가 누구냐"**(45절) 그러자 베드로가 이렇게 대답했습니다. **"주여 무리가 옹위하여 미나이다"**(45절) 그러자 예수님이 다시 말씀하셨습니다. **"내게 손을 댄 자가 있도다 이는 내게서 능력이 나간 줄 앎이로다"**(46절) 그러자 이 여인이 더 이상 숨기지 못하고 예수님 앞으로 나아와 사실을 털어놓았던 것입니다. 그러자 예수님이 여인에게 말씀하셨습니다. **"딸아 네 믿음이 너를 구원하였으니 평안이 가라"**(48절) 그러자 혈루증이 깨끗이 나았던 것입니다. 이 여인은 혈루증으로 율법에 의해'부정한 여인'으로 낙인이 찍혀서 성전에도 올라갈 수 없는 죄인 아닌 죄인으로 오랜 세월을 살아왔습니다. 그런 여인이 어느날 우연히 예수님을 만나고 혈루증을 고치고 구원까지 받았으니 그 기쁨을 가히 상상하고도 남는 것입니다. 아마 덩실덩실 춤을 추면서 집으로 돌아갔을 것입니다.

그러면 이 혈루증 여인이 자기의 병을 고친 비결이 무엇입니까? 이 여인은 어느날 우연히 예수님이 마을에 오셨다는 소식을 듣고서 큰 맘을 먹고 용기를 내어 집을 나왔습니다. 남들이 뭐라고 하든 말든 상관하지 않았습니다. 오직 예수님 한 분만 바라보고, 모든 방해세력을 뿌리치고, **믿음과 소원**을 가지고, 예수님 뒤로 다가가서 **'예수님의 옷자락'**에 손을 대었습니다. 그러자 그의 혈루의 근원이 말랐던 것입니다. 무슨 문제든 예수님과 1:1로 만나야 해결이 되는 것입니다. 여기서 중요한 것은 **믿음과 소원**이 있어야 주님께 가까이 나아갈 수 있고 병도 고칠 수 있다는 것입니다. **그 옷자락에 손만 대어도!** 이것이 이 여인이 가진 **믿음**이고 **소원**인 것입니다. 요즘은 인기 연예인이 온다고 소문이 나면 사람들이 모여들고 연예인의 손이라도 잡아보려고 난리를 칩니다. **그 당시에 예수님은 최고의 인기스타였습니다.** 요즘의 연예인 하고는 비교도 되지 안았고 가시는 곳마다 인산인해를 이루었던 것입니다. 많은 사람들이 예수님을 만지려고 몰려들었습니다. 이 여인도 그들 중에 한 사람이었습니다. 그러나 이 여인에게는 누구보다도 예수님을 향한 강한 **믿음과 소원**이 있었습니다. 그래서 많은 사람들 사이를 뚫고서 간신히 예수님의 옷자락에 가만히 손을 댄 것입니다. 이것이 예수님의 마음과 통한 것입니다. 그래서 예수님이 '뽕나무 위에 올라간 세리장 삭개오'를 알아보았듯이 이 여인을 알아보신 것입니다.

마태복음 15장을 보면 예수님이 제자들과 함께 멀리 **두로와 시돈** 지방으로 여행을 가셨습니다. 그 때 귀신들린 딸을 가진 가나안 여인이 예수님을 찾아와서 간구했습니다. **"다윗의 자손이여 나를 불쌍히 여기소서 내 딸이 흉악히 귀신들렸나이다"**(22절) 그러자 예수님이 거절하시면서 이렇게 말씀하셨습니다. "자녀의 떡을 취하여 개들에게 던짐이 마땅치 아니 하니라"(26절) 그러자 이 여인이 "주여 옳소이다마는 개들도 주인의 상에서 떨어지는 부스러기를 먹나이다"(27절)라고 대답하자 예수님이 이렇게 말씀하셨던 것입니다. "여자여 네 믿음이 크도다 네 소원대로 되리라"(28절) 여기에도 **믿음**과 **소원**이 나오고 있습니다. 이처럼 하나님은 믿음과 소원을 보시고 응답해 주시는 것입니다. 이 여자에게는 '예수님은 하실 수 있다'는 강한 **믿음**과 함께 딸의 병을 고치려는 간절한 **소원**이 있었습니다. 그런데 방해꾼들이 있었고 예수님까지도 그를 시험에 들게 했던 것입니다. 그러나 그녀는 조금도 굴하지 않고 예수님께로 나아가 1:1로 마주 섰습니다. 이 믿음과 소원이 예수님을 감동시켜서 그는 이방 여인데도 불구하고 예수님이 딸의 병을 고쳐주셨던 것입니다.

이런 것들은 예수님이 병자를 치료하신 일 가운데 몇 가지 예에 지나지 않습니다. 예수님의 공생애 3년 동안 이런 일들이 매일같이 일어났는데 그래서 동서남북 사방각처에서 예수님께 나왔고 예수님이 가시는 곳마다 인산인해를 이루고 심지어는 제사장들이나 바리새인들까지 천하가 예수님을 따르려하자 위기의식을 느낀 대제사장들이나 바리새인들이 공모하여 예수님을 십자가에 못박아 죽이게 한 것입니다. 지금 나에게도 이런 **믿음**과 **소원**과 함께 **사랑**이 있습니까? 지금 나도 사도 바울같이 모든 것을 배설물로 여기거나 아니면 소경 바디매오나 혈루증 여인이나 귀신들린 딸을 둔 가나안 여인같이 세상의 모든 것을 다 뿌리치고서라도 예수님께로 나아갈 수 있습니까? 지금 나에게도 이런 **믿음**과 **소원**과 **사랑**만 있다면 어떤 시험과 고난과 역경도 물리칠 수 있고, 하늘나라가 이미 그에게 임한 것입니다.

(3) 생명(生命)입니다.

예수님은 벳새다 광야에서 '오병이어의 기적'을 일으키신 후에 그를 따르는 자들에게 이렇게 말씀하셨습니다. "내가 곧 생명의 떡이니 내게 오는 자는 결코 주리지 아니할 터이요 나를 믿는 자는 영원히 목마르지 아니하리라"(요한복음6:35절) 여기서 '생명의 떡'은 예수님이 십자가에서 내어주신 살과 피를 말하는 것입니다. **내가 곧 생명의 떡이니!** 하나님의 어린양으로 오신 예수님이 아니라면 누가 감히 이런 말을 하겠습니까? 이 말씀 한 마디는 세상의 모든 지식과 철학과 문학과 예술과 과학을 다 합친 것보다 더 크고 위대한 것인 것입니다. 이 한마디 말씀만으로도 예수님을 믿고 따르고 섬기기에 충분한 것입니다. 왜냐하면 인류의 역사에서 이런 말씀을 할 수 있는 분은 예수님 이외는 과거에도 현재에도 미래에도 없을 것이기 때문입니다.

예수님은 딸이 죽어서 큰 슬픔에 잠긴 회당장 야이로의 집에 가셔서 이렇게 말씀하셨습니다. "이 아이가 죽은 것이 아니라 잔다"(마가복음5:39절) 그러자 거기에 있던 사람들이 예수님을 비웃었던 것입니다. 예수님은 비웃는 사람들을 다 물리치신 후에 죽은 소녀를 향하여 "달리다굼" 즉 "소녀야 내가 네게 말하노니 일어나라"(41절)고 명령하자 죽은 소녀가 잠에서 깨어나듯이 눈을 뜨고 일어났던 것입니다. 그러자 사람들이 그것을 보고 기겁을 했을 것입니다. 예수님 앞에서는 죽음도 '잠자고 쉬는 것'에 불과합니다. 지금까지 인류는 죽음을 인생의 끝으로 보고 사람이 죽으면 베옷을 입고 땅을 치며 통곡을 했습니다. 그러나 예수님은 죽음을 잠자고 쉬는 것이라고 말씀하시는 것입니다. 이처럼 예수님이 오심으로 죽음에 대한 관점이 달라진 것입니다.

예수님은 어느날 제자들과 함께 유대를 떠나 요단강 건너편으로 가셨습니다. 그 때 예루살렘 근처인 베다니에 사는 **마르다와 마리아**로부터 이런 전갈이 왔습니다. **"주여 보시옵소서 사랑하시는 자가 병들었나이다"**(요한복음11:3절) 그 때 예수님이 제자들에게 이런 말씀을 하셨습니다. **"이 병은 죽을 병이 아니라 하나님의 영광을 위함이요 하나님의 아들로 이를 인하여 영광을 얻게 하려 함이라"**(4절) 그리고 나서 예수님은 그 곳에서 이틀을 더 머무셨습니다. 그리고 불평하는 제자들을 데리시고 나사로의 집이 있는 베다니에 다시 오셨습니다. 그리고 마르다와 마리아와 함께 나사로의 무덤에 가셨습니다. 그 때 예수님이 이렇게 조용히 명령하셨습니다 **"돌을 옮겨 놓으라"**(39절) 그러자 마르다가 뭔가 이상한듯 이렇게 대답했습니다. **"주여 죽은지 나흘이 되었으매 벌써 냄새가 나나이다"**(39절) 그러자 예수님이 마르다에게 책망하듯 이렇게 말씀하셨습니다. **"내 말이 네가 믿으면 하나님의 영광을 보리라 하지 아니 하였느냐"**(40절) 그리고 무덤문에 서서 이렇게 외치셨습니다. **"나사로야 나오라"**(43절) 그러자 죽은 나사로가 무덤에서 몸을 베로 동인채로 살아서 걸어 나왔던 것입니다. 이 일이 알려지자 대제사장과 바리새인들 사이에 대소동이 일어났고 그들이 예수님을 죽이려고 모의하기 시작했던 것입니다. 이 나사로의 소생(蘇生)은 예수님이 십자가에서 죽으시는 결정적인 계기가 된 사건입니다. 이 사건은 믿는 우리에게도 이런 의문을 던져주고 있습니다. '어떻게 예수님은 죽은 지 나흘이 지나 썩어서 냄새나는 시체를 향하여 "나사로야 나오라"고 명령하실 수 있었을까?' '어떻게 예수님의 명령에 죽어서 나흘이 지나 형체도 없는 시체가 무덤에서 살아서 걸어나올 수 있었을까?' 하는 것입니다. 그러나 그 해답은 하나님 밖에 모르는 것입니다. 그리고 이것은 '오병이어의 기적'과 함께 예수님이 하나님의 아들이시오 예수님 자신이 하나님이신 것을 보여주는 가장 결정적인 사건인 것입니다.

그러면 어떻게 죽은 나사로가 무덤에서 살아나올 수 있었습니까? 무덤 속에서 나사로가 예수님의 음성을 들었기 때문입니다. 예수님은 이렇게 말씀하셨습니다. "진실로 진실로 너희에게 이르노니 죽은 자들이 하나님의 아들의 음성을 들을 때가 오나니 곧 이 때라 듣는 자는 살아나리라"(요한복음 5:25절) **a.곧 이 때라!** 영어로는 now and here 입니다. 그것은 먼 미래의 일이 아니라 '바로 지금 여기에서' 살아난다는 것입니다. **b.듣는 자는 살아나리라!** 그래서 나사로가 무덤에서 예수님의 음성을 듣고 살아난 것입니다. 그리고 지금 우리도 예수님의 음성을 들으면, 무덤에서 살아난 나사로같이 죽었던 우리의 영혼이 다시 살아나는 것입니다. 그러면 우리가 어떻게 예수님의 음성을 들을 수 있습니까? 매일 성경 말씀 그 중에서도 사복음서를 읽고 또 읽으면 어느날 성령의 감동으로 기록된 예수님의 말씀이 예수님의 음성처럼 들려오는 것입니다. 원래 말이라는 것은 귀로 듣는 것이지 눈으로 보는 것이 아닙니다. 제자들은 매일 예수님을 곁에서 눈으로 보고 말씀을 귀로 들었습니다. 그래서 의심할 수 없었고 큰 역사를 일으켰던 것입니다. 지금 우리는 예수님을 눈으로는 볼 수 없으나 그 말씀이라도 음성으로 듣는다면 큰 역사를 일으킬 수 있는 것입니다.

(4) 해방과 자유입니다.

예수님은 나이가 30이 되자 고향 나사렛을 떠나 요단강에 오셔서 세례 요한에게 세례를 받고 성령충만을 받으셨습니다. 곧 성령에 이끌리어 광야로 가서 40일을 금식하신 후에 마귀의 시험을 받으셨습니다. 그리고 나서 고향 나사렛으로 돌아와서 안식일에 회당에 들어가셔서 이사야의 글을 펴서 이렇게 기록한 데를 찾으시고 나서 읽으셨습니다. 누가복음4:18-19절입니다. "주의 성령이 내게 임하셨으니 이는 가난한 자에게 복음을 전하게 하시려고 내게 기름을 부으사 나를 보내사 포로된 자에게 자유를, 눈먼 자에게 다시 보게함을 전파하여 눌린 자를 자유케하고 주의 은혜의 해를 전파하게 하려 하심이라" 이 짧은 글 속에 예수님의 사역이 전부 드러나고 있습니다. a.주의 성령이 내게 임하셨으니! 가장 먼저 성령이 나오고 있습니다. 이것이 무엇을 말해주고 있습니까? 예수님의 사역은 곧 '성령사역'이라는 것입니다. b.가난한 자에게 복음을! 예수님의 사역은 '복음사역'입니다. 그 대상은 가난한 자들인 것입니다. 당시에는 주로 가난하고 병든 자들이 예수님을 많이 따라 다녔습니다. 그러나 진짜 가난한 자는 물질이 없어서 가난한 자가 아니라 심령이 가난한 자입니다. c. 포로된 자에게 자유를! 예수님의 사역은 '해방사역'입니다. 모든 인간은 마귀의 종 즉 마귀의 포로가 되었습니다. '포로'란 전쟁에서 지고 잡혀온 자를 말합니다. 한번 포로로 잡혀가면 그의 생활은 지옥을 방불케하는 것입니다. 모든 인간은 마귀와의 영적 전쟁에서 지고 포로가 된 것입니다. 그러니 그 삶이 아주 비참한 것입니다. 이것을 예수님이 해방시켜주려고 오신 것입니다. 해방에서 자유가 나오는 것입니다. d.주의 은혜의 해를 전파하게 하려 하심이라! 예수님의 사역은 '은혜의 사역'입니다. 여기서 '주의 은혜의 해'는 영어로는 the year of the Lord's favor인데 이것은 이스라엘에서 50년마다 찾아오는 희년을 말합니다. 이스라엘에서는 '희년'이 돌아오면 종은 풀려나서 자유의 몸이 되고, 토지는 원래의 주인에게로 돌아가는 것입니다. 그러니까 이것은 오직 하나님의 은혜로써만이 가능한 것입니다. 그래서 세계의 모든 민족들 가운데서 희년을 지키는 나라는 이스라엘 밖에 없는 것입니다. 예수님이 이 세상에 오신 것도 인류에게 **희년** 즉 죄와 마귀로부터 해방과 자유를 주시기 위함인 것입니다.

하나님은 인간을 창조하신 후에 가장 먼저 '**자유의지(自由意志)**'를 주셨습니다. 인간에게 있어서 '**자유**'보다 더 소중한 것은 없습니다. 그래서 하나님은 사람을 만드신 후에 가장 먼저 '자유의지'를 주신 것입니다. 그러나 하나님은 천사들과 다른 동물들에게는 '자유의지'를 주지 않으셨습니다. **만약 인간에게 '자유의지'가 없다면 어떻게 되겠습니까?** 집에서 주인이 개를 간섭하듯 하나님이 사사건건 하나하나 모든 것을 간섭하실 것입니다. 그러면 우리가 집에서 기르는 다른 동물들과 별로 다를 것이 없을 것입니다. 지금 우크라이나에서 온 국민이 일어나서 사생결단하고 러시아 군대와 맞서 싸우는 것도 압제자로부터 민족의 **자유**를 지키기 위함인 것입니다. 이 자유를 쟁취하기 위해서 인류는 목숨을 걸고 싸워왔고 지금도 싸우고 있는 것입니다. 러시아가 어떤 나라입니까? 구 쏘련의 후예들입니다. 그래서 아직도 남의 나라를 침략하려는 나쁜 근성을 버리지 못하고 있습니다. 공산주의자들은 자본가들이나 지주들로부터 재산과 땅을 빼앗아서 인민들에게 나누어 주고 모든 사람들을 평등하게 살게 해주겠다는 미끼로 공산혁명을 일으켜 처음에는 많은 호응을 받고 잘 나갔습니다. 그러나 시간이 흐르자 인민(人民)들이 무언가를 알게 되었습니다. 거기에는 국가의 통제 아래에서 공동체만 있고 개인의 사생활과 **자유**가 없는 것입니다. 마치 소설 '**동물농장**'에 나오는 동물들과 같은 것입니다. 거기에는 **평등**은 있었으나 **자유**는 없었습니다. 그래서 인민들의 불만이 생기기 시작했습니다. 그러자 공산 권력자들은 그들을 '반혁명(반동) 분자'로 몰아 세워 탄압하고 그래도 말을 듣지 않으면 시베리아나 아오지 탄광으로 유형을 보냈습니다. 이것은 아이러니하게도 지상의 낙원인 **유토피아**를 약속했던 자들이 독재자들이 된 것입니다. 이것이 스탈린의 **'쏘비에트 연방'**인데 천하를 집어삼킬 것 같이 위세가 당당하던 '쏘비에트 연방'도 1989년에 허무하게 막을 내리고 말았습니다. 이것이 무엇 때문입니까? 인간에게서 목숨보다 더 소중한 **자유**(自由)를 빼앗아갔기 때문입니다. 인간에게서 **자유**가 사라지고 **사유재산**이 사라지자 그와 함께 인간의 꿈과 소망도 삶의 목표도 사라지고, 상호 감시하고 배만 채우려는 짐승들만이 우글거리는 **'동물농장'**이 된 것입니다. 그 결과로 공산주의(共産主義)는 50년만에 실패한 이념과 체제가 되어 지상에서 영원히 사라지고 말았습니다. 그 이유는 단 한가지! 하나님이 인간에게 주신 **자유의지** 즉 목숨보다 더 소중한 **자유**를 빼앗아갔기 때문입니다. 공산주의 사상은 **무신론**입니다. 이처럼 하나님이 없는 인간들만의 세상은 오래가지 못하고 망하는 것입니다. 이것은 지금 21세기 과학 **기술문명 시대**를 살고 있는 이 세대가 유념해야 할 일인 것입니다.

예수님은 요한복음 8:1절에서 이렇게 말씀하셨습니다. "너희가 내 말에 거하면 참 내 제자가 되고 진리를 알찌니 진리가 너희를 자유케 하리라"a. **진리가 너희를 자유케하리라!** 예수님이 해방과 자유를 선언하자 유대인들이 예수님께 항의하며 따지고 들었습니다. "우리가 아브라함의 자손이라 남의 종이 된 적이 없거늘 어찌하여 우리가 자유케 되리라 하느냐"그러자 예수님이 이렇게 대답하셨습니다. "진실로 진실로 너희에게 이르노니 죄를 범하는 자마다 죄의 종이라 종은 영원히 집에 거하지 못하되 아들은 영원히 거하나니 그러므로 아들이 너희를 자유케하면 너희가 참으로 자유하리라"(34-3⑥) b.**아들이 너희를 자유케 하면 너희가 참으로 자유하리라!** 그러나 그들은 이 말씀의 참 의미를 알지 못했던 것입니다. **아들과 종!** 같은 집에 살아도 '아들과 종'은 신분이 하늘과 땅 차이입니다. '아들'에게는 자유가 있으나 '종'은 자유가 없어서 일일이 주인의 허락을 받아야만 하는 것입니다. 율법 아래에서 이스라엘은 '종'의 신분이었습니다. 그래서 자유가 없었습니다. 안식일에는 10리 이상을 걷지 못했고, 배가 고파도 불을 때고 밥을 짓지도 못했던 것입니다. 이것을 유대인들은 자랑했으나 이방인들이 볼 때 이것은 자랑이 아니라 수치요 저주인 것입니다. 그래서 그들은 유대인들을 비웃고 멸시하고 학대하고 학살까지 했던 것입니다. 그러나 이스라엘 민족은 율법에 매여서 그것을 몰랐던 것입니다. 그래서 예수님이 그것을 알려 주시려고 해방과 자유의 복음을 전하자 도리어 예수님을 빌라도에게 고소해서 십자가에 죽게 했던 것입니다. 그러나 복음 안에서는 '종'이 '아들'이 되고, 이방인들이 하나님의 백성이 되고, 죄인이 의인이 되고, 해방과 자유가 찾아오는 것입니다.

사도 바울은 이렇게 증거하고 있습니다. "그러므로 이제 그리스도 예수 안에 있는 자들에게는 결코 정죄함이 없나니 이는 그리스도 예수 안에 이는 생명의 성령의 법이 죄와 사망의 법에서 너를 해방하였음이라"(로마서8:1-2절) **해방하였음이라!** 해방을 선언하고 있습니다. 자유와 해방은 같은 말입니다. 자유를 얻으려면 해방되어야 합니다. 그러면 해방이 저절로 옵니까? 싸워서 쟁취해야 하는 것입니다. 인류의 역사는 독재 권력자들로부터 자유와 해방을 얻기 위한 피의 투쟁이었다고 해도 과언이 아닙니다. 그것을 얻기 위해서 수많은 피가 거리에 뿌려졌던 것입니다. 그러면 우리 나라가 어떻게 군국주의 일본의 압제에서 해방되었습니까? 미국의 힘! 그것도 **핵폭탄**의 힘이었습니다. 미국이 일본의 히로시마와 나가사끼에 원자폭탄을 투하하자 일본이 손을 든 것입니다. 만약 핵폭탄이 아니었다면 일본은 절대 항복하지 않았을 것입니다. **죄와 마귀로부터의 해방도 마찬가지입니다.** 힘이 없으면 되지 않습니다. 그것은 핵폭탄보다 더 강한 하나님의 말씀의 권세와 성령의 능력이 있어야 하는 것입니다.

사도 바울은 이렇게 권면하고 있습니다.. "그리스도께서 우리로 자유케 하려고 자유를 주셨으니 그러므로 굳세게 서서 다시는 종의 멍에를 메지 말라"(갈라디아서5:1절) **종의 멍에를 메지말라!** 그러면 우리를 '종의 멍에'에서 자유케 하는 것이 무엇입니까? 예수 그리스도의 복음과 십자가인 것입니다. 예수님이 십자가를 지심으로 우리가 종의 멍에, 죄의 멍에에서 해방이 된 것입니다. 그리고 예수님이 부활하심으로 우리가 사망의 멍에에서 해방이 된 것입니다. **죄와 사망!** 이것이 모든 인간들의 가장 큰 문제인데 이것이 예수님을 통하여 해결이 된 것입니다. 그래서 예수 그리스도는 인류의 구원자인 것입니다. 그리고 우리는 아무리 그 은혜와 사랑을 찬양해도 부족한 것입니다.

6. 예수님은 '성령'을 증거하려고 오셨습니다.

성경에서 **성령**에 대해서 가장 먼저 기록이 된 곳은 창세기 1장 1-2절입니다. "태초에 하나님이 천지를 창조하시니라 땅이 혼돈하고 공허하며 흑암이 깊음 위에 있고 하나님의 신은 수면에 운행하시니라" **하나님의 신은 수면에 운행하시니라!** The Spirit of God was hovering on the waters.(N.I.V) 여기서 '**하나님의 신**'은 성령을 가리키고 있습니다. **수면에!** On the waters 이것은 '물 위'를 말하는데 현장을 말하는 것입니다. 그러니까 성령은 현장에서 일하는 현장소장과도 같은 것입니다. 성부 하나님은 본체이시고, 성자 예수 그리스도는 말씀이시고, 성령 하나님은 현장에서 천사들을 지휘하는 하나님이신 것입니다. 이렇게 하나님도 각각의 임무가 다른데 이것을 신학적인 용어로는 **'경륜적 삼위일체'**라고 부릅니다.

(1) 예수님은 성령으로 잉태하셨습니다.

마태복음 1장18절입니다. "예수 그리스도의 나심은 이러하니라 그 모친 마리아가 요셉과 정혼하기 전에 성령으로 잉태된 것이 나타났더니" **성령으로 잉태된 것이 나타났더니!** 예수님의 출생은 사람들의 그것과는 다른 것입니다. 사람은 남자와 여자 사이에서 태어나지만 예수님은 성령과 마리아 사이에서 태어나셨습니다.

(2) 예수님은 성령으로 사역을 시작하셨습니다.

예수님은 공생애에 전에 요단강에 오셔서 세례요한에게 물로 세례를 받으셨습니다. 그 후 광야에 가셔서 40일을 금식을 하신 후에 성령의 큰 권능을 받으시고 자라나신 곳인 갈릴리 나사렛에 오셔서 안식일 날에 회당에 들어가셔서 성경을 읽으시려고 서셨는데 사람들이 이사야서를 드리자 책을 펴서 읽으신 말씀이 이것입니다. "주의 성령이 내게 임하셨으니 이는 가난한 자에게 복음을 전하게 하시려고 내게 기름을 부으사 나를 보내사 포로된 자에게 자유를, 눈먼 자에게 다시 보게함을 전파하며 눌린 자를 자유케하고 주의 은혜의 해를 전파하게 하려 하심이라"(누가복음4:16-18) **주의 성령이 내게 임하셨으니!** 이것은 예수님이 공생애에 들어가시면서 가장 먼저 하신 말씀입니다. 이것은 예수님의 사역이 '성령사역'인 것을 말해주는 것입니다.

(3) 예수님은 성령에 대해서 이렇게 증거하셨습니다.

"이 물을 먹는 자마다 다시 목마르려니와 내가 주는 물을 먹는 자는 영원히 목마르지 아니하나니 나의 주는 물은 그 속에서 영생하도록 솟아나는 샘물이 되리라"(요한복음4:13-14절) 이것은 예수님이 사마리아의 우물가에서 물을 길러온 사마리아 여인에게 하신 말씀입니다. 이 말을 듣고 사마리아 여인은 귀가 번쩍 띄였습니다. '뭐야? 목마르지 않는다고? 그러면 여기에 물길러 오지 않아도 되는 거 아냐?' 그래서 이렇게 요청하고 있습니다 "주여 이런 물을 내게 주사 목마르지도 않고 또 여기 물길러 오지도 않게 하옵소서"(15절) 이것은 이 여인이 예수님의 말씀을 자기식으로 해석한 것입니다. 그러나 예수님이 말씀하시는 물은 그런 물이 아니고 "그 속에서" 즉 그 배에서! 너의 심령 속에서! 솟아나는 영적인 샘물을 가리키고 있는 것입니다. 그것이 곧 성령입니다.

"누구든지 목마르거든 내게로 와서 마셔라 나를 믿는 자는 성경에 이름과 같이 그 배에서 생수의 강이 흘러나리라"(요한복음7:37-38절) 이것은 예수님이 유대인들의 명절인 초막절의 마지막 날에 예루살렘 성전에서 각 나라에서 온 사람들로 인산인해를 이룬 군중 앞에서 외치신 말씀입니다. 그래서 이 말씀은 '폭탄선언'과도 같은 것입니다. 그 때의 예수님의 말씀을 듣고 사람들이 웅성거리며 큰 동요가 일어났을 것입니다. '저게 누구야? 이게 무슨 말이야? 혹시 미친 거 아냐? 아냐! 나도 저 사람의 말을 들어 보았는데 저 사람은 갈릴리에서 온 예수라는 사람인데 항상 진실만을 말하는 선지자같은 사람이야! 그래서 '갈릴리에서 온 선지자'라고 소문이 났어' '어! 그래!' 여기서 '생수의 강'이란 바로 성령을 일컫는 것입니다.

"내가 불을 땅에 던지러 왔노니 이 불이 이미 붙었으면 무엇을 원하리요"(누가복음12:49절). 예수님이 이 말씀을 하신 배경을 보면 어느날 예수님이 한 바리새인의 초청을 받고 그 집에 식사하러 들어가셨습니다. 그 때 예수님은 식사하기 전에 손을 씻지 않으셨습니다. 그러자 그것을 본 바리새인들로부터 항의가 들어왔고 예수님과 바리새인들 사이에 언쟁이 시작이 된 것입니다. 그 사이에 무리 수만명이 모여들어 밟힐만큼 되었습니다. 그 때 예수님은 제자들과 거기에 모인 사람들에게 긴 설교를 하셨는데 그 때 하신 말씀 중에 하나가 "내가 불을 땅에 던지러 왔노니"인 것입니다. 이 말씀은 처음 듣는 사람에게는 충격적입니다. 요즘 우리나라도 산불이 많이 일어나고 각종 폭발사고가 자주 일어나서 불이라는 말만 들어도 신경이 곤두서고 있습니다. 요즘 누가 이런 말을 한다면 수사의 대상이 될 것입니다. 이처럼 불이라는 것은 유익하면서도 위험을 주기도 합니다. 그러나 불은 곧 에너지이고 모든 생명의 근원이 됩니다. 인류의 문명도 불을 발견하고 사용함으로 시작이 되었습니다. 그러나 예수님이 말씀하시는 불은 그런 불이 아니고 '하늘의 불' 즉 영적인 불인데 그것은 성령을 일컫는 것입니다.

"바람이 임의로 불매 네가 그 소리를 들어도 어디서 오며 어디로 가는지 알지 못하나니 성령으로 난 사람은 다 이러하니라"(요한복음3:8절) **바람이 임으로 불매!** 바람이라는 것은 인간의 힘으로는 통제불능이고 아무도 막을 수 없는 것입니다. 우리나라도 여름이 되면 태풍이 자주 불어오고 가끔씩은 엄청난 세기의 태풍이 불어와서 큰 피해를 주고 있습니다. 바람은 대기권의 온도나 기압의 차이로 불어오는 것이기 때문에 아무도 그것을 막지 못하는 것입니다. 그것을 통제하시는 분은 하나님 밖에 없습니다. 예수님은 성령을 그런 바람에 비유하고 계십니다.

물! 불! 바람! 이것이 무엇입니까? 자연 현상이고 대단위 에너지의 이동으로서 지구의 환경에 영향을 주고 모든 생명체들이 살아가는데 없어서는 안

될 생명의 근원입니다. 성령도 마찬가지로 대단위 에너지이고 모든 생명체들이 살아가는 데 없어서는 안 될 생명의 근원입니다. 그래서 예수님은 성령을 물, 불, 바람에 비유하여 설명하고 계십니다.

(4) 예수님은 부활하신 후에 제자들에게 성령을 부어주셨습니다.

"이 말씀을 하시고 저희를 향하여 숨을 내쉬며 가라사대 성령을 받으라 너희가 뉘 죄든지 사하면 사하여질 것이요 뉘 죄든지 그대로 두면 그대로 있으리라 하시니라"(요한복음20:22-23절) **성령을 받으라!** 이것은 성령을 부어주시는 분이 예수님이시라는 것을 말해주고 있습니다. 예수님은 부활하신 후에 제자들을 찾아오셔서 숨을 내쉬면서 성령을 부어 주셨습니다. 이것은 성령이 예수님의 십자가의 죽음과 부활과 승천 후에 사역을 이어가실 **"또 다른 보혜사"**이시기 때문입니다. 그래서 성령은 예수님이 사역을 다 마치시고 이 세상을 떠나 하늘나라로 돌아가신 후에 임하신 것입니다.

(5) 예수님은 이 세상을 떠나시면서 제자들에게 '성령사역'을 위임하셨습니다.

"오직 성령이 너희에게 임하시면 너희가 권능을 받고 예루살렘과 유대와 사마리아와 땅끝까지 이르러 내 증인이 되리라"(사도행전 1:8절) **a. 오직 성령이 너희에게 임하시면!** 복음 전도는 인간의 열심이나 노력으로 되지 않고 오직 성령의 능력으로만 되는 것입니다. **b.권능을 받고!** 성령은 하나님이시기 때문에 권세와 능력이 있습니다. **c. 땅끝까지 이르러 내 증인이 되리라!** 성령이 오신 목적은 예수 그리스도가 하나님의 아들이시고 구원자이신 것을 땅끝까지 증거하기 위한 것입니다. 이렇게 예수님은 처음부터 마지막까지 성령과 동행하신 것을 알 수 있습니다.

(6) 마지막으로 성령의 이름입니다.

성령의 정식 명칭은 '제 삼위 하나님'입니다 그러나 성령은 사역에 따라서 여러 가지 이름으로 불리워지고 있습니다. 그러면 이름이 무엇입니까?

① 성령은 '하나님의 영'입니다. "만일 너희 속에 하나님의 영이 거하시면 너희가 육신에 있지 아니하고 영에 있나니"(로마서 8:9절)

② 성령은 '그리스도(예수)의 영'입니다. "누구든지 그리스도의 영이 없으면 그리스도의 사람이 아니니라"(로마서8:9절)

③ 성령은 '진리의 영'입니다. "저는 진리의 영이라"(요한복음14:17절) 여기서 진리는 하나님의 말씀을 의미합니다.

④ 성령은 '양자의 영'입니다. "무릇 하나님의 영으로 인도함을 받는 그들은 곧 하나님의 아들이라 너희는 다시 무서워하는 종의 영을 받지 아니 하였고 양자의 영을 받았으므로 아바 아버지라 부르짖느니라"(로마서8:14-15절) 이 말씀은 참으로 중요합니다. 하나님을 아버지 그것도 "아바 아버지"라고 부를 수 있는 것은 '양자의 영'이신 성령님이 오심으로 가능해졌는데 '양자'란 옛날의 가족제도에서 아들이 없는 사람이 대(代)를 이을려고 가까운 친척 중에서 아들을 입양시키는 것을 말합니다. 지금 사도 바울이 바로 그것을 언급하고 있는 것입니다. 우리가 하나님의 집에 입양이 되어서 하나님을 "아바 아버지"라고 부른다는 것은 복 중의 복이요 특권 중의 특권인 것입니다. 이것은 우리가 예수 그리스도를 믿음으로 말미암아 죄사함을 받았기 때문에 가능한 것입니다.

⑤ 성령은 "또 다른 보혜사"입니다. "내가 아버지께 구하겠으니 그가 또 다른 보혜사를 너희에게 주사 영원토록 너희와 함께 있게 하시리니"(요한복음 14:16절) 여기서 **"보혜사"**는 헬라어로 παράκλητος(파라클레토스)인데 영

어로는 mediator중보자, consolater 위로자, advocator 대언자, coun-selor 상담자, 변호자 등 여러 가지의 뜻을 내포하고 있습니다."또 다른 보혜사"란 영어로는 another counselor인데 이것은 '예수님의 사역을 대신하는 자'라는 의미인 것입니다. 그것은 '위로 상담 대언 중재 중보 교육 보호 인도' 등 모든 것을 다 포함하고 있는 것입니다.

⑥성령은 '약속의 영'입니다. 사도행전 2장을 보면 제자들이 마가의 다락방에서 기도하다가 오순절날에 성령의 기름부음과 충만함을 받은 베드로가 성전에 가서 예수 그리스도의 죽음과 부활을 증거할 때 이렇게 증거하고 있습니다. "이는 곧 선지자 요엘로 말씀하신 것이니 일렀으되 하나님이 가라사대 말세에 내가 내 영으로 모든 육체에게 부어주리니 너희의 자녀들은 예언할 것이요 너희의 젊은이들은 환상을 보고 너희의 늙은이들은 꿈을 꾸리라 그 때 내가 내 영으로 내 남종과 여종들에게 부어 주리니 저희가 예언할 것이요 또 내가 위로 하늘에서는 기사와 아래로 땅에서는 징조를 베풀리니 곧 피와 불과 연기로다"(16-19절) 이것은 베드로가 구약성경 요엘서 2장28-30절에 기록된 말씀을 인용한 것입니다. 그러니까 오순절 마가의 다락방에 임한 성령의 역사는 요엘 선지자의 예언 즉 **'약속의 성취'**인 것입니다. 그래서 오순절에 임하신 성령은 중대한 의미를 갖는 것입니다. 왜냐하면 성령이 임하심으로 하나님의 백성이 태어났고 이 땅에 교회가 세워졌기 때문입니다.

마지막으로, 오순절 마가의 다락방에 임하신 '성령의 임재'는 **'제 2의 출애굽'**과도 같습니다. 예레미야서 31장31-33절입니다. "나 여호와가 말하노라 보라 날이 이르리니 내가 이스라엘 집과 유다 집에 새 언약을 세우리라 나 여호와가 말하노라 이 언약은 내가 그들의 열조의 손을 잡고 애굽 땅에서 인도하여 내던 날에 세운 것과 같지 아니 할 것은 내가 그들의 남편이 되었어도 그들이 내 언약을 파하였음이니라 나 여호와가 말하노라 그러나 그 날 후에 내가 이스라엘 집에 세울 언약은 이러하니 곧 내가 나의 법을 그들의 속에 두며 그 마음에 기록하여 나는 그들의 하나님이 되고 그들은 내 백성이 될 것이라"

a. **보라!** 이것은 하나님의 강력한 선포입니다.

b. **날이 이르리니!** 그러면 그 날이 언제입니까? 오순절입니다.

c. **내가 이스라엘집과 유다집에 새 언약을 세우리라!** 이 말씀이 의미하는 것은 모세가 시내산에서 받은 십계명은 **'옛 언약'**이라는 것입니다. 여기서 '이스라엘집'은 북이스라엘이고 '유다집'은 남유다입니다.

d. **내가 나의 법을 그들의 속에 두며 그 마음에 기록하여!** 모세의 **'옛 언약'**은 돌판에 기록이 되었습니다. 그러나 **'새 언약'**은 놀랍게도 마음판에 기록이 된다는 것입니다. 이것이 무엇입니까? 언약의 갱신과 언약의 진보입니다. 이것은 또한 성령의 임재를 암시하는 것이기도 합니다. 성령은 하나님의 영이시기 때문에 우리의 마음 즉 심령 속에까지 들어오실 수 있습니다. 돌판에 기록된 하나님의 법(율법)은 그 행위의 주체가 인간이 될 수 밖에 없었습니다. 그러나 마음판에 성령으로 기록된 하나님의 법(말씀)은 그 행위의 주체가 하나님이 되시는 것입니다. 그러니까 이것은 하나님이 인간의 세계로 더 가까이 다가오시는 것입니다. 여기서 우리가 생각해 보아야 하는 것은 **돌판**과 **마음판** 중 어느 쪽이 더 하나님과 친밀한가? 하는 것입니다. 돌판에 새긴 하나님의 법! 그것은 **'종의 법'**입니다. 여기에는 징벌과 채찍이 있습니다. 그러나 마음판에 새긴 하나님의 법! 그것은 **'자녀의 법'**입니다. 여기에는 사랑과 용서가 있는 것입니다. 이처럼 하나님은 우리에게 '더 가까이' 다가오시기를 원하고 계십니다.

e. 나는 그들의 하나님이 되고 그들은 내 백성이 될 것이라! 이것은 하나님이 인간과 맺은 새로운 언약의 체결입니다. 이것은 오순절 성령강림이 **'제2의 출애굽'**이 될 것이라는 선포입니다. 이것이 언제 어떻게 성취가 되었습니까? 이스라엘 민족의 '바벨론 유수'가 끝나고 수세기가 지난 후에 예수님이 오셔서 십자가를 지시고, 3일만에 부활하시고, 40일만에 승천하시고 난 후에 오순절날 마가의 다락방에 성령이 임하심으로 성취가 되었습니다. 그러자 이 땅에 드디어 교회가 탄생하고 복음이 이스라엘을 넘어서 이방세계로 전파가 된 것입니다. 이것이 바로 **'제2의 출애굽'**인 것입니다. 할렐루야!

'제1의 출애굽'과 '제2의 출애굽'은 다릅니다. **첫 번째 출애굽**은 이스라엘 민족이 종살이 하던 이방나라인 애굽에서 나온 것입니다. 그러나 **두 번째 출애굽**은 예수 그리스도의 복음을 믿고 구원받은 하나님의 백성이 이스라엘 민족으로부터 나온 것입니다. 어떻게 보면 이것은 상식에 맞지않는 비논리적인 것 같으나 바로 여기에 하나님의 뜻과 계획이 있었던 것입니다. 지금 와서 돌이켜보면 **이스라엘 민족**은 하나님이 인류의 구원을 위해서 먼저 부르신 도구나 시험지에 지나지 않습니다. 천지만물을 창조하신 하나님이 강원도만한 이스라엘 민족 하나만을 상대하신다는 것은 말도 되지 않는 것입니다. 처음부터 하나님의 계획은 이스라엘 민족이 아니라 세계 인류의 구원이었습니다. 그러나 이스라엘은 자가당착적 민족주의인 시오니즘에 빠져 이것을 알지 못했던 것입니다. **제2의 출애굽과 인류의 구원!** 그것은 오순절 마가의 다락방에 성령이 임하심으로 시작이 되었습니다. 이것의 진정한 의미는 온 인류가 성령의 권능으로 '마귀와 죄와 지옥'으로 부터의 Exodus 즉 **'대탈출'**을 의미하는 것입니다. 아멘!

7. 예수님은 하나님(아버지)의 뜻과 일을 이루기 위해서 오셨습니다.

어느날 예수님은 사마리아 우물가에서 동네에 가서 먹을 것을 구해온 제자들에게 이렇게 말씀하셨습니다. "내게는 너희가 알지 못하는 먹을 양식이 있느니라"(요한복음4:32절) 그러자 제자들이 어리둥절해서 서로 얼굴만 쳐다보면서 이렇게 말했습니다. "누가 잡수실 것을 갖다 드렸는가"(33절) 그러자 예수님이 이렇게 말씀하셨습니다. "나의 양식은 나를 보내신 이의 뜻을 행하며 그의 일을 온전히 이루는 이것이니라"(34절)

a. 나의 양식은 나를 보내신 이의 뜻을 행하며! 여기서 '뜻'은 가장 높은 곳에 있는 최고 권력자의 최고의 의지를 말합니다. 그런데 예수님은 "나를 보내신 이의 뜻을 믿으며"라고 하지 않고 "나를 보내신 이의 뜻을 행하며"고 말씀하십니다. 물론 행하기 전에 믿어야 되겠죠. 그러나 믿음이 믿음으로 끝나면 안되는 것입니다. 믿음은 반드시 행동으로 나타나야 하는 것입니다. 행동으로 옮겨지지 않는 믿음은 아무런 의미도 가치도 없는 것입니다.

예를 들어서 '내가 이번에 **복권**을 사면 1등에 당첨될 줄로 믿는다'면 복권을 사지 않을 사람이 어디 있겠습니까? 집을 팔고 은행에 가서 돈을 대출받아서라도 복권을 살 것입니다. 이것이 믿음입니다. 마찬가지로 누구든지 하나님의 약속을 믿는다면 행하지 않을 사람없습니다. 그래서 '행함이 없다'는 것은 곧 '믿음이 없다'는 것입니다. 행함보다 믿음이 더 우선이고 중요하지만 믿음에는 반드시 행함이 따라야 합니다. 이처럼 믿음과 행함은 바늘과 실 사이같이 별개의 것이 아니라 하나인 것입니다. 바늘 없는 실이나 실 없는 바늘이 무용지물이 되듯이 믿음 없는 행함이나 행함 없는 믿음은 무용지물이 되고마는 것입니다.

b. 그의 일을 온전히 이루는! 그러면 이 일이 무엇입니까? 저는 시골에서 태어났기 때문에 농사일에 대해서 잘 압니다. 옛날 60-70년대에는 봄이 되고 농번기가 되면 매우 바빴습니다. 6월 중순 즈음에 모내기를 했는데 그런 때는 고양이 손이라도 빌릴정도로 아주 바빴습니다. 제가 지금 말하려는 요지는 이것입니다. 그 농사일이 그리 쉽지가 않다는 것입니다. **모내기**를 하는데 하루 종일 엎드려서 모를 심어 보세요! 그것이 얼마나 힘이 드는지 코피가 터지는 것입니다. 모내기가 끝나면 **보리베기**를 하는데 초여름 더위에 보리가시를 찔려가면서 일을 하는 것은 고역인 것입니다. 보리베기가 끝나면 장마가 오고 장마가 끝나면 밭에 풀이 자라서 **콩밭매기**를 하는데 7,8월의 뙤약볕 아래서 콩밭을 매자면 땀이 사우나 하는 것처럼 흐르는 것입니다. 가을이 되면 **고구마 캐기**와 **벼베기**를 하는데 그것도 수운 일이 아닌 것입니다. 그러면 어떻게 그런 일을 매일 할 수 있습니까? 거기에 가족의 생계가 달려있기 때문입니다. 그러나 농촌 일만 힘든 것이 아니라 바다에서 풍랑과 싸워가며 고기를 잡는 것도 힘들기는 마찬가지입니다. 그리고 광부들이 지하 몇십 미터 갱도에서 석탄을 캐는 것도 아무나 할 수 없는 힘든 노동인 것입니다. 그들이 그런 일을 할 수 있는 것은 거기에 가족의 생계가 달려있기 때문입니다.

예수님도 공생애에 들어가시기 전까지는 나사렛에서 목수의 일을 하셨습니다. 그러나 모든 일 가운데 가장 힘이 드는 것은 예수님이 지고 가신 **십자가** 사역입니다. 예수님은 십자가를 앞에 두고 겟세마네 동산에서 밤새워 땀방울이 핏방울이 될 때까지 몸부림을 치시면서 기도하셨습니다. 왜 예수님이 땀방울이 핏방울이 되도록 힘쓰고 애써서 기도하셨습니까? 인류의 존망이 거기에 달려있기 때문입니다. 예수님이 십자가를 지고 가신 목적이 무엇입니까? 인류의 구원입니다. 예수님은 인류를 죄와 죽음, 마귀와 지옥에서 구원하시기 위해 오셨고 그것을 다 이루시고는 하늘나라로 가셨습니다.

c. **이것이니라!** 이것이 무엇입니까? 하나님의 최대의 관심사는 십자가를 통한 **인류 구원**입니다. 십자가를 지시기 전에 예수님은 공생애 3년 동안 매일 제자들을 데리고 각지를 다니시면서 복음을 전하셨습니다. 예수님은 그것을 위해서 유대땅을 넘어서 지금 사마리아의 우물가에 오신 것입니다. 예수님의 사역을 두 가지로 나눌 수 있는데 하나는 **복음사역** 즉 씨뿌리는 것이고 다른 하나는 **십자가 사역** 즉 속죄(화목)제물이 되는 것입니다. 예수님은 이렇게 말씀하셨습니다. "너희가 넉달이 지나야 추수할 때가 이르겠다 하지 아니하느냐 내가 너희에게 이르노니 눈을 들어 밭을 보라 희어져 추수하게 되었도다"(35절) 지금 이스라엘은 계절적으로는 봄입니다. 씨를 뿌리는 시기입니다. 그러나 영적으로는 가을 즉 추수를 하는 시기인 것입니다. 예수님이 오심으로 인류의 역사는 영적인 가을 즉 추수기에 접어든 것입니다. 그런데도 제자들은 지금 그것을 모르고 먹을 것만을 찾고 있는 것입니다. **복음 전도와 십자가의 죽음!** 이것이 지금 예수님의 양식이고 감당해야 할 일인 것입니다. 그러나 이 일은 예수님 이외는 그 누구도 할 수 없는 것입니다. 예수님처럼 점도 흠도 없는 자만이 그 일을 할 수 있는 것입니다.

8. 예수님은 '스스로' 온 것이 아니라 '보내심'을 받아 오셨습니다.

요한복음 8:42절에서 예수님은 이렇게 말씀하고 계십니다. "나는 스스로 온 것이 아니요 아버지께서 나를 보내신 것이니라" '스스로 온 자'와 '보냄을 받은 자'는 다릅니다, 이것은 특사를 보면 알 수 있습니다. 이따금씩 대통령이 외국으로 특사를 보냅니다. 특사는 대통령의 아들이 될 수도 있고 대통령의 최측근 중에서 보내지는 것입니다. 대통령의 아들이라도 외국에 그냥 나가면 아무도 알아주지 않습니다. 그러나 특사로 가면 대통령의 아들이 아니라도 극빈의 예우를 받는 것입니다. 왜냐하면 특사는 대통령의 대리인으로서 대통령의 권세와 명예가 그에게 있기 때문입니다. **'독불장군(獨不將軍)'**이라는 말이 있는데 이 말의 원래의 의미는'혼자서는 장군이 될 수 없다'는 것입니다. 혹자는 천상천하(天上天下)유아독존(唯我獨尊)을 부르짖으나 그것은 공허한 메아리만 되어 돌아올 뿐 결코 혼자서는 아무 것도 할 수 없는 것입니다. 그래서 예수님은 처음부터 갈릴리 바다에서 고기잡는 가난하고 무식한 어부들을 제자로 부르셨던 것입니다.

1969년에 **APOLLO 우주선**이 어떻게 달나라에 갔습니까? NASA 본부에서 로켓을 쏘아 보내서 갔습니다. 그 때 아폴로 우주선은 항상 NASA 본부와의 교신이 단 1초라도 끊어지지 않았습니다. 만약 교신이 끊어지면 우주의 미아가 되어서 지구로 돌아올 수 없게 되는 것입니다. 예수님도 마찬가지입니다. 예수님도 하늘 나라에서 보내심을 받았기 때문에 예수님은 항상 하늘을 우러러 **'아버지'**를 바라보았고 **'아버지'**의 음성에 귀를 기울였고 **'아버지'**와의 교통이 끊어지지 않았던 것입니다. 이것이 예수님이 보내심을 받았다는 증거인 것입니다. 예수님은 이렇게 말씀하셨습니다. **"내가 너희에게 하는 말이 스스로 하는 것이 아니라 아버지께서 내 안에 계셔 그의 일을 하시는 것이라"**(요한복음 14:10절) 이 말씀을 분석해 보면 아주 재미가 있습니다. 그것은 말씀과 일의 주체가 누구인가? 하는 것입니다. 지금까지 예수님은 제자들과 따르는 무리들에게 많은 말씀을 가르치셨고 많은 기적을 행하셨습니다. 그런데 그 말씀과 기적들이 예수님이 스스로 하는 것이 아니고 예수님 안에서 **'아버지'**가 일을 하셨다는 것입니다. 그러니까 말씀과 행위의 주체는 예수님이 아니라 예수님 안에 계신 **'아버지'**인 것입니다. 그리고 예수님은 협력자 내지는 도구에 불과한 것입니다. 여기서 우리는 예수님과 '아버지'의 관계를 엿볼 수 있습니다. 예수님은 바로 이 관계 속에서 오셨고 또 놀라운 일을 하실 수 있었던 것입니다. 그래서 누구처럼 '스스로 온 자'보다 예수님처럼 '보냄을 받은 자'가 더 권위가 있고 더 큰 일을 할 수 있다는 결론을 얻을 수 있는 것입니다. 또 예수님은 이렇게 말씀하셨습니다. **"나를 보내신 이는 참이시니 너희는 그를 알지 못하나 나는 그를 아노니 이는 내가 그에게서 났고 그가 나를 세상에 보내셨음이니라"**(요한복음7:28-29절) 이것은 예수님의 아버지와 자신에 대한 자전(自傳)적 증거입니다.

a. **"나를 보내신 이는 참이시니"**, 이 짧은 한 마디 속에 하나님의 모든 것이 다 들어 있습니다. 예수님을 이 세상에 보내신 하나님은 **참**(眞)이십니다. 그래서 하나님의 말씀은 진리(眞理)이고 예수님은 진리(眞理)를 증거하러 오셨고 성령은 진리(眞理)의 영이십니다. 그리고 우리는 그 진리(眞理)를 믿고 깨닫고 행하는 자들인 것입니다. 또 이 **'참'**에 대해서 예수님은 이렇게 말씀하셨습니다. **"내가 너희를 대하여 말하고 판단할 것이 많으나 나를 보내신 이가 참되시매 내가 그에게 들은 그것을 세상에게 말하노라"**(요한복음 8:26절) 예수님도 세상에서 33년을 사시면서 보고 듣고 억울한 일을 많이 당하셨을 것입니다. 그러니 왜 할 말이 없겠습니까? 그러나 예수님은 자기를 보내신 이가 '참'이시기 때문에 자신의 말은 조금도 하지 않고 오직 '참'이신 하나님(아버지)께 들은 것만을 증거한다고 말씀하고 계십니다. 누가 예

수님의 이런 마음을 헤아릴 수 있겠습니까? 그러나 율법주의자들인 바리새 인들과 유대인들은 예수님이 하나님을 자신의'아버지'라고 부르자 예수님 을'귀신이 들렸다'고 모함해서 총독 빌라도의 손을 빌어 십자가에 못박아 죽 이고 말았습니다.

　b. **"너희는 그를 알지 못하나 나는 아노니"** 유대인들은 예수님을 '십자가 에 못박으라'고 소리쳤습니다. 그것은 그들이 예수님을 몰랐기 때문입니다. 그들이 가진 지식은 율법이 전부였습니다. 그러나 율법 지식으로는 예수님 을 알 수 없는 것입니다. 지금도 많은 사람들이 예수님을 믿지 않거나 부인 하고 비난하고 욕하고 헐뜯고 폄하고 심지어는 **'다빈치코드'**같은 소설이 나와서 이상한 소문을 퍼트리거나 앤티 기독교 싸이트까지 등장하고 있습 니다. 왜 그렇습니까? 이것은 그들이 예수님이 누구신지 모르기 때문입니 다. 다시 말하면 그들이 가진 세상 지식이나 경험으로는 예수님을 알 수 없 기 때문입니다. (기독교는 하나님이 인간을 찾아오심으로 생긴 것이지 인간 의 사유(思惟)나 명상(冥想)으로 생긴 것이 아닙니다. 죄와 어두움에 갇힌 인 간은 이성으로는 하나님을 알 수도 없고 사물을 잘 판단할 수 없습니다. 하 늘에서 계시(啓示)의 빛이 비칠 때 인간의 이성(理性)도 빛을 발하는 것입니 다.) 또 이것은 그들이 타락한 교회의 모습을 통하여 예수님을 보려하기 때 문입니다. 예수님은 세상 사람들이 알지 못하는 것을 알고 계십니다. 그것이 무엇입니까? **하나님의 나라입니다.** 예수님은 성령으로 어머니 마리아의 몸 에서 잉태되어서 세상에 오셨습니다. 예수님은 철학자들이나 다른 종교가 들처럼 이 세상에서 70-80년 동안 오래 살면서 보고 듣고 깨달은 것을 가르 치시는 그런 분이 아니십니다. 예수님은 스스로 오신 분이 아니요 하나님으 로부터 보내심을 받은 분이십니다. 그래서 예수님은 하늘나라에서 보고 들

고 하나님 (아버지)이 주시는 말씀만을 전하셨고, 공생애 3년이라는 짧은 시간 동안 복음을 전하신 후에 자기의 사명이 끝나자 일찍 세상을 떠나 하늘 나라로 돌아가셨습니다.

그리고 예수님은 십자가를 지시기 전에 이렇게 말씀하셨습니다. **"내가 아버지께로 나와서 이 세상에 왔고 다시 세상을 떠나 아버지께로 가노라"**(요한복음16:28절) 예수님은 3년이라는 짧은 기간 동안에 자신의 일을 모두 마치시고 33살의 젊은 나이에 하늘 나라로 돌아가셨습니다. 그래서 우리의 인생도 세상에서 끝나는 것이 아니고 예수 믿고 구원받으면 예수님처럼 하늘 나라로 돌아가는 것입니다. 우리의 영원한 본향은 이 땅이 아니라 저 영원한 하늘 나라인 것입니다. 그래서 이런 찬송을 부릅니다.

1절 '나 가나안 복지 귀한 성에 들어가려고 내 중한 짐을 벗어버렸네 죄 중에 다시 방황할 일 전혀 없으니 저 생명 시냇가에 길이 살겠네 길이 살겠네 나 길이 살겠네 저 서 생명 시냇가에 살겠네 길이 살겠네 나 길이 살겠네 저 생명시냇가에 살겠네'(통일찬송가 221장, 새찬송가246장) 아멘!

제5장

예수 그리스도는 어떤 복음을 전하셨는가?

여러분은 예수 그리스도를 어떤 분이라고 생각하십니까? 세상
에는 예수 그리스도에 대한 불신과 무지, 오해와 편견 많이 있습
니다. 지금부터 그 오해와 편견을 바로 잡고 여러분에게 예수 그
리스도의 참 모습을 소개해 드리고자 합니다.

1. 예수 그리스도는 '천국 복음'을 전하셨습니다.

① "회개하라 천국이 가까이 왔느니라" (마태복음 4:17절) 이 말씀은 예수
님이 요단강에서 세례 요한에게 물로 세례를 받으시고 나자 하늘에서 성령
이 비둘기같이 임하시고 난 후 하늘에서 하나님의 음성이 들리고 나서 예수
님이 공생애 3년에 들어가시면서 가장 먼저 하신 말씀입니다. **천국**은 예수
그리스도와 함께 처음으로 이 세상에 왔습니다. **천국**은 하나님이 통치하시
는 하나님의 나라입니다. 그 나라가 예수 그리스도를 통하여 이 세상에 전파
된 것입니다. 마태복음 4:23절 입니다. "예수께서 온 갈릴리에 두루 다니사
저희 회당에서 가르치시며 천국복음을 전파하시며 백성 중에 모든 병과 약

한 것을 고치시니" 라고 기록하고 있습니다. **천국복음을 전파하시며!** (마태복음9:35절 , 24:14절) 이 한 마디 말씀처럼 복음의 모든 것을 말해주는 구절 은 없을 것입니다. 만약 우리가 사(四)복음서를 읽으면서 예수님의 말씀이 **'천국복음'**이라는 사실에 착념하지 않는다면 성경은 열리지 않을 것이고 예수님의 말씀을 변죽만 울릴 뿐 핵심은 파악하지 못할 것입니다. 그리고 우리의 신앙생활은 반쪽만 남게 될 것입니다.

예수님은 어느날 제자들에게 **천국**에 대해서 가르치시면서 이렇게 말씀하셨습니다. ②**"천국은 마치 사람이 자기 밭에 심은 겨자씨 한 알 같으니 이는 모든 씨보다 작은 것이로되 자란 후에는 나물보다 커서 나무가 되매 공중의 새들이 와서 그 가지에 깃들이느니라"**(마태복음13:31-32절) 예수님은 천국을 씨 중에서도 자장 작은 **'겨자씨 한 알'**에 비유하고 계십니다. 그 큰 천국을 겨자씨 한 알에 비유하다니 이것이 인간의 상식으로 말이나 됩니까? 겨자씨는 모든 씨 중에서 가장 작습니다. 우리나라에서 찾는다면 '배추씨'보다더 작은 '담배씨' 정도가 될 것입니다. 그래서 **'있는듯 없는듯'** 무시를 당하고 그 존재가치를 인정받지 못하는 것입니다. 그러나 싹이 나고 자라면 풀보다 더 커서 큰 나무가 되고 비로소 그 존재가치를 인정받게 되고 새들이 날아와서 깃들고 노래하고 집을 짓는 것입니다. 여기서 우리가 알 수 있는 것은 **천국**도 이와같이 우리가 모르는 사이에 이 세상 속에서 자라나고 성장한다는 것입니다. **천국**도 처음에는 이 세상에서 겨자씨 한 알같이 '있는듯 없는듯' 그 존재가치를 인정받지 못하다가 땅 즉 밭(마음)에 심기워져서 싹이 나고 자라서 큰 나무가 되면 비로소 그 존재가치를 인정받고 많은 사람들이 그 가지에 깃들일려고 몰려오는 것입니다.

예수님은 **천국**에 대해서 이렇게 말씀하셨습니다.

③ "천국은 마치 여자가 가루 서말 속에 갖다 넣어 전부 부풀게 한 누룩과 같으니라"(마태복음13:33절) 옛날 60년대에는 집에서 술을 담가 먹었습니다. 그 때는 제가 초등학교에 다니던 어린시절 이었는데 명절 이 돌아오면 할머니가 밀기울로 **누룩**을 만들어서 햇볕에 말린 후에 절구통에 넣고 빻아서 가루를 만드는 것을 보았습니다. 그 때 제가 '할머니 이거 뭐하는거야?' 라고 물어보면 '이거 술만드는 거야'라고 대답을 하셨습니다. 그리고 그것을 가지고 술을 만들 때 술독에 넣으시는 것을 보았습니다. 그것을 따듯한 아랫목에 갖다 놓고 이불로 씌워 놓으면 며칠이 안가서 맛있는 술이 되는 것입니다. 그러면 제사지낼 때 쓰고 손님이 찾아오면 술대접을 했던 것입니다. 여기서 우리의 의문점은 이것입니다. 밀기울로 만든 가루를 넣었는데 어떻게 그것이 술이 되는가? 하는 것입니다. 그것은 밀기울 속에 발효를 일으키는 효모균이 들어 있어서 그것이 녹말을 분해해서 알코올 즉 술이 되게 하는 것입니다. 이렇게 포도주나 과일주도 이같은 발효과정을 거쳐서 술이 되는 것입니다. 발효(醱酵)란 녹말이 알코올이 되는 **'화학적 변화'**입니다. '화학적 변화'는 **'물리적 변화'**보다 변화의 정도가 더 큰 것입니다. **죄인이 의인이 되는 것!** 이것은 물리적 변화보다는 화학적 변화에 더 가까운 것입니다. 이것은 마치 수소와 산소가 결합해서 물이 되는 것처럼 하나님에 의해서 일어나는 '화학적 변화'인 것입니다. 이처럼 천국이란 세상과는 전혀 다른 세계인 것입니다. 그래서 거기에 들어가려면 이런 **'화학적 변화'**의 과정을 거쳐야 하는데 거기에서 효모의 역할을 하는 것은 누룩 즉 예수님의 말씀이고 성령 그리고 십자가와 보혈인 것입니다.

또 예수님은 **천국**에 대하여 이렇게 말씀하셨습니다. ④ "천국은 마치 밭에 감추인 보화와 같으니 사람이 이를 발견한 후 숨겨두고 기뻐하여 돌아와서 자기의 소유를 다 팔아서 그 밭을 샀느니라"(마태복음13:44절) 만약 농부가 남의 집 밭을 갈다가 보화를 발견한다면 어떻게 하겠습니까? 너무 좋아서 아무에게도 말하지 않고 숨기고 있다가 자기의 재산을 다 팔아서라도 그 밭을 사려고 할 것입니다. 왜냐하면 그 보화를 팔면 그 밭을 사고 집을 사고도 돈이 남을 것이기 때문입니다. 여기서 우리가 알 수 있는 것은 이 세상에 온 천국은 '밭에 감추인 보화'와 같다는 것입니다. **'밭에 감추인 보화'**는 자기만이 아는 비밀입니다. 가진 자와 아는 자만이 누리는 기쁨인데 그것은 하늘에서 오는 기쁨인 것입니다. 그런데 문제는 지금 우리가 천국을 밭에 감추인 보화처럼 소중히 여기고 있느냐는 것입니다. 나의 소유를 다 팔아서 그 밭을 살 수 있느냐는 것입니다. 이것은 사람에 따라서, 신앙에 따라서 여러 부류로 나누어질 것입니다. 다 팔 사람, 일부만 팔 사람, 조금도 팔지 않을 사람입니다. 그러면 지금 나는 어디에 속해 있습니까?

예수님은 천국에 대해서 이렇게 말씀하셨습니다. ⑤ **"또 천국은 마치 바다에 치고 각종 물고기를 모으는 그물과 같으니 그물에 가득하매 물가로 끌어내고 앉아서 좋은 것은 그릇에 담고 못된 것은 내어버리느니라 세상 끝에도 그러하리라 천사들이 와서 의인 중에서 악인을 갈라내어 풀무불에 던져 넣으리니 거기서 울며 이를 갊이 있으리라"**(마태복음13:47-50절)

a. 좋은 것은 그릇에 담고 못된 것은 내어버리느니라! 이것은 교회 안에서의 심판을 예고하고 있습니다. 마지막 때에는 교회 안에서 가장 먼저 심판이 있는 것입니다.

b. 천사들이 와서 의인 중에서 악인을 갈라내어 풀무불에 던져넣으리니! 이것은 교회 밖에서의 심판을 예고하는 것입니다. 여기서 의인은 믿는 자를 말하고 악인은 믿지 않는 자를 말하는 것입니다.

c. 거기서 울며 이를 갊이 있으리라! 이런 심판이 있은 후에 천국과 지옥의 문이 활짝 열리고 선인과 악인, 의인과 죄인들이 천국과 지옥으로 나누어지는 것입니다. 그런데 천국으로 들어가는 자는 좋아서 싱글벙글 웃으면서 춤을 출 것이나 지옥으로 가는 자들은 가지 않으려고 몸부림을 치고 울면서 이를 간다는 것입니다. 참으로 끔찍한 종말의 실상을 말씀하고 계신 것입니다.

또, 예수님은 마태복음 25장에서 **천국**에 대해서 말씀하셨습니다. ⑥ "그 **때에 천국은 마치 등을 들고 신랑을 맞으러 나간 열처녀와 같다 하리니 그 중에 다섯은 미련하고 다섯은 슬기있는 지라 미련한 자들은 등을 가지되 기름을 가지지 아니하고 슬기 있는 자들은 그릇에 기름을 담아 등과함께 가져 갔더니 신랑이 더디 오므로 다 졸며 잘 째"**(1-5절) 예수님은 여기에서 장차 있을 재림 시에 일어날 모습을 미리 경고하시듯이 그려주고 계십니다. **신랑 이 더디 오므로!** 문제는 바로 여기에서 일어나고 있는 것입니다. 그들은 초저녁부터 신랑을 기다리고 있었는데 신랑이 자정이 지나도 오지 않으니 문제가 생긴 것입니다. '신랑이 온다 안 온다'며 처녀들 간에 논쟁이 생기고 있는 것입니다. 이것이 바로 말세의 교회의 모습인 것입니다. 그래서 처녀들은 기다리다가 지쳐서 모두 잠을 자고 말았습니다. 그러나 문제의 핵심은 그들이 잠을 자기 전에 무엇을 준비했느냐는 것입니다. 그것은 **등**과 **기름**이었습니다. **그러면 등은 무엇이고 기름은 무엇입니까?** 그것은 여러 가지일 것입니다. 잠시 생각해 본다면 '등'은 말씀 믿음 기도일 것이고, '기름'은 성령 행함 인내일 것입니다. 이렇게 우리의 신앙은 어느 한 쪽으로 치우쳐서는 안 되고 안과 밖, 전후 좌우가 균형을 이루어야 하는 것입니다. 이처럼 기독교는 내세적이면서도 현세적이고, 이상적이면서도 현실적이고, 영적이면서도 육적인 것이 균형과 조화를 이루고 있는 것입니다. 왜냐하면 하나님은 천국과 함께 우주만물과 이 지구도 만드셨기 때문입니다. "그런즉 깨어 있으라 너희는 그 날과 그 시를 알지 못하느니라"(13절) 그러나 우리의 관심은 언제 나 다가올 미래 즉 하나님의 심판이 있을 그 날을 바라보아야 하는 것입니다. 예수님이 더디 온다고 먹고 놀고 잠을 자고 있다가는 미련한 다섯 처녀 들같이 되고 마는 것입니다.

⑦ "또 어떤 사람이 타국에 갈 제 그 종들을 불러 자기의 소유를 맡김과 같 으니 각각 그 재능대로 하나에게는 금 다섯 달란트를, 하나에게는 두 달란 트를, 하나에게는 한 달란트를 주고 떠났더니"(마태복음25:14-15절) 여기 에서 예수님은 우리의 **일**과 **사명**에 대해서 말씀하고 계십니다. 신앙생활에 도 일 즉 사명이 있는 것입니다. '은혜 받았다'고 놀고 먹으라는 것이 아닙 니다. 해야 할 일이 있는 것입니다. 그것은 '경제의 원리'라기 보다는 우리 가 구원받은 그리스도인으로서 담당해야 할 최소한의 임무인 것입니다. 여 기서 **'달란트'**는 여러 가지 의미가 있겠으나 이것을 '사람'으로 대치해 본다 면 내가 구원을 받았다면 최소한도 1명은 전도해서 구원을 받게 해야 하는 것입니다. 만약 한 명도 전도하지 못한다면 나는 '악하고 게으른 종'이 되는 것이고, 2명 5명 10명 그 이상으로 전도해서 구원을 받게 한다면 '착하고 충 성된 종'이 되어서 하늘나라에서 받는 상이 큰 것입니다. 여기에서 예수님 의 결론은 이것입니다. "무릇 있는 자는 받아서 풍족하게 되고 없는 자는 그 있는 것까지 빼앗기리라"(마태복음25:29절) 이것은 윤리나 도덕적으로 볼 때는 맞지 않습니다. 참으로 이 말씀은 예수님답지 않으면서도 예수님다운 획기적인 말씀인 것입니다. 참으로 예수님의 지혜는 놀라운데 예수님의 말 씀은 단순히 윤리도덕의 차원이 아니라 시대를 넘어서는 인간의 존재와 삶 그 자체를 진술하는 것입니다. 사도 바울은 이렇게 증거하고 있습니다. "누

구든지 일하기 싫어하거든 먹지도 말게 하라"(데살로니가전서3:10절) 이런 말씀들을 인하여 서양에서 '노동신성설'이 나왔고 산업과 경제가 발달하여 인류가 드디어 가난과 빈곤에서 해방이 된 것입니다.

이처럼 세상에서의 **천국**은 겨자씨 한 알같이 미약하고, 술 만드는 누룩같이 비밀리에 퍼져가고, 밭에 감추인 보화같이 숨겨져서 가진 자만 알고, 바다에 친 그물같이 마지막 심판을 예고하고, 열 처녀와 같이 예수님의 재림을 기다리고, 달란트의 비유와 같이 복음전도와 영혼구원의 사명과도 관련이 있는 것입니다. 이처럼 천국은 누구에게나 열린 넓은 문이지만 한편으로는 소원을 가지고 들어갈려고 노력하는 자, 침노하는 자, 맡은 바 사명을 잘 감당하는 자들만이 들어갈 수 있는 가장 좁은 문이기도 한 것입니다.

또 예수님은 이렇게 말씀하셨습니다. ⑧ "여자가 낳은 자 중에 세례요한 보다 더 큰 이가 일어남이 없도다 그러나 천국에서는 극히 작은 자라도 그보다 크니라"(마태복음11:11절) 성경에서 세례 요한은 예수님이 오시는 길을 예비하는 구약시대의 마지막 선지자로서 하늘에서 불을 내리게 했던 엘리야 보다 더 큰 자라고 예수님이 소개하고 있습니다. 그러면 왜 예수님은 '천국에서는 극히 작은 자라도 저보다 더 크다'고 말씀하고 계십니까? 이 말씀은 우리들이 이해하기에 어려운 점이 있습니다. 여기서 우리가 예수님의 말씀을 이해하려면 세상과 **천국의 원리**(原理)를 알아야 합니다. **세상은 인간중심, 자기중심이나 천국은 하나님 중심, 타인중심입니다.** 인간중심과 자기중심! 이것이 바로 죄요 타락인 것입니다. 그래서 세례자 요한이 이 세상에서 아무리 큰 선지자라 할지라도 그는 아직도 세상에 사는 자기 중심의 인간으로서 천국에서는 '가장 작은 자보다 더 작은 자'가 되는 것입니다.

여기서 우리가 **세례 요한**에 대해서 알아야할 것이 있습니다. 세례 요한이 감옥에서 예수님을 의심했다는 것입니다. 마태복음 11장 2-3절 입니다. ⑨ **"요한이 옥에서 그리스도의 하신 일을 듣고 제자들을 보내어 예수께 여짜오되 오실 그이가 당신이오니이까 우리가 다른 이를 기다리오리이까"** 믿음이 약한 사람은 시험들기에 딱 좋은 구절 입니다. '아니! 그래도 그렇지! 다른 사람도 아니고 광야에서 예수님을 증거하여 외치던 세례요한이 예수님을 의심할 수 있는가?' 그러나 알고나면 충분히 이해가 되는 것입니다. 원래 세례 요한은 예수님의 친척으로서 예수님이 하나님의 아들이라고는 꿈에도 생각지 않았습니다. 그런데 어느날 요단강에서 그에게 하나님의 음성이 들려온 것입니다. 요한복음1장32-34절 입니다. ⑩ **"요한이 또 증거하여 가로되 나도 그를 알지 못하였으나 나를 보내어 물로 세례를 주라하신 그이가 나에게 말씀하시되 성령이 내려서 누구 위에든지 머무는 것을 보거든 그가 곧 성령으로 세례를 주는 이인줄 알라 하셨기에 내가 보고 그가 하나님의 아들이심을 증거하였노라"** a.**나도 그를 알지 못하였으나!** 세례 요한은 예수님을 전혀 알지 못했습니다. 그가 아는 예수님은 조카 벌이 되는 친척이었던 것입니다. 그리고 그의 어머니 엘리사벳은 성모 마리아의 이모쯤 될 것입니다. 그래서 가까운 친척이 되는데 그 둘이 얼마나 자주 만났는지도 알 수 없는 것입니다. b.**내가 보고 그가 하나님의 아들이심을 증거하였노라!** 그는 요단강에서 예수님께 세례를 주다가 하늘에서 성령이 예수님께 임하시는 것을 보고는 예수님이 하나님의 아들이신 것을 알게 된 것입니다. 그 전에는 그는 예수님에 대해서 전혀 몰랐고 알 수도 없었습니다. 그가 아는 예수님은 친척 조카쯤 됩니다. 오직 하나님의 계시로만 예수님을 알게 된 것입니다. 그런데 예수님이 나이 30이 되어 공생애에 들어가자 세례 요한의 시대는 끝이 나고 예수님의 시대가 열리게 된 것입니다. 그러자 그의 시대는 지나가고 그에게서 하나님의 계시가 끊어지게 된 것입니다. 그리고 그는 지금 감옥에 갇혀서 젊은 나이에 죽을 날만을 기다리고 있는 것입니다. 그러니 얼마나 답답하고 억울하겠습니까? 그는 베드로나 바울같이 예수 그리스도의 사도로서 성령이 충만한 것이 아니고 구약시대의 마지막 선지자로서 오직 하나님의 계시에 의해서만 예수님을 알고 있는 것입니다. 그래서 계시가 끊어지자 감옥에서 마음은 답답하고 죽을 날만을 기다리게 되자 인간적인 생각이 살아나서 예수님에 대해서 의구심이 생긴 것입니다. 이것은 기독교가 **'계시의 종교'**라는 것을 가장 웅변적으로 말해주는 것입니다. 이것은 마치 '광야시대'가 끝나자 모세는 요단강 이편에서 죽고 여호수아가 일어나서 '가나안시대'를 연 것과도 같은 맥락인 것입니다. 이것이 우리가 알 수 없는 하나님의 역사인 것입니다.

산상수훈에서 예수님은 우리에게 조금이나마 **천국의 모습**을 보여주고 계십니다. 마태복음 5:22절 입니다. ⑪ "나는 너희에게 이르노니 형제에게 노하는 자마다 심판을 받게 되고 형제를 대하여 라가라 하는 자는 공회에 잡히게 되고 미련한 놈이라 하는 자는 지옥불에 들어가게 되리라" 이 말씀은 우리의 이성이나 상식이나 감정과는 전혀 맞지않는 비상식적이기까지 한 것입니다. 형제에게 화내고, 욕하고, 비웃기만 해도 심판받고, 공회에 잡히게 되고, 지옥의 형벌을 받게 된다는데 이렇게 하고 세상을 살 사람이 누가 있겠습니까? 아마 한 사람도 없을 것입니다. 그래서 세례 요한이 아무리 큰 선지자라 하더라도 천국에 가면 모든 것을 다시 배워야 하는 **'가장 작은 자'**가 되는 것입니다.

천국과 관련해서 우리가 또 잊지 말아야 할 것이 있습니다. 예수님은 이렇게 말씀하셨습니다. ⑫ "세례요한의 때로부터 지금까지 천국은 침노를 당하나니 침노하는 자는 빼앗느니라"(마태복음11:1(2) a. **천국은 침노를 당하나니!** 여기서 '침노'는 헬라어로 βιαξω(비아조)인데 영어로는 to use force 즉 '힘을 사용하다', 또는 forcefully advancing '힘있게 전진하다''라는 뜻을 가지고 있습니다. 침노는 침략을 의미합니다. 여기서 예수님의 이 말씀은 호전적이고 공격적이라서 듣는 이의 귀를 의심케 하고 있습니다. 남의 나라를 침략하는 것은 범죄행위로서 해서는 안되는 것입니다. **그런데 왜 천국은 침략을 당해야 합니까? 왜 천국은 침략해 들어가야 합니까?** 왜냐하면 천국의 길을 가로막는 적이 있기 때문입니다. 그가 바로 마귀인 것입니다. 이것을 잘 보여주는 것이 바로 가나안 전쟁입니다. **b. 침노하는 자는 빼앗느니라!** 애굽에서 나온 여호수아와 이스라엘 민족은 광야생활 40년을 마치고 어느날 하나님의 명령을 받고 요단강을 건너서 7족속이 사는 가나안 땅을 침략해 들어 갔습니다. 그리고 닥치는대로 죽이고 빼앗았습니다. 그런데 왜 이런 약탈 전쟁이 정당화 되고 있습니까? 가나안 땅은 하나님이 아브라함에게 약속하신 **'약속의 땅'**이기 때문입니다. 그러니까 가나안 땅은 500여 년 전에 이미 계약금을 치른 이스라엘의 땅이었던 것입니다. 그런데 거기에 가나안 7족속이 들어와 불법으로 살고 있었던 것입니다. **가나안 전쟁**이 어려운 것은 그것이 민족 간의 영토분쟁이요 생존권 싸움이기 때문입니다. 가나안 7족속들의 입장에서 보면 가나안땅은 그들이 조상 대대로 살아왔던 땅인데 이스라엘 민족(물 건너온 히브리 민족)이 어느날 갑자기 나타나서 자기들 땅이라고 우기고 내놓으라고 억지를 부리면 누가 순순히 내놓겠습니까? 어림도 없습니다. '이 땅은 조상 대대로 살아온 우리 땅이다'라고 하면서 7족속이 동맹을 맺어 죽자 사자 달려들었던 것입니다. **천국도** 하나님이 약속하신 우리의 땅이지만 우리를 방해하는 세력이 있는데 원수 마귀입니다. 그래서 하늘나라도 그저 다가오는 것이 아닙니다. 존 번연이 '천로역정'에서 보여주듯이 천국은 마귀와 싸우고 세상과 싸우고 죄와 싸우고 나 자신과도 싸워서 이겨야 들어갈 수 있는 것입니다. 이 싸움에서 가장 좋은 무기는 하나님의 말씀과 성령 그리고 기도와 찬양인 것입니다. 말씀이 아니면 절대로 마귀를 이길 수가 없습니다. 하나님의 말씀이 삶의 표준입니다. 예수님도 말씀으로 마귀의 시험을 물리치셨습니다. 그리고 성령입니다. 성령은 불입니다. 그래서 이 불로 마귀의 진을 소멸해야 합니다. 그리고 날마다 기도하고 찬양해야 합니다.

또 예수님은 이렇게 말씀하셨습니다. ⑬ **"하나님의 나라는 볼 수 있게 임하는 것이 아니요 또 여기 있다 저기 있다고도 못하리니 하나님의 나라는 너희 안에 있느니라"**(누가복음17:20-21절) **하나님 나라는 너희 안에 있느니라!** 여기서 '안에'가 무엇입니까? '안에'는 헬라어로 ἐντός '엔토스'인데 두 가지 의미를 가지고 있습니다. 영어로 하나는 Within you 즉 '너의 안에'입니다. 이것은 개인적인 **심령 천국**을 말합니다. 다른 하나는 Among you 즉 '너희들 사이에'입니다. 이것은 **공동체적인 천국**을 말합니다. 이 두 가지 천국의 공통점은 지금 이 땅에서 이루어지는 **현세 천국**이라는 것입니다. 이 **현세 천국**도 우리가 침노해서 들어가야 합니다. 그러니 쉬운 일이 아닙니다. 그러나 이런 천국이 지금 우리에게서 이루어진다는 것이 얼마나 좋은 것입니까?

우리가 잘 아는 **"예수 천당! 불신 지옥!"**을 외치던 최권능(본명,최봉석 1869-194(4) 목사님이 있습니다. 그는 조선 말기에 평양감사의 감찰직을 수행하다가 억울한 누명을 쓰고 평북 삭주로 유배되었는데 술로 울분을 달래던 중에 전도를 받고 33세에 삭주교회에 등록을 하고 신앙생활을 시작했습니다. 그는 1903년 34세에 꿈 속에서 하늘에서 떨어지는 불벼락을 맞고

'복음을 전하여야겠다'는 열정이 치솟았다고 합니다. 그 후 그는 다니는 곳마다 '예수 천당! 불신 지옥!'을 외치며 복음을 전했던 것입니다. 그는 새벽 4시면 어김없이 첫 닭이 울 듯이 **"예수 천당"**을 외치며 평양시민들을 깨웠다고 합니다. 그는 그 일로 인하여 (사도 바울같이) 수없는 매질과 몽둥이 돌멩이 세례를 받아 쓰러졌고, 여러 차례 정신을 잃고 쓰러졌으나 그 때마다 주님의 음성을 듣고 깨어나는 체험을 했다고 합니다. 또 배고픔을 면하기 위하여 올챙이나 개구리를 잡아먹고 소똥에 들어있는 콩알도 꺼내 먹었다고 합니다. 그는 1907년에 평양 장로교 신학교에 입학하여 1913년에 목사 안수를 받았고 86개의 교회를 세우고 수만명을 교회로 인도했다고 합니다. 그는 1939년 신사참배를 반대하다가 투옥이 되었고 감옥에서도 문초를 받으면 **"예수천당"**을 외쳤다고 합니다. 그는 1944년 3월1에 40일 금식기도를 시작했고 40일 금식기도가 끝난 다음 날인 4월 11일에 병보석으로 풀려나 병원에 입원했으나 많은 지인들을 만나보고 나서 75세의 나이로 소천을 했습니다. 그리고 그는 항상 웃는 얼굴이었고 그가 "예수천당"만큼이나 많이 전한 말씀은 "항상 기뻐하라"였다고 합니다. 그래서 이런 찬송을 부릅니다.

1절 '하늘가는 밝은 길이 내 앞에 있으니 슬픈 일을 많이 보고 늘 고생하여도 하늘 영광 밝음이 어둔 그늘 헤치니 예수 공로 의지하여 항상 빛을 보도다'(통일찬송가545장, 새찬송가 493장)

2. 예수 그리스도는 '회개의 복음'을 전하셨습니다.

예수님은 이렇게 말씀하셨습니다. **"때가 찾고 하나님의 나라가 가까웠으니 회개하고 복음을 믿으라"**(마가복음1:15절) a. **때가 찾고!** 영어로는 'The time has been fulfilled'입니다. 그러니까 '때가 무르익었다'는 것입니다. b. **하나님의 나라가 가까웠으니!** 저 우주 밖 멀리에 있었던 하나님의 나라가 예수 그리스도와 더불어 이 땅에 왔습니다. 이것은 인류 역사에서 가장 획기적인 사건인 것입니다. c. **회개하고 복음을 믿으라!** '회개(悔改)'는 헬라어로 μετανοια(메타노이아) 영어로는 repent인데 '방향을 바꾸어서 되돌아간다'라는 뜻을 가지고 있습니다.

예를 들어서 시골에서 올라온 사람이 **서울역**에서 내려서 **영등포**로 가기 위해서 시내버스를 탔습니다. 가다보니 아무래도 이상해서 버스 기사에게 물었습니다. '아저씨, 지금 이 버스가 영등포 쪽으로 가고 있나요?' 그러자 버스기사가 이렇게 대답을 했습니다. '아닙니다. 버스 잘못 타셨습니다. 지금 이 버스는 **청량리** 쪽으로 가고 있습니다. 내려서 길 건너편에서 차를 바꿔 타세요' 그래서 성급히 내려서 길 건너에서 영등포로 가는 버스를 다시 타게 되었습니다. 이것이 회개입니다. 회개는 잘못을 뉘우치고(마음) 방향을 바꾸어서(행동) 곧바로 원래의 목적지로 돌아가는 것입니다. 그런데 버스를 바꾸어 탔다고 그것이 전부가 아닌 것입니다. 버스 타고 영등포로 가다가 "이제는 거의 다 왔으니까 **여의도**에서 내려서 실컷 놀다가자" 이것은 바른 회개가 아닙니다. 나중에 버스가 다 끊기면 오도가도 못하는 불쌍한 신세가 되고 마는 것입니다. 우리들도 이런 유혹을 받기 쉽습니다. '예수 믿고 구원받았으니까 세상구경이나 하면서 적당히 믿다가 나중에 나이가 들어서 잘 믿자' 이런 생각을 하기 쉬운데 그러다가는 세상에 빠져서 막차까지 놓지고 오도가도 못하는 신세가 되고 마는 것입니다. 정말로 내가 세상에서 구원을 받았다면 천국과 비교해 볼 때 세상은 아무 것도 아닌 것입니다. 그래서 우리는 세상에 미련을 두지말고 돌아서야하는 것입니다. 회개(

悔改)는 육의 사람이 영의 사람으로, 세상 사람이 하늘 나라의 사람으로, 마귀의 자식이 하나님의 자녀로, 인간 중심에서 하나님 중심으로 '완전히' 돌아서는 것을 의미합니다.

그러나 **회개**와 **후회**는 다릅니다. 후회(後悔)가 감정적이고 일시적인 것이라면 회개(悔改)는 의지적이고 영구적인 것입니다. **베드로**는 예수님을 모른다고 세 번이나 부인했으나 닭이 울자 가슴을 치고 통곡하면서 회개를 했습니다. 그러나 **가룟유다**는 예수님을 은 삼십에 팔아먹고서 예수님이 십자가에서 돌아가시는 모습을 보고서야 양심의 가책을 느낀 나머지 은 삼십을 성전고에 던져넣고 나서 목매달아 죽었습니다. 이것은 **후회**입니다. 그러면 그 결과가 어떻게 되었습니까? 우리가 볼 때에는 가룟유다가 자살을 함으로 자신의 잘못을 더 크게 뉘우친 것 같습니다. 그리고 베드로는 뻔뻔스러운 자 같습니다. 그러나 하나님이 보실 때에는 **베드로**는 돌이킨 후에 성령을 받고 복음을 전하는 대사도가 되었으나 **가룟유다**는 자기 자신을 죽이는 또 하나의 살인죄를 저지르고 만 것입니다. 이처럼 회개는 많은 열매를 거두었으나 후회는 한 개인의 죽음으로 끝이 난 것입니다. 그래서 우리는 가룟유다처럼 후회하지 말고 베드로처럼 회개해야 합니다. 그래야 새사람으로 거듭날 수가 있는 것입니다. 회개한 베드로는 오순절 날 마가의 다락방에서 성령충만을 받고 밖에 나가 솔로몬 행각에 모인 무리들에게 이렇게 외쳤습니다. **"너희가 회개하여 각각 예수 그리스도의 이름으로 세례를 받고 죄사함을 얻으라 그리하면 성령을 선물로 받으리니 이 약속은 너희와 너희 자녀와 모든 먼데 사람 곧 우리 주 하나님이 얼마든지 부르시는 자들에게 하신 것이라…너희가 이 패역한 세대에서 구원을 받으라"**(사도행전2:38-40절)

a. **너희가 회개하여!** 베드로가 먼저 회개를 외친 것은 그 자신이 마가의

다락방에서 회개하고 성령을 받았기 때문입니다. 그러자 그날에 3,000명이 회개하고 하나님께로 돌아왔다고 기록하고 있습니다. 이렇게 회개는 신앙생활의 첫걸음으로서 죄사함, 성령, 구원, 천국과 끊을 수 없는 관계가 있는 것입니다.

b. 그러면 성령을 선물로 받으리니! 그가 성령을 받은 것은 회개했기 때문입니다.

c. 구원을 받으라! 회개의 궁극적인 목적은 구원을 받아 하나님의 자녀가 되고 천국에 가는 것입니다.

성 어거스틴의 **'참회록'**을 보면 어거스틴이 어머니의 젖을 빨던 시절부터 시작하여 일생의 전 과정을 낱낱이 회상하며 회개하고 있습니다. 그는 어린 아기 때에 엄마의 젖꼭지를 물고 한 손으로 엄마의 다른 젖꼭지를 잡고서는 엄마없는 다른 아이가 엄마의 젖을 먹지 못하도록 막았는데 그가 그것까지도 회개하고 있습니다. 특히 그는 10대의 청소년 시절에는 반항하고 방황하면서 친구들과 죄를 밥먹듯이 즐기면서 저지르고 다녔습니다. 그는 10대 때 이미 한 여자를 사랑하여 사생아를 낳기도 했습니다. 그리고 주위의 권유로 그 여자를 아프리카로 돌려보내고 다른 여자와 약혼을 했던 것입니다. 그는 한 마디로 죄인의 괴수이었고 탕자였습니다. 그는 **마니교**의 가르침에 깊이 빠져서 한동안 거기서 헤어나오지 못했습니다. 그가 추구하는 것은 빛과 어둠, 선과 악의 본질, 참 진리가 무엇인가? 였습니다. 그는 카르타고에서의 삶을 정리하고 로마로 가서 수사학을 가르치는 교수가 되었습니다. 그는 그곳에서 많은 친구들과 많은 토론의 시간을 가졌고, 친구의 권유로 로마에서 밀란으로 왔는데 거기에서 그 당시 가장 위대한 기독교 지도자인 **암브로시우스**를 만나고 나서 마니교에서 기독교로 방향을 바꾸기 시작했습니다. 그럼에도 그의 갈등은 계속되었고 그는 옛날 삶에서 빠져나오려 했으나 마귀가 그를 놓아주지 않아서 그의 방황은 계속되었습니다. 그러던 중 어머니의 간절한 기도와 권유로 조금씩 마음을 바꾸고 성경을 읽기 시작했습니다. 교회는 다지지 않았으나 점점 기독교인이 되어갔습니다. 그러나 끝까지 그를 괴롭힌 것은 약혼자와의 결혼문제이었습니다. '파혼을 할 것인가 말 것인가?' 그는 거기에서 빠져나오려고 울고 또 울며 부르짖고 또 부르짖었습니다 . 그러던 어느날 무화과 나무 아래에서 그는 눈물을 흘리며 이렇게 주님께 부르짖었습니다. **"주님! 저는 얼마나 오래 동안, 내일 그리고 또 내일 이런 삶을 살아야 합니까? 왜 저는 이 순간을 저의 더러운 생활의 마지막 순간으로 만들지 못하옵니까?"** 이렇게 그는 뜨거운 눈물을 흘리며 참회하고 있었습니다. 바로 그때 그는 아이들이 장난을 치며 지르는 소리를 들었습니다. **"들고 읽어 봐! 들고 읽어 봐!"** 그는 이 소리를 듣자마자 이것이 아이들의 소리가 아니라 어떤 권위있는 자의 소리 같아서 눈물을 씻고 일어나 얼른 집에 들어가서 성경을 꺼내 들고 처음 눈에 띄는 곳을 읽었습니다. 그것은 로마서 13장 13절 이었습니다. "낮에와 같이 단정히 행하고, 방탕과 술취하지 말며, 음란과 호색하지 말며 쟁투와 시기하지 말며 오직 주 예수 그리스도로 옷입고 정욕을 위하여 육신의 일을 도모하지 말라" 그는 그 때의 상황을 이렇게 고백하고 있습니다. **"저는 더 읽지 않았습니다. 그럴 필요도 없었습니다. 이 말씀은 광명한 빛으로 제 마음을 비추어 제 속에 있던 어둠을 즉시 물리쳐주었기 때문입니다. 그리고 저는 이 소식을 알리려고 어머니한테로 달려갔습니다. 그러자 어머니는 '드디어 기도가 응답이 되었다'고 춤을 추듯 기뻐하면서 하나님을 찬양했습니다."** 그리고 그는 약혼자에게 파혼을 통보합니다. 그리고 모든 것을 뒤로하고 오직 주님만을 섬김으로 교부 성 어거스틴이 탄생하게 됩니다. 이것은 창녀인 **'타이스'**가 회개하고 성녀가 되었듯이 탕자 어거스틴이 회개하고 성자가 된 것입니다.

사도행전 1장에는 이런 기록이 있습니다. "**제자들이 감람원이라 하는 산으로부터 예루살렘에 돌아오니 이 산은 예루살렘에서 가까워 안식일에 가기 알맞은 길이라 들어가 저희 유하는 다락에 올라가니 베드로, 요한, 야고보, 안드레와 빌립, 도마와 바돌로매, 마태와 알패오의 아들 야고보, 셀롯인 시몬, 야고보의 아들 유다가 거기 있어 여자들과 예수의 모친 마리아와 예수의 아우들로 더불어 마음을 같이 하여 전혀 기도에 힘쓰니라**"(12-14절) **전혀 기도에 힘쓰니라!** 이것을 영어성경은 이렇게 번역하고 있습니다. They all joined together constantly in prayer. 이것은 그들이 모여서 금식하며 쉬지 않고 계속해서 기도를 했다는 것입니다. 그렇다면 여기서 우리가 궁금한 것이 있습니다. '그 때 저들이 어떤 기도를 했을까?' 하는 것입니다. 우리의 통상적인 생각은 '저들이 성령을 부어 달라고 기도했을 것이다'라는 것입니다. 그러나 '성령을 부어달라고 한다'고 해서 하나님이 성령을 부어주시지 않습니다. 먼저 해야 할 것이 있는데 그것은 회개 즉 비우는 것입니다. **마음을 비우는 것!** 그것이 바로 회개입니다. 그릇에 무엇을 담으려면 먼저 그릇을 비워야합니다. 그리고 씻어야 합니다. **회개도 이와같습니다.** 성령은 거룩한 영입니다. 이런 성령을 하나님이 아무데나 부으시겠습니까? 먼저 비우고 씻어야 합니다. 그런 다음에 성령을 달라고 간절히 기도해야 합니다. 예수님의 제자들을 생각해 보세요! 그들은 예수님이 군병들에 의해 잡혀 가시자 도망을 쳤습니다. 예수님이 십자가에서 처형을 받으시자 멀리서 바라만 보았습니다. 그리고 예수님이 무덤에 장사되자 다 고향으로 돌아 갔습니다. 예수님이 부활하신 후에 첫 번째 찾아갔으나 '유령'이라고 소리를 질렀습니다. 두 번째 찾아가시자 긴가민가 했습니다. 세 번째로 새벽에 갈릴리 바다에 찾아가시자 그제서야 비로소 예수님이 부활하신 것을 인정하고 예루살렘으로 돌아왔고, 예수님이 감람산에서 하늘로 승천하시는 것을 목격한 다음에야 모든 것을 믿고 마가의 다락방에 모여 땅을 치고 가슴을 치면서 지난 날의 잘못을 눈물로 회개하며 기도를 하게 된 것입니다. 그러자 열흘만에 갑자기 하늘에서 천둥소리가 나며 성령이 불같이 바람같이 임하신 것입니다. 할렐루야!

그러면 회개가 무엇입니까? 그 해답이 누가복음 15장에 기록되어 있습니다. **"어떤 사람이 두 아들이 있는데 그 둘째가 아비에게 말하되 아버지여 재산 중에서 내게 돌아올 분깃을 내게 주소서 하는지라 아비가 그 살림을 각각 나누어 주었더니"**(11-12절) 그 후 둘째 아들은 재산을 모두 팔아서 먼 나라에 가서 허랑방탕하게 살다가 재산을 다 날려버리고 마침 그 나라에 흉년이 들자 돼지를 키우는 집에 가서 겨우 끼니를 때우면서 살았는데 그것마저 끊어지자 돼지가 먹는 '쥐엄열매'로 배를 채우게 된 것입니다. 그런데 그것도 다 먹어버리고 얻을 수 없게 되자 고향에 계신 아버지를 생각하게 된 것입니다. **"이에 스스로 돌이켜 가로되 내 아버지에게는 양식이 풍족한 품군이 얼마나 많고 나는 여기서 주려 죽는구나"** a. **나는 여기서 주려 죽는구나!** 이것이 무엇입니까? '자아의 발견'이고 '자기 정체성의 확인'입니다. **'나는 누구인가? 나는 어디서 왔는가? 나는 지금 여기서 무엇을 하고 있는가?'** 이것이 회개의 시발점이 되는 것입니다. 지금까지 둘째 아들은 아버지 집을 나와서 제멋대로 살다가 모든 것을 다 잃고 나서야 정신을 차리고 자신을 발견하게 된 것입니다. 이처럼 자신의 정체성을 찾은 자가 기도할 수 있는 것입니다. **"나는 여기서 주려 죽는구나"** 그러면 여기가 어디입니까? 지금 둘째 아들은 머나먼 타국에 와 있습니다. 그러면 지금 여러분은 어디에 와 있습니까?

저는 충청남도 부여가 고향(故郷)인데 대전 부산 서울을 떠돌다가 지금은 경기도에 와서 살고 있습니다. 타향에 온 것입니다. 그러나 이것이 나의 정체성의 전부는 아닌 것입니다. 저는 **본향(本郷)**인 천국을 떠나 이억만리 지구라는 타향에 와 살고 있는 것입니다. 그러나 대부분의 사람들은 이 땅이 전부인냥 착각하며 살고 있습니다. 그래서 어느날엔 가는 이 둘째 아들처럼 이렇게 탄식할 날이 올 것입니다. **'오호 통재라! 지금까지 나는 무얼 위해 살아왔나? 나는 여기서 병들고 늙어 죽는구나! 나의 돌아갈 고향은 어디란 말인가?'** 하면서 뒤늦게 후회하고 탄식하는 것입니다. 여러분! 이 무한한 우주를 생각해 볼 때 지구라는 것은 바닷가의 모래알 하나에도 미치지 못하는 것입니다. 우리가 사는 지구가 이러할찐대 하나님을 모르는 우리의 인생도 이와 다르지 않은 것입니다. 그런데도 인간들은 그것을 모르고 '신은 죽었다' '신은 없다' '믿을 것은 나 밖에 없다'라고 큰소리치며 살다가 죽음이 코앞에 다가와서야 겨우 정신을 차리고 **'내가 지금까지 여기서 무얼 하며 살아왔지? 이제 죽으면 어디로 가는거지?'** 하면서 뒤늦게 후회하며 탄식하는 것입니다. 그러나 그런 날이 오기 전에 우리는 나의 **정체성** 즉 **본향**을 찾는 노력을 해야하는 것입니다. 그 해답은 성경에 있습니다. **"내가 일어나 아버지께로 가서 이르기를 아버지여 내가 하늘과 아버지께 죄를 얻었사오니 지금부터는 아버지의 아들이라 일컬음을 감당치 못하겠나이다 나를 품군의 하나로 보소서 하리라 하고 이에 일어나서 아버지께로 돌아가니라"**(18-20절)

a. **이에 일어나서 아버지께로 돌아가니라!** 드디어 이 둘째 아들은 자신의 비참한 처지를 깨닫고 아버지를 떠올렸습니다. 그리고 자신의 행동을 뉘우

치고 아버지 집으로 발걸음을 돌리게 된 것입니다. 이것이 바로 회개인 것입니다. 그리고 무거운 발걸음을 이끌고 아버지께로 돌아오는데 아버지가 아들이 돌아온다는 소식을 듣고 먼 곳까지 마중을 나온 것입니다. "아직도 상거기 먼데 아버지가 저를 보고 측은히 여겨 달려가 목을 안고 입을 맞추니"(20절) b. **달려가 목을 안고 입을 맞추니!** 소중한 재산을 다 날려 버리고 거지가 되어서 돌아온 자식을 끌어안고 입을 맞출 아버지가 세상에 과연 얼마나 있겠습니까? 그래서 예수님의 이 비유의 말씀은 바로 하나님의 사랑을 보여주고 있는 것입니다. 그래서 이런 찬송을 부릅니다. 1절 '어서 돌아오오 어서 돌아만 오오 지은 죄가 아무리 무겁고 크기로 주 어찌 못 담당하고 못 받으시리요 우리 주의 넓은 가슴은 하늘보다 넓고 넓어'(통일찬송가 317장 새찬송가527장)

3. 예수 그리스도는 '중생(重生)의 복음'을 전하셨습니다.

요한복음 3장을 보면 어느날 밤에 **'니고데모'**가 몰래 예수님을 찾아 왔습니다. 그리고 예수님께 이런 말을 했습니다. "랍비여 우리가 당신은 하나님께로서 오신 선생인 줄 아나이다 하나님이 함께 하시지 아니하시면 당신의 행하시는 **표적**을 아무라도 할 수 없습이니이다"(2절) 니고데모는 유대인 중에서도 바리새인이요 관원이었습니다. 그러니까 유대인들의 지도층에 속한 사람입니다. 그래서 밤에 아무도 모르게 예수님을 찾아 온 것입니다. 그러자 예수님은 니고데모의 말과는 전혀 다른 대답을 하셨던 것입니다. "진실로 진실로 네게 이르노니 사람이 거듭나지 아니하면 하나님 나라를 볼 수 **없느니라**"(요한복음3:3절) 여기서 '거듭난다'는 것은 헬라어로는 γεννηθη ἄνωθεν '겐네데 아노덴'인데 영어로는 Born from above 즉 '위로부터 태어나다'라는 의미입니다. 그러니까 '하늘로부터 태어난다'는 것입니다. 또 이 말은 Born again 즉 '다시 태어난다'라는 의미도 가지고 있는 것입니다. 합치면 '위로부터 다시 태어난다'가 되는 것입니다. 이것을 **중생** 즉 **거듭남**이라고 합니다. 이렇게 중생해야 '하나님의 나라를 볼 수 있다'는 것입니다. 그러자 니고데모가 동문서답같은 엉뚱한 질문을 하고 있습니다. **"사람이 늙으면 어떻게 날 수 있삽나이까 모태에 들어갔다가 다시 날 수 있삽나이까"**(4절) 그는 율법의 지식과 권력까지 가진 상류층에 속한 자였습니다. 그럼에도 불구하고 그는 예수님의 말씀을 전혀 알아듣지 못하고 비상식적인 질문을 하고 있는 것입니다. 이것이 곧 율법의 지식과 경험의 한계입니다. 사람은 자기가 가진 지식과 경험을 넘어서는 알 수 없는 것입니다. 그러자 예수님이 다시 이런 대답을 주셨던 것입니다. **"진실로 진실로 네게 이르노니 사람이 물과 성령으로 나지 아니하면 하나님의 나라에 들어갈 수 없느니라"**(5절) 지금 예수님은 "볼 수 없느니라"에서 "들어갈 수 없느니라"라고 한층 업그레이드된 말씀을 하고 계십니다. **'보는 것'**과 **'들어가는 것'**은 완전히 다른 것입니다. 보는 것은 눈 하나이면 되지마는 들어 갈려면 눈과 손과 발과 온 몸을 다 움직여야 하는 것입니다. 그리고 이 구절은 아주 중요한 말씀인데 또한 오해가 많은 말씀이기도 한 것입니다. 여기서 우리의 관심은 **'물과 성령**이 무엇을 의미하는가' 입니다. 여러 가지 의견이 있으나 저 나름대로의 의견을 제시해 보겠습니다. 제가 볼 때 여기서 '물과 성령'은 세례(洗禮)를 말하는 것입니다. **물**은 '물세례'이고 **성령**은 '성령세례'입니다. 물세례는 세례요한의 세례이고 성령세례는 예수님의 세례입니다. 왜냐하면 세례 요한이 **"나는 너희로 회개케 하기 위하여 물로 세례를 주거니와 내 뒤에 오시**

는 이는 나보다 능력이 많으시니…그는 성령과 불로 너희에게 세례를 주실 것이요"(마태복음3:11절) 라고 증거했기 때문입니다. 여기서 '물세례'가 죽이는 세례라면 '성령세례'는 살리는 세례인 것입니다. 다른 종교들이 '살고 다시 죽는' 종교라면 기독교는 '죽고 다시 사는' 종교입니다. 왜냐하면 기독교는 부활의 종교이기 때문입니다. 죽고 다시 사는 것! 죽어야 다시 살 수 있는 것! 새사람으로 다시 태어나는 것! 이것이 바로 기독교입니다. 그래서 기독교는 고행이나 깨달음의 종교가 아니라 '옛사람'이 죽고 '새사람'으로 다시 태어나는 거듭남 즉 중생(重生)의 종교인 것입니다.

그때 그 자리에서 예수님은 **니고데모**에게 또 이런 말씀을 하셨습니다. "육으로 난 것은 육이요 성령으로 난 것은 영이니 내가 네게 거듭나야 하겠다는 말을 기이히 여기지 말라"(6-7절) a. **육으로 난 것은 육이요 영으로 난 것은 영이니!** 지금 우리 안에는 **영(靈)**과 **육(肉)**이라는 두 개의 생명이 있습니다. 그러나 영과 육은 완전히 다르다는 것입니다. 육은 부모로부터 땅에서 태어났으나 영은 예수 그리스도를 통하여 하늘로부터 태어나는 것입니다. 그래서 거듭나지 못한 세상 사람들이 볼 때는 기이한 것입니다. b. **기이히 여기지 말라!** 이것이 영어성경에서는 Do not be surprised! 즉 '놀라지 말라'라고 번역하고 있습니다. 이처럼 '거듭난다'는 것은 인간에게는 낯설고 생소하고 거짓말 같고 놀랍고 기이한 것입니다. 그래서 아무도 믿으려 하지 않는 것입니다. 왜냐하면 그것은 눈에 보이는 **육**으로 태어나는 것이 아니고 눈에 보이지 않는 **영**으로 태어나는 것이기 때문입니다. 그래서 예수님은 다음같은 부연 설명을 하셨습니다. "바람이 임의로 불매 네가 그 소리를 들어도 어디서 오며 어디로 가는지 알지 못하나니 성령으로 난 사람은 다 이러하니라"(8절) a. **"바람이 임의로 불매"** 예수님은 성령에 대해서 설명하시려고 '바람'을 등장시키고 있습니다. 성령은 바람과 같다는 것입니다. 성경에서는 성령을 세 가지 즉 **물, 불, 바람**으로 비유하고 있습니다. 이 세가지 모두는 대단위 에너지이고, 움직이는 것이고, 생명과도 관련이 있습니다. 그 중에서도 '바람'은 있으나 눈에는 보이지 않습니다. 바람은 공기의 이동인데 불어야 그 존재가 드러나는 것입니다. **성령도 마찬가지 입니다.** 성령이 존재한다 해도 알 수가 없고 바람이 불듯이 역사해야 그 존재가 드러나는 것입니다. 그리고 그 역사는 아주 놀랍고 신비한 것입니다.

b. **"성령으로 난 사람은 다 이러하니라"** 그러면 이것이 무슨 말씀입니까? 아무도 그 사람을 이해할 수 없다는 것입니다. 왜냐하면 성령으로 난 사람은 하늘로 쫓아나는 자이기 때문입니다. 그래서 거듭나지 못한 땅(세상)의 사람들의 눈으로 볼 때는 그것이 어리석고 바보같이 보이기도 하는 것입니다. 그러나 하나님을 믿는 자들에게는 거듭남이란 '알에서 병아리가 부화하듯이' 생명 그 자체인 것입니다. **신앙생활은 거듭남의 삶입니다.** 거듭나지 아니하면 신앙생활을 잘 할 수 없고 하나님을 잘 섬길 수도 없는 것입니다. 가장 좋은 예를 든다면 **매미**가 있습니다. 저도 어릴 때는 시골에 살면서 거미줄로 매미를 많이 잡아보았습니다. 매미는 굼뱅이로서 땅 속에서 7년을 살다가 어느 여름날 구멍을 뚫고 밖으로 나와서 나무 위에 **'허물을 벗고'** 하늘로 날아 올라서 나무의 그늘 속에서 하루 종일 노래를 부르는 것입니다. 매미는 여름 한 철을 위해서 땅 속에서 7년을 보내야 했던 것입니다. 우리가 거듭나는 것도 이와 같은 이치입니다. 우리도 땅 즉 세상에서 나와 육의 **'허물을 벗고'** 하늘을 향해 날아올라야 하는 것입니다. 그래야 매미처럼 자유를 누리며 마음껏 노래할 수 있는 것입니다. 우리는 지금까지 땅이라는 작은 공간 안에서만 살았습니다. 마치 우물 안에 갇힌 개구리처럼 더 큰 세상을 모

릅니다. 그러니 얼마나 불쌍합니까? 예수 믿고 구원은 받았으나 아직도 땅(세상)에 매여서 구원의 기쁨을 누리지 못하고 있는 것입니다. 그래서 이제는 땅 즉 지구라는 이 작은 공간에서 나와서 **'육의 허물을 벗고'** 새사람이 되어서 자유와 영생을 위해서 하늘 위로 힘껏 날아올라야 하는 것입니다. 그래야 우리의 영혼이 해방되어서 마음껏 해방과 자유를 누리며 구원의 기쁨을 노래하고 하나님께 감사하며 찬양할 수 있는 것입니다.

산상수훈은 우리에게 거듭난 자의 모습을 보여주고 있습니다. 예수님은 산상수훈에서 이렇게 말씀하셨습니다. **"오른편 뺨을 때리면 왼편도 돌려대며 너를 송사하여 속옷을 가지고자 하는 자에게 겉옷까지도 가지게 하며 또 누구든지 너로 억지로 오리를 가게 하거든 그 사람과 십리를 동행하고 네게 구하는 자에게 주며 네게 꾸고자 하는 자에게 거절 하지 말라"**(마태복음 5:39-42절) 이것이 바로 거듭난 사람의 모습인데 거듭나지 못한 세상 사람들의 상식으로는 도저히 이해할 수 없는 것입니다. 그러면 우리가 어떻게 이렇게 행할 수 있습니까? 사도 바울은 이에 대해서 이렇게 증거하고 있습니다. **"하나님은 미쁘시니라 우리가 너희에게 한 말은 예하고 아니라함이 없노라 우리 곧 나와 실루아노와 디모데로 말미암아 너희 가운데 전파된 하나님의 아들 예수 그리스도는 예 하고 아니라 함이 되지 아니 하였으니 저에게는 예만 되었느니라 하나님의 약속은 얼마든지 그리스도 안에서 예가 되니 그런즉 그로 말미암아 우리가 아멘하여 하나님께 영광을 돌리게 되느니라"**(고린도후서 1:18-20절) a. **예하고 아니라함이 없노라!** 이것이 해답입니다. 모든 하나님의 말씀은 진리라서 결코 '아니라함'이 없는 것입니다. 하나님의 명령을 '행해보지도 않고' 인간적인 생각으로 먼저 반대부터하는 것은 신앙인의 자세가 아닌 것입니다. 먼저 '행해보면' 그 말씀의 진가를 알 수 있는 것입니다. **b. 하나님의 약속은 얼마든지 그리스도 안에서 예가 되나니!** 하나님의 약속은 진리입니다. 그래서 "예"밖에 없는 것입니다. 그리고 하나님의 약속은 하나님이 책임을 지십니다. 그 약속의 말씀을 믿고 행하면 그 말씀대로 하나님의 은혜와 축복이 임하는 것입니다. 오른 뺨을 친 자가 찾아와서 용서를 빌고, 겉옷을 가져간 자가 소문을 퍼뜨려서 사람들의 존경을 받고, 오리를 더해서 십리를 가주니까 고맙다고 보답을 해주는 것입니다. 이렇게 하나님의 말씀은 진리라서 손해를 보지 않는 것입니다. **신원과 보상!** 이것이 구약성경의 교훈이기도 한 것입니다.

1절 '예수로 나의 구주 삼고 성령과 피로써 거듭나니 이 세상에서 내 영혼이 하늘의 영광 누리도다 이것이 나의 간증이요 이것이 나의 찬송일세 나 사는 동안 끊임없이 구주를 찬송 하리로다'(통일찬송가204장, 새찬송가 288장)

4. 예수 그리스도는 '빛의 복음'을 전하셨습니다.

"나는 세상의 빛이니 나를 따르는 자는 어두움에 다니지 아니하고 생명의 빛을 얻으리라" (요한복음 8:12절) 이 세상에서 가장 귀한 것은 햇빛 즉 빛입니다. 빛이 얼마나 귀한가는 아침에 떠오르는 태양을 보면 알 수 있습니다. 빛은 곧 에너지요 힘이요 생명입니다. **기독교는 빛의 종교입니다.** 하나님은 천지만물을 창조하실 때 가장 먼저 빛을 지으셨습니다. (창세기1:3-4절) 그래서 성경은 하나님을 '빛의 아버지' 예수 그리스도를 '빛의 아들', 하나님을 믿는 자들을 '빛의 자녀'라고 부르고 있습니다. **빛의 자녀!** 이것이 바로 우리의 영적인 신분인 것입니다.

예수님은 **산상수훈**에서 이렇게 말씀하셨습니다. "너희는 세상의 빛이라 산 위에 있는 동네가 숨기우지 못할 것이요 사람이 등불을 켜서 말 아래 두지 아니하고 등경 위에 두나니 이러므로 집 안 모든 사람에게 비취느니라"(마태복음5:14-15절) 이 세상에서나 이 우주에서 가장 귀한 것을 꼽으라면 그것은 빛일 것입니다. 그래서 하나님은 천지만물을 창조하실 때 가장 먼저 빛을 지으셨던 것입니다.(창세기1:3절) **그러면 빛이 무엇입니까?** 태양에서 보듯이 수소에서 헬륨으로 핵융합이 일어나는 과정에서 나오는 에너지입니다. 우리는 빛이라고 부르지만 사실은 불타는 에너지의 덩어리인 것입니다. 그 태양 에너지를 먹고 인간을 비롯하여 지구의 모든 생명체들이 사는 것입니다.

a. **너희는 세상의 빛이라!** 그러면 이 말씀이 주는 의미가 무엇입니까? 빛은 어둠을 몰아내는 정복자요, 세상을 다스리는 지배자요, 생명체를 키우는 어머니인 것입니다. 빛은 언제나 능동적이고 적극적이고 생산적입니다. 이것이 빛의 특성인데 우리도 그런 자가 되어야 한다는 것입니다. b. **등경 위에 두나니!** 빛은 하늘에서 옵니다. 그래서 빛은 항상 위에 있어야 합니다. 그래야 그 진가를 발휘할 수 있는 것입니다. 그런데 이 빛을 말(옛날에 곡식을 되는 도구)로 가리워버리면 빛은 있으나 마나한 것이 되고 마는 것입니다. 옛날에는 집집마다 등잔불이나 호롱불을 켜고 살았습니다. 바람이 불면 금방 꺼지고 마는 등잔불 하나로 방을 밝히고 밤에 온 가족이 모여서 일하고 이야기 하면서 살았습니다. 그러나 그런 등잔불도 가리워지면 아무 소용도 없는 것입니다. c. **이러므로 집안 모든 사람에게 비취느니라!** 이것은 빛의 영향력과 파급력을 말합니다. 태양을 보세요! 하늘에서 온 세상을 두루 비춥니다. 달을 보세요! 캄캄한 밤을 환하게 해줍니다. 이것이 바로 '**빛의 영향력**'인 것입니다. 이것을 다른 말로 하면 '**선한 영향력**'인 것입니다. 교회를

30년을 다니고 장로요 권사가 되었는데도 한 사람도 전도하지 못하고 주위에 아무런 영향력이 없다면 이것은 문제인 것입니다. 어떤 사람들은 반대로 교회에 다니면서도 **'악한 영향력'**을 행사하여 하나님의 영광을 가리우고 가족이나 친척들의 전도를 막는 자들도 있는 것입니다. 또 있으나마나 아무 영향력이 없는 사람들도 있습니다. 그러나 분명한 것은 하나님은 언젠가 반드시 그 책임을 물으신다는 것입니다. 그것이 바로 하나님의 심판인데 그리고 심판 후에는 반드시 상급이 주어지는 것입니다.

사도 요한은 이 **빛**에 대하여 이렇게 증거하고 있습니다. "우리가 저에게서 듣고 너희에게 전하는 소식이 이것이니 곧 하나님은 빛이시라 그에게는 어두움이 조금도 없으시니라"(요한일서 1:5절)

a. 저에게서! 여기서 '저'는 예수님입니다. **b. 하나님은 빛이시라!** 이것은 예수님이 평소에 제자들에게 가장 많이 하셨던 말씀입니다. 예수님 자신도 "나는 빛으로 세상에 왔다"라고 많이 증거하셨습니다.(요한복음8:12절, 12:35-36절 , 12:46절) **c. 그에게는 어두움이 조금도 없으시니라!** 이것은 우리가 음미하고 음미해야할 귀한 말씀인 것입니다. '어두움이 조금도 없다'는 것은 그림자도 없다는 것입니다. 빛이 비치면 당연히 그림자가 생기는 것인데 그림자가 없다는 것은 인간의 경험과 상식으로는 이해할 수 없는 것입니다. 이것은 바로 천국의 모습을 보여주는 것입니다. 천국에는 태양이 없고 하나님 자신이 빛이십니다. 그래서 천국에는 어두움도 그림자도 없는 것입니다. 모든 빛은 하나님으로부터 온 것이고 하나님이 만드신 것입니다. 하나님은 빛 그 자체이십니다. 그리고 예수님은 이 빛을 전하러 오셨습니다.

사울(바울)은 어느날 대제사장의 공문을 가지고 예수 믿는 자들을 잡아오려고 예루살렘에서 다메섹(다마스커스)으로 가다가 정오 쯤 되어 하늘에서

"해보다 더 밝은" 부활하신 예수님의 모습을 보았습니다. "사울이 행하여 다메섹에 가까이 가더니 홀연히 하늘로서 빛이 저를 둘러 비추는지라"(사도행전9;3절) 여기서 "홀연히"는 갑자기입니다. 또 음성을 들었습니다. **"사울아 사울아 어찌하여 나를 핍박하느냐"**(사도행전 9:4절) 그러자 이렇게 물었습니다. **"주여 뉘시오니까"**(5절) 그러자 예수님이 대답하셨습니다. **"나는 네가 핍박하는 예수라"**(5절) 그는 너무 놀란 나머지 땅에 엎드리고 있다가 일어났는데 눈이 보이지 않아서 사람들에게 이끌리어 다메섹으로 갔습니다. **"사울이 땅에서 일어나 눈은 떴으나 아무 것도 보지 못하고 사람의 손에 끌려 다메섹으로 들어가서 사흘 동안을 보지 못하고 식음을 전폐하니라"**(사도행전9:8-9절) 그가 거기서 식음을 전폐하며 기도를 하고 있는데 선지자 아나니아가 찾아와서 안수기도를 해주자 눈이 다시 보게 되었던 것입니다. 여기서 우리의 의문은 이것입니다. 그 빛이 얼마나 강했으면 시력을 잃고 눈이 보이지 않을 정도가 되었겠습니까? 그 빛은 햇빛보다 더 강한 빛이었던 것입니다. 부활하신 예수님을 통하여 하늘에서 이런 빛이 비치었다는 것이 놀랍지 않습니까? 그는 그 후로 유대교에서 기독교로 개종을 했습니다. 그리고 핍박자 사울이 복음 전도자 바울이 되었습니다. 그 이유는 그가 **"해보다 더 밝은"** 부활하신 예수님을 보았기 때문입니다. (사도행전 9장) 그는 그 때의 일을 이렇게 회상하고 있습니다. **"왕이여 때가 정오나 되어 길에서 보니 하늘로서 '해보다 더 밝은 빛'이 나와 내 동행들을 둘러 비추는지라 우리가 땅에 엎드러지매 내가 소리를 들으니"**(사도행전26:13-1(4) 여기서 우리는 두 가지 중요한 사실을 발견할 수 있습니다.

　a. **"때가 정오나 되어"**입니다. 정오는 낮 12시로 하루 중 해가 가장 밝게 빛나는 시간입니다. 예수님도 이에 대해서 이렇게 말씀하셨습니다. **"낮**

이 열두 시가 아니냐 사람이 낮에 다니면 이 세상의 빛을 보므로 실족하지 아니하고 밤에 다니면 빛이 그 사람 안에 없는고로 실족하느니라"(요한복음11"9-10절) 낮 12시! 바로 이것이 기독교의 **영적 시간**입니다. 그러면 다른 종교들은 몇 시입니까? 유대교는 해지는 저녁 6시이고 대표적인 신비주의 종교인 H교는 '이 세상에 시간이 없는' 25시입니다. 그리고 Is교나 B교 같은 다른 종교들은 대개 밤에 속해 있는데 밤에도 달이 있고 별들이 빛나고 있으니 그것이 몇 시인지는 여러분의 판단에 맡기겠습니다. 그리고 반기독교적인 근.현대 철학은 달도 없는 그믐날 밤의 2시나 3시 쯤 될 것입니다. (이것은 과학적인 근거가 있는 것은 아니나 빛의 양(밝기)에 따라서 구분해 본 것입니다.)

b. **"해보다 더 밝은 빛이"** 입니다. 예수 그리스도는 **해보다 더 밝은 빛!** 이십니다. 예수 그리스도는 바로 그 빛을 이 세상에 주려고 오셨으니 예수님이 얼마나 귀하신 분이십니까? 그런데 어찌 감히 사람이 '나는 빛이다'라고 말할 수 있겠습니까? 예수님밖에 없습니다. 그래서 예수님은 하나님의 아들이시고 인류의 구원자가 되시기에 합당하십니다.

1절 '내 영혼에 햇빛 비치니 주 영광 찬란해 이 세상 어떤 빛보다 이 빛 더 빛나네 주의 영과 빛난 그 빛 내게 비춰 주시옵소서 그 밝은 얼굴 뵈올 때 나의 영혼 기쁘다'(통일찬송가488장, 새찬송가428장)

5.예수 그리스도는 '피의 복음'을 전하셨습니다.

창세기 3장을 보면 아담과 하와가 죄를 짓고 타락하자 하나님이 그들을 에덴동산에서 쫓아내셨는데 그들에게 **가죽옷**을 지어 입히셨습니다. "여호와 하나님이 아담과 그 아내를 위하여 가죽옷을 지어 입히시니라"(21절) '가죽옷'을 만들려면 짐승을 잡았을 것인데 (학자들은 이 짐승을 양으로 보고 있음) 짐승이 피를 흘렸을 것입니다. **기독교는 '피의 종교'입니다.** 그래서 창세기 3장에서부터 피가 흐르고 있는 것입니다.

창세기 4장을 보면 **가인**이 그 아우 **아벨**을 시기하여 들에서 돌로 쳐죽였습니다. 그러자 하나님이 그것을 아시고 가인에게 이렇게 물으셨습니다. "네 아우 **아벨**이 어디 있느냐"(9절) 그러자 가인이 이렇게 대답을 했습니다 "**내가 알지 못하나이다 내가 아우를 지키는 자니까**"(9절) 그러자 하나님이 다시 이렇게 물으셨습니다. "**네가 무엇을 하였느냐 네 아우의 핏소리가 땅에서부터 내게 호소하느니라**"(10절) **핏소리!** 말그대로 '**피의 복음**'입니다. 옛날부터 '피는 물보다 진하다'는 말을 하는데 세상 종교들이 '**물의 종교**'라면 기독교는 '**피의 종교**'인 것입니다. 피와 물은 비교가 되지 않는 것입니다.

지금부터 아주 오래 전에 제가 신학대학원에 다닐 때의 일입니다. 이른 봄날에 길가에 서서 대전으로 가는 버스를 기다리고 있는데 검은색 자가용이 오더니 앞에 섰습니다. 그리고 문을 열더니 저보고 타라는 것입니다. 차를 타고 보니 그 분은 스님이었습니다. 그래서 저는 처음에는 당황을 했습니다. 그때 그 분이 먼저 자기를 소개하면서 '자기는 고향이 충남 서천인데 미국에서 7년을 있었고 일본에서 6년을 있다가 지금은 서울의 대0사에 있다'는 것입니다. 그래서 '저는 고향이 부여이고 지금 인천에서 고려 신학대학원에 다니고 있다'고 제 소개를 했습니다. 고향이 같다 보니까 서로 마음을 열고 재미있게 이야기를 나누었습니다. 이야기 중에 그 스님이 하는 말이 '미국으로 이민 온 사람들이 한국에서는 절을 다니다가도 미국에 오면 다 교회로 간다'는 것입니다. 그때 내가 이런 말을 했습니다. '**스님, 피가 물보다 진하다**

고 하지 않습니까? 기독교는 피의 종교이고 불교는 물의 종교입니다. 그래서 어쩔 수 없습니다. 불교는 절대 기독교를 이길 수 없습니다' 라고 했더니 그 분이 말을 못하고 당황하는 것을 보았습니다. 그리고는 친절하게도 저를 시외버스 터미널 정류장 안에 있는 플랫폼까지 내려주고는 '서울에 오면 꼭 한번 들리라'는 말을 남기고 돌아갔습니다. 이것은 제가 자랑하려는 것이 아니고 예나 지금이나 언제 어디서나 누구에게라도 마찬가지입니다. 세상에서 기독교를 이길 수 있는 과학이나 철학이나 종교는 없습니다. 왜냐하면 기독교에는 나를 구원하기 위해서 십자가에서 나를 위해 피흘리신 예수 그리스도의 **'피끓는' 사랑**이 있기 때문입니다. 누가 이것을 이길 수 있겠습니까?

창세기 9장을 보면 노아의 '홍수 후에' 하나님이 **노아**에게 이런 명령을 하셨습니다. "생육하고 번성하여 땅에 충만하라···무릇 산 동물은 너희의 식물이 될찌라 채소같이 내가 이것을 다 너희에게 주노라 그러나 고기를 그 생명되는 피채 먹지말 것이니라 내가 반드시 너희 피 곧 너희 생명의 피를 찾으리니 짐승이면 그 짐승에게서 사람이나 사람의 형제면 그에게서 그의 생명을 찾으리라 무릇 사람의 피를 흘리면 사람이 그 피를 흘릴 것이니 이는 하나님이 자기 형상대로 사람을 지으셨음이니라"(1-6절) **내가 반드시 너희 피 곧 생명의 피를 찾으리니!** 여기서 우리는 이런 의문을 가질 수 있습니다. '도대체 피가 무엇이길래 하나님이 이렇게까지 말씀하시는가?' 기독교는 피와 아주 깊은 관계를 가지고 있습니다. 그래서 하나님이 구약성경 그것도 창세기 초두에서부터 피의 중요성을 강조하고 계신 것입니다. 왜냐하면 이것은 장차 있을 예수 그리스도의 십자가 사건을 염두해 두는 것이기 때문입니다.

창세기 17장을 보면 아브라함의 나이 99세 때에 하나님이 아브라함에게 이런 명령을 내리셨습니다. "내가 너와 내 언약을 세우리니 너는 열국의 아비가 될찌라 이제 후로는 네 이름을 아브람이라 하지 아니하고 아브라함이라 하리니 이는 내가 너로 열국의 아비가 되게 함이니라"(4-5절) 그리고 또 이런 명령을 내리셨습니다. "너희 중 남자는 다 할례를 받으라 이것이 나와 너희와 너희 후손 사이에 지킬 내 언약이니라 너희는 양피를 베어라 이것이 나와 너희 사이의 언약의 표증이니라"(10-11절) **양피를 베어라!** 여기서 양피는 남자의 생식기의 귀두부에 해당하는 껍질을 말합니다. 이것을 요즘식으로 표현한다면 포경수술인 것입니다. 성경에 보면 옛날 이스라엘 사람들은 생후 8일만에 할례를 받았다고 합니다. 요즘은 의학이 발달하여 고통없이 포경수술이 가능하나 옛날에는 날카로운 돌멩이로 수술을 했다고 하니 고통이 아주 컸을 것입니다. 그리고 피를 많이 흘렸을 것입니다. 그래서 '할례의 언약'은 곧 **'피의 언약'**이라고 할 수 있습니다. 할례는 이스라엘 사람들에게 하나님의 백성이 되기 위한 입문과도 같은 아주 중대한 절차였는데 구원과는 상관이 없을지라도 아주 중대한 의식이었습니다. 구약시대의 할례는 신약시대의 세례와 같습니다. 또 할례는 피와 관련이 있습니다. 그래서 '할례'는 신약시대에 와서 예수 그리스도가 인류의 구원을 위해서 피흘리신 '십자가 사건'을 예시한다고 할 수 있습니다.

출애굽기에 보면 이 할례에 대한 아주 재미있는 이야기가 기록되고 있습니다. "여호와께서 길의 숙소에서 모세를 만나사 그를 죽이려 하시는지라 십보라가 차돌을 취하여 그 아들의 양피를 베어 모세의 발 앞에 던지며 가로되 당신은 참으로 내게 피남편이로다 하니 여호와께서 모세를 놓으시니라 그 때에 십보라가 피남편이라함은 할례를 인함이었더라"(24-26절) **당신은 참으로 나의 피 남편이로다!** 이것이 무슨 말입니까? 지금 모세는 하나님의 명령을 받고 이스라엘 민족을 해방시키려고 가족을 데리고 애굽(고대 이

집트)으로 가고 있습니다. 그런데 난데없이 하나님이 모세를 죽이려하는 것입니다. 그것이 무엇 때문이었는지는 성경에는 나와 있지 않으나 추측컨대 모세가 '모든 남자는 할례를 받으라'는 하나님의 명령을 무시하고 어거지로 애굽으로 가고 있는 것을 하나님이 보시고 모세를 혼내주지 않았나 하는 생각이 듭니다. 하나님이 치시자 그가 갑자기 복통을 일으켜 사경을 헤매게 되었을지도 모릅니다. 그러자 눈치빠른 아내 **십보라**가 차돌을 주어서 모세 대신 자기 아들의 양피를 베어서 모세의 발 앞에 던지면서 '당신은 나의 피남편이다'라고 선언을 했던 것입니다. 그러자 모세의 복통이 언제 그랬느냐는 듯 씻은듯이 사라진 것입니다. 여기서 우리는 **할례**는 '피'와 관련된 의식인 것을 알 수 있습니다. 그리고 구약시대의 모든 피는 신약시대에 와서 예수님이 인류의 죄를 사하시기 위하여 십자가에서 '대신' 흘리신 피를 예표하는 것입니다. 그런데 놀랍게도 여기 모세의 사건에서도 아들이 **'대신'** 피흘리는 **'대속의 은총'**이 나오고 있는 것입니다. 이스라엘 역사에서 가장 위대한 지도자인 모세도 자신의 피로 구원받은 것이 아니고 아들의 피로 구원을 받은 것입니다. 이것이 바로 복음이고 **'대속의 은혜'**인 것입니다.

히브리서 9장을 보면 이렇게 기록하고 있습니다. **"율법을 좇아 거의 모든 물건이 피로써 정결케 되나니 피흘림이 없은즉 사함이 없느니라"**(22절) 이처럼 피는 죄사함과 절대적인 관계를 가지고 있습니다. 왜 그렇습니까? 성경에서 죄는 곧 죽음을 의미하는데 오직 피만이 우리를 죄와 죽음에서 건져줄 수 있기 때문입니다. '피'는 두가지 의미를 가지고 있는데 죽음과 생명입니다. a. **'피= 죽음'입니다.** 피를 많이 흘리면 죽습니다. b. **피=생명'입니다.** 피를 많이 흘려도 수혈하면 살아납니다 그래서 오직 '생명의 값'인 '피의 값'으로만 '죽음의 값'인 '죄의 값'을 치를 수 있는 것입니다. 그래서 c. **'죄값 =**

피값'이라는 등식이 성립하는 것입니다.

그러면 왜 '피'가 중요합니까? 첫째, 피는 죄를 사합니다. '사한다'는 것은 헬라어로 ἄφεσις(아페시스) 영어로는 release 해방, 자유라는 뜻을 가지고 있습니다. 죄사함은 죄로부터의 자유와 해방인 것입니다. 그래서 그 기쁨이 무엇보다도 큰 것입니다. 우리나라가 1945년 8월 15일에 일제로부터 해방된 감격을 생각해보세요! 모든 사람들이 밖으로 뛰쳐나와 "대한독립 만세"를 목이 터져라 부르며 얼싸안고 춤을 추었던 것입니다. 그런 기쁨은 겪어보지 않은 사람은 모릅니다. 그러나 우리의 영혼이 죄로부터의 해방되고 마귀로부터의 해방될 때 그 기쁨은 이 보다 더 큰 것입니다.

둘째, 피는 죄를 씻습니다. 몸이 더러우면 아무도 가까이 오지 않습니다. 남편도 아내도 자식도 부모도 가까이 오지 않습니다. 몸이 더러운 사람을 '거지'라고 합니다. 거지는 아무도 상대해 주지 않습니다. 우리도 한 달만 세수 않고 일 년만 목욕하지 않고 지내 보세요. 아무도 가까이 오지 않습니다. 가까이 오고 싶어도 냄새가 나서 올 수 없습니다. **죄도 마찬가지입니다.** 강도 살인 절도 강간 사기등 죄를 지으면 아무도 가까이 오지 않고 감옥에나 가서 살아야합니다. 감옥에서 나와도 죄수라는 꼬리표가 붙어 다니는 것입니다. 그래서 모두가 피하는 것입니다. 그러나 하나님께 나가서 회개하면 죄사함 받고 그 꼬리표가 깨끗히 사라지고 그는 더 이상 죄인이나 죄수가 아닌 하나님의 존귀한 자녀인 것입니다. 그것은 오직 하나님의 아들이신 예수님이 십자가에서 흘리신 피로써만 가능한 것입니다.

제가 전에 부산에서 있었을 때의 일입니다. 부산진구에 있는 작은 개척 교회에 다니고 있었는데 거의 매일 찾아오는 거지 아닌 거지가 있었습니다. 그의 말에 의하면 그가 전에는 사장이었는데 사업이 망하자 마누라는 집을 나가고 자식들은 뿔뿔이 흩어지고 그래서 집을 나와서 거지처럼 하고 다닌다고 했습니다. 그래서 교회에서 전도해서 교회에 나오기로 하고 돈을 주며 목욕을 하고 오라고 했는데 목욕을 하고 왔는데 보니까 완전 딴 사람이 되었습니다. 그 때 알았습니다. '이렇게 씻는 것이 중요하구나! 씻으면 딴 사람이 되는 구나!' 어느 누구라도 한 달만 세수 않고 빨래 안 해 보세요! 거지가 따로 없습니다. 더군다나 1년만 목욕 않고 지내보세요! 아무도 상대해주지 않을 것입니다. 이처럼 인간의 몸도 씻는 것이 중요합니다. 마음도 마찬가지입니다. 죄를 지으면 마음이 더러워집니다. 악취가 납니다 아무도 가까이 오지 않습니다. 씻어야 가까이 옵니다. 인간의 죄는 오직 예수 그리스도의 피로써만 씻을 수 있으니 피가 얼마나 귀하고 중요합니까? 그래서 **보혈(寶血)** the precious blood! 이라고 부르는 것입니다.

셋째, 피가 있는 곳에 불이 임합니다. 성령은 거룩하신 하나님의 영이시기 때문에 더러운 곳에는 가시지 않습니다. 깨끗하고 성결한 곳에만 찾아 오십니다. 예수님이 십자가에서 흘리신 피로 우리의 죄가 깨끗히 씻어져야 성령의 기름이 부어지고 성령의 불이 임하는 것입니다. 성령의 불은 십자가의 피로 씻은 죄를 완전히 소멸하고 새로운 성품과 함께 하늘의 권세와 능력으로 덧입혀주는 것입니다. 그러니 죄를 씻어주고 소멸해 주는 예수그리스도의 피가 얼마나 귀합니까? **피와 불은 하나입니다.** 피와 불은 다같은 붉은 색이고, 피와 불은 다같은 에너지이고, 피와 불은 다같은 생명이고 열정입니다. 피와 불은 물리적으로는 서로 상관이 없으나 영적으로는 하나인 것입니다. 교회는 피와 불이 있는 곳입니다 그래서 교회를 상징하는 십자가의 색깔이 **붉은 색**이 되어야 하는 것입니다.

넷째, 예수님이 흘리신 피는 **'언약의 피'**입니다. 예수님은 마지막 성찬식에서 이렇게 말씀하셨습니다. "이것은 죄사함을 얻게 하려고 많은 사람을 위하여 흘리는 바 나의 피 곧 언약의 피니라"(마태복음26:28절) 피는 죄사함과 관련이 있습니다. 피가 없으면 죄는 사해지지 않습니다. 왜냐하면 성경에서 죄를 지으면 죽어야 하는데 피가 그 죄 값을 치르기 때문입니다. **나의 피 곧 언약의 피니라!** 예수님은 자신이 십자가에서 흘리는 피가 '언약의 피'라고 말씀하고 계십니다. 왜냐하면 그것이 구약성경에 이미 약속이 되어 있기 때문입니다.

출애굽기 24장을 보면 **모세**가 십계명을 받으려고 시내산에 오르는 장면이 나오고 있습니다. 그 때 모세는 시내산에 오르기 전에 백성들을 모아놓고 하나님의 말씀을 전한 후에 번제와 화목제를 드리고 피를 백성들에게 뿌렸던 것입니다. "모세가 그 피를 취하여 백성에게 뿌려 가로되 이는 여호와께서 이 모든 말씀에 대하여 너희와 세우신 언약의 피니라"(8절) 라고 기록하고 있습니다. **언약의 피니라!** 이 피는 소와 양의 피였습니다. 이 피를 모세가 백성들에게 뿌린 것입니다. 그 이유는 피가 죄를 덮고 사하기 때문입니다. 또 이것은 장차 하나님의 아들이 이 세상에 오셔서 십자가에서 피흘리심으로 백성들의 죄가 사하여진다는 것을 예시하고 있는데 그것을 백성들은 모르고 있었을지라도 모세는 이미 알고 있었던 것입니다. 그래서 모세는 피를 뿌리면서 이 피는 '**언약의 피**'라고 말했던 것입니다. 여기서 '**언약**'에 대해서 잠간 말씀드린다면 창세기 2장을 보면 하나님이 천지만물을 창조하시고 마지막으로 아담을 만드신 후에 이렇게 명령하셨습니다. "동산 각종 나무의 실과를 네가 임의로 먹되 동산 중앙에 있는 나무의 실과는 먹지말라 네가 먹는 날에는 정녕 죽으리라"(16-17절) **네가 먹는 날에는 정녕 죽으리라!** 이것은 하나님이 에덴동산에 두신 단 하나의 법(法)이었습니다. 그런데 아담과 하와는 이 법을 지키지 못했습니다. 그들에게 죽음이 찾아왔습니다. 그런데 여기에 아주 재미있는 구절이 있습니다. "여호와 하나님이 그 사람을 이끌어 에덴동산에 두사 그것을 다스리며 지키게 하시고"(15절) **그것을 다스리며 지키게 하시고!** 이것이 무슨 말씀입니까? 하나님이 아담을 에덴동산의 **관리인(청지기)**으로 두시고 그에게 모든 것을 맡기셨다는 것입니다. 그래서 아담은 하나님 대신 에덴동산을 관리하면서 동식물들에게 이름도 지어주고, 다른 동물들이 생명과나 선악과 열매를 따먹지 못하도록 지키고 자신은 에덴동산을 마음껏 다니면서 선악과의 열매를 보고 만져 보면서도 따서 먹을 생각은 하지 않았습니다. 바로 그 때 하나님이 아담이 혼자 다니는 것을 안쓰럽게 여기시고 하와를 배필로 만들어 주셨습니다. 그러자 아담은 "이는 내 **뼈 중의 뼈요 살 중의 살이라**"(23절) 하면서 뛸듯이 좋아했습니다. 그러나 하와는 아담과는 달랐습니다. **하와**는 선악과 열매가 빨갛고 탐스럽게 열리자 호기심이 생겼습니다. 하와는 그 나무를 볼 때마다 '선악과 열매는 너무나 예쁘고 탐스럽구나! 그런데 왜 하나님이 이 열매만은 따먹지 못하게 하실까?' 하면서 늘 호기심으로 선악과의 열매를 만져보고 보고 또 보았습니다. 그러던 중 어느날 아담이 없고 하와가 혼자 있는 틈을 타서 뱀이 다가와 하와를 유혹을 해서 따먹게 했습니다. **아담**은 하와가 선악과의 열매를 따먹은 것을 알고 매우 당황했을 것입니다. '이일을 어쩐다? 하나님이 절대로 그 열매만은 따먹지 말라고 하셨는데 또 먹으면 죽는다고 하셨는데' 그러자 하와가 옆에 있다가 거들었습니다. '여보! 나는 먹고도 이렇게 멀쩡하잖아요? 그러니 당신도 한번 먹어봐요. 맛이 아주 기가 막혀요' 그러자 아담이 펄쩍 뛰었습니다. '안돼! 안돼! 나는 절대 안먹을 거야!' 그러자 하와가 울면서 이렇게 말했을 것입니다. '그러면 당신 혼자만 살고 나는 죽으라는 건가요? 당신도 너무해요!' 그러자 아담이 난처해서 이렇게 대답을 했습니다. '아니 그런 뜻이 아니고… ' 그러자 하와가 '그러면 당신도 한번 먹어봐요. 뱀의 말이 맞나봐요. 아무 일도 없잖아요' 그러자 아담은 반신반의 하면서 그 열매를 따먹은 것이 아니라 하와가 건네주는 선악과 열매를 받아 먹고 말았습니다. 그러자 하나님이 진노하셨습니다. 왜 그렇습니까? 아담이 언약의 당사자였기 때문입니다. 그래서 하와가 먹었을 때는 아무 일 없었으나 아담이 먹자마자 하나님이 진노하신 것입니다. 한편 아담과 하와는 선악과의 열매를 먹고나자 뱀의 말과 같이 눈이 밝아져 자신들의 벗은 몸을 보게 되었고 부끄러워서 나무 뒤로 숨고 말았습니다. 그러나 그들에게는 죽음이 찾아온 것입니다. 이것이 바로 **'선악과 사건'**입니다. 여기서 우리의 궁금증이 이것입니다. **아담과 하와는 선한 청지기인가 악한 청지기인가?** 그들은 마귀의 꾀임에 넘어가서 하나님이 금지하신 선악과 나무의 열매를 지키지 못하고 스스로 따먹고 말았습니다. 그리하여 하나님의 진노를 사서 에덴동산에서 쫓겨났습니다. 그들은 자신들의 책임을 다하지 못한 **'악한 청지기'**인 것입니다. 지금 우리도 교회에 다니면서 하나님의 명령을 어기고 자신의 책임을 다하지 못하면 '악한 청지기'가 되는 것입니다. 1절 '내 주의 보혈은 정하고 정하다 내 죄를 정케 하신 주 날 오라 하신다 내가 주께로 지금 가오니 골고다의 보혈로 날 씻어 주소서'(통일찬송가186장 새찬송가254장)

6. 예수 그리스도는 '생명(生命)의 복음'을 전하셨습니다.

요한복음 6장을 보면 예수님이 벳새다 광야에서 보리떡 5개와 물고기 2마리로 2만명을 먹이시는 엄청난 사건이 기록이 되고 있습니다. 그 때 군중들이 동요하고 웅성거리기 시작하자 예수님은 사태의 심각성을 아시고 먼저 제자들을 배타고 바다를 건너 가버나움으로 가게하셨고 자신은 혼자 산에 가서 기도하셨습니다. 예수님은 기도를 마치시고 바다를 건너 가버나움으로 가셨는데 사람들이 거기까지 따라왔던 것입니다. 그때 예수님이 그들에게 이런 말씀을 하셨습니다.

① "내가 진실로 진실로 너희에게 이르노니 하늘에서 내린 떡은 모세가 준 것이 아니라 오직 내 아버지가 하늘에서 내린 참 떡을 너희에게 주시나니 하나님의 떡은 하늘에서 내려 세상에게 생명을 주는 것이니라"(요한복음6:32-33절)

a. 모세가 준 것이 아니요! 출애굽기에 보면 광야에서 이스라엘 민족이 먹을 것이 없다고 원망 불평하자 모세가 기도하니 하나님이 만나를 내려주셔서 먹게 하셨습니다. 그 때 그들이 얼마나 좋아했겠습니까? 그러나 예수님이 주시는 것은 그것과 비교할 수 없는 하늘에서 내린 '참 떡'인 것입니다.

b. 하늘에서 내린 참 떡을 주시나니! 모세를 통해서 온 '만나'는 그것을 먹고도 광야에서 다 죽었습니다. 그러나 예수님이 주시는 떡은 하늘에서 내린 '참 떡'이라서 한번 먹으면 영원히 죽지 않고 죽어도 다시 사는 생명의 떡인 것입니다. 그러자 사람들이 이렇게 요구했습니다. "주여 이 떡을 항상 우리에게 주소서"(34절) 그러자 예수님이 이렇게 말씀하셨습니다.

② "내가 곧 생명의 떡이니 내게 오는 자는 결코 주리지 아니할 것이요 나를 믿는 자는 영원히 목마르지 아니 하리라"(35절) 참으로 귀하고 귀한 말씀인 것입니다. 내가 곧 생명의 떡이니! 하나님의 아들이신 예수님이 아니라면 누가 감히 이런 말을 할 수 있겠습니까? 그 자리에서 예수님은 또 이렇게 말씀하셨습니다.

③ "진실로 진실로 너희에게 이르노니 믿는 자는 영생을 가졌나니 내가 곧 생명의 떡이로다"(요한복음6:47-48절) **내가 곧 생명의 떡이로다!** 누가 감히 군중 앞에서 이런 말을 할 수 있습니까? 예수님 밖에 없습니다. 예수님의 말씀은 점입가경으로 점점 더 깊어지고 있습니다.

④ "나는 하늘로서 내려온 산 떡이니 사람이 이 떡을 먹으면 영생하리라 나의 줄 떡은 세상의 생명을 위한 내 살이로라"(요한복음6:51절) 그러자 유대인들이 이 말씀을 듣고 수군거리기 시작했습니다. "이 사람이 어찌 능히 제 살을 우리에게 주어 먹게 하겠느냐"(요한복음6:52절) 그 때 예수님이 그들에게 이런 대답을 주셨습니다.

⑤ "내가 진실로 진실로 너희에게 이르노니 인자의 살을 먹지 아니하고 인자의 피를 마시지 아니하면 너희 속에 생명이 없느니라 내 살을 먹고 내 피를 마시는 자는 영생을 가졌고 마지막 날에 내가 그를 다시 살리리니 내 살은 참된 양식이요 내 피는 참된 음료로다"(요한복음6:53-55절) a. "내 살은 참된 양식이요 내 피는 참된 음료로다" 드디어 예수님의 말씀은 정점에 이르렀습니다. 이 말씀 한 마디는 이 세상의 그 무엇과도 비교할 수 없고 그 무엇과도 바꿀 수 없는 소중한 말씀인 것입니다. 그러나 그때 이 말씀을 듣고 예수님을 따르던 자들이 많이 물러갔다고 성경에 기록하고 있는 것입니다. 왜 그렇습니까? 이 말씀이 그들에게 가리워졌기 때문입니다. 그들이 원하는 것은 '영혼의 양식'인 예수님의 살과 피가 아니라 굶주린 배를 채우는 '육신의 양식'인 **떡**과 **물고기**였기 때문입니다.

예수님이 이 말씀을 하신 배경을 살펴본다면 이렇습니다. 몇 시간 전에 예수님은 광야에서 보리떡 5개와 물고기 2마리로 2만명을 배부르게 먹이고도 12광주리에 가득 차게 거두셨습니다. 그것을 보고 무리들이 웅성거리고 예수님을 임금 삼으려하자 예수님은 사태의 심각성을 아시고 산으로 몸을 피하셨습니다. 예수님은 산으로 가서 기도하신 후에 밤에 갈릴리 바다를 건너 제자들과 함께 가버나움으로 오셨는데 사람들이 어떻게 알았는지 배를 타고 바다를 건너 그 다음날 예수님께로 나왔습니다. 그 때 그들에게 하신 말씀이 바로 이 말씀인 것입니다. 지금 사람들은 벳새다 광야에서 떡과 물고기로 배가 불렀고 기적을 보자 마음이 들떠서 흥분된 상태에 있었습니다. 그런 그들에게 예수님은 찬물을 끼언듯이 **살**과 **피**를 말씀하셨습니다. 그러니 그들이 얼마나 당황을 했겠습니까? 아마 먹었던 것을 토해내고 싶었을 것입니다. 그들은 '닭쫓던 개가 지붕만 쳐다본다'는 심정이었을 것입니다. 그래서 실망하고 물러간 것입니다.

b. **"내 살은 참된 양식이요 내 피는 참된 음료로다"** 아마 그 때 이 말씀을 처음 듣는 사람은 아마 소름이 끼쳤을 것입니다. '그러면 우리가 식인종이란 말인가?'하면서 수군거렸을 것입니다. 그러나 이 말씀은 성경 66권 가운데서 가장 핵심이 되는 구절인 것입니다. 그러면 왜 예수님이 그때 그 자리에서 이 말씀을 하셨겠습니까? 그 때 예수님은 떡과 물고기를 먹고 배가 불러서 흥분을 가라앉지지 못하고 영문도 모르고 바다를 건너서 따라온 그들을 한번 시험해 보시고 그들에게 오병이어 사건의 의미와 진정성을 알려주고 싶었을 것입니다. 그래서 의도적으로 이 말씀을 하셨을 것입니다.

c. **"내 살은 참된 양식이요 내 피는 음료로다"** 이것은 예수님의 십자가 사건을 의미하는데 이 말씀의 진위 여부를 떠나서 인류의 구원을 위해 어린양으로 오신 예수님이 아니라면 누가 감이 이런 말을 할 수 있겠습니까? 그래서 오직 예수! 예수님 밖에 없습니다. **살과 피! 양식과 음료!** 이것들은 모두 생명과 관련이 있습니다. 예수님은 벳새다 광야에서 많은 무리들을 배부르

게 (배가 터지도록) 먹이셨습니다. 그러나 그들에게 더 중요한 것이 있었으니 그것은 하늘의 양식이요 영혼의 양식인 예수님의 **살과 피** 즉 **십자가 사건**인 것입니다. 바로 '그 것을 믿어야 구원을 받고 그것을 먹어야 영원히 산다'는 것입니다.

　d."내 살은 참된 양식이요 내 피는 참된 음료로다" 이 말씀은 우리에게 커다란 의문과 함께 도전을 주고 있습니다. 여기서 우리의 최대의 관심은 '**살과 피가 무엇인가?**'하는 것입니다. 물론 여기서 '살과 피'는 십자가 사건을 가리키고 있습니다. 그렇다고 우리가 십자가에 올라가서 예수님의 살을 뜯어먹고 피를 마시겠습니까? 그런 것이 아닙니다. 여기서 '**살과 피**'는 의미와 상징성을 가지고 있는 것입니다. 그래서 우리는 그 의미를 찾아내야 하는 것입니다.

　그러면 이 '살'과 '피'가 무엇을 의미하고 있습니까? 예수님은 이 말한 마디를 통하여 교회(敎會)와 인류(人類)에게 풀어야 할 큰 과제를 안겨 주고 계신 것입니다. 그러나 인류와 교회는 아직까지도 이에 대한 해답을 얻지 못하고 있는 것입니다. 그래서 세상(世上)은 세상대로 어지럽고 교회(敎會)는 교회대로 종교개혁을 했으나 정착하지 못하고 다시 표류하고 있는 것입니다. 우리는 이 **살과 피**에 대해서 막연한 생각이나 감정적인 접근을 하면 안됩니다. 이것은 예수님의 아주 깊은 곳에서 나온 지식이요 지혜요 진리인 것입니다. 이 **살과 피**에 대해서 분명한 해답을 갖지 못할 때 교회와 인류는 과거에도 그랬듯이 미래에도 그럴 수밖에 없는 것입니다. 아무리 과학문명이 발달하고 부유해져도 이 **살과 피**의 의미를 모르면 인류는 어둠 속을 헤매고 아무런 희망이 없는 것입니다. (제가 이 책을 쓰게 된 목적 중 하나는 예수님의 **살과 피!** 즉 양식과 음료에 대해서 알아보고 그 의미를 찾아내는 데 있습니다.

그것은 이 책의 제 5장 14번 (4) '의와 사랑'에서 자세히 알아 보겠습니다)

예수님의 말씀은 계속되고 있습니다. ⑥ "내 살을 먹고 내 피를 마시는 자는 내 안에 거하고 나도 그 안에 거하나니 살아계신 아버지께서 나를 보내시매 내가 아버지로 인하여 사는 것같이 나를 먹는 그 사람도 나로 인하여 살리라 이것은 하늘로서 내려온 떡이니 조상들이 먹고도 죽은 그것과 같지 아니하여 이 떡을 먹는 자는 영원히 살리라"(요한복음6:56-58절)

a. "이것은 하늘로서 내려온 떡이니" 예수님의 말씀은 참 놀랍습니다. 예수님은 자신이 하늘에서 내려온 떡이라는 것입니다. 그러니 '나를 먹으라'는 것입니다. 예수님의 말씀은 충격적입니다. 그래서 받아들이기 어려운 것입니다. 그러면 인류의 역사에서 누가 이런 말을 했나요? 예수님 밖에는 아무도 없습니다. 그래서 예수님은 하늘에서 오신 하나님의 아들이시고 인류의 구원자가 되시기에 충분하십니다.

b. "이 떡을 먹는 자는 영원히 살리라" 동시에 예수님의 말씀은 우리에게 꿈과 소망을 주고 있습니다. 인간의 최대의 **꿈**과 **소원**이 영원히 죽지 않고 사는 것이라면 바로 그 **꿈**과 **소원**을 예수님이 이루어주시겠다고 약속하셨으니 예수님이 바로 인류의 구원자가 아닌가요? 그래서 저는 설령 이 말씀이 거짓말이라해도 예수님을 믿고 따르겠습니다. 왜냐하면 아무도 말할 수 없는 바로 그 **꿈**과 **소원**을 예수님이 말씀하셨고, 그것을 이루어 주시겠다고 약속하셨고, 또 예수님이 스스로 그 길을 가셨기 때문입니다.

예수 그리스도는 '영원한 생명'이십니다. 이에 대해서 '사도 요한'은 이렇게 증거하고 있습니다. **"태초부터 있는 생명의 말씀에 관하여는 우리가 들은 바요 눈으로 본 바요 우리의 손으로 만진 바라 이 생명이 나타나신 바 된지라 이 영원한 생명을 우리가 보았고 증거하여 너희에게 전하노니 이는 아**

버지와 함께 계시다가 우리에게 나타나신 바 된이시니라"(요한일서 1:1-2절) **이 영원한 생명을 우리가 보았고!** 사도 요한은 예수님의 제자들 가운데서 가장 나이가 어리고 예수님의 사랑을 가장 많이 받은 자입니다. 그는 예수님이 가시는 곳마다 예수님을 항상 그림자같이 따라 다녔습니다. 그리고 그는 예수님의 품에 의지하여 말씀을 듣고 그 품에 누워서 잠을 잤던 유일한 사람이었습니다. 그런 그가 이 '영원한 생명'을 자기의 눈으로 보았고, 귀로 들었고, 손으로 만져 보고 확인해 보고 전한다는 것입니다. 그러니 믿지 않을 수가 없는 것입니다.

사도 바울은 이 **'영원한 생명'**에 대해서 이렇게 증거하고 있습니다. **"우리가 항상 예수의 죽음을 몸에 짊어짐은 예수의 생명이 또한 우리의 몸에 나타나게 하려함이라. 우리 살아있는 자가 항상 예수를 위하여 죽음에 넘기움은 예수의 생명이 또한 우리의 죽을 육체에 나타나게 하려 함이라"**(고린도후서 4:10-11절) . 여기서 바울은 죽음과 생명을 대조하고 있습니다. 예수 그리스도에게는 죽음이 있고 생명이 있습니다. 그것은 육적인 생명이 죽고 영적인 생명으로 다시 태어나는 것입니다.

사울(바울)은 유대교에 있을 때에 교회의 원수가 되어서 멀리 외국에 나가서까지 교회를 말살하려고 제사장의 공문을 가지고 옛 시리아의 수도인 다마스커스(다메섹)로 가다가 하늘에 나타나신 부활하신 예수님을 보았고 예수님의 음성을 들었고 예수님과 대화를 나누었습니다. 그때 그는 갑자기 하늘에서 오는 **"해보다 더 밝은 빛"**으로 인하여 시력을 잃었고 그 자리에서 예수님께 무릎을 꿇었고 예수 그리스도를 하나님의 아들로, 인류의 구원자로 믿고 영접하고 유대교에서 기독교로 개종하고 예수 그리스도의 사도가 되었습니다. 그는 더 이상 예수 그리스도가 하나님의 아들이시고 인류의 구원자이신 것을 부인할 수 없게 되었습니다. 왜냐하면 부활하신 예수님을 그가 직접 보았고 들었고 만나 보았기 때문입니다. 그때 그가 부활하신 예수님을 통하여 본 것은 '예수의 생명'이었습니다. 예수의 생명은 죄가 없는 생명, 죽어도 다시 사는 생명, 영원히 죽지 않는 '영원한 생명'인 것입니다.

1절 '나 이제 주님의 새 생명 얻은 몸 옛 것은 지나고 새 사람이로다 그 생명 내 맘에 강같이 흐르고 그 사랑 내게서 해같이 빛난다 영생을 맛보며 주 안에 살리라 오늘도 내일도 주 함께 살리라'(통일찬송가493장 새찬송가 436장)

7. 예수 그리스도는 '대속(代贖)의 복음'을 전하셨습니다.

"건강한 자에게는 의원이 쓸데 없고 병든 자에게라야 쓸데 있느니라 너희는 가서 내가 긍휼을 원하고 제사를 원치 아니하노라 하신 뜻이 무엇인지 배우라 내가 의인을 부르러 온 것이 아니요 죄인을 부르러 왔노라"(마태복음 9:12-13절) 세상 사람들은 의인을 좋아하고 죄인을 싫어합니다. 그러나 예수님은 그 반대인 것입니다. 예수님은 의인(義人)보다 죄인(罪人)을 더 가까이 하셨던 것입니다. 그래서 예수님의 주변에는 언제나 세리 창기들을 포함한 많은 죄인들이 있었습니다. 그리고 예수님은 나사로 같은 가난하고 병든 자들을 더 사랑하셨던 것입니다. "죄인을 부르러 왔노라" 여기서 우리는 가난한 자, 병든 자, 무지한 자 그리고 죄인을 더 사랑하시는 예수님의 참 모습을 볼 수 있습니다. 그리고 우리는 이런 예수님의 모습을 통하여 예수님이 하나님이 보내신 진정한 인류의 구원자인 것을 알 수 있습니다. 예수님은 죄가 없었으나 죄인들을 '대신하여' 십자가에서 죽으셨습니다. 예수님은 인류의 모든 죄를 한 몸에 지고 가셨습니다. **기독교는 의인(義人)이 죄인(罪人)을 대신하는 종교입니다.** 기독교는 비난하고 정죄하는 종교가 아니라 사랑하고 용서하고 대속하는 종교입니다. 그래서 내가 만일 누구한테 '너는 나쁜 인간이야! 너는 감옥에 가고 죽어도 마땅해!'라고 정죄(定罪)한다면 그 때부터 나는 그를 위하여 기도하고 회개하고 대신 죽어야하는 책무가 생기는 것입니다. 이것이 바로 예수님의 마음이고 기독교의 정신인 것입니다. 그래서 우리는 남을 함부로 정죄해서는 안되는 것입니다.

그리고 **기독교는 강자(強者)가 약자(弱者)를 '대신하는' 종교입니다.** 사도 바울은 이렇게 증거하고 있습니다. "우리 강한 자가 마땅히 연약한 자의 약점을 담당하고 자기를 기쁘게 하지 아니할 것이라"(로마서15:1절) 교과서에서 가르치는 세상의 원리를 한마디로 말한다면 '**약육강식(弱肉強食)**'이고 '**적자생존(適者生存)**'입니다. 그러나 성경은 그렇게 가르치고 있지 않습니다. 그것은 강자가 약자를, 의인이 죄인을 품어주고 도와주고 대속하는 것입니다. 왜냐하면 복음은 하늘나라의 **법**이고 **원리**이고 **윤리**이기 때문입니다.

창세기 22장에는 믿음의 조상 아브라함이 100세에 얻은 독자 이삭을 모리아산에서 제물로 바치는 사건이 기록되어 있습니다. 그때 하나님은 아브라함의 순종을 보시고 나서 급히 "아브라함아 아브라함아"(11절) 부르신 후에 "그 아이에게 네 손을 대지 말라"(12절) 고 하셨습니다. 그 때 아브라함이 뒤를 돌아보니 숲 속에 수양이 한 마리가 있었습니다. 그래서 아브라함이 그 양으로 이삭을 '**대신하여**' 제물로 드렸던 것입니다. 이것이 바로 **대속(代贖)**입니다. 그 수양은 장차 세상에 오셔서 하나님의 어린양으로 인류의 죄를 지시고 십자가에서 피흘리실 예수님을 예표하는 것입니다.

사도 바울은 이 **대속(代贖)**에 대해서 이렇게 증거하고 있습니다. "저가 모든 사람을 대신하여 죽으심은 산 자들로 하여금 다시는 저희 자신을 위하여 살지 않고 오직 저희를 대신하여 죽었다가 다시 사신 자를 위하여 살게하려 함이니라"(고린도후서 5:15절) "하나님이 죄를 알지 못하신 자로 우리를 대신하여 죄를 삼으신 것은 우리로 하여금 저의 안에서 의가 되게 하려함이니라"(고린도후서 5:21) 예수님은 죄인들을 '대신하여' 십자가에서 속죄제물이 되셨습니다. **대신하여! instead** 바로 여기에 기독교의 가장 놀라운 비밀이 있는 것입니다. 그러면 왜 예수님이 인류의 죄를 '대신' 지고 가셨습니까? 죄의 값은 죽음인데 누구도 그 죄값을 치를 수 없기 때문에 하나님의 아들이신 예수님이 오셔서 인류의 모든 죄값을 십자가에서 대신 치르신 것입니다. **대신!** 이것은 다른 종교에는 없고 오직 기독교에만 있는 하나님의 특별한 은혜인 것입니다. 바로 여기에 감사 감동 감화가 있고, 회개와 변화의 역사가 일어나는 것입니다.

대신(代身)하여! 여기서 우리는 이 말의 '또 다른 의미'를 찾을 수 있습니다. 영어에서는 '사람'을 man이라고 하고 '인간(人間)'을 human이라고 합니다. 이것은 사람은 '생물학적인 존재'이나 인간은 '사회적인 존재'라는 것을 말하는 것입니다. 인간과 다른 동물들은 출생부터가 다릅니다. 다른 동물들은 태어나자마자 걷고 뛰기 시작합니다. 그러나 인간은 그렇지 않습니다. 인간은 태어나도 걷지 못하고, 3,4 개월이 지나야 겨우 몸을 뒤집고, 5,6개월이 지나야 기어다니기 시작하고, 12개월 즉 돌이 지나야 겨우 걷기를 시작하는데 그 때 걷다가 넘어지면 옆에서 엄마 아빠나 할머니 할아버지가 뒤따라 다니며 일으켜주는 것입니다. 그러다가 24개월이 되어야 혼자서 걷고 뛰는 것입니다. 그러면 왜 인간은 다른 동물들보다 성장이 더딜까요? 인간은 혼자서는 살아갈 수 없는 '사회적 존재'이기 때문입니다. 또 인간은 하나님의 형상으로 지음을 받았습니다. 하나님은 '삼위일체'십니다. 그래서 인간도 혼자서는 존재할 수 없고 다른 사람들과의 관계 속에서만 존재하는 것입니다. 인간의 성장이 더딘 이유는 바로 이런 **관계성**과 **사회성**과 **공동체 의식** 때문입니다. 바로 여기에서 인간의 가치관이 형성되고 역사와 문화가 시작이 되는 것입니다. 또 사람과 인간은 같은 말 같으나 다릅니다. 사람은 산 속이나 사막에서 혼자 살 수 있어도 인간은 혼자서는 살 수 없습니다. 인간은 반드시 사회라는 공동체 속에서만 존재할 수 있는 것입니다. 왜냐하면 인간은 인간이라는 의미와 가치와 문화를 가지고 있기 때문입니다.

야구 경기에서 보면 **대타(代打)**라는 것이 있습니다. 경기 중에 팀에 위기나 기회가 오면 다른 타자를 등장시키는 것입니다. 그리고 번트와 '희생타'를 날려 팀의 승리를 위해서 기여하는 것입니다. 이것은 개인이 전체를 위해서 희생하는 것입니다. 옛날 조선시대에는 사람을 돈을 주고 사서 **'대신 매를 맞게 했다'**는 기록이 있습니다. 그 주인공이 바로 흥부입니다. 그러나 '대신 죽었다'는 기록은 인류의 역사의 어디에도 없습니다. 왜냐하면 그 누구도 '대신' 죽을 수는 없기 때문입니다. 부모라도 자식을 위해서 희생할 수는 있어도 대신하여 죽을 수는 없습니다. 그러나 유일하게 성경에는 그것이 기록이 되고 있는데 그것이 바로 **'십자가 사건'**입니다. 하나님이 인류의 죄를 '대신' 지고 가셨습니다. 하나님이 그의 아들을 보내셔서 십자가에서 인류의 죄를 속량하기 위해서 '대신' 죽게 하셨습니다. 하나님의 아들이신 예수님이 오셔서 인류의 죄를 지시고 십자가에서 '대신' 죽으셨습니다. 이런 믿기 어려운 사실이 성경에는 기록이 되어 있는 것입니다. 그러나 이것이 비상식적이고 너무 얼토당토하지 않아서 아직도 믿지 않는 사람들이 믿는 사람들보다 훨씬 더 많은 것입니다. **대신하여!** 그러나 바로 여기에 아주 깊고 깊은 진리와 비밀이 있고 하나님의 놀라운 지혜가 있는 것입니다. '대신한다'는 것은 아무데나 있는 것이 아니고 오직 '사랑하는 사이에서만' 일어날 수 있는 사건인 것입니다. **너는 너! 나는 나!** 이것은 '개인주의'입니다. 여기에서는 어떤 역사도 일어나지 않습니다. 다만 미움과 분열과 싸움만 일어날 뿐입니다. 지금 21세기 최첨단 과학문명과 인권주의 세상이 이렇게 되어가고 있습니다. 개인주의가 발달하자 공동체가 무너지고 있습니다. 그래서 어디에서나 분열과 다툼과 전쟁이 일어나고 있습니다. 그러나 **"대신하여"**여기에는 믿음이 있고, 사랑이 있고, 소망이 있고, 감사가 있고, 기쁨이 있고, 화합과 공존이 있고, 생명이 있는데 이것이 바로 십자가요 복음인 것입니다. **대속의 은혜!** 이것은 오로지 기독교에서만 있는 아주 탁월한 진리입니다. 유대교나 이슬람교나 불교나 다른 종교에는 이런 진리가 없습니다. 예수님이 오셔서 십자가를 '대신' 짊어주심으로 우리를 죄에서 건져주시고, 죄인의 신분에서 의인의 신분으로 바꾸어 주고, 또 우리를 하나님의 자녀로 삼아주고, 천국에 가는 길을 열어주셨습니다. 이것이 바로 '천국 복음'인데 예수님은 바로 이것을 전하시려고 이 세상에 오신 것입니다. 누가 나의 빚만 갚아줘도 그 고마움을 평생 잊지 못하는데 하물며 나를 죄와 사망에서 구해주시려고 '대신' 십자가를 지고 가셨다면 어찌 그 사랑과 은혜를 잊을 수 있겠습니까? 그래서 그것을 '복된 소식' 즉 복음(福音)이라고 하고 영어로는 the Good News라고 합니다.

그러면 이 **'대속의 복음'**이 구약성경의 어디에 기록이 되어 있습니까? 이사야서 53장입니다. "우리의 전한 것을 누가 믿었느뇨 여호와의 팔이 뉘게 나타났느뇨 ...그는 멸시를 받아서 사람에게 싫어버린 바 되었으며 간고를 많이 겪었으며 질고를 아는 자라 마치 사람에게 얼굴을 가리우고 보지 않음을 받는 자 같아서 멸시를 당하였고 우리도 그를 귀히 여기지 아니하였도다 그는 실로 우리의 질고를 지고 우리의 슬픔을 당하였거늘 우리는 생각하기를 그는 징벌을 받아서 하나님께 맞으며 고난을 당한다 하였노라 그가 찔림은 우리의 허물을 인함이요 그가 상함은 우리의 죄악을 인함이라 그가 징계를 받음으로 우리가 평화를 누리고 그가 채찍에 맞음으로 우리가 나음을 입었도다 우리는 다 양같아서 그릇 행하여 각기 제 길로 갔거늘 여호와께서는 우리 무리의 죄악을 그에게 담당시키셨도다"(4-6절) a.그는 우리의 질고를 지고 우리의 슬픔을 당하였거늘! 예수님은 우리의 질병과 고통과 슬픔을 대신 당하셨습니다. b.그가 찔림은 우리의 허물을 인함이요 그가 상함은 우리의 죄악을 인함이라! 우리의 죄와 허물 때문에 예수님은 십자가를 대신 지고 가셨고 매맞고 피를 흘리셨습니다. c.우리는 다 양 같아서 그릇 행하여 각기 제 길로 갔거늘! 목자가 없는 양들은 각각 뿔뿔히 흩어져 버립니다. 그러면 이리가 다가와서 해치는 것입니다. 그래도 양들은 속수무책입니다. 그러나 목자가 있는 양들은 안전합니다. 양은 목자가 없이는 스스로 살아갈 수 없습니다. 그래서 예수님이 우리의 목자가 되어주셨습니다. d.여호와께서는 우리의 죄악을 그에게 담당시키셨도다! 모든 인간은 이 험한 세상에 살면서 죄를 짓지 않고는 살아갈 수 없습니다. 그래서 예수님이 오셔서 인류의 죄를 대신 한 몸에 지시고 십자가에서 피흘리셨습니다.

그러면 십자가 사건이 왜 중요합니까? 이것을 통하여 하나님과 인간 사이의 새로운 관계가이 형성이 되었기 때문입니다. 그것은 부모와 자식의 관계, 신랑과 신부의 관계, 친구와 친구의 관계, 목자와 양의 관계입니다. 그래서 십자가가 중요하고 모든 관계는 십자가에서부터 시작이 되는 것입니다. 그런데 이 '십자가 사건'이 이사야 선지자가 활동하던 시절인 B.C 800년경 즉 예수님이 오시기 800년 전, 지금부터 2800년 전에 구약 성경에 이미 예언이 되고 있다는 것이 기가막힐 정도로 놀라운 것입니다. 이렇게 신구약 성경은 **약속**과 **성취**로 서로 통하고 있는 것입니다. 그래서 성경 말씀은 그 누구도 부인할 수 없는 것입니다. 그래서 이것을 부인하는 자는 참되시고 거룩하시고 영원히 살아계신 하나님을 거역하는 것이 됨으로 하나님의 심판을 받고 마귀와 함께 다시는 돌아올 수 없는 지옥으로 간다고 성경은 예고하고 있는 것입니다. 들을 귀 있는 자는 들을지어다! 아멘!

1절 '예수 나를 위하여 십자가를 질 때 세상죄를 지시고 고초당하셨네 예수여 예수여 나의 죄 위하여 보배피를 흘리니 죄인 받으소서'(통일찬송가 144장, 새찬송가144장)

8. 예수 그리스도는 '기쁨의 복음'을 전하셨습니다.

예수님은 요한복음 15장에서 이렇게 말씀하셨습니다. "**내가 이것을 너희에게 이름은 내 기쁨이 너희 안에 있어 너희 기쁨을 충만하게 가지게 하려 함이니라**"(11절) 예수님은 하나님이신데 인간이 되어서 이 세상에 오셨습니다. 예수님도 우리와 똑같은 인간으로서 십자가를 앞에 두고 고심하셨고 많은 고뇌와 고통을 겪으셨습니다. 왜냐하면 십자가는 저주이기 때문입니다. 그래서 기쁨은 예수님과는 전혀 관계가 없는 것 같으나 예수님은 언제나 기쁨으로 '충만'하셨습니다. 그리고 그 기쁨을 우리에게 '충만'하게 주신다는 것입니다. 여기서 '충만'은 영어로 full인데 '가득 차서 흘러 넘친다'는 것입니다. 또 예수님은 요한복음 17장 **'마지막 기도'**에서 이렇게 기도하셨습니다. "**지금 내가 아버지께로 가오니 내가 세상에서 이 말을 하옵는 것은 저희로 내 기쁨을 저희 안에 충만히 가지게 하려 함이니이다**"(13절) **내 기쁨**

을 저희 안에 충만히 가지게 하려 함이니라! 여기서 우리는 **충전소**를 생각해 볼 수 있습니다. 차를 몰고 가다 보면은 도로 곳곳에 LPG 충전소가 서 있습니다. 충전소에 가면 의례히 직원들이 묻는 말이 있습니다. '어떻게 해 드릴까요?'라고 물어오면 '5만원어치만 넣어주세요"하든지 아니면 '가득 채워주세요'라고 합니다. 그러나 충전소에서는 안전상 손님이 '가득 채워 달라'고 해도 가득 채우지 않고 10%쯤은 빈 공간을 남겨둔다고 합니다. 그러나 예수님이 충만하게 하신다는 의미는 **'흘러 넘치도록 가득 채운다'**는 것입니다. 이것이 '충만케한다'는 의미입니다. **교회는 충전소와 같습니다!** 말씀 충전소, 성령 충전소, 기쁨 충전소, 능력 충전소, 평안 충전소, 소망 충전소… 때에 따라 필요하면 와서 채우고 가는 곳입니다.

또 예수님은 **산상수훈**에서 이렇게 말씀하셨습니다. "나를 인하여 너희를 욕하고 핍박하고 너희를 거스려 모든 악한 말을 할 때에는 너희에게 복이 있나니 기뻐하고 즐거워하라 하늘에서 너희 상이 큼이라"(마태복음5:11-12절) 성경에서 a. **"기뻐하고 즐거워하라"는** 아주 특별한 구절 입니다. 앞에 있는 **'기뻐하라'**는 헬라어로 καιρετε '카이레테' 영어로는 rejoice인데 일반적인 기쁨을 말하고, 뒤에 나오는 **'즐거워하라'**는 헬라어로 αγαλιασθε '아갈리아스데' 영어로는 pleasure인데 특별한 기쁨을 말합니다. '아갈리아스데' αγαλιασθε는 '대단히 기뻐하다, 기뻐 날뛰다'라는 뜻을 가지고 있습니다. 그러니까 '뛸 듯이 기뻐한다'는 것입니다. (이것은 마치 1945년 8월15일에 우리나라가 일본의 압제에서 해방될 때의 기쁨을 연상시켜주고 있습니다.) 그러면 그 이유가 무엇입니까? b. **하늘에서 너희 상이 큼이라!** 즉 하늘나라에서 받을 상(賞) 때문인 것입니다. 신앙생활의 가장 큰 목표는 천국과 영생 그리고 **하늘의 상**인 것입니다. 그래서 우리는 세상에서의 삶이 아무리 힘들고 고달파도 하늘나라를 바라보고 **'하늘의 상'**을 꿈꾸며 기뻐하고 즐거워하면서 살 수 있는 것입니다.

사도 바울은 이렇게 고백하고 있습니다. "만일 너희의 제물과 믿음의 봉사 위에 내가 나를 관제로 드릴찌라도 나는 기뻐하고 너희 무리와 함께 기뻐하리니 이와 같이 너희도 기뻐하고 나와 함께 기뻐하라"(빌립보서2:17-18절) **내가 나를 관제로 드릴찌라도!** 관제가 무엇입니까? 관제는 피를 한방울까지 다 흘려서 드리는 제사를 말합니다. 그러니까 십자가의 형벌과 비슷한 것입니다. 그런데도 기뻐한다는 것입니다. 예수 믿고 구원받은 것이 얼마나 기뻤으면 이런 고백을 하겠습니까? 이것은 사도 바울이 아니라면 할 수 없는 고백인 것입니다.

베드로는 이렇게 고백하고 있습니다. "예수를 너희가 보지 못하였으나 사랑하는도다 이제도 보지 못하나 믿고 말할 수 없는 영광스러운 즐거움으로 기뻐하니 믿음의 결국 곧 영혼의 구원을 받음이라"(베드로전서1;8-9절) a. **말할 수 없는 영광스러운 즐거움으로 기뻐하니!** 그 기쁨이 얼마나 큰 것인지 감히 상상도 되지 않습니다. 그래서 은혜는 받은 사람 밖에 모르는 것입니다. b. **곧 영혼의 구원을 받음이라!** 영혼만 구원받아도 이렇게 기쁜데 하물며 천국에 들어간다면 얼마나 기쁘겠습니까?

구약성경을 보면 **다윗**이 이렇게 고백하고 있습니다. "오직 주에게 피하는 자는 다 기뻐하며 주의 보호로 인하여 영영히 기뻐 외치며 주의 이름을 사랑하는 자들은 주를 즐거워하리이다"(시 5:11절) 여기에도 '기쁨과 즐거움'이 함께 나오고 있습니다.

하박국 선지자는 이런 고백을 하고 있습니다. "비록 무화과 나무가 무성치 못하며 포도나무에 열매가 없으며 감람나무에 소출이 없으며 밭에 식물이 없으며 우리에 양이 없으며 외양간에 소가 없을지라도 나는 여호와를 인하여 즐거워하며 나의 구원의 하나님을 인하여 기뻐하리로다" (하박국서 3:17-18절) 하박국 선지자는 인간으로서 도저히 살 수 없는 상황이 되었는데도 하나님을 인하여 기뻐하고 즐거워한다니 참으로 그 신앙이 놀랍지 않습니까? 바로 여기에서 기독교의 특성이 나타나고 있는 것입니다. **기독교는 반전과 역전의 종교입니다.** 사도 바울이 그의 서신서에서 가장 많이 쓴 표현이 ①**"그러나"**입니다. 이것은 반전이고 역전입니다. 이것을 더 강하게 표현한다면 ②**"그럴지라도"**이고, 이것을 더 강하게 표현하면 ③**"그럼에도 불구하고"**입니다. '그러나' 참고 견뎌라! '그럴찌라도' 사랑하라! '그럼에도 불구하고' 기뻐하고 감사하라! …얼마든지 있습니다. 사드락 메삭 아벤느고는 풀무 불 속에서, 다니엘은 사자굴 속에서, 예레미야는 토굴 속에서 하나님을 찬양을 했습니다. 그러자 하나님이 그들을 지켜주셨던 것입니다. 지금 우리도 마찬가지입니다. 이 코로나 시대에 '그럼에도 불구하고' 우리가 하나님께 감사 찬양한다면 하나님은 우리를 사랑하셔서 우리를 지켜주실 것입니다. 바로 이것이 우리가 기뻐하고 감사하고 찬양해야 할 이유인 것입니다. 그래서 이런 찬송을 부릅니다.

1절 '구주 예수 의지함이 심히 기쁜 일일세 허락하심 받았으니 의심 아주 없도다 예수 예수 믿는 것은 받은 증거 많도다 예수 예수 귀한 예수 믿음 더욱 주소서'(통일 찬송가340장 새찬송가542장)

이 찬송은 사연이 있는 찬송가입니다. 이 찬송가의 작시자인 **루이자 M.R.스테드 여사**(1850-1917)는 영국 태생의 선교사인데 1879년 어느 여름날 롱 아일랜드에 있는 해변으로 온 가족이 피서를 갔는데 한 소년이 물에 빠져 허우적거리는 것을 보고 남편이 그를 구출하려고 바닷물에 뛰어 들어갔다가 그 소년과 함께 익사하고 말았습니다. 이에 큰 충격을 받고 괴로워 하던 중에 자신을 향한 하나님의 뜻과 계획을 깨닫고 나서 이 찬송시를 짓게 된 것입니다. 그래서 더욱 감동적인 찬송인 것입니다. 그런 상황 가운데서 이런 찬송시를 지었다는 것이 놀랍고 하나님의 은혜가 아니라면 어찌 이런 일이 가능하겠습니까? 그 가사를 살펴본다면, 1절 a. '구주예수 의지함이 심히 기쁜 일일세' **심히 기쁜 일일세!** 그녀가 그런 비극을 당하고도 거기에 굴하지 않고 다시 일어설 수 있었던 것은 하나님이 이런 은혜를 주셨기 때문입니다. b. '허락하심 받았으니 의심 아주 없도다' **의심 아주 없도다!** 의심은 마귀가 주는 것입니다. 이런 의심이 사라지자 하늘에서 구름이 걷히고 밝은 태양이 비치듯이 그녀의 마음에도 천국이 이루어진 것입니다. c. '예수 예수 믿는 것은 받은 증거 많도다' **받은 증거 많도다!** 믿음은 우리에게 많은 증거들을 주고 있습니다. 그 사건으로 인하여 그녀는 하나님을 만나고 은혜를 체험하고 복음의 증인이 되어서 선교사가 된 것입니다. d. '예수 예수 귀한 예수 믿음 더욱 주소서' **믿음 더욱 주소서!** 믿음은 하나님의 선물이고 성도의 기업입니다. 하나님은 믿음을 보십니다. 믿음이 많을수록 하나님과의 관계가 더 가까워지고 원할해지는 것입니다. 참으로 은혜와 능력이 넘치는 아주 강력한 찬송입니다. 그리고 2,3,4절 도 깊이 있고 은혜와 능력이 넘치는 아주 귀한 찬송 중의 찬송입니다.

9. 예수 그리스도는 평안(평화)의 복음을 전하셨습니다.

"평안을 끼치노니 곧 나의 평안을 너희에게 주노라 내가 너희에게 주는 것은 세상이 주는 것과 같지 아니하니라"(요한복음14;27절) **"평안을 끼치노**

니" 여기서 '끼친다'는 것은 영어로 leave인데 '남겨두고 간다'는 것입니다. 예수님은 우리에게 세상이 줄 수 없는 평안을 남겨두고 가셨습니다.

어느날 예수님은 제자들과 함께 배를 타시고 갈릴리 바다를 건너가시게 되었습니다. 그 때 갑자기 광풍이 불더니 큰 파도가 일어나고 배에 물이 들어와서 배가 침몰 직전의 위험에 처하게 되었습니다. 그 때 예수님은 배의 고물(高物) 위에서 베개를 베고 평안히 주무시고 계셨습니다. 이것을 '**그리스도의 평안**'이라고 합니다. 한편 배 안에서는 제자들이 겁을 먹고 우왕좌왕하고 소리를 지르면서 대 소동이 일어나고 있었습니다. 그리고 주무시는 예수님을 깨웠습니다. "**주여 구원하소서 우리가 죽겠나이다**"(마태복음8:25절) 그러자 예수님은 잠에서 깨어 일어나셔서 제자들을 위로하시기는 커녕 이렇게 꾸짖으셨습니다. "**어찌하여 무서워하느냐 믿음이 적은 자들아**"(26절) 왜냐하면 '만왕의 왕'이시요 '생명의 주'가 되시는 예수님을 옆에 두고도 '죽는다'고 소리지르며 야단법석을 떨었으니 그들에게 믿음이 없기 때문입니다. 그리고 예수님은 일어나셔서 바람과 바다를 꾸짖으셨습니다. 그러자 바람과 바다가 언제 그랬느냐는 듯이 아주 잔잔하여졌다고 성경은 증거하고 있습니다.(마태복음8:23-27절) 그리하여 예수님은 우리의 인생에서 닥쳐오는 어떤 풍랑이라도 능히 잠재우실 수 있으십니다.

제가 아주 젊은 시절 겨울에 친구들과 '**서해 바다**'의 작은 섬에 놀러간 적이 있습니다. 그것은 아주 낭만적이고 좋은 경험이었습니다. 서해 바다는 밀물과 썰물이 있고 일몰(日沒)이 참 멋있습니다. 또 서해 바다는 밀물과 썰물이 드나들어서 물이 들면 고기를 잡고 물이 빠지면 조개를 잡습니다. 그래서 땅이 없어도 굶어 죽지는 않습니다. **동해 바다**는 태평양이 가까워서 1년 365일을 하루도 빠지지 않고 거센 파도가 칩니다. 그러나 서해 바다는 한국과 중국으로 둘러싸여 있어서 한 달에 딱 하루 그믐날 만조 때에 전혀 파도가 치지 않는 날이 있습니다. 그 때 배를 타고 바다에 나가보면 바다가 호수같이 잔잔하고 물이 맑습니다. 그래서 물 속에서 물고기들이 헤엄치는 모습이 다 보입니다. 그 모습이 너무 평화스럽고 아름다워서 물속에 뛰어들고 싶은 충동이 일어나는 것입니다. 이것이 바로 파도가 치지 않는 **'바다의 평화'**입니다. 그러나 예수님은 갈릴리 바다의 거센 풍랑 속에서도 평안히 주무시고 계셨는데 이것을 일러 **'그리스도의 평안'**이라고 합니다. **풍랑 속에서 주무시는 예수님!** 과연 예수님은 평화의 왕이십니다. 그 예수님이 내 안에 들어오셔야 우리는 평안을 누릴 수가 있는 것입니다.

사도바울은 **평안(平安)**에 대해서 이렇게 증거하고 있습니다. "그러므로 우리가 믿음으로 의롭다 하심을 얻었은즉 우리 주 예수 그리스도로 말미암아 하나님으로 더불어 화평을 누리자"(로마서5:1절) **화평을 누리자!** 여기서 우리가 알아야할 것은 평화와 평안은 그냥 오는 것이 아니라 화해에서 온다는 것입니다. 국가 간에 전쟁을 하다가도 평화협정을 맺으면 화해가 되고 평화가 찾아오는 것입니다. 그러나 하나님과 인간의 평화는 **'의'**와 관련이 있습니다. 이 '의'는 믿음에서 오는데 예수 믿으면 하나님이 '의롭다'고 인정해주시고 하나님과의 화해가 이루어지면 평화가 찾아오는 것입니다.

"그는 우리의 화평이신지라 둘로 하나를 만드사 중간에 막힌 담을 허시고 원수된 것 곧 의문에 속한 계명의 율법을 자기의 육체로 폐하셨으니 이는 둘로 자기 안에서 한 새 사람을 지어 화평하게 하시고"(에베소서2:14-15절) **그는 우리의 화평이신지라!** 예수님은 평화의 왕이십니다. 예수님이 이 세상에 오신 것도 인류의 평화를 위해서인 것입니다. 그러기 위해서 예수님은 복음으로 유대인과 이방인의 담을 허셨습니다. 그리고 사랑으로 강자와 약자, 가진 자와 못 가진자, 의인과 죄인의 막힌 담을 허시고 하나가 되게 하신 것입니다.

"또 오셔서 먼데 있는 너희에게 평안을 전하시고 가까운데 있는 자들에게 평안을 전하셨으니 이는 저로 말미암아 우리 둘이 한 성령 안에서 아버지께 나아감을 얻게하려 하심이라"(에베소서2:17-18절) **평안을 전하셨으니!** 예수님이 평안을 전하신 것은 유대인과 이방인이 한 성령 안에서 하나님께 함께 나아가게 하기 위함인 것입니다.

성 어거스틴은 그의 '**참회록**'에서 이렇게 고백하고 있습니다. '주여, 당신은 위대하신 분이시며 찬양을 받아 마땅하십니다. 당신의 능력은 크고 위대하시며 또 당신의 지혜는 측량할 수도 없이 무한하십니다. 이러한 당신에게 인간이 감히 찬양을 드리고자 합니다. ... 그러나 당신이 일깨워 주시지 않았다면 제가 어떻게 찬양하는 마음을 가질 수 있겠습니까? 당신은 당신의 영광을 위해서 인간을 당신의 모양과 형상으로 만드셨습니다. 그렇기 때문에 우리의 마음은 당신에게서 안식(安息)을 얻기 전에는 참 평안을 가질 수 없습니다' 참으로 우리가 귀담아 들어야할 귀한 말인 것입니다.

이것은 **성 프란체스코(성 프란시스)**의 '**평화의 기도**'입니다.

주여!
나를 평화(平和)의 도구로 써 주소서!
미움이 있는 곳에 사랑을
다툼이 있는 곳에 용서를
분열이 있는 곳에 일치를
의심이 있는 곳에 믿음을

오류가 있는 곳에 진리를

절망이 있는 곳에 희망을

어두움이 있는 곳에 빛을

슬픔이 있는 곳에 기쁨을 가져오는 자 되게 하소서!

위로받기 보다는 위로하고

이해받기 보다는 이해하고

사랑받기 보다는 사랑하게 하여 주소서!

성 프란체스코(1181-1226년)는 이탈리아의 '아시시'에서 태어났습니다. 그는 거상이요 부자인 아버지 베르나르도네와 프랑스에서 시집 온 어머니 피카 부인 사이에서 태어났습니다. 아버지는 그가 상인이나 귀족이 될 것을 원했습니다. 그러나 어머니는 신앙심이 아주 돈독한 사람이었습니다. 그래서 그는 아버지와 어머니 사이에서 방황하고 고민을 해야 했다. 그러나 그의 어머니는 그를 위해서 기도했습니다. 그는 젊은 시절에 친구들과 어울려 술마시고 노래부르면서 방탕한 삶을 살았습니다. 그러던 어느날 그는 이런 하나님의 음성(?)을 듣게 되었습니다. "프란체스코야! 프란체스코야! 너는 이렇게 살려고 태어났니? 노래하고 즐기고 여자나 꾀려고?"그는 이 음성을 듣고 나서 자신의 삶을 돌아보고 다른 길을 가게 되었습니다. 아마 이것은 그의 어머니의 간절 한 기도 때문이었을지도 모릅니다.

청년 프란체스코는 주님의 음성(?)을 듣고 나서 세상을 등지고 하나님을 찾아 나서기로 마음을 먹었습니다. 그는 그 때 20대의 젊은이였습니다. 마침 그 때 그는 먹을 것을 구하러 아시시를 찾아 온 나이든 맨발의 걸식 수도사인 **레오**를 만나게 되었습니다. **부자집 아들과 거지 레오의 만남!** 이것은 극과 극의 만남이었습니다. 그러나 그들은 평생의 동반자로서 살게 됩니다. 레오를 만난 프란체스코는 천군만마를 얻은 기분이었고 레오는 프란체스코를 만남으로 그의 구도(求道) 생활에 새로운 활력소를 얻게 되었습니다.

그리스의 소설작가인 **니코스 카잔차키스**(1883-195(7)는 그의 역사소설 **'성자 프란체스코'**에서 이렇게 기록하고 있습니다. "어느날 고향인 아시시로 돌아온 그는 레오와 함께 첫 번째 좁은 골목으로 접어들었고 이내 산 조르 광장에 도착했다. 거기에서 그는 펄쩍펄쩍 뛰고 손뼉을 치면서 외치기 시작했다. **"이리 오세요. 모두 모이세요. 이 새로운 미치광이의 말을 들어보세요"**그러자 웃고 외치고 야유하는 소리가 들렸다. '저게 누구야? 부자 베르나르도네의 아들 프란체스코아냐? 어쩌다가 저렇게 된거야?' 모든 사람들이 그를 돌아다 보았다. 프란체스코가 광장 한 쪽에서 맨발로 누더기 옷을 걸어붙이고 깡충깡충 뛰면서 춤추는 것이 보였다. 그는 이렇게 소리치며 부르짖고 있었다. **'형제들! 이리 오세요. 이 새로운 미치광이의 말을 들어 보세요'** 그러자 아이들을 깔깔 웃고 그의 뒤를 떼지어 다니며 돌을 던졌다. 그래도 그는 평온하게 웃으면서 가끔씩 뒤를 돌아다보고 아이들을 향해 팔을 뻗으며 외쳤다.**'누구든지 나에게 돌멩이 하나를 던지는 자는 하나님의 축복을 한번 받고, 돌멩이 두 개를 던지는 자는 하나님의 축복을 두 번 받고, 돌멩이 세 개를 던지는 자는 세 번 축복을 받을 것이다'**말을 마치기가 무섭게 소나기가 쏟아지듯 그에게 돌멩이가 날아왔다. 그의 이마와 턱에서 피가 흘러내리고 있었다. 술집에서 사람들이 달려나와서 너털웃음을 웃어 댔다. 심지어 아시시의 개들까지도 프란체스코를 향해 짖어대기 시작했다. 그러나 그는 온 몸이 피투성이가 된 채 기뻐 날뛰며 춤을 추고 있었다. **'형제들이여 들으시오. 새로운 미치광이의 노래를 들어 보시오'**하면서 노래를 불렀다. 사람들은 모두 웃음을 터뜨리며 고함을 질렀다. 그러자 프란체스코는 이번에는 사원의 계단으로 올라가 야유를 퍼붓는 군중들을 향해 두 팔을 벌리고 외쳤다. '사랑하시오! 사랑하시오! 사랑하시오!' 그리고는 펄쩍펄쩍 뛰고 춤추고 외치면서 광장 한쪽 끝에서 다른 쪽 끝으로 달려가기 시작했다. 그 때 갑자기 거구의 한 남자가 뛰쳐나와 프란체스코의 목덜미를 붙잡았다. 그의 아버지 '베르나르도네' 씨였다. '따라 오너라' 아버지는 화가 나서 아들을 잡아 흔들며 소리를 질렀다. 그러자 프란체스코는 기둥을 붙잡고 버티면서 소리를 질렀다. '어딜 가요?' '집으로 가자' '나의 집은 이 곳이에요. 여기 광장이라구요. 나를 놀려대는 이 사람들이 나의 아버지와 어머니에요' '난 안 가요. 나에게는 아버지도 어머니도 없어요. 집도 없어요. 오직 하나님이 계실 뿐이에요' 그러자 그의 아버지는 더 이상 할 말을 잃고 말았다.

그 후 사람들이 한 사람씩 한 사람씩 **프란체스코**에게로 모여들었고 드디어 그는 프로티운쿨라에서 **교단(형제교단)**을 이루었다. 그는 교단 설립 승인을 받으려고 교황을 만나로 로마로 갔다. 교황 앞에서도 그는 노래부르고 춤을 추었다. 그러다가 교황으로부터 호된 질책을 받았다. 천신만고 끝에 그는 교황으로부터 교단설립의 승인을 받았다. 그러자 더 많은 사람들이 몰려와서 프란체스코 앞에 무릎을 꿇고 '나도 수도사가 되게 해달라'고 간청을 했다. 그 중에는 신부 사제 수도사 대학교수 상인 농부 어부 심지어 불량배들까지 있었다. 그가 산으로 가면 여우 늑대 사슴 멧돼지들이 모여들었고, 그가 물로 가면 붕어 잉어 메기 숭어 농어 등 각종 물고기 들이 모여 들었고, 그가 들로 가면 나비 벌 메뚜기 풍뎅이 등 각종 벌레들이 모여들었다.(아마 이것은 작가의 과장된 표현같다) 모두가 그의 형제요 친구였다. 그는 그들을 **'나의 형제'**라고 부르며 축복기도를 해 주었다. 그는 풀 한 포기, 구름 한 조각, 벌레 한 마리까지 '**형제**'라고 부르며 축복기도를 해 주었다. 왜냐하면 그것들이 하나님의 살아계심과 영광을 나타내고 있기 때문이다" 그러나 그를 반대하는 자들도 나타나기 시작했다. 걸식 수도사들이 매일 찾아와서 동냥을 달라고 하니 가난하게 사는 사람들이 이제는 등을 돌리고 오히려 그들을 비웃고 욕하고 돌멩이까지 던지기 시작했다. 그러자 그는 작전을 바꾸고 걸식을 중단하고 각자 일을 해서 사는 것을 권장하기에 이르렀다. 이것을 보면 그는 앞뒤가 막힌 사람은 아니었다.

그의 평생 동반자인 거지 수도사 **레오**는 그의 마지막을 이렇게 적고 있습니다. "세 명의 여인들이 프란체스코 위에 엎드려 울면서 그가 떠나려는 것을 애쓰면서 막고 있었다. 어머니 피카 부인은 그의 두 팔로 그의 머리를 감싸고 있었고, 연인이었던 클라라는 발을 껴안은 채 입을 맞추고 있었고, 백작 부인인 야코파 부인은 손을 그의 가슴에 꽉 끼고 있었다. 밖에는 그의 죽음을 아쉬워하듯 해가 지고 있었고, 해가 지자 그의 축음을 축복하듯 비가 내려 땅이 부드럽고 쉽게 갈라지게 만들었다. 그 순간 우리 모두는 프란체스코 위에서 대천사의 두 개의 검은 날개를 보았다. 그 때 그의 얼굴은 눈부시도록 환하게 빛났고, 눈을 크게 뜨고 하늘을 바라보고 있었다. 갑자기 그가 꿈틀거렸다. 그는 혼신의 힘을 다하여 우리 모두를 한사람씩 둘러보았다. 그의 입술이 움직였다. 마지막으로 우리 모두에게 할 말이 있는듯 했다. 나는 그에게 다가갔다. '**가난, 평화, 사랑...**' 그의 목소리는 들릴듯말듯 너무나 작아서 마치 머나먼 다른 세계로부터 들려오는 것 같았다. 그리고 그는 눈을 감았다. 그러자 우리 모두 그의 시신 위에 엎드려 입을 맞추고 울면서 장송곡을 불렀다.

a. 여기서 우리는 이런 생각을 해볼 수 있습니다. 신구약 성경에는 선지자

나 랍비는 있어도 **성인**이나 **성자**는 없습니다. 예수님은 이렇게 말씀하셨습니다. "그러므로 너희는 랍비라 칭함을 받지 말라 너희 선생은 하나이요 너희는 다 형제니라"(마태복음23:8절) 여기서 '랍비'는 서기관이나 목사나 교사같은 선생이나 스승을 일컫는 말입니다. 그런데 왜 갑자기 성인이나 성자가 나타납니까? 이것은 비성경적이고 우상숭배입니다. 특히 프란체스코는 스스로 자신을 성자라고 생각하지 않았을 뿐더러 자신을 가장 악한 '죄인'이라고 여겨서 추종자 레오에게 자신을 매로 때려줄 것을 세 번이나 요청했으나 레오는 차마 자신의 스승을 때리지 못하고 대신 자기의 몸을 때리다가 프란체스로부터 호된 질책을 받기도 했습니다. 또 기독교는 믿음과 은혜의 종교이지 고행과 수행의 종교가 아닙니다. 그런데도 **중세 시대**에는 곳곳에서 **수도원**들이 번성했고 수많은 **수도사들**이 수도원을 드나들면서 사막과 산 중에서, 동굴에서, 망루 위에서, 나무 위에서 고행과 수행과 묵상과 기도를 했습니다. 이것을 어떻게 설명할 수 있습니까? 이것은 시대적 배경'을 가진 인류의 역사(歷史)와 문화(文化) 속에서 나타나는 '계시의 발전(진전) 단계'로서만이 풀려질 수 있는 문제인 것입니다. **'하나님의 계시'**는 인류 역사의 발전과 함께 서서히 모습을 더 밝게 드러내고 있는 것입니다(그러나 이것은 어디까지나 저의 개인적인 견해인 것을 밝혀둡니다)

세계 역사를 살펴보면 고대 중세 현대는 인간의 정신이나 가치관이나 문화나 풍습에 큰 차이가 있습니다. **고대 세계**에서는 자연현상이나 동물이나 식물들을 신(神)처럼 섬겼습니다. 이것은 단순히 우상숭배의 차원이 아니라 그것들이 살아있는 신(神)이 되어서 인간들을 지배했습니다. 고대 이집트에서는 특정한 새나 짐승이나 식물들이 파라오의 권력 이상으로 '살아있는 권력'이 되어서 인간들을 지배했던 것입니다. 파라오 자신도 그런 것들의 지배를 받았습니다. 이것은 고대의 문헌이나 소설들을 보면 알 수 있습니다. **중세 시대**에 와서는 인간의 정신문화가 좀 더 발전을 했으나 아직도 인간의 정신은 기독교의 진리를 온전히 수용하지 못하고 우상숭배를 하듯이 하나님을 섬기고, 찾고, 만나려고 했던 것입니다. 그들은 아직도 십자가의 '**대속의 은총**'의 교리를 이해하지 못하고 인간 스스로 예수님이 가신 십자가의 길을 가려고 몸부림을 쳤던 것입니다. 그러자 많은 **성인**(聖人)과 **성자**(聖者)들이 탄생을 했고 그 중에서 프란체스코는 단연 독보적인 존재였던 것입니다. 그는 어느날 하나님의 음성(?)을 듣고, 예수님이 가신 십자가의 길을 따르려고 출가(出家)를 해서 맨발의 수도사가 되어 온갖 고생과 고행을 하면서 살았습니다. 그러자 동조자들도 생겨났으나 비판자들도 생겨났습니다. 그러나 우리는 그런 신앙의 행위를 무조건 부정하고 비판하기 보다는 '**시대적인 배경**'을 통한 역사와 '**계시의 진전단계**'로 이해하고 그들을 불쌍히 여겨야 할 것입니다. 왜냐하면 그것이 어쩔수 없는 인간의 문화나 문명이나 인간 이성의 발전단계이기 때문입니다. 고대나 중세 시대는 제사의식이나 우상숭배나 행위주도의 시대였기 때문에 거져받는 믿음이나 은혜의 교리를 받아들이기 어려웠을 것입니다. 그래서 그들이 하나님의 '선택적'이고 '무조건적인'믿음과 은혜를 거부하고 사막이나 산이나 동굴이나 망루에 올라가서 금식과 고행을 하면서 하나님을 직접 만나려고 몸부림을 쳤던 것입니다. 그러다가 모두 실패하고 말았습니다. 우리는 이런 현상을 비판만 할 것이 아니라 불쌍히 여겨야할 것입니다. 그러다가 '때가 되자'드디어 루터와 칼빈이 일어나 '**종교개혁**'을 했던 것입니다. 이것은 비단 기독교만의 문제는 아닌 것입니다. 힌두교나 불교도 마찬가지입니다.

　석가모니는 히말라야 산속의 작은 나라인 카필라국의 룸비니(현재의 네

팔)에서 왕자로 태어나서 어느날 궁궐을 나와서 세상구경을 하다가 참혹한 모습을 발견하고는 충격을 받고 출가(出家)를 결심하고 걸식하며 세상을 떠돌다가 히말라야의 산 속으로 들어갔습니다. 그가 앉아서 수행에 수행을 거듭하자 몸은 야위어서 가죽과 뼈만 남았고 **'죽음 직전에까지'** 이르렀습니다. 그러다가 그는 기적적으로 살아나서 부처가 되었습니다. 그가 불법을 깨닫고 나서 그의 몸은 기적적으로 회복이 되었고 산에서 내려와 천하를 주유하면서 80세까지 불법을 펼치게 됩니다. 그리고 불교가 탄생합니다. 여기서 '석가'는 산스크리트어로 '샤카'인데 '깨달은 자'나 '성자'라는 의미를 가지고 있습니다.

이것은 프란체스코와 너무나도 닮았습니다. 프란체스코도 하나님의 음성(?)을 듣고 출가(出家)해서 맨발로 걸식과 고행을 하다가 뼈와 가죽만 남았고, 사람들은 '그가 죽을 것이다'라고 말했고, 그 자신도 자신의 죽음을 예견했고 **'죽음 직전에까지'** 이르렀으나 하나님의 역사(?)로 죽음을 넘어서 극적으로 새로운 세계로 나오게 된 것입니다. 이것은 그가 **'육의 생명'**은 죽고 **'영의 생명'**으로 다시 태어난 것입니다. 그러나 이것은 어디까지나 그들만의 일이지 이것을 다른 사람들에게 강요하거나, 따르게 하거나, 모방하게 해서는 안 될 것입니다. 이것은 아무나 할 수 없는 극히 위험하고 극단적인 행위이기 때문입니다. 기독교는 불교처럼 인간 중심의 수행과 고행과 행위 위주의 종교가 아닙니다. 기독교는 하나님 중심의 믿음과 은혜의 종교입니다. 그 이유를 든다면 하나님이 우리의 **'아바 아버지'**가 되시기 때문입니다. 아버지는 자식들이 고생하는 것을 원치 않습니다. 우리가 예수님을 모방한다고 예수님같이 되는 것이 아닙니다. 우리는 예수님을 모방할 수도 없습니다. 예수님은 성령으로 잉태하셨고 죄가 전혀 없으신 분이십니다. 그래서 아무도 예수님을 모방할 수가 없는 것입니다. 심지어는 베드로나 사도 바울도 예수님을 모방하지 않고 오직 믿음과 은혜를 선포했던 것입니다. 예수님이 십자가에서 마지막으로 남기신 말씀이 이것입니다. "다 이루었다" 그래서 우리가 고난과 고행을 통해 예수님을 모방하려고 한다면 그것은 예수님이 지고 가신 '십자가의 은총'을 거부하는 것이 되는 것입니다.

b. 그러면 어떻게 '프란체스코'의 삶과 행위가 정당화될 수 있습니까? 이것은 기독교의 **구원의 교리**의 차원이 아니라 **영과 육의 싸움**의 차원에서만 정당화 될 수 있는 것입니다. 모든 사람이 프란체스코가 된다면 교회도 망하고 세상도 망하고 말 것입니다. 그는 단지 앞서간 성도요 하나님의 자녀일 뿐입니다. 예수님은 "살리는 것은 영이니 육은 무익하니라"고 '**영과 육**'의 싸움에 대해서 말씀하셨습니다. 사도바울은 이 '**영과 육**'의 싸움에 대해서 이렇게 증거하고 있습니다. "너희에게도 같은 싸움이 있으니 너희가 내 안에서 본 바요 이제도 내 안에서 듣는 바니라"(빌립보서1:30절) "나는 날마다 죽노라"(고린도전서15;31절) 이것은 날마다 우리 안에서 일어나고 있는 영과 육의 싸움 즉 '**영적 전쟁**'을 일컫는 것입니다. 이 전쟁은 육이 죽어야 이기는 전쟁입니다. 프란체스코가 가장 많이 강조했던 것은 영혼의 자유와 해방 즉'영혼 구원'이었습니다. 프란체스코는 자기 안에서 솟아오르는 육의 욕망과 끝까지 싸우고, 굶기고 죽임으로써 이 영적전쟁에서 승리한 자입니다. 그래서 사람들이 그를 **성자**(聖者)라고 부르고 우러러보았던 것입니다. 그러나 이것은 구원과는 거리가 먼 것입니다. 하나님 앞에서는 모두가 다 죄인이고 성도이고 평등합니다. 하나님 앞에서는 성자(聖者)도 성인(聖人)도 없습니다. 사도 바울은 자신을 "죄인 중의 괴수"라고 불렀습니다. 그는 **성자**가 아니라 그냥 **사도**였습니다. 프란체스코도 자신을 '죄인 중에서도 가장 악한 죄

인'으로 여겼습니다. 그래서 자신의 몸을 굶기고, 헐벗고, 학대했습니다. 그래서 이것은 마치 **욥**이 극한 고난을 받고 나서 새사람이 되었듯이 '**영과 육**'의 싸움의 차원에서만 이해되고 받아들여질 수 있는 것입니다. 욥은 이렇게 고백하고 있습니다. "내가 주께 대하여 귀로 듣기만 하였삽더니 이제는 눈으로 주를 뵈옵나이다. 그러므로 내가 스스로 한하고 티끌과 재 가운데서 회개하나이다"(욥기42:5-6절) 욥은 그 엄청난 고난을 통하여 하나님을 만나고 다시 태어나게 된 것입니다. 개신교(프로테스탄트)에서는 그 누구도 성자라고 부르지 않습니다. 그저 모두가 하나님 앞에서 구원받은 성도일 뿐입니다. 그렇다고 우리는 **프란체스코**나 다른 성자들을 폄하하거나 비판해서는 안 됩니다. 왜냐하면 모든 것은 하나님만 아십니다. 또 그들은 그들의 시대가 낳은 사람들이고 우리의 신앙생활에서 매일 같이 일어나고 있는 **영과 육의 싸움**에서 최고의 모델들이기 때문입니다. 바로 이것을 보여 주시려고 하나님이 프란체스코를 부르셨는지도 모릅니다. 그래서 우리는 그들을 인정하고 또 그들을 통해서 날마다 우리에게서 일어나고 있는 영과 육의 싸움에 대해서 배워야 할 것입니다. 그리고 이것은 역사와 문화 속에서 나타나는 '**계시의 진전**'과 '**시대적 배경**'에 의해서만 풀어질 수 있을 것입니다. 아멘!

c. 이번에는 프란체스코에게 있는 '신학적인 문제'에 대해서 알아보고자 합니다.

첫째, **무소유 사상**입니다. 프란체스코는 이렇게 말했습니다. '**레오 형제! 그 수도승의 말이 옳아요. 우리의 가난은 풍요로운 것이에요. 왜냐하면 우리는 창고 바닥 가장 깊숙한 곳에 하늘나라를 숨기고 있기 때문이죠. 진정한 가난은 그 창고 바닥까지 완전히 비워버려야 한다는 뜻이에요. 하늘나라도, 영원불멸도 아무 것도 들어있으면 안 돼요. 아무 것도, 아무 것도, 아무**

것도 없어야 해요'아무 것도! 아무 것도! 아무 것도 없어야 해요! 이것은 가난을 뛰어넘는 **무소유**(無所有)의 사상으로 불교의 사상과 비슷한 것입니다. 그러나 기독교는 천지만물을 창조하신 하나님을 숭배하는 **유소유**(有所有)의 종교입니다. '무소유'는 불교가 중국에 들어와서 노자(老子)의 '무위(無爲)자연사상'과 결합되어 생겨난 것입니다. 노자는 **'사랑도 하지말라'**고 가르쳤습니다. 그러나 기독교는 천지만물을 창조하신 하나님을 섬기는 유소유(有所有)의 종교입니다.

둘째, **'만물 구원론'**입니다. 그는 이 땅에 있는 모든 것들 즉 새 짐승 물고기 풀 나무 심지어 해 달 별들까지 다 구원받아서 천국에 들어가기를 기도했습니다. 이것이 인도주의적 차원에서는 그럴듯하고 아주 좋습니다. 그러나 하나님의 구원은 그런 것이 아닙니다. 하나님의 구원은 만세 전에 이미 **예정**되고 **선택**되었습니다. 하나님이 인간을 구원해 주시는 것은 인간만이 하나님의 모양과 형상이기 때문인 것입니다.

셋째, **'지옥 무용론'**입니다. 프란체스코는 산다미아노 성당 수녀원에서 이렇게 설교했습니다. '자매 여러분! 천국이란 무엇입니까? 완전한 행복입니다. 그러나 누군가가 천국에서 내려다 볼 때 자기의 형제들과 자매들이 지옥에서 벌받고 있는 것을 본다면 그 사람이 어떻게 완전히 행복해질 수 있겠습니까? 지옥이 존재하는 한 어떻게 천국이 존재할 수 있겠습니까? 그렇기 때문에 내가 이런 말을 하는 것입니다. 나의 자매들이여! 이 말을 가슴 깊숙이 새겨 우리 모두다 함께 구원받도록 합시다. 그렇지 않으면 우리 모두가 저주받을 것입니다' 이것은 '지옥 무용론'이고 성경을 부인하는 것이고 말도 되지 않는 소리입니다. 지금 누가 이런 말을 한다면 이단으로 몰릴 것입니다. 그러면 왜 그가 이런 말을 했겠습니까? 그가 신학교를 나오지 않고, 정규 신학 공부를 하지 않았기 때문입니다. 그래서 개인의 감정에 치우치고 있는 것입니다.

넷째, **마귀(사탄) 구원론**입니다. 또 그는 산다미아노 성당의 수녀들 앞에서 이렇게 말하고 있습니다. '오! 하나님! 저를 용서하십시오. 지금 바로 이 순간 한 가지 반역같은 생각이 저의 마음에서 입술로 올라오고 있습니다. 제가 이 여인들에게 그것을 말하도록 허락해 주십시오. 이 사람들은 모두 저의 자매들이기 때문입니다. 나의 자매들이여! 잘 들으세요! 하나님! 저를 용서하세요! 바로 이 순간 저는 **사탄(마귀)**조차도 불쌍하다는 생각이 듭니다. 사탄보다 더 불쌍하고 불행한 존재는 없습니다. 한 때는 하나님과 함께 있었지만 지금은 그 분을 버리고 떠나서 위로받을 길이 없이 괴로움 속에서 허공을 떠돌고 있기 때문입니다. 사탄이 왜 괴로워하느냐구요? 하나님께서 그가 기억하도록 만드셨기 때문입니다. 아름다운 천국을 기억하고 있는 그가 어찌 위로받을 수 있겠습니까? 나의 자매들이여! 우리 모두 사탄을 위해 기도해야 합니다. 은혜로우신 주님께서 사탄을 불쌍히 여겨 그를 용서하시고 천국으로 돌아와 대천사들 사이에 자리잡게 해주시도록 기도해야 합니다. 자매 여러분! 이것이 바로 '**완전한 사랑**'입니다. '사랑! 사랑! 사랑!' 프란체스코는 흐느낌으로 목이 멜 때까지 외쳤다. 그러다가 두 손으로 얼굴을 묻고 울기 시작했다." **사랑! 사랑! 사랑! 너무 좋습니다. 그러나 의가 없는 사랑이나 사랑 없는 의는 그 누구도 구원할 수 없는 것입니다.** 하나님은 십자가에서 의로 마귀를 심판하셨고 사랑으로 인간을 구원하셨습니다. 의와 사랑이 같이 만나야 구원이 이루어지는 것입니다. 그러나 프란체스코는 '**완전한 사랑**'에 너무 몰입한 나머지 사탄의 구원까지도 거론하게 된 것입니다.

"바로 이 순간 저는 사탄조차도 불쌍한 자라는 생각이 듭니다. 사탄보다

더 불쌍하고 불행한 존재는 없습니다" 사탄(마귀)은 천사장 '**루시퍼**'로서 하늘나라에서 하나님을 거역하다가 쫓겨난 자입니다. 그는 영원히 형벌을 받은 자로 요한계시록에 기록하고 있습니다. 그런 자를 불쌍히 여기고 기도한다는 것은 '마귀 옹호론자'이고 '마귀의 추종자'일 뿐입니다. 요즘 같으면 통일교나 천부교나 영생교 그 이상입니다.

하루가 지난 후에 그는 레오에게 한숨을 쉬면서 후회하듯 이렇게 물었습니다. '레오 형제! 내가 도대체 거기서 무슨 말을 했나요? 그 때 나는 제 정신이 아니었어요. 오! 주여! 저를 용서하소서!' 그러자 레오가 이렇게 물었습니다. '그게 무슨 말씀이세요? 프란체스코 형제! 사탄을 불쌍히 여겨서 그랬나요?' 그러자 프란체스코는 이렇게 변명하듯 얼버무렸습니다. '아니! 아닙니다. 여자들이 있다는 사실이 내 마음을 너무 혼란스럽게 만들었기 때문이요'

참으로 **프란체스코**는 개신교의 입장에서 본다면 아리송한 존재입니다. '그가 이단인가 아니면 하나님의 사자인가?'는 하나님 밖에는 알 수 없습니다. 우리는 기독교를 세 가지로 분류해 볼 수 있습니다. ① **원형**(原形) 기독교인데 이것은 초대교회를 말합니다. ② **원시**(原始) 기독교인데 이것은 중세의 기독교를 말합니다. ③ **근세**(近世) 기독교인데 이것은 종교 개혁 이후의 기독교를 말합니다. 그러나 이 근세 기독교도 세속에 물들어 타락했기 때문에 '**제 2의 종교개혁**'을 바라보고 있는 것입니다. 이처럼 교회도 시대적 배경이나 역사의 발전단계에 따라 다른 모습을 하고 나타나기도 하는 것입니다.

결론으로 **성프란체스코! 그는 어떤 자인가?** 그는 하나님의 사자인가? 아니면 마귀가 보낸 '미혹의 영'인가? 그것은 하나님 밖에는 그 누구도 알 수 없다는 것입니다. 그리고 신앙을 떠나서 그의 말과 행동은 지금도 많은 사람들에게 감동을 주고 있는 것입니다. 더구나 성프란시스코는 세계역사에서도 중요한 인물로 평가받고 있어서 함부로 말할 수도 없습니다. 그리고 부패한 **로마 캐도릭**이 없었다면 **개혁교회**(개신교)도 없다는 사실입니다.

10. 예수 그리스도는 불(기적과 능력)의 복음을 전하셨습니다.

(1) 기독교는 불의 종교입니다.

예수님은 이렇게 말씀하셨습니다. "**내가 불을 땅에 던지러 왔노니 이 불이 이미 붙었으면 무엇을 더 원하리요**"(누가복음12:49절) 이것을 원문의 순서대로 하면 이와 같습니다. Fire I came to cast. 여기에 보면 '불'이라는 단어가 맨 앞에 나오고 있습니다. '**던지다**'는 헬라어로 βαλειν '발레인'인데 영어로는 Cast, throw 즉 '던지다'라는 뜻을 가지고 있습니다. 이것은 옛날 시골에서 정월 대보름이 되면 **쥐불놀이**를 할 때 깡통에 불을 담아서 돌리다가 던지던 기억이 떠오르게 합니다. 또 이것은 **야구 경기** 때 투수가 마운드에서 온 힘을 다하여 공을 던지는 것을 연상시켜 주는데 그런 공은 아무나 받을 수 있는 것이 아니고 포수로서의 훈련을 잘 마친 자라야 받을 수 있는 것입니다. 투수가 아무리 공을 잘 던져도 포수가 받지 못하면 공이 뒤로 빠져나가서 점수를 빼앗기는 것입니다. 지금 예수님도 자신이 던지시는 불을 잘 받을 수 있는 자를 찾고 계십니다. 그가 누구이겠습니까? 만약 그를 찾는다면 더 이상 바랄 것이 없다는 것입니다. 이것이 "무엇을 더 원하리요"입니다. 여기서 우리는 예수님의 애타는 심정을 읽을 수 있는 것입니다. 지금 예수님은 자신이 떠나신 후에 제자들이 무엇보다도 '**성령의 불**'을 받는 것을 원하고 계신 것입니다. 왜냐하면 불이 모든 문제를 해결하기 때문입니다. 밥을 지을 때, 자동차 비행기도 불이 있어야 날고, 제철소도 불이 있어야 쇠를 녹이고,

원자력 발전소도 불이고, 어두운 밤을 밝히는 것도 불입니다. 모든 것은 불의 힘이고 능력입니다. 이 우주는 불로 되어 있습니다. 기독교는 '불의 종교'입니다. 성령은 바로 불인 것입니다. 불은 에너지요 힘이요 능력이요 생명입니다. 불은 살아 있습니다. 이 불이 바로 기적을 일으키는 능력인 것입니다.

사도행전 2장을 보면 **'오순절 날에 마가의 다락방'**에 성령이 임하시는 장면이 묘사되고 있습니다. "오순절 날이 이미 이르매 저희가 다같이 한 곳에 모였더니 홀연히 하늘로부터 급하고 강한 바람같은 소리가 있어 저희 앉은 온 집에 가득하며 불의 혀같이 갈라지는 것이 보여 각 사람 위에 임하여 있더니 저희가 다 성령의 충만함을 받고 성령이 말하게 하심을 따라 다른 방언으로 말하기를 시작하니라"(1-4절) 여기에서 보면 '불의 혀같이 갈라지는 것'이 저희에게 보였다는 것입니다. 여기서 **'불의 혀'**는 성령의 역사를 가리키고 있습니다. 또 거기에다가 급하고 강한 **바람**까지 불어왔던 것입니다. 그러니 불이 얼마나 잘 번지겠습니까? 바람과 불! 이것은 자연계에서 대단위 에너지를 일컫는 것입니다. 불이 나고 여기에 바람까지 불면 집이 다 타고 온 산이 다 타는 것입니다. 이것이 바로 성령의 위력인 것입니다.

하나님은 **불**로 우주 만물을 만드시고 움직이고 계십니다. 태양도 불덩어리이고 이 지구도 속에는 포항 제철소보다 더 뜨거운 '마그마'라는 용암이 끓고 있는 것입니다. 우리도 지금 불 위에서 살고 있는 것입니다. 우리가 음식을 먹는 것도 알고 보면 음식이 뱃속에서 소화되면 에너지로 변하는데 그 에너지도 **불**인 것입니다. 그러니까 지구 위의 모든 생명체들은 태양 에너지를 먹고 그 힘으로 움직이면서 살고 있는 것입니다. 그러니까 태양이 에너지 발전소인데 태양이 멈춰버리면 모든 생명체들도 동작을 멈출 수 밖에 없는 것입니다. 그래서 예수님도 **'내가 불을 던지러 왔다'**라고 말씀하셨는데 얼마나 예수님의 말씀이 과학적이고 현실적이고 진실성이 있습니까? 그러나 여기서 예수님이 말씀하시는 **불**은 물리적인 불이 아니고 영적인 불 즉 성령의 불인 것입니다. 이 불은 영혼을 살리는 불인데 귀신을 쫓아내고 병을 고치고 사람을 구원하는 불인 것입니다. 이 불을 가지고 예수님은 각처를 다니시면서 귀신을 쫓아내고 병을 고치고 온갖 기적들을 행하셨던 것입니다.

저도 어릴 때 겨울에 동네의 아이들과 개울에서 **썰매**를 타다가 얼음이 깨져서 양말과 바지를 다 적시고 나면 말리려고 부엌에 가서 성냥을 가져다가 뚝에 불을 피우곤 했습니다. 그러던 어느날 동네 아이들하고 집 앞에서 불장난을 하고 있는데 갑자기 바람이 불어와서 추수가 끝나고 나서 앞마당에 쌓아놓은 짚누리를 다 태운 적이 있습니다. 불이 나자 동네 사람들이 불을 끈다고 양동이를 들고 나왔습니다. 저는 너무 겁이 나서 도망을 가서 어느 집 장독대 뒤에 숨어 있었는데 해가 지자 식구들이 저를 찾느라고 제 이름을 부르고 난리가 났습니다. 그래서 할 수 없이 머리를 푹 숙이고 나오니까 할머니가 저를 보더니 달려와서 끌어안고 눈물을 흘리셨습니다. 저는 할머니의 손을 잡고 집에 들어가면서 아버지한테 맞아 죽을 줄 알고 머리를 푹 숙이고 집에 들어가니까 아버지가 이상하게도 저를 혼내지 않고 '얘야! 들어가서 밥 먹어라'고 하셨습니다. 그래서 '이제는 살았다'하고 방으로 들어가서 밥을 먹었습니다. 나중에 알고 보니까 '아이가 불을 내면 혼내지 않는다'고 합니다. 그 이유는 '아이가 충격을 받을까 봐서 그런다'는 것입니다.

지금 우리나라도 기후의 변화로 인해 봄이 되니까 전국에서 산불이 많이 일어나서 나라가 온통 산불 이야기로 뒤숭숭합니다. 올해는 날씨가 건조해서 유독 산불이 더 많이 나는 것 같습니다. 그 중에서도 **'울진 삼척'**의 산불은 초대형 산불로 거의 한 달 동안 집과 임야를 태우고 많은 사람들이 죽거나 다치고 그 피해가 가히 천문학적인 것입니다. 당국에서 그 원인을 조사해 보니까 자동차에서 끄지 않고 버린 **담뱃불**이 불씨가 되었다고 합니다. 이처럼 산을 다 태우는 것도 **담배꽁초 하나면** 됩니다. 그것이 집을 태우고 산을 태우고 온 세상을 다 태울 수 있는 것입니다. **복음도 이와 같습니다.** 복음은 불입니다. 그 안에 불을 가지고 있습니다. 그래서 성령의 바람이 불어오면 활활 타오르는 것입니다. 오순절 마가의 다락방에 임한 **'성령의 불'**이 예루살렘을 거쳐 소아시아와 유럽을 거쳐, 미국으로, 100년 전에 태평양을 넘어 유교국가인 한국과 중국으로 왔고, 지금은 불교국가인 동남 아시아와 힌두교 국가인 인도로, 회교국가인 이란 터키 이라크 아프리카 등지로 불이 번져가고 있는 것입니다. 이것이 바로 '성령의 불' 즉 '복음의 위력'인 것입니다.

(2) 기독교는 기적(표적)의 종교입니다.

예수님은 이렇게 말씀하셨습니다. "믿는 자들에게는 이런 표적이 따르리니 곧 저희가 내 이름으로 귀신을 쫓아내며 새 방언을 말하며 뱀을 집으며 무슨 독을 마실찌라도 해를 받지 아니하며 병든 사람에게 손을 얹은즉 나으리라"(마가복음16:17-18절) **이런 표적이 따르리니!** 예수님은 공생애(共生涯) 3년 동안 많은 기적(표적)들을 행하셨습니다. 그 중에서 가장 대표적인 것을 든다면 수많은 귀신들을 쫓아 내셨고, 소경이 눈뜨고, 벙어리가 말하고, 귀먹어리가 듣고, 문둥병이 깨끗하게 되고, 앉은뱅이가 걸어가고, 죽은 자가 살아나고, 풍랑이 거세게 이는 바다를 "잠잠하라"는 한 마디 명령으로 잔잔케 하셨고, 광야에서 떡 5개와 물고기 2마리로 2만명을 배부르게 먹이고도 12광주리에 차게 거두는 '오병이어의 기적'을 행하셨고, 죽은 지 나흘이 되어서 썩고 냄새나고 형체를 알아 볼 수 없게 된 나사로가 "나사로

야 나오라"는 예수님의 명령 한마디로 수족을 베로 동인채로 무덤에서 걸어 나왔던 것입니다

(3) 기독교는 능력의 종교입니다,

사도 바울은 이렇게 증거하고 있습니다. "그러나 주께서 허락하시면 내가 너희에게 나아가서 말을 알아볼 것이 아니라 오직 그 능력을 알아보겠노니 하나님의 나라는 말에 있지 아니하고 오직 그 능력에 있음이라"(고린도전서 5:19-20절) 오직 그 능력에 있음이라! 원래 사도 바울은 바리새인이요 학자였습니다. 그런 그가 이런 말을 한다는 것은 능력이 얼마나 중요한가를 말해 주는 것입니다. 능력은 힘이요 힘은 에너지요 에너지는 빛이요 빛은 생명입니다. 그래서 살아있는 모든 것은 힘과 능력이 있습니다. 그러나 죽은 것은 힘도 능력도 없습니다. 율법은 능력이 없습니다. 그러나 복음은 능력이 있습니다. 왜냐하면 복음은 살아있기 때문입니다. 율법은 모세가 전했으나 복음은 하나님의 아들이신 예수님이 전하셨기 때문입니다. 이 우주에서 최고의 능력자는 하나님이십니다. 그래서 하나님의 아들로 오신 예수님은 각지에 다니시면서 수많은 기적과 능력을 행하셨습니다. 그것은 마술이 아니라 '기이한' 능력이었습니다.

지금은 교회가 세속에 빠져서 이런 권세와 능력을 다 잃어버렸습니다. 기독교의 신앙이 점점 종교화 되어가고 있습니다. 숫자는 많아도 힘은 없습니다. 그 이유는 교회에서 성령이 역사하지 않기 때문입니다. 그러나 지금이라도 늦지 않았으니 교회는 이 능력을 회복해야 합니다. 그러면 어떻게 해야 이런 능력을 회복할 수 있습니까? 먼저 하나님 앞에 나아가 무릎을 꿇고 회개해야 합니다. 그래서 이런 찬송을 불러야 합니다. 1절 '성령이여 강

림하사 나를 감화하시고 애통하며 회개한 맘 충만하게 하소서 예수여 비오니 나의 기도 들으사 애통하며 회개한 맘 충만하게 하소서'(통일찬송가177장 새찬송가190장)

11. 예수 그리스도는 '구원의 복음'을 전하셨습니다.

예수님은 이렇게 말씀하셨습니다. **"내가 진실로 진실로 너희에게 말하노니 나는 양의 문이라 나보다 먼저 온 자는 다 절도요 강도니 양들이 듣지 아니 하였느니라 내가 문이니 누구든지 나로 말미암아 들어가면 구원을 얻고 또는 들어가며 나오며 꼴을 얻으리라"**(요한복음10:7-9절)

a. "나는 양의 문이라" '양의 문'이란 양들이 나가고 들어오는 문을 말합니다. 영어로는 I am the gate for the sheeps 입니다.

창세기 28장을 보면 아버지와 형을 속이고 장자의 축복을 받은 **야곱**은 집에서 쫓겨나 광야를 헤매다가 밤이 되어 돌베개를 베고 잠이 들었습니다. 그는 꿈을 꾸었는데 사다리가 하늘 끝까지 닿아 있었고 천사들이 그 위를 오르락 내리락하고 있었습니다. 그때 그는 사다리 꼭대기에 서 계신 하나님을 보았고 그 음성을 들었던 것입니다. 그는 꿈 속에서 하나님을 만나고 나서 큰 위로와 힘을 얻었는데 눈을 떠보니 꿈이었습니다. 그는 잠에서 깨어서 이런 말을 혼자 중얼거렸습니다. **"이는 하나님의 전이요 하늘의 문이로다"**(창세기28:10절) **하늘의 문이로다!** 그는 그 자리에서 일어나 그곳에 돌기둥을 세우고 그 곳을 벧엘 즉 '하나님의 집'이라고 불렀습니다. 그리고 후에 그곳에 하나님의 성전이 세워졌던 것입니다. 개나리 봇짐 하나 지고 집을 나와서 갈 곳을 찾지 못하고 눈물을 흘리며 들녘을 헤매였던 야곱이 하나님을 만나고 나서는 새 힘과 용기와 꿈을 가지고 콧노래를 부르면서 하란에 있는 외삼촌 집으로 향하여 갔는데 이것이 무엇 때문입니까? 그에게 '하늘 문'이 열렸기 때문입니다. **하나님을 만난 야곱!** 그는 더 이상 옛날의 야곱이 아닙니다. 그가 어디로 가든지 이제부터 그는 천국을 향하여 가고 있는 것입니다. 그가 가는 도중에 어려움을 겪을 수도 있으나 그는 천국을 향하여 가고 있기에 콧노래를 부르면서 그의 발걸음은 가벼운 것입니다. 이것은 그가 구원을 받았기 때문입니다. 이것은 지금 우리에게도 마찬가지입니다. 우리도 예수 믿고 구원 받으면 하나님의 자녀요 천국의 시민으로서 학교로 가든, 직장으로 가든, 시장을 가든, 해외여행을 가든 우리의 발걸음은 천국(天國)을 향하여 가고 있기에 야곱처럼 콧노래를 부르며 기쁘고 즐거운 마음으로 살 수 있는 것입니다. 예수 그리스도는 **'하늘의 문' '양의 문' '구원의 문'**이십니다. 그래서 예수 그리스도를 통하지 않으면 누구도 천국에 들어 갈 수 없는 것입니다.

b. **"구원을 얻고"** 구원을 헬라어로 σωτηρια '쏘테리아' 영어로는 rescue '구조한다' 또는 save '구하다'라는 의미인데 '물에 빠진 자를 건져준다'라는 뜻을 가지고 있습니다. 이 세상에 태어난 모든 인간은 알든 모르든 죄와 사망의 물에 빠졌습니다. 예수님은 인류를 그 곳에서 건져주시려고 십자가를 지셨고 무덤에서 부활하셨고 승천하셨습니다. 인간의 구원은 말이나 가르침이나 깨달음으로 되는 것이 아니고 전지전능하신 하나님의 지혜와 능력으로만 되는 것입니다.

c. **"들어가며 나오며"**(coming in and going out) 이것은 '이중축복'입니다. 이것은 우리가 먼저 하나님의 나라와 그의 의를 구할 때 하나님께서 들어가도 은혜 나가도 은혜, 들어가도 복 나가도 복을 주신다는 것입니다. 이런 일은 부모와 자녀 사이에만 가능한 일인데 그래서 우리는 하나님을 '아

버지'라고 부르는 것입니다.

d. "꼴을 얻으리라" 여기서 꼴은 양들의 양식을 말합니다. 양식에도 하늘의 양식과 땅의 양식이 있고 영의 양식과 육의 양식이 있습니다. 그러나 신앙생활은 영혼과 육체. 하늘과 땅이 균형과 조화를 이루어야 합니다. 어느한 쪽으로 치우치면 위험한 것입니다. 그러나 순서를 놓고 볼 때는 땅보다 하늘, 육보다 영이 먼저인 것입니다. 하나님은 우리의 가장 좋으신 '아버지' 이십니다. 그래서 하나님은 우리에게 하늘의 양식과 땅의 양식, 영의 양식과육의 양식, 하늘의 복과 땅의 복을 모두 다 주십니다.

예수님은 '산상수훈'에서 이렇게 말씀하셨습니다. "너희는 먼저 그의 나라와 그의 의를 구하라 그리하면 이 모든 것을 너희에게 더하시리라"(마태복음6:33절) **"더하시리라"** '더한다'는 말은 헬라어로 προστίθημι(프로스티데미) 영어로는 add인데 '더하다'라는 의미를 가지고 있습니다. 영어성경에는 이것을 'All these things shall be added to you'라고 번역하고 있습니다. 이것이 무엇입니까? 보너스입니다. 그러니까 우리가 먼저 '하늘의 것'을 구하면 '땅의 것'은 보너스로 주신다는 것입니다. 마찬가지로 우리가 예수 믿고 구원을 받으면 '꼴' 즉 나머지 '땅의 것들'은 보너스로 받는 것입니다.

여기에서 잠간 **'구원론'**에 대해서 말씀드린다면 예수님은 산상수훈의 맨 첫머리에서 '아홉 가지 복'에 대해서 가르치셨습니다. 그리고 율법과 복음을 비교해서 가르치셨고 곧바로 이 말씀을 하셨습니다. "내가 너희에게 이르노니 너희 의가 서기관과 바리새인보다 더 낫지 못하면 결단코 천국에 들어가지 못하리라"(마태복음5:20절) 산상수훈에서 예수님은 인간의 구원문제를 다루고 계십니다. 저는 개인적으로 이 구절 을 예수님의 **'구원론'**의 서론이라고 생각합니다. 구원은 천국에 들어가는 것입니다. 그러나 그 길은 존 번연의 '천로역정'에서 보듯이 쉬운 길이 아닙니다. 방해꾼들이 도처에 널려 있는 아주 멀고 험난한 길입니다. 그런데 어떻게 된 일인지 언제부터인지는 모르겠으나 인간의 구원을 마치 손바닥 뒤집는 것보다 더 쉽게 생각하고 있는 것입니다. 그 이유를 생각해 보니까 믿음으로 '의롭다함'을 받는 것과 '구원'을 혼동하고 있는 것 같습니다. 의롭다함을 받는 것 즉 칭의는 구원의 첫 단계에 불과한 것이고 구원의 완성은 **칭의. 성화. 영화**의 3단계를 거쳐서 이루어지는 것입니다. 우리는 예수 믿고 이미 구원을 받았습니다. 그렇다고 구원이 다 끝난 것이 아니고 구원은 현재 진행형인 것입니다. 그래서 사도 바울은 빌립보서 2:12절 에서 "**두렵고 떨림으로 너희 구원을 이루라**"고 권면하는 것입니다. 여기서 '이루라'는 현재형입니다.

우리가 '**구원**'에 대해서 말할 때 가장 먼저 떠오르는 구절 은 **로마서 1:17**절 입니다. 왜냐하면 **마르틴 루터**가 이 구절 을 근거로 해서 종교개혁을 시작했기 때문입니다. "복음에는 하나님의 의가 나타나서 믿음으로 믿음에 이르게 하나니 기록된바 오직 의인은 믿음으로 말미암아 살리라 함과 같으니라" a. **복음에는 하나님의 의가 나타나서!** 대부분의 목회자들과 신학자들이 이 구절 을 구원의 근거로 삼고 있으나 바로 여기에 함정이 있는 것입니다. 여기에서 우리가 주목해야 할 것은 사도 바울은 '믿음으로 의에 이른다'거나 '믿음으로 구원에 이른다'는 말은 한마디도 하고 있지 않는다는 것입니다. b. **믿음으로 믿음에 이르게 하나니!** 그저 '믿음으로 믿음에 이른다'고만 말하는 것입니다. 왜냐하면 '칭의'는 구원의 완성이 아니기 때문입니다. 그런데도 사람들이 이것을 혼동하고 있는 것입니다.

사도 바울은 갈라디아서 2:16절 에서 이렇게 증거하고 있습니다. "**사람이 의롭게 되는 것은 율법의 행위에서 난 것이 아니요 오직 예수 그리스도를 믿**

음으로 말미암는 줄 아는 고로 우리도 그리스도 예수를 믿나니 이는 우리가 율법의 행위에서 아니고 그리스도를 믿음으로 의롭다함을 얻으려 함이라 율법의 행위로서는 의롭다함을 얻을 육체가 없느니라" 여기에서도 사도 바울은 믿음으로 '의롭다함'을 얻는 것에 대해서 논증하고 있지 구원에 대해서는 한 마디도 말하고 있지 않습니다. 왜냐하면 구원은 끝난 것이 아니기 때문입니다. **구원은 이루어 가는 것입니다.** 그런데 목화자들이나 신학자들이 칭의를 구원과 연결시키는 것은 무지이거나 아니면 파퓰리즘인 것입니다. 그 결과가 오늘날의 교회들의 모습인 것입니다. 교인들의 믿음이 성장하지 않고 그러다보니 말썽만 부리고 젖만 빠는 **'애늙은이'**가 된 것입니다. 다같이 회개하고 각성해야 합니다.

예수님은 산상수훈의 마지막 부분에서 이렇게 말씀하셨습니다. "**좁은 문으로 들어가라 멸망으로 인도하는 문은 크고 그 길이 넓어 찾는 이가 많고 생명으로 인도하는 문은 좁고 길이 협착하여 찾는 이가 적음이니라**"(마태복음7;13-14절) 여기서 **'좁은 문'**이라는 것은 **'천국의 문'**을 말하는데 그것은 곧 **'구원의 문'**인 것입니다. 그 문은 좁고 험해서 사람들이 많이 찾지 않는다는 것입니다. 지금 우리나라도 대표적인 기독교 국가인데도 기독교 인구는 사분의 일인 일천만 정도 밖에 되지 않습니다. 그러나 이 중에서도 양과 염소로 나누어지는 것입니다. 이처럼 '천국의 문'이나 '구원의 문'은 좁은 것입니다.

"**나더러 주여 주여 하는 자마다 다 천국에 들어갈 것이 아니요 다만 하늘에 계신 내 아버지의 뜻대로 행하는 자라야 들어 가리라**"(마태복음7:21절) 예수님의 이 말씀이 우리의 귀를 의심할 만큼 놀랍지 않습니까? 그런데도 대부분의 목회자들이나 신학자들은 이 말씀을 보고서도 무시하거나 무슨 못

볼 것이라도 본 것처럼 쉬쉬합니다. 왜 그렇습니까? 이 말씀이 마귀의 모략으로 눈에 가리워져 있기 때문입니다. 아니면 이 말씀이 교회성장의 걸림돌이 될 것같아서 말하기를 꺼리기 때문입니다. 그러나 우리는 이 코로나 팬데믹 시대에 가슴에 손을 얹고 이 말씀을 직시해야 합니다. **들어 가리라!** 이것이 구원이 아니라면 무엇이 구원입니까? "그 때에 내가 저희에게 밝히 말하되 내가 너희를 도무지 알지 못하니 불법을 행하는 자들아 내게서 떠나가라 하리라"(23절) a."**내가 너희를 도무지 알지 못하니**" 예수님이 천국문에서 안면몰수를 하신다는 것인데 세상에 이런 망신이 또 어디 있습니까? b. "**내게서 떠나가라 하리라**" 예수님이 천국문에서 문전박대를 하신다는 것인데 이것보다 더 큰 슬픔이 어디 있습니까? 이것은 흥부가 먹을 것이 없어 형 놀부 집에 먹을 것을 얻으러 갔다가 몽둥이로 얻어 맞고 쫓겨나는 것보다 더한 아픔이고 슬픔인 것입니다. 평생 주의 이름을 부르며 기도하고 설교하고 목회하고 귀신도 쫓아내고 많은 능력을 행했음에도 불구하고 주님은 마지막 날에 "내가 너희를 도무지 모르니 내게서 떠나가라"고 하신다는 것입니다. 그러면 그 이유가 무엇입니까? 그들이 하나님 중심의 하나님의 말씀대로 행하지 않고 인간중심의 자기들의 유익을 위해서 행했다는 것입니다. 이런 자들은 그 누구라도 천국에 들어갈 수 없다는 것입니다.

이것이 예수님의 **구원론**이 아니라면 도대체 무엇이 구원론이겠습니까? 그런데 언제부터인가 교회가 **믿음**만 강조하고 **행함**에 대해서는 금기시하고 말하는 것을 꺼리고 있는 것입니다. 이것은 아주 잘못된 것입니다. 종교든 철학이든 인간이든 동물이든 **행함**이 없는 것은 죽은 것입니다. 그래서 우리는 예수님이 왜 산상수훈에서 '**행함**'을 강조하시는지 깊이 생각해 보아야 합니다. 그렇게 하지 않는다면 교회는 열매 없고 잎만 무성한 무화과 나무처럼 될 것이고 세월이 갈수록 세상에서 뿌리를 내리지 못하고, '물 위를 떠다니는 부평초'처럼 유리방황하는 신세가 되고 말 것입니다.

그리고 예수님은 **산상수훈**에서 이렇게 결론을 맺습니다. "그러므로 누구든지 나의 이 말을 듣고 행하는 자는 그 집을 반석 위에 지은 지혜로운 사람 같으리니"(24절) **a. 행하는 자는!** 여기서 예수님은 말씀대로 행하는 자가 지혜로운 자라고 '행함'을 강조하고 계십니다. "나의 이 말을 듣고 행치 아니하는 자는 그 집을 모래 위에 지은 어리석은 사람 같으리니 비가 내리고 창수가 나고 바람이 불어 그 집에 부딪히매 무너져 그 무너짐이 심하니라"(26-27절) **b. 행치 아니하는 자는!** 말씀대로 행치않는 자는 어리석은 자라는 것입니다. 여기에서 예수님은 행하는 자와 행치않는 자를 나누시고 있는 것입니다. 우리가 알아야할 것은 예수님은 산상수훈에서 '**믿음**'에 대해서는 한 마디도 언급하지 않으셨다는 것입니다. 물론 '**행함**'은 예수 그리스도를 구주로 믿는 '**믿음**'을 전제로 하고 있으나 또한 우리는 예수님의 의도를 깊이 생각해 보아야 하는 것입니다. **c. 그 무너짐이 심하니라!** 무너져도 그냥 무너지지 않고 예루살렘 성전같이 돌 하나도 돌 위에 남지않고 다 무너진다는 것입니다. 산상수훈은 이렇게 **복**으로 시작해서 **하나님의 심판**으로 끝이 나는 것입니다. 산상수훈은 예수님의 3년 공생애 사역에서 아주 중요한 의미를 가지고 있습니다. 왜냐하면 예수님이 산상수훈을 말씀하시고 나자 많은 무리가 예수님을 따랐기 때문인 것입니다. 그리고 산상수훈은 예수님의 '**천국론**'이고 '**윤리론**'이고 '**구원론**'인 것입니다.

끝으로 바울은 이렇게 증거합니다. "한 주께서 모든 사람의 주가 되사 저를 부르는 모든 사람에게 부요하시도다 누구든지 주의 이름을 부르는 자는 구원을 얻으리라"(로마서10:12-13절) 이것은 바울의 '**구원에로의 초청장**'

입니다. 빈부귀천 남녀노소를 막론하고 누구나 초청의 대상입니다. 그러나 예수님은 이렇게 말씀하고 계십니다. **"또 너희가 내 이름을 인하여 모든 사람에게 미움을 받을 것이나 나중까지 견디는 자는 구원을 얻으리라"**(마태복음10:22절) **구원을 얻으리라!** 여기에는 핍박에 대한 인내가 있어야 하는데 이것이 바로 예수님의 **구원론**인 것입니다. 예수님은 구원받아 천국에 가는 것이 얼마나 힘들고 어려운 것인가를 말씀하고 계십니다. 또 예수님도 마태복음 22장에서 혼인잔치에 초청받은 자와 택함을 받은 자에 대해서 말씀하셨습니다.(14절) 초청을 받은 자와 택함을 받은 자는 다른 것입니다. 그리고 예수님은 마태복음 24장에서 **'마지막 심판'**에 대해서 말씀하십니다. **"그 날과 그 때는 아무도 모르나니 하늘의 천사들도 아들도 모르고 오직 아버지만 아시느니라"**(36절) 마지막 '심판의 날'이 아버지만 아시는 비밀이듯이 이 **'구원'**도 하나님 이외는 아무도 모르는 비밀인 것입니다. 지금까지 사도 바울의 **서신서**에 편중되었던 구원론이 이제는 시간이 많이 흘러서 교회가 더 성숙한만큼 **사복음서**, 그 중에서도 **산상수훈**에 더 비중을 두어야할 때가 되었다고 생각합니다.

이 세상에는 많은 성인(聖人) 현인(賢人) 군자(君子) 선생(先生)들이 있었으나 **구원**은 오직 하나님의 아들이신 예수 그리스도를 믿어야 받을 수 있는 것입니다. 왜냐하면 오직 예수님만이 인류의 구원자로서 하나님으로부터 보내심을 받고 십자가에서 인류의 죄를 대신 지고 가셨기 때문입니다. **구원**(救援)이란 '물에 빠진 자를 건져낸다'라는 의미를 가지고 있습니다. 그런데 중요한 사실은 **'물에 빠진 자는 스스로를 구원할 수 없다'**는 것입니다. 모든 인간은 조상인 아담과 하와가 에덴에서 하나님의 법을 어김으로 쫓겨난 후로 타락한 세상이라는 물에 빠져 허우적거리고 있습니다. 이들을 누가 건져줄 수 있겠습니까? 인류의 구원자는 오직 하나님이 보내신 예수 그리스도 이외는 없습니다. 인간은 아무리 몸부림을 쳐봐도 스스로를 구원할 수 없습니다. 인간의 구원은 오직 하나님의 어린양으로 오신 예수님이 나의 구주인 것을 믿고, 십자가에서 흘리신 피로 죄사함 받고, 하나님의 은혜와 사랑으로 하나님의 자녀가 되고, 하나님의 권세와 능력으로 죄와 사망의 물에서 '건짐'을 받는 것 이외는 없습니다. 그래서 이런 찬송을 부릅니다.

① 1절 '어둔 죄악길에서 목자 없는 양같이 모든 사람 길찾아 헤맨다 자비하신 하나님 독생자를 보내사 너를 지금 부르니 오시오 이 때라 이 때라 주의 긍휼받을 때가 이 때라 지금 주께 나아가 겸손하게 절 하라 구원함을 얻으리 얻으리'(통일찬송가262장 새찬송가523장)

12. 예수 그리스도는 '부활과 영생의 복음'을 전하셨습니다.

(1) 부활입니다.

"나는 부활이요 생명이니 나를 믿는 자는 죽어도 살겠고 무릇 살아서 나를 믿는 자는 영원히 죽지 아니하리니 이것을 네가 믿느냐"(요한복음 11:25-26절)

a. 나는 부활이요 생명이니! 이것은 예수님이 나사로의 무덤에 가셨을 때에 마르다에게 하신 말씀입니다. 부활(復活)은 하나님의 심판 후에 육체와 영혼이 다시 만나서 천국에서 영원히 사는 것입니다. 부활(復活)은 천국과 영생으로 들어가는 통로입니다. 부활(復活)은 인간에게는 경험되지 않은 믿기 어려운 꿈과 같은 것입니다. 부활(復活)은 거짓말 같은 사실입니다. 그러나 예수님은 부활의 첫 열매가 되심으로 부활을 친히 증명해 보이셨습니다.

예수님은 부활하신 후에 제자들을 세 번이나 찾아가셨습니다. 그러자 예수님의 죽음을 보고 실망하여 고향으로 돌아갔던 제자들이 예수님의 부활을 보고 예루살렘으로 다시 돌아왔던 것입니다. 그리고 예수님이 일으키신 기적 가운데 죽은지 나흘이 된 나사로가 예수님의 명령으로 무덤에서 살아난 사건이나 벳새다 광야에서 예수님이 보리떡 다섯 개와 물고기 두 마리로 2만명을 배부르게 먹이시고 12광주리를 거둔 사건은 바로 부활(復活)을 예시하고 있는 것입니다.

b. 나를 믿는 자는 죽어도 살겠고! 죽고 다시 사는 것은 '육체의 부활'을 말합니다. 죽어도! 그러면 죽음이 무엇입니까? 학자들은 죽음을 '육체와 영혼의 분리'라고 합니다. 그것은 맞는 말입니다. 이것을 세상적으로 표현한다면 육체가 썩어서 흙으로 돌아가는 것입니다. 그래서 사람이 죽으면 '돌아 가셨다'고 합니다. 이것은 왔던 곳으로 다시 돌아갔는 것입니다. 이것을 하나님을 믿는 신앙인의 견지에서 본다면 '죽음은 천국으로 다시 돌아가는 것'이고, '죽음은 영생에 이르는 문'입니다. 할렐루야! 하나님을 믿는 자들은 죽음을 부정적이 아니라 긍정적으로 보아야 합니다. **죽음은 영혼이 육체에서 해방되는 것입니다** 우리는 모든 것을 하나님의 입장에서 보아야 합니다. 하나님은 영원히 살아계시고 하나님에게는 모든 것이 살아 있는 것입니다. 그래서 예수님은 **"하나님은 죽은 자의 하나님이 아니라 산 자의 하나님이시니라"**(마태복음22:32절) 고 말씀하셨습니다. 그렇다고 죽음을 기뻐하고 자살을 하라는 것이 아닙니다. 죽음을 긍정적으로 즉 하나님의 입장에서 보라는 것입니다. 우리가 초가집이나 판자집에서 셋방을 살아도 막상 이사를 가게 되면 서운합니다. 왜냐하면 정이 들었기 때문입니다. 죽음도 이와 같습니다. 이 세상에서 고생을 하면서 살았어도 정이 들었습니다. 특히 가족

이나 친지를 버리고 떠난다는 것은 슬픈 일입니다. 그럴지라도 죽음 앞에선 우리는 천국과 하나님을 바라보아야 한다는 것입니다. 그러면 돌에 맞아 죽어가면서도 얼굴에서 빛이 나고 웃음을 잃지 않았던 **스데반** 같이 슬픔보다는 기쁨이 더 커지는 것입니다.

c. 나를 믿는 자는 영원히 죽지 아니 하리니! 영원히 죽지 않는 것은 '영혼의 부활'을 말합니다. 우리의 영혼은 예수 믿는 순간에 구원을 받았습니다. 그리고 영원히 죽지 않습니다. 이 구원받은 영혼이 예수님의 재림 시에 부활한 육체와 다시 결합하여 천국에서 영원히 사는 것이 **영생**입니다.

그러면 이런 부활의 장면을 보여주는 것이 구약성경의 어디에 기록이 되어 있습니까? **에스겔서 37장**입니다. **"여호와께서 권능으로 내게 임하시고 그 신으로 나를 데리고 가서 골짜기 가운데 두셨는데 거기 뼈가 가득하더라 나를 그 뼈 사방으로 지나게 하시기로 본즉 그 골짜기 지면에 뼈가 심히 많고 아주 말랐더라"**(1-2절) 에스겔은 선지자요 제사장이었으나 이스라엘이 망하고 바벨론으로 포로가 되어 끌려가자 같이 끌려가서 바벨론 강변에 있는 포로수용소에서 살았는데 그 때 많은 환상을 보았습니다. 이 구절도 그때 그가 거기에서 보았던 여러 가지 환상들 중에 한 장면인 것입니다. 그때 그가 본 것은 골짜기에 널려 있는 **'마른 뼈들'**이었습니다. 그때 하나님이 에스겔에게 이렇게 물으셨습니다. **"인자야 이 뼈들이 능히 살겠느냐"**(3절) **인자야!** 하나님은 에스겔 선지자를 '인자'라고 부르셨습니다. '인자(人子)'는 예수 그리스도의 또 다른 이름인 것입니다. 이것을 보면 에스겔이 하나님께 얼마나 가까이 간 사람인가 라는 것을 알 수 있는 것입니다. 그러자 에스겔이 이렇게 대답을 했습니다. **"주 여호와여 주께서 아시나이다"**(3절) 이 대답은 언제 어디서나 명답인 것입니다. 그러자 하나님이 에스겔에게 이렇게 명령하셨습니다. "너는 이 모든 뼈들에게 대언하여 이르기를 너희 마른 뼈들아 여호와의 말씀을 들을찌어다 주 여호와께서 이 모든 뼈들에게 말씀하시기를 내가 생기로 너희에게 들어가게 하리니 너희가 살리라 너희 위에 힘줄을 두고 살을 입히고 가죽으로 덮고 너희 속에 생기를 두리니 너희가 살리라 또 나를 여호와인줄 알리라 하셨다 하라"(4-6절)

a. **대언하여!** 대언(代言)이란 들은 말씀을 '들은 그대로' 전하는 것입니다.

b. **너희 마른 뼈들아!** 여기서 '마른 뼈들'은 포로로 잡혀온 이스라엘 민족을 일컫는 것입니다.

c. **내가 생기로 너희에게 들어가게 하리니!** 여기서 생기(生氣)는 영어로는 the breath of life 즉 '생명의 숨결' '생명의 호흡' '생명의 기운'이라는 의미인 것입니다.

d. **너희가 살리라!** 마른 뼈들 즉 망한 이스라엘 민족이 다시 일어난다는 것인데 이것은 죽은 자의 부활을 의미하는 것입니다.

e. **또 나를 여호와인 줄 알리라 하셨다 하라!** 그러면 왜 하나님이 여기에서 자신의 이름을 밝히고 계십니까? 여기에 아주 중대한 이유가 있기 때문입니다. 하나님은 **시내산**에서 모세에게 자신의 이름을 밝히셨습니다. 그리고 지금 여기 **바벨론의 강변**에서도 에스겔에게 자신의 이름을 밝히고 계십니다. 이것은 이 사건의 중대성을 말해주는 것입니다. 이것은 이스라엘 민족의 사활이 걸린 문제이기 때문입니다. 그리고 이 일은 하나님 밖에 할 수 없는 기적인 것입니다. "이에 내가 명을 좇아 대언하니 대언할 때에 소리가 나고 움직이더니 이 뼈 저 뼈가 들어 맞아서 뼈들이 서로 연락하더라 내가 또 보니 그 뼈에 힘줄이 갱기고 살이 오르며 그 위에 가죽이 덮이나 그 속에 생기는 없더라"(7-8절)

f. 그 속에 생기는 없더라! 이것은 모양은 다 갖추었으나 '죽어 있다'는 것입니다. 요즘은 어딜가나 **인공 로봇**들이 활동을 합니다. 멀리서 보면 사람 같으나 가까이 가서 보면 사람이 아닙니다. 얼마 안 있으면 사람과 똑같은 '**인간 로봇**'이 등장할지도 모릅니다. 인간로봇이 사람들이 하는 일을 그대로 할 것입니다. 그렇다고 인간로봇이 인간은 아닌 것입니다. 왜냐하면 그 속에 **전기**(電氣)의 동력은 있으나 생명력 즉 **생기**(生氣)는 없기 때문입니다. 생기는 오직 창조주이신 하나님만이 주실 수 있는 것입니다. **"또 내게 이르시되 인자야 너는 생기를 향하여 대언하라 생기에게 대언하여 이르기를 주 여호와의 말씀에 생기야 사방에서부터 와서 이 사망을 당한 자에게 불어서 살게 하라 하셨다 하라 이에 내가 그 명대로 대언하였더니 생기가 그들에게 들어가매 그들이 곧 살아 일어나서 서는데 극히 큰 군대더라"**(9-10절)

g. 생기가 그들에게 들어가매! 생기는 '생명의 기운'인데 그것은 바람과도 같은 것입니다. 그렇다고 바람이 곧 생기는 아닙니다. 바람이 생기를 싣고 오는 것입니다. 마치 봄이 되면 따스한 바람이 불어서 얼음이 녹고 싹이 나고 꽃이 피고 만물이 소생하는 것과도 같습니다. 그것도 하나의 '생명의 현상'인 것입니다.

h. 극히 큰 군대더라! 이것은 이스라엘 민족이 70년 후에 극적으로 소생하여 예루살렘으로 돌아간다는 것을 보여주는 것입니다. 이것은 곧 이스라엘 민족의 부활입니다. 그때 바벨론으로 잡혀간 이스라엘 민족은 몇 만명 밖에 되지 않았습니다. 그러면 '**극히 큰 군대**'는 무엇을 의미하고 있습니까? 일차적으로는 이스라엘 민족을 의미합니다. 그리고 이것은 장차 하나님의 아들이신 예수 그리스도가 재림할 때 무덤이 열리고 수도 헤아릴 수 없이 많은 성도들이 부활하는 장면을 보여주고 있는 것입니다.

예수님은 부활하신 후에 가장 먼저 마가의 다락방에 모인 제자들을 찾아 가셨습니다. "여드레를 지나서 제자들이 다시 집 안에 있을 때에 도마도 함께 있고 문들이 닫혔는데 예수께서 오사 가운데 서서 가라사대 너희에게 평강이 있을지어다 하시고 도마에게 이르시되 네 손가락을 이리 내밀어 내 손을 보고 네 손을 내밀어 내 옆구리에 넣어보라 그리하고 믿음 없는 자가 되지 말고 믿는 자가 되라"(요한복음20;26-27절) **도마에게 이르시되!** 제자들 중에서도 도마는 예수님이 부활하셨다는 여자들의 말을 듣고도 믿지 못하고 '내가 직접 옆구리에 손을 넣어보지 않고는 믿지 못하겠다'고 예수님의 부활을 의심했던 자인 것입니다. 그런데 예수님이 어떻게 그것을 아셨는지 대뜸 도마를 향하여 이런 말씀을 하신 것입니다. 아마 그때 도마의 마음이 뜨끔했을 것입니다. 그리고 남의 물건을 훔치다가 들킨 자처럼 고개를 떨구었을 것입니다. 도마는 그 자리에서 부활하신 예수님을 보고는 그 앞에서 무릎을 꿇고 이렇게 고백하고 있습니다. "나의 주시면 나의 하나님이시니이다"(28절) 그러자 예수님이 도마에게 말씀하셨습니다. "너는 나를 본고로 믿느냐 보지 않고 믿는 자들은 복되도다"(29절)

또 부활하신 예수님은 이른 새벽에 갈릴리 바다에서 고기잡는 제자들을 찾아가셨습니다. 그 때도 제자들은 선뜻 예수님을 알아보지 못하다가 요한이 "주시라"(요한복음21:7절) 라고 소리지르자 예수님을 알아보고 물에서 올라와서 예수님이 차려놓으신 아침식사를 맛있게 먹었던 것입니다. 이렇게 제자들은 예수님의 부활을 세 번이나 목격한 후에야 비로소 마음을 돌려서 예루살렘으로 돌아왔던 것입니다. 이처럼 **'부활 신앙'**을 갖는다는 것은 쉬운 일이 아닌 것입니다. 교회에 다니긴 다녀도 '부활 신앙'을 가진 사람들은 그리 많지 않을 것입니다. **부활 신앙**은 신앙의 최정점에 이르는 것입니다. **부활 신앙**을 갖게 되면 세상에 얽매이지 않을 것입니다. 제자들도 예수님의 부활을 믿고 인정하게 되자 그들의 삶이 바뀌게 된 것입니다. 제자들은 부활하신 예수님이 감람산에서 하늘로 올라가시는 것을 보고 나서 마가의 다락방에 다시 모여서 기도를 시작했고, 열흘 만에 성령이 불같이 바람같이 임하시자 큰 권능을 받고 복음을 전하기 시작했던 것입니다.

사도바울은 이 **부활**에 대해서 이렇게 증거하고 있습니다. "죽은 자의 부활도 이와 같으니 썩을 것으로 심고 썩지 아니할 것으로 다시 살며 욕된 것으로 심고 영광스러운 것으로 다시 살며 약한 것으로 심고 강한 것으로 다시 살며 육의 몸으로 심고 신령한 몸으로 다시 사나니 육의 몸이 있은즉 또 신령한 몸이 있느니라"(고린도전서15:42-44절) **죽은 자의 부활도 이와 같으니!** 이 세상의 모든 것은 상대적(相對的)입니다. 왜냐하면 하나님이 상대적으로 우주만물을 지으셨기 때문입니다. 땅이 있기 때문에 하늘이 있고, 지옥이 있기 때문에 천국이 있고, 육의 몸이 있기 때문에 영의 몸이 있고, 죽음이 있기 때문에 부활도 있는 것입니다. 부활은 마치 **매미**가 어느날 땅 속에서 나와 '**허물을 벗고**' 하늘을 향해 날아오르고 나무 그늘에서 노래를 부르듯이, 땅에 속한 우리가 '**육의 몸**'을 훌훌 벗어버리고 '**신령한 몸**'을 입고 하늘로 들려 올라가서 주님을 맞이하고, 주님의 신부가 되어서 영원히 하늘나라에서 주님과 함께 영원히 사는 것입니다. 부활은 천국과 영생에 이르는 관문이기도 한 것입니다. 그러나 우리가 부활을 믿지 못하는 것은 부활에 대한 경험이 없기 때문입니다. 그러나 예수님은 부활하셨고 사도 바울은 그 부활의 목격자가 되었습니다. 그래서 우리를 향해 믿으라고 소리를 높이고 있는 것입니다. 이런 **부활신앙**을 가지시기 바랍니다!

그래서 이런 찬송을 부르는 것입니다. ①1절 할렐루야 우리 예수 부활승천 하셨네 세상사람 찬양하니 천사 화답하도다 구주예수 부활하사 사망권세 이겼네 구주예수 부활하사 사망권세 이겼네'(통일찬송가159장, 새찬송가161장)

(2) 영생입니다.

예수님은 부활과 영생에 대해서 이렇게 말씀하셨습니다. "**모세가 광야에서 뱀을 든 것같이 인자도 들려야 하리니 이는 저를 믿는 자마다 영생을 얻게 하려 함이라**"(요한복음3:14-15절) **인자도 들려야 하리니!** 이것은 예수님의 몸이 '하늘로 들리운다'는 것인데 곧 십자가와 부활과 승천을 의미합니다.

예수님은 요한복음 3;16절 에서 이렇게 말씀하셨습니다. "**하나님이 세상을 이처럼 사랑하사 독생자를 주셨으니 이는 저를 믿는 자마다 멸망치 않고 영생을 얻게하려 하심이라**" a. **하나님이 세상을 이처럼 사랑하사!** 여기서 "이처럼"은 하나님이 그의 아들을 보내셔서 십자가를 대신 지고가게 하신 형용할 수 없는 지극한 사랑을 말합니다. b. **독생자를 주셨으니!** 여기서 "독생자"는 예수 그리스도를 말합니다. c. **영생을 얻게하려 하심이라!** 하나님이 그 아들을 세상에 보내시여 십자가에서 대신 죽게하신 목적은 우리의 죄를 사하여 자녀를 삼으시고 천국과 영생을 주시기 위함인 것입니다. 그래서 이 구절 은 성경에서 핵심이 되는 가장 귀한 구절입니다.

예수님은 '사마리아의 우물가에서' 물을 길러온 여인에게 이렇게 말씀하셨습니다. "**이 물을 먹는 자마다 다시 목마르려니와 내가 주는 물을 먹는 자는 영원히 목마르지 아니하리니 나의 주는 물은 그 속에서 영생하도록 솟아나는 샘물이 되리라**"(요한복음4:13-14절) **그 속에서 영생하도록 솟아나는 샘물이 되리라!** 지금 예수님은 사마리아 여인에게 영생에 대해서 말씀하고 계십니다. 예수님은 '마지막 기도'에서 이렇게 말씀하셨습니다. "아버지께서 아들에게 주신 모든 자에게 영생을 주게 하시려고 만민을 다스리는 권세를 아들에게 주셨음이로소이다 영생은 곧 유일하신 참 하나님과 그의 보내신 자 예수 그리스도를 아는 것이니이다"(요한복음17:2-3절) **영생을 주게 하시려고!** 여기에서도 지금 예수님은 영생에 대하여 말씀하고 계십니다. 이것은 그가 하나님께로서 왔다는 증거입니다. 인간의 가장 큰 문제는 죄와 죽음의 문제입니다. 예수님은 이것을 해결하려고 오셨는데 **죄**는 십자가에서, **죽음**은 부활과 영생으로 해결이 된 것입니다.

사도 바울은 **영생**에 대해서 이렇게 증거하고 있습니다. "그러나 이제는 너희가 죄에서 해방되고 하나님께 종이 되어 거룩함에 이르는 열매를 얻었으니 이 마지막은 영생이라 죄의 삯은 사망이요 하나님의 은사는 그리스도 예수 우리 주 안에 있는 영생이니라"(로마서 6:22-23절) **이 마지막은 영생이라!** 우리가 예수 믿고 구원받고 하나님의 자녀가 되어서 천국에 가는 목적은 **영생**을 얻기 위한 것입니다. 그것은 이 세상에서 은혜받고 복받아서 잘사는 것과는 비교가 되지 않습니다. 달리기 선수들이 마지막 지점을 향하여 질주하듯이 우리도 신앙의 마지막 목표인 **영생**을 향하여 달려가야 하는 것입니다.

다시 요한복음11장으로 돌아가서 예수님은 죽어서 장사지낸 '나사로의 무덤'에 가시면서 이렇게 말씀하셨습니다. "나는 부활이요 생명이니 나를 믿는 자는 죽어도 살겠고 무릇 살아서 나를 믿는 자는 영원히 죽지 아니하리니 이것을 네가 믿느냐"(요한복음11:25-26절) **이것을 네가 믿느냐!** 그러면 왜 예수님이 '네가 믿느냐?'고 묻고 계십니까? 부활과 영생은 아무나 믿는 것이 아니기 때문입니다. 그래서 믿어지는 것이 은혜입니다. 바로 여기에서 하나님이 택하신 자와 택하지 않은 자가 나누어지는 것입니다. 택함을 받은 자는 믿을 것이고 택함을 받지 않은 자는 믿지 않을 것입니다.

종교개혁가인 **칼빈**은 그의 '5대 교리' 세번째 항목에서 '제한속죄'를 말하고 있습니다. 이것은 '누구나가 다 예수를 믿는 것이 아니고 하나님의 택하심에 따라서 믿는 자가 있고 믿지 않는 자가 있다는 것입니다. 그러면 지금 당신은 어디에 속해 있습니까? 나는 지금 예수 그리스도의 십자가의 부활과 영생을 믿고 있습니까? 아니면 아직도 믿지 못하고 망설이고 있습니까? 인생은 길지 않습니다. 하나님께 기도하시기 바랍니다.

태양계에 속한 지구는 지금 식어가고 있고 그 수명이 50억년 정도 밖에 남지 않았다고 합니다. 그리고 우리가 지금 눈으로 보고 있는 이 세상도 언젠가는 흔적도 없이 사라질 것이고 천년만년 살 것같은 우리 인생도 머지않아 끝이나고 말 것입니다. **천국 외에 영원한 것은 없습니다.** 그래서 우리가 참으로 믿고 의지해야 할 것은 참되시고 거룩하시고 전지전능하시고 의와 사랑으로 충만하시고 영원히 변치 않으시고 부활과 천국과 영생을 주시는 하나님과 그의 보내신 자 예수 그리스도 밖에는 없습니다.

인류의 역사를 보면 고대나 중세시대에는 **종교**와 **철학**이 가까웠으나 근세에 와서 **과학**이 등장함으로 종교와 철학은 멀어지고 철학과 과학이 가까워지기 시작한 것입니다. 이제는 과학의 발달로 철학과 과학이 손을 잡고 종교특히 기독교를 배척하고 있는 것입니다. 그러나 우리가 알아야 할 것은 **종교**와 **철학**은 차원이 다르다는 것입니다. **과학**과 **철학**이 현세적이라면 종교는 내세적입니다. 철학은 시대에 따라서 다르게 나타나지만 종교는 3,000년 전이나 지금이나 변함이 없습니다. 종교 그 중에서도 기독교는 영존하시는 하나님을 믿기 때문에 당연히 부활과 영생이 마지막 목표가 되는 것입니다.

그리고 **부활**을 말하고 **영생**을 주는 종교가 참 종교인 것입니다.

1절 '나 가나안 복지 귀한 성에 들어가려고 내 중한 짐을 벗어버렸네 죄 중에 다시 방황할 알 전혀 없으니 저 생명 시냇가에 살겠네 길이 살겠네 나 길이 살겠네 저 생명 시냇가에 살겠네 길이 살겠네 나 길이 살겠네 저 생명 시냇가에 살겠네'(통일 찬송가221장, 새찬송가246장)

(1) 세계 역사에서 기독교의 가장 큰 대적자 중에 한 사람은 프리드리히 니체 (1844-1900)입니다.

그는 '**제 2의 가룟 유다**'라고 할 수 있습니다. 그래서 그에 대해서 알아보고자 합니다. 그는 3대째 목사의 가정에서 태어났고 학교에 다닐 때는 '꼬마목사'라고 불릴만큼 신앙이 좋은 자였습니다. 그는 7세 때 아버지를 잃고 홀어머니 밑에서 자랐습니다. 그의 어머니는 신앙심이 깊어서 그가 목사가 되기를 원했고 그래서 그는 신학교에서 신학을 공부하기도 했습니다. 그러던 중 어느날 고서점에 들려 우연히 **쇼펜하워**가 지은 '**의지의 표상으로서의 세계**'라는 책을 읽고 나서 쇼펜하워의 염세주의 철학에 깊이 빠지게 되었습니다. 그는 소크라테스 플라톤 아리스토텔레스 이래로 내려온 관념론적인 서양철학을 모두 망치로 때려 부수고 '의지의 철학'을 주장해서 그의 철학을 '**해머의 철학**'이라고 불립니다. 그는 쇼펜하워의 '맹목적 의지'와는 다르게 '**권력에의 의지**'를 주장하고 나섰습니다. 그는 힘과 권력이 세상을 좌지우지한다고 본 것입니다. 그는 기독교의 미덕인 온유와 겸손, 사랑과 용서, 인내와 절제를 '**약자의 윤리**'라고 비판했고 또 '**도덕은 허구다**'라고 주장하면서 이렇게 말했습니다. "철학의 명예를 회복하기 위해서는 우선 도덕가들을 교수형에 처하는 수 밖에 없다. 그것은 도덕이 삶을 죽이기 때문이다.

지난 세월 도덕이라는 마녀(魔女)는 철학자들에게 지금보다 더 나은 세상이 있다는 것을 믿게 하려했다. 그러나 존재하는 것은 시간과 공간 안에서 살과 피로 이룩된 이 세상 뿐이다. 흔히 사람들이 꿈꾸는 유토피아 같은 곳은 없다. 그리고 이 세계는 비도덕적이고 허구에 지나지 않는다. 기독교에서는 낮고 천한 자, 가난하고 병든 자, 없는 자들을 하나님이 축복한다고 가르치고 있다. 반면에 부유하고 힘세고 고귀한 자들은 하나님을 잘 섬기지 않으므로 하나님이 저주한다고 가르치고 있다. 이것이 바로 노예 도덕이다"라고 했던 것입니다. 그는 도덕을 부인하고 기독교를 노예도덕이라고 짓밟아 버렸습니다. 이것은 그가 마귀의 사주를 받아서 한 것이 아니라면 그가 미친 것입니다. 그가 누구이든 참 신이신 하나님을 대적하고, 그의 보내신 자인 예수 그리스도를 폄하하고, 기독교를 비난하는 자는 마귀의 앞잡이에 지나지 않는 것입니다.

그리고 그는 **'삶이란 무엇일까?'**라는 질문에 이렇게 대답하고 있습니다. "첫째, 삶이란 권력에 대한 의지다. 둘째, 삶에서 일어나는 모든 과정은 아무런 잘못이 없다. 그것은 생존 자체이고 순수하고 자연적인 모든 것은 나름대로 가치가 있기 때문이다. 모든 생존은 순결하고 정당하다. 셋째, 삶에서 가장 위대한 단어는 '운명에 대한 사랑' 즉 아모르 파티다" 또 그는 **'신(神)은 죽었다'**고 선언하면서 이렇게 말했습니다. "신은 죽었다. 그래서 우리는 **초인(超人)**을 소망해야 한다. **초인은 누구인가?** 첫째, 초인이란 땅 즉 대지(大地)를 의미한다. 둘째, 초인은 신의 죽음을 확신하는 사람이다. 셋째, 초인은 영겁회귀(永劫回歸)의 사상마저 깨달을 수 있는 사람이다. 존재의 수레바퀴는 영원히 **윤회(輪回)**한다. 모든 것은 무한한 시간 가운데서 흘러갔다가 되돌아 온다. 바로 이 사상을 깨닫는 자가 **초인**이다" 대충 이렇습니다. 그는 그의 스승인 **쇼펜하워**처럼 힌두교(印度)와 불교 사상의 영향을 많이 받았습니다. 그래서 그런지 특히 불교 국가인 일본인들이 니체를 아주 좋아합니다. 이 세상에 하나님이 보내신 예수님 외에 초인은 없습니다. 예수님 외에 초인이 있다면 그는 인간의 이성을 넘어버린 정신이상자인 것입니다. 그래서 니체는 말년을 정신병원에서 보내야 했던 것입니다.

(2) 그러면 윤회(輪回)사상이 무엇입니까?

차나 수레바퀴 같이 만물은 돌고 돈다는 것입니다. 이것은 인도의 힌두교나 불교 사상으로 이것의 뿌리는 **서양철학**에 있는 것입니다. 왜냐하면 인도는 유럽에서 넘어온 민족이기 때문입니다. 그래서 그런지는 몰라도 근래에 와서 서양인들이 힌두교나 불교사상에 관심을 많이 두고 있는 것을 봅니다. 우주만물이 돌고 돈다는 '**윤회사상**'도 전혀 근거가 없는 것은 아닙니다. 그러나 이런 사상을 지나치게 종교의 영역까지 확대해 버리면 문제가 생기는 것입니다. 우리가 사물(事物)이나 이치(理致)를 제대로 파악할려면 위와 아래, 안과 밖, 동서남북을 동시에 볼 줄 알아야 합니다. 이것을 중국철학에서는 '**도(道)를 통한다**'고 합니다. 장님이 코끼리 만지듯이 한 면만 보고 '이것이 진리이다'라고 주장한다면 위험한 것입니다. 이 작은 지구 안에 있는 인간의 입장에서 볼 때 태양도 돌고, 달도 돌고, 별도 돌고, 계절도 돌고, 모든 것이 돌아갑니다. 제자리에 있는 것이 하나도 없습니다. 돌아갔다가 다시 제자리로 돌아오는 것입니다. 여기에서 나온 것이 '**윤회사상**'인 것입니다. 그러나 지구 밖의 하늘 즉 우주에서 본다면 지구를 포함한 모든 행성들은 도는 것이 아니라 이미 정해진 자기의 길을 가고 있는 것입니다. 과학의 어머니인 수학이 말해주듯 좌표 상에서 가로와 세로, 종과 횡이 맞아 떨어져야 올바른 위치를 파악할 수 있는 것입니다. **소경이 코끼리의 다리를 만지고 나서 '코끼리는 기둥이다' 배를 만지고 나서 '코끼리는 벽이다' 코를 만지고 나서 '코끼리는 굴뚝이다'라고** 주장하는 것은 많은 사람을 잘못된 길로 인도하는 것입니다. 지도에 보면 **위도(緯度)**와 **경도(經度)**가 있습니다. 위도는 가로이고 경도는 세로입니다. (참고로 우리나라는 북위 33.6도-43.1도 사이, 경도는 동경131.52도-124.11도 사이에 위치합니다). 위도나 경도 중 어느 하나만을 가지고는 정확한 위치를 알 수 없는 것입니다. 좌표 상에서 위도와 경도가 만나야 정확한 위치가 드러나는 것입니다. 이것은 어느 분야이든 마찬가지입니다. 특히 배나 항공기가 위도나 경도를 모르거나 어느 하나만 가지고 비행하거나 항해한다면 얼마가지 않아서 큰 사고를 당하고 말 것입니다. 그래서 **'윤회사상'**은 작은 지구 안에서 큰 우주를 다 파악하려는 위험한 발상인 것입니다. 이것은 어느 면에서는 옳을 수 있으나 이것을 확대해서 우주 전체를 파악하려는 것은 아주 위험한 발상인 것입니다. 만물이 돌고 돈다는 것은 맞지마는 그러면서도 만물은 하나의 목표 지점을 향하여 가고 있는 것입니다. 우주만물은 하나의 출발점에서 시작하여 마지막 종착점을 향하여 가고 있는 것입니다. 이것이 **'기독교의 우주관'**입니다. 그리고 이 모든 것을 주관하시는 이는 창조주이신 하나님이신 것이십니다.

(3) 니체는 목사의 아들로 태어났으나 기독교에서 불교로 귀의한 자입니다. 그것은 그의 자유이고 탓할 일은 아닙니다. 니체 철학의 핵심은 하나님이 배제된 인간 중심의 **윤회사상과 초인사상**인 것입니다. **하나님이 없는 인간만의 사상!** 이것은 마치 부모 없이 아이들만 있는 집과 똑같습니다. 그러니 얼마나 위험합니까? 또 이것은 배나 비행기가 위도 하나만 표시된 지도를 가지고 항해하거나 비행하는 것처럼 아주 위험한 것입니다. 그래서 그 자신

이 이런 사고를 당해 죽은 것입니다. 그는 '짜라투스트라는 이렇게 말했다'를 써서 유명한 사람이 되었습니다. 그의 철학을 대표하는 인물인 '짜라투스트라'는 산에서 10년 수도를 마친 후에 내려와 세상을 떠돌며 그의 사상을 전파하는 현자(賢者)로 등장합니다. 마치 석가모니가 보리수 나무 밑에서 명상하다가 불도를 깨닫고 나서 산에서 내려와 천하를 주유하는 것과 닮았습니다. 저도 최근에 조계종에서 발행한 '부처님의 생애'라는 책을 읽고 감명을 받은 적이 있습니다. 석가모니는 종교적으로 인격적으로는 아주 훌륭한 분이십니다. 그러나 이것이 윤회(輪回)에서 끝나야지 해탈(解脫)로 넘어가면 모든 것이 유(有)에서 무(無)가 되어서 아무 형체도 없는 죽음과 같은 것이 되어버리고 도리어 해(害)를 가져오게 되는 것입니다. 그 결과가 지금 인도나 동남아나 히말라야의 불교국가들의 삶으로 나타나고 있는 것입니다. 저는 불교를 비판하는 것이 아닙니다. 사실을 말하고 있는 것입니다. 모든 종교는 자유이고 이것은 각자의 취향의 문제이고 권리이기도 한 것입니다. 불교든 기독교든 각자의 길이 있고 사명이 있는 것입니다. 그러나 기독교인의 입장에서 기독교와 불교를 비교한다면 기독교는 신본주의인 계시의 종교이고 불교는 인본주의인 깨달음의 종교인 것입니다. 기독교가 언약(言約)의 종교라면 불교는 수행의 종교요, 기독교가 유(有)의 종교라면 불교는 무상(無想) 무념(無念)의 무(無)의 종교입니다. 기독교는 하나님이 어느날 인간에게 찾아오셔서 자신을 나타내시고 약속하시고 그 약속을 세상 끝날까지 이루어 가는 것입니다. 그래서 구약(舊約)성경을 Old Testament라 하고 신약(新約)성경을 New Testament라고 합니다. 그러나 불교는 인간이 스스로 고행과 수행을 통해서 깨달음을 얻고 해탈해서 신(神)의 경지에 이르려는 노력인 것입니다. 기독교가 가장 대표적인 신본주의 종교라면 불교는 가장 대표적인 인본주의 종교입니다. 그래서 기독교와 불교는 극(極)과 극(極)이라고 할 수 있습니다. 그런데 현대에 와서 불교가 서양에서 주목받는 것은 현대 사회가 지극히 인본주의적이고 개인주의적이고 물질적이고 이기적인 사회가 되었기 때문입니다. 그러나 그것이 크게 걱정할 일은 아닌 것입니다. 교회 안에도 구원받지 못할 자들이 많이 있기 때문입니다. 다른 종교를 비판할 시간이 있으면 먼저 자기 자신을 돌아보아야 합니다. 우리와 맞지 않는다고 적대시하는 것은 하나님의 뜻이 아니고 하나님은 다른 종교들을 통해서도 택함을 받지 않은 자들을 걸러내시기도 하는 것입니다. 더구나 기독교는 **다수(多數)**이면서 또한 **소수(小數)**의 종교이고, 다수의 무리가 교회에 다녀도 소수인 선택된 자들만 구원을 받아서 천국에 들어간다는 것을 알아야 하는 것입니다. 기독교는 평화(平和)의 종교입니다. 예수님은 '**곡식과 가라지 비유**'에서 "가만 두어라 가라지를 뽑다가 곡식까지 뽑을까 염려하노라 둘 다 추수 때까지 함께 자라게 두어라"(마태복음13:29-30절) 고 말씀하셨습니다. 심판자는 오직 하나님이십니다. 그래서 어떤 이유에서라도 다른 종교를 무시하거나 비난하거나 더우기 폭력을 행사하는 것은 하나님의 뜻이 아니고 절대 용납이 되지 않는 것입니다

(4) 세계의 역사를 보면 유난히 기독교를 반대하던 자들이 있었습니다.

첫 번째가 **네로 황제**입니다. 그는 사생아로 출생하여 항상 자신의 정체성에 의문을 가지고 있었고 그는 권력보다 시나 음악이나 연극등 예술을 더 사랑한 자였습니다. 우여곡절 끝에 황제가 된 후에는 로마를 싫어해서 그리스나 소아시아 등으로 여행을 즐겼습니다. 그는 예술에 빠져서 반미치광이가 되었고 특히 시(詩)를 쓰고 낭송하는 것을 좋아했습니다. 자신이 쓴 시(詩)

를 직접 낭송해서 신하들이나 군중들로부터 찬사가 쏟아지면 그것을 즐겼던 것입니다. 그는 31세의 젊은 나이에 황제가 되었으나 살아있는 신(神)이나 마찬가지이었습니다. 아무도 그의 말에 반대를 할 수 없었고 그의 눈 밖에 나면 그것은 지위 고하를 막론하고 죽음이었습니다. 그는 A. D 59년에는 그를 못마땅히 여겨 내치려던 모후를 살해했고 또 황후도 죽였습니다. 그는 '트로이의 화재사건'을 다룬 **'트로이의 시'**를 항상 동경했습니다. 그의 꿈은 그것보다 더 나은 시(詩)를 쓰는 것이었습니다. 그는 '트로이의 시'에 버금가는 시를 쓰기 위해서 영감을 얻으려고 A. D 64년에는 직속 부하인 친위대 사령관에게 **'로마에 불을 지르라'**고 비밀명령을 내렸고, 로마가 불에 타자 신하들과 함께 불구경을 하면서 시(詩)를 지어 읊었던 것입니다. 그런데 이 화재가 예상 이외로 크게 번지면서 권력이 흔들리게 되자 그 책임을 기독교인들에게 돌리기 위해서 희생양으로 기독교인들을 잡아다가 **원형경기장**에서 굶주린 사자 호랑이 곰 늑대 개 악어의 밥이 되게 했던 것입니다. 그것은 그 당시 로마의 군중들에게는 가장 좋은 스포츠요 오락거리였던 것입니다. 대화재로 인하여 하루 아침에 집을 잃고 불만이 가득했던 로마의 시민들이 그것을 보고 환호하자 이번에는 **쇠기둥**에 기름을 바르고 기독교인들을 매달아 불태워 죽였고, 그들을 더 만족시키려고 경기장에 수없이 많은 **십자가**를 세워서 기독교인들을 십자가에 못을 박아 죽였던 것입니다. 그런데 뜻밖에도 이상한 일이 벌어지고 말았습니다. 기독교인들이 죽으면서도 겁을 먹고 울거나 도망치거나 소리지르는 것이 아니요 조용히 기도하고 찬송을 부르거나 웃음을 지으면서 죽어가는 것입니다. 그것을 본 로마의 시민들이 진실을 보게 된 것입니다. '로마에 불을 지른 것은 기독교인들이 아니다. 다른 누군가가 있다. 저 여자들과 어린아이들이 무슨 죄가 있겠는가?'라고 생각했던 것입니다.

　그 때의 광경을 소설 '퀴바디스'는 이렇게 그려주고 있습니다. '잠시 후에 지하의 모든 감옥의 문이 일제히 열리었고 모래사장으로 통하는 모든 출구에서 벌거벗은 채 어깨에 **십자가**를 짊어진 그리스도교도의 무리가 줄을 지어 몰려나왔다. 경기장은 그리스도교도들로 가득 찼다. 나무로 된 십자가가 무거운듯이 허리를 구부린 채 뛰는 노인들이 있는가 하면 이들과 나란히 달리는 남자들도 있었고 머리를 풀어헤치고 벌거벗은 채 아랫도리를 가리려고 애쓰는 여자들, 천진난만한 소년들, 가련한 아이들이 그 뒤를 따랐다. 경기 첫날에 사자나 호랑이나 다른 맹수들의 먹이가 되지 않은 사람들은 이러한 방법으로 목숨을 빼앗기게 된 것이다. 흑인 노예들이 그들을 잡아 **십자가** 위에 눕혀놓고 재빨리 그 손바닥에 못을 박기 시작했다' 그 때 베드로와 사도 바울도 그 현장에 있었는데 그들은 죽어가는 순교자들을 위해서 기도를 해주었던 것이다. '황제의 점심 대접에 배가 부르고 기분이 좋아 떠들어대며 장내로 돌아온 관중들도 이 광경을 보고 어떤 몸둥이에 눈을 두어야 할지, 그리고 이 구경거리를 어떻게 생각해야 할지, 어리둥절 하여 입을 벌리고 있을 뿐이었다. **십자가**에 매달린 여자들의 나체에도 그들은 흥분을 느끼지 않았다. 통례대로 '누가 맨 먼저 죽느냐'고 내기를 하는 사람들도 없었다. 황제도 너무나 끔찍했던지 졸리는 얼굴을 하고 자꾸만 목을 돌리며 한 손으로 목걸이를 만지작거리고 있었다' 그 때 십자가에 달린 '크리스푸스'라는 늙은 교회 지도자가 갑자기 눈을 부릅뜨고 네로 황제를 노려보자 관중들의 시선이 그에게로 쏠렸습니다. 그 때 그가 숨을 거두면서 마지막으로 이렇게 외쳤습니다. **'어미를 죽이고 로마에 불을 지른 놈아! 너에게 화가 있으리라'**그 소리에 관중들은 동요했고 진실을 알게 된 것입니다. 그 때부터 분위기가 기독교인들에게로 호의적으로 바뀌기 시작한 것입니다. 그래도 **네로**는 자신 만만해 있었습니다. 그는 자신을 신(神)으로 여겼기 때문에 아무도 자기에게 도전할 사람이 없을 것으로 생각하고 있다가 지역 사령관인 **갈바 장군**이 이 끄는 반란군들이 로마를 향해 진격해 오자 이리저리 도피하다가 신하의 손 에 의해 자살을 해서 죽었던 것입니다. 이 **로마의 화재사건**은 기독교 역사에 서 일대 전기를 가져온 큰 사건이었습니다. 이 사건을 계기로 진실과 거짓, 선과 악이 드러나고 로마가 서서히 기독교로 전향을 하게 된 것입니다. 그 리고 그 당시에는 로마에 수천 명의 기독교인들이 있었고 **사도 베드로**와 **사 도 바울**이 로마에 머물면서 비밀리에 설교를 하고 예배를 인도했던 것입니 다. 한편 그런 와중에서 사도 **베드로**는 기독교인들의 권유를 받고 안전한 곳 으로 피신을 하려고 가고 있었는데 앞에서 **'해보다 더 밝은 빛'**이 아침 해를 등지고 다가오는 것이 보였습니다. 그 때 그가 무릎을 꿇고 이렇게 말했습 니다. **"쿠오 바디스 도미네"** 즉 **"주여 어디로 가시나이까"** 그때 이런 주님의 음성이 들려왔습니다 **"네가 나의 어린양을 버리니 나는 다시 한번 십자가에 못 박히기 위하여 로마로 간다"** 그 소리를 듣고 베드로는 가던 발걸음을 멈 추었습니다. 그리고 이렇게 말했습니다 **"로마로 가자"** 그는 로마로 돌아왔 고 복음을 전하다가 잡혀서 십자가에서 거꾸로 매달려서 순교를 했던 것입 니다. 그리고 **사도 바울**은 참수형을 당했습니다. 이런 희생과 순교가 있었기 에 기독교가 로마제국을 평정하고 전 세계로 퍼져나갔던 것입니다. 여기서 우리가 잊지 말아야 하는 것은 아무 죄도 없이 잡혀와서 로마의 원형 경기장 에서 사자나 호랑이 같은 맹수들의 밥이된 어린아이들이나 노인들이나 여 자들입니다. 그들의 거룩한 순교의 피가 오늘의 기독교를 있게 한 것입니다.

끝으로 말씀드리고 싶은 것은 폴란드인인 '헨리크 센케비치'(1846-

191(6)가 쓴 '퀴바디스'라는 기독교 역사 소설은 명작 중에 명작(名作)이라는 것입니다. 그래서 기독교인이라면 누구나 꼭 한번 읽어야할 고전(古典)입니다. 이 소설은 주인공인 로마의 귀족이요 집정관이요 장군이요 네로황제의 측근이었던 **비니키우스**와 전쟁에 패해서 로마에 인질로 잡혀온 **리기아**(리기아족의 공주)와의 애틋한 사랑을 그리고 있습니다. 그 때 '리기아'는 빼어난 미모를 가진 리기아족의 공주였으나 로마와의 전쟁에서 패하여 인질로 잡혀와서 퇴역 장군인 '아울루스 플라우티우스'의 집에서 딸처럼 살고 있었습니다. 그런데 집정관이요 원정 전쟁에서 혁혁한 공로를 세우고 로마에서 잠간 머무르고 있었던 현역 장군인 **비니키우스**는 아울루스 플라티우스 장군의 집을 방문했을 때 리기아를 보고 첫 눈에 반해서 계속 구애의 눈짓을 보내지만 종교의 장벽으로 인하여 가까이 할 수가 없는 것입니다. 그 때 리기아는 신실한 기독교인이었으나 비니키우스는 비기독교인이었습니다. 결국 비니키우스는 리기아를 얻기 위해서 기독교로 개종을 하고 베드로를 찾아가서 세례까지 받았고 베드로를 그의 스승으로 모십니다. 그러다가 로마에서 **'대 화재'**가 일어났고 기독교인들이 희생양이 되어서 감옥에 갇히고, 로마의 원형경기장에서 처형될 때 그는 감옥에 갇힌 **리기아**를 구하기 위해서 모든 것을 걸고 구명운동을 벌였으나 실패하고 맙니다. 그러나 그는 베드로 사도의 권위와 약속을 믿고 끝까지 예수님이 **리기아**를 구해주실 것을 믿고 기다립니다. 로마의 대화재로 인한 어수선한 분위기를 반전시키려고 '네로황제'와 그의 측근들이 꾸민 각본에 의해서 마침내 이 비극의 마지막 날에 **리기아**가 검은 황소의 등에 묶여서 경기장으로 끌려 나오게 됩니다. 그러자 관중들은 이 희대의 광경에 환호하고 열렬한 박수를 보냅니다. **네로 황제**는 그 광경을 자세히 보려고 눈에 확대경을 드리대고는 아주 만족해합니다. 그

런데 바로 그 때 리기아 공주의 경호원인 거인 **우르수스**가 등장해서 황소의 길을 막고 대결을 벌입니다. 그것을 보고 관중들은 자리에 일어나서 더 환호하고 큰 박수를 보냅니다. 그런데 이게 웬 일입니까? 거인 **우르수스**가 황소의 뿔을 잡고 처음에는 팽팽히 맞서다가 드디어 우르수스가 황소를 바닥에 눕히고 맙니다. 그것을 본 군중들은 나무 놀라서 할 말을 잃었고 잠시 후 그들의 함성이 "기독교인들을 죽여라"에서 "저 두 사람을 용서해 주고 살려 주라"로 바뀝니다. 그러자 네로 황제는 실망한 나머지 자리를 뜨고 맙니다. 마침내 로마의 군중들의 환호성 속에서 거인 **우르수스**는 (육체의 미와 힘을 숭배하는) 로마인들의 우상으로 탄생하는 것입니다. 이 소설에서 신분과 민족을 초월하는 로마의 귀족이요 집정관인 **비니키우스**와 인질로 잡혀온 **리기아 공주**와의 애틋한 사랑은 예수 그리스도와 성도들의 사랑을 그려주고 있는데 생사를 초월하는 그들의 애절 한 사랑이 큰 감동을 주고 잠자는 우리의 영혼을 일깨워 주고 있습니다.

둘째, 근세에 와서는 '나는 내일 죽어도 오늘 한 그루의 사과나무를 심겠다'는 말로 유명해진 유대인 철학자 **스피노자**(1632-1677년)가 있습니다. 그는 네덜란드에서 태어난 유대인이었습니다. 그는 '과연 신이 존재하는가?' '어떻게 신존재를 증명할 것인가?'라는 명제를 가지고 고민을 했고 '세계가 신이다' 라는 유대인 답지 않은 말을 해서 신(하나님)을 부정하고 인간의 해방과 자유를 주장하다가 유대인 공동체에서 파문을 당했습니다.

셋째, 당시에 프랑스에서 인기 스타였고 시민들의 영웅이었고, '캉디드'라는 소설로 유명한 관념주의 철학자인 **볼테르**(1694-1778년)가 있습니다. 그는 독재세력인 왕과 귀족에게 반기를 들다가 감옥에 갔고, 추방을 당해서 자유의 나라인 영국으로 건너갔습니다. 그는 다시 프랑스로 돌아와서 시민들의 열렬한 환영을 받았고 그가 가는 곳마다 사람들이 몰려 들어서 그가 사는 곳에는 신도시가 생길 정도였습니다. 그러나 그는 어려서부터 반 교회주의자였고 기독교 특히 부패한 로마 캐도릭을 반대했던 것입니다.

넷째, 독일의 염세주의 철학자 **쇼펜하워**(1788년-1860년)가 있습니다. 그는 칸트와 헤겔의 인식론과 관념론을 비판하고 '맹목적 의지'의 철학을 들고 나왔습니다. 그는 불교의 영향을 받아서 도덕과 윤리로부터의 해탈을 주장했습니다. 그는 정상인의 생활을 하지 못하고 고독을 즐기다가 혼자 쓸쓸히 생을 마쳐야 했습니다.

다섯째, 실존주의 철학의 원조 **니체**입니다. 그는 쇼펜하워의 염세주의 철학의 영향을 받아서 과거의 관념론적이고 사변적인 서양의 모든 사상이나 철학을 해머로 부숴버리고 '권력에의 의지' 즉 생의 의지를 강조하는 '실천적 철학'을 주장하고 나섰던 것입니다. 그러자 많은 사람들의 지지를 받았고 그의 실존주의 철학이 철학이라는 경계를 넘어서 문학이나 예술 심리학 등 학문의 모든 분야에 지대한 영향을 주었던 것입니다. 니체는 세 명의 여자들을 사랑했는데 그 중에 한 사람은 자기의 여동생이었습니다. 이것은 그의 폐쇄적인 성격을 말해주는 것입니다. 또 여기서 우리가 알아야할 것은 2차 세계대전의 전범이었던 독일의 **히틀러**와 이탈리아의 **무솔리니**가 니체 사상의 애독자였다는 사실입니다. 그러니까 니체가 2차 세계대전의 사상적 배경이 되었다는 것입니다. 그래서 우리는 잘못된 사상이나 이념이나 신념이 얼마나 위험한가를 알아야 하는 것입니다.

여섯째, 네 번 이혼에 다섯 번 결혼을 했고 80세에 손녀같은 여자와 결혼을 해서 노익장을 과시했고 '왜 나는 기독교인이 아닌가'라는 책을 썼던 20c 영국의 지성 **버트란트 러쎌**(1872-1970년)이 있습니다. 그는 네 번 이혼에 다섯 번 결혼을 한 탕자였습니다. 그러나 세상 사람들은 그를 지성인과 자유인으로 추켜세웠던 것입니다. 그러나 이것은 어디까지나 서양인들의 사고에서 나온 것입니다.

일곱째, '존재와 무'를 썼고 노벨상 수상을 거부해서 유명해졌고 '시몬느드 보봐르' 부인과 계약결혼으로 전 세계에 이름을 날렸던 친 공산주의자요 무신론자인 **장 폴 싸르트르**(1905-1980년)가 있습니다. 싸르트르는 죽기 전 한 달 동안 병원에 입원을 했는데 병원에서 광기가 발동하여 소리지르고 난동을 부리는 바람에 주위로부터 빈축을 샀고, 다른 학자들이나 언론으로부터 비난을 받아서 하루아침에 그의 명성에 먹칠을 하고 말았던 것입니다.

아홉째, 영국의 우주 물리학자인 **스티븐 호킹**(1942-2018)이 있습니다. 그는 뉴턴, 아인슈타인과 함께 3대(大) 천재 물리학자로 불리는 사람입니다. 그는 영국의 명문대학인 옥스퍼드와 케임브리지 대학에서 공부를 했습니다. 학창 시절 에 그는 '아인슈타인'이란 별명을 얻었고 대학에서 우주 물리학을 전공했고 대학교의 교수가 되었습니다. 그는 20대 초반에 희귀병인 운동신경조직이 궤멸되는 '루게릭병'에 걸려서 신경조직이 점점 마비가 되어서 나중에는 걷지도 못하고 휠체어의 의지해서 살았고, 말도 할 수 없게 되자 컴퓨터로 강의를 하고 의사소통도 하는 지경에까지 이르렀습니다. 그런데도 그의 연구활동은 점점 더 활발하여져서 미국에 건너가서 활동을 많이 했고, 블랙홀과 양자역학과 우주 물리학에 관한 저서인 **'시간의 역사'**라는 책을 써서 하루아침에 뉴턴과 아인슈타인에 필적하는 명성을 얻었습니다. 그는 장애인답지 않은 밝은 모습과 언변으로 많은 사람들의 이목과 관심을 끌었고, 미국과 영국, 중국 등지에서 수많은 강의를 했고, 영화에도 출연해서 가는 곳마다 많은 사람들이 몰려드는 연예인같은 인기를 누리게 되었고,

적극적인 사회 활동으로 유명인사의 반열에 오르기도 했습니다. 그는 자신의 치명적인 병에도 불구하고 20대에 헌신적인 '제인'이라는 여인을 만나 결혼을 해서 자식을 셋이나 두었고 행복한 가정을 꾸렸습니다. 그러다가 말년에 다른 여자를 만나서 이혼을 하고 재혼을 해서 세상을 놀라게 했고, 76세까지 살아서 또한번 세상을 놀라게 했던 것입니다.

여기서 그의 **종교관**에 대해서 말한다면 그는 영국인이었으나 하나님을 믿지 않는 불신자였습니다. 아인슈타인은 하나님을 믿는 유대인이었으나 호킹은 그의 부인은 독실한 기독인이었음에도 불구하고 그는 불신자였습니다. 스티븐 호킹은 그의 저서에서 이렇게 말하고 있습니다.

① "신에게 우주가 어떻게 시작되었는지 알려달라고 애걸할 필요가 없다. 그렇다고 신이 존재하지 않는다고 입증할 필요도 없다. 다만 신이 필요하지 않다는 것이다" **나는 신이 필요하지 않다!** 세상 사람들이 듣기에는 용기있고 대범한 말 같으나 이것은 그의 인간 중심적이고 실증주의적이고 형이하학적인 그의 사고방식을 대변해주고 있습니다. 언제 죽을지 모르는 인생을 살면서 그것도 장애인이 어떻게 신(하나님) 앞에서 이렇게 당당할 수 있는지 놀라울 뿐입니다. 옛말에도 '무식한 사람이 더 용감하다'라는 말이 있습니다. 그는 우주물리학에서는 천재였으나 종교나 인간학에서는 바보 천치입니다. 한 마디로 그는 '돼지 우리에 갇힌 천재'였습니다. 그도 '하나'만 알고 '둘'은 모르는 서양의 한 지식인에 지나지 않습니다.

② "우리 인간은 아주 평범하게 작은 행성인 지구에 사는 원숭이 가운데 가장 뛰어난 종(種)일 뿐이다. 하지만 우리는 우주를 이해할 수 있고 바로 그것이 우리를 특별하게 만든다"

a. **지구에 사는 원숭이 가운데 가장 뛰어난 종일 뿐이다!** 하나님의 형상인

인간을 원숭이에 비교하는 것처럼 인간을 모독하고 폄하하는 것은 없습니다. 그렇다면 그는 동물원에나 가야할 것입니다.

　b. 우리는 우주를 이해할 수 있고 바로 그것이 우리를 특별하게 만든다! 이것은 우주 물리학자로서 그의 자아도취적인 말에 불과한 것입니다. 그는 상대성 원리와 양자역학과 블랙홀 연구로 '특별한' 사람이 되었습니다. 그러면 우주를 아는 것이 인간을 특별한 존재로 만듭니까? 그것은 어불성설이고 우주 물리학자에게나 해당되는 말입니다. 우리를 '특별하게' 만드는 것은 우주 물리학이 아니라 '예수 그리스도를 아는 지식'인 것입니다.

　사도 바울은 이렇게 증거하고 있습니다. "그러나 무엇이든지 내게 유익하던 것을 내가 그리스도를 위하여 다 해로 여길뿐더러 또한 모든 것을 해로 여김은 내주 그리스도 예수를 아는 지식이 가장 고상함을 인함이라"(빌립보서3:7-8절) **내주 그리스도 예수를 아는 지식이 가장 고상함을 인함이라!** 여기서 '고상하다'는 영어로는 excellent! 즉 '탁월하다, 최고다'라는 의미입니다. 이 사도바울이 복음을 들고 유럽으로 건너가자 유럽이 어둠에서 벗어나 인류의 문명을 주도하게 된 것입니다. 인간을 특별하게 만드는 것은 우주 물리학이 아니라 우주만물을 창조하신 하나님을 아는 지식 즉 복음입니다.

　비록 우리가 **우주**(宇宙) 안에 살고 있으나 우주는 우리의 삶과는 다른 영역입니다. **우주 개발**이라는 것도 허황된 꿈에 지나지 않고 우주(宇宙)는 영원한 신의 영역이고 유한한 인간이 관여하거나 개발할 수 있는 영역은 못되는 것입니다. 지금 과학자들은 이 우주에 지구와 똑같은 환경을 가진 행성이 수만 개나 있다고 주장하고 있고, 머지 않아서 그것이 증명이 될 것이라고 호언장담하고 있습니다. 이 말은 인간과 똑같은 **'지적 생물'**이 이 우주에 그 정도로 많이 있다는 것입니다. 그것이 사실인지 아닌 지는 알 수 없으나 만일 그것이 사실일지라도 그것도 하나님이 하시는 일입니다. 또 1940년 대에 영국과 미국에서 우주인들이 다녀간 흔적과 증거가 발견되었다고 떠든 적이 있습니다. 만약 우주인들이 지구를 다녀갔다면 당연히 지구에 안착해서 사람들을 만나보고 자기들을 소개했을 것입니다. 그들이 지구를 염탐하러 왔습니까? 그 우주인들이 지구와 전쟁이라도 할려고 몰래 정보를 얻어갈려고 왔다가 몰래 가버렸습니까? 그것은 소가 들어도 웃을 소리입니다. 만약 지구의 우주인들이 다른 행성에 간다면 몰래 사진이나 찍고 도망쳐 나오겠습니까? 그것은 말도 되지 않는 바보같은 소리입니다. 이것이 바로 요즘 과학자들의 의식 수준입니다. 그래서 그들이 외계인(外界人) 운운하는 것도 믿을 수가 없는 것입니다. **우주(宇宙)는 인간이 결코 알 수 없는 무한하고 불확실하고 불특정한 세계입니다.** 다른 우주에 인간과 같은 '지적인 생물'이 존재한다면 그것도 하나님이 하시는 일입니다. 인간이 관여할 수 없는 것입니다. 지구와 태양이 속한 '은하계'같은 소우주가 이 우주에 1,000억개 이상이나 있다고 하니 그것은 인간의 두뇌로는 상상도 할 수 없는 것입니다. 그래서 그것을 알려고 하는 것은 마치 개미가 인간을 알려고 하는 것과 같이 본궤도에서 벗어난 것입니다. 그리고 이 우주와 천국은 다른 영역입니다. **우주**는 창조되었으나 **천국**은 창조된 것이 아닙니다. **우주(宇宙)! cosmos!** 그것은 인간이 결코 알 수 없는 미로(迷路)같은 미지의 세계입니다. 알면 알수록 우리를 더 미궁(迷宮) 속으로 빠져들게 할 것입니다. 그것은 마치 '판도라의 상자'와도 같습니다. 그것을 열면 그 속에서 무엇이 나오겠습니까? 보석이 아니라 온갖 바이러스 세균 병균들이 나와서 인간세상을 망치고 말 것입니다. 그래서 그의 양자역학 이론은 결국 인류에게 희망이 아니라 절망을 주고, 빛이 아니라 어두움을 주고, 삶이 아니라 죽음을 주고 말 것입니다.

③ "내게 신앙이 있느냐고? 우리는 각자 원하는 것을 믿을 자유가 있다. 그리고 내가 볼 때 가장 단순한 설명은 신은 없다는 것이다. 누구도 우주를 창조하지 않았고 누구도 우리의 운명을 지시하지 않는다. 이를 통해서 나는 천국도, 사후(死後)의 세계도 존재하지 않을 것이라는 심오한 깨달음을 얻었다"

a. **신은 없다!** 여기에서 그는 신(神)의 존재를 부인하며 하나님께 도전하고 있고, 기독교 신앙에 반기를 들고 있습니다. 그러나 기독교 신앙이란 인간의 선택이 아니고 하나님의 선택에 기인하는 것임을 알아야 하는 것입니다. 몇년 전에 영국에서는 버스에 **"신은 없다"**라는 광고를 붙이고 다닌다는 신문기사를 잃고 놀란 적이 있습니다. 기독교의 종조국이었던 영국에서 이런 일이 벌어지게 만든 장본인이 바로 스티븐 호킹입니다. 인간에게 최고의 지식은 상대성원리나 양자중력 이론이나 빅뱅이나 블랙홀이 아니라 '하나님과 그의 아들 예수 그리스도를 아는 지식'입니다.

b. **나는 인간이 죽으면 먼지로 돌아간다고 생각한다!** 문제는 우리의 **육체**가 아니라 **정신**이고 **영혼**입니다. 육체는 다만 그릇에 불과합니다. 정신병원에 가보세요! 정신이 망가지면 육체는 아무 쓸모없는 빈 그릇에 불과한 것입니다. 그릇의 가치는 그 안에 무엇을 담느냐에 달려 있습니다. 그러면 **영혼**은 어떻습니까? 영혼은 인간 정신의 근원이고, 영원한 생명이고, 땅이 아니라 하늘에 속해 있습니다. 그래서 영혼의 존재를 믿느냐 안 믿느냐에 따라서 '그가 어떤 사람이냐'가 결정이 되는 것입니다. 그는 자신이 양자역학과 블랙홀의 연구로 인류역사에 큰 공헌을 했다고 자부하고 있으나 사실은 반대로 영국을 망치고 인류의 역사를 먼지 구덩이 속에 쳐박아버린 **'마귀의 앞잡이'**인 것을 알아야 할 것입니다.

세상에는 알아서는 안 될 것이 있고, 알아서 오히려 손해가 되는 것이 있습니다. 예를 든다면 사람마다 각자 자기의 **출생의 비밀**을 가지고 있습니다. **'나는 언제 어디서 어떻게 생겨났을까?'** '출생의 비밀'은 아빠 엄마 이외는 아무도 모르는 것입니다. 그런데 만약 부모한테서 이것을 알려고 파고드는 사람이 있다면 그는 정신병자일 것입니다. 그러나 우주 물리학자들은 우주 탄생의 비밀까지 알려고 합니다. 창조주이신 하나님만이 아시는 우주의 비밀을 인간이 알려고 덤벼드는 것은 아주 정신병적인 범죄행위입니다. 이것은 마치 도둑놈이 주인이 집을 비운 사이에 안방에 몰래 들어가서 금괴를 훔치려고 집안을 온통 뒤집어 놓는 것과도 같습니다.

우주 탄생의 비밀! 그걸 알아서 어쩌자는 것입니까? 그것은 알면 알수록 더 미궁에서 헤어나지 못하는 것입니다. 오히려 더 실망과 절망을 줄 뿐입니다. 그리고 알아서도 안되는 것입니다. 물론 호기심은 있겠지만은 그것은 연구한다고 알 수 있는 것도 아니고, 또 안다고 해도 득이 될 것도 없고, 3차원적인 인간의 두뇌로는 알 수도 없는 것입니다.

하나님은 **공간** 뿐만이 아니라 **시간**도 비밀로 하셨습니다. 만약 내가 신(神)처럼 되어서 '10초 후에 어떤 일이 일어날까'를 알 수 있다면 그것이 나에게 도움이 되겠습니까? 천만에 말씀입니다! 그때부터 나는 더 큰 고민에 빠지고 인생은 무의미해지고, 신(神)이 된 것 같아서 처음에는 좋을지 몰라도 나의 인생은 그 순간부터 처참하게 무너지고 말 것입니다. 그래서 차라리 모르는 것이 더 낫습니다. **우주가 신비롭다면 인생도 신비로운 것입니다!** 만약 인간이 모든 비밀을 다 알게 된다면 그의 인생에서 꿈과 신비가 사라지고 인생은 막막한 사막이 되고 말 것입니다. 그러나 **'철없는'** 유전공학자들이나 우주 물리학자들은 에덴동산에서 아담과 하와가 그랬듯이 마귀가 준 '

지적 호기심'에 사로잡혀 인간이 알아서는 안되는 것을 연구하고, 신(神)만이 알 수 있는 것을 알려고 상대성 원리나 양자역학이나 블랙홀을 연구하고 있고, 수소 헬륨 탄소, 원자 전자 양성자 중성자 쿼크같은 눈에도 보이지 않는 작은 입자들을 연구하고, 신의 영역인 DNA(유전자)까지 조작하고 편집하여 새로운 생명체를 만들고, 더 나아가 인공지능 로봇이나 AI인간까지 만들려고 하는 것입니다. 이것은 인간의 한계를 넘는 **월권행위**이고 **반역행위**로서 반드시 그 댓가를 치르고야 말 것입니다. 눈에 보이지도 않고 원인도 알 수 없는 '코로나19 팬데믹! 이것은 인간의 횡포에 대한 눈에도 보이지 않는 초미생물들의 반격입니다. 그것들의 복수입니다. 코로나 바이러스가 지난 3년 동안 전 세계를 뒤흔들어 놓았으나 아직도 끝나지 않고 있고 언제 끝날지도 모르는 이 답답하고 비참한 현실이 바로 인류문명에 재난이 오고 있다는 신호인지도 모릅니다.

철학자인 니체는 **"신은 죽었다"**라는 말을 했습니다. 이것이 **'철학'**이라면, **"신은 없다 "**이것은 **'과학'**입니다. 니체는 그래도 철학자로서 신(하나님)의 존재를 인정했으나 우주 물리학자인 스티븐 호킹은 상대성 이론과 양자 물리학에 빠져서 신(하나님)의 존재마저 부인하고 말았습니다. 그래서 그를 **'제 3의 가룟 유다'** 불러야 마땅할 것입니다.

"신은 있습니다" 예수님은 이렇게 말씀하셨습니다. "나를 보내신 이는 참이시니 너희는 그를 알지 못하나 나는 아노니 이는 내가 그에게서 났고 그가 나를 보내셨음이니라"(요한복음7:28-29절) **나를 보내신 이는 참이시니!** 하나님은 참이십니다. 우리가 하나님을 믿는 것은 하나님이 천지만물을 창조했다는 것 때문만이 아니라 하나님의 말씀이 참이고 원리이고 원칙이고 모든 것의 기준이 되기 때문입니다. 특히 예수님이 십자가에서 보여주신 하나님의 의와 사랑이 인간의 영혼과 정신, 삶과 가치의 기준이 되기 때문입니다. 그래서 이것을 부인하고 배척한다면 인류는 마치 부모 없는 어린아이들처럼 극히 위험한 상황에 빠져들고 말 것입니다.

사도바울은 이렇게 증거하고 있습니다. "내가 예언하는 능이 있어 모든 지식과 비밀을 알고 또 산을 옮길만한 모든 믿음이 있을지라도 사랑이 없으면 내가 아무 것도 아니요"(고린도전서13:2절) 여기에 능력, 예언, 지식, 비밀, 믿음이 나오고 있습니다. 그러나 **"사랑이 없으면"** 그런 것들은 아무런 의미가 없다는 것입니다. 우주의 비밀과 양자 중력학의 비밀과 유전자의 비밀을 다 알아도 **"사랑이 없으면"** 그런 것들은 물거품처럼 인간에게는 아무런 유익이 되지 못하는 것입니다.

결론으로, 이들은 유명한 철학자와 과학자들로서 기독교를 배척하고 '신으로부터의 자유'를 부르짖었으나 결국은 성도착증 환자, 떠돌이, 반항아, 무신론자, 회의론자. 불가지론자(不可知論者), 자유주의자, 인격 파탄자들이 되었습니다. 예나 지금이나 이것이 하나님을 반대하는 자들이 가야하는 운명입니다. 그들은 인간 편에 서서 신(神)으로 부터의 자유와 독립을 외쳤으나 그들 자신도 인간의 한계를 극복하지 못하고 죽음의 운명 앞에 무릎을 꿇고 말았던 것입니다.

(5) 인류의 역사를 보면 가장 먼저 종교가 등장합니다.

이것은 자연현상에 대한 인간의 두려움 때문입니다. 그 다음에는 고대 그리스나 중국에서처럼 **철학**과 **지혜**가 등장합니다. 이것은 인간들이 어느 정도 정신을 차리고 세상과 인생에 대한 눈을 뜨게 된 것입니다. 그 다음에는 신에 대한 반기를 들고 르네상스 같은 반 기독교 사상과 **계몽주의 운동**이 일어납니다. 그 다음에는 인간의 지식과 기술 즉 **과학문명**이 등장합니다. 그리고 인본주의와 개인주의가 등장해서 이 때부터 인간들은 본격적으로 신(하나님)에 대한 반대운동을 벌이고 신을 몰아내고 그 자리에 인간이 대신 앉아 있는 것입니다. 그리고 그 다음에는 어떤 일이 일어날지 아무도 모르는 것입니다. 이렇게 인류의 역사는 안개에 쌓여 그 미래를 알 수 없는 것입니다. 도시문명은 대자연의 파괴, 지하자원의 고갈, 인간성의 파괴, 양심과 윤리 도덕의 실종, 지구의 황폐화를 가져왔고 인류문명의 종말을 재촉하고 있는 것입니다. 그리고 인류는 지금 바로 그 문턱에 와 있는 것입니다.

다시 **니체**에게로 돌아가서 그가 말하는 '**짜라투스트라**'는 예수님을 대신하는 신(神)같은 존재요 또한 과대망상증 환자인 그 자신을 대변하는 인물이기도 한 것입니다. 그러나 니체는 신이 되기는커녕 그의 인생의 종말은 아이러니하게도 **정신병원**에서 끝이 나고 말았습니다. 그는 결국 인생의 실패자가 되고 말았습니다. 니체는 어느날 이태리의 **토리노** 거리를 걷다가 갑자기 정신착란을 일으켜 마차를 끌고 지나가는 말 등에 뛰어올라 큰 부상을 입고 **정신병원**에 입원을 했던 것입니다. 그 후 그는 10년 동안을 정신병원에서 살다가 파란만장한 생을 끝마쳤던 것입니다. 그가 그렇게 된 목사의 아들로 태어난 그가 마귀의 꾀임을 받고 '**참**'이신 하나님을 버리고 '**거짓의 아비**'인 마귀를 따랐기 때문입니다.

(6) 그러면 많은 서양 철학자들이나 지식인들이 기독교를 외면하고 반기독교로 돌아서는 이유가 무엇입니까?

그 이유를 우리는 서양 철학과 동양 철학의 차이에서 찾아볼 수 있습니다. 동양 철학(중국철학)의 시조는 **노자**(老子)입니다. 그는 '**물**'을 보고 도(道)를 발견했다고 합니다. 그는 '무위자연'을 말했고 그의 철학을 '물의 철학'이라고 합니다. 여기서 세세한 이야기는 다 할 수 없고 한 가지만 말하겠습니다. 어느날 **노자**가 길을 가고 있는데 길 가에 버려진 큰 바가지를 보았습니다. 그래서 거기 있는 사람들에게 물었습니다. **'왜 바가지를 여기에 버렸습니까?'** 그러자 사람들이 이렇게 대답을 했습니다. '이 바가지는 너무 커서 쓸 수가 없습니다. 그래서 버렸습니다' 그러자 노자가 이렇게 말했습니다. **'이 바가지를 강물에 띄우고 뱃놀이를 하면 될 것이 아니겠소?'** 그리고 그는 이렇게 말합니다. **'큰 것은 큰대로 쓰고 작은 것은 작은대로 쓰는 것이 도다'** 흔히 '도를 통한다'라는 말을 하는데 도(道)란 '길처럼 이리저리 두루 통한다'라는 것입니다. 앞과 뒤, 위와 아래, 큰 것과 작은 것, 너와 나. 등등. '통한다'는 말같이 중요한 것도 없습니다. 모든 문제는 소통의 부재에서 오는 것입니다. 그런데 문제는 작은 사람들은 큰 것을 이해할 줄도 모르고 사용할 줄 모른다는 것입니다. 그래서 '너무 크다'고 버리고 마는 것입니다. 이것은 물건만이 아니라 학문이나 지식이나 종교 분야에도 마찬가지입니다. 우리가 지식과 지혜를 말하는데 **지식**은 작은 것이고 **지혜**는 큰 것입니다. 그래서 지식은 지혜를 따라가지 못하는 것입니다. 서양 철학이 **'지식의 철학'**이라면 동양 철학은 **'지혜의 철학'**입니다. 그래서 동양철학은 몇 천년이 지나도 변함이 없이 그대로 있으나 서양철학은 한 세기를 넘기지 못하고 자주 바뀌는 것입니다. 동양 철학이 학문과 삶의 통합과 일치를 다룬다면 서양 철학은 삶과는 관련이 없이 분석하고 분리하고 비판하는 탁상공론(卓上空論)적인 관념론에 지나지 않는 것입니다. 종교 특히 기독교는 인간의 삶과 아주 깊은 관련이 있는데 이것을 최근에 이르기까지 서양의 신학자들이나 철학자들같은 지식인들이 다루어왔다는데 문제가 있는 것입니다. 그래서 소위 정통 신학자라는 자들이 독일의 이성론, 영국의 경험론, 프랑스의 감성론의 영향을 받아 성경을 비판함으로 서구에서 교회(개신교)의 몰락을 가져왔던 것입니다. 왜냐하면 그들이 가진 작은 **지식**으로 인간의 **지혜**보다 더 큰 **진리**인 하나님의 말씀을 다루려하다가 실패했기 때문입니다. 그러나 다행히 기독교가 서양에서 동양으로 넘어와서 **제 2의 도약의 전기**를 맞고 있는 것입니다. 이제는 교회가 관념론적이고 분석적인 서양철학의 영향에서 벗어나서 삶을 중시하는 동양철학을 바탕으로 믿음과 행함을 하나로 통합해야 합니다. 크다고 버릴 것이 아니라 '큰 것'은 큰 것으로, '작은 것'은 작은 것으로 쓸 줄 알아야 합니다. 대개 지식인들은 자기주장, 자기이론 한 가지만을 고집합니다. 그들이 가진 문제는 사물의 한 면만을 본다는 것입니다. 그러나 지혜 있는 사람은 사물의 여러 가지 면을 동시에 보는 것입니다. **'큰 것은 큰 것대로 쓰고 작은 것은 작은 것대로 쓰는 것'**이 지혜입니다.

(7) 흔히 '숲도 보고 나무도 본다'라는 말을 합니다.

산(山)에 갔으면 숲도 보고 나무도 보아야 그 산을 말할 수 있는 것입니다. 그런데 산(山)에 가서 숲은 보지 않고 나무만 보고 와서 그 산을 말한다는 것은 옳지 않은 것입니다. 그런데 대부분의 사람들은 산에 가서 숲은 보지 않고 나무만 보고 와서 그 산(山)을 평가하기를 좋아하는 것입니다. 이것은 옳지 못한 것입니다. 저는 숲을 **'지혜'**라고 말하고 싶고 나무는 **'지식'**이라고 말하고 싶습니다. 숲은 하나입니다. 그러나 숲 속에 가보면 나무는 수를 헤아릴수도 없이 많습니다. **지혜**(진리)는 하나이고 단순합니다. 그러나 지식은 수도 없이 많습니다. 더욱이 요즘은 지식산업 시대가 되어서 날마다 새로운 지식들이 생겨나고 있습니다. 그렇다고 삶의 지혜를 무시하면 인생은 망가지고 마는 것입니다. **신앙생활도 이와 같습니다.** 지식과 지혜가 조화를 이루어야 우리가 세상을 잘 살아갈 수 있듯이 하나님의 지혜(진리)와 인간의 지식이 조화를 이루어야 우리의 신앙생활도 잘 할수 있는 것입니다. **'지혜'**가 멀리 보는 것이라면 **'지식'**은 가까이에서 보는 것입니다. 우리가 세상을 살려면 이 두 가지가 다 있어야 하는 것입니다.

또 사고방식에도 Simple thinking과 Multi thinking이 있습니다. Simple thinking 즉 단순한 생각이 좋을 때도 있으나 단순한 생각만으로는 문제가 해결되지 않을 때가 있는 것입니다. 이럴 때는 Multi thinking 즉 여러 가지 생각을 해봐야 하는 것입니다. 이것은 어느 분야이든 마찬가지입니다. 성경이라고 해서 숲(지혜)만 있는 것이 아니고 나무(지식)도 있습니다. 예수님도 때와 상황에 따라서 다르게 말씀하시는 것을 알 수 있습니다. 예수님은 이렇게 말씀하셨습니다. "내가 세상에 화평을 주러온 줄로 생각지 말라 화평이 아니요 검을 주러 왔노라"(마태복음10:34절) 그러나 예수님은 다른 곳에서 이렇게 말씀하고 계십니다. "네 검을 도로 집에 꽂으라 검을 가지는 자는 다 검으로 망하느니라"(마태복음26:52절) 이것은 사도 바울의 경우에도 마찬가지입니다. 지금은 교회가 과거의 분리적인 교파주의나 교조주의에서 벗어나 통합적인 관용과 융통성을 찾아야할 시기인 것입니다.

바울은 이에 대해서 이렇게 증거하고 있습니다. "십자가의 도가 멸망하는 자들에게는 미련한 것이요 구원을 얻는 우리에게는 하나님의 능력이라"(고린도전서 1:18절) **a. 십자가의 도가 멸망하는 자들에게는 미련한 것이요!** 여기서 '도(道)'는 헬라어로 λογos '로고스'인데 영어로는 word '말씀', way '길'이라는 의미를 가지고 있습니다. 도(道)는 '길'과 같아서 여러 가지로 두루두루 통해야 하는 것입니다. 서양의 격언에 **'모든 길은 로마로 통한다'**라는 말이 있습니다. 이것은 로마제국의 위력을 보여주는 것입니다. 로마제국은 인류역사에서 가장 오랜 기간 동안 가장 크고 가장 방대한 지역을 통치했습니다. 그래서 도로가 발달했고 법률이나 종교 철학이 발달을 했던 것입니다. **'십자가의 도'도 이와 같습니다.** '십자가의 도'는 동서고금 남녀노소 빈부귀천을 가리지 않고 다 포용하는 것입니다. 그래서 도(道)라고 하는 것입니다. **모든 길은 십자가로 통합니다.**

　그러면 '십자가의 도'가 무엇입니까? '하나님의 아들이신 예수 그리스도가 이 세상에 오셔서 인류를 죄와 사망에서 구원하기 위해서 십자가에서 대신 속죄제물과 화목제물이 되셨다'입니다. 그런데 이것이 너무 크기에 인간들의 이성이나 경험으로는 잘 납득이 되지 않는 것입니다. 하나님의 아들이 십자가에서 죽는다는 것이 말이나 됩니까? 말도 되지가 않는 것입니다. 그래서 예수님이 십자가에 못박히자 저들이 비웃고 희롱하고 침을 뱉았던 것입니다. 그러면 그 이유가 무엇입니까? 십자가의 도가 너무나 크기 때문입니다. 그래서 세상 사람들이 보기에는 미련한 것이고 바보같은 것입니다. b. **구원을 얻은 우리에게는 하나님의 능력이라!** 그러나 십자가에는 하나님의 엄청난 지혜와 능력이 있는 것입니다. 왜 그렇습니까? 거기에는 하나님의 **의**와 **사랑**이 있기 때문입니다. 세상 사람들은 눈에 보이는 권력이나 명예나 돈을 좋아하나 의와 사랑이나 구원에는 별로 관심이 없습니다. 그러나 하나님에게는 의와 사랑이 최고의 지혜요 능력이 됩니다. 그래서 인간들도 **의**와 **사랑**이 최고의 지혜요 능력이라는 것을 깨닫게 될 때에는 십자가 밑에 나아와서 무릎을 꿇고 눈물로 회개하게 되는 것입니다. 이것이 바로 '십자가의 도'인 것입니다. 사도 바울은 '십자가의 도'에 대해서 이렇게 증거하고 있습니다.

"유대인은 표적을 구하고 헬라인은 지혜를 찾으나 우리는 십자가에 못박힌 그리스도를 전하니 유대인에게는 거리끼는 것이요 이방인에게는 미련한 것이로되 오직 부르심을 입은 자들에게는 유대인이나 헬라인이나 그리스도는 하나님의 능력요 하나님의 지혜니라"(고린도전서1:22-24절) **a. 십자가에 못박힌 그리스도!** 이것은 인간의 상식이나 이성을 벗어난 것입니다. **b. 그리스도는 하나님의 능력이요 하나님의 지혜니라!** 도(道)와 지혜와 진리는 큰 것입니다. 그래서 세상 사람들은 잘 이해하지 못하고 지식인들은 이것을 싫어하는 것입니다. 그래서 때로는 왜곡되고 배척을 받기도 하는 것입니다. 그러나 '십자가에 못박힌 그리스도'는 어제나 오늘이나 내일이나 영원토록 인류역사의 중심에 우뚝 서 있는 것입니다. 그리고 그것을 믿는 자들에게는 하나님의 능력과 지혜가 임하는 것입니다. 가장 작은 것이 지식이라면 중간은 지혜이고 가장 큰 것은 진리 즉 도(道)입니다. **그러면 도(道)가 무엇입니까?** 이리 저리 여러 가지가 두루 통하는 것이 도(道)입니다. 그래서 도와 진리는 만능열쇠와도 같습니다. 그것이 곧 '십자가의 도'요 하나님의 말씀입니다.

1절 '하나님의 진리 등대 길이 길이 빛나리 우리들도 등대되어 주의 사랑 비추세 우리 작은 불을 켜서 험한 바다 비추세 물에 빠져 헤매는 이 건져내어 살리세'(통일찬송가276장, 새찬송가510장)

13. 예수 그리스도는 '재림(再臨)의 복음'을 전하셨습니다.

"무화과 나무의 비유를 배우라 그 가지가 연하여지고 잎사귀를 내면 여름이 가까운 줄 아나니 이와같이 너희도 이 모든 일을 보거든 인자가 가까이 곧 문앞에 이른줄 알라"(마태복음24:32-33절) 여기서 예수님이 말씀하시는 의도는 예수님이 재림하실 때에는 어느날 갑자기 오는 것이 아니리 반드시 그 앞에 징조가 있다는 것입니다. 그 징조는 전쟁 기근 지진 환난, 해가 어두워지고, 달이 빛을 잃고, 별들이 하늘에서 떨어지고, 하늘의 권능들이 흔들린다는 것입니다.

"그러나 그 날과 그 때는 아무도 모르나니 하늘의 천사들도 모르고 오직 아버지만 아시느니라 노아의 때와 같이 인자의 임함도 그러하리라"(마태복음24:36-37절)

a. **그러나 그 날과 그 때는 아무도 모르나니!** 예수님의 재림은 예수님 자신도 모르고 천사들도 모른다는 것입니다.

b. **오직 아버지만 아시느니라!** 오직 하늘 보좌에 계신 아버지만 아신다는 것입니다. 그런데 가끔 이단들이 나타나 예수님이 오신다고 소란을 피우는데 그들은 거짓말쟁이요 사기꾼들입니다.

"그러므로 너희는 예비하고 있으라 생각지 않은 때에 인자가 오리라"(마태복음24:44절) 우리는 예수님이 언제 오실지 모르지만 항상 예비하고 있어야 합니다. 또 예수님은 제자들에게 이런 말씀도 하셨습니다.

"내가 너희를 위하여 처소를 예비하러 가노니 가서 너희를 위하여 처소를 예비하면 내가 다시 와서 너희를 내게로 영접하여 나 있는 곳에 너희도 있게 하리라"(요한복음 14:2-3절)

a. **내가 너희를 위하여 처소를 예비하러 가노니!** 예수님의 죽음과 부활과 승천은 예수님 자신의 영광보다는 우리를 위해서 천국에서 처소를 마련하기 위한 것입니다. b. **내가 다시 와서!** 이것은 예수님의 재림의 약속입니다. c. **나 있는 곳에 너희도 있게 하리라!** 지금 예수님이 계신 곳은 천국이고 하

나님의 보좌 우편입니다. 바로 그 곳에 우리도 함께 있게 해 주신다는 것인데 예수님 자신의 영광을 우리에게도 주신다는 것입니다. 여기서 우리는 예수님의 인류에 대한 지극한 사랑을 느낄 수 있습니다.

예수님은 십자가를 앞에 두시고 어느날 제자들에게 이렇게 말씀하셨습니다. **"그 날 환난 후에 해가 즉시 어두워지며 달이 빛을 내지 아니하며 별들이 하늘에서 떨어지며 하늘의 권능들이 흔들리리라 그 때에 인자의 징조가 하늘에서 보이겠고 그 때에 땅의 모든 족속들이 통곡하며 그들이 인자가 구름을 타고 능력과 큰 영광으로 오는 것을 보리라 저가 큰 나팔소리와 함께 천사들을 보내리니 저희가 그 택하신 자들을 하늘 이 끝에서 저 끝까지 사방에서 모으리라"**(마태복음24:29-31절) 이것은 예수님이 재림하시는 장면인데 마치 한편의 우주 드라마를 보는 것과 같습니다. 그 때는 하늘에서 해와 달이 빛을 잃고 별들이 떨어지는 창조의 질서에 대 변혁이 일어날 것입니다. 그 때 땅에서는 두 가지의 장면이 펼쳐지는데 통곡과 환희 즉 **장례식과 혼인잔치**입니다. 그 때 예수 안 믿고 버림받은 자들은 통곡할 것이고 예수 믿고 구원받은 자들은 싱글벙글 웃으면서 예수님을 맞이할 것입니다. 또 공중으로 끌어 올려져서 공중에서 예수님을 영접하고 혼인잔치가 성대하게 벌어질 때에 어린양의 신부로서 참여하게 될 것입니다. **혼인잔치와 장례식!** 그러면 당신은 지금 어느 편에 속해 있습니까? 아직도 결정하지 못했다구요? 그것은 당신이 지금까지 **'우물안의 개구리같이'** 세상이라는 틀 속에 갇혀 있었기 때문입니다. 홍수가 나면 개구리가 우물에서 나와 세상을 향해 뛰어나가듯이 이제 당신도 세상이라는 작은 틀을 벗어버리고 지구 밖의 세상인 우주와 천국을 바라보세요! 새로운 길이 열릴 것입니다. 신앙이란 보고서 믿는 것이 아닙니다. 보고서 믿는 것은 과학입니다. 그러나 신앙은 보이지 않는 하나님의 약속을 믿는 것입니다. 그 약속을 믿는 자들은 그 날을 바라보며 희망을 가지고 살 것이고, 믿지 않는 자들은 세상의 행복과 부귀영화만을 위하여 살다가 인생의 마지막 날이 오면 아무런 희망도 없이 땅 속으로 들어가고 마는 것입니다. 지금은 모릅니다. 그러나 인생의 마지막 날이 오면 하늘이 열려서 알게 되는데 그 때는 후회해도 이미 늦었습니다.

'마지막 날'에 대해서 사도 바울은 이렇게 증거하고 있습니다. "주께서 호령과 천사장의 소리와 하나님의 나팔로 친히 하늘로 쫓아 강림하시리니 그리스도 안에서 죽은 자들이 먼저 일어나고 그 후에 우리 살아남은 자도 저희와 함께 구름 속으로 끌어 올려 공중에서 주를 영접하게 하시리니 그리하여 우리가 항상 주와 함께 있으리라"(데살로니가전서4:16-17절) **공중으로 끌어올려!** 이것을 '**휴거**'(Rapture)라고 합니다. 예수님이 천사들을 데리시고 재림하실 때 믿고 구원받은 자들은 엘리야가 회리바람을 타고 하늘로 올리우듯이 공중으로 끌어올려 공중에서 벌어지는 성대한 '**어린양의 혼인잔치**'에 신부가 되어서 참여하게 되는 것입니다. 그리고는 천국에 들어가서 영생복락을 누리며 살게 되는 것입니다. 그래서 이런 찬송을 부릅니다. ①1절 '하나님의 나팔소리 천지진동할 때에 예수 영광 중에 구름 타시고 천사들을 세계만국 모든 곳에 보내어 구원얻은 성도들을 모으리 나팔불 때 나의 이름 나팔불 때 나의 이름 나팔불 때 나의 이름 부를 때에 잔치 참여하겠네'(통일찬송가168장, 새찬송가180장)

②1절 '신랑되신 예수께서 다시 오실 때 밝은 등불 들고 나갈 준비 됐느냐 그날 밤 그날 밤에 주님 맞을 등불이 준비됐느냐 예비하고 예비하라 우리 신랑 예수 오실 때 밝은 등불 손에 들고 기쁨으로 주를 맞겠네'(통일찬송가162장, 새찬송가175장)

14. 예수 그리스도는 '완전한 복음'을 전하셨습니다.

1) '율법과 복음'입니다.

성경은 율법과 복음으로 되어 있습니다. **'율법'**은 구약성경이고 **'복음'**은 신약성경입니다. 그리고 주어진 대상을 따진다면 '율법'은 이스라엘 민족에게 주어진 것이고 **'복음'**은 전 세계 인류에게 주어진 것입니다. 그 성격을 따진다면 **'율법'**은 형벌의식이 강하고 **'복음'**은 은혜의 측면이 강한 것입니다. 여기서 문제가 되고 있는 것은 이스라엘 민족의 편협한 율법주의와 배타적 민족주의인 '시오니즘' 때문인 것입니다. 그래서 예수님이 이것을 바로 잡아 주시려고 산상수훈 강의를 하고 계신 것입니다.

예수님은 **산상수훈**에서 이렇게 말씀하셨습니다. "내가 율법이나 선지자나 폐하러 온 줄로 생각지 말라 폐하러 온 것이 아니요 완전케 하려함이로라"(마태복음5:17절) 여기서 '완전케한다'는 것은 헬라어로 πληροω플레로오, 영어로는 complete'완성하다' 라는 뜻을 가지고 있습니다. 그런데 이 말을 오해해서 어떤 사람들은 '율법폐지론'이나 '율법무용론'을 들고 나오는 것입니다. 이것은 예수님의 말씀을 얼토당토않게 오해한 것입니다. 예수님은 분명히 '폐하러 온 것'이 아니고 '완전케 하러 왔다'고 하셨는데 왜 난데없이 '율법 폐지론'이 나옵니까? 하나님의 말씀을 하나님이 아닌 인간의 입장에서 접근하기 때문입니다. 우리가 알아야 할 것은 율법도 하나님이 주셨고 복음도 하나님이 주셨다는 것입니다. 그래서 둘 다 거룩합니다. 다른 점이 있다면 주신 시기가 다르고 대상이 다르고 목적이 다르다는 것 뿐입니다. 구약 성경의 창세기 3장에서부터 이미 **복음**이 등장하고 있는 것입니다. (창세기3:15절 , 3:21절) 특히 시편과 이사야서는 구약의 복음서와 같습니다. **복음**은 율법에서 나왔습니다. 율법 없는 복음은 존재할 수 없습니다. 그리고 복음이 없는 율법도 존재할 수 없는 것입니다. 인간은 불완전한 존재이기 때문에 법(율법)이 필요합니다. 만약 법(法)이 없으면 무법천지가 되고 말 것입니다. **법이 없으면** 악이 횡행하고 의도 사랑도 빛을 발할 수 없게 됩니다. 또한 법(法)은 악으로부터 인류사회를 보호해 주는 안전장치의 역할을 하는 것입니다. 그래서 예수님은 '내가 율법을 폐하러 온 것이 아니라 완전케하러 왔다'고 말씀하셨습니다. 예수님의 말씀을 더 들어보시기 바랍니다. "진실로 너희에게 이르노니 천지가 없어지기 전에는 율법의 일점 일획이라도 반드시 없어지지 아니하고 다 이루리라"(18절) **a. 율법의 일점일획이라도!** 이것이 NIV 영어성경에서는 the smallest letter 즉 '가장 작은 철자 하나라도', the least stroke of a pen 즉 '펜의 가장 작은 획 하나라도'라고 번역하고 있습니다. 그러니 얼마나 예수님이 율법의 존재가치나 효용성에 대해서 강조하고 계십니까? **b. 반드시!** by any means 어떤 수단과 방법을 통해서라도! 이것은 아주 강한 표현입니다. **c. 다 이루리라!** '이룬다'는 것은 accomplish '완성하다' finish '끝마치다'라는 뜻을 가지고 있습니다. 그러면 **복음**을 전하러 오신 예수님이 왜 **율법**에 대해서 이렇게 강변을 하고 계십니까? 사람들이 복음의 달콤한 맛에 빠져 자칫 율법을 소홀히 할까 염려하기 때문입니다. 그래서 무율법주의나 율법폐지론은 기독교와는 거리가 먼 것입니다. 복음은 율법을 약화(弱化)시키는 것이 아니라 오히려 더 강화(强化)시키는 것입니다. 예수님의 말씀은 계속되고 있습니다. "옛 사람에게 말한 바 살인치말라 누구든지 살인하면 심판을 받게 되리라 하는 것을 너희가 들었으나 나는 너희에게 이르노니 형제에게 노하는 자마다 심판을 받게 되고 형제에 대하여 라가라 하는 자는 공회에 잡히게 되고 미련한 놈이라 하는 자는 지옥불에 들어가게 되리라"(마태복음5:21-22절) 예수님의 말씀이 놀랍지 않습니까? 이것은 우리의 상상을 뛰어넘는 말씀인 것입니다. 그래서 거짓말 같이 들리기도 합니다. '정말 그럴까?' 의심이 들기도 합니다. 그래서 거의 모든 사람들이 잘 읽거나 듣지 않고 흘려버립니다. 여기서 "옛사람에게 말한바"는 율법이고 "나는 너희에게 이르노니"는 복음인 것입니다. 지금 예수님은 엄한 율법보다 천배 만배로 더 엄한 복음을 선포하고 계십니다. **왜 그렇습니까?** 산상수훈은 천국의 모습을 보여주고 있고 천국에서는 남을 미워하고 시기하고 원망하고 싸운다는 것은 상상할 수도 없는 것이기 때문입니다. **산상수훈은 예수님의 천국 강의(설교)입니다. '세상은 인간중심 자기중심이나 천국은 하나님 중심 타인중심'**이라는 것입니다. 저는 이것을 아무리 말하고 또 말해도 결코 지치지 않을 것입니다. 왜냐하면 이것이 **천국의 원리**이기 때문입니다. 이것을 모르면 산상수훈은 '판도라의 상자'같이 열리지 않습니다. 천국에서는 다른 사람에게 '화'를 내거나 '욕'을 하거나 '바보'라는 말만해도 벌을 받고 심판, 공회, 지옥불에 들어가게 된다는 것입니다. 그래서 천국에서는 남에게 화내고 욕하고 비웃는 것은 상상할 수도 없는 일인 것입니다. 천국에서 남을 비웃었다가는 신문에 나고 TV 뉴스에 날 일인 것입니다. 이처럼 **율법**이 엉성한 그물이라면 **복음**은 촘촘한 그물이라고 말할 수 있습니다. 그래서 알고 보면 율법보다 복음이 더 지키기 어려운 것입니다. **그러면 어떻게 우리가 복음을 수용하고 지킬 수 있습니까?** 바로 여기에서 하나님의 영 즉 성령의 역할이 등장하는 것입니다. 우리는 성령의 감동 감화 인도 도우심으로 비로소 복음을 깨닫고 복음에 참여하게 되는 것입니다.

이스라엘에서 **율법**은 우리나라에서 **헌법**과 같습니다. 그러면 헌법이나 법

(法)이 없다면 나라꼴이 어떻게 되겠습니까? 살인 강도 도적 강간이 판을 치는 무법천지가 될 것입니다. 그래서 율법 폐지론이나 율법 무용론처럼 율법을 약화시키는 모든 말과 행동은 하나님의 뜻에 역행하는 것입니다. 예수님은 율법을 약화시킨 것이 아니라 오히려 더 강화시키셨습니다. 거기에서 예수님은 결론으로 이렇게 말씀하셨습니다. "그러므로 하늘에 계신 너희 아버지의 온전하심과 같이 너희도 온전하라"(마태복음5:48절) 온전하라! 여기서 온전은 헬라어로 τελειος'텔레이오스'인데 영어로는 perfect '완전한' completed'완성된' 이란 뜻을 가지고 있습니다.

① 그러면 '온전한' 것이 무엇입니까? 이 **'온전한'** 것에 대해서 알려면 그 앞에 있는 구절들을 살펴보아야 합니다. 예수님이 이렇게 말씀하셨습니다. "또 눈은 눈으로 이는 이로 갚으라 하였다는 것을 너희가 들었으나 나는 너희에게 이르노니 악한 자를 대적지 말라 누구든지 네 오른편 뺨을 치거든 왼편도 돌려대며 또 너를 송사하여 속옷을 가지고자 하는 자에게 겉옷까지도 가지게 하며 또 누구든지 너로 억지로 오리를 가게 하거든 그 사람과 십리를 동행하고 네게 구하는 자에게 주며 네게 꾸고자 하는 자에게 거절 하지 말라"(마태복음5:38-42절) 이것은 인간의 이성이나 상식이나 관습을 뛰어넘는 것인데 예수님은 이것을 **'온전한 것'**이라고 말씀하고 계십니다.

예수님의 '천국강의'는 계속되고 있습니다. "또 네 이웃을 사랑하고 네 원수를 미워하라 하는 말을 너희가 들었으나 나는 너희에게 이르노니 너희 원수를 사랑하며 너희를 핍박하는 자를 위하여 기도하라 이같이 한즉 하늘에 계신 너희 아버지의 아들이 되리니 이는 하나님이 그 해를 악인과 선인에게 비춰시면 비를 의로운 자와 불의한 자에게 내리우심이라"(마태복음5:43-45절) a. **너희 원수를 사랑하며!** 옛날에는 원수가 많았고 원수라는 말을 자주 사용했습니다. 부모가 자식을 보고도 **'이 원수야'** 하면서 욕을 퍼부었던 것입니다. 부모의 원수, 자식의 원수, 남편의 원수, 가문의 원수 등 원수의 종류도 많았습니다. 폐일언하고 '원수가 있다'는 것은 불행한 일이고 인생을 망치는 것입니다. 원수가 망가지기 전에 먼저 자신이 망가지는 것입니다. 그래서 원수는 맺지 않는 것이 좋습니다. 옛날에 원수가 많았던 것은 유교의 영향을 받지 않았나 하는 생각이 드는 것입니다.

이것은 몇년 전에 미국에서 일어났던 일인데 한 고등학교에서 한국인 학생이 총기난사 사건을 일으켜서 수십 명의 학생들이 죽었습니다. 그런데 놀라운 것은 미국은 기독교 국가요 청교도의 나라인지라 그 학생들의 부모들이 총기를 난사한 학생을 용서해 주고, 그 학생도 자기의 아들들과 함께 장사를 치르게 하고 같은 곳에 무덤을 썼던 것입니다. 이것이 원수를 사랑한 것이 아니고 무엇입니까? 이것이 바로 종교의 차이요 문화의 차이인 것입니다. 유교 문화는 원수를 갚는 것이지만 기독교 문화는 원수를 용서하고 사랑하는 것입니다.

예수님은 "너희 원수를 사랑하라"고 말씀하고 계십니다. 그러면 그 이유가 무엇입니까? **b. 하늘에 계신 너희 아버지의 아들이 되리니!** 그렇게 해야 하나님의 아들이 될 수 있다는 것입니다. 여기서 우리가 알 수 있는 것은 하나님의 사랑이 이처럼 크다는 것입니다. 혹자는 '원수를 갚았다'고 좋아할지 모르나 원수를 갚으면 더 큰 원수를 만드는 것이고, 원수를 이기는 것은 하나님의 사랑 밖에는 없는 것입니다. 예수님은 '너희 원수를 사랑하라'고 하시면서 하늘에서 악인과 선인, 의로운 자와 불의한 자 모두에게 햇빛과 비를 내려주시는 하나님의 '온전하심'을 들고 있습니다. 그리고 예수님은 이렇게 결론을 내리고 계십니다. "그러므로 하늘에 계신 너희 아버지의 온전하심과

같이 너희도 온전하라"(마태복음5:48절)

② 그러면 우리를 '온전케 하는 것'이 무엇입니까?

마태복음 19장을 보면 어느날 한 부자 청년이 예수님을 찾아와서 이렇게 물었습니다. "선생님이여 내가 무슨 선한 일을 하여야 영생을 얻으리이까"(16절) 그러자 예수님은 부자 청년에게 이렇게 대답하셨습니다. "네가 생명에 들어가고자 하려면 계명들을 지키라"(17절) 그러자 그가 이렇게 묻고 있습니다. "어느 계명이오니까"(18절) "이 모든 것을 내가 지키었사오니 아직도 무엇이 부족하니이까"(20절) 그러자 예수님이 이렇게 말씀하셨습니다. "네가 온전하고자 할찐대 가서 네 소유를 팔아 가난한 자들을 주라 그리하면 하늘에서 보화가 네게 있으리라 그리고 와서 나를 좇으라"(21절)

a. 네가 온전하고자 할찐대! 신앙의 목표는 예수님처럼 온전해지는 것입니다. b. 네 소유를 팔아 가난한 자들을 주라! 옛날 초등하교 교과서에 '의로운 형제'라는 이야기가 있었습니다. 거기에서 보면 두 형제가 있었는데 가을에 벼를 베어서 논둑에 세워 놓았는데 형이 동생이 사는 것이 안스러워서 밤에 몰래 자기 논의 볏단을 지게에 지고 동생의 논에 가서 쌓아놓았습니다. 동생은 동생대로 형이 안스러워서 자기 논의 볏단을 지게에 지고 형의 논에 쌓았습니다. 그러던 어느날 달이 휘엉청 밝은 밤에 두 형제는 볏단을 나르다가 마주치게 되었습니다. 동생이 형에게 물었습니다. "형님, 이 밤중에 볏단을 지고 어디로 가십니까?' 그러자 형은 대답을 못하고 동생에게 이렇게 물었습니다. '아우는 이 밤에 볏단을 지고 어디로 가는가?' 그 때 형제는 서로의 마음을 알고 대답 대신에 부둥켜 안고 울었다는 것입니다. 이것은 꾸며낸 이야기가 아니라 충청도 어느 고을에서 있었던 실화입니다.

여기서 예수님은 부자 청년에게 재산을 모두 팔라는 것이 아닙니다. 얼마만이라도 팔아서 가난한 자들을 도우라는 것입니다. c. **그리고 와서 나를 좇으라!** 그러나 이 부자 청년은 물질에 눈이 어두워 예수님의 초청을 거절하고 집으로 돌아갔던 것입니다. 아마 지금 어디에서 후회하고 있을 것입니다. 그러면 여기에서 예수님이 부자 청년에게 하신 말씀의 요지가 무엇입니까? **의와 사랑**입니다. 의와 사랑은 인격을 온전케 하고, 인간관계를 온전케 하고, 신앙생활을 온전케 하는 것입니다.

③ 그러면 우리의 신앙생활이 어떻게 '온전'해질 수 있습니까? 그것은 **율법**만으로는 되지 않습니다. **복음**이 있어야 되는 것입니다. 예수님은 산상수훈에서 복음을 말씀하시면서도 율법을 강조하셨습니다. 왜 그렇습니까? 둘다 있어야 하기 때문입니다. 만약 우리집에 도둑이 들었으면 어찌하겠습니까? 몽둥이를 들고 좇아내든지 아니면 경찰에 신고해서 법의 심판을 받게해야 합니다. 율법은 도둑을 잡아내는 역할을 합니다. 그러나 도둑을 잡아서경찰에 넘겼다고 모든 것이 끝난 것은 아닌 것입니다. 남의 집에 들어와서물건을 훔쳤다면 마땅히 법에 의해 처벌을 받아야 할 것입니다. 그러나 복음은 그렇지 않습니다. 도둑을 잡았으면 그를 불쌍히 여기고 전도하고 가르쳐서 새사람으로 만들어야 하는 것입니다. **율법과 복음!** 율법은 **'의'**를 강조하고 복음은 **'사랑'**을 강조합니다. 그래서 이 둘이 합쳐져야 **'온전한'** 하나님의나라가 이루어지는 것입니다. 그러나 이런 것이 아니고 **'하나님은 당신을 사랑하십니다'**라고 사랑만을 강조하는 것은 부모의 과잉보호가 오히려 자식을 **망나니**로 만들듯이 마귀를 옹호하는 것이 되고, 가정을 망치듯이 교회를어지럽히는 것이 될 것입니다. **우리는 '사랑'을 말하기 전에 먼저 '의'를 말해야 합니다.** 왜냐하면 예수님이 산상수훈에서 '사랑'보다 '의'를 먼저 가르치시기 때문입니다. **그리고 '의'를 말했으면 또 '사랑'을 말해야 합니다.** 그

래서 결론은 이것입니다. '우리를 온전케 하는 것은 **율법**과 **복음** 그리고 거기에 있는 **의**와 **사랑**이고 그것은 곧 **십자가**인 것입니다.

2) 참과 거짓입니다.

(1) 참입니다.

요한복음 1장을 보면 예수님과 **나다나엘**의 대화가 나오고 있습니다. 나다나엘은 빌립의 소개를 받고서 예수님을 만나러 왔습니다. 그 때 예수님이 나다나엘을 보시고 이렇게 말씀하셨습니다. "보라 이는 참 이스라엘 사람이라 그 속에 간사한 것이 없도다"(47절) a. **보라!** 이것은 감탄사인데 예수님이 나다나엘을 보시고 감격을 하신 것 같습니다. b. **참 이스라엘 사람이라!** 여기서 '참'은 헬라어로 αληθωs '알레도스'인데 영어로는 'truly' '진실로'라는 의미를 가지고 있습니다. 이것을 NIV성경은 이렇게 번역하고 있습니다. Here is a true Israelite! 지금 예수님과 나다나엘은 처음 만나는 것입니다. 그런데 예수님이 민망할 정도로 그를 극구 칭찬하고 계신 것입니다. **그러면 '참'이 무슨 의미입니까?** 여기서 '참'은 순수한 한국말입니다. 영어로는 truth이고 한자로는 진(眞)입니다. 이 '참'이라는 단어는 일상생활에서도 많이 쓰이고 있습니다. 참나무 참기름 참치 참돔 참게 참외 등등 '참'자가 들어가면 그 분야에서는 제 일인자인 것입니다. 우리가 잘 아는 '미스 유니버스'같은 미인대회가 있습니다. 거기에서 1등은 미스 진이고, 2등은 미스 선이고, 3등은 미스 미입니다. 이것이 무엇을 말해주고 있습니까? 진(眞)은 선(善)보다 미(美)보다 위에 있다는 것입니다. 대단하지 않습니까? 모든 것 중에 모든 것! 그것이 바로 '진(眞)' 즉 **'참'**인 것입니다.

예수님은 이렇게 말씀하셨습니다. "나를 보내신 이는 참이시니 너희는 그를 알지 못하나 나는 아노니 이는 내가 그에게서 났고 그가 나를 보내셨음이니라"(요한복음7:28-29절) 이 말씀은 모든 말씀 중에서도 최고의 말씀이라해도 조금도 손색이 없습니다. 이 한마디 말씀 속에 하나님과 예수님의 모든 것이 다 들어있습니다. 그것이 바로 **"참"**이라는 단어의 위력입니다. 그리고 이것이 한국어의 우수한 점이기도 한 것입니다. 어떻게 '참'이라는 글자 하나로 모든 것을 표현할 수 있습니까? 같은 뜻인 영어의 truth나 헬라어의 αληθεια보다 더 우수한 말인 것입니다. 기독교는 한국어나 한국의 문화나 한국인의 기질과 아주 잘 맞습니다.

　　a. **나를 보내신 이는 참이시니!** 예수님은 그 크신 하나님을 '참'이라는 가장 짧은 단어 하나로 표현하고 계십니다. 놀랍지 않습니까? 더 이상 말이 필요하지 않습니다. b. **너희는 그를 알지 못하나 나는 아노니!** 이 '참'이신 하나님에 대해서 아는 사람은 아무도 없습니다. 이스라엘의 대제사장이나 서기관이나 율법사나 바리새인들도 모르고 더구나 이방 나라의 학자들이나 일반 국민들은 말할 것도 없는 것입니다. 오직 하늘나라에서 오신 예수님만 하나님을 아십니다. 그러면 그 이유가 무엇입니까? c. **이는 내가 그에게서 났고 그가 나를 보내셨음이니라!** 이것이 정답입니다. 이것을 NIV 성경은 'I am from him and he sent me'라고 번역하고 있습니다. 예수님은 '참'이신 하나님으로 부터 왔고 하나님이 인류의 구원을 위해서 예수님을 이 세상에 보내셨습니다. 이것을 믿는 자는 구원을 받고 믿지 않는 자는 하나님의 은혜와 사랑을 거부한 자가 되어서 영원히 벌을 받고 마귀와 함께 지옥으로 가는 것입니다.

　　예수님은 이렇게 말씀하셨습니다. "내 살을 먹고 내 피를 마시는 자는 영생을 가졌고 마지막 날에 내가 그를 다시 살리리니 내 살은 참된 양식이요 내 피는 참된 음료로다"(요한복음6:54-55절) **내 살은 참된 양식이요 내 피는 참된 음료로다!** 예수님은 십자가에서 찢기시고 흘리시는 살과 피가 참 양식과 참 음료라는 것입니다.

또 예수님은 요한복음 17장 **'마지막 기도'**에서 이렇게 말씀하셨습니다. "아버지께서 아들에게 주신 모든 자에게 영생을 주게 하시려고 만민을 다스리는 권세를 아들에게 주셨음이로소이다 영생은 유일하신 참 하나님과 그의 보내신 자 예수그리스도를 믿는 것이니이다"(2-3절) 여기에서도 '참' 하나님이 나오고 있습니다.

세례 요한은 이렇게 증거하고 있습니다. "하늘로서 오시는 이는 만물 위에 계시나니 그가 그 보고 들은 것을 증거하되 그의 증거를 받는 이가 없도다 그의 증거를 받는 이는 하나님을 참되시다 하여 인쳤느니라"(요한복음 3:31-33절) a. **하나님은 참되시다!** 영어로는 God is truthful 입니다. b. **인쳤느니라!** 헬라어로는 ἐσφράγισεν(에스프라기센) 영어로는 seal인데 '도장을 찍다' '인봉하다'라는 뜻을 가지고 있습니다. 참고로 N.I.V영어성경은 이렇게 번역하고 있습니다. It has certified God is truthfull'하나님은 참되시다고 인증이 되었다'라는 의미입니다. 여기서 핵심이 되는 것은'하나님은 참되시다'입니다. 그래서 매매 계약서에 도장을 찍듯이 그 문구에 도장을 찍었다는 것입니다. 그래서 많은 고백 가운데서'하나님은 참되시다'라는 고백이 가장 귀한 고백이 되는 것입니다. 그래서 예수님도 "하나님은 참되시다"라는 말씀을 많이 하셨던 것입니다.

사도 요한은 이 **'참'**에 대해서 이렇게 증거하고 있습니다. "또 아는 것은 온 세상은 악한 자 안에 처한 것이며 또 아는 것은 하나님의 아들이 이르러 우리에게 지각을 주사 우리로 참된 자를 알게 하신 것과 또한 우리가 참된 자 곧 그의 아들 예수 그리스도 안에 있는 것이니 그는 참 하나님이시오 영생이시라"(요한일서 5:19-20절) 여기에는 '참'이라는 단어가 3번이나 나오고 있습니다. '참'이라는 것은 금이나 다이아몬드같이 빛이 나고 영원히 변치않는 것이라는 의미를 가지고 있습니다. 그래서 모든 것의 기준이 되는 것입니다. **보석을 보세요!** 왜 사람들이 값이 비싼 보석을 좋아합니까? 아무리 시간이 흘러도 녹이 슬거나 색이 변하지 않기 때문입니다. 보석 중에서도 다이아몬드나 금을 최고로 치는 이유도 바로 거기에 있는 것입니다. 금이나 다이아몬드는 아무리 세월이 흘러도 변하지 않습니다. 사람도 마찬가지입니다. 세월이 흘러도 그 마음이 변하지 않는 사람! 그가 진짜인 것입니다. 더구나 하나님은 영원히 변치않으시고 죽지도 않으십니다. 그래서 우리가 하나님을 아버지로 구주로 믿고 섬기는 것입니다. 세계의 성현들 가운데도 예수님만 죽음에서 다시 살아나셨습니다. 그래서 온 인류가 예수님을 '참'구주로 섬기는 것입니다. 그러나 죽음으로 끝난 사람은 스승이나 성현은 될 수 있으나 신앙의 대상은 될 수 없는 것입니다. 그래서 영원하신 예수님을 **'참된 자'** 또는 **'참 하나님'**이라고 부르는 것입니다.

(2) 거짓입니다.

요한복음 1장으로 되돌아가 보면 예수님이 **나다나엘**에게 "보라 이는 참 이스라엘사람이라 그 속에 간사한 것이 없도다"라고 말씀하고 계십니다. 여기서 '간사한'이란 헬라어로 '돌로스'인데 영어로는 trap덫 올무, deceit속임, guile간교한, false거짓된 이란 의미를 가지고 있습니다. 그러니까 나다니엘의 마음에는 계교나 간사함, 거짓말로 남을 속이는 것이 없다는 것입니다. 그러자 나다나엘이 깜짝 놀라서 "어떻게 나를 아시나이까"(48절) 라고 물었던 것입니다. 그러자 예수님이 "빌립이 너를 부르기 전에 네가 무화과 나무 아래에 있을 때에 보았노라"(48절) 고 대답을 하셨습니다. 그러자 나다 나엘이 예수님 앞에 무릎을 꿇고 이렇게 고백을 했던 것입니다. "랍비여 당신 은 하나님의 아들이시오 이스라엘의 임금이로소이다"(49절)

사도행전 5장에는 '**아나니아와 삽비라**'의 이야기가 나오고 있습니다. "아 나니아라 하는 사람이 그 아내 삽비라로 더불어 소유를 팔아 그 값에서 얼 마를 감추매 그 아내도 알더라 얼마를 가져다가 사도들의 발 앞에 두니 베 드로가 가로되 아나니아야 어찌하여 사단이 네 마음에 가득하여 네가 성령 을 속이고 땅 값 얼마를 감추었느냐 ....어찌하여 이 일을 네 마음에 두었느 냐 사람에게 거짓말 한 것이 아니요 하나님께로다 아나니아가 이 말을 듣 고 엎드러져 혼이 떠나니 이 일을 듣는 사람이 다 크게 두려워하더라"(1-5 절) 이 말씀은 우리들의 상식이나 이성이나 감정으로는 이해하기 어려운 점 이 있습니다. 그래서 이 말씀을 처음 접하는 사람은 '하나님이 너무 하신 것 아냐?' 하면서 시험에 들거나 반발심을 가질 수도 있는 것입니다. 그래서 이 말씀은 신앙이 깊이 들어가야 비로소 믿고 이해가 되는 말씀이기도 한 것입 니다. 여기서 문제의 핵심은 돈의 많고 적음이 아닌 것입니다. 우리의 일반 상식으로는 자기가 판 자기의 땅 값을 얼마든지 자기 마음대로 처분할 수가 있는 것입니다. 그러나 상대는 인간이 아니라 참 신이신 하나님이신 것입 니다. 아마 모르긴 몰라도 **아나니아**는 교회 앞에서 '내가 땅을 팔아서 얼마 를 헌금하겠다'고 약속을 했을 것입니다. 그런데 땅을 팔고나니 욕심이 생 긴 것입니다, '이게 어떻게 해서 산 땅인데 다 내놓을 수가 있나?' 하면서 얼 마를 감추었던 것입니다. 이것은 참이신 하나님을 속인 것입니다. **하나님은**

참과 거짓! 선과 악! 의와 불의!를 심판하시는 분이십니다. 그리고 하나님은 소멸하시는 불이십니다. 그래서 출애굽 때에는 모세만 시내산에 오르고 나머지 백성들은 시내산에 가까이 가지도 못하고 멀리서 시내산을 바라보았던 것입니다. 또 이것은 여호수아가 아이성을 정복할 때 외투 한 벌과 은 이백 세겔과 오십 세겔의 금덩이 하나를 숨긴 아간이 저지른 죄를 생각나게 하는 것입니다. 그로 인하여 이스라엘은 아이성 전투에서 패했고 아간을 처형한 후에야 그 전쟁에서 승리할 수 있었던 것입니다. (여호수아서7-8장) 이것은 하나님의 성품을 잘 보여주는 사건인 것입니다. 아나니아와 삽비라 사건도 마찬가지입니다. 우리에게는 별 것 아닌 것같으나 하나님에게는 그렇지가 않은 것입니다. 그러면 왜 거짓말한 것이 정죄를 받고 벌을 받아야 합니까? 그것은 참이신 하나님을 속이고 거짓의 아비인 마귀의 속삭임에 귀를 기울였기 때문입니다.

예수님은 이렇게 말씀하셨습니다. "너희는 너희 아비 마귀에게서 났으니 너희 아비의 욕심을 너희도 행하고자 하느니라 저는 처음부터 살인한 자요 진리가 그 속에 없으므로 진리에 서지 못하고 거짓을 말할 때마다 제 것으로 말하나니 이는 저가 거짓말장이요 거짓의 아비가 되었음이니라"(요한복음 8;44절) 마귀는 거짓말쟁이요 거짓의 아비입니다. 사람들은 거짓말을 대수롭게 생각하지 않습니다. 그래서 선의의 거짓말도 있습니다. 누구나 어린시절에는 부모한테 혼나지 않으려고 거짓말을 하는 것입니다. 그러나 거짓말은 언젠가는 들통이 나고 마는 것입니다. 거짓말 한 마디가 개인이나 가정이나 국가의 흥망성쇠를 좌우한 일은 얼마든지 있습니다.

창세기 3장에는 하와를 속인 **뱀(마귀)**의 거짓말이 기록되어 있습니다. 그 거짓말 한 마디가 인류의 운명을 바꾸고 만 것입니다. 먼저 마귀의 탐색전이 시작됩니다. "하나님이 참으로 너희더러 동산 모든 나무의 실과를 먹지말라 하시더냐"(1절) 그러자 하와가 마귀의 말에 현혹이 됩니다. 그 다음에는 마귀의 본격적인 작전이 개시되고 있습니다. "너희가 결코 죽지 아니 하리라 너희가 그것을 먹는 날에는 너희 눈이 밝아 하나님과 같이 되어 선악을 알 줄을 하나님이 아심이니라"(4-5절) **하나님과 같이 되어!** 이것이 마귀의 계략이요 속임수였던 것입니다. 이 한마디에 속아서 아담과 하와는 에덴동산에서 쫓겨났던 것입니다. 거짓말! 속임수! 이것은 참으로 무서운 악마의 함정입니다. 여기에서 벗어나려면 무엇보다도 헛된 욕심을 버려야 합니다. 요즘 우리 주위에도 사기꾼들에게 속아서 인생을 망친 자들이 수없이 많이 있습니다. 주식투자, 부동산 투자, 다단계 판매회사에 속아서 퇴직금을 다 날리고 하루 아침에 거지신세가 된 자들이 많이 있습니다. 아담과 하와처럼 아나니아와 삽비라도 마귀의 달콤한 유혹에 넘어가서 죄짓고 결국은 파국에 이르고 만 것입니다. 예수님의 말씀처럼 마귀는 거짓의 아비입니다. 성경에 보면 유대교의 지도자들이었던 대제사장이나 서기관이나 바리새인들은 스스로 의인인체 하다가 마귀의 거짓말에 속아서 백성들을 선동해서 예수님을 십자가에 못박아 죽였던 것입니다.

그러면 우리가 어떻게 참과 거짓을 구분할 수 있습니까? 하나님의 말씀인 성경 밖에 없습니다. 그래서 성경을 '캐논'이라고 하는데 그것은 '자'라는 의미입니다. 만물의 척도는 성경입니다. 이 성경을 떠나면 마귀의 유혹에 넘어가거나 거짓말에 속아서 죄짓고 멸망의 길로 가기 쉬운 것입니다. 예수님은 이렇게 말씀하셨습니다. "너희가 내 말에 거하면 참 내 제자가 되고 진리를 알찌니 진리가 너희를 자유케 하리라"(요한복음8:31-32절) 여기서 진리는 '참된 이치'를 말하는데 그것은 곧 하나님의 말씀인 것입니다. 진리는 우리를 마귀의 유혹이나 거짓말, 세상이나 죄에서 우리를 자유케 하는 것입니다.

3) 선과 악입니다.

(1) 선(善)입니다.

누가복음 10장을 보면 어느날 한 율법사가 예수님께 이렇게 물었습니다. "선생님 내가 무엇을 하여야 영생을 얻으리이까"(25절) 그러자 예수님이 그에게 이렇게 물으셨습니다. "율법에 무엇이라 기록되었으며 네가 어떻게 읽느냐"(26절) 그러자 그가 이렇게 대답을 했습니다. "네 마음을 다하며 목숨을 다하며 힘을 다하며 뜻을 다하여 주 너희 하나님을 사랑하고 또한 네 이웃을 네 몸과같이 사랑하라 하였나이다"(27절) 그러자 예수님이 "네 대답이 옳도다 이를 행하라 그러면 살리라"(28절) 라고 말씀하셨습니다. 그러자 그가 예수님께 이렇게 물었습니다. "그러면 내 이웃이 누구오니이까"(29절) 그러자 예수님이 제사장과 레위인과 사마리아인에 대한 비유의 말씀을 하셨던 것입니다. "어떤 사람이 예루살렘에서 여리고로 내려가다가 강도를 만나매 강도들이 그 옷을 벗기고 때려 거반 죽은 것을 버리고 갔더라 .....어떤 사마리아인은 여행하는 중 거기 이르러 그를 보고 불쌍히 여겨 가까이 가서 기름과 포도주를 그 상처에 붓고 싸매고 자기 짐승에 태워 주막으로 데리고 가서 돌보아 주고 이튼 날에 데나리온 둘을 내어 주인에게 주며 가로되 이 사람을 돌보아 주라 부비가 더 들면 내가 돌아올 때에 갚으리라 하였으니 네 의견에는 이 세 사람 중에 누가 강도 만난 자의 이웃이 되겠느냐"(30-36절) 우리는 이 사마리아인을 '선한 사마리아인'이라고 부릅니다. 여기서 이 사마리아인은 예수님을 상징한다고 볼 수 있는데 여기서 이 사마리아인의 행동을 세 가지로 분석해볼 수 있습니다. **첫째,** 그를 보고 불쌍히 여겼습니다. 여기서 '불쌍히 여기다'는 헬라어로 εσπλαγχνισθη '에스플랑크니스데'인데 영어로는 filled with pity 즉 '심장이 떨릴정도로 마음이 동정심으로 가득 찼다'는 의미를 가지고 있습니다. 이것은 마음 속 깊은 곳에서 일어나는 사랑을 말합니다. **둘째,** 상처에 기름을 붓고 싸매고 짐승에 태워 주막으로 옮겼습니다. 이것은 사랑을 행동으로 나타낸 것입니다. 이처럼 선행이라는 것은 마음만 가지고는 안됩니다. 희생적인 행동이 있어야 결과를 얻을 수 있는 것입니다. 이 사람을 여기에 두고 가면 죽습니다. 그냥 두면 밤에 짐승들이 나타나서 뜯어먹을 것입니다. 그래서 안전한 장소로 옮겨야 합니다. 우리의 구원도 이와같습니다. 안전한 장소를 찾아서 옮겨야 하는 데 그곳이 바로 교회입니다. **셋째,** 부비를 주면서 더 들면 돌아올 때에 갚아주겠다고 약속을 했습니다. 여기서 '부비'는 여관비를 말하는데 여관으로 옮겼어도 돈을 지급하지 않으면 쫓겨나고 마는 것입니다. 그래서 돈이 더 들면 돌아올 때에 또 갚겠다는 것입니다. 이것은 **완전한 사랑, 완전한 구속**을 말합니다. **돌아올 때에!** 이것은 약속입니다. 만약 이 약속을 하지 않았다면 강도 만난 사마리아인은 며칠 후에 쫓겨나고 말 것입니다. 그러나 다시 오겠다고 약속을 하고 갔기 때문에 안전에 보장을 받은 것입니다.

이것은 우리의 경우도 마찬가지입니다. 예수님이 십자가를 지고 가셨으나 그것은 '구원의 완성'이 아닙니다. 예수님이 다시 오셔야 구원은 완성이 되는 것입니다. 그 때 우리의 몸이 무덤에서 부활하여 하늘에 오를 것입니다. 만약 예수님이 **'다시 오겠다'**고 약속하지 않고 그냥 가셨다면 어떻게 되겠습니까? 우리는 혼란에 빠질 것이고 우리의 믿음도 흔들리고 말 것입니다.

마태복음 25장에서 예수님은 **'선한 종과 악한 종'**에 관해서 말씀하고 계십니다. "또 어떤 사람이 타국에 갈 제 그 종들을 불러 자기 소유를 맡김과 같으니 각각 그 재능대로 하나에게는 금 다섯 달란트를, 하나에게는 두 달란트를, 하나에게는 한 달란트를 주고 떠났더니"(14-15절) 그러자 다섯 달란트 받은 종은 장사를 잘하여 다섯 달란트를 더 남겨서 주인에게로 가져 왔고, 두 달란트를 받은 종도 장사를 열심히 하여 두 달란트를 더 남겨서 주인에게로 가지고 왔습니다. 그래서 주인이 기분이 좋아서 그들을 이렇게 칭찬을 했습니다. "잘 하였도다 착하고 충성된 종아 네가 작은 일에 충성하였으매 내가 많은 것으로 네게 맡기리니 네 주인의 즐거움에 참예할찌어다"(21, 23) **착하고 충성된 종아!** 여기서 '착하고'는 헬라어로 ἀγαθέ(아가데)인데 영어로는 good'선한' useful '유능한'이라는 의미를 가지고 있습니다. '충성된'은 헬라어로 πιςτέ(피스테)인데 영어로는 true'진실한' faithful'믿을수 있는' 이라는 의미를 가지고 있습니다. N.I.V 영어성경은 이렇게 번역하고 있습니다. Good and faithful servant. 반면에 '한 달란트 받은 종'은 돈의 액수가 적다고 원망불평만 하다가 한 달란트를 땅 속에 묻어두었다가 도로 가지고 와서 주인에게 돌려주었습니다. 그러자 주인이 이렇게 그를 책망했습니다. "악하고 게으른 종아... 그에게서 한 달란트를 빼앗아 열 달란트 가진 자에게 주어라 무릇 있는 자는 받아 풍족하게 되고 없는 자는 그 있는 것까지 빼앗기리라 이 무익한 종을 바깥 어두운 데로 내어 쫓으라 거기서 슬피 울며 이를 갊이 있으리라"(26-30절) **a. 악하고 게으른 종아!** 여기서 '악하고'는 헬라어로 πονηρος(포네로스)인데 영어로는 evil '악한' bad '나쁜'이라는 뜻을 가지고 있습니다 '게으른'은 헬라어로 ὀκνηρός(오크네로스)인데 영어로는 lazy '나태한' indolent'빈둥거리는'이라는 뜻을 가지고 있습니다. 게으름도 하나님앞에서 악한 것입니다.

b. **이 무익한 종을 바깥 어두운 데로 내어 쫓으라!** 이것은 평소의 예수님 같지 않은 말씀인데 이것이 바로 기독교 신앙입니다. 기독교는 무상 무념의 무(無)의 종교가 아니라 살아계신 창조주 하나님을 섬기는 가장 이상적이면서도 가장 현실적인 종교입니다. 그래서 반드시 일과 열매가 있어야 합니다.

c. **거기서 슬피 울며 이를 갊이 있으리라!** 이것은 무시무시한 하나님의 심판을 말하는 것입니다. 기독교는 윤리나 도덕을 가르치는 종교가 아닙니다. 물론 기독교에도 산상수훈에서처럼 윤리 도덕이 있습니다. 그러나 기독교는 거기에서 끝나지 않습니다. 기독교는 우주만물을 창조하시고 주관하시고 심판하시고 새롭게 하시는 살아계신 하나님을 믿고 섬기는 종교입니다. 그래서 신앙은 우리의 삶이나 생활 가운데서 이루어집니다. 그리고 마지막에는 하나님의 심판과 보상이 있는 것입니다.

여기서 우리가 알아야 하는 것은 기독교의 선악의 개념과 세상의 선악의 개념이 다르다는 것입니다. 세상에서는 법을 잘 지키고, 윤리도덕을 잘 지키면 선한 사람이 됩니다. 그러나 기독교에서는 그것만 가지고는 부족합니다. **'최고의 선'**은 하나님의 말씀과 계명을 잘 지키고 하나님의 뜻에 순종하는 것입니다. 여기서 우리가 잊지 말아야 하는 것은 **'선한 영향력'**입니다. 이것은 눈에 보이지 않는 영향력입니다. 그러나 이것처럼 중요한 것도 없습니다. 여기에서 '선한 사마리아인은 **'선한 영향력'**을 가진 사람입니다. 그는 제사장도 아니고 레위인도 아니고 유대인도 아니고, 이름없고 평범한 사람이고, 또 유대인들이 가장 싫어하는 사마리아인입니다. 그러나 그는 남들이 알아주지 않는 일을 묵묵히 하는 사람입니다. 그래서 예수님은 이 사마리아인을 **'신앙인의 본보기'**로 내세우시고 계십니다. 누구에게나 큰 선행은 하기가 어렵습니다. 그러나 일상 가운데서 작은 선행은 얼마든지 할 수 있습니다. 이 작은 선행도 쌓여지면 큰 선행이 됩니다. 그러면 언젠가는 그 선행이 세상에 드러나는 것입니다. 그것이 바로 **'선한 영향력'**입니다. 사도 바울은 이렇게 증거하고 있습니다. "우리는 구원얻는 자들에게나 망하는 자들에게나 하나님 앞에서 그리스도의 향기니"(고린도후서2:15절) 여기서 향기는 '선한 영향력'을 말합니다. 하나님을 믿는 사람은 선한 사마리아인처럼 '선한 영향력'을 끼치는 자가 되어야 하는 것입니다.

(2) 악(惡)입니다.

예수님은 안식일에 병을 고쳐주었다고 힐난하는 바리새인들을 이렇게 책망하셨습니다. "독사의 자식들아 너희는 악하니 어떻게 선한 말을 할 수 있느냐 이는 마음에 가득한 것을 입으로 말함이라 선한 사람은 그 쌓은 선에서 선한 것을 내고 악한 사람은 그 쌓은 악에서 악한 것을 내느니라"(마태복음12:34-35절)

a. 독사의 자식들아! 이것은 '너희는 마귀의 자식들이다'라는 것입니다. 이것은 유대인들 특히 바리새인들에게는 가장 치욕스런 말인 것입니다. 바리새인들은 요즘같으면 교회에서 아무런 직책이 없으나 지식층에 있는 평신도들로서 신앙적 열심이 특심해서 유대인들 가운데서도 '구별된 자들'이고 그들 스스로 율법을 가장 잘 지키고 하나님을 가장 잘 섬기는 자들이라고 교만과 자랑과 자부심이 대단했던 자들입니다. 그런 자들에게 '독사의 자식들'이라고 했으니 그들이 얼마나 큰 상처를 받고 분노를 했겠습니까? 지금 예수님과 바리새인들의 대결은 악화일로의 길을 걷고 있고 언제 터질지 모르는 화산과도 같은 것입니다. 이 말씀이 나온 배경을 살펴본다면 예수님은 안식일 날에 바리새인들이 보는 앞에서 손마른 사람의 손을 고쳐주셨습

니다.(마태복음 12:9-13절) 그러자 바리새인들로 부터 거센 항의가 들어오고 저들은 모여서 "어떻게 예수를 죽일꼬"(마태복음12:14절) 하면서 논의를 했던 것입니다. 그 때 마침 누가 눈멀고 벙어리된 자를 데리고 왔는데 안식일인데도 예수님이 귀신을 쫓아 내시고 그를 고쳐주셨습니다. 그러자 소경이 보게 되고 벙어리가 말을 하자 사람들이 "이는 다윗의 자손이 아니냐"라고 웅성거리기 시작했습니다. 그 광경을 보고 있는 바리새인들의 눈에는 핏발이 서고, 오장이 꼬이고, 하늘이 무너져내리는 것 같은 충격을 받았을 것입니다. 그러자 곧바로 바리새인들의 반격이 시작이 되었습니다. "이가 귀신의 왕 바알세불을 힘입지 않고는 귀신을 쫓아내지 못하느니라"(마태복음 12:24절) . 그러니까 이것은 지금까지 곪아왔던 상처가 드디어 터진 것입니다. 그 때 예수님도 더 이상 분노를 참지 않으시고 하신 말씀이 "독사의 자식들아"인 것입니다. **b. 너희는 악하니 어떻게 선한 말을 할 수 있느냐!** 이 밀씀은 저들의 심장에 비수같이 꽂혔습니다. **c. 선한 사람은 그 쌓은 선에서 선한 것을 내고 악한 사람은 그 쌓은 악에서 악한 것을 내느니라!** 이것은 아주 평범한 말 같으면서도 아주 깊은 의미가 있고 상대방의 허를 찌르는 강한 말씀인 것입니다. 저는 이 구절 을 아주 좋아해서 '나는 선한 사람인가 악한 사람인가'라고 저 자신을 점검하는데 가끔 적용을 합니다. 세상을 살다보면 어떤 때는 나도 모르게 남을 욕하고 비난할 때가 있습니다. 특히 운전을 하다보면 이런 일이 일어납니다. 그때 이 말씀을 생각하면서 나 자신을 점검해 보는 것입니다. 선과 악의 문제는 종교나 철학에서만 다루어지는 것이 아닙니다. 세상 사람들도 이 '선과 악'의 문제를 크게 여기고 관심을 두고 생각하는 것입니다. 그래서 세상 속담에도 '때린 자는 다리를 오므리고 자고 맞은 자는 다리를 펴고 잔다'라는 말이 있습니다. 그래서 옛날 사람들도 **'권선**

징악(勸善懲惡)'이라고 해서 고전에서도 선과 악의 문제를 크게 다루었던 것입니다. '콩쥐 팥쥐전'이나 '흥부 놀부전'이나 '장화홍련전'같은 고전은 바로 이 선과 악의 문제를 다루고 있는 것입니다. 그런데 21c 첨단 과학 문명시대가 되자 자유 인권 개인주의 편의주의가 팽배해서 **선과 악**의 기준까지 흔들리고 있고, **흥부**보다 **놀부**가 우대받는 세상이 되어 가고 있습니다. 이것이 말세의 징조이고 인류의 역사에 큰 위기가 온 것입니다.

인간에게 있어서 가장 근본적인 문제는 **선**과 **악**의 문제입니다. 예수님도 산상수훈에서 선과 악의 문제를 다루고 계십니다. "악한 자를 대적하지 마라 누구든지 네 오른편 뺨을 치거든 네 왼편도 돌려대며 너를 억지로 송사하여 속옷을 가지고자 하는 자에게 겉옷까지도 가지게 하며 너로 억지로 오리를 가게 하거든 그와 십리를 동행하고"(마태복음5:39절) 예수님의 이 말씀은 우리의 법이나 윤리도덕이나 상식과는 전혀 맞지 않는 것입니다. 그런데 어떻게 이것이 진리가 됩니까? 이것이 진리라는 것을 알려면 **'말씀 그대로 행해보면'** 증명이 되는데 문제는 행해보지도 않고 미리 반대부터 하는데 있는 것입니다.

a. 악한 자를 대적하지 마라! 그러면 왜 악한 자를 대적하면 안됩니까? 악한 자를 대적하면 그보다 내가 더 악한 자가 되기 때문입니다. 이것이 **'악의 원리'**인데 그래서 악은 마귀의 올무인 것입니다. 예를 들자면 누가 이유도 없이 나의 뺨을 때렸습니다. 그러면 십중 팔구는 죽일려고 달려들 것입니다. 이것은 그보다 내가 더 악해지는 것을 의미하는데 이것은 참으로 심각한 문제인 것입니다. 뺨을 한 대 얻어맞고 나의 마음은 이미 상처를 받았습니다. 그런데 그 사람을 죽일려고 달려들면 나의 영혼까지 큰 상처를 받는 것입니다. 그래서 예수님이 "악한 자를 대적하지 말라"고 말씀하시는 것입니다.

악(惡)은 바이러스 병균과도 같습니다. 옆에 있으면 나도 모르게 전염이 됩니다. **악(惡)은 공기와도 같습니다.** 공기는 문을 닫아 걸어도 어떻게 해서든지 들어 옵니다. 옆에 있으면 나도 모르게 오염이 됩니다. 그래서 악한 자가 옆에 있으면 피하는 것이 상책이고, 악한 자가 시비를 걸어 와도 대들지 말고 가만히 있거나, 아니면 뺨을 한 대 맞고서도 가만히 있는 것이 이기는 것입니다. 왜냐하면 남을 이기는 것보다 자신을 이기는 것이 더 어렵기 때문입니다. 자신의 감정이나 자존심을 이기지 못하고 대들고 싸우게 되면 이긴 것 같으나 시간이 지나면 '그때 내가 왜 그랬을까?'하고 십중 팔구는 후회하게 되는 것입니다.

b. **네 오른 뺨을 치거든 왼편도 돌려대며!** 그러면 이렇게 할 수 있는 사람이 세상에 몇이나 되겠습니까? 모르긴 몰라도 한 명도 없을 것입니다. **'뺨'** 이라는 것은 아주 소중한 신체 부위인데 다른 부위보다 뺨을 때린다는 것은 그 사람의 인격을 모독하는 범죄행위인 것입니다. 그래서 남의 뺨을 때리면 벌금도 큰 것입니다. 여기서 **'뺨'**을 **'한 대 맞고 한 대 때리면'** 똑같은 사람이 되고, **뺨을 '한 대 맞고 두 대 때리면'** 더 악한 사람이 됩니다. 그러나 뺨을 한 대 맞고서도 그 사람의 손을 잡고 기도해 준다면 그가 바로 선한 사람이요 하나님의 사람인 것입니다.

c. **너를 억지로 송사하여 속옷을 가지고자 하는 자에게 겉 옷까지도 가지게 하며!** 겉옷은 이스라엘에서는 가보와도 같은 것입니다. 그 당시에는 옷이 귀하여 옷을 대대로 물려 입었던 것입니다. 그런 귀한 겉옷을 벗어준다는 것은 인간으로서는 할 수 없는 일인 것입니다.

d.**너로 억지로 오리를 가게 하거든 그 사람과 십리를 동행하고!** 이것은 로마시대에 흔히 있었던 일인데 로마의 군인들이 민간인들에게 물건을 억지

로 나르게 했던 것입니다. 그래서 로마의 군인들이 나타나면 피해 달아나기도 했는데 피하지 말고 그들의 요구 이상으로 잘해주라는 것입니다. 사실 그렇게 해서 로마의 군인들로부터 칭찬받고 상까지 받는 일도 있었던 것입니다. **'선한 행동은 땅에 씨를 뿌리는 것과 같습니다'** 그래서 언젠가는 그 열매를 거두는 것입니다. 그러나 악은 그렇지 않습니다. 악은 마귀로부터 온 것인데 먼저 자신을 파괴하고 남도 파괴하고 사회 전체를 어지럽히는 아주 어리석고 파렴치한 행위인데 반드시 하나님의 심판을 받고야 말 것입니다.

예수님은 이렇게 말씀하셨습니다. "아직 잠시 동안 빛이 너희 중에 있으니 빛이 있을 동안에 다녀 어두움에 붙잡히지 않게 하라 어두움에 다니는 자는 그 가는 바를 알지 못하느니라"(요한복음12:35절) 잠간 **빛과 어두움**에 대해서 말씀드린다면 이 세상은 천국과 지옥의 중간지대로서 빛과 어두움이 공존합니다. 하루 24시간 중에 반은 낮(빛) 반은 밤(어두움)인 것입니다. 그러나 빛과 어두움은 싸움의 상대가 되지 않는 것입니다. 아무리 캄캄한 밤이라도 아침에 태양이 떠오르면 어두움은 순식간에 물러가고 마는 것입니다. 왜 그렇습니까? 빛의 뒤에는 태양이라는 어마어마한 세력 즉 힘이 있기 때문입니다.

선과 악의 관계도 이와 같습니다. 악(惡)의 뒤에는 악하고 불의한 마귀가 있으나 선(善)의 뒤에는 참되시고 의로우시고 전지전능하신 하나님이라는 어마어마한 세력 즉 힘이 있는 것입니다. 그래서 선 앞에서 악은 꼼짝을 못하고 스스로 부끄러워서 물러가는 것입니다. 그래서 결론은 이렇습니다. '악은 악으로 이길 수 없고 오직 선으로만 악을 이길 수 있다. 악을 악으로 이기려다가는 악에게 잡혀서 더 악한 자가 되고만다'는 것입니다. 그것은 이기는 것이 아니고 지는 것입니다. '네가 나를 한 대 때렸으니 나는 두 대 때

릴거야!' 이것은 이긴 것이 아니라 지는 것입니다.

그래서 사도 바울은 이렇게 권면하고 있습니다. "내 사랑하는 자들아 너희가 친히 원수를 갚지 말고 진노하심에 맡기라 기록되었으되 원수 갚는 것이 내게 있으니 내가 갚으리라고 주께서 말씀하시니라 네 원수가 주리거든 먹이고 목마르거든 마시우라 그리함으로 네가 그 숯불을 그 머리 위에 쌓아 놓으리라 악에게 지지말고 선으로 악을 이기라"(로마서12:19-21절) **a. 원수가 주리거든 먹이우고 목마르거든 마시우라!** 이것은 세상의 윤리도덕과는 상치가 됩니다. 그래서 세상에 이렇게 할 사람이 과연 얼마나 되겠습니까? 그러나 이것이 하나님의 명령이라면 이유를 불문하고 그렇게 할 수 밖에 없는 것입니다.

b. 선으로 악을 이기라! 저는 이 말씀을 아주 좋아하고 이 말씀을 저 자신에게 자주 적용하면서 살고 있습니다. 악한 것은 마귀입니다. 그래서 우리는 악을 조심하고 혹 마귀의 올무에 걸리지나 않을까 늘 조심하고 자신을 살펴야 합니다.

선과 악의 결과에 대해서 알려면 **다윗**과 **사울왕**을 보면 됩니다. 다윗은 목동이었고 사울은 이스라엘의 초대 왕이었습니다. 다윗이 골리앗을 물리치고 인기가 올라가자 사울왕이 사위인 다윗을 시기해서 죽이려고 10년 동안을 뒤쫓아 다녔던 것입니다. 그러다가 다윗이 쫓기다가 굴 속에 숨어 있었는데 사울왕이 굴에 와서 잠을 자려고 들어 왔습니다. 이것은 다윗이 사울왕을 죽일 절 호의 기회였던 것입니다. 그러나 다윗은 사울왕을 죽이지 않고 살려 보냈던 것입니다. 이것은 악을 선으로 갚은 것입니다. 그 결과 사울왕은 전쟁에 나가서 패하고 부하의 칼에 죽었으나 다윗은 이스라엘 역사는 물론 세계역사에서도 가장 위대한 왕이 되었던 것입니다.

4) 믿음과 은혜입니다.

(1) 믿음 입니다.

① 요한복음 9장을 보면 예수님이 길을 가실 때에 날 때부터 소경된 사람을 만나셨습니다. 그 때 예수님은 진흙을 이겨 그의 눈에 바르시고 "실로암 못에 가서 씻으라"고 말씀하셨습니다. 그랬더니 그 소경이 실로암 못에 가서 씻고 밝은 눈으로 왔던 것입니다. 그런데 공교롭게도 그 날이 안식일이었습니다. 그로 인하여 바리새인들이 예수님을 찾아와서 항의하고 비난을 퍼부었던 것입니다. 그 후에 예수님이 이 눈뜬 소경을 다시 만나게 되었을 때 이렇게 물으셨습니다. "네가 인자를 믿느냐"(36절) 그러자 그가 이렇게 대답을 했습니다. "주여 그가 누구오니까 내가 믿고자 하나이다"(36절) 그러자 예수님이 이렇게 말씀하셨습니다. "네가 그를 보았거니와 지금 너와 말하는 자가 그이니라"(37절) 그러자 눈뜬 소경이 말했습니다. "주여 내가 믿나이다"(38절) **주여 내가 믿나이다!** 기독교는 믿음의 종교입니다. 믿음이 먼저입니다. 믿음이 증거(證據)입니다. 믿음이 표적(標的)입니다. 믿음이 실상(實像)입니다. 믿음이 기업(企業)입니다. 믿음은 은사 즉 하나님의 선물입니다. 그래서 믿음을 잘 활용해야 합니다.

하나님은 언제나 우리의 **믿음**을 보십니다. 히브리서의 기자는 "믿음이 없이는 기쁘시게 못하나니 하나님께 나아가는 자는 반드시 그가 계신 것과 또한 그가 자기를 찾는 자들에게 상주시는 이심을 믿어야 할지니라"(히브리서 11:6절) 고 증거하고 있습니다.

a. 믿음이 없이는 기쁘시게 못하나니! 믿음은 하나님을 기쁘시게 합니다. 이런 표현이 어떨지는 몰라도 이것은 마치 어린 자식이 재롱을 피워서 부모

를 기쁘게 하는 것과 같습니다. 그러면 왜 믿음이 하나님을 기쁘시게 합니까? 하나님은 너무 크신 분이시고, 너무 멀리에 계시고, 눈에 보이지도 않아서 계시는지 안 계시는지   모르고 그래서 사람들이 의심을 합니다. 우리도 남한테 의심을 받으면 기분이 좋지 않습니다. 그러나 남들이 나를 믿어줄 때 기쁘고 힘이 생기는 것입니다. 하나님도 우리가 믿을 때 가장 기뻐하십니다. 그리고 하나님도 믿는 자를 좋아하시고 가까이 하십니다.

b. 반드시 믿어야 할지니라! 영어로는 must believe! 아주 강한 표현을 쓰고 있습니다. 하나님은 전지전능하신 절대자이시고, 너무 크시고 완벽하셔서 인간의 사색이나 명상이나 철학이나 비판의 대상이 아니라 믿음의 대상입니다.

그러면 무엇을 믿어야 합니까? 첫째, 하나님이 살아계심을 믿어야 합니다. 그래서 이런 찬송을 부릅니다. '살아계신 주 나의 참된 소망 걱정근심 전혀 없네 사랑의 주 내 갈길 인도하니 내 모든 삶의 기쁨 늘 충만하네' **둘째,** 상주시는 이심을 믿어야 합니다. 부모는 자식한테 주는 것을 좋아합니다. 오랜만에 자식이 오면 너무 좋아서 갈 때는 있는 것 없는 것을 다 꺼내서 싸줍니다. 이것이 부모의 사랑입니다. 만약 자식이 이것을 뿌리치고 간다면 부모가 얼마나 서운하겠습니까? 하나님은 우리에게 구원을 주시는 것을 가장 기뻐하시지만 이것이 전부가 아닙니다. 때를 따라 은혜를 주시고, 축복해 주시고, 기도에 응답해 주십니다. 그리고 하늘나라에 가면 또 영원한 상급을 주십니다. 이것을 믿어야 하나님이 기뻐하십니다.

이것을 가장 잘 실천한 사람은 믿음의 조상인 **아브라함**입니다. 로마서 4장17절 에서 사도 바울은 그에 대해서 이렇게 기록하고 있습니다. "그의 믿은 바 하나님은 죽은 자를 살리시며 없는 것을 있는 것같이 부르시는 이시니라" 이것은 아브라함이 인간의 상식과 지식과 이성과 경험을 넘어서 하나님의 약속을 믿었다는 것입니다. 아브라함은 독자 이삭을 모리아 산에서 제물로 바치라는 하나님의 명령을 받고 나서 그대로 순종을 했습니다. 그는 하나님이 이삭을 다시 살려주실 것을 믿었습니다. 그래서 아침 일찍이 이삭을 데리고 모리아산으로 올라갔던 것입니다. 그 결과는 이삭을 다시 되돌려 받고 대신 양이 제물이 되었던 것입니다.

"그가 백세나 되어 자기 몸의 죽은 것 같음과 사라의 태의 죽은 것 같음을 알고도 믿음이 약하여지지 아니하고 믿음이 없어 하나님의 약속을 의심치 아니하고 믿음에 견고하여져서 하나님께 영광을 돌리며 약속하신 그것을 또한 능히 이루실 줄을 확신하였으니 그러므로 이것을 저에게 의로 여기셨느니라"(로마서4:19-22절) a. **확신하였으니!** 아브라함은 그이 믿음이 점점 더 성장하여 확신의 경지에 이르렀습니다. b. **이것을 저에게 의로 여기셨느니라!** 이것은 그가 '믿음의 시험'에서 합격이 되었다는 것이고 하나님과의 관계가 최절정에 이르렀다는 것입니다. 그래서 그가 **'믿음의 조상'** 이 된 것입니다.

② 마태복음 15장을 보면 예수님이 어느날 제자들을 데리시고 두로와 시돈 지방으로 여행을 가셨는데 귀신들린 딸을 둔 **'가나안 여인'** 하나가 예수님을 찾아와서 자기딸의 병을 고쳐달라고 소란을 피우는 장면이 기록이 되고 있습니다. 두로와 시돈은 예루살렘에서 북쪽에 있고 항구도시로서 사람들이 많이 모이고 무역이 발달한 곳입니다. 이것은 예수님이 공생애에 들어가시고 난 후에 첫번째 이방 여행이었습니다. "예수께서 거기서 나가서 두로외 시돈 지방으로 들어가시니 가나안 여자 하나기 그 지경에서 나와서 소리질러 가로되 주 다윗의 자손이여 나를 불쌍히 여기소서 내 딸이 흉악히

귀신이 들렸나이다"(21-22절) a. **주 다윗의 자손이여!** 이 여인은 놀랍게도 예수님을 "주 다윗의 자손"이라고 부르고 있습니다. b. **나를 불쌍히 여기소서!** 여기서 '불쌍히 여긴다'는 것은 헬라어로 ἔλεος(엘레오스)이고 영어로는 mercy(자비) pity(동정심)라는 뜻을 가진 말입니다. 지금 이 여인은 예수님을 찾아와서 그 앞에 무릎을 꿇고 어린 자식이 부모에게 떼를 쓰듯이 애처롭게 매어달리고 있는 것입니다. 입니다. 그러나 예수님의 반응은 냉담했습니다. "예수는 한 말씀도 대답지 아니하시니"(23절) 그러면 왜 예수님이 못들은척 하시면서 침묵을 하고 계십니까? 지금 예수님은 이 여인의 믿음을 시험하고 계신 것입니다. 그래서 이것은 예수님의 **'첫번째 시험'**입니다. 그러자 그것을 본 제자들이 이런 말을 했습니다. "그 여자가 뒤에서 소리를 지르오니 (돌려)보내소서"(23절) 이것은 방해꾼들의 등장입니다. 마음을 먹고 기도를 할려면 쓸데없는 전화가 오거나 생각지도 않은 친구가 찾아오기도 합니다. 그러면 마음이 해이해져서 기도할 마음이 달아납니다. 그래서 기도할 때는 마음의 준비를 단단히 해야 합니다. 그래서 예수님은 "골방에 들어가 문을 닫고 기도하라"(마태복음6:6절) 고 말씀하셨습니다.

또, 믿음에는 반드시 시험이 있습니다. 하나님은 우리의 믿음을 시험하십니다. 그래서 예수님이 이렇게 대답하고 계십니다. "나는 이스라엘집의 잃어버린 양 이외는 다른 데로 보내심을 받지 아니하였노라"(24절) 예수님은 그녀의 요구를 보기좋게 거절하셨습니다. 이것은 예수님의 **'두번째 시험'**입니다. "여자가 와서 예수께 절하며 가로되 주여 저를 도우소서"(25절) 놀라운 것은 이 여인은 거절을 당하면서도 물러서기는 커녕 도리어 예수님 앞에 나와서 절까지 올렸다는 것입니다. 그래도 예수님의 태도는 변하지 않았습니다. 더 완강해 지셨습니다. "자녀의 떡을 취하여 개들에게 던짐이 마땅치 아니하니라"(26절) 이것은 예수님의 '세번째 시험'입니다. 예수님은 이 여자를 개에게 비교하셨습니다. 이 정도가 되면 누구나 포기하고 뒤로 물러가고 말 것입니다. 아니면 화가 나서 싸우려고 달려들 것입니다. 그러나 이 여인은 그것까지도 참고 예수님의 발을 붙잡고 애원하고 있는 것입니다. 왜 그렇습니까? 지금 이 여인은 예수님이 아니라면 자기의 문제를 해결할 수 없다고 믿기 때문입니다. 그가 아는 예수님은 '다윗의 자손' 즉 메시아요 이스라엘의 구원자입니다. 그래서 예수님 앞에 나와서 무릎을 꿇고 절까지 하면서 이렇게 간구하고 있습니다. "주여 옳소이다 마는 개들도 주인의 상에서 떨어지는 부스러기를 먹나이다"(27절) **주여!** 이것은 이 여인의 신앙고백이기도 한 것입니다. 이 한마디에 예수님은 더 이상 할 말을 잃고 말았습니다. 드디어 이 여인은 '**믿음의 시험**'에 합격이 되었습니다. 그리고 예수님이 이렇게 말씀하셨습니다. "여자여 네 믿음이 크도다 네 소원대로 되리라"(28절) a. **여자여 네 믿음이 크도다!** 여기서 '크다'는 헬라어로 μεγάλη(메갈레) 영어로는 great(위대한) magnifcent(장엄한)이라는 뜻을 가지고 있는데 폭탄의 위력을 말할 때 쓰는 '메가톤'이라는 말이 여기에서 나온 것입니다.

b. **네 소원대로 되리라!** 드디어 이 여인의 소원이 이루어졌습니다. 하나님은 우리의 **믿음**과 **소원**을 보십니다. 그래서 우리가 믿음과 소원을 가지고 기도해야 하나님이 들어주십니다. 이 여자는 믿음이 있었고 소원이 있었기에 모든 방해 냉대 멸시 거절을 물리치고 예수님께로 더 가까이 나아감으로 그의 소원이 이루어져서 마침내 딸의 병을 고치게 된 것입니다. 아멘!

③ 예수님은 또 이렇게 말씀하셨습니다. "하나님을 믿으니 또 나를 믿으라 내 아버지 집에 거할 곳이 많도다"(요한복음14:1-2절) **또 나를 믿으라!**

믿음의 최종 종착지는 예수 그리스도를 하나님의 아들로, 인류의 구원자로 믿는 것입니다. 그러나 유대인들은 율법주의와 편협한 민족주의에 빠져 하나님을 믿었으나 예수님은 믿지 않았습니다. 어쩌면 그들이 예수님을 믿지 않은 것은 당연한 것인지도 모릅니다. 왜냐하면 그들에게는 율법이라는 오랜 전통과 고정관념이 있었기 때문입니다. 그런 그들이 변방 갈릴리 나사렛에서 온 젊은 청년인 예수를 하나님의 아들로 쉽게 믿을 수 있었겠습니까? 그것은 결코 쉬운 일이 아니었습니다. 그러나 여기에도 하나님의 뜻과 계획이 있는 것입니다. 그들이 예수 그리스도를 거절함으로 복음이 이방세계에 전파되었고 온 인류가 구원을 받게 된 것입니다. 믿음과 구원은 뗄레야 뗄 수 없는 절대적인 관계를 가지고 있습니다. 예수 그리스도를 믿는 것 외에 다른 구원의 길은 없습니다. 믿음은 하나님이 우리에게 주신 은사이고, 증거이고, 기업이고, 삶의 터전입니다. 그래서 믿어야 살고, 믿어야 은혜받고, 믿어야 복을 받고, 믿어야 구원을 받아 천국에 갈 수 있는 것입니다. 아멘!

　여기에서 잠깐 '종교개혁'에 대해서 알아보겠습니다. 사도 바울은 로마서 1장17절 에서 이렇게 증거하고 있습니다. "복음에는 하나님의 의가 나타나서 믿음으로 믿음에 이르게 하나니" 라고 기록하고 있습니다. 여기에서 우리는 아주 중요한 사실을 발견할 수 있습니다. **복음**이 가장 먼저 나오고 그 다음에는 **의**가 나오고 그 다음에는 **믿음**이 나온다는 것입니다. 이 구절 이 왜 중요하냐며는 로마서의 주제와 통하기 때문입니다. 로마서의 주제는 단연 복음입니다. 그 다음은 의이고 그 다음은 믿음입니다. 누가 이것을 부인할 수 있겠습니까? **루터**는 로마서 1장 17절 을 근거로 **Sola Fide! 즉 오직 믿음으로!**를 부르짖었고 그것을 근거로 '종교개혁'을 이루었습니다. 그러나 그 때는 중세시대 말이었고 로마캐도릭 시대였습니다. 그리고 그는 로마 캐도릭의 수도사였습니다. 그래서 그 때는 로마 캐도릭의 의식주의나 행동주의에 반대하여 당연히 믿음이 첫 번째 화두로 떠오를 수 밖에 없었던 것입니다. 그러나 그것은 종교개혁의 시발점에 지나지 않았던 것입니다. 그 후로 500년이 지난 지금 개신교가 로마 캐도릭같이 부패하여 '제 2차 종교개혁'을 필요로 하고 있는 시점이 된 것입니다. 루터는 '**믿음**'을 주제로 '**1차 종교개혁**'을 이루었으나 이제는 믿음의 전 단계인 '**의**'를 주제로 '**제 2차 종교개혁**'을 이루어야 하는 것입니다. 기독교는 전통(傳統)주의가 아니라 개혁(改革)주의입니다. 기독교는 과거지향적 종교가 아니라 미래지향적 종교입니다. 쇠붙이도 세월이 지나면 녹이 슬듯이 교회도 세상 속에 있기 때문에 개혁하지 않으면 세속화 되어서 스스로 부패하고 마는 것입니다. **그러면 왜 기독교가 개혁주의입니까?** 하나님의 계시가 점점 가까이 다가오고 있기 때문입니다. 그래서 우리는 과거보다는 현재에, 현재보다는 미래에 초점을 맞추어야 하는 것입니다. **종교개혁**은 한번으로 끝난 것이 아닙니다. 2차, 3차 종교개혁을 계속 이루어가야 하는 것입니다.

(2) 은혜(恩惠) 입니다.

성경에서 '은혜'라는 말이 가장 먼저 나오는 곳은 창세기 7장 8절 입니다. "그러나 노아는 하나님께 은혜를 입었더라"고 기록하고 있습니다.

그러면 노아가 하나님으로부터 어떤 은혜를 입었다는 것입니까? 하나님이 각종 범죄로 타락한 세상을 홍수로 쓸어버리실 때 노아와 그 가족만은 구원해 주셨던 것입니다. 이것이 바로 하나님의 은혜입니다. 여기서 우리가 알수 있는 것은 은혜는 누구에게나 주어지는 것이 아니고 하나님에 의해서 '선택된 자'에게만 주어진다는 것입니다.

① 창세기 8장에는 '은혜 갚은 비둘기'의 이야기가 나옵니다. 노아의 대홍수 때에 하늘에서 장대비가 150일을 내리고 나자 온 천하가 물로 덮였습니다. 그러다가 하늘에서 비가 그치고 땅에서 물이 점점 감하기 시작하고 방주가 **아라랏산**에 머물렀고 물이 더 감하자 산봉우리들이 보이기 시작했습니다. 그러고도 40일이 지나서 노아는 밖의 사정이 궁금했습니다. 그래서 먼저 **까마귀**를 내어보냈는데 까마귀는 이곳 저곳에 널려있는 시체더미를 보고 신이 나서 먹을 것을 찾아서 왕래할 뿐 돌아오지 않았습니다. 그러자 이번에는 **비둘기**를 내어놓았습니다. 그러나 비둘기는 정결한 동물인지라 시체가 즐비한 땅에서 접촉할 곳을 얻지 못하고 방주로 다시 돌아왔던 것입니다. 그리고 7일이 지나서 노아가 비둘기를 다시 내어 놓았는데 비둘기가 새 감람나무 잎을 물고 왔습니다. 이것은 노아에게는 기쁜 소식이요 복음이었습니다. 그리고 이것은 비둘기가 대홍수 가운데서 자기를 구해준 노아의 은혜를 갚은 것입니다. 그래서 노아는 홍수가 끝난 것을 알고 방주문을 열고 밖으로 나왔던 것입니다. 이것은 홍수가 시작되고 1년이 지난 후였습니다. 그리고 이것은 하나님이 노아와 그의 가족에게만 베푸신 '특별한 은혜'였던 것입니다.

② 구약은 엄격한 율법시대라서 그런지는 몰라도 '은혜'라는 말이 가뭄에 콩나듯이 드물게 나오는 것입니다. 시편 27:13절 입니다. "내가 산 자의 땅에 있음이여 여호와의 은혜 볼 것을 믿었도다" 시편 31:19절 입니다. "주를 두려워하는 자를 위하여 쌓아두신 은혜 곧 인생 앞에서 주를 피하는 자를 위하여 쌓아두신 은혜가 어찌 그리 큰지요"라고 다윗이 노래하고 있습니다.

그러나 신약성경에는 '은혜'라는 말이 자주 등장하고 있습니다. 요한복음 1장을 보면 사도 요한이 이렇게 고백하고 있습니다. "말씀이 육신이 되어 우리 가운데 거하시매 우리가 그 영광을 보니 아버지의 독생자의 영광이 요 은혜와 진리가 충만하더라"(14절) "우리가 다 그의 충만한 데서 받으니 은혜 위에 은혜러라"(16절) **은혜 위에 은혜러라!** '은혜'라는 말 가지고도 모 자라서 '은혜 위에 은혜' 즉 은혜가 차고 넘친다는 것입니다. 예수님의 은혜 는 부모의 은혜와도 비교가 되지 않는 것입니다. 부모는 우리를 낳고 길러 주었으나 예수님은 우리의 죄사함과 구원을 위해서 대신 십자가를 지셨습 니다. 그러나 예수님의 은혜는 여기서 끝나지 않습니다. 예수님은 우리에게 천국과 영생을 주시려고 죽으신 후에 부활하신 후에 승천하셨고 우리의 구 원을 위해 다시 오시는 것입니다. 할렐루야! 이것이 바로 **'은혜 위에 은혜'** 인 것입니다.

③ 신약성경에서 **'은혜'**라는 말을 가장 많이 사용한 사람은 '사도 바울'입 니다. 로마서 5장 2절 입니다. "또한 그로 말미암아 우리가 믿음으로 서있 는 이 은혜에 들어감을 얻었으며 하나님의 영광을 바라고 즐거워하느니라" **a. 믿음으로 서 있는 은혜에!** '은혜'의 정의는 하나님이 아무런 공로나 자격 이 없는 자에게 거져 주시는 은사 즉 선물입니다. 그러나 한 가지 조건이 있 는데 그것은 예수 그리스도를 믿는 것입니다. 이것이 '믿음 위에 서 있는 은 혜'입니다. **b. 들어감을 얻었으며!** 하나님의 은혜는 좋은 것입니다. 그러나 그 곳에는 아무나 들어갈 수 없습니다. 초대를 받아야 들어갈 수 있는 것입 니다. **결혼식장**에도 아무나 들어가는 것이 아니고 혼주나 신랑 신부로부터 초청장이 와야 들어갈 수 있는 것입니다. 우리는 많은 사람들 가운데서 하 나님의 은혜로 하나님의 자녀가 되고 예수 그리스도의 신부가 되어서 **'천 국잔치에 참여하라'**는 초청을 받은 자들입니다. 이렇게 하나님의 은혜는 '**선택적**'입니다. **c. 즐거워 하느니라!** 왜 즐거워합니까? 하늘나라의 시민으

로서 하나님의 영광에 참여하기 때문입니다. 또 예수 그리스도의 신부가 되어서 '어린양의 혼인잔치'에 참여하기 때문입니다. 그래서 은혜받으면 즐거운 것입니다.

사도 바울은 고린도전서 15장 9-10절 에서 이렇게 증거하고 있습니다. " 나는 사도 중에 지극히 작은 자라 내가 하나님의 교회를 핍박하였으므로 사도라 칭함을 받기에 감당치 못할 자로라 그러나 나의 나 된 것은 하나님의 은혜로 된 것이니 내게 주신 그의 은혜가 헛되지 아니하여 내가 모든 사도보다 더 많이 수고하였으나 내가 아니요 오직 나와 함께하신 하나님의 은혜로라" a. **그러나 나의 나 된 것은 나님의 은혜로 된 것이니!** 사도 바울은 사울 시절에는 바리새인이었고 교회의 대적자요 최고의 핍박자였습니다. 그는 예수 믿는 자들을 잡아다가 옥에 가두고 죽이는데 맨 앞장섰던 교회의 원수였습니다. 그런 그가 어느날 예수 믿는 자들을 잡아 오려고 대제사장의 공문을 가지고 옛 시리아의 수도인 다마스커스로 가다가 정오 즈음에 갑자기 하늘에서 **'해보다 더 밝은 빛'**으로 나타난 부활하신 예수님을 보았고 그로 인하여 눈이 멀어서 다메섹(지금 시리아의 수도인 다마스커스)까지 끌려 갔으나 선지자 아나니아의 안수를 받고 다시 보게 되자 회개하고 예수님의 제자가 되었고 복음 전도자가 된 것입니다. 바로 그것을 회상하며 '지금 내가 이렇게 된 것은 오직 하나님의 은혜다'라고 고백하고 있는 것입니다. b. **내가 아니요!** 사도 바울은 자신을 부인하고 있습니다. 자신을 볼 때 그는 죄인 중의 죄인이요 죄인의 괴수에 지나지 않았던 것입니다. c. **나와 함께하신 하나님의 은혜로라!** 그는 모든 공로를 하나님의 은혜에 돌리고 있습니다. 그러면 그가 무지하고 무능해서 모든 것을 하나님의 은혜에 돌리고 있습니까? 아닙니다! 하나님 앞에서는 내가 작아진 만큼 더 커지고, 내가 무능한 만큼 더 유능해지고, 내가 무지한 만큼 더 지혜로와지기 때문인 것입니다.

여기에 아주 중요한 구절 이 나오고 있습니다. **로마서 5장 17절** 입니다. "사람의 범죄를 인하여 사망이 그 한 사람으로 말미암아 왕노릇 하였은즉 더욱 은혜와 의의 선물을 넘치게 받는 자들이 한 분 예수 그리스도로 말미암아 생명 안에서 왕노릇 하리로다" **a. 은혜와 의의 선물을 넘치게 받는 자들이!** 여기서 보면 은혜와 의를 하나님의 선물이라고 말하고 있습니다. 그러면 그 선물의 내용이 무엇입니까? **b. 생명 안에서 왕노릇 하리로다!** 첫 번째는 생명입니다. 두 번째는 왕이 되는 것입니다. 왕(王)은 정복하고 지배하고 다스리는 자입니다. 그래서 우리도 은혜를 받으면 왕같은 권세를 가지고 세상을 정복하고 지배하고 다스릴 수 있다는 것입니다. 베드로나 사도바울이 좋은 예입니다. 그들은 예루살렘으로부터 시작하여 아시아 유럽에 이르기까지 복음으로 세상을 정복했습니다. 사람들을 회개시켜 하나님의 나라로 불러들였습니다. 그러면 지금 교회가 하나님으로부터 받은 왕같은 권세를 가지고 세상을 정복하고 지배하고 다스립니까? 오히려 그 반대인 것입니다. 교회가 왕같은 권세를 휘두르기는 커녕 세상의 시녀가 되어가고 있습니다. 왜 그렇습니까? 교회가 하나님의 은혜를 잘못 알고, 잘못 사용하고 있기 때문인 것입니다. 그것은 잘못된 신앙과 신학으로 교회에 '**은혜와 사랑**'만 있고 '**의와 심판**'은 사라지고 없기 때문입니다. 자! 여기서 우리가 간과할 수 없는 것은 "은혜와 의의 선물을 넘치게 받는 자들이"에서 보듯이 '은혜' 뒤에 바로 '의'가 따라오고 있다는 것입니다. 이처럼 '**은혜**'는 '**의**'가 함께 있어야 그 진가를 발하는 것입니다. 의가 사라지면 남는 것은 불의입니다. 불의한 자에게는 은혜가 오히려 해(害)가 되고 독(毒)이 되는 것입니다. 왜냐하면 은혜를 함부로 남용하기 때문입니다.

로마서에서 핵심적인 구절 중에 하나가 **로마서 5:20-21절** 입니다. "율법이 가입한 것은 범죄를 더하게 하려 함이라 그러나 죄가 더한 곳에 은혜가 더욱 넘쳤나니 이는 죄가 사망 안에서 왕노릇한 것같이 은혜도 또한 의로 말미암아 왕노릇하여 우리 주 예수 그리스도로 말미암아 영생에 이르게 하려 함이니라" 참으로 귀하고도 놀라운 내용이 여기에도 기록이 되고 있습니다. 그것은 a. **"은혜도 또한 의로 말미암아 왕노릇하여"**입니다. 여기에서도 **은혜** 바로 뒤에 **의**가 나오고 있습니다. 이것이 무엇을 말해주고 있습니까? '은혜'는 혼자서는 왕노릇할 수 없다는 것입니다. '은혜' 뒤에 오는 '의'가 있어야 한다는 것입니다. 이것이 바로 은혜와 의의 관계입니다. **"의로 말미암아"** 이것이 헬라어 원문에는 δια δικαιοσυνης(디아 디카이오쉬네스) 영어로는 through righteousness인데 **'의를 통하여'**란 뜻을 가지고 있습니다. 그러니까 '은혜' 혼자서는 왕노릇할 수 없다는 것입니다. 뒤에 '의'가 함께 있어야 한다는 것입니다. 여기서 우리가 알 수 있는 것은 **은혜**의 보호자가 있는 데 그것이 **'의'**라는 것입니다. 믿어지십니까? 예를 든다면 이렇습니다. 우리도 어린아기 시절에는 늘 보호자가 따라 다녔습니다. 아기가 돌이 지나서 아장아장 걷기 시작하면 이곳 저곳을 헤집고 다니는데 항상 엄마나 아빠, 아니면 할머니나 할아버지 아니면 삼촌이나 고모가 따라 다니면서 넘어지면 일으켜 주고 위험한 곳이 있으면 막아주고 위험한 물건은 만지지 못하도록 간섭을 했습니다. 왜 그렇습니까? 만약 아기를 혼자 놔두면 다니면서 무슨 일을 저지를지 모르기 때문입니다. **'은혜'와 '의'의 관계도 이와 같습니다!** 은혜는 선물과도 같이 아주 좋은 것입니다. 그러나 혼자 놔두면 무슨 일을 저지를지 모르는 것입니다. 그래서 **'은혜'**에는 반드시 뒤에 보호자가 있는데 그것이 바로 **'의'**입니다. 그러니까 '은혜'가 '의'라는 테두리 안에 들어 있는 것입니다. '그것이 말이나 되는 소리입니까?'라고 묻는다면 성경이 그렇게 되어 있다는 것입니다. 로마서에서 '은혜' 뒤에 따라다니는 것이 세 가지 있는데 '의' '진리' '사도'입니다. "우리가 그 영광을 보니 아버지의 독생자의 영광이요 은혜와 진리가 충만하더라"(요한복음1:14절) 은혜 뒤에 '진리'가 나오고 있습니다. "그로 말미암아 우리가 은혜와 사도의 직분을 받아"(로마서1:5절) 여기에서는 '은혜' 뒤에 '사도'가 나오고 있습니다.

④ **그러나 사랑은 다릅니다.** 하나님의 사랑은 이유도 없고 조건도 없고 한계도 없습니다. 영원합니다. 사도 바울은 이렇게 증거하고 있습니다. "사랑은 언제까지든지 떨어지지 아니하나니 예언도 폐하고 방언도 그치고 지식도 폐하리라"(고린도전서 13:8절) "그 중에 제일은 사랑이라"(13:13절) "너희가 사랑 가운데서 뿌리가 박히고 터가 굳어져서 능히 모든 성도와 함께 지식에 넘치는 그리스도의 사랑을 알아 그 넓이와 길이와 높이와 깊이가 어떠함을 깨달아 하나님의 모든 충만하신 것으로 너희에게 충만하게 하시기를 구하노라"(에베소서3:17-19절) **'하나님의 사랑'**은 너무 커서 그 넓이와 길이와 높이와 깊이를 측량할 수 없다는 것입니다. 그러나 **은혜**는 그렇지 않습니다. '조건'이 있고 '기한'이 있고 '때'가 있는 것입니다. 그리고 하나님의 은혜는 **'선택적'**입니다. 종교 개혁가 칼빈은 그의'5대 교리'에서 **'불가항력적 은혜'**라고 했는데 하나님의 은혜는'불가항력적'이면서도 **'선택적(選擇的)'**입니다. 하나님은 아무에게나 은혜를 베푸시지 않습니다. 선택한 자에게만 은혜를 베푸십니다. 대홍수 시대에는 노아에게, 이삭과 이스마엘 중에서는 이삭에게, 야곱과 에서 중에서는 야곱에게, 요셉과 그의 형제들 중에서는 요셉에게 하나님은 은혜를 베푸셨습니다. 그래서 우리는 나를 하나님의 자녀로 선택해주신 하나님의 은혜에 더욱 감사해야 합니다. 우리는 **은**

혜를 무슨 만병통치약이나 무소불위의 권력을 가진 것으로 착각하고 오해하고 있습니다. 그래서 은혜만 받으면 다 되는 줄로 알고 있습니다. 그러나 사실은 그렇지가 않은 것입니다. 다시 말씀드리지만 하나님의 은혜가 좋은 것이나 은혜는 **때**가 있고 **조건**이 있고 **기한**이 있고 또 **선택적**이라는 것입니다 그래서 사도바울이 '하나님의 은혜를 헛되이 사용하지 말라'고 경고하고 있는 것입니다.

　고린도후서 6장 1-2절 입니다. "우리가 하나님과 함께 일하는 자로서 너희를 권하노니 하나님의 은혜를 헛되이 받지 말라 가라사대 내가 은혜 베풀 때에 너를 듣고 구원의 날에 너를 도왔다 하셨으니 보라 지금은 은혜 받을 만한 때요 보라 지금은 구원의 날이로다" **a. 하나님의 은혜를 헛되이 받지 말라!** 이것이 무슨 말씀입니까? 이것은 하나님의 특별한 선물인 은혜를 아무렇게나 남용하지 말라는 하나님의 경고입니다 다시 말하면 '은혜 받았다'고 자랑하지 말고, '은혜 받았다'고 교만하지 말고, '은혜 받았다'고 경거망동하지 말고 말과 행동을 조심하라는 것입니다. 은혜는 하나님의 특별한 선물입니다. 그래서 은혜 받으면 더 겸손해져야 하는데 다른 사람에게 자랑하고 싶어하고 자칫 교만해질 수가 있는 것입니다. 그러나 이것은 하나님의 은혜를 잘못 사용하는 것과 같은 것입니다. 명절에는 선물들이 많이 오고가는데 받은 선물과 내가 돈을 주고 산 물건과는 차이가 있는 것입니다. 내가 돈을 주고 산 물건은 소중히 다루지만 남한테서 선물로 받은 물건은 함부로 다루는 경향이 있는 것입니다. 마찬가지로 하나님의 은혜가 공짜라고 해서 아무렇게나 취급하거나 기분풀이용으로 사용하지 말라는 것입니다. 왜냐하면 '은혜' 뒤에 '의'가 따라오는데 '의'는 심판을 불러오기 때문인 것입니다. 하나님의 은혜는 일시적인 감정이 아닙니다. 하나님의 가장 귀한 선물인 것입니다. 그래서 의와 진리 안에서 소중히 다루어야 하는 것입니다.

b. 보라 지금은 은혜받을 만한 때요 보라 지금은 구원의 날이로다! 여기서 우리가 알 수 있는 것은 은혜와 구원은 다 '때'가 있다는 것입니다. 구원은 전적인 하나님의 은혜입니다. 그러나 그것도 때가 지나면 문이 닫히고 더 이상 받을 수 없다는 것입니다. **보라 지금은!** 예수님이 오셔서 복음을 전하신 '지금'이 바로 은혜받고 구원받을 때입니다. 그리고 내가 이 세상에 태어나서 살고 있는 '지금'이 바로 은혜받고 구원받을 때입니다.

이사야서 49:8절 입니다. "여호와께서 또 가라사대 은혜의 때에 내가 네게 응답하였고 구원의 날에 내가 너를 도왔도다 내가 장차 너를 보호하여 너로 백성의 언약을 삼으며 나라를 일으켜 그들로 그 황무하였던 땅을 기업으로 상속케 하리라" 놀랍게도 여기에도 '**은혜의 때**'와 '**구원의 날**'이 나오고 있습니다. 여기서 우리가 알 수 있는 것은 은혜와 구원은 항상 있는 것이 아니고 때가 있다는 것입니다. 내가 살아있는 바로 지금! 예수님이 재림하시기 전인 바로 지금이 '그 때'라는 것입니다.

⑤ 루터와 칼빈의 종교개혁과 제 2차 종교개혁에 대해서

종교개혁가인 **루터**는 Sola Fide! 오직 믿음으로! **칼빈**은 Sola Gratia! 오직 은혜로!를 부르짖었습니다. 그래서 "**믿음 + 은혜 = 구원**"인 것입니다. 그로 인하여 protestant(개신교) 교회들이 유럽에서, 그 중에서도 독일 스위스에서 많은 개신교 교회들이 태어나고 곳곳에 세워졌습니다. 그리고 영국으로 건너가서 영국에서 '**청교도 운동**'이 일어났고 장로교 감리교 성결교가 태어났습니다. 그 후 청교도 운동은 화란을 거쳐서 미국으로 건너갔고 미국에서 큰 결실을 보게 된 것입니다. **종교개혁**은 세계사적으로도 아주 중대한 사건이었습니다. 루터와 칼빈은 아주 중요한 인물이고 인류의 역사가 다하는 날까지 칭송받아도 마땅합니다. 그러나 기독교는 세속의 역사와는 다릅니다. 세속의 역사는 미래보다는 **과거지향적**입니다. 과거의 역사 속에서 무언가를 배우려고 합니다. 그러나 기독교는 과거보다 **미래지향적**입니다. 유대교나 불교 등 다른 종교들이 과거와 전통을 앞세운다면 기독교는 미래와 계시를 앞세웁니다. 하나님의 계시(啓示)는 마치 혜성이 다가오듯이 점점 더 가까이 다가오고 있는 것입니다. 이것을 '**계시의 점진성(漸進性)**'이라고 합니다. 점점 더 가까이 다가오면 더 밝아지고 더 잘 보이는 것입니다. 또 하나님의 계시는 '**역사성(歷史性)**'을 가지고 있습니다. 하나님의 계시라고 어느날 갑자기 하늘에서 뚝 떨어지는 것이 아닙니다. 하나님의 계시도 인류의 역사와 문화의 흐름 속에서 함께 전진하고 더 가까이 다가오고, 더 밝게 나타나는 것입니다. 500년 전과 지금은 역사와 문화가 완전히 다릅니다. 세상이 바뀌어도 너무 많이 바뀌었습니다. 그 때는 중세 말, 봉건주의, 농경사회였습니다. 그러나 지금은 자유 민주주의, 후기산업사회, 싸이버, 디지털, 4차 산업혁명, AI 인공지능 시대입니다. 사람들의 사고방식이나 가치관, 행동양식이나 문화가 완전히 다릅니다. 그래서 교회도 달라져야 하고 진리 안에서 21C에 맞는 새로운 지식이나 교리를 제시해야 합니다. 그래야 물고기가 미끼를 보고 모여들듯이 세상이 교회를 새로운 눈으로 바라보고 모여들게 될 것입니다.

교회는 16세기 **종교개혁**을 기점으로 큰 부흥을 이루었으나 21세기에 들어와서 갑자기 뜨겁던 부흥운동이 식어지고 급변하는 세상 문화 속에서 침체기를 맡고 있습니다. 왜 그렇습니까? 교회가 '**새로운 옷**' 즉 자기 개혁에 실패했기 때문입니다. 교회는 지난 500년 동안 여러 차례의 각성과 부흥운동으로 많은 지식과 경험을 쌓았습니다. 그래서 우리는 루터와 칼빈 시대보다 더 많은 것을 알고 있고 더 많은 경험을 가지고 있습니다. 그런데 왜 교회가 쇠퇴하고 침체되고 있습니까? 교회가 과거의 보수 정통 교리만을 고집하다가 자기 덫에 걸린 것입니다. 교회가 하나님의 **계시**와 **진리**를 가지고 있으면서도 그것이 세상의 역사와 문화 속에서 마치 구시대의 유물인냥 빛을 발하지 못하고 있는 것입니다. 그래서 사람들로부터 무시와 외면을 당하고 있는 것입니다. 이 시대의 최고의 가치는 자유 민주 인권 기술 정의 사랑 편의 행복 그리고 컴퓨터 싸이버(cyber) 디지털 A. I 온라인입니다. **그러면 교회의 가치는 무엇입니까?** 교회의 가치는 언제나 믿음과 구원, 은혜와 축복, 의와 사랑, 재림과 심판, 천국과 영생 그리고 하나님의 영광입니다. 그런데 문제는 교회가 지식과 교리에 있어서 앞으로 나가지 못하고 아직까지도 500년 전 초보단계인 믿음과 은혜, 구원과 축복에만 머물러 있는 것입니다. 이것은 교회역사에서 유아 청소년기에 지나지 않습니다. 교회가 이런 구태의연한 지식이나 교리만을 가지고서는 하루가 다르게 발전하고 변화되는 세상을 가르치거나 압도할 수 없는 것입니다. 자칫 '**그들만의 잔치**'가 되고 마는 것입니다.

더 비통한 것은 기독교의 종조국인 영국에서마저 교회가 변절자 다윈의 진화론, 위선자 슈바이쩌의 예수연구, 공산주의자 칼막스의 마르크시즘, 실존주의 철학자 니체와 러쎌과 싸르트르의 반기독교 사상, 우주 물리학자 스티븐 호킹의 무신론, 영국의 경험주의, 프랑스의 감성주의, 독일의 합리주의적인 신학, 남미 캐도릭 계통의 해방신학, 다원론적인 wcc운동 등의 공격을 받고 좌초되었고, 청교도 국가인 미국에서마저 하나님의 복음진리가 세상 철학이나 과학에게 왕좌의 자리를 빼앗겼고, 그리하여 사람들이 교회를 떠나고 교회가 술집이나 극장이나 카페로 바뀐지 오래라는 것입니다. 그 바람이 미국을 거쳐 지금 한국에도 불어오고 있는 것입니다. 21c는 싸이버 A. I 지식산업 시대입니다. 어디에 가든 새로운 콘텐츠나 지식이 등장하고 있고 그것이 곧 성공이고 돈인 것입니다. 구태의연한 옛날의 교리나 지식으로는 경쟁이 되지 않습니다. 그래서 교회도 이 시대에 걸맞는 새로운 교리나 지식으로 무장해야 합니다. **진리는 변하지 않습니다.** 그러나 거기에서 나오는 **교리**나 **지식**은 새로워져야 합니다. 지금은 16세기나 17세기의 중세 말이 아닙니다. 그래서 교회도 '새로운 옷'으로 갈아 입어야 합니다.

그래서 바울은 **고린도 교회**를 향하여 이렇게 한탄하고 있습니다. "형제들아 내가 신령한 자들을 대함과같이 너희에게 말할 수 없어서 육신에 속한 자 곧 그리스도 안에서 어린아이를 대함과 같이 하노라 내가 너희를 젖으로 먹이고 밥으로 아니하였나니 이는 너희가 감당치 못하였음이거니와 지금도 못하리라"(고린도전서3:1-2절) 육신에 속한 자, 어린아이, 젖먹이, 이것이 고린도 교회의 영적 수준이었습니다. 고린도 교회는 밥을 먹지 못하고 젖을 먹는 어린아이와 같았던 것입니다. 현대 교회가 바로 고린도 교회를 닮아가고 있는 것입니다. "대저 젖을 먹는 자마다 어린아이니 의의 말씀을 경험하지 못한 자요 단단한 식물은 장성한 자의 것이니 저희는 지각을 사용함으로 연단을 받아 선악을 분별하는 자들이니라"(히브리서 5:13-14절) a. **대저 젖을 먹는 자마다 어린아이니!** 이처럼 은혜와 축복만을 좋아하는 자들은 영적으로 어린아이들인 것입니다. b. **의의 말씀을 경험하지 못한 자요!** 여기에 '의'가 나오고 있습니다. 그러니까 교회에 다녀도 은혜와 사랑과 축복만 알고 '의'를 모르는 자는 어린아이와 같다는 것입니다. 요즘 말로는 '애늙은이'입니다. 부끄럽지 않습니까? 요즘의 교회나 교인들의 영적 수준이 대부분 이와 같은 것입니다. c. **연단을 받아 선악을 분별하는 자들이니라!** 선악을 분별할 줄 아는 자들이 장성한 자라는 것입니다. 그런데 그렇게 될려면 연단 즉 훈련이 필요하다는 것입니다. 현재의 코로나 사태는 교회에게 가장 큰 시련이 되고 있습니다. 그러나 신앙생활을 다시 되돌아 보고 교회를 개혁할 수만 있다면 이것이 오히려 전화위복의 기회가 될 수도 있는 것입니다. 이제는 교회가 과거의 전통이나 신학에서 과감히 벗어나 자기혁신 즉 개혁할 때가 된 것입니다. 그래서 예수님의 **살과 피** 즉 **의와 사랑**으로 '**제 2차 종교개혁**'을 이루어야 하는 것입니다!

5) '의와 사랑'입니다.

의와 사랑은 성경에서 가장 큰 주제입니다. 이것은 마치 수레의 두 바퀴와 같습니다. 바퀴 하나가 없으면 마차가 굴러가지 않듯이 의와 사랑은 하나가 없으면 다른 하나도 진가를 발휘하지 못하는 것입니다. **의 없는 사랑 없고 사랑 없는 의도 없습니다.** 둘이 함께 있어야 온전한 신앙이 되는 것입니다. 이제부터 **의와 사랑**에 대해서 알아보고자 합니다.

(1) 의(義)입니다.

마태복음 3장을 보면 어느날 예수님이 공생애(共生涯)에 들어가시기 위해 세례요한에게 세례를 받으시려고 갈릴리를 떠나 요단강으로 나오셨습니다. 그것을 본 세례요한이 깜짝 놀라서 예수님께 이렇게 물었습니다. "내가 당신에게 세례를 받아야할 터인데 당신이 내게로 오시나이까"(14절) 그러자 예수님이 이렇게 대답하셨습니다. "이제 허락하라 우리가 이와같이 하여 모든 의를 이루는 것이 합당하니라."(마태복음3:15절) **모든 의를 이루는 것이 합당하니라!** 여기서 **"모든 의"**는 헬라어로는 πασαν δικαιοσυνη '파산

디카이오쉬네' 영어로는 'ALL RIGHTEOUSNESS'인데 단수가 아니라 복수입니다.

저는 지금으로부터 12년 전인 어느 주일날 예배를 드리려고 차를 몰고 노원구 중계동에 있는 교회로 가고 있었습니다. 그런데 갑자기 이 성경구절이 떠올랐습니다. 그것은 마태복음 5:20절에 있는 말씀입니다. ① "내가 너희에게 이르노니 너희 의가 서기관가 바리새인보다 더 낫지 못하면 결단코 천국에 들어가지 못하리라" 그 후로 저는 이 말씀을 가지고 계속 묵상을 했습니다. **'의가 무엇인가?'** 그리고 '의'에 관심을 가지게 되었고 사복음서에 있는'의'에 대한 말씀을 찾아보기 시작했습니다. 그러다가 마태복음6:33절 에 있는 말씀에 큰 감동이 되었습니다. ② "너희는 먼저 그의 나라와 그의 의를 구하라 그리하면 이 모든 것을 너희에게 더하시리라" 그리고 생각을 해보았습니다. '왜 예수님은 천국을 말씀하시면서 **'의'**를 말씀하실까? **사랑**은 어디 갔지? 이상한데!' 이런 의구심이 생겼습니다. 그러다가 얻은 결론은 '사랑' 보다 '의'가 먼저라는 것입니다. 그러던 얼마 후에 이 구절이 크게 감동이 되었습니다. ③ "이제 허락하라 우리가 이와 같이 하여 모든 의를 이루는 것이 합당하니라"(마4:15절) **모든 의!** 저에게 이 말씀은 큐피드의 화살같이 저의 마음 한복판에 강하게 꽂혔습니다. 그 후로 저의 신앙관은 변하기 시작했습니다. 그 때 제가 깨달은 것은 이것입니다. '의'는 하나가 아니라 여럿이로구나! 단수가 아니라 복수로구나!' 저는 곧바로 **로마서**를 펼쳐서 '의'에 대한 말씀을 모두 찾아 보았습니다. 가장 먼저 **로마서 1:17절** 이 눈에 들어 왔습니다. 그 다음에 **로마서 3:21-28절** 이 눈에 들어왔습니다. 그 때부터 그토록 힘들고 어렵고 재미없던 **로마서**가 꿀보다 더 달게 느껴졌습니다. 그리고 갑자기 시편 이사야서 예레미아서 에스겔서가 열리고 요한복음, 산상수훈까지 확 열렸습니다. 그래서 그 성경들을 매일 읽게 되었습니다. 왜 그렇습니까? 성경에서 '의'는 빛이기 때문에 빛이 비치자 어둠 속에 숨겨져 있던 것들이 보이기 시작한 것입니다. 이 모든 영광을 하나님께 드립니다.

그러면 "모든 의"에는 어떤 '의'가 있습니까?

첫 번째, 하나님과 인간 사이에 있는 '의'입니다. 이 '의'는 가장 기본적인 의입니다. 그런데 인류의 조상인 아담과 하와가 마귀의 꾀임을 받고 하나님이 금지하신 선악과의 열매를 따먹는 순간 이 **'의'**가 깨어진 것입니다. 그래서 에덴동산에서 쫓겨난 것입니다. 그러면 어떻게 해야 이 '의'가 회복이 되어집니까? 하나님이 속죄와 화목제물로 보내신 예수그 리스도를 믿고, 죄사함 받고, 의롭다하심을 받으면 되는 것입니다 그러면 하나님과의 관계가 회복되고 하나님의 자녀가 되어 에덴동산보다 더 좋은 천국에 들어가는 것입니다.

두 번째, 인간과 인간 사이에 있는 '의'입니다. 이 의는 우리가 알면서도 자칫 소홀히 하기 쉬운 의입니다. 왜냐하면 모든 인간은 인간을 생존경쟁의 상대로 보기 때문입니다. 그러면 우리가 어떻게 해야 이 '의'를 회복할 수 있습니까? 예수님이 주신 계명대로 서로 사랑하고 용서하고 또 '이웃을 자기 몸처럼' 사랑해야 합니다.

세 번째, 인간과 피조물 사이에 있는 '의'입니다. 이 의는 지금까지는 거의 무시되고 인정받지 못한 '의'인 것입니다. 그러다가 현대에 와서 자연환경이 파괴되고 나서 드러난 '의'입니다. 그리고 이 책에서 처음으로 거론된 '의'인 것입니다. 지금 전 세계가 '코로나19'로 인하여 큰 고통을 당하는 것도 '인간과 피조물 사이의 **의**'가 무너졌기 때문입니다. 인간들이 탐욕으로 자기들만의 생존과 이익과 편의를 위해서 자연을 파괴하고, 동물들을 학대

살육하고, 환경을 오염시켰기 때문입니다. 작금의 코로나 사태는 하나님의 보이지 않는 심판이요 대자연의 반격인 것입니다. 그리고 장차 이 코로나 바이러스가 어떤 변형을 시도하여 인류를 공격할지는 아무도 모릅니다. 학자들은 앞으로의 전쟁은 인간과 인간의 전쟁이 아니라 인간과 바이러스의 전쟁이 될 것이라고 합니다. 그래서 어쩌면 이것이 재난의 시작인지도 모릅니다. 그만큼 지금의 코로나 사태는 아주 심각한 것입니다. 자연은 어리석지 않습니다. 자연은 살아있습니다. 이제라도 인류는 대자연에 사죄하고 대자연과의 '의'를 회복해야 합니다.

지금 인간들이 저지른 죄 때문에 다른 생명체들까지 신음을 하고 있습니다. 삶의 터전을 잃어가고 있고 멸종의 위기를 맞고 있습니다. **인간의 문명이 인간에게는 기회가 될 줄 모르나 식물과 동물 등 다른 생명체들에게는 위기인 것입니다.** 요즘은 모든 국가나 도시마다 각종 음식 문화나 산업이 발달하여 식물들은 계절이 없이 비닐하우스에서 재배되고, 동물들은 사육장에서 사육이 되고 있는 것입니다. 소 돼지 닭 오리 곰 등등. 소 도살장에 가보면 소가 눈물을 흘리며 도살장 안으로 들어가는 것을 볼 수 있습니다. 개나 돼지 닭도 마찬가지입니다. 그런 동물들은 오직 인간의 먹이가 되기 위해서 태어나고 사라지는 것입니다. 그러니 그런 동물들의 한이 이 세상에 꽉 찬 것입니다. 닭들은 알을 낳기 위하여 몸도 움직일 수 없는 작은 공간에서 사육이 되고 생명체가 아닌 하나의 알 낳는 기계가 된 것입니다. 이런 동물들의 울부짖음과 하소연이 이 지구에 가득 차 있습니다. 이것은 인간들의 과욕으로 인한 횡포와 만행인데 하나님이 인간에게 잘 관리하라고 맡기신 생명체들을 인간들이 자신들의 유익을 위하여 무참히 마구 짓밟고 파괴하고 있는 것입니다. 이것은 인간이 하나님의 뜻을 거스리는 것입니다. 그래서 반드시 하나님은 그에 대한 책임을 물으실 것입니다. 그러나 욕망에 사로잡힌 인간들이 언제 이것을 깨닫게 될지 참으로 암담한 현실인 것입니다.

 네 번째, 율법의 의와 복음의 의, 믿음의 의와 행함의 의입니다. 구약시대의 **'율법'**은 행함으로 받는 구원을 가르쳤지만 신약시대의 **'복음'**은 믿음으로 받는 구원을 가르쳤습니다. 이 둘의 공통점은 모두 하나님으로부터 주어졌다는 것입니다. 그래서 복음에 '의'가 있는 것처럼 율법에도 '의'가 있는 것입니다. 그래서 예수님도 율법을 무시하지 않고 요단강에서 율법을 따라 세례자 요한에게 물로 세례를 받으셨던 것입니다. 율법은 믿음보다 행함을 더 강조하고 있습니다. 그래서 율법의 의는 행함으로 의로와지고 구원을 받는 것입니다. 그러나 문제는 지금까지 아무도 율법을 온전히 지킨 자가 없다는 것입니다. 그래서 예수님이 율법을 완성하려고 십자가를 지고가신 것입니다. 이로써 율법은 폐하여진 것이 아니라 완성이 된 것입니다. 또 성경에는 **'믿음'**의 의만 있지 않고 **'행함'**의 의도 있습니다. 예수님은 산상수훈에서 믿음보다 행함을 더 강조하셨습니다. "그러므로 누구든지 이 계명 중에 지극히 작은 것 하나라도 버리고 또 그같이 사람을 가르치는 자는 천국에서 지극히 작다 일컬음을 받을 것이요 누구든지 이를 행하며 가르치는 자는 천국에서 크다 일컬음을 받으리라"(마5:19절) **누구든지 이를 행하며 가르치는 자는!** 여기에서 예수님은 믿음보다 행함을 더 강조하고 계십니다. 믿음과 행함은 하나입니다. 결코 분리될 수가 없는 것입니다. 이것을 분리시키는 것은 덜익은 고대 서양 (西洋)철학의 '이원론(二元論)'과 분석적(分析的)이고 비판적(批判的)이고 탁상공론적(卓上空論的)인 근대 서양철학의 영향 때문인 것입니다. 그러나 동양(東洋) 철학에서는 믿음(사상)과 행위(인격)를 절대 분리시키지 않습니다. 그래서 서양철학은 그 수명이 100년도 못가지만 동양

철학은 2,000년 전이나 3,000년 전이나 조금도 변함 없이 그대로인 것입니다. **믿음이 씨앗이라면 행함은 열매입니다.** 그래서 분리될 수 없습니다. 분리는 죽음을 가져오는 것입니다. 믿음과 행함은 동전의 양면과 같습니다. 표면상으로 볼 때 **바울**은 믿음을 강조하고 **야고보**는 행함을 강조하는 것 같으나 이것은 그 때의 상황과 국면이 달라서 더 강조된 것 뿐이지 결국 믿음과 행함은 하나인 것입니다.

율법주의에 빠진 유대인들은 하나님과 인간 사이의 의 즉 **'고르반'**(Corban) 사상을 가지고 '하나님과 인간 사이의 의'만 주장하고 '인간과 인간 사이의 의'를 무시하다가 예수님으로부터 책망을 받았습니다.(마가복음7:11-12절) 지금 우리도 그들처럼 하나님과 인간 사이의 의 하나만을 강조하기 쉬운데 예수님은 그렇게 가르치지 않으셨습니다. 예수님은 **"모든 의를 이루는 것이 합당하다"**고 가르치셨습니다. 우리는 하나님과의 의를 이루기 위하여 하나님을 믿어야하고, 인간과 인간 사이의 의를 이루기 위하여 남을 용서하고 사랑해야하고, 인간과 피조물 사이의 의를 이루기 위하여 자연을 사랑해야 하고, 자연을 파괴해서는 안 되고, 동물을 학대해서도 안되고, 환경을 오염시켜서도 안 됩니다. 기분 나쁘다고 길가다 애꿎은 강아지를 발로 걷어차거나 깡통을 발로 걷어차도 안됩니다. 왜냐하면 그런 행위가 '의'를 이루지 못하기 때문입니다. 벳새다 광야에서 예수님은 '오병이어'의 기적을 베푸신 후에 이렇게 말씀하셨습니다. "남은 조각을 거두고 버리는 것이 없게 하라"(요한복음6:12절) 이렇게 예수님은 인간(人間)뿐만 아니라 자연(自然)까지도 사랑하십니다. 그래서 예수님은 인류의 스승이요 구원자요 만유(萬有)의 주(主)가 되십니다.

예수님은 또 이렇게 말씀하셨습니다. "내가 너희에게 이르노니 너희 의가 서기관과 바리새인들보다 더 낫지 못하면 결단코 천국에 들어가지 못하리라"(마태복음5:20절) 서기관과 바리새인들은 율법주의 시대의 종교지도자들 이었습니다. 그래서 그들은 믿음이 아니라 행함을 가르쳤습니다. 그들은 안식일을 잘 지키고 일주일에 한번은 금식을 했습니다. 그래야 구원받는다고 가르쳤습니다.

너희 의가 서기관과 바리새인들보다 더 낫지 못하면! 그러면 예수님은 어떤 의미에서 이 '의'를 말씀하셨을까요? 지금 예수님도 행함의 차원에서 서기관과 바리새인의 '의'를 말씀을 하고 계신 것 같습니다. 그래서 이 '의'는 믿음의 '의'가 아니라 행함의 '의'인 것입니다. 그렇다고 여기에서 예수님이 '행함의 의'만을 말씀하신 것이 아니라 믿음과 행함의 일치를 말씀하고 계신 것입니다. 예수님이 말씀하시는 **'행함'**에는 이미 예수님 자신에 대한 **'믿음'**이 포함되고 있는 것입니다. 왜냐하면 '하나님이 보내신 인류의 구원자 예수 그리스도를 믿는 것보다 더 큰 행함은 없는 것'이기 때문입니다. 그럼에도 불구하고 예수님은 때가 때인 만큼 산상수훈에서 **믿음**보다는 **행함**을 더 강조하고 계신 것입니다.

믿음과 행함은 하나입니다. 다만 우선순위가 다른 것 뿐이고, 상황에 따라서 어느 한 쪽이 더 강조되는 것 뿐입니다. 사도바울은 로마서나 갈라디아서에서 행함보다 믿음을 더 강조하고 있습니다. 왜냐하면 로마서와 갈라디아서는 서신서들 중에서도 교리서에 해당하기 때문입니다. **결단코 천국에 들어가지 못하리라!** 결단코! NEVER! 아주 강한 표현입니다. 구원(救援)은 천국에 들어가는 것입니다. 지금까지 교회는 **'구원론'**을 예수님의 말씀인 사(四)복음서 보다는 사도 바울의 서신서에서만 찾으려고 해왔습니다. 여기에 잘못이 있는 것입니다. 구원을 **'복음서'**가 아닌 **'서신서'**에서만 찾으려하다가는 자칫 균형을 잃고 기독교가 '**진리**'보다 '**교리**'를 앞세우는 '**바울종교**' 내지 '**칼빈종교**'로 전락하기 쉬운 것입니다. 생각해 보십시오! 서신서는 받는 교회의 사정과 형편을 반영하는 것이기 때문에 한쪽으로 치우칠 수도 있는 것입니다. 그리고 서신서는 각 교회에 보내는 편지입니다. 여기서 우리가 알아야 하는 것은 예수님은 **진리**(眞理)를 말씀하셨고 사도 바울은 그것을 **교리**(敎理)로 해설하고 있다는 것입니다. **진리와 교리! 어느 것이 더 큽니까?** 당연히 진리입니다. 그런데 문제는 '**진리**'가 너무 커서 교회가 그것을 수용하지 못하고 아직까지 '**교리**'에만 머물러 있다는 것입니다. 그래서 사람들이 진리를 외면하고 교리에만 매달린다는 것입니다. 이것은 참으로 서글픈 것입니다. 그 결과로 지금까지 교회가 구원론을 말할 때 예수님의 말씀인 사복음서보다 바울서신에만 편중되어 왔던 것입니다. **그 결과는 아무리 교회를 오래 다녀도 신앙이나 인격이 성장하지 않는다는 것입니다.** 물론 서신서들도 성령께서 감동하신 것입니다. 비록 그럴찌라도 우리는 예수님의 **사복음서**에 더 초점을 맞추어야 합니다. 그래야 교회가 흔들리지 않습니다. 인류의 구원자는 오직 예수 그리스도이십니다. 그리고 **구원**은 하나님의 예정과 선택 그리고 통치행위에 속한 것이고 또한 하나님만 아시는 비밀이기 때문에 하나님 이외는 그 누구도 왈가왈부 할 수 없는 것입니다. 우리는 다만 성경을 통하여 그 윤곽을 알 수 있을 뿐입니다. 그래서 우리는 구원받았다고 자랑하지도 말고 천국 가는 그 날까지 떨리는 마음으로 겸손해져야 합니다. 사도바울은 이렇게 권면하고 있습니다. "**그러므로 나의 사랑하는 자들아 너희가 나 있을 때 뿐아니라 더욱 지금 나 없을 때에도 항상 복종하여 두렵고 떨림으로 너희 구원을 이루라**"(빌립보서2:12절) **a. 두렵고 떨림으로!** 그 누구라도 하나님 앞에 선다는 것은 두렵고 떨리는 일입니다. 그래서 끝까지 낮은 자세로 겸손하라는 것입니다. **b. 구원을 이루라!** 여기에서 "이루라"는 헬라어로는 κατεργαζεσθε(카텔가제스데) 영어로는 work out인데 '성취하다' '완성하다'라는 의미를 가지고 있습니다. 특히 이것은 과거형이 아니라 현재형입니다. 우리는 과거에 이미 예수 믿고 구원을 '받았다' 할 찌라도 현재의 삶 속에서 구원을 '이루어' 가야하는 것입니다. 그것도 '항상 복종하고 두렵고 떨리는 마음으로 하라'는 것입니다. 왜냐하면 구원은 다 끝난 것이 아니기 때문입니다.

　사도 바울은 **로마서 1;17절**에서 **'의'**에 대해서 이렇게 진술하고 있습니다. ① **"복음에는 하나님의 의가 나타나서 믿음으로 믿음에 이르게 하나니 기록된 바 오직 의인은 믿음으로 말미암아 살리라함과 같으니라"** 이것은 사도바울의 복음과 의와 믿음에 대한 진술인데 이것을 근거로 루터는 종교개혁을 시작했던 것입니다. 그러나 우리는 여기서 멈추어서는 안됩니다. 이보다 더 빛나고 장엄한 구절이 있는데 **로마서 3:21-28절** 입니다. ② **"이제는 율법 외에 하나님의 한 의가 나타났으니 율법과 선지자들에게 증거를 받은 것이라 곧 예수그리스도를 믿음으로 말미암아 모든 믿는 자에게 미치는 하나님의 의니 차별이 없느니라 모든 사람이 죄를 범하였으매 하나님의 영광에 이르지 못하더니 그리스도 예수 안에 있는 구속으로 말 미암아 하나님의 은혜로 값없이 의롭다하심을 얻은 자 되었느니라 이 예수를 하나님이 그의 피로 인하여 믿음으로 말미암는 화목제물로 세우셨으니 이는 하나님께서 길이 참으시는 중에 전에 지은 죄를 간과하심으로 자기의 의로우심을 나타내려 하심이니 곧 이 때에 자기의 의로우심을 나타내사 자기도 의로우시며 또한 예수 믿는 자를 의롭다하려 하심이니라…그러므로 사람이 의롭다하심을 얻는 것은 율법의 행위에 있지 않고 믿음으로 되는 줄 우리가 인정하노**

라" 아멘! 이 말씀은 **믿음**과 **의**에 대한 사도 바울의 위대한 선언인데 로마서 전체의 핵심구절이라 해도 과언이 아닙니다. 저는 산상수훈에서 **"모든 의"**를 알고 나서 이 부분이 마음에 가장 큰 감동이 되었습니다. 그래서 로마서 3:21-28절 을 다 읽고 나서 "야! 내가 찾던 것이 바로 여기에 있었구나!"하면서 탄성을 질렀습니다. 그리고 나서 요한복음 이사야서 시편이 확 열렸습니다. 그리고 매일 열심히 읽기 시작했습니다. 만약 아직도 성경에서 로마서 3장 21-28절에 큰 감동이 오지 않았다면 나의 신앙이나 성경지식에 문제가 있는 것이 아닌가 의심해봐야 하는 것입니다. 참으로 **로마서 3장 21-28절**의 말씀은 복음을 한 군데에 집약해 놓은 것과 같습니다. 너무나 귀하고 감동적이고 보석과도 같습니다. 그런데 놀라운 것은 사도 바울이 8절 이나 되는 말씀 가운데서 **'믿음'**과 **'의롭다하심'**에 대해서만 말하고 있지 **'구원'**에 대해서는 한 마디도 말하지 않는다는 것입니다. 왜 그렇습니까? 구원은 '현재 진행형'이기 때문입니다.

구약성경에서도 하나님의 **'의'**가 나타나고 있습니다. 창세기 15:6절 입니다. ① "아브람이 여호와를 믿으니 여호와께서 이를 그의 의로 여기시고" 이것은 구약성경에서 가장 먼저 등장하는 의입니다.

창세기 18:19절 입니다. ② "내가 그로 그 자식과 권속에게 명하여 여호와의 도를 지켜 의와 공도를 행하게 하려고 그를 택하였나니 이는 나 여호와가 아브라함에 대하여 말한 일을 이루려 함이니라" **의와 공도를 행하게 하려고!** 하나님이 의와 공도 즉 **'공의'**를 행하게 하려고 믿음의 조상인 아브라함을 가장 먼저 불렀다는 것입니다. 여기서 우리가 알 수 있는 것은 성경의 첫 번째 핵심 주제는 의(공의)라는 것입니다.

이제는 **'시편'**으로 가보겠습니다. 시편 37:5-6절 입니다. ③ "너희 길을 여호와께 맡겨라 저를 의지하면 저가 이루시고 네 의를 빛같이 나타내시며 네 공의를 정오의 빛같이 하시리라" 놀랍게도 '의'를 빛으로 '공의'를 '정오의 햇빛'에 비유하고 있습니다. 그런데 우리가 어찌 이것을 외면하고 성경을 알고 하나님을 섬긴다고 할 수 있겠습니까?

'의'에 대해서 가장 많이 기록된 곳은 **이사야서**입니다. 그래서 이사야서를 '**구약의 복음서**'라고 하는 것입니다. 이사야 1:26-27절 입니다. ④ "시온은 공평으로 구속이 되고 그 귀정한 자는 의로 구속이 되리라" 공평과 의가 인간의 구속과 관련이 되어 나오고 있습니다.

이사야 28:17절 입니다. ⑤ "나는 공평으로 줄을 삼고 의로 추를 삼으니 우박이 거짓의 피난처를 소탕하며 물이 그 숨는 곳에 넘칠 것인즉" 공평과 의가 줄과 추! 즉 심판의 근거가 되고 있습니다.

이사야 32:16-17절 입니다. ⑥ "그 때에 공평이 광야에 거하며 의가 아름다운 밭에 있으리니 의의 공효는 화평이요 의의 결과는 영원한 평안과 안전이라" 여기에서도 공평과 의가 나오고 있습니다. 그리고 거기에서 화평과 영원한 안식이 온다는 것입니다.

이사야서 42:1절 입니다. ⑦ "내가 붙드는 나의 종 내 마음에 기뻐하는 나의 택한 사람을 보라 내가 나의 신을 그에게 주었은즉 그가 이방에 공의를 베풀리라 그는 외치지 아니하며 그 소리로 거리에 들리게 아니하며 상한 갈대를 꺾지 아니하며 꺼져가는 등불을 끄지 아니하고 진리로 공의를 베풀 것이며 그는 쇠하지 아니하며 낙담하지 아니하고 세상에 공의를 세우기에 이르리니 섬들이 그 교훈을 앙망하리라" **a. 나의 택한 사람을 보라!** 여기서 '나의 종' '나의 택한 사람'은 예수 그리스도를 일컫는 것입니다. **b. 그가 이방에 공의를 베풀리라!** 중요한 것은 여기에 '사랑'이 아니라 '공의'가 나온다는 것입니다. c. **섬들이 그 교훈을 앙망하리라!** 여기서 섬들은 이방인들이고 교훈은 복음을 말합니다. 그러니까 이방인들과 전 세계가 복음을 믿고 구원을 받는다는 것인데 구약성경에 이런 기록이 나온다는 것이 놀라운 것입니다.

이사야42:6절 입니다. ⑧ "나 여호와가 의로 너를 불렀은즉 내가 네 손을 잡아 너를 보호하며 너를 세워 백성의 언약과 이방의 빛이 되게 하리니" **의로 너를 불렀은즉!** 물론 '너'는 예수 그리스도를 가리키고 있습니다. 그 목적은 '이방의 빛'이 되게 하는 것인데 '이방의 빛'은 복음이요 예수 그리스도인 것입니다. 그런데 그것이 **'사랑'**이 아니라 **'의'**라는 것입니다. 그러나 안타깝게도 인간들은 **'의'**보다 **'사랑'**을 더 좋아합니다. 지금 '의'는 교회에서 조차도 따돌림을 당하고 있는 것입니다.

이사야서 45:8절 입니다. ⑨ "너 하늘이여 위에서부터 의로움을 비같이 듣게 할찌어다 궁창이여 의를 부어 내릴찌어다 땅이여 열려서 구원을 내고 의도 함께 움돋게할찌어다 나 여호와가 이 일을 창조하였느니라" **너 하늘이여! 궁창이여! 땅이여!** 하늘과 땅과 궁창! 이렇게 '의'는 이 우주의 어느 곳에서나 밝아오는 빛과 같이 그 위용이 대단한 것입니다.

이사야서 51;4절 입니다. .⑩ "내가 내 공의를 만민의 빛으로 세우리라" '의'가 '만민의 빛'이라는 것입니다. 만민의 빛은 곧 복음이요 예수그리스도인 것입니다.

이사야서 51장 5절 입니다. ⑪ "내 의가 가깝고 내 구원이 나갔은즉 내 팔이 만민을 심판하리니 섬들이 나를 앙망하여 내 팔에 의지하리라" '의'를 구원과 심판에 연결시키고 있습니다.

이사야서 51장 8절 입니다. ⑫ "그들은 옷같이 좀에게 먹힐 것이며 그들은 양털같이 벌레에게 먹힐 것이로되 나의 의는 영원히 있겠고 나의 구원은 세세에 미치리라" 의와 구원이 함께 나오고 있습니다. 또 그 관계가 영원히 지속된다는 것입니다.

호세아서 10장12절 입니다. ⑬ "너희가 자기를 위하여 의를 심고 긍휼을 거두라 지금이 곧 여호와를 찾을 때니 너희 묵은 땅을 기경하라 마침내 여화와께서 임하사 의를 비처럼 너희에게 내리시리라" **의를 비처럼!** 여기서는 의를 '비'에 비유하고 있습니다. 가물 때 하늘에서 내리는 비는 그야말로 생명이고 생존 그 자체인 것입니다. 단비! 소낙비! 하늘에서 비(물)가 온다는 것은 하나님이 만물을 먹여 살리시는 섭리인데 그것이 바로 '의'라는 것입니다.

예레미아서 23장5-6절 입니다. ⑭ "나 여호와가 말하노라 보라 때가 이르리니 내가 다윗에게 한 의로운 가지를 일으킬 것이라 그가 왕이 되어 지혜롭게 행사하며 세상에 공평과 정의를 행할 것이며 그의 날에 유다는 구원을 얻겠고 이스라엘은 평안히 거할 것이며 그 이름은 '여호와 우리의 의'라 일컬음을 받으리라" 참으로 이것은 구약성경의 핵심구절 이라 할 만큼 중요한 말씀인 것입니다. a. **"보라 때가 이르리니"** 때는 신약시대를 말합니다. b. **"내가 다윗에게 한 의로운 가지를 일으킬 것이라"** 여기서 '의로운 가지'는 예수 그리스도를 가리킵니다. c. **"그가 왕이 되어"** 예수님은 만왕의 왕이 십니다. d. **"세상에 공평과 정의를 행할 것이며"** 여기서 공평과 정의를 합치면 공의가 됩니다 e. **"그 이름은 여호와 우리의 의라 일컬음을 받으리라" "여호와 우리의 의"** 이것은 히브리어로 **'여호와 찌드케누'** 인데 '의로우신 하나님'의 이름인 것입니다. 그러나 지금 **'여호와 찌드케누'** 즉 '의의 하나님'은 교회에서 무시를 당하고 있습니다. 지금 교회에서 '의'는 꿔다놓은 보리자루같이 있는지 없는지 무시와 멸시와 천대를 받고 있습니다. 그래서 교회에서 빛과 생명과 능력이 사라진지 오래인 것입니다. 우리는 이것을 회복해야 합니다.

말라기서 4장 2절 입니다. ⑮ "내 이름을 경외하는 너희에게는 의로운 해가 떠올라서 치료하는 광선을 발하리니 너희가 나가서 외양간에서 나온 송아지같이 뛰리라" **의로운 해가 떠올라서!** '의'를 해 즉 태양에 비유하고 있습니다. 성경에서 '의'는 곧잘 해(태양)에 비유되고 있습니다. 그러니 '의'가 얼마나 귀합니까? **그런데 교회에서 '의'가 사라지면 어떻게 되겠습니까?** 불의가 판을 칠 것입니다. '의'가 없는 세상은 로마캐도릭의 독재권력이 지배했던 중세 시대같이 부정부패가 만연하고 **'마녀사냥'**이 횡행하는 Dark Age 즉 암흑세상인 것입니다. 하나님을 믿지 않는 세상 사람들도 **'정의'**를 최고의 가치로 내세웁니다. 그것을 성경에서는 **'공의'**라고 합니다. 공의는 공평과 정의가 합쳐진 것입니다. **(공평+정의=공의)** 그래서 정의보다 공의가 더 넓고 차원이 더 높은 것입니다. 공의로운 사회가 될 때 세상은 참으로 살기 좋은 세상이 될 것입니다.

결론적으로 '의'는 '옳은 것' '바른 것' '곧은 것'을 말하는데 그것은 또한 **구원**과 **심판**을 불러 오는 것입니다. 그래서 구원과 심판은 동전의 양면처럼 서로 통하는 것입니다. 그래서 우리도 하나님의 심판을 피하고 구원받아 천국에 가려면 예수님의 가르침대로 **"모든 의"**를 이루어야 합니다. 이 **"모든 의"**에는 하나님과의 관계, 인간과 인간의 관계, 인간과 피조물의 관계 등 여러 가지의 의가 포함이 되고 있습니다. 그래야 아침에 동쪽 하늘에서 해가 떠오르듯이 '의'로 말미암아 어두운 세상이 밝아지고 우리의 고달픈 인생길에도 하늘에서 빛이 비취게 될 것입니다.

1절 '행군나팔 소리로 주의 호령났으니 십자가의 군기를 높이 들고 나가세 선한 싸움 다 싸우고 의의 면류관 의의 면류관 받아 쓰리라 선한 싸움

다 싸우고 의의 면류관 예루살렘성에서 면류관 받으리 저 요단강 건너 우리 싸움 마치는 날 의의 면류관 예루살렘성에서'(통일찬송가402장 새찬송가306장)

(2) 사랑입니다.

성경에서 사랑을 네 가지로 나누어 볼 수 있습니다.

첫째, 하나님 사랑입니다. 예수님은 이렇게 말씀하셨습니다. "하나님이 세상을 이처럼 사랑하사 독생자를 주셨으니 이는 저를 믿는 자마다 멸망치 않고 영생을 얻게하려 하심이라"(요한복음 3:16) a. **이처럼 사랑하사!** 그러면 "이처럼"이 무엇입니까? 그 해답은 "독생자를 주셨으니"입니다. 그러니까 하나님이 자기의 독생자를 세상에 보내시고 십자가에서 화목제물로 내어주실 만큼 세상을 사랑하셨다는 것입니다. 이처럼 하나님의 사랑은 너무 커서 우리가 감히 상상할 수도 없고 측정할 수도 없는 것입니다.

이에 대해서 사도 바울은 이렇게 증거하고 있습니다. "너희가 사랑 가운데서 뿌리가 박히고 터가 굳어져서 능히 모든 성도와 함께 지식에 넘치는 그리스도의 사랑을 알아 그 넓이와 길이와 높이와 깊이가 어떠함을 깨달아 하나님의 모든 충만하신 것으로 너희에게 충만하게 하시기를 구하노라"(에베소서3:17-19절) b. **지식에 넘치는 그리스도의 사랑을 알아!** 여기서 '넘친다'는 것은 영어로 SURPASS인데 '초월한다'는 의미입니다. 그러니까 예수 그리스도의 사랑은 지식을 초월하고, 이성을 초월하고, 경험을 초월하고, 상상을 초월한다는 것입니다. 그것이 바로 십자가의 사랑입니다.

사도 요한은 하나님의 사랑을 이렇게 증거하고 있습니다. "사랑은 여기 있으니 우리가 하나님을 사랑한 것이 아니요 오직 하나님이 우리를 사랑하사

우리 죄를 위하여 화목제로 그 아들을 보내셨음이니라"(요한일서 4:10절)

c. **사랑은 여기 있으니!** 모든 사랑의 출처는 하나님이십니다. 사랑은 하늘에서 온 것입니다. 사람이든 동물이든 모든 사랑은 하나님이 주신 것이고 하늘에서 온 것입니다. 내가 하나님을 무지무지하게 사랑하는 것 같아도 그 사랑도 하나님이 나에게 주신 것입니다. 남녀 간의 사랑, 부모자식 간의 사랑, 친구 간의 사랑, 우리가 나무를 사랑하고 다른 동물들을 사랑하는 것도 하나님이 주신 사랑인 것입니다. 그리고 동물이나 곤충 벌레같은 피조물 간의 사랑도 하나님이 주신 것임을 알아야 합니다. d. **오직 하나님이 우리를 사랑하사!** 흔히 '**내리사랑**'이라는 말을 하는데 이 말은 부모가 자식을 사랑하는 것만큼 자식이 부모를 사랑하지 않는다는 것입니다. 이것은 어쩔수 없는 현실입니다. 부모는 자식을 위해 모든 것을 다 내어주고 희생을 합니다. 그러나 자식은 그렇지 않습니다. 아마 이것은 구조적인 문제일 것입니다. 부모는 자식을 낳았고 길렀습니다. 그래서 자식은 부모의 분신이고 기업이고 저축입니다. 그러나 자식의 입장에서 보면 그렇지가 않은 것입니다. 부모는 다만 수여자일 분이고 지배자입니다. 그래서 사춘기가 되면 부모에 대한 원망과 불만이 생기고 부모를 다른 부모와 비교하다 보면 부모를 전보다 낮추어 보기도 하는 것입니다. 그러다가 자신이 결혼을 해서 자식을 키우다보면 그제서야 부모의 입장을 이해하는 것입니다. 하나님과 우리의 관계도 이와 같습니다. 그 사랑도 '**내리사랑**'입니다. 하나님이 우리를 사랑하시는 것만큼 우리는 하나님을 사랑하지 않습니다. 그래서 우리도 하나님의 사랑을 받고 있으면서도 그 사랑을 모르는 것입니다. 그러다가 성령을 받고 나서야 그 사랑을 알고 뒤늦게 눈물을 흘리는 것입니다.

사도 바울은 로마서에서 사랑에 대한 '**위대한 선언**'을 하고 있습니다. "누가 우리를 그리스도의 사랑에서 끊으리요 환난이나 곤고나 핍박이나 기근이나 적신이나 위험이나 칼이랴" 환난. 곤고. 핍박. 기근. 적신. 위험. 칼이라도 우리를 그리스도의 사랑에서 끊을 수 없다는 것입니다. 왜냐하면 예수 그리스도의 사랑만이 진실하고 영원하기 때문입니다. "내가 확신하노니 사망이나 생명이나 천사들이나 권세자들이나 현재 일이나 장래 일이나 능력이나 높음이나 깊음이나 다른 아무 피조물이라도 우리를 우리 주 그리스도 예수 안에 있는 하나님의 사랑에서 끊을 수 없으리라" **확신하노니!** 참으로 위대한 **승리의 선언**입니다. 이 말씀이야말로 **로마서 3;21-28절**과 함께 로마서의 핵심 주제라고 해도 조금도 부족함이 없을 것입니다. **하나님의 사랑과 그리스도의 사랑!** 이것보다 더 높고 크고 강하고 위대한 것은 없습니다. 그래서 아무 것도 그 사랑에서 끊을 수 없는 것입니다. 사랑은 두 가지! 하나님의 사랑과 그리스도의 사랑이 있습니다. 하나님은 원수를 구원하기 위해서 자기 아들을 십자가에 내어주셨습니다. 이것이 **하나님의 사랑**입니다. 예수 그리스도는 원수를 구원하기 위해서 자신의 몸을 십자가에서 제물로 드리셨습니다. 이것이 **그리스도의 사랑**입니다. 이 사랑 앞에 **사도 바울**이 무릎을 꿇었고 **마귀**가 깜짝 놀라서 도망을 쳤습니다. 마귀가 가장 무서워하는 것은 십자가에 있는 **그리스도의 사랑**입니다. 이 사랑이 우리 안에 들어오면 마귀는 떠나가는 것입니다. 그리고 '안돼! 안돼! 더 이상 안돼! 이제 나는 여기서 떠나가야 해!' 라는 마귀의 탄식소리가 내 안에서 들려오는 것입니다. 이처럼 사랑은 최고의 의미요 가치요 능력인 것입니다. **그러면 왜 마귀가 사랑을 무서워합니까?** 미움은 분열이지만 사랑은 하나가 되는 것입니다. 다시 말하면 연합하는 것입니다. 그래서 마귀가 이 **'연합작전'**을 무서워하는 것입니다.

둘째, **이웃 사랑입니다.**

예수님은 이렇게 말씀하셨습니다. "둘째는 이것이니 네 이웃을 네 몸과 같이 사랑하라 하신 것이라 이에서 더 큰 계명이 없느니라"(마가복음12:31절) **네 이웃을 네 몸과 같이 사랑하라!** 이것은 **외적 사랑**입니다. 또 이 말씀은 우리에게 좀 생소한 느낌을 줍니다. 왜냐하면 우리의 생활감각과 맞지 않기 때문입니다. 이 말씀을 이해하려면 **'천국의 원리'**에 대해서 생각해 보아야 합니다. 타락한 세상이 인간중심 자기중심의 세계라면 천국은 하나님 중심 타인중심의 세계이기 때문입니다. 그래서 천국에서는 이 말씀이 문제가 되지 않고 오히려 당연한 것입니다. 그러면 우리의 이웃이 누구입니까? 남녀노소 빈부귀천 신불신을 막론하고 우리가 만나는 모든 사람들을 말합니다. 그러면 왜 이웃을 내 몸과같이 사랑해야 합니까? 그것이 천국의 법과 원리요 영생의 길이기 때문입니다.

예수님이 가장 사랑하신 자는 베다니 문둥이촌의 나사로와 창녀였던 막달라 마리아였습니다. 요한복음 11장을 보면 예수님이 예루살렘을 떠나 요단강 건너편에 오셨는데 **'마르다와 마리아'**로부터 연락이 왔습니다. "주여 보시옵소서 사랑하시는 자가 병들었나이다"(3절) 여기서 '사랑하시는 자'는 나사로입니다. 전갈을 받고 예수님은 그곳에서 3일을 더 머무르신 후에 유대땅으로 다시 가셨는데 가보니 나사로는 이미 죽고 장사를 지낸지라 사람들이 모여서 울고 있었습니다. 그때 예수님도 통한의 눈물을 흘리셨습니다. 그것을 보고 사람들이 이런 말을 했습니다. "보라 그를 어떻게 사랑하였는가"(36절) 예수님이 빈민촌인 베다니에 사는 병든 나사로와 그의 누이들을 얼마나 사랑하셨던지 그것이 소문이 났던 것입니다.

누가복음 7장을 보면 예수님이 한 바리새인의 초청으로 바리새인의 집에 식사하러 들어 가셨습니다. 그 때 그 마을에서 창녀로 소문난 **'막달라 마리아'**가 향유담은 옥합을 가지고 몰래 들어와서 예수님의 곁에 서서 울며 눈물로 그 발을 적시고 머리털로 씻고 발에 입맞추고 향유를 부었습니다. 막달라 마리아가 예수님을 얼마나 사랑했으면 발에 입까지 맞추었겠습니까? 그러나 예수님을 초청한 바리새인은 율법의 관점에서 그것은 보았기 때문에 그것을 못마땅하게 여기고 **"이 사람이 만일 선지자더면 자기를 만지는 이 여자가 누구며 어떠한 자 곧 죄인인 줄 알았으리라"**(39절) 라고 생각하면서 속으로 예수님을 비난했습니다. 그래도 예수님은 그런 것에 아랑곳하지 않고 그 여자에게 이런 말씀을 하셨습니다. **"여자여 네 믿음이 너를 구원하였으니 평안히 가라"**(50절) 이처럼 예수님은 나사로나 막달라 마리아같이 가장 가난한 자, 병든 자, 소외된 자, 낮은 자, 죄인들의 친구가 되어 주셨던 것입니다. 이것이 바로 예수님의 **'이웃 사랑'**인 것입니다. 그러면 우리는 이웃을 얼마나 사랑하고 있습니까? 우리 각자 자기 자신에게 물어야할 것입니다.

러시아의 문호인 **'톨스토이'**는 부자였습니다. 그는 예수님의 사랑을 실천하기 위해서 조상으로 부터 물려받은 재산을 가난한 자들에게 나누어 주었습니다. **손 양원** 목사님은 애양원이라는 나환자촌에 들어가서 나환자들을 돌보다가 6.25전쟁 때 순교를 하셨습니다. 얼마전에 경기도 이천에 있는 노인병원에서 화재가 났는데 노인들이 다수 희생을 당했습니다. 그때 한 간호사가 그런 와중에서도 환자들을 돌보다가 순직을 하고 말았습니다. 그래서 많은 사람들을 감동시키고 의인으로 추대가 되었습니다. 이것이 바로 **'이웃 사랑'**입니다. 그러나 그 정도는 아닐지라도 만나는 모든 사람들에게 먼저 인사하고 친절 을 베푸는 것도 **'이웃사랑'**의 실천인 것입니다.

셋째, **원수 사랑입니다.**

예수님이 이렇게 말씀하셨습니다. "너희 원수를 사랑하며 너희를 핍박하는 자를 위하여 기도하라 이같이 한즉 하늘에 계신 너희 아버지의 아들이 되리니 아는 하나님이 그 해를 악인과 선인에게 비추게 하시며 비를 의로운 자와 불의한 자에게 내리우심이니라"(마태복음5:44-45절)

인류의 역사에서 '원수를 사랑하라'고 가르치신 분은 예수님 밖에 없습니다. 이것은 **초월적 사랑**입니다. 우리는 모두 과거에 마귀의 꾀임에 빠져 하나님을 배신한 '하나님의 원수'였습니다. 마귀와 함께 지옥에 갈 자들이었습니다. 그런데 하나님의 아들이신 예수님이 오셔서 우리를 대신해서 십자가에서 대신 형벌을 받으심으로 우리의 죄가 용서되고 하나님의 자녀가 된 것입니다. 세상에 이 보다 더 큰 사랑이 어디 있겠습니까? 그러면 지금 우리는 그 사랑에 얼마나 보답을 하고 있습니까? 짧은 인생을 살아가면서 원수가 있다는 것은 불행이고 큰 문제입니다. 이 문제를 해결하지 않고는 인생을 제대로 살 수가 없는 것입니다. 세상을 살다보면 어쩔수 없이 원수 아닌 원수가 생기는 것입니다. 특히 돈 문제 때문에 원수가 되기도 하는 것입니다. 돈을 떼먹고 달아난 친구, 돈을 갚지 않는 형제, 부모의 재산상속으로 싸우는 형제들, 아니면 부부간에도 부정이나 불륜으로 원수가 되기도 하는 것입니다. 이런 일에 부닥치면 인간의 힘만 가지고는 해결하기가 어렵고 여기에서 빠져나오기도 힘이 드는 것입니다. 이럴 때는 십자가를 바라보고 예수님을 생각하며 기도해야 그 함정에서 빠져나올 수 있는 것입니다.

'원수사랑'하면 생각나는 사람이 있습니다. **'사랑의 원자탄'**이라고 불리는 고 **손 양원** 목사님이십니다. 손 목사님에게는 고등학교에 다니는 동인 동신이라는 두 아들이 있었는데 그 때 마침 여수 순천 반란사건이 일어나서 나라가 뒤숭숭한 시기였습니다. 그때 한 반에서 좌익운동을 하는 학생들이 손 목사님의 큰 아들인 동인이를 죽이고 그 집까지 찾아와서 동생인 동신이까지 죽이고 말았습니다. 손 양원 목사님은 그런 소식들 듣고서도 하나님께 10가지 조건을 가지고 감사기도를 드렸습니다. 반란사건이 진압되자 좌익 학생들은 모두 군부대에 잡혀가서 심문을 받고 처형받게 되었습니다. 그것을 안 손 양원 목사님은 딸인 동희한테 편지를 써서 군부대에 보냈습니다. 그리고 자기 아들을 죽인 '강 0민'라는 학생을 선처해줄 것을 호소했습니다. 그러자 부대장도 한참 고민을 하다가 그 학생을 처형 직전에 풀어 주었습니다. 그러나 손 목사님은 여기에서 끝나지 않고 그 원수같은 학생을 양아들을 삼아서 집으로 데려왔습니다. 그리고 집회를 따닐 때는 같이 다녔습니다. 그리고 자신이 6.25전쟁 때 인민군들에 의해 잡혀 순교를 하자 그 양아들이 상주가 되었던 것입니다. 이것은 이 세상에서는 있을 수 없는 일입니다. 원수라는 것은 꼭 갚아줘야 하는 것이 사회적 통념이고 정서인데 용서해 주는 것도 모자라서 아들을 삼아 집에 까지 데려와서 매일 쳐다본다는 것은 인간으로서는 도저히 할 수 없는 일입니다. 원수는 차라리 눈에 안보이면 잊어버릴 수 있습니다. 그런데도 두 아들을 죽인 원수를 집으로 데려와 아들을 삼는다는 것이 인간으로서 할 수 있는 일입니까? 하나님의 사랑, 예수 그리스도의 사랑이 아니고는 도저히 불가능한 것입니다. 그래서 우리는 손 양원 목사님을 '사랑의 원자탄'이라고 부르는 것입니다.

사도바울은 로마서 12:19-20절 에서 이렇게 증거하고 있습니다. "내 사랑하는 자들아 너희가 친히 원수를 갚지 말고 진노하심에 맡기라 기록되었으되 원수 갚는 것이 내게 있으니 내가 갚으리라고 주께서 말씀하시니라 네 원수가 주리거든 먹이고 목마르거든 마시우라 그리함으로 네가 숯불을 그 머리에 쌓아 놓으리라" 참으로 대 사도다운 권면입니다.

a. **원수 갚는 것이 내게 있으니!** 주님이 원수를 대신 갚아 주겠다는 것입니다. 이것보다 더 고마운 일이 어디 있겠습니까? 그러나 이것도 우리에게는 그리 간단한 문제가 아닌 것입니다. **b. 내가 갚으리라!** 그런데도 대부분의 사람들은 이것을 주님께 맡기지 않으려고 합니다. 원수를 자기가 갚으려고 하는 것입니다. 그러다가 더 큰 어려움에 빠지는 것입니다.

c. **네 원수가 주리거든 먹이고 목마르거든 마시우라!** 이것이 원수 갚는 방법이라니 놀랍지 않습니까? 이것은 인간의 방법이 아니라 하나님의 방법인 것입니다. 그것은 보복이 아니라 사랑인 것입니다. 그러면 누가 이렇게 할 수 있습니까? 인간의 힘만으로는 불가능하고 성령의 감동과 인도와 도우심이 있어야 하는 것입니다. 그 결과는 이것입니다. **d. 네가 숯불을 그 머리에 쌓아 놓으리라!** 저는 이것이 무슨 말씀인지 선뜻 이해가 되지 않습니다. 머리에 숯불을 쌓아 놓으면 어떻게 되겠습니까? 사람이 죽을 것입니다. 그러나 여기에는 다른 의미가 있는데 머리라는 것은 생각을 하고 판단을 하는 곳입니다. 이것은 그의 양심이 깨어나서 그가 더 이상 견디지 못하고 찾아와서 머리를 숙이고 용서를 빈다는 것입니다. 원수를 원수로 갚으면 다 함께 망하지만 원수를 사랑으로 갚으면 다같이 사는 것입니다.

넷째, 서로 사랑입니다. 예수님은 이렇게 말씀하셨습니다. "새 계명을 너희에게 주노니 서로 사랑하라 내가 너희를 사랑한 것같이 너희도 서로 사랑하라 너희가 서로 사랑하면 이로써 모든 사람이 너희가 내 제자인 줄 알리라"(요한복음13:34-35절) **서로 사랑하라!** 이것은 예수님이 제자들에게 주신 새 계명입니다. 예수님은 제자들의 발을 다 씻기신 후에 제자들에게 또 이런 말씀을 하셨습니다. "내가 주와 또는 선생이 되어 너희 발을 씻겼으니 너희도 서로 발을 씻기는 것이 옳으니라 내가 너희에게 행한 것같이 너희도 행하게 하려하여 본을 보였노라"(요한복음13:14-15절)

'발을 씻긴다'는 것은 아주 지극한 사랑의 행위입니다. 이것은 엄마가 어린 자식의 발을 씻겨주는 것이 아니라면 있을 수 없는 것입니다. 그러나 자식도 다 크면 부모가 발을 씻겨주지는 않습니다. 부부간에도 자존심이 있기 때문에 발을 씻겨주지는 않습니다. 그런데 예수님은 제자들의 더러운 발을 씻겨주셨습니다. 이것이 바로 '측량할 수 없는' 예수 그리스도의 사랑입니다. 그리고 그 자리에서 예수님은 한 마디 하셨습니다. "너희도 서로 발을 씻기는 것이 옳으니라" **서로!** 발을 씻겨주라는 것입니다. 우리는 여기에서 '**서로**'라는 말에 유의해야 합니다. 이것은 '서로 씻겨주라'는 것이지 윗사람이 일방적으로 아랫 사람을 씻겨주라는 것이 아닙니다. 그래서 전에 일부 교회에서 하던 '**세족식**'은 성경적이 아닌 것입니다. 그리고 그 때 예수님이 하신 말씀이 "새 계명을 너희에게 주노니 서로 사랑하라"입니다. 여기서 '서로 사랑'은 '**내적인 사랑**'을 말합니다. 너희들 끼리 먼저, 안에서 먼저 '사랑하라'는 것입니다. 왜냐하면 이것이 사랑의 순서이기 때문입니다. '**먼저**' 제자들 간에, 동료들 간에, 목사들 간에, 장로들 간에, 권사 집사들 간에, 성도들 간에, 부부 간에, 형제 간에 사랑하고 '**후에**' 밖에 나가서 다른 사람들을 '사랑하라'는것입니다. 그런데 집안에서는 사랑하지 않으면서 밖에 나가서 열심히 사랑하는 자들이 있습니다. 교회 안에서는 사랑하지 않으면서 교회 밖에서는 사랑하는 자들이 있습니다. 이것은 '**위선적인 사랑**'인 것입니다. 이런 사랑을 하나님이 인정하시지 않는 것입니다. 집에서는 남편과 시부모와 싸우면서 보상심리로 밖에 나가면 천사가 되는 자들이 있습니다. 집에서는 아내(남편)를 사랑하지 않으면서 밖에 나가서는 다른 여자(남자)를 사랑하는 자들도 많습니다. 이것은 '**위험한 사랑**'입니다. '먼저' 안에서부터 사랑해야 합니다. '그런 후에' 밖에 나가서 사랑해야 올바른 사랑이 되는 것입니다. 이것이 사랑의 순서입니다.

저는 최근에 KBS '**사랑의 가족**'이라는 프로에서 놀라운 장면을 보았습니다. 20대의 젊은 부부의 이야기인데 남자는 '허00'이라는 군대를 갖다온 건강한 사람이고 여자는 어릴 적에 병을 앓아서 하체가 부실한 장애인이었습니다. 남자는 직장에 다니면서 돈을 벌고 여자는 집에서 살림을 하고 있었습니다. 그리고 둘 사이에는 3살된 남자 아이가 있었습니다. 남자는 직장에서 돌아오면 청소에서 세탁까지 모든 집안일을 다 합니다. 남자의 부모가 결혼을 반대해서 결혼식도 못 올리고 단칸방에서 힘들게 살고 있었습니다. 그러던 어느날 남자가 여자한테 결혼식을 올리자고 프로포즈를 하는 장면이 나오는데 너무나 감동적이라서 보는 이의 마음을 뭉클하게 했습니다. 남자가 여자에게 꽃다발을 주면서 이렇게 말합니다. "부족한 남자지만 결혼해 줄래?" 그리고 울면서 이런 고백을 합니다. "남들보다 좋은 거 못해줘서 미안하고 모자란 남편이라서 미안해. 그래도 믿고 따라줘서 고마워" 그러자 아내의 얼굴에서 웃음꽃이 활짝 피어났습니다. 저는 이 장면을 보면서 저 자신을 돌아보았습니다. '나는 지금까지 얼마나 아내를 사랑했나?' 그리고 그 장면을 사진으로 찍어서 가지고 있는데 그 여자의 얼굴을 보니까 장애인인데도 얼굴에 수심이 전혀 없고 기쁨과 행복이 가득한 것을 보고 또 감동을 받았습니다. 왜냐하면 사랑을 받았기 때문입니다. 이처럼 사랑은 주는 이와 받는 이의 얼굴을 빛나게 해주는 것입니다. 그들이 교회를 다니는지 안 다니는지는 모르겠으나 기독교인으로서 부끄러움을 느끼게 되는 것입니다.

고린도전서 13장은 '사랑의 헌장'이라고 해도 과언이 아닙니다. "내가 사람의 방언과 천사의 말을 할찌라도 사랑이 없으면 소리나는 구리와 울리는 꽹과리가 되고 내가 예언하는 능이 있어 모든 비밀과 모든 지식을 알고 산을 옮길만한. 모든 믿음이 있을찌라도 사랑이 없으면 내가 아무 것도 아니요 내가 내게 있는 모든 것으로 구제하고 또 내 몸을 불사르게 내어줄찌라도 사랑이 없으면 내게 아무 유익이 없느니라"(1-3절) 사도 바울이야말로 예수님이 요한복음 13:34-35절 에서 말씀하신 '사랑의 계명'을 가장 잘 알고 실천한 사람인 것을 알 수 있습니다. 여기에 보면 "사랑이 없으면"이 세 번이나 나오고 있습니다. **a. 사랑이 없으면 울리는 꽹과리가 되고!** 왜 그렇습니까? '사랑이 없으면' 거기에 생명이 없기 때문입니다. **b. 사랑이 없으면 내가 아무 것도 아니요!** 왜 그렇습니까? '사랑이 없으면' 내가 인간이 아닌 A. I,나 인공로봇과 조금도 다를 것이 없기 때문입니다. **c. 사랑이 없으면 내게 아무 유익이 없느니라!** 왜 그렇습니까? 사랑이 곧 영혼이고 영혼이 곧 생명이기 때문입니다. 그리고 그 다음에는 그 '사랑의 내용'이 나오고 있습니다. "사랑은 오래 참고 사랑은 온유하며 투기하는 자가 되지 아니하며 사랑은 자랑하지 아니하며 교만하지 아니하며 무례히 행치 아니하며 자기의 유익을 구치 아니하며 성내지 아니하며 악한 것을 생각지 아니하며 불의를 기뻐하지 아니하며 진리와 함께 기뻐하고 모든 것을 참으며 모든 것을 믿으며 모든 것을 바라며 모든 것을 견디느니라"(4-7절) 여기에 15가지 사랑의 요소들이 나오고 있는데 바울은 사랑의 첫번째 요소로 "오래 참고"를 들고 있습니다. 그리고 마지막 요소로는 "모든 것을 견디느니라"라고 끝을 맺고 있습니다. 초대 교회 시절 에 그리스도인들은 환란과 핍박 가운데 살아야 했습니다. 예수 믿고 기독교인이 되었다는 이유로 유대교에서 출교를 당하고,

재산이 몰수되고, 집에서 쫓겨나거나 동네에서 추방을 당하고, 그래서 고향을 버리고 멀리 타국에 가서 살았던 것입니다. 그래도 그들은 참고 견뎠습니다. 그것은 지금도 마찬가지입니다. 그 때만큼은 아닐지라도 알게 모르게 우리 주위에서 미움과 핍박이 오는 것입니다. 특히 직장에서는 더 그렇습니다. 그래도 참고 견뎌야 합니다. 오로지 악을 선으로, 미움을 사랑으로, 시기를 축복으로 갚아야 하는 것입니다. 그래야 영적 전쟁에서 최후의 승리자가 될 수 있는 것입니다. 그리고 이렇게 결론을 내리고 있습니다. "그런즉 믿음 소망 사랑 이 세 가지는 항상 있을 것인데 그 중에 제일은 사랑이라"(고린도전서13;13절) **그러면 왜 사랑이 제일입니까?** 지금 사도 바울은 '교회 공동체'에 대해서 기술하고 있습니다. 거기에는 말씀 성령 지식 지혜 믿음 능력 치유 방언 예언 통역 등 모든 은사가 다 있습니다. 그러나 거기에 사랑이 없다면 그 공동체는 모래성같이 무너지고 말 것입니다. 이처럼 공동체에서 가장 귀한 것은 **사랑**입니다. 사랑은 공동체에서 서로를 연결해 주는 끈과 같습니다. **'사랑이 없으면'** 공동체는 해체되고 맙니다. 마찬가지로 천국도 사랑이 없으면 지옥이 되는 것입니다.

　사회철학자요 정신분석학자인 **에릭 프롬**은 유명한 그의 저서 **'사랑의 기술'**에서 이렇게 말하고 있습니다. ① 사랑은 수동적 감정이 아니라 능동적 활동이다. ② 사랑은 빠지는 것이 아니라 참여하는 것이다. ③ 사랑은 받는 것이 아니라 주는 것이다. ④ 자신에 대한 사랑과 타인에 대한 사랑에 분업(分業)은 있을 수 없다. ⑤ 타인을 사랑하는 것은 자기 자신을 사랑하는 조건이 된다. ⑥ 사랑이 기술(技術)이라면 사랑에는 지식과 노력이 요구된다. 대략 이렇습니다. 기술(技術)이라는 것은 배우는 것입니다. 물론 배우지 않아도 본능적으로 누구나 할 수 있는 사랑이 있습니다. 그러나 차원이 높은 사랑은 배워야 하는 것입니다. 그리고 거기에는 끈질긴 노력이 요구되는 것입니다. 일등 기능공이나 숙련된 기술자가 되려면 일생동안을 갈고 닦고 배워야 하는 것입니다. **사랑도 이와 같은 것입니다.** 사랑에도 지식이 필요하고 이해가 필요하고 배움이 필요합니다. 이해하지 못하면 지식은 무용지물이 되는 것입니다. **기술**은 평생 배우면 누구나 숙련공이 될 수 있을 것입니다. 그러나 **사랑**은 일평생을 배우고 또 배워도 부족한 것입니다.

'사랑의 사도'였던 사도 요한은 이렇게 증거하고 있습니다. "사랑은 여기 있으니 우리가 하나님을 사랑한 것이 아니요 오직 하나님이 우리를 사랑하사 우리 죄를 위하여 그 아들을 화목제로 보내셨음이라"(요한일서4:10절) **사랑은 여기 있으니!** 이것이 무슨 말씀입니까? 인간이든 짐승이든 모든 사랑의 출처는 하나님이시라는 것입니다. "하나님이 우리를 사랑하시는 사랑을 우리가 알고 믿었노니 하나님은 사랑이시라 사랑 안에 거하는 자는 하나님 안에 거하고 하나님도 그 안에 거하시느니라"(요한일서4:16절) **하나님은 사랑이시라!** 우리가 하나님 안에 거할 수 있는 비결은 서로 사랑하는 것입니다. 그 때 하나님이 우리 안에 들어오셔서 거하시는 것입니다. 베드로는 '사랑'에 대해서 이렇게 증거합니다. "무엇보다도 열심히 서로 사랑할지니 사랑은 허다한 죄를 덮느니라"(베드로전서4:8절) **사랑은 허다한 죄를 덮느니라!** 여기서 '덮는다'는 헬라어로 καλύπτω '칼립토' 영어로는 Cover '덮다'라는 의미를 가지고 있습니다. 덮는 것이 무엇입니까? 부모가 자식이 이불을 발로 차고 자는 것을 보면 이불을 덮어줍니다. 겨울이 되면 농부가 마늘밭을 짚으로 덮어줍니다. 이것도 지극한 사랑의 표현입니다.

사랑의 시

사랑은 영혼의 닻, 사랑은 영혼의 항구, 사랑은 영혼의 안식처
사랑은 저 하늘의 해보다 달보다 별보다 더 빛나고
사랑은 저 들녘의 백합화보다 더 향기롭고
사랑은 집 뜰에 핀 장미보다 더 아름답다.

사랑은 엄마의 등처럼 나를 업어주고
사랑은 엄마의 품처럼 나를 품어주고
사랑은 엄마의 이불처럼 나를 덮어준다.
나는 지금도 그 사랑이 그립다!

사랑하면 온갖 새들이 날아들고
사랑하면 각종 물고기들이 모여들고
사랑하면 산과 들과 숲은 노래하고
사랑하면 산천초목(山川草木)이 춤을 춘다.

그러나 사랑 중의 사랑은 여기 있으니
"하나님이 세상을 이처럼 사랑하사
독생자를 주셨으니 이는 저를 믿는 자마다
멸망치 않고 영생을 얻게 하려 하심이라"

그 사랑을 무엇과 비교할 수 있으랴?

그 사랑을 누가 측량할 수 있으랴?

오늘도 그 사랑이 너와 나를 부른다!

오! 사랑이여! 나의 영원한 님이시여!

지은이: 민 조수아

① 여기에서 **'사랑'**에 대해서 잠간 말씀드리자면 다른 종교에는 자비(慈悲)는 있으나 십자가의 사랑같은 사랑은 없습니다. 그래서 다른 종교에는 **구속력(拘束力)**이 없습니다. 구속력이란 잡아당기고 끌어당기는 끈끈한 힘을 말합니다. 구속력이 없는 종교는 그저 '물에 술 탄듯 술에 물탄듯', '귀에 걸면 귀고리 코에 걸면 코걸이'가 되고, 기분 좋으면 가고 기분 나쁘면 가지 않습니다. 그리고 자신들의 필요에 따라서 행동하는 것입니다. 왜 그렇습니까? 십자가의 사랑 같은 진한 사랑이 없기 때문입니다. (흔히 '피는 물보다 진하다'고 하는데 다른 종교들이 '물의 종교'라면 기독교는 '피의 종교'입니다. 그래서 기독교는 끈끈하고 강합니다. 이것은 예수님과 십자가에서 피로 관계를 맺었기 때문입니다.)

사랑은 1:1의 관계입니다. 저는 조금 늦게 결혼을 했습니다. 그 때 충북 영동에 있는 작은 시골 교회에서 전도사로 사역을 하고 있었는데 인천에 있는 신대원에 다니고 있어서 월요일에 학교에 가면 금요일 오후 늦게 교회에 돌아오곤 했습니다. 교회 사택에는 아내와 두 살된 딸이 있었는데 집에 오면 아내가 두 살된 혜인이를 안고서 반갑게 마중을 나왔습니다. 저도 처음에는 아무 것도 모르고 딸 아이가 두 손을 뻗으면서 '아빠 아빠'하면서 좋아하길래 엉겁결에 아이를 받아서 먼저 품에 안았습니다. 그런데 아내가 이것을 싫어하는 것입니다. 그래서 그 다음부터는 두 여자를 함께 품에 안아 주었습니다. 그리고 학교에 가면 신혼 때인지라 아침 저녁으로 하루에 두 번씩 집으로 전화를 했습니다. 처음에는 멋도 모르고 첫마디에 '혜인이 잘 놀아?'라고 말을 시작했습니다. 그랬더니 아내가 싫어하는 것입니다. 그것을 알고부터는 집으로 전화를 하면 으레히 예쁜 딸 혜인이 얘기는 대화가 다 끝나고 나서 '혜인이 잘 놀지?' 한 마디 하고는 끝내고 말았습니다. 이 이야기를 신대원에서 아침 경건의 시간에 설교를 하게 되어서 말했더니 폭소가 터졌고 설교가 끝나자 후배 전도사가 나를 찾아와서 '선배님. 나도 그래요!'하면서 동감을 표시한 적이 있습니다. **이것이 사랑입니다!** 사랑은 둘만의 관계입니다. 그래서 사랑에는 아무도 끼어들 수 없습니다. 심지어 나를 낳아준 부모도, 내가 낳은 자식도 끼어들 수 없습니다. 그래서 예수님 이외에 다른 것들 즉 왕이나 교황, 천사나 성모 마리아, 성자나 성녀, 철학이나 사상, 돈이나 물질이 끼어들면 그 관계가 2:1, 3:1, 4:1. 5:1, 6:1, 7:1로 희석이 되어서 구속력(拘束力)이 약해지고 '가도 그만 안 가도 그만' '믿어도 그만 안 믿어도 그만' 식의 **'자유주의 신앙'**이 되는 것입니다. 그리고 '예수 안 믿어도 바르게만 살면 구원을 받는다'는 WCC의 **'보편적 구원론'**이 등장하는 것입니다. 이것은 하나님을 무력화(無力化)시키고 예수 그리스도의 십자가의 희생을 무용지물(無用之物)로 만드는 것입니다. 지금 예수 그리스도와 우리 사이에는 십자가 사랑이라는 세상에 둘도 없는 사랑이 있습니다. 그러면 누가, 그 무엇이 이 사랑에 끼어들 수 있습니까? 없습니다! 예수님과 우리의 사랑이 영적인 사랑 즉 **'영원한 사랑'**이라면 사람과 사람 사이의 사랑은 육신적인 사랑 즉 **'한시적인 사랑'**입니다. 사랑은 인간에게 최고의 의미와 가치와 힘과 능력과 기쁨과 행복입니다. 그래서 우리가 이 **'영원한 사랑'**을 믿고 소유한다는 것은 인생에서 가장 큰 행복이요 축복이라고 할 수 있습니다. 그런데 이런 사랑을 거부한다면 우리의 인생에 커다란 손실을 가져오는 것입니다. (신앙의 가치는 하늘의 가치, 믿음의 가치, 영적인 가치입니다. 그래서 우리가 이런 가치를 소유한다는 것은 곧 부자가 된다는 것입니다. 우리가 1억 100억 1,000억 1조원을 얘기하지만 하나님이 우리에게 주시는 가치는 이런 것보다 비교할 수 없을 정도로 더 큰 것입니다. 그것은 사랑의 가치, 의의 가치, 구원의 가치, 성령의 가치, 영생의 가치, 천국의 가치입니다. 그래서 만약 우리가 이런 영적인 가치를 믿고 소유한다면 '나는 삼성의 이 건희 회장이나 마이크로소프트의 빌게이츠보다 더 큰 부자요 행복한 자다' 라고 자랑할 수 있는 것입니다.)

예수님이 십자가에서 보여주신 사랑! 이보다 더 큰 사랑은 없습니다. 만일 우리가 그 사랑을 얻는다면 우리는 이 세상에서 가장 큰 의미와 가치와 힘과 능력과 자유와 행복을 소유하게 되는 것입니다. 그런데 사랑은 **'받을'** 때보다 **'줄'** 때에 더 빛을 발하는 것입니다. 우리는 사랑을 **'받기'** 위해서 태어났으나 또한 사랑을 **'주기'** 위해서 존재하는 것입니다. 사해(死海)같이 받기만 하고 주지 못하면 물이 썩어서 죽음의 바다가 되는 것입니다.

1절 '예수 사랑하심은 거룩하신 말일세 우리들은 약하나 예수권세 많도다 날 사랑하심 날 사랑하심 날 사랑하심 성경에 써 있네(통일찬송가411장 새찬송가563장) **예수사랑 하심은 거룩하신 말일세!**(그러나 애석하게도 새 찬송가에는 이 가사가 빠졌습니다) 사랑은 거룩한 것입니다. 거룩은 하나님의 성품 즉 **'신의 성품'**입니다. 그래서 우리가 누군가를 사랑한다는 것은 곧 신의 성품(베드로후서1:4절) 에 참여하는 것입니다. 비록 신(神)은 아닐지라도 신(神)같은 존재요 신의 영역에 들어가는 것입니다. 그러니 사랑이 얼마나 귀합니까? 그래서 남녀노소 누구나 사랑을 원하는 것입니다. 우리는 사랑을 결코 과소평가해서는 안 됩니다. **내가 누구를 사랑한다면** 그 순간부터 나는 '신같은 존재'가 되고 '신의 영역'에 속한 자가 되는 것입니다. 할렐루야! 그래서 사도 요한은 "사랑 안에 거하는 자는 하나님 안에 거하고 하나님도 그 안에 거하시느니라"(요한일서4:16절) 라고 증거하고 있습니다. **하나님 안에 거하고!** 이것은 하나님의 안 즉 '신의 영역'에 들어간다는 것입니다. 이런 사랑을 믿고 행하시기 바랍니다.

인간에게 사랑보다 더 소중한 것은 없습니다. 그래서 이렇게 말할 수 있습니다. **"모든 것을 다 얻었어도 사랑을 잃으면 모든 것을 다 잃은 것이고 모든 것을 다 잃었어도 사랑을 얻으면 모든 것을 다 얻은 것이다"** 왜 여자들이 30년 동안 함께 살아온 가족을 내팽개쳐 버리고 어느날 우연히 만남 남자에게 반해서 시집을 갑니까?(이것은 남자의 경우도 마찬가지입니다) 사랑하기 때문입니다. 이 세상에서 나를 가장 사랑해줄 사람이 그 남자(여자)라는 것을 믿기 때문입니다. **신앙생활도 이와 같습니다.** 우리가 예수를 왜 믿습니까? 예수님이 십자가에서 보여주신 사랑 때문입니다. 이 세상에서 예수님의 사랑보다 더 큰사랑은 없습니다. 왜 아직도 많은 사람들이 예수를 믿지 않습니까? 이런 사랑이 있는 줄 모르기 때문입니다.

1절 '그 크신 하나님의 사랑 말로다 형용 못하네 저 높고높은 별을 넘어 이 낮고 낮은 땅 위에 죄범한 영혼 구하려 그 아들 보내사 화목제로 삼으시고 죄용서 하셨네 하나님 크신 사랑은 측량 다 못하며 영원히 변치않는 사랑 성도여 찬양하세'(통일찬송가404장 새찬송가304장)

"성경은 신구약 66권으로 되어 있습니다. 성경 전체의 주제가 **구원**이라면 구약성경의 주제는 **의**이고 신약성경의 주제는 **사랑**입니다. 인간에게도 의와 사랑은 최고의 의미와 가치요 능력입니다. 의와 사랑은 지식적인 것뿐만 아니라 감정적이고 의지적이고 체험적인 것입니다. (이것은 저의 체험에서 나온 것입니다.) "우리의 심령(마음)에서 이 **의**와 **사랑**이 만날 때, 즉 의와 사랑이 체험되어질 때, 우리의 마음(심령)은 냄비에서 물이 끓듯이, 포항제철소의 용광로에서 쇳물이 끓듯이, 땅속에서 용암이 끓어 오르듯이 끓어오르기(뜨거워지기) 시작하는 것입니다. 즉 에너지가 생기는 것입니다 그래서 이런 공식이 성립합니다. **"의+사랑=에너지(영적 에너지 법칙)"** 이 에너지가 곧 빛이요 힘이요 능력이요 생명이 됩니다."

② 여기에서 잠간 **에너지(energy)**에 대해서 말씀드린다면 천재 물리학자였던 **아인슈타인**(Albert Einstein 1879-1955)은 E=m2라는 **'물리적 에너지 법칙'**을 발견하여 핵(核)물리학의 신기원을 이루었고 인류 역사에서 위대한 업적을 남겼습니다. 여기서 E는 에너지이고 m은 질량이고 c는 빛의 속도입니다. **패러데이**(Michael Faraday 1791-1867)에 의해서 시작된 '에너지'의 개념이 **아인슈타인**에 의해서 드디어 완성이 된 것입니다. 상대성 이론을 발표한 아인슈타인은 우주의 곳곳에 널려 있는 보편적인 '에너지'의 원천을 찾아 내는데 성공했는데 그것은 멀리 있는 것이 아니라 바로 그의 눈 앞이나 발 밑에 있었던 것입니다. 그는 모든 물체 속에 있는 어마어마한 에너지의 존재를 확인했는데 그것이 바로 '핵에너지'인 것입니다.

③ **우주(宇宙)의 본질은 '에너지'(Energy)입니다.** 별도 해도 달도 땅도 산도 바다도 에너지이고, 인간의 종교나 철학이나 문화 예술도 에너지를 가지고 있습니다. 생명(生命)은 에너지입니다. 그런데 만일 에너지가 없거나 에너지를 주지 못한다면 그런 것들은 좋은 것이 아닙니다. **그러면 무엇이 지금 나의 삶에 에너지를 주고 있습니까? 혹시 나에게서 에너지를 빼앗아 가고 있**

지는 않습니까? 나쁜 종교(이단 신비주의 도피주의 은둔주의)나 잘못된 철학(무신론 범신론(汎神論) 불가지론(不可知論) 허무주의 염세주의 유물론 공산주의 실존주의 무(無) 부정(否定) 윤회(輪回) 초인(超人) 사상)이나 빗나간 과학이나 예술이나 문화는 오히려 인간에게서 에너지를 빼앗아 가는 것입니다. 그래서 많은 사람들을 기쁨과 희망과 생명이 아닌 번뇌와 고뇌와 고통과 절망과 죽음으로 몰아가고 있는 것입니다. 우리의 삶과 에너지는 뗄레야 뗄수 없는 관계를 가지고 있습니다. 왜냐하면 에너지가 곧 빛이요 힘이요 생명이기 때문입니다. 그래서 우리는 건전하지 못한 종교 철학 과학 문화 예술을 경계해야 하는 것입니다. 왜냐하면 그런 것들은 우리에게서 삶의 에너지를 빼앗아가고 우리를 절망과 죽음으로 몰아가기 때문입니다.

④ 하나님은 무(無)에서 유(有)를 창조하셨습니다.(창세기1;1-4절) 기독교는 무(無)가 아니라 유(有)의 종교입니다. 그래서 유(有)에서 무(無)로 돌아간다는 것은 발전이 아니라 퇴보인 것입니다. 하나님은 영적인 세계뿐만 아니라 물질의 세계도 창조하셨습니다. 그래서 우리는 없는 무(無)를 자랑하지 말고 있는 유(有)를 자랑해야 합니다. 무(無)는 Nothing 즉 존재하지 않는 것입니다. 그것은 허상(虛像))입니다. 그러나 유(有)는 Being 즉 존재하는 것입니다. 존재하지 않는 것은 에너지도 힘도 생명도 의미도 가치도 없습니다. 그러나 존재하는 것은 의미가 있고 가치가 있고 에너지와 힘과 생명이 있습니다. 그래서 우리는 하나님이 만들어 놓으신 것들 즉 유(有)를 잘 사용하는데 의미와 가치와 목표를 두어야 하는 것입니다. 무(無)는 죽음과 같은 것입니다. 거기에 무슨 의미가 있고 가치가 있습니까? 그러나 하나님이 만드신 만물 즉 유(有)에는 빛이 있고, 생명이 있고, 의미가 있고, 가치가 있고, 질서가 있고, 형태나 모양이나 미(美)가 있고, 힘과 에너지가 있는 것입니다. 그러

나 **무(無)**에는 아무런 의미도 가치도 형태도 모양도 질서도 미(美)도 힘도 에너지도 없는 것입니다. **무소유(無所有)!** 말은 그럴듯하고 듣기는 좋으나 그것은 자기자신을 기만하는 것입니다. 우주만물은 유(有)의 세계이고 에너지로 되어있습니다. 이 에너지가 곧 불이고 빛이고 힘이고 생명인 것입니다.

⑤ 영적인 세계 즉 진리(眞理)의 세계에도 이런 에너지(energy)가 있는데

첫째, **말씀** 에너지입니다. "하나님의 말씀은 살았고 운동력이 있어 좌우에 날선 어떤 검보다도 예리하여 혼과 영과 및 관절 과 골수를 찔러 쪼개기까지 하며 또 마음의 생각과 뜻을 감찰하시나니"(히브리서4:11절) 여기서 '운동력'(활동력)은 헬라어로 '에넬게스' ενεργης인데 여기서 energy라는 말이 나온 것입니다.

둘째, **성령** 에너지입니다. 예수님은 이렇게 말씀하셨습니다. "내가 불을 땅에 던지러 왔노니 이 불이 이미 붙었으면 내가 무엇을 더 원하리요"(누가복음12:49절) **a. 내가 땅에 불을 던지러 왔노니!** 이것은 평소의 예수님 같지 않은 폭탄선언인 것입니다. 불이 무엇입니까? 불은 활성화(活性化)된 에너지입니다. 모든 불은 태양에서 온 에너지인데 태양열이 탄소동화작용에 의해서 식물에 저장되었다가 불이 붙으면 에너지가 방출되고 재만 남는 것입니다. 예수님이 가져오신 불은 하늘의 불인데 곧 성령을 말합니다. 그래서 '불을 던지러 왔다'는 것은 '성령을 주러 왔다' '에너지를 주러 왔다' '능력을 주러 왔다' '생명을 주러 왔다'와 같은 말입니다.

사도행전 2장을 보면 예수님이 부활하고 승천하신 후에 제자들이 모여 기도에 전심전력하자 갑자기 하늘에서 성령이 '불같이 바람같이' 내려 오셨는데 (사도행전2:1-4절) 그 때 마가의 다락방에서 큰 소동이 일어났고 제자들이 밖에 나가 복음을 전하자 그 날에 3,000명이 회개하고 돌아와서 예루살

렘 교회가 탄생했고 제자들로 인하여 수많은 기적이 일어나자 예루살렘 교회가 급성장을 했고 제자들이 가는 곳마다 교회가 세워졌던 것입니다. 이것이 무엇 때문입니까? 에너지 즉 불의 힘인 것입니다.

셋째, 그리고 우리가 잘 알지 못하는 **'숨겨진 에너지'**가 또 있는데 예수님의 **살과 피**입니다. 그러면 어떻게 예수님의 살과 피가 에너지가 됩니까? 예수님이 "내 살은 참된 양식이요 내 피는 참된 음료로다"(요한복음6:55절) 라고 말씀하셨기 때문입니다. 우리가 매일 밥을 먹고 물을 마시는 것은 거기에서 에너지가 나오기 때문입니다. 여기서 '살과 피'는 상징적인 것인데 '영혼의 양식'을 말합니다.

우리의 몸(육체)은 매일 밥을 먹고 고기와 채소와 물을 먹습니다. 그러면 우리의 '속사람'인 영혼은 무엇을 먹습니까? 하나님의 말씀을 먹고 성령을 마십니다. 그리고 우리의 영혼에게 아주 **'특별한'** 양식이 있는데 예수님의 살과 피인 것입니다. 예수님은 이렇게 말씀하셨습니다. "내 살을 먹고 내 피를 마시는 자는 영생을 가졌고 마지막 날에 내가 그를 다시 살리리니 내 살은 참된 양식이요 내 피는 참된 음료로다"(요한복음6:54-55절) 이 구절 은 성경 전체에서 가장 핵심이 되는 구절인데 참으로 놀랍습니다. 그러면 **살과 피! 양식과 음료!** 이것이 주는 영적인 의미가 무엇입니까? 이것이 지금부터 우리가 풀어야할 과제인 것입니다. '그저 그런게 있는가 보다!'라고 하면 안됩니다. 저는 이 문제에 대해서 생각을 많이 해보았습니다. "예수님은 자신이 십자가에서 찢기시고 흘리신 살과 피가 우리의 양식과 음료라고 하시는데 그러면 그것이 무엇일까? 살과 피의 영적인 의미는 무엇일까? 십자가에는 인간의 구원만 있는 것인가? 아니다! 죄의 원흉은 **마귀**인데 마귀를 벌하지 않고 어떻게 **인간**이 구원을 받을 수 있단 말인가? 인간의 구원 이전에 마귀의 심판이 먼저 있어야 하는 것이 아닌가?" 그러다가 이런 결론을 얻었습니다. **"하나님은 십자가에서 두 가지 일을 하셨는데 '의'로 마귀를 심판하시고 '사랑'으로 인간을 구원하셨다. 그래서 예수님이 말씀하신 살과 피 즉 양식과 음료는 바로 의와 사랑이다."**이것을 뒷받침이라도 하듯 예수님은 이렇게 말씀하셨습니다. "화있을진저 너희 바리새인들이여 너희가 박하와 운향과 모든 채소의 십일조를 드리되 공의와 하나님께 대한 사랑은 버리는도다 그러나 이것도 행하고 저것도 버리지 아니하여야 할지니라"(누가복음11:42절) 여기서도 예수님이 **의**와 **사랑**을 말씀하고 계십니다. 의와 사랑은 신구약 성경의 대주제이고 복음의 핵심입니다. 그래서 예수님이 말씀하신 살과 피! 양식과 음료!는 의와 사랑이 되는 것입니다. (그렇다고 의와 사랑이 예수님의 살과 피 즉 양식과 음료의 전부라는 것은 아닙니다. 여기에는 다른 것들도 물론 포함이 됩니다. 그러나 그 대표성에 있어서 그렇다는 것입니다)

그리고 (저의 경험에 비추어 보면) 우리가 성경에서 **의**와 **사랑**을 깨달으면 우리의 마음(심령)이 뜨거워지는데 즉 에너지가 생기는 것입니다. 바로 여기에서 **'의+사랑=빛 에너지 생명'**이라는 공식이 나온 것입니다. (이것을 수학적인 공식으로 표현해 본다면 이와 같습니다.) $E=(R+L)$ 여기서 E는 energy'에너지'이고, R는 righteousness'의'이고, L은 love'사랑'이고, 3은 '성부 성자 성령' 즉 '하나님의 숫자'입니다. (저는 이것을 **'영적 에너지 생명의 법칙'**이라고 이름을 붙여보았습니다.)

예수님은 "내 살은 참된 양식이요 내 피는 참된 음료로다"고 말씀하셨습니다. **예수님의 살과 피!** 바로 여기에 우리가 찾고자 하는 복음의 핵심내용이 있는 것입니다. 예수님이 이렇게 말씀하신 것은 하나님의 의와 사랑이 예수 그리스도를 통하여 십자가에 나타났기 때문입니다. 그리고 우리는 예수님이 십자가에 달려 피흘리심으로 죄사함을 받고 구원을 받았습니다. **하나님은 십자가에서 세 가지를 이루셨는데 첫째 의로 마귀(죄)를 심판하셨고 둘째, 사랑으로 인간을 구원하셨습니다. 그리고 하나님은 영광을 받으셨습니다.** 이처럼 하나님은 십자가 사건을 통해서 세 가지 일을 동시에 이루신 것입니다. 이렇게 하나님의 역사는 언제나 **'완전'**(完全)하십니다. 아멘!

6) 영(속사람)과 육(겉사람)입니다.

예수님은 요한복음 3장에서 이렇게 말씀하셨습니다. "육으로 난 것은 육이요 영으로 난 것은 영이니 내가 네게 거듭나야 하겠다 하는 말을 기이히 여기지 말라"(6-7절) 또 "살리는 것은 영이니 육은 무익하니라"(요한복음 6:63절)고 말씀하셨습니다. 여기서 **육**은 헬라어로 σαρκός(살코스) 영어로는 flesh 즉 육신(肉身))을 말하고, **영**은 헬라어로 πνεύματος(프뉴마토스)인데 영어로는 spirit 즉 영혼을 말합니다. **a.육은 무익하니라!** 이 말씀은 해석하기가 조심스럽습니다. 여기서 '무익하다'는 것은 영어로는 to profit nothing인데 '유익을 주지 못한다' '도움을 주지 못한다'라는 의미를 가지고 있습니다. 그러면 육(肉)이 무엇입니까? 육체가 아니라 육체에 수반되는 육신적인 생각이나 행동을 말합니다. 인간의 육체는 마귀의 유혹을 받고 타락했기 때문에 그 안에 죄가 들어오기 쉬운 것입니다.

사도 바울은 로마서 8장에서 이 **영**과 **육**에 대해서 이렇게 증거하고 있습니다. "육신을 좇는 자는 육신의 일을 영을 좇는 자는 영의 일을 생각하나니 육신의 생각은 사망이요 영의 생각은 생명과 평안이니라 육신의 생각은 하나님과 원수가 되나니 이는 하나님의 법에 굴복치 아니할 뿐 아니라 할 수도 없음이라 육신에 있는 자들은 하나님을 기쁘시게 할 수 없느니라"(5-8절)

a.육신의 생각은 하나님과 원수가 되나니! 이 말씀은 우리에게 놀라움을 주고 있습니다. 우리는 때때로 육신적인 생각을 할 때가 종종 있습니다. '그런데 그것이 하나님과 원수가 된다니!' 이런 충격에 빠지기도 하는 것입니다. 그래서 돌이키려고 몸부림을 치기도 하는 것입니다.

그러면 구약성경에서는 이 **영**과 **육**에 대해서 어떻게 기록을 하고 있습니까? 한 곳을 찾아 보겠습니다. 창세기 25장입니다. "이삭이 그의 아내가 잉태하지 못하므로 그를 위하여 여호와께 간구하매 여호와께서 그 간구를 들으셨으므로 그의 아내 리브가가 잉태하였더니 아이들이 그의 태 속에서 서로 싸우는지라 그가 가로되 이같으면 내가 어찌할꼬 하고 가서 여호와께 묻자온대 여호와께서 그에게 이르시되 두 국민이 네 태 중에 있구나 두 민족이 네 복 중에서부터 나누이리라 이 족속이 저 족속보다 강하겠고 큰 자는 어린 자를 섬기리라"(21-23절) 참으로 놀라운 하나님의 섭리가 여기에 기록이 되고 있습니다. 여기서 두 쌍동이는 야곱과 에서를 말하는데 둘 중에서 **에서**가 형이고 **야곱**은 아우입니다. 여기서 중요한 것은 그들이 '이란성 쌍동이'라는 것입니다. 그리고 그들이 형과 동생이 된 것은 불과 몇 분 차이밖에 되지 않는다는 것입니다. 그러니 동생인 야곱의 입장에서 보면 얼마나 억울하겠습니까? 그래서 장자권을 차지할려고 어머니의 뱃 속에서부터 머리가 터지도록 싸운 것입니다.

a. 그러면 이것이 우리에게 무엇을 보여주고 있습니까? 우리 안에 있는 '영과 육의 싸움'을 보여주고 있습니다. 그래서 하나님의 섭리가 참 놀랍고 성경은 놀라운 책입니다. 여기서 **에서**는 육의 사람이고 **야곱**은 영의 사람입니다. 야곱과 에서는 어머니의 뱃 속에서부터 장자의 명분을 놓고 싸웠습니다. 어쩌면 이것은 너무나 당연한 것인지도 모릅니다. 그들은 외모에서부터

달랐습니다. **에서**는 키가 크고 잘 생기고 힘도 세었습니다. 그러나 **야곱**은 키도 작고 못생기고 힘도 세지 않았습니다. 에서는 아버지와 가까웠고 야곱은 엄마와 가까웠습니다. 에서는 밖에 나가서 뛰놀고 사냥을 즐겼으나 야곱은 집 안에서 엄마의 치마꼬리를 붙잡고 살았습니다. 이것이 바로 **영**과 **육**의 차이이고 그들의 삶의 실상인 것입니다. 이 세상에서 **육**은 에서같이 힘 있고 번성하고 잘 됩니다. 그러나 **영**은 야곱같이 있는지 없는지도 모르고 약하고 무시당하고 잘 되지도 않습니다. 그러나 하나님은 야곱의 편이었고 엄마를 통해서 야곱을 보호하고 계신 것입니다. 그러다가 기회 좋은 날이 왔습니다. 야곱이 부엌에서 팥죽을 쑤고 있었는데 에서가 멀리 사냥을 나갔다가 돌아와서 하는 말이 "내가 곤비하니 그 붉은 것을 내가 먹게 하라"(30절) 그러자 야곱이 '기회는 이 때다!' 생각하고 이런 제의를 했습니다. "형의 장자의 명분을 오늘 내게 팔라"(31절) 그래서 야곱이 팥죽 한 그릇으로 장자의 명분을 사게된 것입니다.

그 후 세월이 많이 흘러 **이삭**이 나이가 많아 죽을 날이 가까이 오자 장자권을 넘겨주려고 **에서**를 불러서 이렇게 말했습니다. "내가 이제 늙어서 어느 날 죽을는지 알지 못하니 그런즉 네 기구 곧 전통과 활을 가지고 들에 가서 나를 위하여 사냥하여 나의 즐기는 별미를 만들어 내게로 가져다가 나로 먹게 하여 나로 죽기 전에 내 마음껏 네게 축복하게 하라"(창세기27:2-4절) 그래서 에서는 사냥을 하러 나갔는데 이 말을 옆에서 아내인 리브가가 듣고서 가슴이 철렁했습니다. '아닌데! 이러면 안 되는데! 이것은 하나님의 뜻이 아닌데...' 고민하다가 야곱을 불러서 자초지종을 다 이야기 한 후에 모략을 꾸몄던 것입니다. 그리하여 야곱을 에서처럼 분장을 시켜서 아버지 방에 들어 보냈던 것입니다. 그러자 늙어서 눈이 어두워진 이삭이 에서인 줄 알고 야곱에게 '장자의 축복'을 했던 것입니다. 그 후 이 일이 탄로가 나자 이로 인하여 야곱과 에서는 원수가 되어서 에서는 야곱을 죽일 기회만을 노리고 있었는데 그것을 안 이삭과 리브가가 야곱을 하란에 있는 외삼촌 라반의 집으로 피신을 시켰던 것입니다. 그래서 야곱은 겨우 외삼촌 집에서 얹혀 살게 된 것입니다. 그러나 '때가 되자' 하나님의 역사하심으로 야곱은 거부가 되어 고향으로 돌아왔던 것입니다. 그러나 에서는 반대로 고향을 떠나 멀리 남방에 가서 살게 되었던 것입니다. 이것이 바로 쌍둥이로 태어나 어머니의 뱃 속에서부터 싸웠던 야곱과 에서의 종말인 것입니다. 이 싸움에서 최후의 승리자는 형 **에서**가 아닌 동생 **야곱**인 것입니다. 그러면 **이 사건이 우리에게 무엇을 말해주고 있습니까?** 지금 우리 안에서 매일 벌어지고 있는 영과 육의 싸움입니다. 지금 우리 안에서도 쌍둥이 에서와 야곱같이 영과 육이 매일 싸우고 있다는 것입니다. 그 싸움에서 처음에는 야곱이 쫓겨나고 에서가 남았습니다. 그러나 결국에는 에서가 쫓겨나고 야곱이 돌아온 것입니다. 이것이 바로 영적 전쟁입니다. **우리의 영혼이 이와 같습니다.** 우리의 영혼도 육신과의 싸움에서 밀려 멀리 유리방황하고 고생하며 살았으나 예수님이 오심으로 드디어 정체성을 가지게 되었고, 하나님의 아들로 오신 예수 그리스도를 믿고 영접함으로 구원을 받고, 천국과 영생의 문이 활짝 열린 것입니다. 할렐루야!

　로마서 7장에서 사도 바울은 이 **영**과 **육**의 싸움에 대해서 자세히 논하고 있습니다. "내 속 곧 내 육신에 선한 것이 거하지 아니하는 줄을 아노니 원함은 내게 있으나 선을 행하는 것은 없노라 내가 원하는 바 선은 하지 아니하고 도리어 원치 아니하는 악은 행하는도다 만일 내가 원치 아니하는 그것을 하면 이를 행하는 자가 내가 아니요 내 속에 거하는 죄니라"(로마서7:18-20

절) 지금 사도 바울의 마음 속에서는 선과 악이 공존하면서 대결을 하고 있습니다. 이것은 영과 육 곧 속사람과 겉사람의 싸움인 것입니다. 그런데 그 싸움에서는 항상 겉사람인 **악**이 속사람인 **선**을 누르고 승리하는 것입니다. 그것을 그는 죄라고 단정하고 있는 것입니다. "그러므로 내가 한 법을 깨달았노니 선을 행하기 원하는 나에게 악이 함께 있는 것이로다 내 속사람으로는 하나님의 법을 즐거워하되 내 지체 속에서 한 다른 법이 내 마음의 법과 싸워 내 지체 속에 있는 죄의 법 아래로 나를 사로잡아 오는 것을 보는도다"(21-23절) 지금 사도 바울은 성령의 조명으로 자기의 마음 속을 현미경처럼 들여다보고 있습니다. 보니까 놀랍게도 항상 겉사람인 악이 속사람인 선을 누르고 자기를 죄에게로 사로잡아 오는 것입니다. 그것을 보고서 사도 바울이 이렇게 탄식을 하고 있는 것입니다. "오호라 나는 곤고한 사람이로다 이 사망의 몸에서 누가 나를 건져내랴" **오호라 나는 곤고한 사람이로다!** 여기서 '곤고함'이라는 말은 헬라어로 ταλαίπωρος(탈라이포로스) 영어로는 distressed'극심한 고난을 겪는' miserable'불쌍한'이라는 뜻을 가지고 있습니다. 이런 탄식은 아무나 하는 것이 아닙니다. 지금 바울이 어떤 죄를 지었다는 것이 아닙니다. '성령의 조명'으로 자기의 심령 속을 현미경처럼 들여다 보니까 과거의 죄들이 모두 드러나면서 그런 어처구니 없는 일들이 벌어지고 있는 것입니다. 그래서 땅을 치고 가슴을 치면서 눈물로 애통하며 탄식을 하고 있는 것입니다. 이것이 진정한 회개인 것입니다. 그 시간이 얼마나 길었는지는 성경에 나와 있지 않으나 아마 꽤 길었을 것입니다. 그리고 나서 그는 이런 **'희망의 노래'**를 부르고 있는 것입니다. "우리 주 예수 그리스도로 말미암아 하나님께 감사하리로다"(25절) 비록 그럴찌라도 그 상황이 그리 단순치만은 않은 것입니다. 그가 비록 이 영적인 전쟁에서 예수 그리스도로 말미암아 승리를 거두었으나 그것은 '절반의 승리'에 지나지 않았던 것입니다. 왜냐하면 그에게는 아직도 육신이 있고 마귀가 지배하는 세상에 살고 있기 때문입니다. 그래서 그는 이런 실토를 하고 있는 것입니다. "그런즉 내 자신이 마음으로는 하나님의 법을 육신으로는 죄의 법을 섬기노라"(25절) **그런즉!** 영어로는 so then인데 좀 애매한 표현인 것입니다. 이것은 사도 바울같지 않은 고백입니다. 그는 지금 죄에 대해서 자신감을 잃고 있습니다. 그러나 이것은 부끄럽지만 솔직한 고백인 것입니다. 그리고 나서 그의 고백은 여기서 끝나지 않고 그는 놀라운 '승리의 선언'을 하고 있는 것입니다. "그러므로 이제 그리스도 예수 안에 있는 자에게는 결코 정죄함이 없나니 이는 그리스도 예수 안에 있는 생명의 성령의 법이 죄와 사망의 법에서 너를 해방하였음이라"(로마서 8:1-2절) 그는 지금까지 자신만을 바라보다가 절망에 빠져 탄식을 하고 말았습니다. 그러다가 눈을 돌려 예수 그리스도를 보고 십자가를 바라보니 그의 생각이 확 바뀐 것입니다. **a.정죄함이 없나니!** 죄를 지었어도 그리스도 예수 안으로 들어오기만 하면 하나님으로부터 정죄를 당하지 않습니다. 죄 용서를 받습니다. **b.너를 해방하였음이라!** 그는 드디어 죄로 부터, 마귀로부터, 하나님의 정죄에서 완전히 해방이 되었다는 확신을 가지게 된 것입니다. 해방의 기쁨과 감격! 1945년 8월 15일을 생각하면 이것은 세상의 그 무엇도 줄 수 없는 감격이고 기쁨인 것입니다. 그래서 너무 좋아서 그 자리에서 춤을 추고 싶은 것입니다. 할렐루야! 드디어 그는 이 영적인 전쟁에서 승리자가 된 것입니다. 그리고 이런 **'승리의 찬가'**를 부르고 있습니다. "그러므로 형제들아 우리가 빚진 자로되 육신에게 져서 육신대로 살 것이 아니니라 너희가 육신대로 살면 반드시 죽을 것이로되 영으로써 몸의 행실을 죽이면 살리니 무릇 하나님의 영으로 인도함을 받는 그들은 곧 하나님의 아들이라 너희는 다시 무서워하는 종의 영을 받지 아니 하였고 양자의 영을 받았으므로 아바 아버지라 부르짖느니라"(로마서 8:12-15절) **a.무릇 하나님의 영으로 인도함을 받는 그들은 곧 하나님의 아들이라!** 여기에서 드디어 '하나님의 영' 즉 **성령**이 등장하고 있습니다. 그가 그 처절한 영적이 싸움에서 승리할 수 있었던 비결은 바로 성령의 도우심인 것입니다. 아무도 스스로 자기의 죄를 이기고 다스릴 수 없으나 성령이 오셔서 도와주시면 어떤 죄라도 너끈히 이길 수가 있는 것입니다. 왜냐하면 성령은 보혜사로서 우리를 도우시려고 우리 안에까지 들어오시는 하나님이시기 때문입니다. 그리고 성령의 역할은 그것으로 끝나는 것이 아니라 우리의 신분을 '하나님의 아들(자녀)'로까지 격상시켜 주는 것입니다. 이 정도가 되면 마귀도 우리를 함부로 건드리지 못하는 것입니다.

b. 아바 아버지라 부르짖느니라! 신앙의 절정은 하나님을 **"아바 아버지"** 라고 부르는 것입니다. 어린 시절을 생각해 보세요! 겨우 돌 지난 아기가 아장아장 걷다가 넘어지면 "엄마"하고 부르거나 "아빠"하고 부르면 엄마 아빠가 쏜살같이 달려가서 일으켜 주고 안아주는 것입니다. 일생 중에서 그 시절처럼 아빠 엄마의 사랑을 가장 많이 받는 때는 없습니다. 그러나 우리는 나이가 많건 적건 언제든지 하나님을 **"아바 아버지"**라고 부를 수 있으니 이것이 누구 때문입니까? 예수님 때문이고 성령님의 도우심인 것입니다. 그리고 이것은 하나님의 사랑이 얼마나 큰 것인가를 말해주고 있는 것입니다. 아멘!

1절 '나의 하나님 나의 하나님 나를 부르신 하나님 주님 뜻대로 살기 원하여 이처럼 간구합니다. 아버지 아버지 나를 부르신 아버지 감사합니다 감사합니다 영광받아 주옵소서'

7) '옛 계명'과 '새 계명'입니다.

예수님은 산상수훈에서 이렇게 말씀하셨습니다. "옛 사람에게 말한 바 살인치 말라 하였다는 것을 너희가 들었으나 나는 너희에게 이르노니"(마태복음5:21-22절) 여기에서 "옛 사람에게 말한 바"는 율법 즉 '옛 계명'이고, "나는 너희에게 이르노니"는 복음 즉 **'새 계명'**인 것입니다. 사도요한은 이 '옛 계명'과 '새 계명'에 대해서 이렇게 증거하고 있습니다. "사랑하는 자들아 내가 새 계명을 너희에게 쓰는 것이 아니라 너희가 처음부터 가진 옛 계명이니 이 옛 계명은 너희의 들은 바 말씀이거니와 다시 내가 너희에게 새 계명을 쓰노니 저에게와 너희에게도 참된 것이라 이는 어두움이 지나가고 참빛이 벌써 비췸이니라"(요한일서2:7-8절) **내가 다시 너희에게 새 계명을 쓰노니!** 여기서 '옛 계명'은 모세가 시내산에서 받은 십계명을 말하는 것이고, '새 계명'이란 예수님이 요한복음 13장 34절에서 주신 '새 계명'을 의미하는 것입니다.

(1) '옛 계명'입니다.

이스라엘 민족은 모세의 인도로 애굽에서 나와서 홍해를 건너고 나자 곧바로 어려움이 찾아왔습니다. 마라에 이르자 물이 써서 마실 수가 없었습니다. 왜냐하면 예나 지금이나 마라는 온천 지역이기 때문입니다. 그때 백성들이 모세를 원망하자 모세가 하나님께 기도하여 '쓴 물'이 '단 물'이 되는 기적이 일어났던 것입니다. 애굽을 나온 지 이십 오일이 지나서 신광야에 이르렀는데 이번에는 가지고 나온 먹을 것이 다 떨어지고 말았습니다. 그래서 이스라엘 백성들이 또 모세와 아론을 원망하기 시작했습니다. "이스라엘 온 회중이 모세와 아론을 원망하여 그들에게 이르되 우리가 애굽 땅에서 고기

가마 곁에 앉았던 때와 떡을 배불리 먹던 때에 여호와의 손에 죽었더면 좋았을 것을 너희가 이 광야로 우리를 인도하여 내어 이 온 회중으로 주려 죽게 하는도다"(출애굽기16:2-3절) 먹을 것이 없게 되자 이스라엘 온 회중이 모세와 아론을 원망하며 들고 일어선 것입니다. 우리는 그 때의 상황이 얼마나 심각했는가를 알 수 있습니다. 이 일로 출애굽이 무산되는 일촉즉발의 위기에 처한 것입니다. 그때 모세가 하나님께 나아가 울부짖으며 기도하자 하나님이 또 해결책을 주셨습니다. 그것은 저녁에는 **메추라기**가 날아와서 땅에 덮이고, 아침에는 **만나**가 내려서 이스라엘 민족이 그것을 40년 동안 먹고 살았던 것입니다. "저녁에는 메추라기가 와서 진에 덮이고 아침에는 이슬이 진 사면에 있더니 그 이슬이 마른 후에 광야 지면에 작고 둥글며 서리 같이 세미한 것이 있는지라 이스라엘 자손이 보고 그것이 무엇인지 알지 못하여 서로 이르되 이것이 무엇이냐 하니 모세가 그들에게 이르되 이는 여호와께서 너희에게 주어 먹게 하신 양식이라"(출애굽기16:13-15절) 매일 광야에서 만나와 메추라기가 내리다니.... 하나님에게는 불가능이 없습니다. 다만 우리의 믿음이 부족할 뿐입니다. 300만명이나 되는 이스라엘 민족이 허허벌판 그것도 사막같은 광야에서 40년을 살았다는 것이 상상이나 되어집니까? 그것이 바로 하나님의 역사인 것입니다. 그래서 지금 우리도 그것을 교훈으로 삼아서 어떤 어려움이 닥쳐와도 하나님을 믿고 의지하면 살 길이 열려지는 것입니다. 그 후 르비딤에 이르자 이번에도 마실 물이 없어서 백성들이 모세를 원망하기 시작했습니다. "당신이 어찌하여 우리를 애굽에서 인도하여 내어서 우리와 우리 자녀와 우리 생축으로 목말라 죽게 하느냐"(출애굽기17:3절) 그러자 모세가 하나님께 기도하자 하나님이 응답을 주셨는데 '홍해를 가르던 그 지팡이를 들고 가서 **호렙산** 반석 위에 서서 반석을 치라'는 것입니다. 모세가 그렇게 했는데 반석에서 기적같이 물이 솟아 나서 이스라엘 민족이 마시고 살게 된 것입니다. 그러나 이 원망 사건은 이것으로 끝나지 않았습니다. 곧바로 광야에서 가장 악랄한 적인 아멜렉 족속이 쳐들어 왔습니다. 참으로 이것은 출애굽 후에 최강의 적을 만난 것이고 이스라엘 민족이 전멸할지도 모르는 최대의 위기가 온 것입니다. 그 때 모세는 침착하게 지금까지의 경험을 살려서 여호수아를 시켜서 군대를 이끌고 나아가 아멜렉과 싸우게 한 다음에 자신은 아론과 훌을 데리고 산꼭대기에 올라가서 손을 들고 하나님께 부르짖어 기도했는데 모세가 손을 들면 이스라엘이 이기고, 모세가 피곤하여 손을 내리면 아멜렉이 이기었던 것입니다. 그러자 곁에 보고 있던 아론과 훌이 모세의 손을 떠받치자 아멜렉이 패하여 도망을 쳤던 것입니다. 모세는 그곳의 이름을 **'여호와 닛시'** 즉 '승리하게 하시는 하나님'이라고 불렀던 것입니다. 드디어 이스라엘 민족은 시내산에 도착을 했습니다. 시내산은 시나이 반도의 가장 남쪽에 있는 큰 산입니다. 그것을 성경은 이렇게 기록하고 있습니다. "이스라엘 자손이 애굽땅에서 나올 때부터 제 삼월 곧 그 때에 그들이 시내 광야에 이르니라 그들이 르비딤을 떠나 시내 광야에 이르러 그 광야에 장막을 치되 산 앞에 장막을 치니라"(출애굽기19:1절) 이것은 이스라엘 민족이 출애굽 후 3개월이 지난 후였습니다. 그 때 하나님이 모세를 부르신 후에 이런 약속을 주셨습니다. "너는 이같이 야곱 족속에게 이르고 이스라엘 자손에게 고하라 나의 애굽 사람에게 어떻게 행하였음과 내가 어떻게 독수리의 날개로 너희를 업어 내게로 인도하였음을 너희가 보았느니라 세계가 다 내게 속하였나니 너희가 내 말을 잘 듣고 내 언약을 잘 지키면 너희는 열국 중에서 내 소유가 되겠고 너희가 내게 대하여 제사장 나라가 되며 거룩한 백성이 되리라 너는 이 말을 이스라엘 자손에게 고할찌니라"(출애굽기19:3-6절) 그 후에 모세는 하나님의 명령을 따라서 하나님의 부르심을 받고 백성들과 장로들을 거느리고 시내산 기슭으로 나아갔습니다. 그 때 하나님이 모세를 통하여 주신 말씀이 출애굽기 20장1절에서 17절에 나오는 **십계명**입니다. 그 첫 번째 계명은 "나는 너를 애굽 땅 종 되었던 집에서 인도하여 낸 너희 하나님 여호와로라 너는 나 외에는 다른 신들을 네게 있게 말찌니라"(2-3절) 다섯 번째 계명은 네 부모를 공경하라. 여섯번째 계명은 살인하지 말지니라. 일곱번째 계명은 간음하지 말지니라. 여덟번째 계명은 도적질 하지 말지니라. 아홉번째 계명은 네 이웃에 대하여 거짓 증거하지 말지니라. 그리고 열번째 계명은 네 이웃의 집을 탐내지 말찌니라 입니다. 그 후 모세는 하나님의 부르심을 받고 백성들을 성결케 한 후에 장로들과 함께 시내산에 오르고 모세와 여호수아만 시내산 꼭대기에 올랐는데 그 때 하나님의 친히 십계명을 돌판에 새겨 주셨던 것입니다. 그러나 한편 이스라엘 백성들은 모세가 사십일이 지나도 산에서 내려오지 않자 모세가 죽은 줄로 알고 아론을 시켜서 금을 부어서 금송아지를 만들고 그것을 하나님이라고 부르며 섬겼던 것입니다. 하나님이 그것을 아시고 모세를 급히 산 아래로 내려 보내셨습니다. 모세가 산에서 내려오다 보니 백성들이 금송아지를 앞에 절을 하고 춤을 추고 있었습니다. 그래서 모세가 분을 못이기고 돌판을 산 아래로 집어던지자 십계명을 새긴 돌판이 산산조각이 나고 말았던 것입니다. 그후 모세는 다시 시내산으로 올라가서 십계명을 다시 받아왔던 것입니다. 이것이 바로 십계명 즉 '옛 계명'에 얽힌 사연입니다. 그러면 '옛 계명'의 특징이 무엇입니까? 첫째. 하나님이 친히 써 주셨습니다. 둘째. 돌판에 새긴 것입니다. 셋째. 깨어지고 다시 썼습니다. 넷째. 하나님이 임시방편으로 주신 것입니다.

(2) '새 계명'입니다.

예수님은 유월절 전에 자기가 세상을 떠날 때가 된 것을 아시고 제자들과 함께 저녁 만찬을 드시다 말고 제자들의 발을 씻겨 주시기 시작했습니다. 그러자 베드로가 이렇게 항의를 하고 나왔습니다. "주여 내 발을 씻기시나이까"(6절) 그러자 예수님이 이렇게 말씀하셨습니다. "나의 하는 것을 이제는 네가 알지 못하나 후에는 알리라"(7절) 그러자 베드로가 더 강하게 반발하고 나왔습니다. "내 발을 절대로 씻기시지 못하시리이다"(8절) 그러자 예수님이 베드로의 고집에 결정적인 한 방을 날리셨습니다. "내가 너를 씻기지 아니하면 네가 나와 상관이 없느니라"(8절) 그러자 베드로가 예수님 앞에 무릎을 꿇고 이렇게 나오고 있습니다. "주여 내 발 뿐 아니라 손과 머리도 씻겨 주옵소서"(9절) 마치 엄마에게 머리를 씻겨 달라고 드리미는 어린아이와 같습니다. 발을 다 씻기시고 난 후에 예수님은 제자들에게 이렇게 말씀하셨습니다. "내가 너희에게 행한 것을 너희가 아느냐....내가 주와 선생이 되어 너희 발을 씻겼으니 너희도 서로 발을 씻기는 것이 옳으니라 내가 너희에게 행한 것같이 너희도 행하게 하려하여 본을 보였노라"(12-15절) 그리고 예수님은 이렇게 말씀하셨습니다. "새 계명을 주노니 서로 사랑하라 내가 너희를 사랑한 것같이 너희도 서로 사랑하라 너희가 서로 사랑하면 이로써 모든 사람이 너희가 내 제자인 줄 알리라"(요한복음13:34-35절)고 말씀하셨습니다. **a.새 계명을 주노니 서로 사랑하라!** 여기서 계명은 명령과는 차원이 다른 말입니다. 명령(命令)은 주로 군대에서 많이 쓰는 말입니다. 그러나 계명(戒命)은 엄한 계율을 의미하는데 유대교나 이슬람교에서 주로 사용하는 종교적인 언어입니다. 그 말을 지금 예수님이 쓰고 계십니다. 왜냐하면 이 명령이 아주 중대한 것이기 때문입니다. 이것은 '지켜도 그만 안 지켜도 그만'이 아니라 '반드시 지켜야 하는' 최고 주권자이신 하나님의 절대명령이요 지상명령인 것입니다. 그러나 이 계명은 예나 지금이나 교회에서 조차도, 믿는 자들 가운데서도 희화화되고 있고 중요시 되고 있지 않습니다. 왜 그렇습니까? 생각컨대 '사랑한다'는 것이 자신에게 별로 도움이 안 되고, 오히려 수고롭고 번거로운 짐이 되기 때문입니다. 그러나 이것은 '만왕의 왕'이 되시고 '만유의 주'가 되시는 예수님이 주신 명령이라는 것을 알아야 합니다.

b.너희가 서로 사랑하면 이로써 모든 사람이 너희가 내 제자인줄 알리라!
여기에서 예수님은 아주 중요한 원리를 말씀하고 계십니다. 그것은 제자도(弟子道)입니다.'제자훈련'(training of disciples) 하면 생각나는 교회가 있는데 서울 강남의 '사랑의 교회'입니다. 그러나 그것은 어디까지나 지식훈련입니다. 인류의 역사를 보면 언제 어디서나 스승이 있고 제자가 있었습니다. 동양에서는 노자 공자 석가모니가 있었고, 서양에서는 소크라테스 플라톤 아리스토텔레스가 있었습니다. 그 이외도 이런 경우는 수도 없이 많았고 지금도 그렇습니다. 가르치고 배우고! 이렇게 해서 인류의 역사와 문화가 발전하고 전승이 되어 온 것입니다. 이것은 예수님도 예외는 아니었습니다. 예수님도 공생애를 시작하시면서 가장 먼저 갈릴리 바다를 찾아가시어서'고기잡는 어부들'을 제자(弟子)로 부르셨습니다. 예수님의 의도와 목적은 아주 특이한 데가 있었는데 그것은 '고기잡는 어부들'을 부르시어'사람을 낚는 어부'로 만드시기 위해서였던 것입니다.(누가복음5:10절) 그리하여 예수님은 12명의 제자들을 불러 모아서 3년 동안을 동고동락(同苦同樂) 하시면서 가르치셨던 것입니다. 그리고 그들에게 마지막으로 주신 말씀이 바로 이것입니다. "너희가 서로 사랑하면 이로써 모든 사람이 너희가 내 제자인 줄 알리라" 예수님은 제자도의 첫번째 조건으로 '**서로 사랑하라**'고 말씀하셨습니다. 그 말을 듣고 제자들은 어안이 벙벙했을 것입니다. 제자는 스승의 가르침 즉 지식을 세상에 널리 전하는 자인데도 예수님은 그런 지식(知識)보다 먼저 너희들이 **'서로 사랑해야 한다'**고 말씀하시면서 '그래야 세상 사람들이 너희가 내 제자인 것을 알리라'고 말씀하신 것입니다.

사도 요한은 이 **'새 계명'**의 중대성을 누구보다도 더 잘 알고 있었습니다. 그래서 그는 이렇게 증거하고 있습니다. "우리가 그의 계명을 지키면 이로써 우리가 저를 아는 줄 알 것이요 저를 아노라 하고 그의 계명을 지키지 아니하는 자는 거짓말 하는 자요 진리가 그 속에 있지 아니하되 누구든지 그의 말씀을 지키는 자는 하나님의 사랑이 참으로 그 속에서 온전케 되었나니 이로써 우리가 저 안에 있는 줄을 아노라"(요한1서2:3-5절) 여기서 계명은 곧 예수님이 주신 '새 계명'인 것입니다. "내가 다시 너희에게 새 계명을 쓰노니 저에게와 너희에게도 참된 것이라 이는 어두움이 지나고 참 빛이 벌써 비췸이니라"(요한1서2:8절) a.내가 다시 너희에게 새 계명을 쓰노니! 이것이 무슨 말입니까? '새 계명'은 아무리 강조해도 지나치지 않다는 것입니다. b.저에게와 너희에게도 참된 것이라! '새 계명'은 그 누구에게도 '참되다'는 것입니다. c.이는 어두움이 지나고 참 빛이 벌써 비췸이니라! 그는 '새 계명'을 '참 빛'이라고 부르고 있습니다. '새 계명'을 이렇게 평가하고 있다는 것이 놀랍지 않습니까? 그는 누구보다도 예수님의 가까이에서 예수님의 일거수 일투족을 다 지켜 보았고, 또한 성경 중의 성경인 요한복음을 쓴 사도였기 때문인 것입니다.

사도바울은 이'새 계명'에 대해서 이렇게 증거하고 있습니다. "너희는 더욱 큰 은사를 사모하라 내가 제일 좋은 길을 너희에게 보이리라"(고린도전서12장 31절) 여기에서 그는 사랑을 가장 큰 은사요, 제일 좋은 길이라고 말하고 있습니다. 그의 증거는 계속 되고 있습니다. "내가 사람의 방언과 천사의 말을 할지라도 사랑이 없으면 소리나는 구리와 울리는 꽹과리가 되고, 내가 예언하는 능이 있어 모든 비밀과 모든 지식을 알고 또 산을 옮길만한 모든 믿음이 있을지라도 사랑이 없으면 내가 아무 것도 아니요, 내가 내게 있는 모든 것으로 구제하고 또 내 몸을 불사르게 내어줄찌라도 사랑이 없으면 내게 아무 유익이 없느니라"(고린도전서13장1-3절) 저는 얼마 전에 어떤 일로 인하여 누구를 미워하게 되었습니다. 매일 만나는 사람인데도 얼굴 보기도 싫고 말하기도 싫었습니다. 용서하고 싶어도 용서가 되지 않아서 혼자 괴로워하고 있었습니다. 그러던 어느날 밤에 잠을 자다가 한 밤중에 깨었는데 이 구절이 크게 감동이 되었습니다. "사랑이 없으면 소리나는 구리와 울리는 꽹과리가 되고.... 사랑이 없으면 내가 아무 것도 아니요.... 사랑이 없으면 내게 아무 유익이 없느니라" 그래서 곰곰이 생각하다가 내 안에서 이런 응답이 왔습니다. **'사랑이 없으면 빈껍데기다'** 이것이 심중에서 마치 하나님의 음성같이 계속 들려오고 저를 사로잡았습니다. 그러자 가슴이 철렁했습니다. **"세상에 내가 빈 껍데기라니? 내가 지금까지 이렇게 살아왔단 말인가?"** 한숨이 절로 나왔습니다. 우리 주위에서 '빈 껍데기'는 많습니다. 땅콩 껍데기, 호두 껍데기, 알밤 껍데기, 다 먹고난 과자 봉지, 라면 봉지... 그런 것들을 생각하니 정신이 아찔했습니다. "내가 빈껍데기란 말인가? 아니야! 아니야! 나는 빈껍데기가 아니야!" 하고 소리지르면서 두 손으로 머리를 움켜쥐었습니다. 그러자 머리가 터질 듯이 아팠습니다. 그리고 얼마 후에 진정이 되었는데 그 때 알았습니다. 이 **'새 계명'**의 진정한 의미를! 그러고 나서 놀랍게도 그를 용서해 줄 수 있는 마음(힘)이 생겼습니다. 이것이 바로 사랑의 위력입니다.

"새 계명을 주노니 서로 사랑하라" 이것은 단순한 권면이 아닙니다. 우주 만물을 창조하시고 주관하시는 최고 통치자이신 하나님의 **계명(戒命) 즉 절대 명령**입니다. 그러면 지금 나는 이 '새 계명'을 어떻게 받아들이고 있습니까? 한번 자신을 살펴보아야 합니다. 이것을 알고 믿고 지키는 자는 하나님의 사랑과 보호와 인도와 은혜와 축복을 받을 것이고, 그렇지 못한 자는 하나님으로부터 멀어지고 진노와 심판을 면치 못할 것입니다. 믿고 깨달을 진저!

모든 사람들이 가장 빠지기 쉬운 함정이 있는데 **'자기 의'**입니다. '나는 옳고 너는 그르다'고 말하면서 남을 정죄하고 미워합니다. 언제나 자기가 중심입니다. 그러나 어떤 경우라도 나보다 더 큰 죄인은 없습니다. (나= 죄, 타락)입니다. 그리고 기독교는 '대속의 종교'입니다. '내가 옳고 남이 그르다면' 그 때는 내가 그를 위해서 죽어야 합니다. '내가 죽어야 나도 살고 남도 살릴 수 있습니다'. 이것이 바로 복음이고 기독교입니다. 그래서 사도 바울은 "그런즉 선 줄로 생각하는 자는 넘어질까 조심하라"(고린도전서10:12절)고 권면하고 있습니다. 세상이 시끄러운 것은 이 위장되고 설익은'자기 의' 때문입니다. 나는 가만히 있었는데 누가 다가와서 나의 뺨을 때렸다면 얼마든지 화를 내고, 욕하고, 상대방을 정죄할 수 있습니다. 그러나 조심해야 합니다. 왜냐하면'자기 의'에 빠져 남을 정죄하다가 내가 더 악한 사람이 되고, 마귀가 파놓은 함정에 빠질 수 있기 때문입니다. 자기 의! 이것은 내가 아니요 내 안에 있는 또 다른 나! 그것은 마귀인 것입니다.

　그러면 '새 계명'은 어떤 의미와 가치를 가지고 있습니까?
　우리가 이 '새 계명'의 진정한 의미와 가치를 알려면 예수님의 이 말씀에
귀를 기울여야 합니다. "내가 내 자의로 말한 것이 아니요 나를 보내신 아버
지께서 나의 말할 것과 이를 것을 친히 명령하여 주셨으니 나는 그의 명령이
영생인 줄로 아노라"(요한복음12:49-50절)
　**a.나를 보내신 아버지께서 나의 말할 것과 이를 것을 친히 명령하여 주셨
으니!** 여기서 우리가 알 수 있는 것은 예수님의 모든 말씀은 예수님 자신의
말이 아니고 하나님 아버지가 하늘에서 주신 명령이라는 것입니다. 그래서
예수님이 주신 '새 계명'도 하나님이 주신 지상명령이고 절대 명령으로 받아
야 하는 것입니다.
　b.나는 그의 명령이 영생인 줄로 아노라! 여기에 아주 중요하고 깊은 의
미가 있습니다. 예수님은 하나님 아버지의 모든 명령을 영생으로 받아들이
신다는 것입니다. 그래서 예수님이 주신 "서로 사랑하라"는 '새 계명'도 영
생과 관련이 있는 것입니다. 그래서 이런 결론을 도출해 낼 수 있습니다.
"서로 사랑하라" 이 말씀은 하나님의 명령이고 영생입니다. **사랑은 영생입
니다.** 이것은 사랑이 무엇인가를 우리에게 웅변적으로 말해 주고 있습니다.
하나님을 믿는 사람이든 믿지 않는 사람이든 인간에게 사랑보다 더 소중한
것은 없습니다. 사랑은 최고의 의미와 가치와 힘과 능력과 행복을 가지고 있
습니다. 쌀밥이 육체의 양식이라면 사랑은 영혼의 양식입니다. 사랑은 천국
과 영생으로 들어가는 문과도 같습니다. 그래서 내가 예수 그리스도를 나의
구주로 삼고 누구를 사랑한다면 나는 지금 '**천로역정**'에서 보여주는 것처럼

천국과 영생을 향하여 나아가고 있는 것입니다. 할렐루야! 여기서 우리가 잊지 말아야 하는 것은 예수님은 아버지 하나님의 말씀을 명령으로 받았고 또 그 명령이 영생인줄로 알았다는 것입니다. 그래서 예수님은 십자가에서 못 박혀 죽었으나 3일만에 부활하셨고, 부활하신 후에 40일을 이 땅에 계시다가 40일이 지나서 하늘로 올라가셨습니다. 이것을 승천이라고 합니다. 그러나 예수님의 승천은 그것으로 끝나는 것이 아니라 다시 오시는 재림이 있을 것입니다. 아멘! 우리도 예수님이 주신 '새 계명'을 하나님의 절대 명령, 지상 명령으로 믿고 받아들인다면 우리도 예수님처럼 될 것이고, 사랑은 참으로 그 때부터 그 진가를 발휘하게 될 것입니다. 사랑은 곧 천국이요 영생입니다. 아멘! 그 천국이 지금 바로 우리 곁에 와 있는 것입니다. 할렐루야!

그러면 이 '새 계명'의 특징이 무엇입니까? 첫째. 인류의 구원자로 오신 예수님이 주신 것입니다. 둘째. 돌판이 아니라 성령의 감동으로 마음판 즉 심비에 새겨진 것입니다. 셋째. 자기 스스로 이루어가는 것입니다. 이것은 '옛 계명'처럼 강제성이 있는 것이 아니라 신앙 생활을 하면서 우리의 삶 가운데 몸과 마음으로 이루어 가는 것입니다. 이런 은혜를 누리시기 바랍니다. 그래서 이런 찬송을 부릅니다. 1절. '나 이제 주님의 새 생명 얻은 몸 옛 것은 지나고 새 사람이로다 그 사랑 내게서 강같이 흐르고 그 사랑 내게서 해같이 빛난다

후렴. 영생을 맛보며 주 안에 살리라 오늘도 내일도 주 안에 살리라'. 3절, '산천도 초목도 새 것이 되었고 죄인도 원수도 친구로 변한다 새 생명 얻은 자 영생을 맛보니 주님을 모신 맘 새 하늘이로다. 아멘!

8) 산상수훈과 아홉가지 복입니다.

산상수훈(山上垂訓)은 이렇게 시작이 되고 있습니다. "예수께서 무리를 보시고 산에 올라가 앉으시니 제자들이 나아온지라 입을 열어 가르쳐 가라사대"(마태복음5:1-2절) **a. 산에 올라가 앉으시니!** 여기서 '앉으셨다'는 것은 성경을 보면 예수님이 중요한 말씀을 가르치실 때는 언제나 자리에 앉으셨던 것입니다. 오늘날에는 학교에서 선생님은 서서 가르치고 학생들은 앉아서 듣는데 옛날에는 반대로 선생님이 앉아서 가르치고 학생들은 서서 들었던 것입니다. 아마 이것은 문화의 차이일 것인데 옛날에는 이처럼 가르치는 자에게는 권위가 있었던 것입니다. 그래서 옛날 사람들은 스승의 그림자도 밟지 않으려고 조심을 했던 것입니다. 특히 오늘 본문에서 예수님이 자리에 앉으신 것은 아주 중요한 가르침을 주시겠다는 신호이기도 한 것입니다. 이처럼 예수님의 산상수훈 강의는 예수님의 공생애 사역에서 아주 중요한 위치를 차지하는 것입니다. 왜냐하면 이 산상수훈 강의를 듣고 나서 사람들이 놀라고 예수님을 다시 보게 되었고 허다한 무리들이 예수님을 따랐다고 성경에 기록하고 있기 때문입니다.

b. 입을 열어! 여기에도 중요한 의미가 있습니다. 이것은 지금 예수님이 전하시는 말씀이 아주 중요하다는 것입니다. 지금 많은 사람들이 예수님의 입을 주목하고 있습니다. '예수님이 무슨 말씀을 하시려고 저러시나?' 모두 예수님의 입만 바라보고 있는 것입니다. 그러자 드디어 예수님이 말씀을 시작하신 것입니다. 이것이 "입을 열어"입니다. 그 때 예수님은 가장 먼저 '아홉가지 복(福)'에 대해서 말씀하셨습니다.

산상수훈은 예수님의 '천국 강의'라고 할 수 있는 것입니다. "예수께서 온 갈릴리에 두루 다니사 저희 회당에서 가르치시며 천국복음을 전파하시며 백성 중에 모든 병과 약한 것을 고치시니" (마태복음4:23절) **천국복음을 전파하시며!** 예수님은 천국복음을 전하셨습니다. 이것을 모르고서는 '사(四)복음서'는 잘 풀리지 않는 것입니다. "이 천국복음이 모든 민족에게 증거되기 위하여 온 세상에 전파되리니 그제야 끝이 오리라" (마태복음24:14절) 예수님이 전파하신 것은 천국복음입니다. 왜냐하면 예수님은 천국에서 오셨기 때문입니다.

예수님은 산상수훈에서 가장 먼저 **'아홉가지 복'**을 말씀하셨습니다. 사람들은 '팔복(八福)'이라고 부르고 있으나 사실은 '구복(九福)'인 것입니다. "복이 있나니" 복은 헬라어로 μακαριος(마카리오스)인데 이 μακαριος(마카리오스)가 아홉번이 나오는 것입니다. 그래서 '구복(九福)'이 됩니다. 그리고 복 중에서 최고의 복은 아홉번째 복인데 그것은 '하늘의 상'입니다. 이제 그 '아홉가지 복'에 대해서 알아보고자 합니다.

첫째, "심령이 가난한 자는 복이 있나니 천국이 저희 것임이요"(마태복음5:3절) 입니다. 여기서 '가난'은 헬라어로 πτωχος '프토코스'인데 영어로는 poor가난한, beggarly 즉 '거지같은'이란 의미를 가지고 있습니다. 거지는 무엇이나 하나입니다. 옷 한 벌, 숟가락 하나, 깡통 하나만 있으면 살아갈 수 있습니다.

우리 나라에서도 1950, 60년대에는 **'보리고개'**가 있었고 먹을 것이 없어서 하루에 세끼를 못먹는 집들이 있었고 거지들이 하루에 보통 네 다섯명은 찾아 왔습니다. 그 때 거지도 종류가 있었는데 어떤 거지는 등에 자루를 메고 다녔습니다. 그 자루에 보리를 한 종지 담아주면 받아 갔습니다. 어떤 여자 거지는 등에 아기를 업고 다녔습니다. 그러면 할머니가 아기가 불쌍해서 더 많이 담아 주었습니다. 어떤 남자 거지는 세수도 않고 머리는 산발을 하고 깡통과 숟가락만 들고 밥을 얻어 먹으러 다녔습니다. 거기에 밥과 반찬을 담아주면 대문 밖에서 앉아서 먹고 갔습니다. 그것도 살만한 집의 이야기이고 가난한 집들은 거지를 그냥 돌려보냈습니다. **우리의 심령 즉 영혼이 이와 같습니다.** 요즘 사람들은 먹고 살기에 바빠서 심령에는 별로 관심을 두지 않습니다. 이렇게 우리의 심령은 거지처럼 대접을 받지 못하고 소외되거나 귀찮은 존재가 되어버리고 굶고 있는 것입니다. 그 이유는 심령이 무엇인지를 모르기 때문입니다. 예수님은 바로 우리의 이런 불쌍한 심령을 되찾고 살려주시려고 오신 것입니다.

　그러면 심령이 무엇입니까? 저도 처음 교회 다닐 때는 심령이 무엇인지 잘 몰랐습니다. '심령이 무엇인가?' 생각해 보고 고민도 해보았습니다. 그러다가 담임 전도사로 충북 영동에 있는 작은 시골 교회에서 사역을 하고 있었는데 어느날 같은 시찰 교회인 양정교회의 부흥집회에 참석해서 설교를 듣던 중에 갑자기 그 해답이 머리에 떠올랐습니다. **'아! 심령은 영혼이고 영혼은 바로 속사람이로구나!'** 그때 무슨 보물을 발견한 것처럼 가슴을 치면서 기뻐한 적이 있습니다. 그리고 그 때부터 저의 신앙과 기도와 설교와 사역이 달라지기 시작했습니다. 사도 바울은 이렇게 증거하고 있습니다. "그 영광의 풍성을 따라 그의 성령으로 말미암아 너희 속사람을 능력으로 강건하게 하옵시며"(에베소서3;16절) **그러면 속사람이 무엇입니까?** 여자들이 임신을 하면 뱃속에 아이가 있습니다. 그 아이가 바로 '**속사람**'입니다. 여자가 임신을 하면 10달 동안은 오로지 뱃 속에 든 아이를 위해서 사는 것입니다. 먹는 것에서부터 입는 것, 생각하고 말하고 움직이는 것까지 조심을 해야합니다. 이것을 **태교(胎教)**라고 합니다. 그래야 건강한 아기가 태어나기 때문입니다. 우리의 심령(영혼)도 우리 안에 있는 '**속사람**'입니다. 그래서 임신한 여자가 뱃 속에 있는 아기를 극진히 대하듯이 우리 안에 있는 속사람인 영혼을 극진히 대해야 합니다. 왜냐하면 우리의 영혼은 약하고 또 상처받기 쉽기 때문입니다. 우리의 영혼은 땅이 아닌 하늘나라에서 왔습니다. 그래서 우리의 영혼은 하나님 한 분, 예수 신랑 한 분, 보혜사 성령 한 분만 모시면 됩니다. 이것이 '심령이 가난한 것'입니다. 그러면 천국이 이루어지는 것입니다. 천국은 가난도 질병도 전쟁도 죽음도 없고 부족한 것이 없는 곳입니다. 그래서 언제나 행복이 넘치는 곳입니다. 성경은 이것을 '극락의 세계'라고 합니다. 그래서 예수님은 "심령이 가난한 자" 즉 심령(마음) 속에 예수 신랑 한 분을 모시면 그가 바로 천국을 소유한 자요 가장 행복한 자이고 그것이 '모든 복 중의 첫째 복이 된다' 라고 말씀하고 있는 것입니다.

둘째, "애통하는 자는 복이 있나니 저희가 위로를 받을 것임이요"(마태복음5:4절) 입니다. **a. 애통하는 자는 복이 있나니!** 여기서 '애통'은 헬라어로 πενθεω '펜데오'인데 영어로는 mourn 즉 '매우 슬퍼하다'라는 뜻을 가지고 있습니다. 이 구절 은 우리에게 아주 큰 감동을 주고 있습니다. 이것은 1700년-1800년대에 영국이나 미국에서 일어났던 **'대각성 부흥운동'**을 상기시켜 주고 있는 것입니다. 그 때에 성도들이 교회에 와서 자기의 죄를 깨닫고 나서 땅을 치고, 가슴을 치고, 통곡하면서 회개를 했던 것입니다. 그런 역사가 미국 전역에서 동시 다발적으로 일어났던 것입니다. 그 때는 목사님이 설교를 하지 않았습니다. 설교를 하려고 해도 할 수가 없었던 것입니다. 왜냐하면 설교는 이미 너무 많이 들었기 때문입니다. 성도들끼리 교회에 와서 몇날 며칠이고 기도하고 찬송을 부르며 자기의 죄를 애통하며 회개를 했던 것입니다. 그러면 그들의 죄가 깨끗하게 씻겨지고 불같은 성령이 임하셨던 것입니다.

사도 바울은 다메섹 도상에서 부활하신 예수님을 만나고 나서 회개하고 사울이 바울이 된 사람입니다. 그리고 그는 복음을 전하기에 앞서 아라비아 사막에 들어가서 3년을 칩거하면서 기도를 했던 것입니다. 그러나 그에게 참 회개가 터진 것은 그 후의 일이었습니다. 그는 **'3차 전도여행'**이 다 끝날 무렵에 **고린도**에 머물면서 **로마서**를 썼습니다. 이 로마서는 편지라기 보다는 논문이나 논증 형식을 취하고 있습니다. 이 로마서는 인류역사에서 최대의 제국이었던 로마에 보내는 편지이면서 또한 전 인류에게 보내는 편지이기도 한 것입니다. 그는 이 방대한 로마서를 쓰면서 회개가 터지고 눈물을 흘리면서 통곡을 하고 있는 것입니다. 그것이 "오호라 나는 곤고한 사람이로다 이 사망의 몸에서 누가 나를 건져내랴"(로마서7:24절) 인 것입니다. b. **오호라 나는 곤고한 사람이로다!** 이것을 N.I.V 성경에서는 What a wretched man I am!이라고 번역하고 있습니다. 영어 wretched는 '비참한 불쌍한 가증스런'이라는 의미를 가지고 있습니다. 그는 '3차 전도여행'의 막바지에 로마서를 쓰면서 자신의 모습을 발견하고는 마음이 울컥해서 가슴을 치고 땅을 치면서 통곡을 하고 있는 것입니다. c. **이 사망의 몸에서 누가 나를 건져내랴!** 그는 자신의 가증스런 모습을 발견하고는 깊은 절망에 빠져서 애통하고 있는 것입니다. 그러면 왜 사도 바울이 자신의 전도여행이 거의 끝나고 인생의 막바지에 이르러 이런 슬픔과 절망 앞에서 탄식하며 애통하고 있습니까? 그것은 빛이신 주님께 더 가까이 갈수록 자신의 비참한 모습이 더 잘 드러나기 때문입니다. 그러나 그는 여기서 절망과 한숨으로 끝나지 않습니다. 바로 뒤돌아서서 **'환희의 노래'**를 부르고 있는 것입니다. "우리 주 예수 그리스도로 말미암아 하나님께 감사하리로다"(로마서7:25절) 이것이 바로 예수님이 말씀하시는 "애통하는 자는 복이 있나니 저희가 위로를 받을 것임이요"인 것입니다.

저도 **"예수 그리스도와 천국복음"**의 원고 작업이 다 끝나고 아침에 책상 앞에 혼자 앉아 있었는데 갑자기 나도 모르게 입에서 이 찬송이 흘러 나왔습니다. '세상에서 방황할 때 나 주님을 몰랐네 내 맘대로 고집하며 온갖 죄를 다 저질렀네' 부르면서 생각해보고 저도 깜짝 놀랐습니다. "야! 이게 무슨 찬송이야? 지금 내가 왜 이 찬송을 부르고 있는 거야?" 생각해보니까 아주 오래 전에 제가 처음 교회에 다닐 때 기도원에 가서 부르고 그 후에는 거의 부르지 않았던 **'주여 이 죄인이'**라는 회개찬송이었습니다. 그 때가 1980년대 말이었는데 그 때는 이 찬송을 사람들이 많이 불렀습니다. 1절 세상에서 방황할 때 나 주님을 몰랐네 내 맘대로 고집하며 온갖 죄를 다 저질렀네 예수여 이 죄인도 용서받을 수 있나요 벌레만도 못한 내가 용서받을 수 있나요. 2절 '많은 사람 찾아와서 나의 친구가 되어도 병든 몸과 상한 마음 위로받지 못했다오 예수여 이 죄인을 불쌍히 여겨 주소서 의지할 곳 없는 이몸 위로받기 원합니다. 3절 '이 죄인의 애통함을 예수께서 들으셨네 못자국난 사랑의 손 나를 어루만지셨네 내 주여 이 죄인이 다시 눈물 흘립니다 오 내 주여 나 이제는 아무 걱정 없어요 4절 '내 모든 죄 무거운 짐 이젠 모두 다 벗었네 우리 주님 예수께서 나와 함께 계신다오 내 주여 이 죄인이 무한 감사드립니다 나의 몸과 영혼까지 주를 위해 바칩니다. 아멘! 회개의 전 과정을 간증하는 귀한 찬송입니다. 저는 이 찬송을 부르면서 한참동안 어린아이같이 눈물을 '펑펑' 쏟으면서 '엉엉' 울었습니다. 그리고 이런 결론을 얻었습니다. '아! 드디어 은혜의 생수가 터졌구나!' 저는 지금까지 찬송을 부르면서 이렇게 눈물을 흘린 적이 없습니다. 저는 이 찬송을 부르면서 '내가 얼마나 큰 죄인인가'를 뼈저리게 느꼈습니다. 모든 것이 하나님의 은혜입니다. 주님은 자신의 죄를 깊이 깨닫고 회개하며 애통하는 자에게 성령으로 위로해 주시고 큰 은혜를 부어주십니다. 아멘! 할렐루야!

미국의 **청교도**들은 기독교 역사에서 금자탑을 쌓은 자들입니다. 그 때 그들이 부른 찬송들을 보면은 너무나 감동적이어서 '어떻게 이런 찬송을 불렀나?' 부르면서도 놀라는 것입니다. 그것이 어찌 성령의 감동이 아니라면 그런 찬송들을 지어 부를 수 있었겠습니까? 그리고 그들은 전 세계에 나가서 복음을 전했던 것입니다. 만약 그들이 없었다면 지금 교회는 어떤 모습을 하고 있을까? 심히 우려가 되기도 하는 것입니다. 그들이 일으킨 것은 **대각성과 부흥운동**이었습니다. 지금 우리는 그들의 신앙을 계승 발전시켜 나가야 합니다. 그때 그들이 부른 회개의 찬송이 이것입니다. ① 1절 '천부여 의지없어서 손들고 옵니다 주 나를 박대하시면 나 어디 가리이까 내 죄를 씻기 위하여 피흘려주시니 곧 회개하는 맘으로 주 앞에 옵니다(통일찬송가 338장 새찬송가 280장)

② 1절 '십자가로 가까이 나를 이끄시고 거기 흘린 보혈로 정케하옵소서 십자가 십자가 무한 영광일세 요단강을 건넌 후 무한 영광일세'(통일찬송가 496장, 새찬송가439장)

③ 1절 '내 주의 보혈은 정하고 정하다 내 죄를 정케하신 주 날 오라 하신다 내가 주께로 지금 가오니 골고다의 보혈로 날 씻어주소서'(통일찬송186장, 새찬송가254장)

④ 1절 '샘물과 같은 보혈은 임마누엘 피로다 이 샘에 죄를 씻으면 정하게 되겠네 정하게 되겠네 정하게 되겠네 이 샘에 죄를 씻으면 정하게 되겠네'(통일찬송가190장, 새찬송가258장) 등등.

그들이 이런 찬송들을 습관적으로 불렀다기 보다는 성령의 감동으로 생수가 터지듯이 그들 안에서 터져 나왔던 것입니다. 이것은 지금 우리에게도 아주 중요한 사실입니다. 찬송을 예배시간에만 습관적으로 부른다면 별 의미가 없습니다. 이 찬송들 속에는 그 때 있었던 '대각성 부흥운동'의 흔적이 고스란히 남아있는 것입니다. 그래서 지금 우리에게도 이런 찬송들의 의미를 알고 성령의 감동으로 우리 안에서 봇물이 터지듯이 터져 나온다면 다시 한번 대부흥 운동이 일어날 수 있는 것입니다. 아멘!

c. **저희가 위로를 받을 것이요!** 여기서 '위로'는 헬라어로 παραχαλεω '파라칼레오'인데 영어로는 comfort 즉 '격려하다, 활력을 주다'라는 의미를 가지고 있습니다. 바로 여기에서 παρακλητος 파라클레토스 즉 '보혜사'란 성령의 이름이 나온 것입니다. 그들이 찬송을 부르면서 가슴을 치고 자기의 죄를 애통하면서 회개하자 드디어 성령이 찾아 오셨습니다. 그리고 성령이 그들을 품으시고 위로해 주셨던 것입니다. 그러자 집으로 돌아갈 때는 완전히 새사람이 되어서 웃고 춤을 추면서 돌아갔습니다. 그것을 보고 주위에서 사람들이 교회로 몰려와서 회개하고 새 삶을 살게 되었던 것입니다. 그 때 그들이 부른 찬송이 이것입니다. ⑤ 1절 '내가 매일 기쁘게 순례의 길 행함은 주의 팔이 나를 안보함이요 내가 주의 큰 복을 받는 참된 비결은 주의 영이 함께 함이라 성령이 계시네 할렐루야 함께 하시네 좁은 길을 걸으며 밤낮 기뻐하는 것 주의 영이 함께 함이라'(통일찬송가 427장, 새찬송가191장) 이런 부흥운동이 선교사들에 의해서 우리나라에도 전해져 한국에서도 '대각성 부흥운동'이 일어났는데 그것이 바로 1907년에 있었던 '평양 대부흥 운동'인 것입니다.

셋째, "온유한 자는 복이 있나니 저희가 땅을 기업으로 받을 것임이요"(마태복음5:5절) 입니다. 여기서 '온유'는 헬라어로 πραυπαδια (프라우파디아)

영어로는 meek '온순한'이란 뜻을 가지고 있습니다. 온유한 것을 알려면 시냇가에 서 있는 **'수양버들'**을 생각하면 좋습니다. 수양버드나무는 바람이 살짝만 불어도 이리저리 흔들리나 태풍이 불어오면 다른 나무들은 다 쓰러져도 수양버드나무는 쓰러지지 않습니다. 왜냐하면 태풍을 정면으로 받지 않고 옆으로 피하기 때문입니다. 이것이 온유한 것입니다. 마찬가지로 '온유한 자'는 어떤 시험 환난 고난이 닥쳐와도 결코 쓰러지거나 꺾이지 않습니다. 언제나 그 자리에 서있습니다. 왜냐하면 그것을 정면으로 받지 않고 옆으로 받고 피하기 때문입니다. 그리고 하나님께 맡기기 때문입니다.

　요한복음 8장을 보면 서기관과 바리새인들이 예수님을 시험하려고 이른 아침에 간음하다가 현장에서 잡힌 여자를 끌고 와서 이렇게 물었습니다. "선생이여 이 여자가 간음하다가 현장에서 잡혔나이다 모세는 율법에 이러한 여자를 돌로 치라 명하였거니와 선생은 어떻게 말하겠나이까"(4-5절) 그러자 예수님은 아무 대답도 하지 않고 몸을 굽혀 땅에 글을 쓰셨습니다. 예수님은 저들이 하도 다그치자 일어나셔서 저들에게 이렇게 말씀하셨습니다. "너희 중에 죄없는 자가 먼저 돌로 치라"(7절) 한 마디 하시고는 다시 몸을 굽혀 땅에 글을 쓰셨던 것입니다. 예수님은 잔뜩 화가 나서, 이성을 잃고, 사람을 돌로 쳐죽이려고 달려온 저들을 정면으로 부딪치지 않고 옆으로 피하셨습니다. 이것이 예수님의 **'온유하심'**입니다. 그러자 돌멩이를 손에 들고 살기가 등등하던 그들이 부끄러움을 느끼고 돌멩이를 내려놓고 스스로 물러갔던 것입니다. 예수님은 질풍과 노도같이 달려드는 자들을 직접 대면하지 않고 몸을 굽히셔서 피하셨습니다. 이것이 예수님의 지혜입니다. 마치 복싱 선수가 정면으로 날아오는 펀치를 일단 피하고 난 후에 카운터 펀치를 날려서 상대 선수를 K.O를 시키는 것과 같습니다.

그런데 이상한 것은 예수님은 '사나운' 자가 아니라 '온유한' 자가 땅을 기업으로 즉 땅을 차지하고 땅의 주인이 된다는 것입니다. 이것은 우리들의 상식으로는 잘 이해가 되지 않는 부분인 것입니다. 그러면 '온유한 자가 땅을 차지한다'는 의미가 무엇입니까? 동물들의 세계를 보면 조금은 이해가 되는 것입니다. 토끼 양 소 사슴 노루같이 순한 짐승들이 있는가 하면 사자 호랑이 표범 늑대 곰같은 사나운 맹수들이 있습니다. 지금 우리 나라에서도 옛날에 흔하던 호랑이 표범 늑대 곰같은 맹수는 자취도 없이 사라지고 한 마리도 보이지 않으나, 소 말 노루 토끼 산양 고라니 같이 온순한 동물들은 지금도 많이 번식하고 있습니다. 이것은 예수님의 말씀과 일치가 되고 있습니다. 그러나 예수님의 말씀의 진의는 거기에 있지 않습니다. 여기서 '온유한 자'는 예수님 자신을 가리키고 있는 것입니다. 그 때 예수님을 시험하고 간음한 여인을 죽이려고 돌을 들고 왔던 자들은 하나도 남지 않고 물러갔습니다. 그 현장에는 예수님과 간음한 여인만 남았습니다. 그리고 예수님을 모함하고 십자가에 죽게 만든 악한 종교지도자들인 서기관과 바리새인들은 역사의 뒤안길로 흔적도 없이 사라졌으나 간음한 여인을 용서하고 목숨까지 구해준 온유하신 예수님은 땅을 다 차지하고 인류의 최고의 지도자와 구원자로 남아서 온 인류의 소망이 되고 있는 것입니다. 그리고 지금 우리도 예수님처럼 온유한 자가 된다면 땅에 편만하고, 땅을 차지하고, 땅을 정복하고, 땅을 다스리는 주인 노릇을 할 수 있는 것입니다.

온유함의 대표는 '물'입니다. 물은 만물 가운데 가장 부드럽고 온유하고 겸손합니다. 물은 언제나 위에서 아래로 흘러갑니다. 물은 자신을 주장하지 않습니다. 물은 상황에 따라서 액체가 되고 기체가 되고 고체가 됩니다. 그래도 물의 본질은 언제나 H_2O입니다. 물은 자신을 희생시켜서 모든 만물

속에 스며들어 도움을 주고 살리고 유익하게 합니다. 그러나 지구의 70%가 물이고 홍수가 나면 물이 천하를 뒤덮는 것을 볼 수 있습니다. 이것이 바로 '온유한 자가 땅을 차지한다'는 것이 아니고 무엇이겠습니까?

1절 '온유한 주님의 음성 네 귀에 속삭이네 네 마음문을 두드리니 왜 피하느냐 피하지 말라 피하지 말라 우리가 곁길로 피해도 맘 속에 오시리 심판날 당할 때 주님을 너 맞을 준비해 맘 속에 주님을 영접하라 주 영접하라'(통일찬송가319장 새찬송가 529장)

넷째, "의에 주리고 목마른 자는 복이 있나니 저희가 배부를 것임이요"(마태복음5:6절) 입니다. **a. 의에 주리고!** 여기서 '의'는 헬라어로 δικαιοσυνη '디카이오쉬네'인데 영어로는 justice'옳은 것, righteousness'바른 것'을 말합니다. 여기서 "의"는 하나님과의 바른 관계를 말하는 것입니다. "주리고"는 헬라어로 πεινάω페이나오, 영어로는 hungry인데 '창자가 꼬여 아플 정도로 배가 고프다'란 의미를 가진 말입니다. 이것은 지금 아프리카의 아이들을 생각하면 됩니다. 그들은 먹지 못해서 뼈만 남았고 그렇게 죽어가고 있습니다. 또 6.25사변 때 북한에서 피난 내려온 사람들을 생각하면 됩니다. 그들은 배가 고파서 풀뿌리를 캐먹고 물로 허기를 채웠던 것입니다. 옛 사람들은 '수염이 석자라도 먹어야 양반이다' '양반도 사흘을 굶으면 남의 집 담장을 넘어간다'고 했습니다. 이처럼 배고픔이라는 것은 견디기 힘든 고통인 것입니다. 예수님은 우리가 그 정도로 하나님의 '의'에 굶주려야 하나님이 주시는 은혜와 복으로 배부를 수 있다는 것입니다.

b. 목마른 자는! 여기서 '목마르다'는 헬라어로 διψάω딮파오, 영어로는 thirsty인데 '목이 마르다'는 것은 마실 물이 없어서 목이 타들어갈 정도로 심히 괴롭다는 것입니다. 이것은 사막에서 물이 없어서 헤매는 자들이나 한

여름 가뭄에 비가 오지 않아서 타죽어가는 농작물들을 생각하면 됩니다. 그렇게 지금 우리가 '의'에 목이 말라 있습니까? 그 정도는 되어야 우리가 하나님 앞에 가까이 나아가서 설 수가 있다는 것입니다.

　c. 배부를 것임이요! 음식을 먹으면 배가 부릅니다. 이것은 **'육체적인' 만족**입니다. 흔히 '먹지 않아도 배가 부르다'라는 말을 합니다. 그것은 그가 좋은 일을 했기 때문에 '정신적으로' 만족하다는 것입니다. 부모는 자신은 먹지 않아도 자식들이 잘 먹는 것을 보면은 배가 부릅니다. 마음이 흐뭇합니다. 왜 그렇습니까? 부모는 입으로 먹는 것보다 마음으로 먹는 것이 더 행복하기 때문입니다. 좋은 일을 하면 먹지 않아도 배가 부릅니다. 이것은 육체적인 만족이 아니라 **정신적인 만족**을 의미하는 것입니다. 그리고 **'영적인' 만족**도 있습니다. 이것은 하나님과의 관계에서 오는 것인데 우리가 하나님의 의에 주리고 목이 마르면 이런 영적인 만족을 얻는다는 것입니다. 그래서 사도 바울은 춥고 배고픈 빌립보의 지하 감옥에서도 기쁨의 찬송을 불렀던 것입니다.

　다윗은 시편 23편에서 이렇게 노래하고 있습니다. **"여호와는 나의 목자시니 내게 부족함이 없으리로다 그가 나를 푸른 초장에 누이시며 쉴만한 물가로 인도하시는도다 내 영혼을 소생시키시고 자기 이름을 위하여 의의 길로 인도하시는도다"**(1-2절) **의의 길로 인도하시는도다!** 이처럼 다윗은 '의'에 주리고 목이 마른 자였습니다. 그러면 그 결과는 무엇입니까? **"주께서 내 원수의 목전에서 내게 상을 베푸시고 기름으로 내 머리에 바르셨으니 내 잔이 넘치나이다"**(시편23:5절) 이것은 다윗이 궁궐에서 한가로울 때에 지은 시가 아닙니다. 다윗이 사울왕에게 쫓겨 다니면서 '사망의 음침한 골짜기를 지날 때' 지은 시인 것입니다. 여기서 '부족함이 없다'는 것은 '더 이상 바랄 것이 없다'는 것이고 '내 잔이 넘친다'는 것은 '매우 만족한다'는 것입니다. 우리가 다윗같이 이런 만족을 얻으려면 어떤 상황 가운데서도 하나님과의 관계를 잘 유지하고 하나님의 '의'에 주리고 목말라야 하는 것입니다. 이럴 때 하나님이 하늘에서 부어주시는 기쁨과 평안 즉 영적인 만족이 오는데 그 것이 바로 **"내 잔이 넘치나이다"** 이고 이것은 '의에 주리고 목마른 자'에게 주시는 하나님의 특별한 은혜인 것입니다. 그래서 이런 찬송을 부릅니다.

1절 '행군나팔 소리로 주의 호령났으니 십자가의 군기를 높이 들고 나 가세 선한 싸움 다 싸우고 의의 면류관 의의 면류관 받아쓰리라 선한 싸움 다 싸우고 의의 면류관 예루살렘성에서 면류관 받으리 저 요단강 건너 우 리 싸움 마치는 날 의의 면류관 예루살렘성에서'(통일찬송가402장 새찬송 가360장)

다섯째, "긍휼히 여기는 자는 복이 있나니 저희가 긍휼히 여김을 받을 것 임이요"(마태복음5:7절) 입니다. '긍휼히 여긴다'는 것은 헬라어로 ελεήμων 엘레에몬, 영어로는 mercy인데 '불쌍히 여기다'라는 뜻을 가지고 있습니 다. 이것을 문자를 써서 말한다면 **'측은지심(惻隱之心)'**이라고 해서 옛 사람 들이 최고의 덕목으로 여겼던 것입니다. 그러나 긍휼(矜恤)은 여기에서 한 걸음 더 나아가서 마음으로 불쌍히 여길뿐만 아니라 물질로도 도와주는 것 을 말합니다. 옛날 조선시대에는 **'긍휼미'**라는 것이 있었는데 나라에 가뭄 이 와서 흉년이 들면 먹을 것이 없어서 사람들이 산이나 들로 나가서 초근목 피로 연명을 했습니다. 그때 나라에서 곡간을 열어서 백성들에게 곡식을 나 누어 주었던 것입니다. 지금도 지진이 나거나 홍수가 나면 국가에서 '재난지 역'으로 선포하고 이재민들을 돕는 제도가 있습니다.

예수님은 "네 보물이 있는 곳에 네 마음도 있느니라"(마태복음6:21절) 고 말씀하셨습니다. 여기서 보물은 물질을 말합니다. 물질이라는 것은 아무 사이에서나 오고가는 것이 아닙니다. 가족이 아니라면 돈이나 물질을 거져주지는 않는 것입니다. 옛날에는 이웃 간에도 정이 있어서 떡을 하면 밤중에 담너머로 떡그릇이 오고 갔는데 이렇게 물질은 곧 '사랑의 척도'가 되기도 하는 것입니다. 그러나 요즘은 아파트에서 앞집에 누가 사는지도 모르고 더구나 음식이 오고간다는 것은 상상하기도 어려운 것입니다. 이것은 물질은 풍요해졌으나 정신은 메말라서 가난해진 것인데 현대인들이 깊이 숙고해 보아야할 문제인 것입니다.

사랑과 자비와 긍휼은 같은 부류에 속한 말이나 차이가 있습니다. 사랑은 전체적이고 포괄적인 말입니다. 자비(慈悲)는 정신적인 것입니다. 긍휼(矜恤)은 자비의 마음에 물질을 더하는 것입니다. 그래서 최고의 사랑의 행위인 것입니다. 이것은 예수님의 공생애 사역에서 잘 나타나고 있습니다.

마가복음 8장에 보면 예수님이 이렇게 말씀하고 계십니다. **"내가 무리를 불쌍히 여기노라 저희가 나와 함께 있은지 이미 사흘이매 먹을 것이 없도다 만일 내가 저희를 굶겨 집으로 보내면 길에서 기진하리라 그 중에는 멀리서 온 자들도 있느니라"**(22-3절) 그러자 제자들이 이렇게 묻고 있습니다. **"이 광야에서 어디서 떡을 얻어 이 사람들로 배부르게 할 수 있으리이까"**(4절) 그러자 예수님이 이렇게 물으셨습니다. **"너희에게 떡 몇 개나 있느냐"**(5절) 그러자 **"일곱이로소이다"**(5절)라고 대답을 했습니다. 그러자 예수님이 떡 일곱 개와 생선 두 마리를 가지시고 축사하신 후에 사천명이나 되는 사람들에게 나누어 주셨는데 다 배불리 먹고 남은 조각을 일곱 광주리에 거두었던 것입니다. 이것이 바로 예수님의 **'긍휼히 여기심'**인 것입니다. 그러자 이런 소문이 점점 더 퍼져나가자 수많은 사람들이 예수님을 따랐던 것입니다.

여섯째, "마음이 청결한 자는 복이 있나니 저희가 하나님을 볼 것임이요"(마태복음5:8절)입니다. **a. 마음이 청결한 자는 복이 있나니!** '청결'은 헬라어로 καθαρος(카다로스)인데 영어로는 clear, clean 즉 '깨끗한'이라는 뜻을 가지고 있습니다. 우리는 아침에 일어나면 가장 먼저 하는 것이 있습니다. 그것은 얼굴을 씻는 것입니다. 그 이유는 얼굴을 씻지 않으면 밖에 나갈 수 없기 때문입니다. 그리고 밖에서 집에 들어오면 손을 씻는 것입니다. 이처럼 인간에게 있어서 씻는다는 것은 아주 중요한 것입니다. 씻지 않으면 거지가 되는 것입니다. 그래서 일주일에 한번은 목욕탕에 가는 것입니다. 만약에 그렇게 하지 않으면 냄새가 나서 사회생활을 할 수가 없는 것입니다. **마음도 마찬가지입니다.** 그런데 사람들은 몸은 씻으면서도 마음은 잘 씻으려 하지 않는 것입니다. 옛날 사람들은 마음을 씻으려고 산에 가서 수양을 했습니다. 그러나 요즘 사람들은 너무 생활에 쫓기느라고 마음을 수양할 시간도 없는 것입니다. 기독교 역사에서 마음을 깨끗히 씻는 운동이 있었는데 그것이 **'청교도 신앙운동'**입니다. 청교도들을 **퓨리탄**(puritan)이라고 하는데 영어로 purify '깨끗히 하다'라는 의미인 것입니다. 그들이 영국에서 화란으로, 화란에서 미국으로 옮겨 갔는데 미국에서 '대각성 부흥운동'을 일으켰던 것입니다. 그들은 그때 주로 십자가 보혈찬송을 불렀던 것입니다.

1절 '예수 십자가의 흐린 피로써 그대는 씻기어 있는가 더러운 죄 희게 하는 능력을 그대는 참 의지 하는가 예수의 보혈로 그대는 씻기어 있는가 마음 속의 여러 가지 죄악이 깨끗히 씻기어 있는가'(통일찬송가193장, 새찬송가259장)

1절 '변찮는 주님의 사랑과 거룩한 보혈의 공로를 우리 다 찬양을 합시다 주님을 만나볼 때까지 예수는 우리를 깨끗게 하시는 주시니 그의 피 우리를 눈보다 더희게 하셨네'(통일찬송가214장, 새찬송가270장) **그의 피 우리를 눈보다 더 희게 하셨네!** 참으로 주옥같은 찬송들인 것입니다. 이런 찬송들을 부르면서 가슴을 치고 땅을 치면서 통곡하고 회개하자 드디어 죄가 씻겨지고 불같은 성령이 임했던 것입니다. 이것은 지금도 마찬가지입니다. 이런 찬송들을 밤새워 목이 터져라 부른다면 대부흥은 반드시 찾아올 것입니다. 성령은 거룩한 영이 십니다. 그래서 우리의 심령을 '눈보다 더 희게' 씻지 않으면 아무리 몸부림을 쳐봐도 성령의 불은 임하지 않는 것입니다. 이 불이 한국으로 건너온 것이 1907년에 있었던 **'평양 대부흥 운동'**입니다. 그들은 며칠 동안 교회에 머물면서 기도하고 찬송하고 회개하고 통회자복하고 나서 성령을 받고 새사람이 되어서 웃으면서 집으로 돌아갔던 것입니다. 그때 그들이 집으로 돌아가면서 부른 찬송이 이것입니다.

1절 '이 기쁜 소식을 온 세상 전하세 큰 환난 고통을 당하는 자에게 주 믿는 성도들 다 전할 소식은 성령이 오셨네 성령이 오셨네 성령이 오셨네 내 주의 보내신 성령이 오셨네 이 기쁜 소식을 온 세상 전하세 성령이 오셨네'(통일찬송가179장,새찬송가185장)

b. **저희가 하나님을 볼 것임이요!** 여기서 '본다'는 것은 헬라어로 οπτανω' 옾타노'인데 영어로는 appear 인데 '나타나다'라는 의미를 가지고 있습니다. 그래서 '하나님을 본다'는 것은 ① 하나님이 나타나셔서 자신의 영광을 보여주신다는 것입니다. ②하나님께'가까이 간다'는 것입니다. 멀리서는 볼 수 없습니다. 가까이 가야 볼 수 있는 것입니다. ③'증인이 된다'는 것입니다. 증인이 되려면 보아야 합니다. 보지 않으면 증인이 될 수가 없는 것입니다. 본 자는 증인이 되지 말라고 해도 증인이 되는 것입니다. 특히 초대 교회의 성도들이나 청교도들은 하나님의 영광을 본 자들입니다. 그래서 그들은

예수 그리스도를 세계 만방에 전했던 것입니다.

일곱째, "화평케 하는자는 복이 있나니 저희가 하나님의 아들이라 일컬음을 받을 것임이요"(마태복음5:9절) 입니다. '화평케 하는자'는 헬라어로 ειρηνοποιος (에이레노포이오스) 영어로는 peacemaker '평화를 만드는 자, 평화의 중재자'라는 뜻을 가지고 있습니다.

근래에 있었던 가장 유명한 평화회담을 들자면 1960-1970년대에 있었던 **'파리 평화회담'**입니다. 그것은 미국과 베트남 사이에 있었던 전쟁을 종식시키기 위한 협상이었는데 그 때 미국의 국무장관이었던 **'헨리 키신저'**씨가 검은테 안경을 쓰고 검은 007가방을 들고 회담장으로 들어가는 모습이 매일 TV에 방영되어서 전 세계인들이 지켜보았던 것입니다. 예수님은 십자가에서 하나님과 인간 사이에서 화목제물이 되심으로 하나님과 인간 사이의 화해의 중재자가 되셨습니다. 그리함으로 인간의 죄가 사해지고 하나님과 인간 사이에 평화가 찾아온 것입니다. 그래서 전 세계가 예수님을 가장 높이고 있습니다. 예수님은 자신과 같이 평화를 사랑하고 자신을 희생해서라도 화해를 도모하는 자는 '하나님의 아들'이라 불린다는 것입니다. 언제 어디에서나 '아들'이라는 자리는 오른 팔, 실권자, 실세, 제 2인자라는 의미를 갖는 것입니다. **'너는 내 아들이다'** 이것은 아버지가 아들에게만 줄 수 있는 최고의 대우요 권리인 것입니다. 하물며 하나님이 우리에게 '너희는 내자녀다'라고 하신다면 이것도 하나님이 신앙인들에게 베푸시는 최고의 명예요 대우요 특혜인 것입니다. 자녀는 부모의 재산과 때로는 지위나 신분까지도 물려받는 것입니다. 북한을 보세요! 아들의 권세가 대단합니다. 나이가 30도 안되는 자가 3대째 권력세습을 이어가고 있습니다. 하물며 하나님의 자녀가 된다면 그 위세가 어떠하겠습니까? 천사들도 부러워하는 것입니다. 그것은 곧 '화평케 하는 자' 곧 '하나님과의 화해를 도모하는 자'에게 주시는 하나님의 특별한 은혜인 것입니다.

1절 '내 영혼의 그윽히 깊은 데서 맑은 가락이 울려나네 하늘곡조가 언제나 흘러나와 내 영혼을 고히 싸네 평화 평화로다 하늘 위에서 내려오네 그 사랑의 물결이 영원토록 내 영혼을 덮으소서'(통일찬송가469장 새찬송가412장)

여덟째, "의를 위하여 핍박을 받은 자는 복이 있나니 천국이 저희 것임이요"(마태복음5:10절) 입니다. 여기서 '의'는 하나님과의 관계를 말하는데 여러가지 의미를 가지고 있는 것입니다. '핍박'이 나오는데 핍박은 헬라어로 διωκω (디오코) 영어로는 persecute '박해하다'라는 뜻을 가지고 있습니다. 초대교회 시절에는 예수 믿는 자들을 왕따시키고, 희롱하고, 출교하고, 잡아다가 때리고, 감옥에 가두고, 심지어는 돌로 치고, 톱으로 켜고, 광야와 암혈과 토굴로 피신하고, 사자들의 밥이 되게하고, 불 속에 집어넣고, 십자가에서 처형을 했습니다. 그래도 그들은 웃으면서 그 길을 갔던 것입니다. 그것이 바로 '의를 위하여 핍박을 받은 것'인데 히브리서 11:32-40절 에 자세히 나와 있습니다. 그러나 여기에서는 '받았다'는 동사는 미래나 현재형이 아니라 과거형이 쓰여지고 있습니다. 이미 핍박을 받았습니다.

세례 요한은 예수 그리스도를 증거하다가 헤롯왕으로부터 핍박을 받아 감옥에 가서 목베임을 당했고, 예수님의 제자들은 복음을 증거하다가 십자가에서 순교하거나 목베임을 당했고, 많은 초대교회의 성도들이 예수님을 따르다가 출교를 당하고 재산을 빼앗기고 감옥에 가고 디아스포라가 되어서 남의 나라를 떠도는 신세가 되었던 것입니다. 특히 로마에서는 미치광이 네로 황제에 의해서 수만 명의 성도들이 로마의 원형경기장에서 사자 호랑이 곰 늑대들의 밥이 되었던 것입니다. 이것이 바로 의를 위하여 핍박을 받은 것입니다. 천국은 이미 이런 자들의 것이라고 예수님이 말씀하고 계십니다. 그래서 이런 찬송을 부르는 것입니다.

1절 '옳은 길 따르라 의의 길을 세계 만민이 의의 길 이 길 따라서 살 길을 온 세계에 전하세 만 백성이 나아갈 길 어둔 밤 지나서 동튼다 환한 빛 보아라 저 빛 주 예수의 나라 이 땅에 곧 오겠네 오겠네'(통일찬송가265장 새찬송가516장)

아홉째, "**나를 인하여 너희를 욕하고 핍박하고 거짓으로 너희를 거스려 모든 악한 말을 할 때에는 너희에게 복이 있나니 기뻐하고 즐거워하라 하늘에서 너희 상이 큼이라**"(마태복음5:11-12절) 입니다. 아홉번째 복은 '하늘의 상'인데 상은 헬라어로 μισθος(미스도스) 영어로는 reward 상, 보상을 말합니다. '**하늘의 상**'은 모든 복 가운데 최고의 복입니다. 그리고 이 복은 현재가 아니라 미래에 주어지는 복인 것입니다. 그런데 이 복은 아무에게나 주어지는 것이 아닙니다.

a. "**나를 인하여**" '예수님 때문에' 입니다. 예수님을 따르던 자들은 예수님 때문에 욕먹고 핍박당하고 악한 말을 들었습니다. 그런 그들에게는 천국과 함께 최고의 상이 주어지는 것입니다. 그래서 그것을 바라보고 b. "**기뻐하고 즐거워하라**"는 것입니다. 이것은 우리 나라가 1945년에 8.15 해방을 맞아 어떻게 했는가를 생각하면 됩니다. 저는 그 때 태어나지 않아서 보지는 못했으나 듣기로는 너무 좋아서 모든 사람들이 밖으로 뛰쳐나와 서로 부둥켜 안고 울고 웃고 뛰고 춤을 추었던 것입니다. 여기서는 '그 이상으로' 기뻐하고 즐거워하라는 것입니다. 그러면 왜 우리가 기뻐하고 즐거워해야 합니까? 그것은 바로 '하늘의 상' 때문인 것입니다. c. "**하늘에서 너희 상이 큼**

이라" 하늘의 상! 이것이 바로 우리가 고난 가운데서도 기뻐하고 즐거워해야 할 이유요 신앙생활의 마지막 목표인 것입니다. 사도 바울은 신앙생활을 달리기 경주에 비유하고 있습니다. "운동장에서 달음질하는 자들이 다 달아날지라도 상 얻는 자는 하나인 줄 너희가 알지 못하느냐 너희도 얻도록 이와같이 달음질하라"(고린도전서9:24절) 올림픽 경기에서는 0.01초 차이로 1등과 2등이 갈라집니다. 그러나 신앙생활은 '자기 앞의 경주'이기 때문에 열심히만 하면 누구나 1등을 해서 의의 면류관을 받아 쓸 수 있는 것입니다. 그래서 다른 사람 눈치볼 것도 없이 열심을 내야 하는 것입니다. 그리고 우리는 예수님이 왜 마지막 복으로 **'하늘의 상'**을 말씀하시는지 그 이유를 한 번 생각해 보아야 합니다.

지금까지 교회는 **'여덟번째 복'**에만 머물러 있었습니다. 그래서 **'팔복'**이라고 불렀습니다. 그러나 자세히 보면 '복' 즉 μακαριος '마카리오스'가 아홉 개입니다. 그래서 **'구복'**이 됩니다. 그래서 우리는 지금이라도 이 복의 개념을 바꾸어야 합니다. 지금까지 교회는 여덟 번째 복인 **'천국'**에 머물렀기 때문에 신앙이 더 성장하지 못하고 정체되었습니다. '에이! 상은 무슨 상! 천국에 가게 되었으니 이 좋은 세상 구경이나 실컷하고 놀다가자' 이런 심리가 작용했습니다. 그러나 자세히 보면 여덟번째보다 아홉번째 복이 더 중요합니다. 그것은 **'하늘의 상'**입니다. 신앙생활의 마지막 목표는 '천국'이 아니라 '하늘의 상'입니다. 그래서 천국문을 통과한 것으로 만족하지 말고 **'하늘의 상'**을 바라보아야 합니다.

이것은 성경에 기록된 것은 아니나 신앙서적 중에는 천국에 다녀온 자들의 간증집이 있는 것을 봅니다. 거기에 보면 **'세가지'** 천국이 나옵니다. 첫 번째 천국은 겨우 예수 믿고 구원받은 자들이 가는 곳이고, 두 번째 천국은 신앙생활을 잘하는 목회자나 성도들이 가는 곳이고, 세 번째 천국 즉 삼층천은 구약시대의 아브라함 모세 다윗같은 선지자들이나 신약시대의 베드로 야고보 요한 사도 바울같은 사도들이나 주기철 손양원 목사님같은 순교자들이 가는 천국입니다. 이렇게 천국도 다르고 그 상급이 다른 것을 알 수 있습니다. 사도 바울도 자신이 환상 중에 갔다 온 '**삼층천**'에 대해서 이렇게 말하고 있는 것입니다. "무익하나마 내가 부득불 자랑하노니 주의 환상과 계시를 말하리라 내가 그리스도 안에 있는 한 사람을 아노니 십사년 전에 그가 셋째 하늘에 이끌려간 자라"(고린도후서12:1-2절) 여기서 '그는' 사도바울 자신을 일컫는 말입니다. 그리고 셋째 하늘은 삼층천입니다.

히브리서 11:24-26입니다. "믿음으로 모세는 장성하여 바로의 공주의 아들이라 칭함을 거절하고 도리어 하나님의 백성과 함께 고난받기를 잠시 죄악의 낙을 누리는 것보다 더 좋아하고 그리스도를 위하여 받는 능욕을 애굽의 모든 보화보다 더 큰 재물로 여겼으니 이는 상주심을 바라봄이라" **상주심을 바라봄이라**! 놀랍게도 구약시대에 모세도 '**하늘의 상**'을 바라보았다는 것입니다. 사도바울도 '**하늘의 상**'을 바라보았습니다. "형제들아 나는 내가 아직 잡은 줄로 여기지 아니하고 오직 한 일 즉 뒤에 있는 것은 잊어버리고 앞에 있는 것을 잡으려고 푯대를 향하여 그리스도 예수 안에서 하나님이 위에서 부르신 부름의 상을 위하여 좇아가노라"(빌립보서3:13-14절) **부름의 상**! 이것이 사도 바울의 목표였습니다. 그런데 이것을 모르거나 이것에 관심이 없다면 이것은 신앙생활을 잘못하고 있는 것입니다. 그래서 이런 찬송을 부르는 것입니다.

1절 '잠시 세상에 내가 살면서 항상 찬송 부르다가 날이 저물어 오라 하시면 영광 중에 나아가리 열린 천국문 내가 들어가 세상짐을 내려놓고 빛난 면

류관 받아 쓰고서 주와 함께 다스리리'(통일찬송가544장 새찬송가492장)

여기서 중요한 점은 이 '**아홉가지 복**'이 산상수훈의 첫머리에 나오고 있다는 것입니다. 이처럼 하나님의 백성들은 이 '복(福)'에 대한 관심과 개념정립이 중요한 것입니다. '나는 복같은 거 싫어요. 구원받은 것으로 만족해요' 이것은 겸손이 아니라 불신앙인 것입니다. 하나님은 '**복**'을 주시는 분이십니다. 하나님은 천지만물을 창조하시고 가장 먼저 '**복**'을 내리셨습니다. 이것은 하나님은 다른 무엇보다도 만드신 천지만물이 잘되기를 바라셨기 때문입니다. (창세기1:28절) 시편 1편도 산상수훈도 가장 먼저 '**복**'으로 시작하고 있는 것입니다. 그래서 우리도 '복'에 관심을 가져야하는데 그것은 예수님이 산상수훈에서 제시하신 '아홉가지 복'인 것입니다. 그러나 그것은 물질적인 것보다 영적인 측면이 더 강한 것입니다. 그렇다고 하나님이 물질적인 복을 배제하시는 것은 절대 아닌 것입니다. 영과 육이 균형을 이룰 때 인간의 진정한 행복은 바로 여기에서 오는 것입니다. 이것이 바로 우리가 항상 추구해야하는 '**행복론(幸福論)**'인 것입니다.

① 일본의 유명한 동양의학 박사인 '하라마야 시게오'는 '**뇌내 혁명**'이라는 그의 저서에서 뇌(腦)에 대해서 자세히 설명하고 있습니다. 그는 인간의 좌(左)뇌와 우(右)뇌의 기능에 대해서 설명하고 있습니다. '**좌뇌**'는 지식이나 감정 등 일상 생활에서 일어나는 부분을 담당하고, '**우뇌**'는 지혜나 습관 유전 등 의지적이고 전래적인 부분을 담당한다는 것입니다. 그러니까 좌뇌가 형이하학적인 뇌라면 우뇌는 형이상학적인 뇌인 것입니다. 특히 이 '우뇌'는 인격이나 종교와도 관련이 있습니다. 그래서 인간에게 행복을 주는 '뇌내 마약' 즉 모르핀(엔돌핀)은 주로 우뇌에서 나온다고 합니다.

그러면 언제 '우뇌'에서 우리의 몸에 유익한 '뇌내 모르핀'(엔돌핀)이 가장 많이 분비됩니까? a. 긍정적인 생각을 할 때, b. 기도를 하거나 명상을 할 때, c. 강가를 걷거나 공원을 산책을 할 때, d. 남을 도와줄 때, e. 감사할 때, f. 사랑할 때, g. 웃을 때입니다. 특히 **웃음**은 돈 안들이고 사먹는 가장 좋은 보약이고 명약이고 치료제인 것입니다. 그래서 옛날부터 '**소문만복래**'라 했고, 지금은 대학에서도 '**웃음학과**'가 생기고 병원에서도 '**웃음요법**'이 생기고, 웃음 전도사, 웃음 치료사들이 활동을 하고 있는 것입니다. 또 **웃음**은 우리의 몸에서 기와 혈을 여는 작용을 해서 우리의 몸과 마음을 건강하게 하는 것입니다. 여기서 기(氣)는 폐를 말하고 혈(血)은 심장을 말하는 것입니다. 여기서 중요한 사실은 '**억지로라도**' 웃으면 뇌에서 엔돌핀이 나와서 마음과 몸이 건강해 진다고 합니다. 그래서 웃는 연습, 웃는 훈련, 웃는 운동이 필요한 것입니다. '**웃음은 행복연습이고, 웃음은 자기훈련이고, 웃음은 강화운동이다**'라는 것입니다. 우리가 매일 체육관이나 피지컬 트레이닝 센터에 가서 운동하듯이 운동에는 목표가 있고 또 땀흘리는 노력과 수고가 있어야 하는 것입니다. 그래야 소기의 목적을 달성할 수가 있는 것입니다. **웃음도 이와 같습니다.** 그저 기분이 좋아서 웃는 것이 아니고 매일 시간을 내서 운동하듯이 웃으면 엔돌핀이라는 좋은 호르몬이 분비되어서 마음도 몸도 건강해지고 가정도 직장도 사회도 교회도 좋은 분위기로 바꾸어지는 것입니다.

그러면 천국은 어떤 곳입니까? 웃음과 행복이 가득한 곳입니다. 왜냐하면 기쁨과 즐거움은 대개 웃음과 노래와 춤으로 나타나기 때문입니다. 저는 이런 생각을 해보았습니다. 과연 예수님은 얼마나 자주 웃으셨을까? 성경에는 예수님이 '우셨다'는 기록은 세 번이나 나오고 있으나 '웃으셨다'는 기록은 한 군데도 없습니다. 그래서 추측해 볼 수 밖에 없습니다. 예수님은 요한복음17장의 마지막 기도에서 이렇게 기도하고 계십니다. "지금 내가 아버지께로 가오니 내가 세상에서 이 말을 하옵는 것은 저희로 내 기쁨을 저희 안에 충만히 가지게 하려 함이니이다" 여기에서 예수님은 **"내 기쁨을 저희 안에 충만히"**라고 말씀하고 계십니다. 그러니까 지금 예수님 안에도 기쁨이 충만하게 있다는 것입니다. 그래서 예수님이 얼마나 많이 웃으셨는지는 몰라도 아마 틈틈이 웃으신 것 같습니다. 왜냐하면 단체생활은 웃어야 화합도 되고, 분위기도 좋고, 피로도 풀리고, 활력을 주기 때문입니다.

② 그는 또 **'뇌내 혁명'**이라는 책에서 플러스(+) 발상과 마이너스(-) 발상에 대해서 설명하는데 어떤 일이 닥쳐도 부정적인 '마이너스 발상'을 하지 말고 긍정적인 '플러스 발상'을 하라는 것입니다. 그래야 자기에게 '플러스'가 된다는 것입니다. 말 그대로 '플러스'는 유익이 되고 '마이너스'는 손해가 되는 것입니다. 이것은 생각 여하에 따라서 뇌에서 유익한 **'엔돌핀'**이 나오기도 하고 해로운 **'아드레날린'**이 나오기 때문입니다. 그렇다고 아드레날린이 항상 나쁜 것만은 아닙니다. '아드레날린'은 우리가 위험을 느낄 때 나오는 호르몬인데 우리의 몸을 긴장시켜서 위험에 대처하게 합니다. 그런데 문제는 우리가 스트레스를 받거나 과식을 하거나 운동을 지나치게 하면 마음과 몸이 긴장이 되어서 불필요한 아드레날린이 분비되고 그러면 해로운 **'활성산소'**가 생겨서 몸의 세포를 파괴한다고 합니다. 그래서 어떤 상황이 닥쳐도 항상 긍정적인 생각 즉 **'플러스 발상'**을 하라는 것입니다. 그러면 뇌내 마약인 '뇌내 모르핀'이 분비되어 몸에 유익하고 마음에 행복을 느낀다는 것입니다.

③ 여기서 잠간 **활성(活性)산소**에 대해서 알아본다면 우리가 생명을 유지하는데 있어서 꼭 필요한 것이 **'산소'**입니다. 그래서 지금까지 우리는 산소

그러면 좋은 쪽으로만 생각을 해왔습니다. 그러나 산소(酸素)는 두 가지 얼굴을 가지고 있는 것입니다. 산소는 적당히 있으면 유익한 것입니다. 그러나 지나치면 해를 불러오는 것입니다. 이것이 바로 '**활성산소**'입니다. 산소는 물질을 산화(酸化)시킵니다. 산화는 '녹이 슨다'는 말입니다. 쇠를 공기 중에 오래 놔두면 서서히 녹이 슬어서 없어지고 맙니다. 인체(人體)도 마찬가지입니다. 남아도는 산소가 몸 안에 있으면 세포를 공격해서 파괴해 버리는 것입니다. 그래서 늙거나 병들거나 죽습니다. 그래서 우리는 이 활성산소를 잘 알고 관리를 잘 해야 하는 것입니다. 활성산소가 생기지 않게 해야 하는데 그러기 위해서는 첫째, 쓸데없는 근심걱정 낙심 절 망같은 스트레스를 피하고 둘째, 과식을 피하고 셋째, 지나친 운동을 피하고 넷째, 남을 미워하거나 시기하거나 원망하거나 증오하거나 하는 등 남과의 다툼을 피해야 합니다. 그러면 활성산소가 생기지 않습니다.

우리의 신체는 뇌(腦)의 명령을 받습니다. 더 정확히 말하면 '뇌에서 분비되는 호르몬'의 지시에 따르는 것입니다. 그래서 호르몬 관리를 잘 해야 하는 것입니다. 그런데 뇌의 호르몬은 마음과 생각의 영향을 받는 것입니다. '뇌내 혁명'은 그가 환자들을 치료하면서 경험한 뇌의 활동을 과학적으로 분석하고 정리한 이론인 것입니다. 그가 기독교 신자도 아니고 그의 이론이 비록 신앙적인 것은 아닐지라도 신앙생활도 결국은 생각과 행동에 영향을 주기 때문에 뇌의 호르몬과 관련이 있는 것입니다. 이 책은 우리의 신앙생활이 얼마나 중요한가를 과학적으로 증명해 주고 있습니다.

④ 지금까지 세계보건 기구에서도 인간의 건강(健康)을 정의할 때 전에는 육체적 건강, 정신적 건강, 사회적 건강 세가지를 꼽았는데 최근에는 여기에 한 가지를 첨가시켰습니다. 그것은 **영적(靈的)인 건강**입니다. 그것은 곧

종교나 신앙 생활인 것입니다. 그리고 행복이라는 감정은 객관적인 것이 아니라 주관적이라는 것입니다. '이런 조건들을 다 갖추면 행복해질 수 있다' 라고 말할 수 없다는 것입니다. **행복이라는 것은 각자가 느끼는 감정입니다.** 그것은 물질적인 것보다는 정신적인 것이고, 정신적인 것보다는 영적인 것입니다. 이 세 가지가 모두 있어야 우리는 참 행복을 누릴 수가 있는 것입니다. 저는 지금까지 이런 고백을 자주 해왔습니다. '감사합니다 사랑합니다 축복합니다' 그런데 책을 보다가 한 가지를 더 배웠습니다. 그것은 **'행복합니다'**입니다. 그리고 고백이 바뀌었습니다. '감사합니다 사랑합니다 축복합니다 행복합니다' '나는 당신 때문에 행복합니다' 이런 고백을 들으면 상대방이 얼마나 좋아하겠습니까? '주님! 나는 주님 때문에 행복합니다' 이런 고백을 하면 주님이 얼마나 기뻐하시겠습니까? 이런 고백을 하면 나 자신도 행복해지는 것입니다. 행복은 혼자만의 것이 아닙니다. 참 행복은 관계 속에서 오는 것입니다. 첫째, 하나님과의 관계 둘째, 사람과의 관계, 셋째, 다른 피조물들과의 관계입니다. 이런 관계가 잘 되어야 거기에서 참 기쁨과 행복이 찾아오는 것입니다. 이것이 곧 하나님이 우리에게 주시고자 하는 **복(福)** 이요 **행복(幸福)**인 것입니다. 아멘!

9) 기도와 찬송입니다.

(1) 기도입니다.

예수님은 제자들을 데리시고 겟세마네 동산에 가서 이렇게 **기도**하셨습니다. "내 아버지여 만일 할만하시거든 이 잔을 내게서 지나가게 하옵소서 그러나 나의 원대로 마옵시고 아버지의 원대로 하옵소서"(마태복음26:39절)

이 기도는 우리에게 큰 의구심을 안겨주고 있습니다. '왜 예수님이 이런 기도를 하셨을까? 예수님이 십자가를 피하려는 것인가? 예수님의 진심은 어디에 있는가?' 이 구절은 우리에게 여러 가지 상상을 불러일으키고 있습니다. 그러나 여기서 우리는 십자가를 앞에 두고 고민하는 예수님의 모습을 볼 수 있습니다. 그러면 반대로 생각해서 '예수님이 십자가를 앞에 두고 마냥 기뻐하셨어야 했는가?' 라면 그것도 아닐 것입니다. 만약 예수님이 십자가를 앞에 두고 마냥 기뻐하셨다면 예수님은 사람이나 살아있는 생명체는 아닐 것입니다. 죽음에는 큰 고통이 따르는데 그런 죽음을 기뻐하는 생명체는 이 세상에는 없습니다. 만약 예수님이 자신의 죽음을 기뻐하셨다면 예수님의 인성(人性)이 없는 것이고 예수님은 생명체가 아니라 무생물에 불과한 것입니다. 예수님은 하나님이시면서 또한 사람이셨습니다. 그래서 당연히 죽음, 그것도 무시무시한 십자가의 형벌을 두려워하고 피하려하는 것은 당연한 것입니다. 그래서 예수님은 **"아버지여 할만하시거든 이 잔을 내게서 지나가게 하옵소서"**라고 기도하신 것입니다. 이것은 예수님이 아버지께 '십자가가 아니고 다른 방법은 없습니까?'라고 묻고 있는 것입니다. 그리고 여기서 예수님이 십자가의 죽음을 피하려는 결정적인 이유는 그것이 '아버지와의 끊어짐'이기 때문입니다. 예수님도 그 끊어짐이 3일 즉 '잠시'라는 것을 알고 계셨으나, 그것도 예수님을 보내신 '아버지'의 저주를 받고 아버지와 '끊어진다'는 것은 정말 참을 수 없는 고통이고 예수님 자신의 존재의 상실인 것입니다. 그래서 슬퍼하고 괴로워하고 있는 것입니다. 그 때의 심정을 예수님은 이렇게 토로하고 계십니다. **"내 마음이 심히 고민하여 죽게 되었으니 너희는 여기 머물러 나와 함께 깨어있으라"**(마태복음26:38절) 여기서 '심히 고민하여'는 헬라어로 περιλυπός(페리뤼포스) 영어로는 very sad '매우 슬프다'라는 의미인 것입니다. N.I.V 영어성경은 이렇게 번역하고 있습니다. My soul is overwhelmed with sorrow (to the point of death) 여기서 우리가 알아야 하는 것은 십자가의 죽음을 예수님이 처음부터 아신 것이 아니고 예수님이 공생애에 들어가시고 나서 어느날 기도하던 중에 갑자기 알게 되었다는 것입니다. 그때 예수님이 얼마나 당황하고 놀랐겠습니까? 지금 수많은 사람들이 예수님을 "호산나 다윗의 자손이여"하면서 따르고 있는데 저주의 십자가를 지고가라니 이것이 청천 하늘에 날벼락이 아니고 무엇이겠습니까? 그러나 예수님의 결론은 이것입니다. "그러나 나의 원대로 마옵시고 아버지의 원대로 하옵소서" **그러나 내 원대로 마옵시고!** 신앙생활은 언제나 이 **"그러나"**에 달려 있는 것입니다. 세상 사람들은 이 "그러나"를 사용할 때 반대나 타협이나 요구조건으로 들고 나옵니다. 예를 든다면 "내가 이것까지는 해 줄 수 있어 **'그러나'** 그 이상은 안돼!" 이런 식입니다. 그러나 성경은 다릅니다. 성경은 이 '그러나'에 핵심이 있습니다. 지금 예수님도 그런 취지에서 이'그러나'를 사용하고 계십니다. 그것은 '나'의 뜻이 아니라 '아버지'의 뜻, 인간의 뜻이 아니라 하나님의 뜻이 우선이라는 것입니다. "예수께서 힘쓰고 애써 더욱 간절 히 기도하시니 땀이 땅에 떨어지는 피방울 같이 되더라"(누가복음22:44절) 얼마나 간절하게 기도를 하셨으면 땀방울이 핏방울이 되었겠습니까? 그러면 예수님이 어느 쪽에 무게를 두고 간절히 기도하셨습니까? "아버지여 이 잔을 내게서 거두시옵소서" 입니까? 아니면 "내가 십자가를 지고 가겠사오니 십자가를 질 수 있는 힘을 주시옵소서"입니까? 당연히 전자가 아니라 후자일 것입니다. 어떻게 그것을 알 수 있느냐구요? 기도 후에 예수님의 태도를 보면 알 수 있습니다. 예수님은 겟세마네의 기도 후에는 곧바로 평상심으로 돌아가셨고, 얼마 후에 가룟 유다가 군병들을 데리고 예수님을 잡으러 왔을 때는 가룟 유다를 향하여 "친구여 네가 무엇을 하려고 왔는지 행하라"(마태복음26:50절) 고 말씀하셨던 것입니다. **친구여!** 그 어려운 상황에서도 예수님은 배신자인 가룟 유다를 '친구'라고 부르셨습니다. 이것은 예수님의 간절한 기도가 응답이 되어서 예수님의 마음이 결정이 된 것을 말해주고 있는 것입니다.

또 우리는 기도를 말할 때 창세기 44장에 나오는 **'유다의 탄원'**을 빼놓을 수 없습니다. 그것은 기도가 아니고 유다의 애타는 탄원이었습니다. 그런데도 그것이 기도처럼 들리는 것입니다. 유다는 야곱의 네번째 아들이었는데 그는 양식을 구하러 형제들과 함께 애굽으로 내려 갔습니다. 거기에서 극적으로 애굽의 총리가 된 요셉을 만났는데 요셉이 동생 베냐민을 그냥 두고 가 나안땅에 갔다 올 것을 요구하자 그가 요셉에게 이렇게 탄원하고 있습니다. "청컨대 주의 종으로 아이를 대신하여 있어서 주의 종이 되게 하시고 아이는 형제와 함께 도로 올려 보내소서 내가 어찌 아이와 함께 하지 아니하고 아버지께로 올라갈 수 있으리이까 두렵건대 재해가 내 아비에게 미침을 보리이다"(창세기44:33-34절) a. 청컨대 주의 종으로 아이를 대신하여 주의 종이 되게 하시고! 이것은 그가 베냐민을 대신해서 종이 되고 목숨까지도 바치겠다는 간절한 탄원기도입니다. 유다의 이 기도는 예수님이 인류의 구원을 위해 하신 '겟세마네' 기도를 생각나게 해주고 있습니다. 이 기도가 총리가 된 요셉을 감동시킨 것입니다. 그래서 요셉이 방성대곡을 하게 만들었고 요셉이 드디어 자신의 신분을 형들에게 밝히게 된 계기가 되었던 것입니다. 이것이 무엇 때문입니까? 유다의 헌신적인 '자기희생'인 것입니다. 그 결과로 그는 인질이 되거나 목숨을 빼앗긴 것이 아니라 도리어 이스라엘 민족을 대표하는 유대인들의 조상이 되었던 것입니다. 이것은 마치 예수님의 겟세마네 기도가 응답되어서 십자가를 지고 가심으로 인하여 예수님은 3일만에 부활하셨고 인류의 구원자가 되신 것과 같습니다.

여기서 우리가 주목해서 보아야할 것은 **요셉**과 **유다**의 관계입니다. 누가 더 위에 있느냐는 것입니다. 그것을 알려면 "**주의 종으로 아이를 대신하여 있어서 주의 종이 되게 하시고**"라는 유다의 탄원을 알아야 합니다. 여기에서 그는 자신을 "**주의 종**"이라고 말하고 있는데 "**주의 종**"이라는 구절 이 10번이나 나오고 있습니다. 그리고 "**내 주여**"라는 구절 이 9번이나 나오고 있습니다. 이것이 무엇을 말해주고 있습니까? 요셉이 유다보다 위에 있다는 것입니다. 이것은 요셉과 유다의 신분의 차이를 말해주고 있는데 그것은 주인과 종의 차이입니다. 이것은 이스라엘 역사에서 요셉은 '**영적인 계보**'의 조상이고 유다는 '**육적인 계보**'의 조상인 것을 말해주는 것입니다. 육은 눈에 보이나 영은 눈에 보이지 않습니다. 그러나 육은 땅에 속해 있고 영은 하늘에 속해 있습니다. 그래서 영과 육은 비교가 되지 않는 것입니다. 여기에 비밀이 있는데 그 후 **요셉**의 이름은 이스라엘 역사에서 사라지고 **유다**의 이름이 전면에 등장하는 것입니다.

또, 여기서 우리가 **요셉**과 **유다**의 차이를 알려면 그들이 아버지 야곱으로부터 받은 축복을 비교해 보면 됩니다. 요셉이 아버지 야곱으로부터 받은 축복은 유다가 받은 축복과는 비교가 되지 않습니다. **유다**가 받은 축복이 땅의 축복이라면 **요셉**이 받은 축복은 하늘이 축복입니다. 그런데도 대부분의 사람들이 유다와 요셉의 관계를 오해하고 있는 것입니다. 그것을 알려면 창세기 49장에 나오는 '**야곱의 축복기도**'를 알아야 합니다. 야곱이 유다를 이렇게 축복하고 있습니다. "유다야 너는 형제의 찬송이 될찌라....홀이 유다를 **떠나지 아니하며 치리자의 지팡이가 그 발 사이에서 떠나지 아니하기를 실**

로가 오시기까지 미치리니 그에게 모든 백성이 복종하리로다"(8-10절) 여기서 '홀'과 '치리자의 지팡이'는 왕권을 말합니다. **실로가 오기까지 미치리니!** 여기서 '실로'는 메시아 즉 예수 그리스도인 것입니다. 그러니까 예수 그리스도가 오기까지만 유다의 지파에서 이스라엘의 왕들이 나온다는 것입니다. 그들 중에 하나인 다윗왕도 유다지파에 속한 왕입니다.

이번에는 **요셉**이 받은 축복에 대해서 알아보겠습니다. "요셉은 무성한 가지 곧 샘 곁의 무성한 가지라 그 가지가 담을 넘었도다"(22절) **그 가지가 담을 넘었도다!** 이것은 예수 그리스도의 복음이 이스라엘을 넘어서 이방세계로 향한다는 것을 암시하는 것입니다.

"요셉의 팔이 도리어 견강하며 그의 팔이 힘이 있으니 야곱의 전능자의 손을 힘입음이라 그로부터 이스라엘의 반석인 목자가 나도다"(24절) a. **그의 팔이 힘이 있으니!** 요셉의 힘은 유다의 힘과 비교가 되지도 못할 정도로 더 큰 것입니다. 왜냐하면 전능하신 하나님의 손을 힘 입었기 때문입니다. b. **그로부터 이스라엘의 반석인 목자가 나도다!** 여기서 '반석과 목자'는 말할 것도 없이 하나님의 아들이신 예수 그리스도입니다. 그래서 요셉이 받은 축복과 유다가 받은 축복은 비교가 되지 않는 것입니다. 그런데도 많은 사람들이 이것을 오해해서 요셉보다 유다를 더 높이는 것은 유대교의 영향 때문인 것입니다. 유다가 육적인 유대인들의 조상이라면 요셉은 영적인 이스라엘의 조상입니다. 그래서 유다가 받은 축복은 눈에 보이나 요셉이 받은 축복은 눈에 보이지가 않습니다. 그러나 요셉은 예수 그리스도의 계보인 것입니다.

그러면 기도가 무엇입니까? ① 기도는 영적 호흡입니다. 모든 생명체는 숨을 쉬어야 사는 것입니다. 우리의 속사람인 영혼도 숨을 쉬어야 하는데 그것이 바로 기도인 것입니다. ② 기도는 하나님과의 대화입니다. 부모는 자식들과 대화하는 것을 좋아합니다. 하나님도 마찬가지인 것입니다. 그래서 기도하지 않는 것은 하나님과의 소통의 단절이고 관계의 단절인 것입니다. ③ 기도는 피조물인 인간이 창조주이신 하나님께 바라는 간구입니다. 어린 아이들은 무엇이든 필요한 것이 있으면 아빠 엄마에게 말하고 안들어 주면 졸라댑니다. "엄마 나 인형 사줘" "아빠 나 장난감 사줘" 그럴 때 얼른 사주기도 하지만 단위가 큰 것은 못들은체 하다가 주머니를 탈탈 털어서 사주면 아이들은 펄펄 뛰면서 좋아하는데 그것을 보는 부모의 마음은 아주 흐뭇한 것입니다. 기도도 이와 같은 것입니다. ④ 기도는 자기확신 즉 자기의 마음밭에 씨를 뿌리는 것과도 같습니다. 기도는 자신의 생각이나 소원을 하나님께 고한다는 의미도 있으나 또한 자기 자신에게 말하고 확신을 주는 것이기도 합니다. 그래서 같은 기도제목을 가지고 매일 기도하고 소원이 있으면 더 끈질기게 기도하는 것입니다. ⑤ 기도는 성도의 의무입니다. 사무엘상 8장에 보면 **사무엘** 선지자가 나이가 많아 늙고 그의 아들들이 사사가 되었으나 바르게 통치하지 못하므로 이스라엘 백성들이 하나님께 왕을 세워달라고 졸랐습니다. "**보소서 당신은 늙고 당신의 아들들은 당신의 행위를 따르지 아니하니 열방과 같이 우리에게 왕을 세워 우리를 다스리게 하소서**"(5절) 그래서 사무엘이 기도하자 하나님이 사울을 왕으로 세워주셨는데 '하나님이 그것을 기뻐하지 않는다'는 것을 이스라엘 백성들이 알고는 회개하는 마음으로 사무엘 선지자를 찾아가서 이런 말을 했습니다. "**당신의 종들을 위하여 당신의 하나님 여호와께 기도하여 우리로 죽지 않게 하소서 우리가 우리의 모든 죄에 왕을 구하는 악을 더 하였나이다**"(사무엘상 12;19절) 그러자 사무엘 선지자가 이스라엘 백성들을 이렇게 위로하고 있습니다. "**여호와께서는 너희로 자기 백성을 삼으신 것을 기뻐하신고로 그 크신 이름을 인하여**

자기 백성을 버리지 아니하실 것이요 나는 너희를 위하여 기도하기를 쉬는 죄를 여호와 앞에 결단코 범치아니하고 선하고 의로운 도로 너희를 가르칠 것인즉"(22-23절) a. **기도하기를 쉬는 죄를!** 기도를 쉬는 것도 죄라는 것입니다. 그러면 왜 그것이 죄입니까? 쉬운 예를 든다면 고향에 연세가 많은 부모님이 혼자 계신다면 자주 찾아뵙든지 아니면 전화라도 자주 해야 합니다. 하나님께 드리는 기도도 이와 같습니다. 그것은 부모님께 안부전화를 하는 것과 같습니다. '하나님 안녕하세요. 저도 잘 있습니다. 하나님 때문에 오늘도 행복합니다' 이것보다 더 좋은 기도는 없습니다. 꼭 무슨 문제가 생겨야만 기도를 한다는 것은 유치한 것입니다. 기도한다고 해서 '하나님! 이거 해주세요! 하나님! 저거 해주세요!' 라고 소리지른다고 해서 그것만이 기도가 아닙니다. 매일 조용히 하나님께 나아가 안부를 묻듯이 감사하고, 사랑을 고백하고, 대화를 하는 것은 더 좋은 기도입니다. 누구나 교회에 다니면 매일 새벽기도를 다닌다든지 아니면 집에서 혼자서라도 기도를 합니다. 저도 저나름대로 기도를 열심히 하면서 살았습니다. 그러나 그 때는 기도를 하면서도 기도가 무엇인지를 모르고 기도했습니다. 그리고 그 때는 '기도를 쉬는 것이 죄다'라는 것을 몰랐습니다. 그러다가 최근에야 이것이 죄라는 것을 알게 된 것입니다. 지금 생각해 보니까 저는 과거에는 시간을 정해놓고 시간 때우기식의 형식적이고 자기 중심적인 중언부언의 기도를 했던 것입니다. 그러다가 신앙이 깊어지면서 하나님께 '더 가까이' 다가가게 되자 드디어 기도가 무엇인가를 알게 되었고 **'기도 쉬는 것이 죄다'**라는 것을 알게 되었던 것입니다. 그 때부터 기도가 달라졌는데 그것은 시간 때우기식의 기도가 아니라 남녀 간에 서로 마음이 통하듯이 조용조용히, 아무도 모르게 하나님과의 중심이 통하는 은밀한 기도인 것입니다. 이런 기도는 하루 중에도 언제,

어디서나, 수시로, 속으로, 때로는 방언으로라도 중얼거리면서 하나님께 기도하는 것입니다. 그것은 남녀간의 사랑보다 더 뜨거운 하나님과 사랑을 나누는 시간인 것입니다. 왜냐하면 하나님은 영원하신 우리의 아버지이시고 신랑이시고 친구이시기 때문입니다. 이 셋이 합쳐진 것이 하나님과 우리의 관계인 것입니다. 그래서 하나님께 더 가까이 다가갈수록 더 좋은 것입니다. 그래서 '기도를 쉰다'는 것은 죄를 짓는 것과도 같은 것입니다. 기도는 '어거지로' 하면 노동이 되지만 '알고서' 하면 오랜만에 애인을 만나서 데이트 하는 것처럼 즐거운 것입니다. 그래서 **'기도 쉬는 죄'**를 범하지 않을려고 노력하는 것입니다. 그러면 '기도가 강제성을 가진 의무인가요?' 라고 묻는다면 그것은 그럴 수도 있고 그렇지 않을 수도 있습니다. 여기서 말하는 '기도의 의무'는 강제성이 있는 것은 아닙니다. 즐거움인 것입니다. 우리가 고향에 계신 부모님께 매일 안부전화를 안한다고 죄를 짓는 것은 아닙니다. 바쁘면 안할 수도 있습니다. 그러나 부모는 서운해 하십니다. 그렇다고 매일 강제로 안부전화를 해야 한다고 해도 문제가 될 것은 없습니다. 그것은 자식의 도리이기 때문입니다. 그러나 고향에 혼자 계신 연세 많으신 부모님을 생각한다면 자식된 도리로서 아무리 바빠도 찾아 뵙거나 아니면 안부전화라도 하지 않을 수가 없는 것입니다. 그래야 부모님이 남은 여생을 편히 지내실 것이기 때문입니다. **기도도 마찬가지입니다.** 기도가 강제성을 띤 것은 아닙니다. 하기 싫으면 안해도 됩니다. 그러나 기도가 무엇인지를 아는 사람은 하지 말라고 해도 합니다. 왜 그렇습니까? 그것이 도리이고 사랑이고 즐거움이기 때문입니다. 그리고 거기에서 오는 힘과 위로는 큰 것입니다.

⑥ 기도는 '하늘의 만나'를 먹는 시간입니다. 이스라엘 민족이 홍해를 건너 광야로 나왔으나 얼마 못가서 마실 물이 없었습니다, 그래서 백성들이

하나님과 모세를 원망했습니다. 그래서 모세가 하나님께 기도하자 하나님이 반석에서 물을 솟아나게 해 주셨습니다. 조금 더 가서 엘림에 이르자 이번에는 양식이 다 떨어져서 먹을 것이 없게 되자 또 하나님과 모세를 원망했습니다. 그리고 모세를 죽이고 애굽으로 돌아가려는 반역이 일어났습니다. 모세가 하나님께 기도하자 하나님이 만나와 메추라기를 내려 주셔서 먹게 하셨습니다. 만나는 아침 시간에만 하늘에서 이슬이 내릴 때 생기는 갓씨같이 생긴 작은 열매였습니다. 그들은 이것을 절구에 넣고 빻아서 떡을 만들어 먹었습니다. 그런데 만나는 새벽에만 생겼고 해가 돋으면 사라졌습니다. 새벽시간은 하루 시간 중에서 하늘이 열리는 시간입니다. 그래서 기도하기에 아주 좋은 시간입니다. 예수님은 습관적으로 새벽 미명에 산에 가셔서 기도하셨습니다. 예수님도 아마 그때 아버지와 소통하면서 '하늘의 만나'를 먹으셨을 것입니다.

그래서 이런 찬송을 부릅니다. 1절 '내 기도하는 그 시간 그 때가 가장 즐겁다 이 세상 근심 걱정에 얽매인 나를 부르사 내 진정 소원 주 앞에 낱낱이 바로 아뢰어 큰 불행당해 슬플 때 나 위로받게 하시네(통일 찬송가482장 새찬송가364장)

(2) 찬송입니다.

① 마태복음 21:9절 을 보면 "호산나 찬송하리로다 다윗의 자손이여"하면서 많은 무리가 종려나무 가지를 손에 들고 나귀를 타시고 예루살렘으로 입성하시는 예수님을 찬송하면서 따라갔던 것입니다. **찬송하리로다!** 여기서 '찬송'은 헬라어로 εὐλογέω(율로게오)인데 영어로는 praise찬양하다. bless 축복하다. 라는 뜻을 가지고 있습니다.

② 누가복음1:46절 을 보면 '마리아'가 하나님을 찬양하고 있습니다. "내 영혼이 주를 찬양하며 내 마음이 하나님 내 구주를 기뻐하였음은그 계집종의 비천함을 돌아보셨음이로다" **주를 찬양하며!** 여기서 '찬양'은 헬라어로 μεγαλύνω(메갈뤼노)인데 영어로는 exalt높이다. praise찬양하다. 라는 의미를 가지고 있습니다.

③ 사도행전 16장을 보면 바울과 실라가 빌립보 감옥에서 한밤 중에 하나님을 찬미했습니다. "그가 이러한 영을 받아 저희를 깊은 감옥에 가두고 그 발을 착고에 든든히 채웠더니 밤 중쯤 되어 바울과 실라가 하나님을 찬미하매 죄수들이 듣더라 이에 홀연히 큰 지진이 나서 옥터가 움직이고 문이 곧 다 열리며 모든 사람의 매인 것이 다 벗어진지라 간수가 자다가 깨어 옥문들이 다 열린 것을 보고 죄수들이 도망한 줄 생각하고 검을 빼어 자결하려 하거늘 바울이 크게 소리질러 가로되 네 몸을 상하지 말라 우리가 다 여기 있노라 하니"(23-28절) **바울과 실라가 하나님을 찬미하매!** 여기서 '찬미'는 헬라어로 ὑμνέω(휨네오)인데 영어로는 sing to someone '누구를 향하여 노래하다' 라는 의미를 가지고 있습니다. 영어성경은 이렇게 번역하고 있습니다. Paul and Silas were praying and singing hymns to God.

그 때의 상황을 설명하면 이렇습니다. **바울**과 **실라**가 빌립보에 가서 복음을 전했는데 마침 귀신이 들린 여자가 몇날 몇일을 따라 다니면서 귀찮게 하자 바울이 예수 그리스도의 이름으로 그 귀신을 쫓아내자 그 여자는 고침을 받았으나 그 여자의 주인은 자기의 이익에 큰 손해가 오자 바울과 실라를 잡아가지고 관가로 갔습니다. 바울과 실라는 억울하게 잡혀가서 매를 많이 맞고 발에 착고가 채워진 채 감옥에 갇히게 된 것입니다. 밤이 되자 바울과 실라가 하나님을 찬미했습니다. 그러자 갑자기 지진이 나더니 감옥문이 다 열리고, 착고에 매였던 죄수들의 발이 다 풀어지게 된 것입니다. 간수가 그것을 보고 깜짝 놀라고 지레 겁이나서 칼을 빼서 자결을 하려하자 바울이 그를 말린 것입니다. 그러자 간수가 감옥 안으로 들어와 바울과 실라 앞에 무릎을 꿇고는 이렇게 말했습니다. "선생들아 내가 어떻게 하여야 구원을 얻으리이까"(30절) 그러자 바울이 이렇게 대답하고 있는 것입니다 "주 예수를 믿어라 그러면 너와 네 집이 구원을 얻으리라"(31절) 그 후에 간수는 바울과 실라를 자기의 집으로 데리고 가서 씻겨주고, 음식 대접을 하고, 온 식구가 다 세례를 받고, 그 집에 기쁨이 넘쳤다고 성경은 증거하고 있는 것입니다.(32-34절) 이것이 무엇입니까? 찬송 찬양 찬미의 위력인 것입니다. 만약 그때 바울과 실라가 찬양하지 않았다면 감옥문은 열리지 않았을 것입니다. **찬송은 세상 노래와는 다른 것입니다.** 세상 노래는 인생의 희로애락(喜怒哀樂) 즉 자신의 감정을 표현하는 것이지만 찬양은 하나님을 높이고 하나님께 감사하고 하나님을 영화롭게 하는 것입니다. 그래서 천국에서는 항상 천사들이 하나님의 보좌 앞에서 하나님을 찬미하는 것입니다. 옛날 잔치집에 가면 꼭 빠지지 않는 것이 있었는데 술과 노래였습니다. 만약 이런 것이 없다면 잔치는 잔치가 되지 못할 것입니다. 예배 때에 빠지지 않는 것이 있는데 기도와 찬양입니다. 만약 예배에서 찬양이 빠진다면 예배는 반쪽이 나고 말 것입니다. 예나 지금이나 예배 시간에는 항상 찬양이 있듯이 하나님 앞에는 언제나 찬양하는 천사들이 있는 것입니다.

지금 **바울**과 **실라**는 빌립보의 깊은 감옥에 갇혀 있습니다. 그것은 지하에 있었는데 어둡고 습기가 차고 벌레들이 득실거리는 열악한 상황에 처한 것입니다. 거기에서도 바울과 실라가 감사 찬송을 불렀으니 어찌 하나님이 듣지 않으시겠습니까? 하나님이 천사들을 보내시니 갑자기 지진이 나고, 감옥문이 열리고, 착고가 다 풀린 것입니다. 그러자 그것을 본 간수가 너무 놀라서 감옥 안에 까지 들어와서 바울과 실라 앞에 무릎을 꿇은 것입니다. 그당시에는 인권(人權)이 없던 시대라서 죄수는 인간 이하의 대우를 받았습니다. 간수는 죄수에게는 하늘같은 존재였습니다. 그런 간수가 죄수 앞에 무릎을 꿇는다는 것은 상상을 뛰어넘는 불가사의한 일인 것입니다. 그래서 이것은 바로 하나님의 역사요 그 이면에는 바울과 실라의 하나님을 향한 찬미가 있는 것입니다. **찬송**(讚頌)이나 **찬양**(讚揚)이나 **찬미**(讚美)나 다 같은 말입니다. 그러나 그 상황에 따라서 약간의 차이가 있는 것입니다. 그 강도에 있어서는 찬송보다는 찬양이, 찬양보다는 찬미가 조금 더 강한 것 같습니다. 그런데 놀랍게도 '찬송 찬양 찬미'라는 말이 신약성경보다 구약성경에 훨씬 더 많이 나온다는 것입니다. 시편이나 잠언이나 전도서나 아가서는 하나님을 찬양하는 시가서인 것입니다.

지금도 하늘나라에서는 천사들이 하나님의 보좌에 둘러서서 하나님을 이렇게 찬양하고 있습니다. **"거룩하다 거룩하다 거룩하다 주 하나님 곧 전능하신이여 전에도 계셨고 이제도 계시고 장차 오실 자라"**(요한계시록4:8절) 그러나 천사들은 하나님의 종이고 우리는 하나님의 자녀들입니다. 누가 더 가깝습니까? 그래서 하나님은 하늘나라에서의 천사들의 찬양보다 '땅에서' 우리가 부르는 찬송을 더 기뻐하시는 것입니다. 그리고 장차 우리가 천국에 가면 우리가 하나님의 보좌 앞에서 찬양을 하게될 것입니다.

그러면 찬송이 무엇입니까? ① 하나님께 입술로 드리는 제사입니다. ② 하나님을 영화롭게 하는 것입니다. ③ 곡조 붙은 기도입니다. 찬송가 가사 속에 기도가 들어 있습니다. ④ 신앙고백입니다. 찬송가 속에 신앙고백이 들어있습니다. ⑤ 마귀가 가장 무서워하는 무기입니다. 이스라엘은 전쟁을 할 때는 찬양대가 맨 앞에 나아갔습니다. 이것은 전쟁이론이나 손자의 병법에도 나와 있지 않는 것입니다. 요즘 같으면 웃기지도 않는 것입니다. 그러나 이스라엘은 달랐습니다. 이스라엘의 전쟁은 하나님께 속한 것입니다. 그래서 그들은 무기가 많고 병사들이 많다고 이긴 것이 아니었습니다. 하나님이 도와주셔야 이겼습니다. 하나님이 적들을 잠재우시거나 적들을 혼란케하시자 자기들끼리 서로 싸우게 해서 이긴 전쟁들이 성경에 여러 차례 기록이 되어 있는 것입니다. **이것은 지금도 마찬가지입니다.** 우리가 하나님을 찬양할 때 마귀 악령 귀신같은 적들이 자기들끼리 싸우다가 물러가는 것입니다. 하나님을 믿는 백성들에게 찬송은 엄청난 힘이고 능력이고 무기와도 같은 것입니다. 그래서 찬송할 때 마귀 악령 귀신들이 물러가는 것입니다. ⑥ 찬송가 가사는 '제 2의 말씀'이라고 할 수 있습니다. 대부분의 찬송들은 미국에서 부흥운동이 한창 일어날 때 나온 것이고 성령의 감동을 통해 나왔습니다. 그래서 한절 한절이 감동적이고 말씀같이 귀한 것입니다. 특히 십자가, 보혈, 성령, 마귀와 싸우는 찬송, 천국찬송은 엄청난 힘을 가지고 있습니다. 그래서 이런 찬송을 부르는 것입니다.

① 1절 '십자가 군병들아 주 위해 일어나 기들고 앞서 나가 군세게 싸워라 주께서 승전하고 영광을 얻도록 그 군대 거느리사 늘 이김 주시네'(통일찬송가390장 새찬송352장) 마치 군대에서 훈련병들이 부르는 군가와 같습니다.

② 1절 '죄에서 자유를 얻게함은 보혈의 능력 주의 보혈 시험을 이기는 승리되니 참 놀라운 능력이로다 주의 보혈 능력있도다 주의 피 믿으오 주의 보혈 그 어린양의 매우 귀중한 피로다'(통일찬송가202장, 새찬송가268장) 보혈 찬송 중에서 가장 능력있는 찬송입니다. 이 찬송을 들으면 마귀 악령 귀신들이 벌벌 떨 것입니다.

③ 1절 '불길 같은 성신여 간구하는 우리게 지금 강림하셔서 영광보여 주소서 성신이여 임하사 내 영혼의 소원을 만족하게 하소서 기다리는 우리게 불로 불로 충만하게 하소서'(통일찬송가173장, 새찬송가184장) 성령은 불입니다. 그래서 이런 찬송을 많이 불러야 힘과 에너지를 얻는 것입니다.

④ 1절 마귀들과 싸울지라 죄악벗은 형제여 담대하게 싸울지라 저기 악한 적병과 심판날과 멸망의 날 네가 섰는 눈 앞에 곧 다가오리라 영광 영광 할렐루야 영광 영광 할렐루야 영광 영광 할렐루야 곧 승리하리라(통일 찬송가388장 새찬송348장) 마치 군대 행진곡과 같습니다. 사실 이 찬송은 미국의 남북 전쟁 때 실제로 불려졌던 곡입니다.

⑤ 1절 '하는가는 밝은 길이 내 앞에 있으니 슬픈 일을 많이 보고 늘 고생하여도 하늘 영광 밝음이 어둔 그늘 헤치니 예수공로 의지하여 항상 빛을 보도다'(통일찬송가545장. 새찬송가493장) 특히 찬송가에는 미국에서 일어났던 **'대각성 부흥운동'**의 흔적이 고스란히 남아 있습니다. 그래서 이런 찬송들을 알고 열심히 불러야 부흥이 다시 찾아오는 것입니다. 그런데 안타깝게도 요즘 교회에서 이런 찬송들이 퇴색하고 인간의 감정에 치우친 정체불명의 복음성가들이 예배시간에 불려지는 것을 보면 매우 안타깝습니다. 기독교 방송을 들으면 공인된 찬송가들을 CCM가수들이 마음대로 곡을 바꾸고, 가사를 바꾸어 부르는 것을 들으면 교회의 장래가 심히 걱정이 됩니다. 성령이 주신 찬송을 인간의 감정으로 바꾸어 부르다니 '이래도 되는가?' 한숨이 절로 나오는 것입니다. 그러면 이것이 누구의 책임입니까? 교회의 지도자들의 책임입니다. 이것은 교회의 지도자들의 무지이거나 아니라면 그들이 무사안일 주의에 빠져서 방관하고 있는 것입니다.

10) 친밀함과 은밀함과 하나됨입니다.

누가복음 5장을 보면 예수님이 게네사렛 호수가에서 많은 사람들을 앞에 두시고 말씀을 전하시는 장면이 나오고 있습니다. (여기서 게네사렛은 갈릴리 바다의 다른 이름입니다) "무리가 옹위하여 하나님의 말씀을 들을 쌔 예수는 게네사렛 호수가에 서서 호수가에 두 배가 있는 것을 보시니 어부들은 배에서 나와서 그물을 씻는지라"(1-2절) 예수님이 나타나시자 갑자기 바닷가에 사람들이 몰려들어 그야말로 인산인해를 이루고 있는 것입니다. 마침 그 때 베드로가 고기잡이를 다 마치고 바닷가에서 그물을 씻고 있어서 예수님은 베드로의 배 위에 오르셔서 말씀을 전하시게 된 것입니다. 예수님은 말씀을 다 전하신 후에 베드로에게 이렇게 명하셨습니다. "깊은 데로 가서 그물을 내려 고기를 잡으라"(4절) 이 때는 베드로가 예수님의 제자가 되기 전이었습니다. 아마 예수님과는 첫 대면이었을 지도 모릅니다. 그러니 그때 베드로의 마음의 갈등이 얼마나 컸겠습니까? '이 명령을 들어야 하나 말아야 하나? 나는 누가 뭐래도 갈릴리에서 잔뼈가 굵은 사람이고, 어부 중의 어부이고, 더구나 예수님은 목수이고 나는 명색이 어부인데 이 일을 어찌한다?' 고민을 했을 것입니다. 그러나 그는 바로 곁에서 그물을 씻으면서 예수님의 말씀을 듣다보니 뭔가를 알게 된 것입니다. '이 분은 보통 분이 아니야! 바리새인들과 서기관들과는 완전히 다른 분이야! 꼭 하나님이 보내신 분 같아!' 그리고 지금 자신의 처지를 생각해 보니 밤새 고기 한 마리 잡지 못하고 이대로 집으로 간다는 것은 더 말이 되지 않는 것입니다. 그래서 '밑져야 본전이다' 생각하고 예수님의 명령을 따르기로 했던 것 같습니다. 그러나 그 결과는 놀랍게도 만선(滿船)을 넘어서 그물이 찢어지고 두 배가 물에 잠기도록 고기를 많이 잡은 것입니다. 그러자 다른 배에 있는 동료들까지 불러서 잡은 고기를 배에 나누어 실어야 했던 것입니다. 그런데도 다른 배들까지 물에 잠기게 되었던 것입니다. 그 때 베드로가 예수님 앞에 나아와서 무릎을 꿇고 이런 고백을 했습니다. "주여 나를 떠나소서 나는 죄인이로소이다"(8절) 이 한마디 고백은 그의 신앙고백이기도 한 것입니다. 그러자 이 고백이 예수님의 마음을 아주 흡족하게 했던 것입니다. 그래서 예수님이 베드로에게 이렇게 말씀하십니다. "무서워 말라 이제 후로는 네가 사람을 취하리라"(10절) 그러자 거기에 있는 자들이 모든 것을 버려두고 예수님을 따라 갔다고 성경에 기록하고 있는 것입니다.

그런데 여기서 예수님이 "깊은 데로 가서 그물을 내려 고기를 잡으라"는 것은 베드로와 그의 동료들에게 물고기를 많이 잡게 하시려고 한 것만은 아닐 것입니다. 여기에는 분명 다른 의미 즉 영적인 메세지가 있는 것입니다. 그것은 예수님이 그들을 '고기잡는 자'가 아니라 '사람을 낚는 자' 곧 '영혼을 낚는 어부'로 부르시기 위해서였던 것입니다. **영혼은 사람의 가장 깊은 곳 즉 눈으로는 볼 수 없는 곳에 있습니다.** 그래서 사람들이 있는지 없는지도 모르며 살고 있는 것입니다. 그래서 영혼을 구원하기 위해서는 **'가장 깊은 곳'**으로 내려가야 하는 것입니다. 베드로는 예수님의 명령대로 깊은 데로 가서 물고기를 많이 잡았습니다. 그러나 그것보다 더 중요한 것은 베드로가 깊은 곳에 가서 '예수님이 어떤 분인가'를 알게 되었다는 것입니다. 이것은 주님과의 영적인 만남인 것입니다. 그래서 우리도 '깊은 곳'으로 들어가야 예수님을 영적으로 만날 수 있는 것입니다. **그러면 이 "깊은 곳"의 영적인 의미는 무엇입니까?**

(1) 친밀(親密)함입니다.

예수님께서 이렇게 말씀하셨습니다. "너희가 나의 명하는 대로 하면 곧 나의 친구라 너희를 친구라 하였노니... 내가 아버지께 들은 것을 다 너희에게 알게 하였음이라" **곧 나의 친구라!** 예수님이 제자들을 보고 '**친구**'라고 한다는 것은 놀라운 것입니다. 그것은 파격 중에 파격인 것입니다. 다른 종교에서는 결코 있을 수 없는 것입니다. 그래서 기독교가 가장 인격적인 종교인 것입니다. 지금 학교에서 선생님이 제자들을 보고 '**친구**'라고 부른다면 어떤 반응이 오겠습니까? 그럴 선생님도 없겠지마는 학생들이 더 난처해 할 것입니다. 옛날에는 사제지간에도 도(道)가 있어서 제자는 스승의 그림자도 밟지 않았던 것입니다. 그러나 여기서 예수님이 놀랍게도 제자들을 향하여 '친구'라고 부르시는 것은 파격이고 또 그만한 이유가 있는 것입니다. 그것은 '아버지께 들은 그 소중한 비밀들을 다 너희에게 얘기했다'는 것입니다. **친구 사이는 비밀이 없습니다.** 그래서 부모에게 하지 못하는 말도 친구에게는 다 할 수가 있는 것입니다. 이것은 친구는 같은 입장에 서있는 '동지'와 같은 자이기 때문입니다. 그래서 옛날에는 친구를 '**동무**'라고 했던 것입니다.

세계 역사에도 보면은 유명한 '**친구 이야기**'들이 전해 내려오고 있습니다. 가장 대표적인 것이 중국의 '백이와 숙제'의 이야기입니다. 우리 나라에서도 신라시대에 삼국통일을 한 '김 춘추와 김 유신'의 이야기도 전해 내려오고 있는 것입니다. 성경에도 '다윗과 요나단'의 유명한 친구 이야기가 있습니다. 그들 사이를 보면 어느 정도 나이나 신분이나 지식수준이 비슷했던 것입니다. 그러나 예수님과 나사로 사이를 보면 비슷한 것이 하나도 없는 것입니다. 나사로는 나환자 촌으로 알려진 빈민촌 베다니에 살았는데 그는 배우지 못했고 가난하고 병자였고 아무도 알아주지 않는 소외된 자였습니다. 그런데도 예수님은 나사로를 '**친구**'라고 부르셨습니다. "우리 친구 나사로가 잠들었도다"(요한복음11:11절) 예수님과 나사로가 얼마나 가까웠으면 예수님이 나사로를 친구라고 부르셨겠습니까? 우리로서는 도저히 납득이 되지 않는 것입니다. 그래서 예수님은 우리와는 다르신 분이십니다. 사실 알고보면 예수님은 갈릴리에서 예루살렘을 오가실 때에 항상 나사로와 그의 누이들인 마르다와 마리아의 집에 들려서 머무르시고 잠도 자고 가셨던 것입니다. 이것을 보면 예수님과 그들의 관계가 얼마나 가까웠는가를 알 수 있는 것입니다. 그것은 친구 이상이었습니다. 우리가 부르는 찬송 중에 이런 찬송이 있습니다. 1절 '위에 계신 나의 친구 그의 사랑 지극하다 이는 예수 그리스도 나의 구주 나의 친구 사랑하는 나의 친구 늘 가까이 계시도다 그의 사랑 놀랍도다 변함없는 나의 친구' (통일찬송가97장 새찬송92장) 예수님은 우리의 구주시면서 친구이십니다. 그래서 격이 없고 아무 말이나 다 할 수 있는 것입니다.

그렇다고 가까운 것이 친구만은 아니고 부모와 자식 사이는 더 가깝고, 부부 사이는 더 가까운 것입니다. 그러면 우리는 어떻습니까? 우리는 우리의 아버지가 되시는 하나님과 얼마나 가까운 사이입니까? 우리는 하나님을 믿으면서도 하나님께 **'가까이'** 가려고 하지 않고 또 '가까이' 가는 방법도 모릅니다. 그리고 언제나 적당한 거리에 있기를 좋아합니다. 그러나 하나님은 우리가 **'더 가까이'** 다가 오기를 원하십니다. 왜냐하면 우리가 그 분의 자녀이면서 신부이고 친구이기 때문입니다. 가정에서 부모는 자녀들이 '가까이' 오는 것을 아주 좋아합니다. 자식들을 키워보면 초등학교 때 까지는 '아빠 아빠'하면서 아빠에게 아주 '가까이' 다가옵니다. 그러다가 중학교에 들어가고 사춘기가 오면 아빠를 점점 멀리하는 것입니다. 그럴 때는 아주 서운합니다. 그러나 다 같은 자식이라도 '아빠 아빠'라고 부르면서 '더 가까이'

오는 자식이 있습니다. 부모의 마음은 그 자식한테 가 있습니다. '그래! 네가 내 자식이다! 내가 더 늙으면 네가 나를 책임져 주겠지!'하면서 마음이 놓이는 것입니다.

예수님은 겟세마네 동산에서 기도하실 때 하나님을 **"아바 아버지"**라고 부르셨습니다. 여기서 '아바'는 '아빠'란 말입니다. 이것은 친밀함의 극치인 것입니다. 자식이라도 '아버지'라고 부를 때 하고 '아빠'라고 부를 때는 거리감이 다르게 느껴지는 것입니다. **'아버지'**라고 부르면 '그래! 왜? 무슨 할 말 있어?'라고 묻지만, **'아빠'**라고 부르면 '그래! 내 새끼!'하면서 달려가서 안아주고 싶은 것입니다. 우리가 기도할 때도 하나님을 "아바 아버지"라고 부르면 더 친근감이 느껴집니다. 그리고 하나님이 이렇게 응답하십니다. "그래! 무엇을 원하느냐? 더 가까이 오라! 더 가까이 오라!" 그것이 비록 하나님의 음성은 아닐지라도 그런 느낌이나 끌림이 오는 것입니다. 이럴 때는 '더 가까이' 하나님께 다가가는 것입니다. 그 때 우리는 하나님의 사랑을 더 가까이에서 느낄 수가 있는 것입니다. 그래서 이런 찬송을 부릅니다.

1절 '내 주를 가까이 하려함은 십자가 짐같은 고생이나 내 일생 소원은 늘 찬송하면서 주께 더 나가기 원합니다' (통일찬송가364장새찬송가338장)

저는 미국의 부흥전도자 **'죤 비비어'**목사님의 **'친밀감'**이라는 책을 읽고 은혜를 많이 받았고 또 친밀감이 무엇인지도 알게 되었습니다. 그 엄했던 조선시대 유교사회에서도 **'부자유친(父子有親)'**이라고 했습니다. 부모와 자식 사이는 격식보다 '친한 것'이 제일이라는 것입니다. 이것은 하나님과 우리 사이도 마찬가지인 것입니다. 하나님과 우리 사이도 형식보다는 친밀함이 더 중요한 것입니다. **율법**은 하나님과 인간 사이에 넘을 수 없는 거리를 두었으나 **복음**은 우리를 하나님께 '더 가까이' 가게 하는 것입니다. 그리고 하나님은 우리가 '더 가까이' 다가 오기를 원하십니다. 왜냐하면 그 분은 바로 우리의 '아버지' 그것도 "아바 아버지"이시기 때문입니다. 하나님은 우리의 **'상상 이상으로'** 우리를 사랑하십니다. 그러나 우리는 그것을 모르고 살고 있는 것입니다. 이제부터라도 그 사랑을 발견하고 가까이 가시기 바랍니다. 저도 얼마전까지만 해도 하나님을 **"아바 아버지"**라고 부르거나 그런 기도를 하지 않았습니다. 그러다가 죤 비비어 목사님의 **'친밀감'**이라는 책을 읽고 나서 하나님을 "아바 아버지"라고 부르면서 기도를 하게 된 것입니다. **"아바 아버지"**는 우리가 하나님을 부를 때 가장 친밀한 호칭입니다. 하나님을 "아바 아버지, 아바 아버지, 아바 아버지…"라고 계속 부르고 있으면 "그래! 내 아들아! 더 가까이 오라!"는 하나님의 음성이 들리는 것 같습니다. 그리고 감격의 눈물이 나오기도 하는 것입니다. 하나님의 사랑은 우리의 '상상 이상'입니다. 하나님은 육신의 부모보다 우리를 더 사랑하십니다. 왜냐하면 하나님이 우리를 '만드신' 친부모라면, 육신의 부모는 '맡아서 키우신' 보모이기 때문입니다. 그런데도 우리가 그런 하나님의 사랑을 모르고 느끼지 못하는 것은 비극이고 불행인 것입니다. 왜 그럴까요? 원수 마귀가 우리의 눈을 가리우고 귀를 막아 놓았기 때문입니다. 그런데 예수님이 오셔서 우리의 눈을 뜨게 하시고 귀를 열어놓으신 것입니다.

사도요한은 이렇게 증거하고 있습니다. **"우리가 보고 들은 바를 너희에게 전함은 우리와 사귐이 있게 하려 함이니 우리의 사귐은 아버지와 그 아들 예수 그리스도와 함께 함이라"** (요한일서1;3절) 여기서 '사귐'이란 헬라어로 κοινονία(코이노니아)인데 영어로는 fellowship 즉 친교나 교제를 말하는데 친구와 연인 사이가 되는 것입니다. 흔히 '누가 누구하고 사귄대'라는 말을 하는데 이것은 연인사이가 된다는 것을 의미합니다. 친구 사이도 사귄다는 말을 하는데 이것은 우정이 있기 때문입니다. 하나님과의 관계도 이와 같습니다. **우리의 사귐은 아버지와 그 아들 예수 그리스도와 함께함이라!** 사도 요한도 여기서 '사귄다'는 말을 거침없이 쓰고 있는 것입니다. 왜냐하면 하나님과 우리 사이도 사랑의 관계요 친구의 관계이기 때문입니다. 그러면 우리가 어떻게 마음 놓고 하나님께 가까이 나아가서 하나님을 **"아바 아버지"**라고 부르며 사귈 수 있겠습니까? 우선 '친밀감'이 무엇인가를 배워야 합니다. 친밀감(親密感)이란 친구처럼 '가까이' 다가가서 사귀는 것입니다. 그러기 위해서는 먼저 우리의 사고방식을 바꾸어야 하는데 먼저 깊고 논리적인 생각이 있어야 합니다. "하나님은 우리의 영원한 부모가 되시고, 신랑도 되시고, 친구도 되십니다. 세상에 이보다 더 가까운 사이는 없습니다. 그래서 하나님은 우리의 부모나 아내나 남편이나 친구보다 우리를 더 사랑하시고 우리가 '더 가까이' 다가오기를 간절 히 원하십니다." 이것을 알았으면 마음 놓고 하나님께 '더 가까이' 가야 합니다. 그렇다고 아무렇게나 가까이 갈 수 있는 것은 아닙니다. 먼저 하나님과 우리 사이에 놓여있는 의심과 불신과 죄라는 장애물을 제거해야 합니다.

그리고 예수님처럼 하나님과 뜻이 같아야 합니다. 그런 후에 하나님께 가까이 다가가면 하나님은 '더 가까이 오라!'고 부르십니다. '더 가까이, 더 가까이 오라' 이런 느낌이나 끌림이 안에서 오는 것입니다. 그 때는 주저말고 **"아바 아버지"**라고 부르면서 하나님께 '더 가까이' 나아가야 합니다. 그러면 하나님의 진한 사랑을 더 느낄 수 있고, 그 때 우리의 영혼은 내 안에서 노래하고 춤을 추는 것입니다.

1절 '귀하신 주여 날 붙드사 날마다 주께로 더 가까이 저 하늘나라 나 올라가 구주의 품 안에 늘 안기어 영생의 복 받기 원합니다'(통일찬송가490

장, 새찬송가433장)

(2) 은밀(隱密)함입니다.

예수님은 산상수훈에서 이렇게 말씀하셨습니다. **"너는 구제할 때에 오른 손의 하는 것을 왼손이 모르게 하여 네 구제함이 은밀하게 하라 은밀한 중에 보시는 너희 아버지가 갚으시리라"**(마태복음6:3-4절)

a. "너는 구제할 때에" 구제(救濟)는 남을 돕는 것입니다.

b. "오른 손의 하는 것을 왼손이 모르게 하여" 이것은 참으로 말도 되지 않는 말인 것입니다. 어떻게 오른 손의 하는 것을 왼손이 모르게 할 수 있다는 것입니까? 이것은 절대 불가능합니다. 이 말의 참 뜻은 '너 자신도 모르게 하고 오직 하나님만 아시게 하라'는 것입니다. 이것은 과장된 표현 같지만 '은밀함'의 의미를 잘 전해주고 있는 것입니다. 세상 사람들은 남을 도와줄 때 남에게 알리고 생색을 내려고 합니다. 그래서 도움을 받는 사람에게 상처를 주기도 하는 것입니다. 그러나 우리 주위에는 아무도 모르게 남을 도와주는 분들도 있습니다. 아무도 모르고, 자신도 모르고, 오직 하나님만 아시는 것! 이것이 **은밀한** 것입니다.

c. "은밀하게 하라" 여기서 '은밀(隱密)하다'는 것은 헬라어로 κρυπτος(크립토스)인데 두 가지 의미를 가지고 있습니다. 하나는 hide '숨긴다' 다른 하나는 secret '비밀'이라는 것입니다. 이것을 합치면 '은밀함'이란 hidden secret 즉 '숨겨진 비밀'이 되는 것입니다.

이것을 가장 잘 나타내는 것이 있는데 **부부와 연인사이**입니다. 부부 사이의 비밀은 아무도 모릅니다. 겉으로는 매일 싸우는 것 같아도 그 속을 들여다 보면 그렇지가 않은 것입니다. 그래서 부부싸움에는 잘 끼어들지 않으려고 하는 것입니다. 어제 밤에 죽자 살자 싸우고서도 다음 날 아침에 손잡고 나가는 것이 부부입니다. 그래서 부부싸움을 일러 '칼로 물베기'라고 하는 것입니다. 연인 사이를 보아도 그렇습니다. 그들이 주로 만나는 장소는 사람들이 많이 다니지 않는 강변이나 숲의 오솔길이나 아니면 늦은 시간의 공원입니다. 그래야만 누구의 방해도 받지 않고 둘 만의 '은밀한' 대화를 나눌 수 있기 때문입니다.

d. **"은밀한 중에 보시는 너희 아버지가 갚으시리라"** 밑도 끝도 없는 허황한 말 같으나 하나님의 말씀은 언제나 진리인 것입니다. 구약성경에서 하나님을 표현할 때 주로 두 가지 표현을 썼습니다. 그것은 **신원과 보상**입니다. 여기서 '신원해 주신다'는 것은 '원수를 갚아주신다'는 것이고, '보상해 주신다'는 것은 '손해 본 것을 몇 배로 갚아 주신다'는 것입니다. 아브라함도 애굽에 내려갔다가 올라오면서 많은 육축과 은금을 얻었던 것입니다.(창세기 13:2절) 야곱은 외삼촌 라반의 집에서 20년간 머슴살이를 하고 나올 때 하나님이 그를 거부가 되어 나오게 해주셨습니다.(창세기31:1절) 이스라엘 민족은 애굽에서 400년간 노예생활을 하고 나오면서 많은 물품과 은금을 취했다고 성경은 기록하고 있습니다.(출애굽기12:35-36절) 이것이 바로 하나님의 보상인 것입니다. 또 예수님은 이렇게 말씀하셨습니다. **"너는 기도할 때에 네 골방에 들어가 문을 닫고 은밀한 중에 계신 네 아버지께 기도하라 은밀한 중에 보시는 네 아버지가 갚으시리라"**(마태복음6:6절)

a. **"네 골방에 들어가"** 옛날 가옥에는 집집마다 골방이 있었는데 골방은 집의 방과 방 사이나 한쪽 구석에 있었습니다. 그래서 늘 어둠침침하고 눅눅했습니다. 그 곳은 주로 쓸모없는 물건을 보관했는데 아이들이 부모한테 잘못하면 혼날까봐 겁이 나서 숨는 장소이기도 했던 것입니다. 요즘은 아

파트에도 맨 위층에 다락방이 있어서 잠자거나 기도하기에 안성맞춤인 것입니다.

b. **"문을 닫고"** 골방에 들어가서 '문까지 걸어 잠그라'는 것입니다. 그러면 아무리 크게 소리쳐도 밖에서 들을 수 없는 것입니다. 이렇게 기도도 아무도 모르게 은밀하게 해야 하나님이 들으신다는 것입니다. 그 이유가 다음에 나오고 있습니다.

c. **"은밀한 중에 보시는 네 아버지께서 갚으시리라"** 바리새인들은 길거리에서 기도하는 것을 좋아했습니다. 그 이유는 다른 사람들에게 보여주기 위해서인 것입니다. 그래서 중언부언하는 기도가 될 수 밖에 없는 것입니다. 그러나 예수님은 그렇게 기도하지 말라는 것입니다. 하나님은 보지 않으시는 것 같으나 보시고 듣지 않으시는 것 같으나 들으십니다. 우리가 혼자 속삭여도 하나님은 다 들으십니다. 이것이 은밀한 것입니다. **기도에도 여러 가지 종류가 있습니다.** 침묵의 기도가 있는가 하면 통성기도도 있습니다. 그렇다고 '골방에 들어가 은밀하게 기도하라'고 해서 조용하게 기도하라는 것이 아니고 오히려 더 크게 부르짖으라는 것입니다. 모세는 '대화의' 기도를 많이 했고, 다윗은 '울부짖는' 기도를 많이 했고, 사도 바울은 '묵상' 기도를 많이 했고, 예수님은 '탄원하는' 기도를 많이 하셨습니다. 기도는 그 때의 상황에 따라서 달라지는데 그 분들의 기도의 공통점은 아무도 모르고 오직 하나님만 아시는 은밀한 기도였다는 것입니다. 우리도 소원을 가지고 은밀하게 부르짖을 때 하나님은 들으시고 응답해 주십니다.

저에게는 지금도 풀리지 않는 **수수께끼** 같은 일이 있었습니다. 20여년 전 제가 중랑구 상봉동에서 목회하고 있었을 때의 일입니다. 내일은 주일이고 오늘은 토요일이었습니다. 그래서 이발소에 가서 이발을 하고 저녁 때에 집에 와서 머리에 **염색약**을 바르고는 30분 정도 방에서 기다리고 있었습니다. 그냥 기다리기가 뭐해서 작은 방에 들어가서 무릎을 꿇고 머리를 숙이고 기도를 했습니다. 30분이 지나서 머리를 감으려고 머리를 들고 보니 방바닥에 염색약이 묻어서 얼룩이 져 있었습니다. 그래서 두루마리 휴지로 닦았습니다. 그런데도 깨끗하게 닦아지지는 않았습니다. 다음날 주일 아침에 예배드리러 교회에 가기 전에 방에 앉아서 설교 원고를 보고 있는데 눈 앞에 어제 저녁에 휴지로 닦았던 얼룩이 보였습니다. 그런데 자세히 보니까 거기에 사람의 얼굴이 있는 것입니다. 더 자세히 보니까 '예수님의 얼굴'이었습니다. 머리칼 눈 코 턱 수염이 선명하게 나타났습니다. 그래서 나도 모르게 탄성을 질렀습니다. **"세상에 어떻게 이런 일이 있을 수 있는가?"** 도저히 이해가 되지 않았습니다. **"나는 아무 생각도 없이 휴지로 닦았을 뿐인데 어떻게 해서 그것이 사람의 얼굴로 나타날 수 있는가?"** 이것을 그림으로 그려도 그렇게는 그리지 못할 것입니다. 더 이상한 것은 그 날이 마침 **요한복음 4장15-26절**을 본문으로 예수님이 사마리아의 우물가에서 물 길러 온 사마리아 여인과 대화를 하는 내용이었는데 설교 제목이 **"내가 그로라"**이었습니다. 우연의 일치라고 하기에는 너무도 신기했습니다. 그래서 사진을 찍고 다음날에 사진관에 가서 사진을 현상을 했습니다. 그리고 이것을 가지고 동대문구 신설동에 있는 '진흥 기독교 서점'에 가서 자초지종을 이야기 하고 나서 '이것을 성화로 만들면 좋겠다'고 하니까 '안된다'는 것입니다. 그래서 실망하고 돌아 왔는데 지금도 그 사진을 보관하고 있고 언젠가는 빛을 보리라고 생각합니다. 하나님의 역사는 참으로 놀랍고 신비하고도 은밀한 것입니다. 또 예수님은 이렇게 말씀하셨습니다. "너는 금식할 때에 얼굴에 기름을 바르고 얼굴을 씻으라"(마태복음6;7절) 제가 아는 서울의 어떤 Y교회의 사모님은 예수님의 말씀처럼 금식할 때에 조금도 자세가 흐트러지지 않습니다. 그 사모님이 금식하는 것을 같이 사는 목사님도 모릅니다. 그것도 단기 금식이 아니라 30일 40일 장기 금식을 하는데 예수님의 말씀처럼 얼굴을 씻고 화장을 하는 것입니다. 그래서 그런지는 몰라도 그 교회는 지금 우리 나라에서 몇 손가락 안에 드는 큰 교회가 된 것입니다. **그러면 왜 금식하면서 얼굴을 씻어야 합니까?** 첫째는 사람에게 보이지 않고 오직 하나님에게만 보이기 위해서이고, 둘째는 금식은 하나님께 더 가까이 가는 것이기 때문에 하나님 앞에 서기 위한 것이고, 셋째는 우리는 예수 그리스도의 신부들이기 때문입니다. 결혼식 날 신부가 세수도 않고 화장도 않고 신랑 앞에 설 수 있습니까? 새색시가 신랑 앞에서 머리에 빗질도 않고 설 수 있습니까? 없습니다. 예수님은 우리의 영적 신랑이십니다. 그래서 금식을 할 때는 신부가 신랑 앞에 나아가듯이 얼굴을 씻고 화장을 해서 아름답게 보여야 하는 것입니다.

(3) 하나됨입니다.

예수님은 **요한복음 15장**에서 이렇게 말씀하셨습니다. "내가 참 포도나무요 내 아버지는 그 농부라"(1절) 농부와 포도나무의 관계는 부모와 자식같이 애틋하고 같은 길을 가는 공동운명체와도 같습니다. 그래서 포도나무는 주인의 발자국 소리도 듣는다고 합니다. 농부는 포도나무를 포도나무는 농부를 서로 의지하는 것입니다.

제가 오래 전에 읽은 '**물은 답을 알고 있다**'(나무심는 사람 출판)라는 책을 보면 놀라운 사실이 기록되어 있는데 물(水)도 사람의 소리를 듣고 결정체(분자구조)가 달라지고, 사진을 보여주면 사진에 따라 물의 결정체가 달라지고, 앞에 가서 서 있어도 물이 사람의 마음을 알고 결정체가 달라진다고 합니다. 이것은 거짓말 같은 것이나 사진을 찍어서 증명이 된 것이고 국제 학계에서도 발표가 되고 검증이 된 것입니다. 여기서 **물**에 대해서 더 말씀드린다면 물은 **섭씨 6도** 시에 부피가 가장 적다고 합니다. 여기에서 온도가 올라가거나 내려가면 부피가 더 커진다는 것입니다. 물은 섭씨 0도에서 얼음이 되는데 얼면은 액체에서 고체가 되는데도 부피는 더 커져서 위로 떠오릅니다. 바로 여기에 **'물의 신비'**가 있는 것입니다. 만일 물이 섭씨 0도 시에 얼어서 고체가 될 때 부피가 작아진다면 얼음은 수중으로 가라앉고 말 것입니다. 그러면 물 속에서는 물고기들이 살지 못할 것입니다. 그런데 물은 신비하게도 얼면은 부피가 더 커져서 위로 떠오르고 그로 인하여 추운 겨울에도 물 속에서도 물고기들이 살고 더우기 얼음이 추위로부터 물고기들을 보호해주는 역할도 하니 하나님의 섭리가 참으로 놀랍지 않습니까? 그래서 학자들 중에는'물은 외계로부터 왔다'고 주장까지 하는 것입니다.

오늘 본문으로 돌아가서 **물**도 사람의 마음을 알고 소리를 다 듣고 반응을 한다고 하는데 하물며 **포도나무**가 주인을 모르겠습니까?

a.**"나는 포도나무요 너희는 가지니"** 나무와 가지의 관계는 뗄레야 뗄 수 없는 관계인 것입니다. 가지는 마무에서 꺽이거나 떨어지면 죽는 것입니다. 마치 사랑하는 남녀관계와 같습니다. 옛날에는 부모가 결혼을 반대하면 동반 자살하는 남녀가 종종 있었던 것입니다.

b.**"저가 내 안에 내가 저 안에 있으면"**(5절) 이것은 완전히 하나가 되는 것입니다. 마치 부부관계와 같습니다. 남녀가 사랑하게 되면 결혼을 해서 부부가 되고 하나가 되는 것입니다. **"이 사람은 과실을 많이 맺나니"** 자녀는 그냥 태어나는 것이 아니고 남녀가 사랑을 하고 결혼을 해서 '하나가 됨으로'

얻은 결실인 것입니다. **우리의 신앙생활도 이와 같은 것입니다.** 예수님과 사랑으로 하나가 되면 거기에도 부부관계에서처럼 자녀 즉 열매가 있어야 하는 것입니다. 지금 나에게도 이런 열매가 열리고 있습니까? 아니면 열매를 맺지 못하는 빈 나무입니까? 우리는 그것을 살펴보아야 하는 것입니다. 그러면 우리가 어떻게 이런 열매를 맺을 수 있습니까? 그것은 예수님과 우리가 하나님의 뜻 안에서 사랑으로 '하나가 될 때' 가능한 것입니다.

유교철학의 창시자인 **공자(孔子)**는 논어에서 **'나는 하나로 통했다'** 즉 **일이관지(一以貫之))**라는 유명한 말을 했습니다. 우연의 일치인지는 몰라도 예수님은 요한복음10장에서 "나와 아버지는 하나이니라"(30절) 라고 말씀하셨습니다. '하나'라는 것은 '통한다'라는 것입니다. 무엇이나 '하나가 될 때' 역사가 일어나는 것입니다. 이처럼 '하나가 된다'는 것은 큰 의미가 있는 것입니다.

사도 바울은 교회의 **하나됨**에 대해서 이렇게 증거하고 있습니다. "평안의 매는 줄로 성령이 하나되게 하신 것을 힘써 지키라 몸이 하나요 성령도 한 분이시니 이와같이 너희가 부르심의 한 소망 안에서 부르심을 받았느니라 주도 한 분이시오 믿음도 하나요 세례(침례)도 하나요 하나님도 한 분이시니 곧 만유의 아버지시라 만유 위에 계시고 만유를 통일하시고 만유 가운데 계시도다"(에베소서4:3-6절) 여기에서 "하나"라는 단어를 7번이나 사용하고 있습니다. 이것은 세상 속에서 교회의 하나됨이 얼마나 중요한가를 말해주는 것입니다.

예수님은 요한복음17장의 '마지막 기도'에서 이렇게 기도하셨습니다. "나는 세상에 있지 아니하오나 저희는 있사옵고 나는 아버지께로 가옵나니 거룩하신 아버지여 내게 주신 아버지의 이름으로 저희를 보전하사 우리와 같이 저희도 하나가 되게 하옵소서"(11절) 우리와 같이 저희도 하나가 되게 하옵소서! 예수님의 간절한 소원은 우리가 '하나가 되는 것'입니다. 왜 그렇습니까? 무엇이든 '하나가 될 때' 아름답고 큰 힘을 발휘할 수 있기 때문입니다. 100명이라도 둘로 나누어지면 50이 되고 셋으로 나누어지면 33이 되고 그 이하가 될 수도 있습니다. 그러나 더 심각한 것은 100명이 둘로 나누어져서 싸운다면 어떻게 되겠습니까? 100이 둘로 나누어지면 50이 되는데 만약 서로 싸운다면 50 곱하기 50은 2,500인데 이것은 곧 -2,500이 됩니다. 그러니 얼마나 손해입니까? 그래서 국가든 사회든 가정이든 서로 싸우다가 망하는 것입니다.

교회도 마찬가지입니다. 교회도 나누어지고 서로 싸우면 망하는 것입니다. 그래서 예수님이 '하나되게 해달라'고 아버지께 기도하신 것입니다. 한국교회가 숫자는 많아도 힘이 없는 것은 '하나'가 되지 못하기 때문인 것입니다. **둘**이 하나가 되는 것은 그래도 쉽지만 **셋**이 하나가 되는 것은 인간에게는 거의 불가능에 가까운 것입니다. 그러나 하나님은 세분이신대도 '삼위일체'로 하나가 되어 한번도 싸우지 않으니까 영원히 우주 만물을 변함없이 다스리고 계시는 것입니다. **'하나가 되는 것'**은 결코 쉬운 일이 아닙니다. 하나가 되기 위해서는 깊은 생각과 성찰과 반성과 노력과 함께 뚜렷한 목표가 있어야 합니다. 특히 교회는 다른 집단보다 하나되는 것이 더 어려운 것이 현실입니다. 바닷가나 얕은 곳에서는 하나가 될 수 없습니다. 하나가 될려면 먼 바다나 아니면 깊은 바다 속으로 들어가야 합니다. 그래서 예수님이 말씀하시는 "깊은 곳에 가서 그물을 내려 고기를 잡으라"의 궁극적인 의미는 세 분 하나님이 '삼위일체'로 하나가 되듯이 교회도 '하나가 되어야' 다시 부흥할 수 있다는 것입니다. **그러면 어떻게 우리가 하나님과 하나 되고,**

교회와 교회가 '하나'가 될 수 있습니까? 베드로처럼 가장 '**깊은 곳**'으로 내려가야 합니다. 베드로는 '**깊은 곳**'으로 들어가기 위해서 자기의 지식이나 경험이나 자존심이나 고집을 다 버렸습니다. 그리고 예수님의 명령에 순종했습니다. 그러자 그물이 찢어지고 두 배가 잠기도록 물고기를 많이 잡았습니다. 그것은 어부인 베드로에게는 큰 충격적인 사건이었습니다. 그로 인하여 베드로는 예수님이 어떤 분이시라는 것을 알게 되었습니다. 그리고 자신이 어떤 사람이라는 것을 알게되자 예수님 앞에 무릎을 꿇고 눈물로 회개를 했던 것입니다. 우리도 예수님의 명령에 복종한 베드로처럼 자신의 지식이나 경험, 고집이나 주장, 이념이나 사상을 버리고 오직 예수님의 말씀과 명령에 절대 복종하고 순종해야 합니다. 그리고 '가장 깊은 곳'에 들어가서 예수님을 인격적으로 만나야 합니다. 그리고 베드로처럼 자신을 발견하게 되면 예수님 앞에 무릎을 꿇고 회개하고 예수님과 마음과 뜻과 목적이 하나가 되어 동행하게 됩니다. 그리고 영원한 천국을 바라보며 나아가고 예수님처럼 하나님의 영광을 위하여 살게 됩니다. 이것은 '**깊은 곳**'에서만 일어날 수 있는 변화인 것입니다.

11) 계시와 십자가와 안식입니다.

(1) 계시(啓示)입니다.

예수님은 이렇게 말씀하셨습니다. "천지의 주재이신 아버지여 이것을 지혜롭고 슬기있는 자들에게는 숨기시고 어린아이들에게는 나타내심을 감사하나이다 옳소이다 이렇게 된 것이 아버지의 뜻이니이다 내 아버지께서 모든 것을 내게 주셨으니 아버지 외에는 아들을 아는 자가 없고 또 아들과 아들의 소원대로 계시를 받는 자 외에는 아버지를 아는 자가 없느니라"(마태복음11:25-26절) 여기서 우리의 관심을 끄는 구절은 이것입니다.

"이것을 지혜롭고 슬기있는 자들에게는 숨기시고 어린아이들에게는 나타내심을 감사하나이다" 이 구절은 우리가 해석하기 어려운 점이 있습니다. 참고로 이것이 영어성경에는 이렇게 번역되어 있습니다. "You have hidden these things from the wise and learned and revealed them to little children"

a. **천지의 주재이신 아버지여!** 예수님은 하나님을 '천지의 주재'라고 부르고 있습니다.

b. **이것을!** 여기서 '이것은' **하나님의 계시**를 말합니다.

c. **"지혜있고 슬기있는 자들에게는 숨기시고"** 이것을 영어성경은 이렇게 번역하고 있습니다. You have hidden these things from the wise ① 그러면 여기서 '지혜롭고 슬기있는 자들'이 누구입니까? 여기서 **지혜**는 영어로 wise '현명한' clever'영리한'이란 뜻인데 그 당시의 제사장이나 율법사들이나 헬라 로마 철학자같은 전문적인 지식인들을 말합니다. 요즘 같으면 각 분야에서 전문지식을 가진 박사들을 의미한다고 할 수 있습니다. **'슬기'**는 영어로 intelligent'지적인' learned '배운' 이란 뜻인데 일반적인 지식인들을 말합니다. ② 그러면 왜 하나님이 그런 자들에게는 계시를 나타내지 않고 숨기십니까? 그들이 가진 이성이나 세상지식으로는 하나님의 계시나 지식에 도달할 수 없기 때문입니다. 오히려 그것이 방해가 되는 것입니다.

d. **"어린아이들에게는 나타내심을 감사하나이다"** 여기서 **'나타낸다'**는 것은 헬라어로는 ἀποκαλύπτω(아포크칼륍토) 영어로는 reveal 나타내다 즉 **'하나님의 계시'**를 말하는데 계시(啓示)는 하나님이 '자기 자신을 스스로 나

타내 보여주신다'는 의미를 가지고 있는 것입니다. ③ 그러면 이 계시가 누구에게 나타납니까? 놀랍게도 어른이 아니라 어린아이들인 것입니다. 왜 그렇습니까? 어린아이들은 세상의 경험이나 지식이 부족하기 때문에 순수합니다. 선입견이나 자기 지식, 자기 주장, 자기 사상이 없습니다. 그래서 하나님의 말씀을 있는 그대로 받아들여서 마침내 하나님의 지식에 이르기 때문입니다.

④ 그러면 '어린아이들'은 누구입니까? 그 당시의 어부 농부 세리같은 배우지 못한 비지식인들을 말합니다. 요즘 같으면 전문지식을 갖지 않은 평범한 사람들을 의미한다고 할 수 있습니다.

⑤ 그러면 왜 하나님이 계시를 지식인들에게는 숨기시고 비지식인들에게 나타내십니까? 세상지식은 하나님을 아는데 조금도 도움이 되지 않고 오히려 방해가 되기 때문입니다. 그래서 예수님은 제자들을 부르실 때 예루살렘 성전에서 일하는 지식층인 제사장이나 서기관이나 율법사를 부르시지 않고 갈릴리 바닷가에서 고기잡는 무식한 어부들을 부르셨던 것입니다. 그릇에 무엇이 담겨있으면 새 것을 담을 수 없습니다. 그릇을 비우고 깨끗히 씻어야 새 것을 담을 수 있는 것입니다. 그래서 세상지식이 많은 박사보다는 차라리 세상지식이 없는 어린이들이나 어부들이 하나님을 더 잘 알고 잘 믿을 수 있는 것입니다. "옳소이다 이렇게 된 것이 아버지의 뜻이니이다"(26절) 지금 예수님도 이것이 아버지의 뜻이라고 강한 동의를 표하고 계신 것입니다. 나이가 60이 되어도 자식은 부모 앞에서 어린아이와 같고, 나이가 100세가 되어도 모든 인간은 하나님 앞에서 어린아이에 불과한 것입니다. 이것을 우리가 알고 행할 때에 하나님을 더 잘 믿고, 더 사랑하고, 하나님과의 관계가 더 좋아지는 것입니다.

(2) 십자가(十字架)입니다.

창세기 3장을 보면 하나님께서 죄지은 아담과 하와 그리고 뱀에게 벌을 내리셨습니다. "여호와 하나님이 뱀에게 이르되 네가 이렇게 하였으니 네가 모든 육축과 들의 모든 짐승보다 더욱 저주를 받아 배로 다니고 종신토록 흙을 먹을지니라 내가 너로 여자의 후손과 원수가 되게하고 너의 후손도 여자의 후손과 원수가 되게 하리니 여자의 후손은 네 머리를 상하게 할 것이요 너는 그의 발꿈치를 상하게 할 것이니라 하시고"라고 기록하고 있습니다. 이것을 '**원시복음**'이라고 하는데 거기에 벌써 예수님의 십자가 사건이 예시되고 있습니다. 여기서 '**여자의 후손**'은 마리아의 아들로 태어나신 예수님을 말합니다. "여자의 후손은 네 머리를 상하게 할 것이요" 이것은 예수님이 뱀의 머리 즉 마귀를 십자가에서 심판하신다는 것입니다.

창세기 22장을 보면 '**십자가**'의 모습이 생생하게 그려지고 있습니다. 어느 날 하나님이 아브라함을 시험하시려고 아브라함을 부르셨습니다. "네 아들 네 사랑하는 독자 이삭을 데리고 모리아 땅으로 가서 내가 네게 지시하는 한 산 거기서 그를 번제로 드리라"(2절) 이삭은 아브라함이 100세에 얻은 금쪽같은 자식입니다. 그런데 그를 번제로 드리라니 이것이 웬 날벼락입니까? 그때 아브라함은 자신의 귀를 의심했을 것입니다. '이것이 하나님의 명령인가 아니면 귀신의 속삭임인가?' 아무리 생각해봐도 분명 그것은 하나님의 명령이었습니다. 그래서 아침 일찍 짐을 챙겨서 **이삭**을 데리고 모리아산으로 떠났던 것입니다. 모리아산은 지금의 예루살렘인데 그가 살던 브엘세바에서 북쪽으로 3일을 가야하는 먼 길이었습니다. 그는 종들과 함께 이삭을 데리고 모리아산으로 가서 종들은 거기에 머물러 두고 **이삭**의 등에 나무짐을 지우고 산 위로 올라갔습니다. 그 모습이 마치 예수님이 십자가를 지시고 골고다의 언덕길을 올라가시는 것을 연상시켜 주고 있습니다. 그래서 독자 이삭은 하나님의 아들이신 예수 그리스도를 상징하고 있는 것입니다. 바로 그 때 아브라함은 장차 오셔서 십자가를 지고 가시는 예수님을 미리 본 것입니다. 이에 대해서 예수님을 이렇게 말씀하셨습니다. "너희 조상 아브라함은 나의 때 볼 것을 즐거워하다가 보고 기뻐하였느니라"(요한복음8:56절) 그러자 유대인들이 돌을 들어 예수님을 치려했던 것입니다.

그러면 십자가가 무엇입니까? 첫째, 십자가는 예수님이 인류를 대신해서 '속죄제물'이 되신 곳입니다. 민수기 21장을 보면 광야에서 이스라엘 백성들이 하나님과 모세를 원망했습니다. 그 때 하나님이 '불뱀'을 보내셔서 물게 하시니 많은 사람이 죽었던 것입니다. 그러자 모세가 하나님께 기도하자 하나님이 모세에게 말씀하셨습니다. "불뱀을 만들어 장대 위에 달라 물린 자마다 그것을 보면 살리라"(8절) 모세가 놋뱀을 만들어 장대 위에 달자 불뱀에 물린 자들이 그것을 보고 살아났던 것입니다. 여기에서 '장대에 달린 놋뱀'은 십자가에 달린 예수 그리스도를 예표하고 있습니다. 이에 대해서 예수님이 이렇게 말씀하셨습니다. "모세가 광야에서 뱀을 든 것같이 인자도 들려야하리니 이는 저를 믿는 자마다 영생을 얻게 하려 하심이니라"(요한복음 3:14-15절) 인자도 들려야 하리니! 이것은 예수님이 장차 있을 십자가 사건을 미리 말씀하고 계십니다. 그러나 그 때는 이것이 숨기워져 있었기 때문에 제자들은 그것을 몰랐던 것입니다.

또, 예수님은 제자들에게 이렇게 말씀하셨습니다. "아무든지 나를 따라오려거든 자기를 부인하고 자기 십자가를 지고 나를 좇을 것이니라" (마태복음16:24절) 자기를 부인하고! 자기를 부인한다는 것은 말은 쉬워도 그것을 실천하려면 엄청난 고통과 시간과 노력이 요구됩니다. 그것은 죽음과도 같은 것입니다. 십자가는 예수님이 나의 죄를 대신 지고 죽으신 곳이고 또한 내가 죽어야 할 곳이기도 한 것입니다. 다시 말한다면 십자가는 바로 '나'를 죽이는 곳입니다. 왜 나를 죽여야 합니까? 성경에서 **"나=죄, 타락"**이기 때문입니다. 아담과 하와가 죄를 짓기 전에는 '나'라는 자의식(自意識)이 없었습니다. 마귀의 꾀임을 받고 선악과를 따먹고 나자 '벗은 몸' 즉 '자아'가 보인 것입니다. 이 때부터 인간은 **'자아'**를 가지고 살게 된 것입니다. 타락한 '자아'로 인하여 남을 미워하고 시기하고 원망하고 싸움이 일어나는 것입니다. 그러나 우리가 예수 믿고 구원받으면 '나' 즉 '옛 자아'는 없어지고 예수 그리스도 안에서 '새로운 자아'로 다시 태어나는 것입니다.

　사도 바울은 이렇게 고백하고 있습니다. **"내가 그리스도와 함께 십자가에 못박혔나니 그런즉 이제는 내가 산 것이 아니요 오직 내 안에서 그리스도께서 사신 것이라 이제 내가 육체 가운데 사는 것은 나를 사랑하사 나를 위하여 자기 몸을 버리신 하나님의 아들을 믿는 믿음 안에서 사는 것이라"**(갈라디아서2:20절) 참으로 대 사도다운 고백입니다. 그는 부활하신 예수 그리스도를 만남으로 **'사울'**이라는 옛사람은 십자가에 못박혀 죽고 **'바울'**이라는 새사람으로 다시 태어났던 것입니다. 우리가 거듭나는 것은 오직 십자가를 통해서인 것입니다. 왜냐하면 '죄의 삯은 사망이요' 즉 죄인은 죽어야 다시 태어나기 때문입니다.　또 여기서 우리가 십자가에 대해서 알아야 할 것은 십자가는 예수님이 인류의 죄를 대신 지시고 죽으신 곳입니다. 그래서 인간이 구원을 받았습니다. 그러나 그것이 전부가 아닌 것입니다.　인간의 구원이 있기 전에 먼저 죄의 원흉인 **마귀**가 심판을 받은 것입니다. 그래서 십자가는 마귀가 가장 두려워하는 것입니다. 그래서 십자가 보혈찬송을 마귀가 가장 무서워하고 십자가 보혈 찬송이 가장 강력하고 힘이 있는 것입니다.

둘째, 십자가는 예수님이 하나님과 인간과의 화해를 위해서 **화목제물**이 되신 곳입니다. 사도 바울은 이 '**화목제물**'에 대해서 이렇게 증거하고 있습니다. "이 예수를 하나님이 그의 피로 인하여 믿음으로 말미암는 화목제물로 삼으셨으니 이는 길이 참으시는 중에 전에 지은 죄를 간과하심으로 자기의 의로우심을 나타내려 하심이니"(로마서3:25절) **화목제물로 삼으셨으니!** 화목제물은 하나님과 인간의 화해를 위한 제물입니다.

'사도 요한'은 이렇게 증거하고 있습니다. "저는 우리 죄를 위한 화목제물이니 우리만 위할 뿐 아니요 온 세상의 죄를 위함이라"(요한일서2:2절) **저는 우리를 위한 화목제물이니!** 여기서 '우리'는 모든 인류를 말합니다. "사랑은 여기 있으니 우리가 하나님을 사랑한 것이 아니요 오직 하나님이 우리를 사랑하사 우리 죄를 위하여 그 아들을 화목제로 보내셨음이니라"(요한일서 4;10절) **그 아들을 화목제물로 보내셨음이니라!** 십자가에서 예수님이 인류의 죄를 대신 지시고 속죄제물이 되심으로 우리의 죄가 사해지고 용서를 받았습니다. 그러나 십자가 사건은 이것이 전부가 아닌 것입니다. 그리함으로 하나님과 인간 사의의 화해가 이루어진 것입니다. 이 두 가지를 다 알아야 우리가 십자가를 온전히 아는 것입니다.

이 **화목제**에 대해서는 레위기에 자세히 나옵니다. "사람이 만일 화목제의 희생을 드리되 소로 드리려거든 수컷이나 암컷이나 흠없는 것으로 여호와 앞에 드릴찌니 그 예물의 머리에 안수하고 회막문에서 잡을 것이요 아론의 자손 제사장들은 그 피를 제단 사면에 뿌릴 것이며"(레위기3:1-2절) 구약시대에 이스라엘에서는 '다섯 가지 제사법'이 있었는데 번제 소제 화목제 속죄제 속건제였습니다. 이 중에서 **'화목제'**는 세 번째 제사였습니다. 다른 제사들이 희생과 헌신이었다면 '화목제'는 화해와 화합의 제사였습니다. **a. 수컷**

이나 암컷이나 흠없는 것으로 여호와께 드릴찌니! 그런데 이 '화목제'의 특징은 수컷이나 암컷 즉 남녀노소 누구나 함께 드릴 수 있었던 것입니다. 그리고 제사를 드리고 남은 제물은 조금도 남기기 않고 그 날에 이웃과 다함께 나누어 먹어야 했던 것입니다. 특히 **낙헌제**가 드려지는 날은 온 마을 사람들이 다 모여서 잔치를 벌이는 축제일이었습니다. 이것은 마치 우리 나라에서 60-70년대에 설날이나 추석명절이 되면 동네에서 돼지나 소를 한 마리 잡아서 온 마을이 축제 분위기가 되었던 것과 같습니다. 이 화목제에는 세 가지가 있었는데 a. 감사제 b. 서원제 c. 낙헌제입니다. 이 중에서 **낙헌제(樂獻際)**는 기쁨의 축제였던 것입니다. 시편 54:6절 입니다. "내가 낙헌제로 주께 감사하리이다 여호와여 주의 이름에 감사하오리니 이는 주의 이름이 선하심이니이다" 라고 다윗이 노래하고 있습니다. 시편 119편108절 입니다. "여호와여 구하오니 내 입의 낙헌제를 받으시고 주의 규례로 나를 가르치소서"라고 기도하고 있습니다.

우리는 십자가를 무거운 것으로만 생각하기 쉬운데 사실은 그렇지가 않은 것입니다. 십자가에는 구약시대에 드린 화목제의 의미도 있는 것입니다. 거기에는 감사제가 있었고 낙헌제가 있었습니다. 그래서 십자가에는 죄사함에서 오는 해방의 감격이 있고, 하나님과의 화해에서 오는 기쁨과 감사의 축제가 있고, 하나님의 자녀가 되고 천국의 시민이 되었다는 자랑과 자부심이 있는 것입니다. 기독교는 기쁨과 감사와 축제의 종교입니다. 그래서 예수님은 산상수훈에서 "기뻐하고 즐거워하라 하늘에서 너희 상이 큼이라"(마태복음5:12절) 고 말씀하셨고, 사도 바울은 어둡고 차갑고 배고픈 감옥에서도 "주 안에서 항상 기뻐하라 내가 다시 말하노니 기뻐하라"(빌립보서 4:4절) 고 말할 수 있었던 것입니다. 그래서 우리의 신앙생활도 이런 감격과 감사와 기쁨의 축제가 되지 못한다면 우리가 하나님을 잘못 알고 있고, 잘못 믿고 있는 것입니다.

　셋째, 십자가는 하나님이 인간의 죄를 대신 지고가신 **'대속의 은총'**이 나타난 곳입니다. 창세기 15장을 보면 하나님이 아브라함에게 이렇게 말씀하셨습니다. **"하늘을 우러러 뭇별을 셀수 있나보라 ...네 자손이 이와 같으리라"**(5절) 그러자 아브라함이 그것을 믿자 하나님이 그것을 '의로 여기셨다'고 기록하고 있습니다. 또 하나님이 아브라함에게 이렇게 말씀하셨습니다. **"나는 이 땅을 네게 주어 업을 삼게 하려고 너를 갈대아 우르에서 이끌어낸 여호와로라"**(7절) 그러자 아브라함이 이렇게 물었습니다. **"내가 이 땅으로 업을 삼을 줄 무엇으로 알리이까"**(8절) 그러자 하나님이 아브라함에게 이렇게 명령하셨습니다. **"너를 위하여 삼년된 암소와 삼년된 암염소와 삼년된 수양과 산비둘기와 집비둘기 새끼를 취할찌니라"**(9절) 그리하여 아브라함은 하나님의 명령대로 짐승을 잡아서 중간을 쪼개고 솔개가 내릴 때는 그것을 쫓았던 것입니다. 그 때의 일을 성경은 이렇게 기록하고 있습니다. **"해질 때에 아브라함이 깊이 잠든 중에 캄캄함이 임함으로 심히 두려워하더니 여호와께서 아브라함에게 이르시되 너는 정녕히 알라 네 자손이 이방에서 객이 되어 그들을 섬기겠고 그들은 사백년 동안 그들을 괴롭게 하리니 그 섬기는 나라를 내가 징치할지며 그 후에 네 자손이 큰 재물을 이끌고 나오리라 너는 장수하다가 평안히 조상에게로 돌아가 장사될 것이요 네 자손은 사대만에 이 땅으로 돌아오리니 이는 아모리 족속의 죄악이 아직 관영치 아니 함이니라 하시더라"**(12-16절) 이것이 무엇을 말씀하는 것입니까? 하나님이 믿음의 조상 아브라함과 맺으신 **언약 즉 계약**인 것입니다. 요즘은 계약을 맺으려면 도장을 찍고 계약서를 주고 받으면 되지만 그 당시에는 국가와 국가, 왕과 왕 사이에는 중요한 계약을 맺는 특별한 의식이 있었습니다. 그것이 오늘 본문에 나오고 있는데 짐승을 잡아서 중간을 쪼개고 계약의 당사자들이 쪼갠 고기 사이로 지나갔던 것입니다. 이것이 의미하는 것은 만일 계약을 어길 시는 쪼갠 고기같이 쪼개서 죽이겠다는 것입니다. '뭐 그런게 어디 있어요?' 라고 비웃을지도 모르지만 이것이 그 당시에는 그들의 삶과 문화였던 것입니다. 그런데 하나님이 아브라함과 맺은 언약 즉 계약은 아주 특이한 것이었습니다. 17절 입니다. **"해가져서 어둘 때에 연기나는 풀무가 보이며 타는 횃불이 쪼갠 고기 사이로 지나더라"** a. **연기나는 풀무가 보이며!** 여기서 '연기나는 풀무'는 하나님의 임재입니다. b. **타는 횃불이 "쪼갠 고기 사이로" 지나더라!** 여기서 '타는 횃불'은 하나님의 영광입니다. 그러면 이것이 무엇을 말해주고 있습니까? 하나님 이 아브라함 대신 희생제물이 되신 것입니다. 만약 이것이 통상적인 계약식이라면 하나님과 아브라함이 "쪼갠 고기사이로" 같이 지나가든지, 아니면 약자인 아브라함이 지나갔어야 하는데 그 때 아브라함은 깊은 잠에 빠져었었고 하나님이 혼자서 "쪼갠 고기 사이로" 지나가셨던 것입니다. 이것이 바로 하나님의 자기희생이요 사랑인데 이것은 바로 **'십자가의 대속의 은총'**을 보여주는 아주 중대한 사건인 것입니다. 그 때 아브라함은 이런 광경을 보고 하나님의 사랑 앞에서 '하나님! 감사합니다. 하나님! 감사합니다'라고 고백하면서 눈물을 펑펑 흘렸을 것입니다. 십자가에는 우리가 감히 상상할 수도 없는 하나님의 자기희생적인 사랑이 있습니다. 그러나 그 사랑이 너무 크기에 사람들이 믿지 않으려고 하는 것입니다. '그런게 어디 있어'하면서 비웃는 것입니다. 그래서 아직도 많은 사람들이 교회 밖에 있습니다. 그러다가 자기 사정이 급해지면 하나님께 나아와서 울면서 회개하고 용서를 구하는 것입니다.

사도 바울은 이 **'대속의 은총'**에 대해서 이렇게 증거하고 있습니다. "하나님이 죄를 알지도 못하신 자로 우리를 대신하여 죄를 삼으신 것은 우리로 하여금 저희 안에서 의가 되게하려 하심이라"(고린도후서5:21절) **대신하여!** 기독교는 하나님이 인간을 대신하는 종교입니다. 바로 여기에 감동 감격 감사가 있고 구원의 역사가 있는 것입니다.

(3) 안식(安息)입니다.

예수님은 이렇게 말씀하셨습니다. ①"수고하고 무거운 짐진 자들아 다 내게로 오라 내가 너희를 쉬게 하리라"(마태복음11:28절) Come to me, all who are weary and burdened. and I will give rest. **다 내게로 오라 내가 너희를 쉬게 하리라!** 이것은 예수님이 인류에게 보내는 **'안식에로의 초대장'**입니다. 이 세상은 싸움과 전쟁이 끊이지 않는 곳입니다. 그래서 이 세상에는 평화와 안식이 없습니다. 그래서 옛사람들은 **좌치(座馳)**라는 말을 했습니다. '좌치'란 앉아서 달린다'는 뜻인데 '몸은 앉아 있으나 마음은 달려간다'는 것입니다. 현대인들의 마음이 이와 같습니다. 몸은 앉아 있어도 마음은 쉴 수가 없습니다. 그리고 몸은 누워있어도 마음은 쉬지 못합니다. 그래서 밤에도 잠을 이루지 못하고 불면증으로 고생하는 사람들이 많이 있습니다. 또 **좌망(座忘)**이라는 말을 했습니다. '좌망'이란 '앉아서 잊는다'는 뜻입니다. 그러나 복잡한 현대생활은 이것을 허용하지 않습니다. 우리가 일을 하다가도 잠간 쉬기도 하고 밤이 되면 잠자리에 들지만 이 세상 어느 곳에도 우리의 몸과 마음이 편히 쉴 곳은 없습니다. 그러나 천국은 참 평안과 안식이 있는 곳입니다. 그런데 예수님이 그 **평안**과 **안식**을 지금 여기에서 주시겠다는 것입니다. 이보다 더 좋은 소식이 어디 있겠습니까? 그것이 바로 "내가 너희를 쉬게 하리라"는 것입니다.

그러면 누가 이런 안식(安息)을 얻을 수 있습니까? 그 해답이 마태복음 11:25-26절에 있습니다. "천지의 주재이신 아버지여 이것을 지혜롭고 슬기있는 자들에게는 숨기시고 어린아이들에게는 나타내심을 감사하나이다 옳소이다 이렇게 된 것이 아버지의 뜻이니이다" 어린아이들을 보십시요! 어린아이들은 근신걱정이 무엇인지도 모르고 매일 밖에 나가서 낮에는 웃고 장난치고 노느라고 정신이 없습니다. 그리고 밤이 되면 잠도 잘 잡니다. 이것이 바로 하나님 앞에서 우리의 살아가는 모습이 되어야 한다는 것입니다.

예수님은 이렇게 말씀하셨습니다. "진실로 너희에게 이르노니 너희가 돌이켜 어린아이같이 되지 아니하면 결단코 천국에 들어가지 못하리라 그러므로 누구든지 이 어린아이같이 자기를 낮추는 그 이가 천국에서 큰 자니라"(마태복음18;3-4절) 너희가 돌이켜 어린아이들이 되지 아니하면! 그러자 제자들이 너무 놀랍고 부끄러워서 서로 얼굴만 쳐다보았을 것입니다.

예수님은 또 이렇게 말씀하셨습니다. "예수께서 그 어린아이들을 불러 가까이 하시고 이르시되 어린아이들이 내게 오는 것을 용납하고 금하지 말라 하나님의 나라가 이런 자의 것이니라 내가 진실로 너희에게 이르노니 누구든지 하나님의 나라를 어린아이와 같이 받들지 않는 자는 결단코 천국에 들어가지 못하리라"(누가복음18:16-17절) 그 어린아이들을 가까이 불러! 이것을 보면 예수님이 어린아이들을 얼마나 사랑하셨는가를 알 수 있습니다.

다윗은 시편 131편에서 이렇게 노래하고 있습니다. "실로 내가 내 심령으로 고요하고 평온케 하기를 젖뗀 아이가 그 어미 품에 있음 같게 하였나니 내 중심이 젖뗀 아이와 같도다" 내 중심이 젖뗀 아이와 같도다! 이것은 다윗의 마음이 얼마나 평안했던가를 말해주고 있습니다. 여기서 '젖뗀 아이'는 엄마 품에서 젖을 다 먹고 나서 고히 잠든 어린아기를 말합니다. 그 모습이 얼마나 평화스럽습니까? 이것은 놀랍게도 왕 중의 왕이었던 다윗이 지은 시입니다. 다윗은 인류의 역사에서 가장 가장 용맹스럽고 전쟁을 많이 했던 장군이요 최고의 왕이었습니다. 그런 그가 이런 시를 지었다는 것이 놀라울 뿐입니다. 다윗은 소년 시절에 적장 거인 골리앗을 물맷돌 하나로 때려눕힌 용맹스런 자였고, 이스라엘 역사에서 영토를 가장 많이 확장한 왕이었으나 하나님 앞에서는 어린아이 그것도 **'젖뗸 아기'**였습니다.

이것은 예수님의 경우도 마찬가지입니다. 예수님은 겟세마네 동산에서 이렇게 기도하셨습니다. **"아바 아버지여 아버지께서는 모든 것이 가능하시오니 이 잔을 내게서 옮기시옵소서 그러나 나의 원대로 마옵시고 아버지의 원대로 하옵소서"**(마가복음14:36절) 여기서 "아바"는 우리나라 말로는 "아빠"입니다. '아빠'라는 말은 돌지난 아기나 어린아이들이 쓰는 말입니다. 예수님도 하나님을 **"아빠"**Abba라고 부르셨습니다. 놀랍지 않습니까? 어린아이들은 내일 세상의 종말이 온다고 해도 오늘은 뛰어서 노는 것입니다. 그래서 예수님도 십자가라는 무거운 짐을 앞에 두시고도 하나님 앞에서 어린아기가 되었기 때문에 고통에 짓눌리지 않고, 어린아이들과 같은 평안을 누릴 수 있었던 것입니다.

또 예수님은 이렇게 말씀하셨습니다. ②**"나는 마음이 온유하고 겸손하니 나의 멍에를 메고 내게 배우라 그러면 너희 마음이 쉼을 얻으리니 이는 내 멍에는 쉽고 내 짐은 가벼움이라"**(마태복음11:29-30절) Take my yoke upon you and learn from me. for I am gentle and humble in heart. and you will find rest for your souls. For my yoke is easy and my burden is light.(N.I.V) 솔직히 말씀드리자면 저는 지금까지 이 말씀에 관

심은 두었으나 이 말씀의 진정한 의미는 모르고 살아왔습니다. 알 듯 모를 듯, 잡힐 듯 말 듯, 그런데도 이 말씀에 깊은 의미가 들어 있다는 것은 알고 있었습니다. 그런데 이것이 이제 와서야 그 의미를 알게 된 것입니다. (2023년7월17일) 밤에 잠을 자다가 한밤중에 깨었는데 이 말씀이 성령의 감동으로 크게 다가오면서 큰 울림이 되고, 그 의미를 알고나서 '주님, 감사합니다' 하면서 눈물을 흘렸습니다. '아! 그게 바로 이런 뜻이었구나! 그런데 그것이 왜 이제 와서야 감동이 되는가?' 하면서 좋아 했습니다. 그 때 저는 주님이 주시는 하늘의 기쁨과 평안을 얻었습니다. 이제 그것을 성령의 감동으로 하나씩 풀어보겠습니다.

A. **"나는 마음이 온유하고 겸손하니"** 구약성경을 보면 하나님이 모세를 가리켜 '온유한 자'라고 말씀하셨습니다. 민수기12:3절 입니다. **"이 사람 모세는 온유함이 지면의 모든 사람보다 승하더라"** 그러나 인류역사에서 예수님보다 더 온유한 자는 없을 것입니다. 예수님은 온유에다가 겸손까지 더하셨습니다. 예수님은 하늘에서 땅까지, 하나님의 본체에서 아들로, 인간으로, 그것도 모자라서 십자가를 지고 가셨고, 그 후에는 무덤 즉 음부까지 내려가셨습니다. 그래도 예수님은 아버지께 불평 한마디 하지 않으셨고 감사하고 찬송하며 순종하셨습니다. 이것이 예수님의 온유와 겸손입니다. 여기서 **'온유'**는 헬라어로 πραυς(프라우스) 영어로는 meek, gentle, mild '온순한 부드러운 친절 한 너그러운'이라는 의미를 가지고 있습니다. **'겸손'**은 헬라어로 ταπεινός(타페이노스) 영어로는 poor '가난한' lowly '낮은' 이라는 뜻인데 lowly in spirits 즉 '영적으로 낮고 겸허한'이라는 의미를 가지고 있습니다. 이 구절은 우리가 자칫 넘어가기 쉬운 말씀인데 아주 깊고 깊은 의미를 가지고 있습니다. 왜냐하면 이것은 우리의 신앙생활이나 신앙인격과

도 관련이 있기 때문입니다. 예수님은 제자들에게 새 계명을 주시면서 "서로 사랑하라"고 말씀하셨습니다. 그리고 예수님은 자신의 성품을 설명하시면서 "나는 마음이 온유하고 겸손하니 나의 멍에를 메고 내게 배우라"고 말씀하고 계십니다. 여기에 아주 깊은 의미가 있는 것입니다. **그러면 이 온유와 겸손이 어떤 의미를 가지고 있습니까?**

너무 오래 전에 읽은 책이라서 지금은 기억이 잘 안 나지만 중국 노자(老子)의 **도덕경(道德經)**에 보면 **노자**가 이런 말을 하고 있습니다. **"누가 나더러 '너는 소다'라고 말한다면 '나는 소이고' 누가 나더러 '너는 말이다'라고 말한다면 '나는 말이다'"** 깊은 도(道)의 경지에 이르지 않고서는 누가 감히 이런 말을 하겠습니까? 이것은 '누가 나에게 무슨 말을 할지라도 나는 그와 시시비비를 가리지 않는다'는 말인데 이것은 그의 도(道)의 깊은 경지와 그의 '인격의 완성'을 말해주는 것입니다. 그래서 그가 중국철학의 시조가 된 것입니다. **공자(孔子)**의 **논어(論語)** '위정편'에 보면 공자가 이런 말을 하고 있습니다. **"나는 15세에 학문에 뜻을 두었고(吾十有五而志于學), 삼십에 바로 섰고(三十而立), 사십에 미혹에서 벗어났고(四十而不惑), 오십에 하늘의 뜻을 알았고(五十而知天命), 육십에 귀가 열리고(六十而耳順), 칠십에 마음에 하고 싶은대로 하여도 법도를 벗어나지 않았다(七十而從心所慾不踰矩)"** 참으로 성인다운 가르침입니다. 여기서 제가 관심을 두는 말은 **이순(耳順)**입니다. 여기서 이(耳)는 '귀' 이(耳)자이고, 순(順)은 '순할 순' '따를' 순(順)자입니다. 이 말의 뜻은 '누가 나에게 무슨 말을 해도 그것이 나의 귀에 거슬리지 않는다는 것입니다. 이것은 그의 도의 깊은 경지와 그의 '인격의 완성'을 말해주는 것입니다. 이런 맥락에서 예수님이 말씀하신 "나는 마음이 온유하고 겸손하니 나의 멍에를 메고 내게 배우라"를 이해한다면 도움이 될 것입니다.

그렇다고 예수님을 그들과 같은 부류에 넣자는 것은 아닙니다. 왜냐하면 그들은 이 땅에서 태어나서 이 땅에서 보고 듣고 배우고 깨달은 것을 가르쳤으나 예수님은 하늘나라에서 오셨고 33년이라는 짧은 생을 살면서 무엇을 보고 듣고 깨달았겠습니까? 그래서 예수님의 말씀은 인간의 말이 아니라 하나님이 하늘에서 주신 말씀인 것입니다. 그래도 예수님도 인간으로 오셨고 인격을 가지셨기 때문에 예수님의 말씀을 이해하는데 그들의 가르침이 도움이 될 것입니다. 여기에서 예수님이 말씀하시는 **온유와 겸손**은 예수님의 성품 즉 '**신앙인격의 완성**'을 의미한다고 보아야 할 것입니다. 그러나 온유와 겸손은 여기서 끝나지 않습니다. 더 많은 의미와 내용을 가지고 있습니다. 지금부터 그것에 대해서 알아보고자 합니다.

첫째, 온유하고 겸손한 자는 분노 즉 화를 내지 않습니다. 창세기 4장을 보면 **가인**이 분을 이기지 못하고 동생 아벨을 죽이는 사건이 기록이 되고 있습니다. "**세월이 지난 후에 가인은 땅의 소산으로 제물을 삼아 여호와께 드렸고 아벨은 양의 첫 새끼와 그 기름으로 드렸더니 여호와께서 아벨과 그 제물은 열납하셨으나 가인과 그 제물은 열납하지 아니 하신지라 가인이 심히 분하여 안색이 변하니 여호와께서 가인에게 이르시되 네가 분하여 함은 어찜이며 안색이 변함은 어찜이뇨**"(3-6절) **가인이 심히 분하여 안색이 변하니!** 이것이 무슨 말입니까? 가인이 너무 분해서 피가 거꾸로 솟아올랐다는 것입니다. 그 결과는 가인이 하나뿐인 동생을 죽였고 자신은 집에서 쫓겨나서 유리방황하는 신세가 되었던 것입니다. 이렇게 분노는 다른 사람은 물론 자신에게까지 화를 불러오는 것입니다. 그래서 분노는 극히 위험한 것입니다. **그러면 분노는 어디에서 옵니까?** ① 분노는 '자기 의'에서 옵니다. '자기 의'하면 언뜻 떠오르는 자들이 있는데 바리새인들입니다. 그들은 자기들이 가장 하나님을 잘 알고 섬기고 있다는 '자기 의'에 빠져 예수님을 핍박하다가 결국은 십자가에 죽이고 말았습니다. 이것은 바리새인들만의 문제가 아니고 우리의 문제이기도 합니다. 지금 우리도 '자기 의'에 빠져서 허우적거리고 있지나 않은지 살펴보아야 합니다.

②모든 분노는 마귀가 준 것입니다. 그래서 우리는 분노를 극히 경계하고 피해야 합니다. 마귀는 '먹이감을 문 문어'와 같습니다. 한번 잡으면 놓아주지 않습니다. kbs-1tv '동물의 왕국'을 보면 **'대왕 문어'**가 죽은듯이 숨어있다가 먹이감이 지나가면 쏜살같이 달려들어 발로 감싸버립니다. 그러면 먹이가 된 **'붉은 게'**는 아무리 몸부림을 쳐도 빠져나올 수가 없습니다. 분노도 이와 같습니다. 한번 분노가 솟구쳐 오르면 거기에서 벗어난다는 것은 아주 힘이 드는 것입니다. 저도 교회 다니기 전에는 화를 내고 후회한 적이 많이 있었습니다. 그래서 교회를 다니고 나서 스스로 가장 먼저 회개한 것이 있는데 '화를 내지 말자'였습니다. 그래도 아직도 내 안에는 분노의 감정이 남아 있습니다. 요즘은 전 세계적으로 '묻지마 폭력'이나 총격 살인 사건이 종종 일어나고 있습니다. 그 원인은 분노입니다. 그래서 최근에 세계보건 기구인 WHO에서는 분노를 **'분노 증후군'**이라는 질병으로 분류했습니다. 이처럼 현대 과학문명 사회는 인간에게 사랑이 아니라 분노의 감정을 일으키고 있는 것입니다. 그것은 현대 문명이 정신문명이 아니라 물질문명이기 때문입니다.

분노! 그것은 나의 감정이 아니라 내 안에 있는 마귀 악령입니다. 그래서 분노와 나를 분리시켜야 합니다. 분노가 솟아나면 이렇게 외치십시오! '이 어리석은 분노야! 물러가라! 너는 내가 아니고 마귀다! 나는 더 이상 너에게 속지 않는다' 아무리 은혜를 받아도 분노의 감정은 쉽게 사라지지 않습니다.

분노는 예수님의 말씀을 따라 자기를 십자가에 못박아서 자아가 없어질 때 사라지는 것입니다. 그것이 바로 **온유와 겸손**입니다. 그러나 이 온유와 겸손은 너무나 막연한 것 같습니다. 그래서 이것을 눈으로 보고 싶다면 '**물**'을 생각하면 됩니다. 물은 만물 중에 가장 부드럽습니다. 물은 항상 아래로 흘러갑니다. 물은 자신을 주장하지 않습니다. 물은 네모난 그릇에 넣으면 네모가 되고, 세모난 그릇에 넣으면 세모가 되고, 둥근 그릇에 넣으면 둥근 모양이 됩니다. 그래서 물은 있는 듯 없는 듯 바보와 같습니다. 그러나 여름에 오는 장마비나 폭우는 아무도 막지 못합니다. 빗물은 시내가 되고 강이 되고 바다가 되어서 온 세계를 지배하고 있습니다. 예수님이 말씀하시는 온유와 겸손에도 이런 의미가 있는 것입니다. 온유하고 겸손한 자가 세계를 정복한다는 것입니다. 예수님은 가장 온유하고 겸손하신 분이십니다. 그러나 지금 세계의 지배자는 예수 그리스도입니다. **둘째,** 온유하고 겸손한 자는 남을 판단하거나 정죄하지 않습니다. **셋째,** 남과 싸우지 않습니다. **넷째,** 교만하지 않습니다. **다섯째,** 자랑하지 않습니다.

여섯째, 온유하고 겸손한 자는 원수라도 사랑하고 용서합니다. 이것의 가장 좋은 예는 '**사랑의 원자탄**' 손 양원 목사님이십니다. 손 목사님에게는 두 아들이 있었는데 '여수 순천 반란사건' 때 좌익 학생이 두 아들을 죽였습니다. 이 소식을 듣고 손 목사님이 얼마나 충격을 받았겠습니까? 아마 남모르게 울고 또 울었을 것입니다. 그러나 손 목사님은 두 아들을 잃고서도 장례식에서 10가지 감사를 말했습니다. 그리하여 그 곳에 있었던 모든 사람들이 눈물을 흘리게 했던 것입니다. 그 후 이 학생은 군당국에 의해 검거되어 처형될 날만을 기다리고 있었습니다. 그 때 손 목사님이 이 학생의 석방을 탄원했습니다. 그리하여 이 학생은 처형 직전에 극적으로 석방이 되었습니다. 여기에서 그치지 않고 손 목사님은 이 학생을 양아들로 삼아서 자기 집으로 데리고 와서 함께 살았습니다. 그리고 6.25 전쟁 때 공산당에 의해서 손 목사님이 순교를 할 때 이 학생이 상주 노릇을 했던 것입니다. 세상에 이렇게 할 수 있는 사람이 누가 있겠습니까? 이것은 자기를 부인하고 자기를 십자가에 못박은 사람만이 할 수 있는 것입니다. 손 목사님에게는 자기의 두 아들이나 이 학생이나 똑같은 하나님의 자녀였던 것입니다. 저는 어떤 사람이 미웁고 원망스러워서 분노가 치밀 때는 손 목사님을 생각합니다. 그리고 나 자신에게 이렇게 명령합니다.'손양원 목사님을 보라!'그러면 저 자신이 너무 부끄러워서 머리를 숙이게 되는 것입니다. 그리고 기적같이 마음에서 미움이나 분노가 사라지고 대신 사랑과 기쁨과 평안이 찾아오는 것을 보는 것입니다.

일곱째, 온유하고 겸손한 자는 끝까지 참고 기다립니다. 이 모든 것들이 합쳐지면 신앙인격의 성숙을 가져와서 예수님을 닮게 되는 것입니다. 그래서 온유와 겸손은 '신앙 인격의 완성'을 의미하는 것입니다. 그러나 이런 신앙인격은 하루 아침에 이루어지는 것이 아닙니다. 사과나무를 보면 봄에는 꽃이 피고, 여름에는 성장하고, 가을에는 열매를 맺습니다. 그 과정이 쉬운 것이 아닙니다. 온갖 고비고비를 다 넘겨야 합니다. 태풍이 불고, 온갖 벌레들이 날아들고, 새들이 날아와서 쪼아댑니다. 이런 과정을 다 거쳐야 수확을 거둘 수 있는 것입니다. 이것이 바로 예수님이 말씀하시는 신앙인격 즉 **온유와 겸손**인 것입니다. 저는 이제 와서야 겨우 이 말씀의 진의를 깨닫게 되고 나서 얼마나 좋아했는지 모릅니다. 그러면 우리가 온유하고 겸손해지려면 어떻게 해야합니까? 그 해답이 여기에 있습니다.

B. **"나의 멍에를 메고 내게 배우라"** 여기서 '멍에'는 십자가를 말합니다. 예수님은 인류의 구원을 위해서 십자가를 지고 가셨습니다. 십자가는 자아

(自我) 즉 자신(自身)을 못박는 곳입니다. 예수님은 십자가를 지고 가심으로 인류역사의 중심이 되었고, 십자가는 예수님의 사역의 중심이 되었습니다. 십자가는 죄의 원흉인 마귀가 심판을 받고 인간의 죄용서를 받은 곳입니다. 그래서 우리의 신앙도 십자가가 중심이 되어야 합니다.

C. "그러면 너희 마음이 쉼을 얻으리니" 이것은 마음에 안식과 평화가 찾아온다는 것입니다. 인생은 마치 바다 위를 항해하는 배와 같습니다. 언제 어디서 어떤 바람이 불어와서 어떤 파도가 칠지 아무도 모릅니다. 특히 인간의 마음은 하늘에 떠다니는 구름과 같아서 하루에도 수없이 바뀌고 또 바뀌는 것입니다. 이것을 옛날 사람들은 '조변석개(朝變夕改)'라고 했습니다. 그래서 사람들은 마음의 안식을 얻으려고 산에 가서 도를 닦고, 명상을 하고, 새벽기도를 합니다. 그러나 그 어디에도 평화와 안식은 없습니다. 그 원인은 인간이 죄짓고 타락해서 쫓겨난 자가 되었고 아직도 죄와 악이 그들을 주장하고 있기 때문입니다. **"오호라 나는 곤고한 사람이로다 이 사망의 몸에서 누가 나를 건져내랴"**(로마서7:24절) 사도 바울도 이러니 다른 사람들이야 말해서 무엇하겠습니까?

히브리서 기자는 이 **안식**에 대해서 이렇게 기록하고 있습니다. **"그러므로 우리는 두려워할지니 그의 안식에 들어갈 약속이 남아있을지라도 너희 중에 혹 미치지 못할 자가 있을까 함이라....이미 믿는 우리는 저 안식에 들어가는도다"**(히브리서4:1-3절) 안식은 쉼과는 다릅니다. '쉼'은 누구나 맘대로 이지만 '안식'은 하나님의 초청을 받아야 들어갈 수 있는 것입니다. 그곳이 바로 천국입니다. **"그런즉 안식할 때가 하나님의 백성에게 남아있도다 이미 그의 안식에 들어간 자는 하나님의 쉬심과 같이 자기 일을 쉬느니라"**(히브리서4;9-10절) **자기 일을 쉬느니라!** 휴식이 몸이 쉬는 것이고, 평안이 마음이 쉬는 것이라면 안식은 몸과 마음과 영혼까지 쉬는 것입니다. 그곳이 바로 천국입니다.

d. **"이는 내 멍에는 쉽고 내 짐은 가벼움이라"** 여기서 '멍에'와 '짐'은 예수님이 지고가시는 **십자가**를 말하는 것입니다. 그런데 놀랍게도 예수님은"내 멍에는 쉽고 내 짐은 가벼움이라"고 말씀하고 계십니다. 왜 그렇습니까? 그 해답은 **"나는 마음이 온유하고 겸손하니"**입니다. 여기서 '온유하다'는 '너그럽다'라는 뜻이고, '겸손하다'는 것은 '내려놓는다'라는 의미입니다. **온유와 겸손!** 이것이 바로 인생의 짐을 벗는 비결인 것입니다.

이런 유명한 일화가 있습니다. 미국에서 있었던 일인데 어느 농부가 마차를 끌고 길을 가고 있었습니다. 그런데 보니까 어떤 사람이 등에 무거운 짐을 지고 가고 있는 것입니다. 그래서 마차를 세우고 그 사람을 태웠습니다. 그러자 그 사람이 좋아하며 얼른 마차에 탔습니다. 그런데 뒤를 돌아 보니까 그 사람이 여전히 등에 짐을 지고 있는 것입니다. 그래서 말했습니다. **'왜 짐을 지고 계십니까? 편히 내려 놓으세요'** 그러자 그 사람의 대답이 걸작이었습니다. **'나 몸만 타고 가는 것도 미안한데 어떻게 짐까지 내려놓겠습니까?'** 참으로 이 사람은 마음씨가 아주 착한 사람입니다. 법 없이도 살 수 있는 사람입니다. 그러나 바보입니다. 왜냐하면 짐을 내려놓으나 안 내려 놓으나 무게는 마찬가지이기 때문입니다. 이것은 웃을 일이 아니고 지금 우리들이 이와같다는 것입니다. 예수님이 우리에게 아무리 '인생의 짐을 내려 놓고 편히 가라'고 해도 절대로 내려놓지 않습니다. 여전히 그대로 지고 있습니다. 아마 10면 중에 9명은 내려놓지 않을 것입니다. 왜냐하면 지나친 욕심 때문입니다. 짐을 내려 놓으면 누가 가져갈 줄 아는 것입니다.

그러면 어떻게 해야 인생의 무거운 짐을 내려 놓을 수가 있겠습니까? 예수님이 대신 지고가신 십자가 앞에 나아와 무릎 꿇고 회개하고 거듭나야 합니다. 그리고 성령의 감동으로 온유와 겸손의 의미를 알아야 합니다. 바로 그때 우리의 마음은 짐을 벗고 편히 쉴 수가 있는 것입니다.

인간의 모든 문제는 자기중심에서 오는 교만 욕심 이기심 비교의식 우월감 열등감에서 옵니다. **자기중심!** 그것이 바로 인간의 타락입니다. 타락이란 마귀에게 속아서 원래의 궤도에서 벗어난 것입니다. 그래서 문제가 생길 수 밖에 없는 것입니다. 그래서 예수님이 **"나는 마음이 온유하고 겸손하니 나의 멍에를 메고 내게 배우라"**고 초청하고 계신 것입니다. 타락한 인간은 아무리 성공하고, 권력을 얻고, 모든 걸 다 가져봐도 만족이 없고 마치 **'높은 나무에 올라간 아이'**와 같이 더 불안하고 초조합니다.

제가 시골에서 초등학교 다닐 때의 일입니다. 그 때는 열매를 따먹으려고 집 주위에 있는 감나무 복숭아나무 대추나무 밤나무 살구나무 등을 자주 올라갔습니다. 그리고 집 앞에 100년 된 큰 **팽나무**가 한그루 서 있었고 지금도 서 있습니다. 그 팽나무는 동네 아이들의 놀이터였고 유격 훈련장이었습니다. 여름이 되면 동네 사람들이 모여서 쉬는 쉼터이기도 했습니다. 어린 시절에는 그 팽나무에 올라가서 가지를 타고 내려오는 것은 아주 스릴있는 스포츠였습니다. 저는 어느날 팽나무에 올라가서 놀다가 이런 생각을 한 적이 있습니다. '어떻게 저 꼭대기까지 올라가지? 한번 올라가 볼까?' 왜냐하면 그 팽나무는 너무 높아서 그 꼭대기에 올라가는 것이 동네아이들의 꿈이었기 때문입니다. 그런데 꼭대기까지 올라가려면 나무의 중간 부분에 나무의 가지들이 모여있는 뭉치(꾕이)가 있었습니다. 이것이 큰 문제였습니다. 꼭대기까지 오르려면 이 뭉치를 한바퀴 돌아서 올라가야 하는 것입니다. 저는 용기를 내어서 나무에 오르기 시작했습니다. 나무뭉치에 이르자 저는 겁이 났습니다. 그래서 포기할까 말까 하다가 이를 악물고 나무뭉치를 한 바퀴 돌아서 간신히 나무 꼭대기까지 올라갔습니다. **아뿔싸!** 그런데 이게 웬일입니까? 위에서 아래를 내려다 보니까 정신이 아찔하고 다리가 후들후들 떨렸습니다. '이제 어떻게 내려가지?' 생각하니까 눈 앞이 캄캄해졌습니다. 그래서 큰 소리로 엉엉 울기 시작했습니다. 그러자 멀리 논에서 일하고 계시던 아버지가 달려오시더니 나무 위로 올라오셨습니다. 그러나 아버지도 더 이상은 올라오지 못하고 손을 뻗자 겨우 내 발에 닿았습니다. '애야! 겁먹지 말고 천천히 내려와' 하시기에 바듯히 한 발짝씩 한 발짝씩 발을 뻗어서 간신히 내려왔습니다. 내려 오니까 얼마나 좋은지 꼭 죽었다가 살아난 기분이었습니다. 우리의 인생이 바로 이와 같다는 것입니다. 누구나 남보다 더 높이 오르려고만 합니다. 누구에게나 교만과 욕심이 가득합니다. 그래서 몸과 마음이 쉴 수가 없습니다. 그래서 우리는 예수님에게서 온유와 겸손을 배워서 인생의 무거운 짐을 내려 놓아야 합니다.

인생에서 가장 무거운 짐은 죄와 사망의 짐입니다. 이것은 인류의 조상인 아담과 하와가 에덴 동산에서 마귀에게 속아서 선악과를 따먹음으로 생긴 짐입니다. 예수님은 바로 이 짐을 벗겨주시려고 오셨고 십자가를 지고 가셨습니다. 그래서 우리가 이 짐을 벗으려면 예수님이 지고가신 십자가 앞에 나아와 겸손히 무릎을 꿇고 회개해야 합니다. 그래야 하나님과의 화해가 이루어져서 하나님의 자녀가 되고, 성령이 오심으로 마음에 천국이 이루어지면 영원한 안식에 참여하게 되는 것입니다.

저는 가끔 이런 고백을 합니다. **'내 몸은 비록 이 세상에 살고 있으나 내 영혼은 지금 하늘나라 하나님의 보좌 앞에 가 있다'** 이런 고백을 하고 나면 마음이 한결 가벼워지는 것을 느낍니다. 여기서 요즘 크게 유행하고 있는 **메**

타버스 metaverse 즉 **'가상현실'**에 대해서 잠간 알아보고자 합니다. 여기서 메타(Meta)는 '초월하다'는 의미이고, 버스(Verse)는 Universe의 준말로서 '우주'나 '세계'를 말합니다. 이것은 현실을 초월하는 또 하나의 세계를 말합니다. 이것은 요즘 인간들이 현실과 가상이라는 두 개의 세계에서 동시에 사는 것을 말하는데 하나는 싸이버 공간이고 하나는 현실 공간입니다. 이것을 다른 말로는 on-line과 off-line이라고 합니다. **가상현실(假想現實)**이란 가상의 세계인데도 사람들이 그 안에 들어가서 살고 활동하는 싸이버 공간을 말합니다. 꿈같은 이야기이지만 지금 그런 일들이 벌어지고 있는 것입니다. 과학의 발달로 앞으로는 이런 일들이 점점 더 증가할 것으로 예상이 됩니다. 그래서 증강현실(增強現實)이라는 말까지 나오고 있는데 이것은 사람들이 답답한 현실의 세계에서 벗어나고 싶은 욕망을 말합니다.

제가 말씀드리고자 하는 것은 신앙생활이 이와 같다는 것입니다. 신앙생활도 두 개의 세계에 동시에 사는 것을 말하는데 그것은 **세상**과 **천국**입니다. 우리는 지금 이 세상에 살고 있으나 우리의 꿈과 목표는 천국입니다. 천국은 미래의 세계입니다. 그러나 천국은 죽어서 들어가는 미래의 세계만은 아니라는 것입니다. 천국은 2,000년 전에 예수님과 함께 지금 이 세상에 왔습니다. 그래서 예수님은 이렇게 말씀하셨습니다. "회개하라 천국이 가까이 왔느니라"(마태복음4;17절) 또 예수님은 이렇게 말씀하셨습니다. "하나님의 나라는 볼 수 있게 임하는 것이 아니요 또 여기 있다 저기 있다고도 못하리니 하나님의 나라는 너희 안에 있느니라"(누가복음17:20-21절) 하나님의 나라인 **천국**은 2,000년 전에 예수님과 함께 이 세상에 왔고, 또 성령과 함께 지금 우리 안에 들어와 있습니다. 그러니까 우리는 이 세상에 살면서도 가상현실의 세계인 천국에서 동시에 살고 있는 것입니다. 그러니 신앙생활이 얼마나 재미있겠습니까? 이 멋진 세계에 여러분을 초대합니다! 할렐루야! 그러나 **천국**은 가상도 증강도 아니고 과거와 현재와 미래에 영원히 존재하는 현실세계인 것입니다. 그리고 그것은 영생과 더불어 영원한 **안식과 행복**을 주는 **하나님의 나라**인 것입니다. 아멘!

12) 성령의 역사와 복음전도입니다.

(1) 성령의 열매와 은사입니다.

A. 성령의 열매입니다.

예수님은 **산상수훈**에서 이렇게 말씀하셨습니다. "그의 열매로 그들을 알찌니 가시나무에서 포도를 또는 엉겅퀴에서 무화과를 따겠느냐 이와같이 좋은 나무마다 아름다운 열매를 맺고 못된 나무가 나쁜 열매를 맺나니 좋은 나무가 나쁜 열매를 맺을 수 없고 못된 나무가 아름다운 열매를 맺을 수 없느니라 아름다운 열매를 맺지 아니하는 나무마다 찍혀 불에 던지우느니라 이러므로 그의 열매로 그들을 알리라"(마태복음7;16-20절)

a. **그의 열매로 그들을 알찌니!** 이 말씀은 평범한 것같으나 그 속에 깊은 진리를 담고 있습니다. 나무의 가치는 그 열매에 있습니다. 사과나무는 사과를 맺고, 배나무는 배를 맺고, 밤나무는 밤을 맺고, 대추나무는 대추를 맺습니다. 그리고 열매를 맺는 나무는 좋은 나무이고 열매를 맺지 못하는 나무는 땅만 버리는 나쁜 나무가 되는 것입니다. 그리고 열매의 품질과 수량에 따라서 나무의 가치가 달라지는 것입니다. **신앙생활도 이와 같습니다.** 먼저 열매가 있어야 하고 또 품질과 수량이 그 뒤를 따르는 것입니다. 이에 따라서 하

늘나라에서 상급이 달라지는 것입니다. 여기서 예수님의 이 비유의 말씀은 '교회 안의' 교인들을 가리킨다고 말할 수 있습니다.

b. 아름다운 열매를 맺지 아니하는 나무마다 찍혀 불에 던지우느니라! 나무가 열매를 맺지 못한다는 것은 불행 중의 불행입니다. 이것처럼 민망한 것도 없을 것입니다. 이런 나무는 주인을 볼 때마다 볼면목이 없어서 고개를 푹숙이고 있어야 합니다. 주인은 참고 참다가 나무가 더 이상 열매를 맺지못한다고 판단이 되면 베어버리고 그 자리에 다른 나무를 심을 것입니다. 신앙생활도 이와 같은데 그래서 이 말씀은 우리에게 경종을 울려주고 있습니다. **a.찍혀!** 도끼로 찍어버린다는 것입니다. **b.불에 던지우느니라!** 찍히는 것도 억울한데 불 속에까지 들어간다는 것입니다. 이것은 이중형벌입니다. 이 말씀이 사랑이 많으신 예수님의 입에서 나왔다는 것이 놀라운 일인데 그러나 예수님은 **구원자**이시면서 **심판자**이신 것을 우리가 잊지 말아야 합니다.

제가 오래 전에 부여 시골집 화단에 **사과 나무**를 한 그루 사다 심은 적이 있습니다. 3년이 되니까 나무가 자라서 드디어 사과가 열렸습니다. 그래서 사과를 따먹고 아주 기분이 좋았습니다. 그래서 그 다음 해에는 더 많이 열릴 줄 알고 잔뜩 기대에 부풀어서 거름도 주고 가지도 쳐주면서 잘 키웠습니다. 그런데 그 다음 해 가을이 되었는데 사과가 하나도 열리지 않는 것이었습니다. 그래서 얼마나 실망이 되었든지 사과나무를 베어버리고 말았습니다. 나무의 입장에서 보면 심한 것 같지만 주인의 입장에서 보면 그것이 어쩔 수 없는 나무의 운명인 것입니다. 왜냐하면 주인은 나무에게서 열매를 기대하고 있기 때문인 것입니다.

열매 없는 나무! 이것처럼 초라하고 비참한 것은 없습니다. 그러나 반대로 **'열매를 많이 맺는 나무'**는 주인으로부터 큰 사랑을 받는 것입니다. 나무에게 있어서 열매는 자랑이면서 또한 심판입니다. 그래서 예수님도 길을 가시다가 열매 없는 **무화과나무**를 보시고 이런 심판을 내리셨습니다. "이제부터 영원토록 네게 열매가 맺지 못하리라 하시니 무화과나무가 곧 마른지라"(마태복음21:19절) 여기서 무화과나무는 이스라엘 민족을 가리키고 있는데 신약시대에 와서는 교회가 될 수도 있는 것입니다. 그래서 우리도 신앙의 열매를 부지런히 맺어야 하는 것입니다.

사도 바울은 이 **'성령의 열매'**에 대해서 이렇게 증거하고 있습니다. 갈라디아서5:22-23절 입니다. "오직 성령의 열매는 사랑과 희락과 화평과 오래참음과 자비와 양선과 충성과 온유와 절제니 이같은 것을 금지할 법이 없느니라" 여기에 '성령의 9가지 열매'가 나오고 있습니다. 이 중에서 첫번째 열매는 **사랑**입니다. 이에 대해서 이의를 제기할 사람은 아무도 없을 것입니다. 그리고 마지막은 **절제**입니다. 절제는 영어로 self-control인데 자신을 통제하는 것입니다. 자동차를 예로 든다면 절제는 자동차의 브레이크와 같습니다. 만약 자동차에 브레이크가 없다면 이것은 흉기와 같습니다. 또 브레이크가 고장이 났다면 이것도 문제입니다. **신앙생활도 이와 같습니다.** 우리도 '은혜받았다'고 말이나 행동을 절제하지 않는다면 브레이크가 고장난 자동차처럼 가정이나 단체나 사회를 온통 혼란에 빠뜨리고 말 것입니다. 교회도 사람들이 모이는 곳이기 때문에 절제와 양보가 필요합니다. 그래서 마지막에 절제가 들어간 것입니다. **이와같은 것을 금지할 법이 없느니라!** 이것이 무슨 말씀입니까? 성령의 9가지 은사는 하나님이 주신 선물이기 때문에 땅에서 그 누구도 그 역사를 막을 수가 없다는 것입니다. 여기서 '성령의 9가지의 열매'는 '신앙 인격'을 말하고 있습니다. 인격(人格)이란 인간의 됨됨이를 말하는데 인간의 가치는 인격에서 나오는 것입니다. 특히 신앙인들은 하나님의 모양과 형상을 가지고 있기 때문에 하나님의 성품을 닮아야 합니다. 이것이 바로 '**성령의 아홉가지 열매**'입니다. 우리들 각자는 하나님이 과수원에 심어 놓으신 과일나무와 같습니다. 그래서 열매를 맺어야 합니다. 그런데 우리가 성령의 9가지 열매를 맺지 못한다면 '**열매없는 나무**'가 되어서 베임을 당하거나 찍힘을 받는 하나님의 '심판'을 피할 수 없게 되는 것입니다.

B. 성령의 은사입니다.

고린도전서 12:7-11절 입니다. "각 사람에게 성령의 나타남을 주심은 유익하게 하려 하심이라 어떤 이에게는 성령으로 말미암아 지혜의 말씀을, 어떤 이에게는 같은 성령을 따라 지식의 말씀을, 다른 이에게는 같은 성령으로 믿음을, 어떤 이에게는 한 성령으로 병고치는 은사를, 어떤 이에게는 능력 행함을, 어떤 이에게는 예언함을, 어떤 이에게는 영들 분별함을, 다른 이에게는 각종 방언 말함을, 어떤 이에게는 방언들 통역함을 주시나니 이 모든 일은 한 성령이 행하사 그 뜻대로 각 사람에게 나누어주시느니라" 여기에서는 '**성령의 9가지 은사**'에 대해서 나오고 있습니다. 여기에서 보면 가장 먼저 나오는 은사가 지혜와 지식의 말씀 즉 '**말씀의 은사**'입니다. 여기서 우리가 알아야 할 것은 이 '말씀의 은사'가 모든 은사 가운데서 가장 먼저라는 것입니다. '**말씀의 은사**'는 눈에 보이지 않고 겉으로는 드러나지 않습니다. 그래서 사람들은 이 은사를 무시하는 경향이 있습니다. 그러나 알고 보면 이것처럼 귀한 은사가 없는 것입니다. '**말씀의 은사**'에는 지식과 지혜가 있습니다. 이것은 '설교의 은사'라고도 할 수 있는데 말씀으로 남을 가르치는 것입니다. 이 은사가 다른 어떤 은사보다 귀한 것입니다. 그리고 말씀을 '사모하고 깨닫는 것'도 이 은사입니다. 말씀을 너무 좋아해서 매일 한두 시간씩

성경을 읽는 것도 이 은사입니다. 비록 한두 시간이 아니더라도 하루에 빼놓지 않고 성경을 한 장이라도 읽는다면 가장 귀한 말씀의 은사를 받은 것입니다. 왜냐하면 말씀이 곧 하나님이고 하나님은 말씀이시기 때문입니다. 그 다음으로 믿음, 신유, 능력, 예언, 영분별, 방언, 방언통역의 은사가 나오고 있습니다. 여기서 저는 마지막 은사인 **'방언의 은사'**에 대하여 말씀드리고자 합니다. 우리들은 **방언**을 무시하거나 천시하거나 귀찮게 여기는 경우가 있습니다. 그래서 교회에서 방언으로 크게 기도하는 사람을 비난하기도 합니다. 이것은 교회에서 방언을 크게 하는 사람도 그것을 나쁘게 비난하는 사람도 문제가 있는 것입니다.

저는 아주 오래전에 기도원에서 **방언**을 받은 적이 있습니다. 그 때 방언 3개를 받았습니다. 그리고 교회에 돌아와서는 방언을 하지 않고 있었습니다. 왜냐하면 저는 방언을 좋아하는 성격이 아니었기 때문입니다. 그런데 오랜 시간이 지나고 지금에 와서야 저는 방언이 무엇인가를 알게 되었고 그때 받은 방언들을 아주 유용하게 사용하고 있습니다. 그 때 제가 받은 방언들은 이와 같습니다. ① **'레스켄넨 꼴레스까 디오스 엘리올에스데'** 레스켄넨(나는 예수믿고 구원받았다) 꼴레스까(나는 기쁘고 즐겁다) 디오스(하나님) 엘리올에스데(나는 당신을 영원히 찬양합니다)' ② **'스케나마 칼로스 마카리우스 쎄레바'** 스케나마(물러가라!) 칼로스(악한 마귀야), 마카리우스(내가 너를 축복한다) 쎄레바(성령으로 충만하라!) ③ **'우하라바 랄라바바 디디디디'** 우하라바(하늘에 계신 아버지여) 랄라바바(찬송을 받으시기에 합당하신 아버지여) 디디디디(나를 구원하소서) 제가 방언을 하면서 느낀 것은 방언은 '이 말은 꼭 이런 뜻이다'라는 것이 없다는 것입니다. 그리고 방언은 때에 따라서 얼마든지 변형이 가능하다는 것입니다. 예를 든다면 '우하라바 랄라바바

디디디'가 있는데 이것을 줄여서 하면 더 은혜가 됩니다. 하하하… (기쁘다), 라라라… (찬양합니다), 바바바… (아버지여), 디디디… (구원하소서), 리리리… (감사합니다). 이런 방언을 운전을 하거나 차를 타고 가면서 한 시간이고 두 시간이고 계속하면 내 심령 속에 에너지가 넘치고 자유와 기쁨과 평안으로 채워지는 것입니다. 또 직장에서 근무하면서도 혼자 속으로 얼마든지 할 수 있습니다. **그러면 방언(方言)이 무엇입니까?** ① 방언은 영(靈)의 언어입니다. 내 안에 있는 내 영혼이 말하는 것입니다. **'말을 한다'**는 것은 살아 있다는 증거입니다. 그래서 방언이 중요한 것입니다. 아기가 **'옹알이'**를 하다가 말을 한 마디 하면 부모가 얼마나 좋아합니까? 방언도 이와 같습니다. 영이 살아서 말을 하니 얼마나 좋습니까? 그리고 방언의 특징은 '영의 언어'이기 때문에 말하기가 아주 쉽다는 것입니다. 그리고 방언을 하면 자유와 기쁨이 오고 새 힘이 솟아납니다. 그리고 천국의 언어도 사람이 하는 것이기 때문에 세상 말과 크게 다르지 않다는 것입니다.

② 방언은 마귀를 물리치는 강력한 무기입니다. 말씀과 성령으로 마귀를 물리치는데 여기에 방언을 곁들이면 더 강력한 힘이 되어서 내 영이 마귀와 싸우는 것입니다. 그래서 방언을 하면 (이 코로나 시대에) 어두움의 세력인 불안 초조 우울증 불면증도 물러갑니다. 근심 걱정 낙심 절망 두려움도 물러갑니다. 그리고 마음에서 기쁨과 평안이 솟아납니다.

③ 방언은 기도의 은사입니다. 그래서 하루 종일 사무실에서 일을 하면서도 혼자서 아무도 모르게 속으로 방언을 할 수도 있습니다. 그리고 장거리 운전을 하면서 혼자서 큰 소리로 얼마든지 방언을 할 수 있습니다. 그러면 내 영혼 속에 하나님의 은혜가 넘치는 것입니다.

(2) 둘째, 성령의 임재와 세례입니다.

A. 성령의 임재입니다.

예수님은 이렇게 말씀하셨습니다. "내가 아버지께 구하겠으니 그가 또 다른 보혜사를 너희에게 주사 영원토록 너희와 함께 있게 하시리니 저는 진리의 영이라"(요한복음14:16-17절) a.내가 아버지께 구하겠으니! 여기서 중요한 사실은 성령은 예수님이 하나님 아버지께 구하심으로 오신다는 것입니다. b.저는 진리의 영이라! 그래서 성령의 또 다른 이름은 '진리의 영'인 것입니다. 그리고 예수님이 부활하시고 승천하자 제자들이 마가의 다락방에 모여 합심하여 기도하자 성령이 불같이 바람같이 임하셨던 것입니다. 이 것을 일러 '오순절 성령강림'이라고 합니다.

사도행전2:1-4절 입니다. "오순절 날이 이미 이르매 저희가 다같이 한 곳에 모였더니 홀연히 하늘로부터 급하고 강한 바람같은 소리가 있어 저희 앞은 온 집에 가득하며 불의 혀같이 갈라지는 것이 저희에게 보여 각 사람 위에 임하여 있더니 저희가 다 성령의 충만함을 받고 성령이 말하게 하심을 따라 다른 방언으로 말하기를 시작하니라" 참으로 놀라운 광경이 여기에 나타나고 있습니다. 이런 광경은 말로는 다 표현할 수도 없고 오직 현장에서 본 자만이 알 수 있는 것입니다.

a. 저희에게 보여! 그러나 이것도 거기에 있었다고 누구나 다 볼 수 있는 것이 아니고 영안이 열린 자만이 볼 수 있었던 것입니다.

b. 성령의 충만함을 받고! 그 결과는 성령의 충만함이었습니다.

c. 다른 방언으로 말하기를 시작하니라! 여기서 '다른 방언'이란 '천국방언'이 아니라 각 나라의 말(언어)을 의미합니다. 그 때 제자들은 맥추절을 맞

이하여 거기에 모인 각 나라의 사람들에게 각 나라의 말로 복음을 전했습니다. 이것이 곧 성령이 오신 가장 큰 목적이기도 합니다. 그 때 제자들이 성령의 충만함을 받고 나가서 솔로몬 행각에서 예수 그리스도의 부활을 증거하자 그 날에 3,000명이 회개하고 돌아와서 예루살렘 교회가 탄생이 된 것입니다. 우리가 여기서 간과해서는 안 될 사실이 있습니다. **신약은 구약의 '예언의 성취'라는 것입니다.** 그러면 이 '오순절 성령강림'을 예표하는 사건이 구약 성경의 어디에 기록이 되어 있습니까? **열왕기상 18장**에 나와 있습니다. **엘리야**는 북이스라엘에서 활동하던 선지자였습니다. 그 때 그는 아합왕과 이세벨을 피하여 도망을 다니고 있었습니다. 그런데 어느날 도망다니던 엘리야 선지자가 갑자기 궁내대신 '오바댜'에게 나타나서 이렇게 말했습니다. "가서 네 주에게 고하기를 엘리야가 여기 있다 하라"(열왕기상18:8절) 그러자 **아합왕**이 엘리야를 만나려고 나왔던 것입니다. 그 때 엘리야가 아합왕에게 이렇게 제의를 했습니다. "그런즉 보내어 온 이스라엘과 이세벨의 상에서 먹는 바알 선지자 사백 오십인과 아세라 선지자 사백인을 갈멜산으로 모아 내게로 나오게 하소서"(19절) 그러자 갈멜산 정상으로 바알 선지자 450인과 아세라 선지자 400인을 모이게 해서 엘리야와 **'불의 대결'**을 벌이게 된 것입니다. 아마 그때 이 **'세기의 대결'**을 보려고 원근각지에서 많은 사람들이 갈멜산 꼭대기에 모여 들어서 인산인해를 이루었을 것입니다. 그 때 엘리야가 그 곳에 모인 이스라엘 백성들을 책망하듯이 이렇게 말하고 있습니다. "너희가 어느 때까지 둘 사이에서 머뭇머뭇하겠느냐 여호와가 만일 하나님이면 여호와를 좇고 바알이 만일 하나님이면 그를 좇을찌니라"(21절) **너희가 어느 때까지 둘 사이에서 머뭇머뭇하겟느냐!** 지금 이스라엘 백성들은 이세벨과 아합왕의 위협을 받고 하나님과 바알 사이에서 머뭇거리고 있습니다. 그래서 엘리야가 그것을 비꼬아 말하고 있는 것입니다. 지금 우리들도 그들과 크게 다르지 않습니다. 우리도 예수 믿고 구원을 받았고 교회에 다니고 있으나 세상 사람들의 '눈치를 보면서' 하나님과 세상 사이에서 '머뭇거리고' 있는 자들이 많이 있습니다. 여기에서 자유로운 자가 과연 얼마나 되겠습니까? 그 때 **엘리야**가 바알 선지자들에게 이런 제의를 했습니다. "너희는 너희 신의 이름을 부르라 나는 여호와의 이름을 부르리니 이에 불로 응답하는 신 그가 하나님이니라"(24절) 그러자 바알과 아세라 선지자들은 "바알이여 우리에게 응답하소서"(26절)라고 아무리 부르짖어도 불이 내리지 않자 칼과 창으로 자기들의 몸을 상하게 했고 그래도 불이 내리지 않았던 것입니다. 바알은 '풍요의 신'이요 '불의 신'입니다. 그런데도 불이 내리지 않은 것은 그곳에 여호와 하나님이 임재하셨기 때문입니다.

그러나 **엘리야**의 제단에는 금새 불이 내렸는데 그 때의 일을 성경은 이렇게 기록하고 있습니다. "이에 여호와의 불이 내려서 번제물과 나무와 돌과 흙을 태우고 또 도랑의 물을 핥은지라 모든 백성이 보고 엎드려 말하되 여호와 그는 하님이시로다 여호와 그는 하나님이시로다 하니"(38-39절) 참으로 놀라운 광경입니다. 하늘에서 불이 내려서 순식간에 번제물, 나무, 돌, 흙을 태우고 도랑의 물까지 다 핥아버렸던 것입니다. 흙과 돌까지 태우려면 온도가 포항제철소의 용광로 보다 더 뜨거운 섭씨 3,000도 이상은 되어야 하는데 이 불은 자연의 불이 아니고 하나님이 하늘에서 내린 불이었습니다. 그래서 그 위력이 비교가 안될 정도로 더 컸던 것입니다.

그러면 이 사건이 왜 중요합니까? 갈멜산 엘리야의 제단에 불이 임함으로 하나님을 떠났던 이스라엘 백성들이 하나님께로 다시 돌아왔기 때문입니다. 그래서 이 사건은 '오순절 성령강림 사건'의 예표가 되고 있는 것입니다.

하나님을 멀리했던 그들에게 '하늘에서 불이 내리자' 모든 것이 순식간에 바뀌고 말았습니다. 그들의 마음이 돌아서고 죽었던 신앙이 다시 살아났습니다. 그리고 그들이 땅을 치고 회개하면서 이런 고백을 했던 것입니다. "여호와 그는 하나님이시로다 여호와 그는 하나님이시로다" 이렇게 하나님이 역사하시면 **단 한번에! 한 순간에!** 달라지는 것입니다. "엘리야가 이르되 바알의 선지자를 잡되 하나도 도망하지 못하게 하라 하매 곧 잡은지라 엘리야가 저희를 기손 시내로 데려다가 거기서 죽이니라"(40절) 이것은 850:1의 힘겨운 대결이었습니다. 그러면 어떻게 엘리야가 혼자서 이 많은 사람들을 다 이기고 죽일 수 있었겠습니까? 그것은 엘리야의 힘이 아니라 그 배후에 계신 하나님의 힘이었습니다. 성경에는 자세한 기록이 나와 있지 않으나 추측컨대 바알과 아세라 선지자들이 한여름에 천둥과 번개가 치고 소낙비가 내리듯이 **하늘에서 불이 폭포수같이** 쏟아지는 어마어마한 광경을 보고 간담이 서늘해지고 혼이 나간 것 같습니다. 그때 그들은 두려움에 떨다가 기절해서 엎드러지거나 아니면 도망가서 숨었을 것입니다. 그러자 엘리야가 그들을 잡아서 기손 시내로 데려다가 죽인 것입니다. 그것은 실로 이스라엘의 역사에서 한번 밖에 없는 어마어마한 사건이었습니다. 그러나 기적은 이것이 끝이 아니었습니다. 하늘에서 불이 임하자 놀라운 일이 또 일어났던 것입니다. "엘리야가 아합에게 이르되 올라가서 먹고 마시소서 큰 비의 소리가 있나이다"(41절) 하늘에서 불이 임하여 바알 선지자들이 다 죽고 이스라엘 백성이 하나님에게로 돌아오자 하나님의 진노가 풀려서 드디어 오랜 가뭄 끝에 비가 오기 시작한 것입니다. 이 일로 인하여 엘리야는 **'성령의 권능'**을 받고 아합왕의 마차보다 앞서 달려갔던 것입니다. "여호와의 능력이 엘리야에게 임하매 저가 허리를 동이고 이스르엘로 들어가는 곳까지 아합 앞에서 달려

갔더라"(열왕기상18;46절) 이 모든 것은 하늘에서 내린 불의 힘이었습니다.

'**오순절 성령강림**'도 이런 맥락에서 이해할 수 있습니다. 엘리야의 제단에 하늘에서 불이 내리듯이 마가의 다락방에 성령이 불같이 바람같이 임하자 120명의 제자들이 성령충만을 받아 변화되었고 그들이 밖에 나가 복음을 전하자 사람들이 회개하고 그 날에 3,000명이 돌아왔고 예루살렘 교회가 탄생했던 것입니다. 이 모든 것들은 성령의 임재로만 일어날 수 있는 기적의 사건들입니다. 그래서 오순절 성령강림은 '갈멜산 엘리야의 제단'에 임했던 불을 연상시켜 주고 있습니다. '엘리야의 제단'에 내린 불로 인하여 이스라엘 민족이 다시 깨어났듯이 '마가의 다락방'에 내린 성령의 불로 인하여 많은 이스라엘 사람들이 회개하고 돌아오자 교회가 탄생하고 복음이 전 세계로 퍼져나간 것입니다.

1절 '이 기쁜 소식을 온 세상 전하세 큰 환란 고통을 당하는 자에게 주 민는 성도들 다 전할 소식은 성령이 오셨네 성령이 오셨네 성령이 오셨네 내 주의 보내신 성령이 오셨네 이 기쁜 소식을 온 세상 전하세 성령이 오셨네'(통일찬송가179장 새찬송가185장)

B. 성령의 세례입니다.

예수님은 부활하시고 승천하시기 전에 제자들에게 이렇게 약속하셨습니다. "예루살렘을 떠나지 말고 내게 들은 바 아버지의 약속하신 것을 기다리라 요한은 물로 세례를 베풀었으나 너희는 몇날이 못되어 성령으로 세례를 받으리라"(사도행전 1:4-5절) **a. 아버지의 약속하신 것을 기다리라!** 여기서 예수님은 성령을 가리켜 '아버지의 약속하신 것'이라고 부르고 계십니다. 그러니까 성령은 이미 오기로 약속이 된 것이라는 것입니다. 그래서 성령을 '

약속의 영'이라고 부르기도 합니다. 신약성경은 이미 구약성경에서 약속이 된 것입니다. 바로 여기에 성경의 신비가 있습니다. **b. 성령으로 세례를 받으리라!** 세례(洗禮)는 헬라어로 βαπτιζω (밥티조), 영어로는 Baptize인데 wash(씻다) dip(담그다)라는 뜻을 가지고 있습니다. 그러니까 세례는 '담그고 씻는 의식'인 것입니다. ①무엇을 씻습니까? 죄를 씻습니다. ②무엇으로 씻습니까? 예수님이 십자가에서 흘리신 피로 씻습니다. ③어떻게 씻습니까? 물속에 담가서 옛사람을 장사지내고 새사람으로 다시 태어나는 것입니다. 그래서 세례요한이 요단강에서 물로 세례를 베풀자 수많은 사람들이 몰려와서 세례를 받았던 것입니다. 교회에서 세례는 아주 중요한 의식입니다. 그런데 오순절 마가의 다락방의 세례는 물세례가 아니라 성령세례였습니다. 물과 성령은 다릅니다. 물은 땅에서 솟아나지만 성령은 하늘에서 내려옵니다. 물은 세수하고 목욕하고 빨래를 할 때 쓰입니다. 그러나 성령은 불이기 때문에 마음의 죄를 소멸합니다. 세례의 또 다른 의미는 '충만하다'입니다. 저는 어린 시절에 한여름에 갑자기 소나기가 퍼부으면 온 몸에 비를 흠뻑 맞으면서 옷젖는 줄도 모르고 밖에 나가서 신나게 뛰어 놀았습니다. 소낙비를 맞으면서도 그렇게 기분이 좋았습니다. 그것을 일러 **'소낙비 세례'**라고 합니다. 성령세례도 이와 같습니다. 그래서 성령의 세례는 죄가 씻겨지는 동시에 성령으로 충만하고 성령의 권능이 임하는 것입니다. 그 목적은 오직 복음의 증인이 되는 것입니다. 그래서 이런 찬송을 부릅니다.

1절 불길같은 성신여 간구하는 우리게 지금 강림하셔서 영광 보여 주소서 성신이여 임하사 내 영혼의 소원을 만족하게 하소서 기다리는 우리게 불로 불로 충만하게 하소서(통일찬송가173장 새찬송가184장)

(3) 셋째, 성령의 인침과 기름부음입니다.

A. 성령의 인침입니다.

세례요한은 이렇게 증거하고 있습니다. "하늘로서 오시는 이는 만물 위에 계시나니 그가 그 보고들은 것을 증거하되 그의 증거를 받는 이가 없도다 그의 증거를 받는 이는 하나님을 참되시다 하여 인쳤느니라"(요한복음31-33절) **인쳤느니라!** 여기서 '**인(印)을 쳤다**'는 것은 '도장을 찍었다'는 것입니다. 우리가 토지를 거래하거나 아파트를 사고 팔 때 계약서에 도장을 찍습니다. 도장을 한번 찍으면 법적 효력이 발생하여 그 순간에 소유권이 다른 사람에게로 완전히 넘어가는 것입니다. 그 시간은 1초도 걸리지 않습니다. 도장을 찍어 놓으면 주인이 바뀌어서 도로 물리려 해도 할 수 없는 것입니다. 이것이 곧 '인을 치는 것' 곧 도장의 위력인 것입니다. 그래서 '인(印)을 쳤다'는 것은 소유권의 획득을 의미합니다. 하나님도 성령으로 인을 치시는데 그것은 '너는 내 것이다'라는 의미입니다. 사도 바울은 '**성령의 인침**'에 대해서 이렇게 증거하고 있습니다. "우리를 너희와 함께 그리스도 안에서 견고케 하시고 기름을 부으신 이는 하나님이시니 저가 또한 우리에게 인치시고 보증으로 성령을 우리 마음에 주셨느니라"(고린도후서 1:21-22절) **a. 저가 또한 우리에게 인치시고!** 도장을 찍었습니다. 이제는 하나님의 것이 된 것입니다.

b. 보증으로 성령을 우리 마음에 주셨느니라! 이것은 '보증금을 걸었다'는 것입니다. 우리가 집을 사거나 땅을 살 때는 먼저 보증금으로 얼마를 걸고 가계약을 합니다. 그것과 똑같습니다. 그 보증금이 바로 성령입니다. 그래서 우리가 성령을 받으면 그때부터 우리는 하나님의 소유가 되는 것입니다. **그러면 하나님이 누구에게 성령으로 인(印)을 쳐주십니까?** ①하나님은

복음 사역에 쓰시고자 하는 자에게 인(印)을 쳐주십니다. 예수님의 120여 제자들은 마가의 다락방에 모여 기도하다가 성령충만을 받았는데 그 때 성령의 인침도 함께 받았습니다. 그래서 그들은 죽도록 충성하다가 기쁨으로 순교의 길을 갔던 것입니다.

② 하나님은 마지막 심판을 통과할 자들의 이마에 인(印)을 쳐주십니다. 요한계시록을 보면 이렇게 기록하고 있습니다. "또 보매 다른 천사가 살아 계신 하나님의 인을 가지고 해돋는 데로부터 올라와서 ....큰 소리로 외쳐 가로되 우리가 하나님의 종들의 이마에 인치기까지 땅이나 바다나 나무나 해하지 말라 하더라 내가 인맞은 자의 수를 들으니 이스라엘 자손의 각 지파 중에서 인맞은 자들이 십 사만 사천이라 하더라"(요한계시록7:2-4절) 그러면 여기서 **'십사만 사천'**이 무슨 의미를 가지고 있습니까? 구원받은 자들의 전체 숫자입니까? 그것은 아닐 것입니다. 성경을 항상 비유와 상징과 예표를 말하고 있기 때문에 글자 그대로 믿는 것은 위험합니다. 여기서 '십사만 사천'은 이스라엘 민족과 관련된 숫자인데 그 이상은 알 수 없는 것입니다.

B. 성령의 기름부음입니다.

예수님은 광야에서 40일을 금식하신 후에 마귀의 시험을 물리치시고 나서 큰 권능을 받으셨습니다. 그리고 고향인 갈릴리의 나사렛 회당에 들어가셔서 성경을 읽으셨습니다. "주의 성령이 내게 임하셨으니 이는 가난한 자에게 복음을 전하게 하시려고 내게 기름을 부으시고 나를 보내사 포로된 자에게 자유를 , 눈먼 자에게 다시 보게함을 전파하며 눌린 자를 자유케 하고 주의 은혜의 해를 전파하게 하려 함이니라"(누가복음4:18-19절) 이것은 이사야서 61장 1-2절 에 나오는 말씀을 예수님이 인용하신 것입니다.

a. 주의 성령이 내게 임하셨으니! 예수님의 사역을 이끈 것은 예수님 자신이 아니라 성령이었습니다. 예수님의 사역의 특징은 인간적인 경험이나 배움이나 깨달음에서 온 것이 아닙니다. 오직 성령의 감동과 인도를 받고 공생애(共生涯)를 시작하셨는데 그 기간이 고작 3년이었고, 33살의 젊은 나이에 십자가를 지시고 나서 이 세상을 떠나가셨습니다. 3년 동안에 무슨 큰 일을 할 수 있겠습니까? 그러나 놀랍게도 예수님은 3년 동안에 모든 것을 다 마치시고 **"다 이루었다"** 한 마디 하신 후에 하늘나라로 돌아가셨습니다. 그러면 이것이 무엇때문입니까? 그 해답이 여기에 있습니다.

b. 내게 기름을 부으시고! 그것은 성령의 기름부음이었습니다. **기름을 보세요!** 기름은 우리의 삶과는 끊을 수 없는 관계를 가지고 있습니다. 제가 어릴 때는 밤에 방에 등잔불을 켜려면 등에 석유기름을 넣었습니다. 학교에 가 보면 겨울에 난로를 피울려면 기름을 부었습니다. 기름에도 종류가 많습니다. 종류에 따라서 식물성 동물성 광물성 기름이 있습니다. 용도에 따라서 휘발유 경유 등유 윤활유가 있습니다. 이것들의 공통점은 불이 붙으면 에너지가 나온다는 것입니다. 자동차로 여행을 떠날려면 먼저 주유소에 가서 기름을 넣습니다. 비행기가 이륙을 할려면 엔진에 기름을 넣어야 합니다. 배도 항해를 할려면 먼저 기름을 넣습니다. 음식을 요리하거나 튀길 때도 기름을 쓰는 것입니다. 특히 요즘 인기가 한창인 치킨을 만들 때도 기름 속에 넣고 튀깁니다. 이렇게 기름은 우리들의 생활 어디에서나 두루 쓰이는 것입니다. 신기하게도 이것이 하나님의 **복음전도**에도 그대로 통하는 것입니다. 왜냐하면 기름은 곧 불이고 에너지이고 힘이기 때문입니다. 예수님은 요단강에서 세례 요한에게 세례를 받으시고 하늘에서 성령이 비둘기같이 임하셨습니다. 그 때 예수님은 마치 자동차에 기름을 넣듯이 '성령의 기름부음'을 받

으신 것입니다. 그것도 흘러넘치도록 충만하게 받으셨습니다. 그리고 나서 공생애(共生涯) 즉 복음전도 사역을 시작하신 것입니다.

c. 나를 보내사! 하나님은 예수님을 보내시기에 앞서 성령의 기름을 부으셨습니다. 이것은 마치 농부가 트랙터로 밭을 갈기 전에 엔진에 기름을 넣는 것과도 같습니다. 지금의 우리도 마찬가지일 것입니다. 우리도 복음을 전하려면 먼저 기름부음을 받아야 합니다. 그러나 중요한 것은 예수님은 스스로 오신 분이 아니시고 '보내심을 받아서' 오신 분이시라는 것입니다. 지금 우리나라에도 스스로 신령한체 하는 이단들이나 가짜 도사들이 많이 있습니다. 그런데 놀라운 것은 배운 자나 못배운 자나 그들에게 끌려간다는 것입니다. 이것은 그들이 '영권'을 가지고 있기 때문입니다. 그래서 우리는 '영적인 분별력'을 가져야 합니다.

우리는 **성령의 기름부음**을 신약시대에만 있었던 것으로 알기 쉬운데 사실은 구약시대에도 성령의 기름부음이 있었던 것입니다. 이사야 예레미야 에스겔 다니엘 선지자들도 그런 사람 중에 하나였고 그 전에 있었던 다윗도 성령의 기름부음에 대해서 이렇게 노래하고 있습니다. 시편 23편 5절 입니다. "주께서 내 원수의 목전에서 내게 상을 베푸시고 기름으로 내 머리에 바르셨으니 내 잔이 넘치나이다" **기름으로 내 머리에 바르셨으니!** 이 시를 보면 다윗은 성령이 충만한 자인 것을 알 수 있습니다. 그에게 기름을 부으신 이는 하나님이십니다. 그러면 왜 우리가 기름을 넣습니까? 어떤 일을 하기 위해서인 것입니다. 성령의 기름부음도 이와 같습니다. 그것은 복음사역을 위한 것입니다. 사도 요한도 '성령의 기름부음'에 대해서 증거하고 있습니다. "너희는 주께 받은 바 기름부음이 너희 안에 거하나니 아무도 너희를 가르칠 필요가 없고 오직 그의 기름부음이 모든 것을 너희에게 가르치며 또 참

되고 거짓이 없으니 너희를 가르치신 그대로 주 안에 거하라"(요한일서2:27절) 베드로나 사도 바울, 스데반이나 빌립도 '성령의 기름부음'을 받고 사역을 할 수 있었던 것입니다. 그래서 이런 찬송을 부릅니다.

1절 내가 매일 기쁘게 순례의 길 행함은 주의 팔이 나를 안보함이요 내가 주의 큰 복을 받는 참된 비결은 주의 영이 함께 함이라 성령이 계시네 할렐루야 함께 하시네 좁은 길을 걸으면 밤낮 기뻐하는 것 주의 영이 함께 함이라(통일찬송가 427장 새찬송가191장)

(4) 넷째, 성령의 권능과 복음 전도입니다.

A. 성령의 권능입니다.

예수님은 승천하시기 직전에 이런 말씀을 하셨습니다. "때와 기한은 아버지께서 자기의 권한에 두셨으니 너희의 알 바 아니요 오직 성령이 너희에게 임하시면 너희가 권능을 받고 예루살렘과 온 유대와 사마리아와 땅끝까지 이르러 내 증인이 되리라"(사도행전1:7-8절) **성령이 너희에게 임하시면 너희가 권능을 받고!** '권능'은 헬라어로 δυναμις두나미스, 영어로는 power, might인데 다이나마이트dynamite란 용어가 여기서 나온 것입니다. '권능(權能)'은 권세와 능력이 합쳐진 말입니다. 그래서 권능만 있으면 아무도 그를 당할 자가 없는 것입니다. 옛날에 왕이나 황제를 보면 그 위세가 하늘을 찔렀습니다. 왕이 한마디 하면 온 나라가 벌벌 떨었고, 황제가 한마디하면 온 세상이 벌벌 떨었습니다. 특히 중국의 진시왕이나 로마의 네로 황제는 '말 한마디 한마디'가 곧 법이었습니다. 그들은 신과 같은 존재들이었습니다. 이것이 바로 **권력이고 권세**입니다. 그러나 **능력(能力)**은 다릅니다. 능력은 일하는 힘입니다. 권세가 있는 자는 능력은 없어도 됩니다. 그러나 그 아래에서 일하는 자는 능력즉 실력이 있어야 합니다. 예를 든다면 하나님은 권세로 우주만물을 통치하십니다. 하나님이 명령하시면 천사들이 일을 합니다. 그래서 천사들은 권세는 없어도 능력은 있습니다. 대통령은 권력 즉 권세가 있습니다. 그러나 그 밑에서 일하는 장관들은 능력(실력)이 있어야 합니다. 그러나 예수님은 이 권세와 능력을 다 가지고 계셨고 복음을 전하셨습니다. 베드로와 사도 바울도 그랬습니다. 복음을 전하는 데에는 권세와 능력이 같이 있어야 합니다. 왜냐하면 마귀와 싸워야하기 때문입니다. 그래서 우리도 이 권세와 능력을 달라고 하나님께 기도해야 합니다.

창세기 1장을 보면 "땅이 혼돈하고 공허하며 흑암이 깊음 위에 있고 하나님의 신은 수면에 운행하시니라"(2절) 라고 기록하고 있습니다. 하나님이 천지만물을 창조하실 때 수면 위에서 일하신 분은 성령 하나님이십니다. 삼위 하나님 중에서도 성령은 현장에서 일하시는 하나님이십니다. 그러니까 현장소장과 같습니다. 그래서 성령은 권세가 있고 능력이 있습니다. 그래서 성령을 곧잘 불과 바람에 비유되기도 합니다. 그런데 성령이 오신 것은 예수 그리스도를 증거하기 위해서입니다.

예수님은 **성령**에 대해서 이렇게 말씀하셨습니다. "내가 아버지께 구하겠으니 그가 또 다른 보혜사를 너희에게 주사 영원토록 너희와 함께 있게 하시리라"(요한복음14:16절) **a. 또 다른 보혜사를 너희에게 주사!** "또다른 보혜사"란 성령을 가리키는데 영어로는 another Counselor 또는 another Comforter라고 번역이 되고 있습니다. 그러니까 **"또다른 보혜사"**란 예수님이 하시던 일을 계속해서 한다는 것입니다. 예수님이 하시던 일 즉 귀신을 쫓아내고 병을 고치고 복음을 전하는 일을 이어서 한다는 것입니다.

b. **영원토록 너희와 함께 있게 하시리라!** 이것은 성령이 우리와 동행하고 동역을 하신다는 것입니다. 성령은 제 3위 하나님이시고 하나님이 천지만물을 창조하실 때 물 위 즉 현장에서 일하신 현장소장과도 같습니다. 그래서 성령은 권세와 능력이 있습니다. 그래서 우리도 복음을 전하기 위해서는 성령의 인침과 세례와 기름부음과 충만을 받아야 하는 것입니다. 또 예수님은 **성령**에 대해서 이렇게 말씀하셨습니다. "내가 아버지께로서 너희에게 보낼 보혜사 곧 아버지께로서 나오시는 진리의 성령이 오실 때에 그가 나를 증거하실 것이요 너희도 처음부터 나와 함께 있었으므로 증거하느니라"(요한복음15:26-27절) **a. 내가 아버지께로서 너희에게 보낼 보혜사!** 여기에서 보면 성령의 출처는 아버지이시지만 성령을 보내시는 분은 아들이신 예수님이십니다.

b. **진리의 성령이 오실 때에!** 성령의 또 다른 이름은 '진리의 영'이십니다. 성령은 주로 능력을 행하시지만 그것도 진리 안에서 행해지는 것입니다. 그래서 말씀이 없이는 성령도 역사하지 않으시는 것입니다.

c. **그가 나를 증거하실 것이요!** 예수 그리스도의 첫번째 증거자는 성령이십니다. 그런데 우리는 이것을 모르거나 아니면 착각하여 성령을 무시하고 우리의 힘으로 복음을 전하려고 합니다. 그러나 초대교회 때의 사도들은 그렇게 하지 않았고 언제나 성령의 음성을 듣고 그 지시를 따랐습니다. 그래서 사도행전을 '성령행전'이라고 부르기도 합니다.

그러면 그 결과가 무엇입니까? 초대교회 때는 성령의 강력한 역사가 일어나서 교회가 크게 부흥이 되었는데 지금의 교회들은 그렇지 못합니다. 그래서 그것을 '교회부흥'이라고 하기 보다는 '교회성장'이라고 해야 맞을 것입니다. 그러나 18-19C에 있었던 **'대각성 부흥운동'** 때에는 성령의 역사로 세계의 여러 나라에서 대부흥 운동이 동시 다발적으로 일어났던 것입니다.

1절 이 기쁜 소식을 온 세상 전하세 큰 환난 고통을 당하는 자에게 주 믿는 성도들 다 전할 소식은 성령이 오셨네 성령이 오셨네 성령이 오셨네 내 주의 보내신 성령이 오셨네 이 기쁜 소식을 온 세상 전하세 성령이 오셨네(통일찬송가179장 새찬송가185장)

B. 복음 전도입니다.

예수님의 요단강에서 세례 요한에게 물로 세례를 받으신 후에 성령에 이끌리시어 광야에서 40일을 금식하신 후에 나사렛을 떠나 가버나움에 와서 사셨습니다. 그 때부터 예수님은 본격적으로 복음을 전하기 시작하셨습니다. 그 첫마디가 이것입니다. "회개하라 천국이 가까이 왔느니라"(마태복음 4:17절) 그것은 회개와 천국이었습니다. 천국은 하나님이 계신 곳이고 영생이 있는 곳입니다. 우리가 그곳에 들어갈려면 가장 먼저 회개해야 하는데 회개는 예수님을 나의 구주로 믿고 세상 길에서 완전히 돌아서는 것입니다.

요한복음4장을 보면 예수님이 어느날 제자들과 함께 유대인들의 출입금지 구역인 **사마리아땅**을 찾아가셨습니다. 그때 한 여인이 뜨거운 한낮인데도 불구하고 머리에 물동이를 이고 물을 길러 나왔습니다. 예수님을 보자 이 여인은 외면을 하고 돌아섰습니다. 예수님은 그 여인에게 "물을 좀 달라"(7절) 고 요구하셨습니다. 그러자 그 여인으로부터 아주 퉁명스런 대답이 돌아왔습니다. "당신은 유대인으로서 어찌하여 사마리아 여자인 나에게 물을 달라 하나이까"(9절) 그러자 예수님은 말씀을 한마디 하셨습니다. "네가 만일 하나님의 선물과 또 네게 물좀 달라하는 이가 누구인줄 알았다면 네가 그에게 구하였을 것이요 그가 생수를 네게 주었으리라"(10절) 그렇잖아도 먹을 물이 없어 한낮에 물을 길러온 차에 생수라는 말 한마디에 이 여인은 귀가 번쩍 뜨이고 예수님을 향하여 마음이 열리고 대화가 시작이 되었던 것입니다. 그 때 예수님은 이 여인에게 이런 말씀을 하셨습니다. **"이 물을 먹는 자마다 다시 목마르려니와 내가 주는 물을 먹는 자는 영원히 목마르지 아니하리니 나의 주는 물은 그 속에서 영생하도록 솟아나는 샘물이 되리라"**(13-14절) **내가 주는 물을 먹는 자는 영원히 목마르지 아니하리니!** 누가 언제 들어도 귀가 번쩍 뜨이는 귀한 말씀인 것입니다. 예수님이 아니라면 누가 감히 이런 말을 하겠습니까? 이 한마디에 이 여인의 태도가 180도 바뀌어서 예수님께 이렇게 요구하고 있습니다. **"주여 이런 물을 내게 주사 목마르지도 않고 또 여기 물길러 오지도 않게 하옵소서"**(15절) **주여!** 이 호칭은 그 당시에 아무에게나 쓰는 것이 아니고 하나님이나 로마의 황제에게만 쓰던 말이었습니다. 그런데 놀랍게도 그런 호칭을 예수님께 쓰고 있는 것입니다. 이것은 예수님과 이 여인의 입장이 반대가 된 것입니다. 지금 목마른 사람은 예수님이 아니라 이 여인인 것입니다. 갑작스런 이 여자의 태도변화에 예수님은 이 여인의 믿음을 한번 시험해 보고 싶으셨습니다. 그래서 이렇게 말씀하셨습니다. **"가서 네 남편을 불러오라"**(16절) 그러자 여인은 고개를 푹 숙이고 **"나는 남편이 없나이다"**(17절)라고 대답을 했던 것입니다. 그러나 이 여인은 남편이 없는 것이 아니고 여러 명의 남자들과 살아온 수치스런 과거가 있는 것입니다. 여인이 매우 난처한 태도를 보이자 예수님이 여인을 위로하듯 이렇게 말씀하셨습니다. **"네가 남편이 없다하는 말이 옳도다 네가 남편 다섯이 있었으나 지금 있는 자는 네 남편이 아니니 네 말이 참되도다"**(18절) 이 말을 듣고 이 여인은 뒤통수를 한 대 얻어맞은 것처럼 정신이 명했을 것입니다. '아니 어떻게 예수님이 내 과거를 속속들이 다 아실까?' 그러면서도 예수님이 자신을 인정해주고 칭찬까지 해 주시니 울적했던 기분이 한결 좋아졌습니다. 그때 이 여인의 입에서 나온 말이 이것입니다. "주여 내가 보니 선지자로소이다 우리 조상들은 이 산에서 예배하였는데 당신들의 말은 예배할 곳이 예루살렘에 있다 하더이다"(19-20절) **주여 내가 보니 선지자로소이다!** 지금 이 여인은 예수님에 대한 지식이 점점 더 쌓여가고 있습니다. 그리고는 놀랍게도 이 여인의 입에서 **예배**에 대한 말이 나오고 있습니다. 이 말은 예수님의 제자들에게서도 듣지 못한 말이었습니다. 그러자 예수님이 이 여인에게 **예배**에 대해서 아주 중요한 말씀을 해주셨습니다. "여자여 내 말을 믿으라 이 산에서도 말고 예루살렘에서도 말고 너희가 아버지께 예배할 때가 이르리라 …참으로 아버지께 예배하는 자들은 신령(영)과 진정(진리)으로 예배할 때가 오나니 곧 이 때라 아버지께서는 이렇게 자기에게 예배하는 자들을 찾으시느니라 하나님은 영이시니 예배하는 자가 신령(영)과 진정(진리)으로 예배할지니라"(21-24절) 그러자 이 여인이 이렇게 말하고 있습니다 "메시아 곧 그리스도라 하는 이가 오실 줄 내가 아노니 그가 오시면 모든 것을 우리에게 고하시리이다"(25절) 그러자 예수님이 이렇게 말씀하셨습니다. "네게 말하는 내가 그로라"(26절) **내가 그로라!** 이 말을 듣고 이 여인은 예수님을 다시한번 쳐다보고는 까무러칠듯이 놀랐을 것입니다. **'뭐라고? 메시아가 내 눈앞에 있다고?'** 그 때 이 여인은 놀라움과 감격을 못이겨 물동이를 버려두고 미친 듯이 동네로 달려 들어가서 소리지르며 기쁜소식 즉 복음을 전했던 것입니다. "여자가 물동이를 버려두고 동네에 들어가서 사람들에게 이르되 나의 행한 모든 것을 내게 말한 사람을 와 보라 이는 그리스도가 아니냐"(28-29절) **와 보라 이는 그리스도가 아니냐!** 지금 이 여인은 사람들에게 예수님을 **'메시아 곧 그리스도'**라고 부르고 있습니다. 이것은 이 여인의 예수님에 대한 지식이 최정점에 달한 것입니다.

① 여기서 우리가 알아야할 것은 이 이름없는 **'사마리아 여인'**이 바로 복음 전도의 모델이 되고 있다는 것입니다. 여기서 우리가 배우는 것은 **복음 전도**에도 반드시 **콘텐츠**(contents)와 **스토리**(story)가 있어야 한다는 것입니다. 지금은 디지털 시대이고, 온라인 시대이고, 4차 산업혁명 시대입니다. 각종 콘텐츠 산업이 발달하고 있고 '콘텐츠'가 요즘 유행하는 말 중에 하나가 되고 있습니다. 영어로 Contents는 '내용'(內容)이라는 뜻인데 이 단어가 4차 산업혁명 시대에 다양한 의미로 쓰이고 있는 것입니다. 백과사전은 '**콘텐츠**'를 이렇게 정의하고 있습니다. '인터넷이나 컴퓨터 통신들을 통해서 제공되는 각종 정보나 그 내용물, 유.무선 전기 통신망에서 사용하기 위하여 문자. 부호. 음성. 음향. 이미지. 영상 등을 디지털 방식으로 제작해 처리 유통하는 각종 정보 또는 그 내용물을 통털어 이른다' 여기서 '콘텐츠'의 특징은 분야가 다양하고, 내용이 풍부하고, 누구든지 참여할 수 있고, 연구개발을 하고, 또 널리 알려야 한다는 것입니다.

② 복음 전도도 이와 같습니다. **a. 콘텐츠가 있어야 합니다.** 지금은 21c 최첨단 과학기술 문명시대입니다. '아나로그 시대'는 가고 '디지털 시대'가 되었고 off-line시대는 가고 on-line시대가 되었습니다. 그래서 구시대의 콘텐츠만 가지고는 통하지도 않고 경쟁력도 없습니다. 전도도 콘텐츠가 다양하고, 풍부하고, 누구나 참여할 수 있는 새로운 콘텐츠를 개발하고, 인터넷이나 컴퓨터 통신 등을 통해서 널리 알려야 합니다. 여기서 우리가 잊지 말아야 할 것은 아무리 세월이 흘러도 하나님의 말씀은 진리이기 때문에 변하지 않습니다. 그러나 거기에서 오는 교리나 지식이나 내용은 시대에 따라 얼마든지 달라질 수 있고 또 달라져야 한다는 것입니다. 문학에도 고전문

학과 현대문학이 있습니다. 건축이나 미술에도 시대마다 다른 양식이 있습니다. 옷에도 고대 중세 현대의 옷이 다 다릅니다. 사람들은 철마다 새로운 옷을 갈아 입습니다. 특히 여자들은 매일 옷을 갈아 입습니다. 여자들이 옷을 갈아입는다고 몸이 바뀌는 것이 아니고 몸은 그대로이나 옷만 다른 것입니다. 옛날부터 **'옷이 날개다'** 라는 말을 했습니다. 옷을 갈아입으면 사람이 다르게 보이고 그만한 대우를 받는 것입니다. **복음 전도도 마찬가지입니다.**

  그러면 복음과 진리와 말씀은 그대로인데 왜 교리나 지식은 새로운 옷을 갈아 입어야 합니까? 그것은 **계시의 점진성!** 즉 계시가 점점 더 가까이 다가오기 때문입니다. 사람을 보아도 멀리서 보면 그가 누구인지 알 수 없습니다. 그러다가 가까이 다가오면 그가 누구인지 알 수가 있습니다. 더 가까이 오면 어떤 옷을 입고 얼굴에 한 화장까지도 알 수 있고 주름살까지도 보입니다. 인류의 역사는 고대 중세 근세 현대로 오면서 많은 변화와 발전을 해 왔습니다. 특히 **'권력의 구조'**가 왕이나 황제라는 일인 독재체제에서 국민이 주인인 자유 민주주의 체제로 바뀌었습니다. **'권력의 이동'**에 따라서 인류의 역사나 인간의 삶의 형태도 엄청난 변화를 가져 왔습니다. 그리고 인간의 가치관이나 사고방식에도 획기적인 변화를 가져 왔습니다. 그러나 지금은 안타깝게도 이것이 역전이 되어서 **'세상의 지식'**이 **'교회의 지식'**을 압도하고 있는 상황이 된 것입니다. 지금은 **'교회의 위기'** 시대입니다. 그것은 곧 **'지식의 위기'**입니다. 교회에도 새로운 지식이 필요합니다. 베드로는 이렇게 증거하고 있습니다. "오직 우리 주 곧 구주 예수 그리스도의 은혜와 저를 아는 지식에서 자라가라"(베드로후서3:18절) 참고로 이것이 헬라어 본문이나 N.I.V 영어성경에서는 Grow in the grace and knowledge of our Lord and Savior Jesus Christ.라고 되어있습니다. **저를 아는 지식에서 자**

라가라! 여기서 '자라가라'는 헬라어로 αύξάνετε(아욱사네테)인데 영어로는 make to grow '성장하게하다' enlarge '확장하다'라는 뜻을 가지고 있는데 이것은 '지식에서 성장하라'는 것입니다. '지식의 폭을 넓혀라' '더 많은 지식을 쌓고 개발하라'는 것입니다. 이 지구에는 많은 양의 **석탄**이 땅 속에 묻혀 있습니다. 그래서 석탄을 찾아 탄광을 개발하고 광부들은 매일 석탄을 캐냅니다. 그렇다고 '석탄을 새로 만들라'는 것이 아니라 '묻혀있는 석탄을 캐내라'는 것입니다. 이것이 **개발(開發)**입니다. 복음전도에도 이런 개발이 필요합니다. 진리 안에 묻혀있는 새로운 교리나 지식을 개발한다면 교회가 새로워지고 부흥이 다시 일어날 것입니다.

　b. **스토리(story)가 있어야 합니다.** '스토리'란 이야기 거리를 말하는데 쉽게 말하면 경험담입니다. 대화나 이야기는 인간 사이를 좁혀주고 이웃이 되게 합니다. 한 집에 사는 가족이라도 대화가 없으면 남남이나 별로 다를 것이 없습니다. 더욱이 한 이불을 덮고 자는 부부사이라도 대화가 없으면 서로 의심과 오해만 쌓이다가 결국은 이혼을 하는 것입니다. 인간 사회에서 소통 즉 대화보다 더 중요한 것은 없습니다. 원수 사이라도 대화를 하다보면 상대방의 입장을 이해하게 되고 가까운 친구가 될 수도 있는 것입니다. **한번 사마리아 여인의 경우를 보세요!** 이 사마리아 여인과 동네 사람들은 사이가 좋지 않았고 원수와도 같은 관계입니다. 그런데도 이 여인은 모든 것을 극복하고 동네로 달려가서 복음을 외치고 있는 것입니다. 이것이 무엇때문입니까? 지금 이 여인이 가지고 있는 복음의 콘텐츠와 스토리 때문이고 지금 그것을 전도에 활용하고 있는 것입니다.

　③ **그러면 사마리아 여인의 콘텐츠는 무엇입니까?** "와 보라 이는 그리스도가 아니냐"입니다. 이 여인은 어느날 우물가에서 우연히 만난 유대인이

범상치 않았고 드디어 그가 유대인들이 그토록 기다리던 메시아 즉 '그리스도'라는 것을 알게 되었습니다. 그래서 노다지를 발견한 사람같이 뛸듯이 기뻐하고 있는 것입니다. **예수가 그리스도다!** 세상에서 이 보다 더 좋은 콘텐츠가 어디 있습니까? 그것은 인류의 역사에서 최고의 콘텐츠입니다. 그래서 너무 좋아서 물동이를 버려두고 챙피한 것도 모르고 동네로 달려 들어가서 **"와 보라"**고 외치기 시작한 것입니다. 지금 이 여인에게는 '내가 너희들에게 메시아를 알게 해 주었으니 이제는 나를 무시하지 말고 나한테 고맙다고 해야 돼'라는 심리가 작용하고 있는 것입니다.

④ 그러면 사마리아 여인의 **스토리**는 무엇입니까? 이 여자가 우물가에서 자기 눈으로 보고, 귀로 듣고 경험한 것들입니다. 다시 말하면 그것은 예수님의 말, 인상, 태도, 행동입니다. 이것은 이 여인이 지금까지 세상을 살아오면서 처음으로 보고 듣고 경험한 것들인데 그것이 이 여인을 크게 감동을 시켰던 것입니다. 이 여인은 처음에는 예수님을 반가와하지 않았습니다. 외면을 했습니다. 그러다가 예수님의 말을 들어보고 인상이나 태도를 보고는 '이 사람은 범상한 사람이 아니다'라는 결론을 얻었습니다. 그리고 자신의 과거를 족집게 집듯이 집어내는 것을 보고는 감동을 받고 감탄을 했던 것입니다. 그리고는 "내가 그로라"는 한 마디에 두 손을 번쩍 들었고 그의 마음과 심령이 예수님께 완전히 사로잡히고 말았습니다. 그래서 그녀는 물동이를 버려두고 미친 사람처럼 동네에 달려가서 외치며 복음을 전했던 것입니다. "와 보라 이는 그리스도가 아니냐" 이 말은 히브리 문법에서는 의문문이 아니라 '감탄사'인 것입니다.

⑤ 이런 **콘텐츠**(contents)와 **스토리**(story)는 베드로나 사도 요한이나 사도 바울에게도 있었습니다. **베드로**는 어느날 밤에 고기를 잡으러 나갔다가

고기 한 마리 잡지 못하고 아침에 무거운 마음으로 그물을 걷고 있는데 마침 예수님이 바닷가에 나타나자 사람들이 많이 몰려왔습니다. 사람들이 너무 많이 오자 예수님이 베드로에게 요구해서 베드로의 배 위에서 복음을 전했습니다. 그것을 베드로는 옆에서 그물을 씻으면서 다 듣고 있었습니다. 말씀이 다 끝나자 예수님이 베드로에게 "깊은 데로 가서 그물을 내려 고기를 잡으라"(누가복음5:4절) 고 말씀하시자 베드로는 예수님의 말씀을 믿고 깊은 데로 가서 그물을 내리자 그 물이 찢어지도록 고기를 많이 잡았습니다. 그때 베드로가 한 고백이 이것입니다. "주여 나를 떠나소서 나는 죄인이로소이다"(누가복음5:8절) 그러자 예수님이 이렇게 말씀하셨습니다. "이제 후로는 네가 사람을 취하리라" (누가복음5:10절) 그 후 베드로는 고기잡이를 그만두고 예수님의 제자가 되어서 3년 동안 예수님을 따라다녔습니다.

사도 바울은 초대교회 때에 바리새인으로서 교회를 말살시키려고 예수 믿는 자들을 잡아다가 감옥에 가두는 일에 앞장을 섰던 교회의 원수였고, 이번에는 멀리 옛 시리아의 수도였던 다메섹(다마스커스)까지 가서 예수믿는 자들을 잡아오려고 가고 있었는데 다메섹에 거의 가까이 왔을 때 갑자기 하늘에서 '해보다 더 밝은 빛'이 나타나자 놀라서 땅에 엎드렸는데 이런 소리가 들렸습니다. "사울아 사울아 어찌하여 나를 핍박하느냐"(사도행전9:4절) 그러자 이렇게 물었습니다. "주여 뉘시오니이까"(5절) 그러자 이런 소리가 들려왔습니다. "나는 네가 핍박하는 예수라"(4절) 그 때 그는 부활하신 예수님을 만나고 나서 유대교에서 기독교로 개종을 하고 그 길로 다메섹에 가서 유대인들에게 "주 예수를 믿으라"고 복음을 전했습니다. 그 소리를 듣고 유대인들이 얼마나 놀랐겠습니까? 그들이 사울(바울)을 죽이려고 하자 바울은 밤중에 몰래 광주리를 타고서 성을 빠져 나왔던 것입니다.

그러면 바울의 콘텐츠가 무엇입니까? 그가 다메섹 도상에서 보고 들은 그대로 '나사렛 예수가 그리스도이고 그가 부활했다'는 것입니다.

그러면 바울의 스토리가 무엇입니까? 그가 다메섹 도상에서 보고 듣고 겪은 기가막힌 사건입니다. 그는 강한 빛으로 인하여 눈이 멀었으나 선지자 아나니아의 안수로 다시 보게 되었습니다. 그리고 변화되어 교회의 핍박자 사울이 최고의 복음전도자 사도 바울이 된 것입니다. 그리고 그 후로 그는 아시아와 유럽으로 3차례 전도여행을 다니면서 많은 교회들을 세우고 복음을 전했고, 마지막으로는 로마에 가서 복음을 전하다가 순교를 했습니다. 그로 인하여 복음이 로마제국을 변화시켰고 기독교가 로마를 넘어 전 세계로 전파되었던 것입니다. 이것이 무엇 때문입니까? 그가 가졌던 복음의 콘텐츠와 스토리 때문이었습니다. **그러면 지금 나(우리)는 어떻습니까?** 나에게도 사마리아 여인과 베드로와 사도바울이 가지고 있는 콘텐츠와 스토리가 있습니까? 예수 그리스도가 하나님의 아들이고 인류의 구원자인 것을 확실히 믿고 있습니까? 누가 무슨 말을 해도 믿음에서 흔들리지 않을 자신이 있습니까? 어떤 종교 철학 과학을 들이대도 복음만이 진리인 것을 굳게 믿고 있습니까? 구원의 감격과 복음에 대한 감동이 살아 있습니까? 언제 어디서 누구를 만나도 이 복음을 자신있게 증거할 수 있습니까? 누구나 이것이 똑같을 수는 없습니다. 사람마다 다르고 차이가 있습니다. 그러나 만약 없다면 개발(開發)해야 합니다. 찾아내야 합니다. 하나님께 기도하고 간구해야 합니다. 그리고 전도의 현장에 뛰어 들어서 직접 체험을 해봐야 합니다. **콘텐츠는 연구하고 개발하는 것입니다.** 하나님의 말씀인 성경은 큰 광맥과도 같습니다. 그래서 파내고 또 파내도 무궁무진한 자원을 얻을 수 있습니다. 두뇌도 개발해야 좋아지는데 성경의 장이나 절을 습관적으로 읽지 말고 간절히 사모하는 마음으로 날마다 말씀을 읽고 또 읽으면 어느날 성령의 감동으로 '판도라의 상자'가 열리듯이 하나님의 말씀이 열리고, 하나님의 음성으로 나에게 들려오는 것입니다. 이것을 **'영적이 체험'**이라고 하는데 마치 30년만에 남북으로 헤어진 이산가족이 만나듯이, 그것은 아주 기쁘고 즐거운 감격이고 감동인 것입니다. 이런 체험과 감동이 있어야 효과적인 전도를 할 수 있는 것입니다. **그리고 또 한 가지가 더 있습니다.** 그것은 공부하고 배우는 것입니다. **"예수 그리스도와 천국복음" 이 책을 읽고 또 읽으면 복음에 대해서 더 잘 알게 되고, 확신이 오고, 자신감이 생기고, 성령의 감동이 와서 언제 어디서나 누구 앞에서라도 자신있게 복음을 증거할 수가 있는 것입니다. 그리고 이 책을 전도 대상자에게 선물로 준다면 전도 효과는 극대화 될 것입니다.**

누가복음 19장을 보면 예수님이 나귀를 타시고 예루살렘성에 들어가실 때 사람들이 나와서 "호산나 찬송하리로다 주의 이름으로 오는 왕이시여"(38절) 라고 찬양하자 바리새인들이 그것을 보고 "선생이여 당신의 제자들을 책망하소서"(39절) 라고 항의를 했습니다. 그때 예수님이 하신 말씀이 이것입니다. "만일 사람들이 잠잠하면 돌들이 소리지르리라"(누가복음 19:40절) **돌들이 소리지르리라!** 이 한마디는 복음이 무엇인가를 가장 웅변적으로 대변하는 말씀입니다. **돌들이 소리지르리라!** 사람이 복음을 전하지 않으면 하나님이 돌들을 통하여서라도 복음을 전하시겠다는 것입니다. 이것이 바로 복음의 가치이고 능력입니다. 아멘!

⑥ 예수님은 승천하시기 전에 제자들에게 이런 말씀을 하셨습니다. "하늘과 땅의 모든 권세를 내게 주셨으니 그러므로 너희는 가서 모든 족속으로 제자를 삼아 아버지와 아들과 성령의 이름으로 세례를 주고 내가 너희에게 분

부한 모든 것을 가르쳐 지키게 하라 볼찌어다 내가 세상 끝날까지 너희와 항상 함께 있으리라"(마태복음28:18-20절) 이것은 예수님의 **'복음 전도명령'** 이라고 할 수 있습니다. 이 명령이 창세기 1장 28절 에 나오는 하나님이 천지만물을 창조하실 때 마지막으로 사람을 만드시고 내리신 명령과 일맥상통하고 있는 것입니다. 그것은 "생육하고 번성하여 땅에 충만하라 땅을 정복하라 바다의 고기와 공중의 새와 땅에 움직이는 모든 생물을 다스리라"입니다.

우리는 예수님이 승천하시기 직전에 하신 말씀을 권면이나 부탁이나 위로 정도로 생각하기 쉬운데 이 말씀이 성령의 감동으로 오면 이 말씀은 분명히 '세상을 정복하고 지배하고 다스리라'는 **'정복명령'**으로 들리는 것입니다. 왜 그렇습니까? 부활하신 예수님은 '만왕의 왕'이시오 '만유의 주'가 되시기 때문입니다. 그리고 우리는 '왕같은 제사장'들이기 때문입니다. 베드로는 이렇게 증거하고 있습니다. "오직 너희는 택하신 족속이요 왕같은 제사장들이요 거룩한 나라요 그의 소유된 백성이니"(베드로전서 2:9절) **왕같은 제사장들이요!** 구약시대에 왕과 제사장은 아무나 되는 것이 아니라 하나님으로부터 기름부음을 받은 자들이었습니다. 지금 예수님은 왕과 제사장이 합쳐진 그런 권위를 제자들(복음전하는 자들)에게 주고 계신 것입니다.

a. **하늘과 땅의 모든 권세를 내게 주셨으니!** 이것은 부활 승천하신 예수님이 하늘과 땅의 지배자요 통치자라는 것입니다. 그래서 예수님은 만왕의 왕이시오 만유의 주가 되십니다.

b. **모든 족속으로 제자를 삼아!** 여기서 **'모든 족속'**은 모든 민족을 말합니다. 그리고 **'제자를 삼으라'**는 것은 그들을 가르쳐서 그들의 마음(영혼)을 지배하라는 것이니 이것은 '땅을 정복하고 지배하고 다스리라'는 명령과 같은 것입니다.

c. **아버지와 아들과 성령의 이름으로 세례를 주고!** '세례를 준다'는 것은 물속에 잠기게 했다가 다시 꺼내는 것인데 이것은 옛사람이 죽고 새사람으로 다시 태어나게 하는 의식입니다. 그래서 이것은 세상 사람들을 하나님의 백성으로 만드는 재창조와 같은 것입니다. 그런데 아무나 세례를 줄 수 있는 것이 아닙니다. 여기에는 반드시 하나님 아버지와 아들과 성령의 이름이 있어야 하는데 그것은 곧 하늘의 권세입니다. 그래서 **'세례를 주라'**는 것은 영적으로 '땅을 정복하고 지배하고 다스리라'것과 같은 명령인 것입니다.

d. **내가 너희에게 분부한!** 여기서 **'분부한'**이란 헬라어로 ἐνετειλάμην (에네테일라멘) 영어로는 give command인데 command보다 더 의미가 강한 '명령을 내리다. 명령을 주다'라는 의미입니다. **'분부한다'**는 말은 옛날 사극에나 나오는 말입니다. 그것은 왕이 신하한테 내리는 명령입니다. 만약 그 명령을 어길 시는 목숨을 부지하지 못하는 것입니다. 이처럼 예수님이 내리시는 명령도 왕이 신하에게 내리는 명령같이 엄중한 것입니다. 그래서 이것은 곧 **'왕의 명령'**이기도 한 것입니다. 사도행전 1장4절 입니다. "사도와 같이 모이사 저희에게 분부하여 가라사대 예루살렘을 떠나지 말고 내게 들은바 아버지의 약속하신 것을 기다리라 요한은 물로 세례를 베풀었으나 너희는 몇날이 못되어 성령으로 세례를 받으리라" **저희에게 분부하여!** 여기에서도 '분부하여'라는 말이 나오고 있습니다. '분부'는 엄중한 왕의 명령입니다. 그래서 우리는 **'전도명령'**을 '왕의 명령'으로 받아야 하는 것입니다. 이것은 해도 되고 안해도 되는 것이 아니라 성도라면 꼭 해야하는 하나님의 **'지상명령(至上命令)'**인 것입니다. 다시 말씀드린다면 그것은 '하기 싫어도' 해야하고 '할 수 없어도' 해야하는 절대자이신 하나님의 명령입니다. **'하면은'** 하나님이 할 수 있는 지혜와 능력을 주십니다. 아멘!

e. 모든 것을 가르쳐 지키게 하라! 여기서 "모든 것을" 하나도 빠트리지 말라는 것입니다. "가르쳐"입니다. 제자들은 먼저 스승으로부터 가르침을 받아야 합니다. 그래야 제자가 될 수 있습니다. "지키게 하라" 입니다. 여기서 '지킨다'는 것은 헬라어로 τηρειν '테레인' 영어로는 guard인데 '감시하다, 망을 보다, 파수하다'라는 뜻을 가지고 있습니다. 이 말은 수동적인 keep 즉 '지키다'와는 의미가 다릅니다. 이 말은 '저들이 배운대로 잘 지키고 있는지 망을 보고 감시하라'는 능동적인 의미를 가지고 있는 것입니다. 이렇게 예수님의 '마지막 명령'은 엄위하고 엄중합니다. 예수님의 '복음 전도명령'은 곧 '세상 정복명령'이라고 할 수 있는 것입니다.

f. 볼찌어다! 이것은 영어로 Behold! 즉 '여기를 보라'는 것인데 이것은 왕과 같은 권위자만이 내릴 수 있는 강한 명령인 것입니다.

g. 세상 끝날까지 너희와 항상 함께 있으리라! 이것은 '주님이 동행해 주신다'는 약속인데 복 중에 최고의 복인 것입니다. 창세기에 보면 노아가 하나님과 동행했고, 에녹이 하나님과 동행했고, 믿음의 조상인 아브라함이 하나님과 동행을 했고, 이삭 야곱 요셉도 하나님과 동행을 했습니다. 그리고 하나님은 광야에서 40년 동안 모세와 동행하셨고, 모세를 뒤이어 가나안을 정복할 막중한 사명을 가진 여호수아에게는 이런 말씀을 주셨습니다. "마음을 강하게 하고 담대히 하라 두려워 말며 놀라지 말라 네가 어디로 가든지 네 하나님 여호와가 너와 함께 하느니라"(여호수아1:9절) **네 하나님 여호와가 너와 함께 하느니라!** 이것은 '네가 어디로 가든 내가 너와 동행하겠다'는 약속의 말씀인데 이 약속의 말씀 한 마디 때문에 여호수아는 가나안 정복의 사명을 잘 감당할 수 있었던 것입니다.

또, 여기서 우리가 알아야 하는 것은 **'하나님의 어린양'**으로 오신 예수님은 비록 십자가를 지심으로 멸시와 천대를 받았으나 부활하시고 승천하신 예수님은 **'만왕의 왕'**이요 **'만유의 주'**가 되신다는 것입니다. 그래서 예수님의 명령은 곧 하나님의 명령이요 **'왕의 명령'** 그 이상인 것입니다. 그래서 예수님은 이 세상을 떠나가시면서 제자들에게 **'왕의 권세'**를 위임하셨습니다. 그래서 초대교회의 사도들은 그 **왕권**(王權)을 가지고 복음을 전했던 것입니다. 지금도 예수님은 복음전하는 자들에게 **'왕권'**을 주십니다. 그래서 우리도 그 **'왕권'**을 회복해야 합니다. 그래야 그'왕권'을 가지고 땅 끝까지 복음을 전할 수 있는 것입니다. 이에 대해서 사도 바울은 이렇게 증거하고 있습니다. **"더욱 은혜와 의의 선물을 넘치게 받는 자들이 한 분 예수그리스도로 말미암아 생명 안에서 왕노릇 하리로다"**(로마서5:17절) **왕노릇 하리로다!** 우리의 신분은 천국의 백성이나 하나님의 자녀가 전부가 아닙니다. 예수님이 부활하시고 승천하시고 하나님의 보좌 우편에 앉아 계시고 우주만물의 통치자가 되심으로 **'우리의 신분도 격상이 되어서'** 성령과 함께 세상을 다스리는 왕이 된 것입니다. 왕(王)은 정복하고 지배하고 다스리는 자입니다. 그래서 우리는 세상 사람들의 눈치만 보고 지배를 받는 자가 아니라 성령의 권능으로 세상을 정복하고 지배하고 다스리는 자가 되어야 합니다. 그렇다고 기독교 국가를 만들고 기독교당을 만들어서 정치에 참여하라는 것이 아닙니다. 선한 사마리아인이나 초대교회의 사도들같이 성령의 인도하심을 받아서 **'선한 영향력'**을 가지고 세상을 정복하고 지배하고 다스리라는 것입니다. 그것은 물리적인 힘이 아니라 공의나 사랑같은 영적인 권세요 능력이요 힘인 것입니다. 예수님은 십자가에서 흘리신 살과 피! 즉 의와 사랑의 복음으로 로마제국은 물로 유럽과 미국과 남미, 아시아와 아프리카 전 세계를 정복하셨고 지금도 정복하고 계십니다. 그래서 우리도 할 수 있는 것입니다.

예수님은 이렇게 말씀하셨습니다. "나를 믿는 자는 나의 하는 일을 저도 할 것이요 이보다 더 큰 것도 하리니 이는 내가 아버지께로 감이니라"(요한복음14:12절) 지금 우리에게는 '내가 어떻게?'라는 소극적인 겸손보다는 '나도 할 수 있다'라는 적극적인 믿음이 필요한 때입니다.

또 예수님은 승천하시기 직전에 이렇게 말씀하셨습니다. "때와 기한은 아버지께서 자기의 권한에 두셨으니 너희의 알바 아니요 오직 성령이 너희에게 임하시면 너희가 권능을 받고 예루살렘과 온 유대와 사마리아와 땅 끝까지 이르러 나의 증인이 되리라"(7-8절)

a. 오직 성령이 너희에게 임하시면 너희가 권능을 받고! 성령은 하나님이 천지를 창조하실 때 '수면 위'를 운행하셨습니다. 성령은 천사들과 함께 현장에서 일하시는 하나님이십니다. 천지창조와 같이 복음 전도도 마찬가지입니다. 이것은 인간의 일이 아니라 하나님의 일입니다. 그래서 성령의 감동과 역사와 권능이 필요한 것입니다. 누구나 길거리에 나가서 전도지를 나누어주면서 복음을 전할 수 있습니다. 그러나 거기에는 열매가 별로 없습니다. 그러나 성령의 감동과 인도하심과 권능을 가지고 복음을 전할 때 사람들이 귀를 기울여 듣기 시작하는 것입니다. 복음전도는 한번으로 되지 않습니다. 대개 10번이고 100번이고 사랑과 열정을 가지고 끈질기게 찾아가야 열매를 거두는 것입니다. 그러나 **'성령의 권능을 받으면'** 오순절날 성령이 임하시고 제자들이 밖에 나가 복음을 전하자 한꺼번에 3,000명이 회개하고 돌아왔듯이 한번만 찾아가도 쉽게 마음의 문을 여는 것입니다. 이것이 바로 성령의 역사요 권능인 것입니다.

b. 땅끝까지 이르러! to the ends of the earth. 그러면 **'땅 끝'**이 어디 입니까? 복음은 이스라엘에서 시작이 되었습니다. 그런데 아이러니하게도 '땅

끝'은 바로 이스라엘인 것입니다. 바로 여기에 하나님의 지혜와 섭리가 있는 것입니다. 이스라엘 민족이 가장 먼저 복음의 소식을 들었으나 이스라엘 민족은 복음을 거부했고 예수님을 십자가에 못박아 죽였습니다. 그 후 복음은 유럽으로 건너가서 2,000년 동안 전 세계를 한 바퀴 돌아서 다시 아시아의 한국 중국에까지 왔습니다. 이것이 불교권인 동남 아시아, 회교권인 서남 아시아와 아프리카와 중동을 거쳐서 다시 이스라엘로 돌아오면 예수님이 재림하시고, 인류가 심판을 받고, 천국과 지옥으로 나누어집니다. 이것이 하나님의 계획이고 섭리인 것입니다.

c. 나의 증인이 되리라! You will be my witnesses 여기서 **'증인'**은 헬라어로 μάρτυς(말투스) 영어로는 witness인데 '목격자'라는 뜻을 가지고 있습니다. 그러니까 증인이 되기 위해서는 무엇인가를 보거나 듣거나 경험을 해봐야 한다는 것입니다. 이것을 '성령체험'이라고 합니다. 기독교 역사에서 대부흥을 일으켰던 조나단 에드워즈, 요한 웨슬레, 무디, 스펄젼, 스미스 위글스워드같은 전도자들은 성령 체험을 크게한 자들입니다.

예수 그리스도의 증인이 할 일은 여러 가지입니다. 첫째는 십자가의 증인이고, 둘째는 부활의 증인이고, 셋째는 만왕의 왕이요 만유의 주로서의 재림과 심판의 증인인 것입니다. 이 세 가지를 증거하는 것인데 그러기 위해서는 우리는 베드로나 바울이나 빌립같이 **'왕권'**을 받아서 **'왕의 권세'**를 가지고 땅 끝까지 복음을 전해야 하는 것입니다. 또 사도 바울은 전도(傳道)에 대해서 이렇게 증거하고 있습니다. "내가 복음을 전할지라도 자랑할 것이 없음은 내가 부득불 할 일임이라 만일 내가 복음을 전하지 아니하면 내게 화가 있을 것임이로라 내가 임의로 이것을 행하면 상을 얻으려니와 임의로 아니한다 할찌라도 나는 직분을 맡았노라"(고린도전서9:16-17절) **a. 내가 부득**

불 할 일이라! 여기서 '부득불'은 헬라어로는 αναγκη '아낭케'인데 영어로는 necessity필요 필연, compulsion 강요 불가피함, 이라는 뜻을 가지고 있습니다. 그리고 영어 성경에서는 I am compelled to preach라고 번역하고 있습니다. 그러니까 복음전도는 사도 바울에게 '강제로' 맡겨진 일이라는 것입니다. 그래서 그는 **부득불!** 즉 불가피하게 복음 전하는 사도가 된 것입니다. 그래도 사도바울이 거기에서 벗어날 수 없는 것은 정오에 다메섹 도상에서 부활하신 예수님을 직접 눈으로 보고 귀로 듣고 대화를 나누었기 때문입니다. 그리하여 그는 부인할 수 없었고 만사를 제쳐두고 복음 전하는 일에 매진할 수 있었던 것입니다. 여기서 '부득불'이라는 표현은 '하기 싫은 일을 억지로 한다'는 것이 아니고 복음의 가치와 능력을 말한 것입니다. 그는 억지가 아니라 기쁨으로 그 일을 감당한 것입니다.

b. **내게 화가 있을 것임이라!** 사도바울은 예수님으로부터 복음 전도를 위임받았습니다. 이것은 어떻게 보면 하나님이 바울에게 최고의 권세와 명예를 주신 것입니다. 그러니 어찌 자랑스럽지 않겠습니까? 그는 복음의 가치를 알고 있었습니다. 그래서 그는 복음을 전하기 위하여 자신의 목숨도 아끼지 않았던 것입니다.

c. **나는 직분을 맡았노라!** 여기서 **직분**은 영어로 trust인데 '신임 위임 책임'이라는 뜻을 가지고 있습니다. 이것을 다른 말로 표현하면 **"나는 사명을 받았노라"**가 됩니다. 사명(使命)은 글자 그대로 '일하라는 명령을 받았다'는 것입니다. 그런데 이 사명이라는 말에는 이런 의미도 들어있는 것입니다. 그것은 사명(死命)입니다. 이것은 죽음의 명령인 것입니다. **그러면 왜 사명(使命)이 사명(死命)이 됩니까?** 이 세상에서 복음을 전하려면은 죽음도 각오해야 하기 때문입니다. 그래서 초대교회 때는 많은 사람들이 복음을 전하다가

순교를 했던 것입니다. 또 사명(使命)이 사명(死命)이 되는 이유는 복음에는 자기 목숨도 불살라서 전하고 싶은 가치와 능력과 기쁨이 있기 때문입니다. 그렇다고 꼭 죽어야만 복음을 전할 수 있다는 것은 절대 아닙니다. 죽음이 능사가 아닌 것입니다. 죽지 않고도 얼마든지 복음을 전할 수 있습니다. 그러나 목숨을 바쳐서 복음을 전한 자와 그렇지 않고 복음을 전한 자는 천국에서 상급이 다른 것입니다.

그 후 바울은 아시아와 유럽으로 **'3차 전도여행'**을 다니면서 일생을 보냈습니다. 그 때의 일을 바울은 이렇게 고백하고 있습니다. "내가 수고를 넘치도록 하고 옥에 갇히기도 더 많이 하고 매도 수없이 맞고 여러번 죽을뻔 하였으니 유대인들에게 사십에 하나 감한 매를 다섯번 맞았으며 세번 태장으로 맞고 한번 돌로 맞고 세번 파선하는데 일주야를 깊음에서 지냈으며 여러번 여행에 강의 위험과 강도의 위험과 동족의 위험과 이방인의 위험과 시내의 위험과 광야의 위험과 바다의 위험과 거짓 형제 중의 위험을 당하고 또 수고하고 애쓰고 여러번 자지 못하고 주리고 목마르고 여러번 굶고 춥고 헐벗었노라 이 외의 일은 고사하고 오히려 내 속에서 눌리는 일이 있으니 곧 모든 교회를 위하여 염려하는 것이라"(고린도후서11:23-28절) 참으로 이정도면 놀랍다 못해 할 말을 잃고 마는 것입니다. 부활하신 예수님을 친히 만났던 바울이 아니라면 누가 이런 고난을 감당할 수 있겠습니까? 또 그가 그것을 감당할 수 있었던 것은 그것이 그에게는 삶의 가치이고, 기쁨이고, 성령의 충만과 더불어 큰 권능을 받았기 때문인 것입니다.

⑦ 끝으로 이사야서 6장을 보면 **'이사야'** 선지자는 환상 중에 하늘문이 열려서 하나님의 보좌를 보았고 스랍들이 하나님을 찬양하는 것을 보았습니다. 그 때 그는 이런 고백을 했던 것입니다. "화로다 나여 망하게 되었도다

나는 입술이 부정한 사람이요 입술이 부정한 백성 중에 거하면서 만군의 여호와이신 왕을 뵈었음이로다"(5절) 그러자 천사 중 하나가 날아와서 화저로 단에서 취한 숯불을 가지고 이사야의 입술에 대자 그의 악(惡)과 죄(罪)가 제하여졌습니다. 바로 그 때 주님의 음성이 들려왔습니다. "내가 누구를 보내며 누가 우리를 위하여 갈꼬"(8절) 그러자 이사야가 이렇게 대답합니다. "내가 여기 있나이다 나를 보내소서"(8절) 이것은 마치 '전도자 파송식'과도 같습니다. 누구나 한두번은 이 말씀에 관심을 가졌을 것입니다. 그리고 자기가 이사야 선지자인 것처럼 흉내도 내보지만 그렇게 실감이 나지 않아서 낙심하기도 합니다. 그러나 지금은 그렇지 않습니다. **"내가 누구를 보내며 누가 우리를 위하여 갈꼬"**라는 주님의 음성이 내 안에서 들려오고 **"주여 내가 여기 있나이다 나를 보내소서"**라는 대답이 내 안에서 들려온다면 그는 복음전도의 사명을 받은 것입니다. 그리고 이사야 선지자나 사도 바울 같은 사명감을 가지고 복음을 전할 수 있는 것입니다.

1절 '빛의 사자들이여 어서 가서 어둠을 물리치고 주의 진리 모른 백성에게 복음의 빛 비춰라 빛의 사자들이여 복음의 빛 비춰라 죄로 어둔 밤 밝게 비춰라 빛의 사자들이여'(통일찬송가259장 새찬송가502장)

13) 최후의 심판과 하나님의 영광입니다.

(1) 최후의 심판(審判)입니다.

하나님의 심판에는 **물**의 심판과 **불**의 심판이 있습니다.

첫번째 '물의 심판'입니다. 창세기6:5-8절 입니다. "여호와께서 사람의 죄악이 세상에 관영함과 그 마음의 생각의 모든 계획이 항상 악할 뿐임을 보시고 땅 위에 사람 지으셨음을 한탄하사 근심하시고 가라사대 나의 창조한 사람을 지면에서 쓸어버리되 사람으로부터 육축과 기는 것과 공중의 새까지 그리하리니 이는 내가 그것을 지었음을 한탄함이니라 하시니라 그러나 노아는 여호와께 은혜를 입었더라" 그리고 또 하나님은 노아에게 이런 명령을 하셨습니다. "모든 혈육있는 자의 강포가 땅에 가득하므로 그 끝날이 내 앞에 이르렀으니 내가 그들을 땅과 함께 멸하리라 너는 잣나무로 너를 위하여 방주를 짓되 그 안에 간들을 막고 역청으로 그 안팎에 칠하라"(13-14절) 하나님의 명령을 받고 노아는 산 위에서 방주(方舟)를 짓기 시작을 했습니다. 한번 생각해 보십시오! 노아가 세상일은 팽개쳐버리고 밤낮 산꼭대기에 올라가서 배를 짓고 있으니 그 때 사람들이 얼마나 노아를 비웃고 놀렸겠습니까? '뭐야? 하나님이 물로 세상을 심판하신다고? 그런 미친 소리가 어디 있어?' 하면서 노아가 지나가면 동네 아이들까지도 '저기 미친 할아버지 지나간다'고 하면서 놀려먹었을 것입니다. 그래도 노아는 묵묵히 하나님의 명령을 따라 산에 올라가서 나무를 베어 방주를 지었습니다. 그리고 노아의 7식구는 하나님의 약속을 믿고 방주 안이로 다 들어가서 방주의 문을 닫았습니다. 그러자 청천하늘에 갑자기 먹구름이 모여들더니 장대같은 소낙비가 40주야를 퍼부었습니다. 그리하여 노아의 7식구와 방주에 들어간 동물들 이외는 모두 물에 잠겨 죽었습니다. 이것을 성경은 **노아의 홍수**라고 부릅니다. 그러나 하나님을 믿지 않는 자들은 '홍수가 나는 날까지' 먹고 마시고 시집가고 장가가고 세상 일에만 빠져있었던 것입니다. 홍수가 끝나자 노아와 7식구들은 방주에서 다 나왔습니다. 그 때 하나님은 노아에게 이런 언약을 하셨습니다. "내가 너희와 언약을 세우리니 다시는 모든 생물을 홍수로 멸하지 아니할 것이라 땅을 침몰할 홍수가 다시는 있지 아니 하리라 내가 너희와 너희와 함께하는 모든 생물 사이에 영세까지 세우는 언약의 증거는 이 것이라 내가 무지개를 구름 속에 두었나니 이것이 나의 세상과의 언약의 증거니라"(창세기9:11-13절) **내가 너희와 언약을 세우리니!** 언약은 하나님이 말씀으로 약속하신 계약입니다. 그 계약의 내용은 하나님이 이 땅을 다시는 홍수로 세상을 심판하지 않겠다는 것입니다.

두 번째, 불의 심판입니다. 창세기 19장을 보면 어느날 두 사람(천사)이 소돔에 사는 **롯**을 찾아왔습니다. "날이 저물매 그 두 천사가 소돔에 이르니 마침 롯이 소돔 성문에 앉았다가 그들을 보고 일어나 영접하고 땅에 엎드리어 절 하여 가로되 내 주여 돌이켜 종의 집으로 들어와 발을 씻고 주무시고 일찍이 일어나 갈 길을 가소서"(1-2절) 그리하여 천사들이 롯의 집에 들어와 식사를 하고 자리에 누우려는데 사람들이 몰려와서 소리지르며 소란을 피웠습니다. "이 저녁에 네게 온 사람이 어디 있느냐 이끌어 내라 우리가 그들을 상관하리라"(5절) **상관하리라!** 여기서 '상관한다'는 것은 히브리어로 יָדַע(야다), 영어로는 know'알다' 또는 have sex'동침하다'라는 뜻을 가지고 있습니다. 참고로 영어성경은 이렇게 번역하고 있습니다. Bring them out to us so that we can have sex with them. 그러자 다급해진 롯이 이렇게 말하고 있습니다. "청하노니 내 형제들아 이런 악을 행치말라 내게 남자를 가까이 아니한 두 딸이 있노라 청컨대 내가 그들을 너희에게로 이끌어 내리니 너희 눈에 좋은대로 그들에게 행하고 이 사람들은 내 집에 들어왔은즉 이 사람들에게는 아무 짓도 하지 말라"(7-8절) 그래도 그들이 문을 발로 차고 물러가지 않자 두 천사가 나와 그들의 눈을 어둡게 하자 그들이 문을 찾느라고 곤비하였다고 성경은 기록하고 있는 것입니다(11절) 이것이 무엇입니까? 요즘 전 세계적으로 논란거리가 되고 있는 **동성연애**입니다. '동성연애'란 성(性) 윤리를 벗어나서 남자와 남자, 여자와 여자끼리 사랑을 나누고 결혼도 하는 것입니다. 이것은 곧 **'성 정체성의 혼란'**입니다. 그러면 왜 이것이 문제가 되고 있습니까? 창조주 하나님의 뜻인 "생육하고 번성하여 땅에 충만하라"(창세기1:28절) 는 하나님의 명령을 어기고 그로 인하여 하나님이 주신 축복을 거절하기 때문입니다. 남녀의 결혼은 창조의 원리이고 법칙입니다. 무엇이든지 '원리 원칙'을 벗어나는 것은 오래가지 못하고 망하는 것입니다. 역사를 공부하다보면 놀라운 사실을 발견합니다. 서양에서 고대나 중세시대 그 중에서도 로마 제국시대에는 **동성연애**가 널리 횡행하고 있었다는 것입니다. 그 때에는 나이든 남자 귀족들은 대개 20세가 안된 사내아이(이것을 '미동(美童)'이라고 함)를 집에 두고 있었던 것입니다. 그런 잘못된 관습에서 벗어나서 장성한 남녀들끼리의 건전한 성 문화는 겨우 근세에 들어와서 **종교개혁**이 일어나고 독일과 영국에서 프로테스탄트 교회가 자리를 잡고 나서 시작되었습니다. 그 전까지는 전 세계가 특히 서양에서 이런 성(性) 정체성의 혼란에 빠져있었던 것입니다. 그러다가 현대에 들어와서 유럽에서 기독교가 쇠퇴하자 **동성연애** 즉 성 정체성의 혼란이 다시 일어나고 있는 것입니다. 과학문명과 인간 이성이 발달한 현대에서 이러한 일이 벌어지고 있다는 것은 우리가 이해하기 힘든 부분인데 이것이 바로 '인간의 타락'입니다. 이런 현상이 고대 세계에서는 더 비일비재하게 일어났는데 그것이 바로 '소돔과 고모라'에 살았던 롯의 집에서 일어난 사건입니다. 이 한 가지 사건으로 인하여 소돔과 고모라성이 불바다가 되었던 것입니다. "그 사람들이 롯에게 이르되 이 외에 네게 속한 자가 또 있느냐 네 사위나 네 자녀나 성 중에 네게 속한 자들을 다 성 밖으로 이끌어 내라 그들에 대하여 부르짖음이 여호와 앞에 크므로 여호와께서 우리를 이 곳을 멸하러 보내셨나니 우리가 멸하리라"(12-13절) 그러자 두 사위들은 롯의 말을 농담으로 듣고 있었고 아내와 두 딸들은 믿으면서도 긴가민가 의심을 하자 두 천사가 그들의 손을 잡아 성 밖으로 이끌어 내었습니다. 여기에서 보면 사람들의 태도가 제 각각입니다. 두 사위는 농담으로 여기고 그대로 있었고, 두 딸들은 믿었으나 의심을 했고, 롯의 아내는 세상에 대한 미련을 못버리고 뒤를 돌아 보았다가 소금기둥이 되었습니다. "롯의 아내는 뒤를 돌아 본고로 소금기둥이 되었더라"(26절) 그러나 그 때 믿지 않는 사람들은'롯과 그의 식구들이 탈출하는 것도 모르고'그저 먹고 마시고 잠을 자고 있었습니다. 이것이 어찌 그 시대만의 일이겠습니까? 지금도 그와 똑같습니다. 여전히 하나님에게는 관심이 없이 먹고 마시고 놀고 잠만 자고 있다가가 '세상의 종말이 오는 것도 모르고' 있는 것입니다. 소돔과 고모라의 사건은 이렇게 끝이 나고 있습니다. "여호와께서 하늘 곧 여호와에게로서 유황과 불을 비같이 소돔과 고모라에 내리사 그 성과 온 들과 성에 거하는 모든 백성과 땅에 난 것을 다 엎어 멸하셨더라"(24-25절) **유황과 불을 비같이 소돔과 고모라에 내리사!** 하늘에서 소낙비가 내리듯이 소돔과 고모라에 펄펄끓다가 폭발한 화산과 같은 불이 내리고 있는 것입니다. 이것은 핵폭탄보다 더 무서운 유황불입니다. 그래서 한 사람도 살아남을 수 없는 것입니다. 여기에 한 사람의 증인이 등장하고 있습니다. 그는 믿음의 조상 **아브라함**입니다. "아브라함이 그 아침에 일찍이 일어나 여호와의 앞에 섰던 곳에 이르러 소돔과 고모라와 온 들을 향하여 눈을 들어 연기가 옹기점 연기같이 치밀음을 보았더라"(27-28절) **연기가 옹기점같이 치밀음을 보았더라!** 그 때 아브라함의 심정이 어떠했겠습니까? 아마 눈을 감고 입을 닫았을 것입니다. 이것은 한편의 시(詩)가 아니라 소돔과 고모라의 최후를 보여주는 기록입니다. 이것을 일러 **'소돔과 고모라**

의 멸망'이라고 하는데 지금의 우리에게도 큰 교훈을 주고 있습니다. 왜 그렇습니까? 현대의 과학기술 문명이나 도시문명이 소돔과 고모라를 닮아 가고 있기 때문입니다.

예수님은 이렇게 말씀하셨습니다. "무화과나무의 비유를 배우라 그 가지가 연하여지고 잎사귀를 내면 여름이 가까운 줄을 아나니 이와같이 너희도 이 모든 일을 보거든 인자가 가까이 곧 문 앞에 이른 줄 알라"(마태복음 24:32-33절) a. 무화과나무의 비유를 배우라! '무화과나무'는 우리 나라의 감나무와 같이 이스라엘에서 가장 흔하고 가장 친근한 나무입니다. 그래서 이스라엘 사람들과 생사고락을 같이 하는 나무이기도 합니다. 그래서 그들은 무화과나무가 잎이 피고 지는 것을 보고 계절이 오고가는 것을 가름하기도 했던 것입니다. 이것을 예수님은 이렇게 말씀하셨습니다. "너희가 저녁에 하늘이 붉으면 날이 좋겠다 하고 아침에 하늘이 붉고 흐리면 날이 궂겠다 하나니 너희가 천기는 분별할 줄 알면서도 시대의 표적은 분별할 수 없느냐"(마태복음16:2-3절) 시대의 표적은 분별할 수 없느냐! 지금 이 시대는 말세이고 기후이변, 천연자원 고갈, 환경오염으로 인류 문명의 종말과 함께 '지구의 종말'을 거론하는 시대가 되었습니다. 그래도 사람들은 거기에 별로 관심을 두지 않습니다. 그래서 노아의 홍수나 소돔과 고모라처럼 세상은 망하는 것입니다.

b. 인자가 가까이 문 앞에 이른 줄 알라! 이것은 예수님의 재림 즉 '하나님의 심판'이 가까이 이르렀다는 것입니다.

그러면 그 때가 언제입니까? 가까이로는 주후 70년에 예루살렘이 로마의 군대에 의해서 짓밟힌 때이고, 멀리로는 예루살렘에서 시작된 복음이 전 세계를 한 바퀴 돌아서 다시 이스라엘로 돌아올 때입니다. 이렇게 예수님은 무화과나무를 통해서 예루살렘의 멸망과 '최후의 심판'을 예고하고 계십니다. 이것을 놓고 보면 지금 복음이 태평양을 건너 한국 중국을 지나 불교권인 동남 아시아에까지 와 있고, 회교권까지는 아직 덜 미치고 있는 것입니다. 이렇게 보면 하나님의 심판이 턱밑까지 와 있다는 것을 알 수 있는 것입니다.

예수님은 '최후의 심판'에 대해서 이렇게 말씀하셨습니다. "인자가 자기 영광으로 모든 천사와 함께 올 때에 자기 영광의 보좌에 앉으리니 모든 민족으로 그 앞에 모으고 각각 분별하기를 목자가 양과 염소를 분별하는 것 같이 하여 양은 그 오른 편에 염소는 그 왼편에 두리라"(마태복음25:31-33절) 예수님은 심판 때 양과 염소를 분별하신다고 말씀하십니다. 여기서 양과 염소는 교회 안의 교인들을 가리킵니다. 물론 교회 밖에 있는 불신자들은 다 지옥에 가지만 교회 안에 있는 자들도 양과 염소로 나누어진다는 것입니다. 그래서 교회 다닌다고 안심할 일이 아닌 것입니다. **그러면 왜 하나님의 심판이 있습니까?** 하나님이 천지만물을 창조하실 때 "보시기에 좋았더라"고 하셨으나 이 땅을 영구적이고 완전한 것으로는 창조하지 않으셨습니다. 그래서 인간이 마귀의 유혹을 받고 타락을 했고 다른 만물들도 같이 타락을 하게 된 것입니다. 그래서 하나님은 처음부터 만물을 심판하신 후에 다시 새롭게 하시려는 계획을 갖고 계셨던 것입니다. 이것은 하나님의 **재창조**입니다. 그리고 우리가 영원히 살 곳은 저 우주 너머의 천국이지 은하계와 태양계에 속한 이 땅이 아닌 것입니다.

또 예수님은 이 **심판** 대하여 이렇게 말씀하셨습니다. "무덤 속에 있는 자가 다 그의 음성을 들을 때가 오나니 곧 이 때라 선한 일을 행한 자는 생명의 부활로 악한 일을 행한 자는 심판의 부활로 나오리라"(마태복음5:28-29절) 부활도 두 가지가 있는데 생명의 부활과 심판의 부활입니다. 믿고 구원받는 자들은 무덤에서 부활하여 심판도 없이 영생에 들어가지만 믿지 않는 자들은 부활은 했으나 하나님의 심판을 받고 마귀를 따라서 지옥으로 가게 되는 것입니다.

'하나님은 십자가에서 두 가지 일을 하셨는데 마귀는 심판하시고 인간은 구원해 주셨습니다'. 인간의 구원은 마귀의 심판과 연결되어 있습니다. 인간이 구원받기 전에 먼저 마귀의 심판이 있어야 하는 것입니다. 마귀는 죄의 원흉입니다. 에덴동산에서 마귀가 아담과 하와를 유혹하여 죄를 짓게 했습니다. 그래서 이 마귀의 심판이 없이는 인간의 구원도 없는 것입니다. 십자가가 무엇입니까? 인간의 죄가 마귀에게로 넘어간 것입니다. 이것은 마치 고스톱을 칠 때 '떠넘기기'를 하듯이 **'야! 마귀야! 죄는 다 네 것이니 네가 도로 가져가라!'**고 죄를 마귀에게 떠넘기는 것입니다. 그리고 인간은 죄를 벗었습니다. 이것이 바로 십자가 사건인 것입니다. 이 심판의 근거는 오직 예수 그리스도를 믿느냐 안 믿느냐에 달려있습니다. '예수 그리스도가 나의 죄를 대신 지시고 십자가에서 죽으셨다' 는 것을 믿는 자는 죄를 용서받고 구원 받아 하나님의 자녀가 되어 천국에 들어가지마는 이것을 믿지 않고 부인하는 자는 하나님의 심판을 받고 마귀와 함께 지옥으로 가는 것입니다.

(2) 하나님의 영광(榮光)입니다.

모세가 어느날 미디안 광야에서 양무리를 끌고 서쪽으로 가다가 **호렙산**에 이르렀는데 떨기나무에 불이 붙었으나 나무가 타지 않는 것입니다. 그래서 모세는 너무 신기해서 가까이 갔는데 그때 하나님이 모세를 부르셨습니다. "모세야 모세야"(출애굽기3:4절) 그러자 모세가 얼떨결에 이렇게 대답을 했습니다. "내가 여기 있나이다"(4절) 그러자 하나님의 음성이 또 들려왔습니다. "너의 선 곳은 거룩한 땅이니 네 발에서 신을 벗으라"(5절) 그리고 음성이 또 들렸습니다. "나는 네 조상의 하나님이니 아브라함의 하나님, 이삭의 하나님, 야곱의 하나님이니라"(6절) 이것은 모세가 처음으로 본 하나님의 영광(榮光)이었는데 그것은 타지 않는 불꽃이었습니다.

출애굽 후에 모세는 **시내산**에 올라가서 40일 동안 있으면서 하나님의 영광(榮光)을 또 보았습니다. 출애굽기 24:9-11절 입니다. "모세와 아론과 나답과 아비후와 이스라엘 장로 칠십인이 올라가서 이스라엘의 하나님을 보니 그 발 아래에는 청옥을 편듯하고 하늘같이 청명하더라 하나님이 이스라엘의 존귀한 자들에게 손을 대지 아니 하셨고 그들은 하나님을 보고 먹고 마셨더라" **이스라엘의 하나님을 보니!** 그들은 눈으로 가까이에서 하나님의 영광을 보았습니다. 그러고도 죽지 않았습니다. 참으로 놀랍지 않습니까? 그 때 모세와 이스라엘의 장로 칠십인은 산꼭대기에는 오르지 못하고 산 중턱쯤에 올라간 것 같습니다. 이 일이 있고 나서 모세는 여호수아와 단 둘이서 하나님의 부르심을 받고 십계명을 받으러 시내산 꼭대기에 올라갔던 것입니다. "모세가 산 위에 오르매 구름이 산을 가리며 여호와의 영광이 시내산 위에 머무르고 구름이 육일 동안 산을 가리더니 제 칠일에 여호와께서 구름 가운데서 모세를 부르시니라 산 위의 여호와의 영광이 이스라엘 자손의 눈에 맹렬한 불같이 보였고 모세는 구름 속으로 들어가서 산 위에 올랐으며 사십일 사십야를 산에 있으니라"(15-18절) 이것은 여호와 하나님의 영광이 시내산에 직접 나타난 전후무후한 사건입니다. 그 때 모세는 하나님을 가장 가까이에서 보았습니다. 그것은 타지 않는 맹렬한 불이었는데 그 속에서 모세가 사십일 동안이나 있었으나 모세는 죽지 않았던 것입니다. 그런 후에 모세는 십계명을 받아가지고 시내산에서 내려왔습니다. 그런데 놀라운 일이 일어났습니다. 모세의 얼굴에서 광채가 나서 사람들이 모세의 얼굴을 쳐다볼 수 없었던 것입니다. 그러자 모세가 그의 얼굴을 수건으로 가리웠던 것입니다. "이스라엘 자손이 모세의 얼굴의 광채를 보는 고로 모세가 여호와께 말씀하러 들어가기까지 다시 수건으로 자기의 얼굴을 가리웠더라"(출애굽기 34:35절) 라고 기록하고 있습니다.

또 예수님이 제자들과 함께 **변화산**에 올라가셨을 때에도 이런 일이 일어났습니다. 마가복음 9장입니다. "엿새 후에 예수께서 베드로와 야고보와 요한을 따로 데리시고 높은 산에 올라가셨더니 저희 앞에서 변형되사 그 옷이 광채가 나며 세상에서 빨래하는 자가 그렇게 희게할 수 없을만큼 심히 희어졌더라"(2-3절) 그 때 예수님은 모세와 엘리야를 만나셨는데 여기에서 변화된 예수님의 모습이 아주 인상적입니다. 얼굴이 해같이 빛이 났고 옷이 햇빛같이 희어진 것입니다. "이에 엘리야가 모세와 함께 저희에게 나타나 예수로 더불어 말씀하거늘"(4절) 이 구절 은 우리가 신중히 접근해야할 부분입니다. 지금 그들 앞에 계신 예수님은 실물입니다. 그러면 모세와 엘리야는 무엇입니까? 그들이 본 환상인 것입니다. 요즘 말로는 '**가상현실**'인 것입니다. 그 때 그것을 보고 베드로가 너무 좋아서 예수님께 이런 말을 했습니다. "랍비여 우리가 여기 있는 것이 좋사오니 우리가 초막 셋을 짓되 하나는 주를 위하여 하나는 모세를 위하여 하나는 엘리야를 위하여 하사이다"(5절) 이것은 덤벙거리기 좋아하고 철없는 베드로의 실언입니다. 바로 그 때 빛난 구름이 몰려와서 저희를 덮었습니다. "말 할 때에 홀연히 빛난 구름이 저희를 덮으며"(5절) 이것을 세상적인 말로 표현한다면 '좋다가 만 것'인데 그 때 제자들이 얼마나 실망을 했겠습니까? 여기서 우리의 의문점은 이것입니다. 왜 그 영광의 순간에 얄밉게도 구름이 몰려와서 영광을 가리우고 우리를 실망시키는가? 그런 때는 이런 말을 하기도 합니다. "에이! 아무 것도 없잖아! 우리가 속았잖아!" 그러면 왜 이런 일이 일어났습니까? 이 한 마디 때문입니다. "랍비여 우리가 여기 있는 것이 좋사오니" 이것은 제자들의 잘못된 생각과 판단인데 이 한 마디 때문에 모든 것이 수포로 돌아가고 만 것입니다. 그 때 제자들은 변화산 위의 사건의 **내면**과 **본질**을 보지 못하고 **외형**과 **현상**만을 본 것입니다. 그 때 예수님이 모세와 엘리야와 나눈 대화의 내용은 '예수님의 십자가와 죽음'이었습니다.(누가복음9:31절) 그런데도 베드로와 제자들은 거기에는 관심이 없고 겉모습의 화려함만을 보고 '여기서 살자'고 예수님께 요구했던 것입니다. 그것은 제자들의 결정적인 실수였습니다. 그렇게 되면 십자가도 인류의 구원도 없게 되는 것입니다. 참으로 철없는 어린아이와 같습니다. 그러자 곧 바로 구름이 몰려와 하나님의 영광을 가리웠던 것입니다. 이것은 지금의 우리에게도 중요한 멧세지를 전해주고 있습니다. 지금 우리도 **본질** 즉 십자가 보다는 **현상** 즉 세상적인 성공을 더 추구하는 것은 아닐까? 고난보다 행복을 더 추구하는 것은 아닐까? 영적인 것보다 육적인 것을 더 바라는 것은 아닐까? 진리보다 철학을 더 선호하는 것은 아닐까? 하나님의 영광보다 세상 영광을 더 사모하는 것은 아닐까? 자신에게 물어보고 깊이 반성해야 합니다.

여기 있는 것이 좋사오니! 그러면 여기가 어디입니까? 산의 꼭대기 곧 정상입니다. 누구나가 다 정상을 좋아합니다. 등산을 해도 산 중턱에 도착하면 성이 차지 않습니다. 그래서 기를 쓰고 정상을 향해 올라가는 것입니다. 정상에 가면 모든 것이 아래로 보이고 기분이 좋습니다. 그래서 '야호! 야호!' 하면서 소리를 지르는 것입니다. 그러나 바로 그 지점이 가장 위험한 곳입니다. 세계에서 유명한 산들을 등산하다가 사고가 자주 나는데 사고가 언제 일어납니까? 대개 하산(下山)하다가 일어나는 것입니다. 왜냐하면 긴장이 풀리고 자만심에 도취되어 있기 때문입니다. 바로 그런 때를 조심해야 합니다.

신앙생활도 이와 같습니다. 등산도 올라갈 때보다 내려올 때가 더 위험하다고 합니다. 신앙도 올라 갈 때보다 내려갈 때가 더 위험합니다. 신앙도 올라갈 때가 있고 내려갈 때가 있습니다. 우리도 한번 기도하다가 환상을 보거나 은혜를 받고 응답을 받으면 신앙생활이 올라갑니다. 더 열심히 기도하고 예배를 잘 드립니다. 그런 때를 조심해야 합니다. 응답받고 은혜받는 것이 신앙생활의 전부가 아닙니다. 어제의 은혜가 오늘의 은혜가 아닌 것입니다. 은혜도 시간이 흐르면 사라지고 다시 받아야 하는 것입니다. 이것을 모르면 은혜가 오히려 독이 되기도 하는 것입니다.

하나님의 영광이 사라지자 제자들이 실망한 나머지 어안이 벙벙하고 있을 때 구름 속에서 '하나님의 음성'이 들려왔습니다. "이는 내 사랑하는 아들이요 내 기뻐하는 자니 너희는 저의 말을 들으라 하는지라"(5절) **너희는 저의 말을 들으라!** 이 한마디가 제자들을 환상에서 깨어나게 했습니다. 그리고 이것은 하나님이 지금 우리들에게 주시는 말씀이기도 한 것입니다. 그래서 우리는 가장 먼저 예수님의 말씀을 들어야 합니다. 환상에 빠지면 안됩니다. 왜냐하면 환상은 사라지기 때문입니다. 그러나 말씀은 사라지지 않습니다. 말씀을 들어야 길을 잃지 않고 끝까지 갈 수 있는 것입니다.

① 그러면 그 때 산 아래의 제자들은 어떠했습니까? 그들은 예수님이 베드로 야고보 요한만을 데리고 산에 올라가시자 실망하고 시기심과 원망이 부글부글 끓어 올랐을 것입니다. 그래서 그들은 원망 불평하느라 기도를 하지 않았습니다. 사람들이 구름떼같이 몰려와도 본체만체하고 예수님과 베드로 야고보 요한이 올라간 산만을 바라보고 있었습니다. 그리고 이런 생각을 했

을 것입니다. '지금 예수님과 베드로 야고보 요한은 무엇을 하고 있을까? 참 부럽다!' 그 때 한 사람이 와서 자기 아들에게서 귀신을 좇아내 달라고 사정을 해서 마지 못해 귀신에게 '나가라'고 명령했으나 귀신은 나가지 않았습니다. 제자들이 어쩔줄 몰라하면서 당황하고 있을 때 마침 예수님이 베드로 야고보 요한과 함께 산에서 내려 오셨습니다. 그러자 예수님께 물었습니다. "우리는 어찌하여 능히 그 귀신을 좇아내지 못하였나이까"(28절)

② 그러면 왜 제자들이 귀신을 좇아내지 못했습니까? 그 때 예수님은 책망하시듯 제자들에게 이렇게 말씀하셨습니다. "기도 외에는 이런 유가 나갈 수 없느니라"(29절) 예수님의 말씀과 같이 산 아래의 제자들은 시기와 원망과 불평을 하느라고 기도하지 않았습니다. 그 때 그들이 해야 했던 것은 시기와 원망이 아니라 **중보기도**였습니다. 그런데도 그들은 그 기도를 하지 않았던 것입니다. 여기서 우리가 깨닫는 것은 어제의 믿음이 오늘의 믿음이 아니고, 어제의 은혜가 오늘의 은혜가 아니고, 어제의 능력이 오늘의 능력이 아니라는 것입니다. 그래서 우리는 늘 겸손해야 하고 기도해야 하는 것입니다. 우리가 자만하고 자랑하고 하나님의 뜻에서 벗어나는 순간에 그런 것들은 언제든지 우리에게서 떠나가고 마는 것입니다.

베드로는 아주 오랜 후에 그의 죽음이 다가오자 옛날을 회상하면 이렇게 증거하고 있습니다. "내가 이 장막에 있을 동안에 너희를 일깨워 생각하게 함이 옳은 줄로 여기노니.... 우리 주 예수 그리스도의 능력과 강림하심을 너희에게 알게 한 것이 공교회 만든 이야기를 좇은 것이 아니요 우리는 그의 크신 위엄을 친히 본 자라 지극히 큰 영광 중에서 이러한 소리가 그에게 나기를 이는 내 사랑하는 아들이요 기뻐하는 자라 하실 때에 저가 하나님 아버지께 존귀와 영광을 받으셨느니라"(베드로후서1:13-17절) **우리는 그의 크**

신 위엄을 친히 본 자라! 이것은 예수님을 따라 변화산에 올라갔던 베드로의 증언입니다. 그리고 그는 이것을 그의 유언처럼 남기고 있는 것입니다.

사도 바울은 **이 영광(榮光)**에 대해서 이렇게 증거하고 있습니다. "돌에 써서 새긴 죽게 하는 의문의 직분도 영광이 있어 이스라엘 자손들이 모세의 얼굴의 없어질 영광을 위하여 그 얼굴을 주목하지 못하였거든 하물며 의의 직분이 더욱 영광이 있지 아니하겠느냐 정죄의 직분도 영광이 있은즉 의의 직분은 더욱 영광이 넘치리라 영광되었던 것이 더 큰 영광을 위하여 이에 영광될 것이 없으나 없어질 것도 영광으로 말미암았은즉 길이 있을 것은 더욱 영광 가운데 있으리라"(고린도후서 3:7-11절) 여기 이 짧은 문장 속에 **'영광'**이라는 말이 10번이나 나오고 있습니다. **영광! Glory!** 이것은 하늘나라 가운데서도 하나님의 보좌나 하나님 자신을 일컫는 말인 것입니다. **하나님의 영광!** 우주만물은 오직 이것을 위해 존재하는 것입니다.

예수님은 십자가를 앞에 두시고 이렇게 기도하셨습니다. "지금 내 마음이 민망하니 무슨 말하리요 아버지여 나를 구원하여 이 때를 면하게 하여 주옵소서 그러나 내가 이를 위하여 이 때에 왔나이다. 아버지여 아버지의 이름을 영광스럽게 하옵소서" (요한복음12:27-28절) 그러자 하늘에서 이런 소리가 들려왔습니다. "내가 이미 영광스럽게 하였고 또다시 영광스럽게 하리라"(요한복음12:28절)

a. 지금 내 마음이 민망하니! '민망하다'는 것은 '매우 난감하다'는 것입니다. 그 이유는 예수님께서 잠시나마 아버지로부터 저주를 받아서 아버지에게서 끊어지기 때문인 것입니다.

b. 아버지여 아버지의 이름을 영광스럽게 하옵소서! 이것이 예수님의 기도 제목이었고 예수님이 이 세상에 오신 목적이었습니다. 그 때 하늘에서 이

런 대답이 왔습니다. c. **내가 이미 영광스럽게 하였고!** 하나님은 예수님을 통하여 이미 영광을 받으셨습니다. d. **또 다시 영광스럽게 하리라!** 그 영광이 무엇인지는 우리는 알 수 없습니다. 그러나 하나님은 영광을 받으시는 분이시오 스스로 영광을 입으신 분이십니다. 모세는 시내산에서, 이사야 선지자는 성전에서, 사드락 메삭 아벤느고는 풀무불 속에서, 다니엘은 사자굴 속에서, 사도요한은 밧모섬에서, 사도바울은 아라비아 사막에서 이 영광을 눈으로 보았습니다. 그리고 변화되었습니다. 더 신실한 하나님의 종이 되었습니다. 지금 우리도 하나님의 영광을 본다면 그 순간에 새사람으로 변화되고 말 것입니다. **영광**(榮光)은 Glory! 즉 '찬란한 빛'을 의미하는데 이것은 빛을 창조하시고 빛의 아버지가 되시고 하늘 보좌에 앉으셔서 영원히 우주만물을 통치하시는 절대 주권자이신 하나님의 보좌와 위상을 일컫는 말입니다.

예수님은 생애 '**마지막 기도**'에서 이렇게 기도하셨습니다. "아버지여 때가 이르렀사오니 아들을 영하롭게 하사 아들로 아버지를 영화롭게 하게 하옵소서"(요한복음17:1절) **아들로 아버지를 영화롭게 하게 하옵소서!** 예수님이 이 땅에 오신 목적은 오직 '**아버지의 영광**'을 위해서였습니다. 그래서 예수님은 자나 깨나 사나 죽으나 오직 하나님 아버지의 영광만을 생각하셨습니다. 그래서 죽기까지 순종하시면서 인류의 구원을 위해서 십자가를 지고 가셨습니다.

또 예수님은 그 때 이렇게 기도하셨습니다. "아버지여 창세 전에 내가 아버지와 함께 가졌던 영화로써 지금도 아버지와 함께 나를 영화롭게 하옵소서"(5절) **나를 영화롭게 하옵소서!** 이것이 무엇입니까? '**아들의 영광**'입니다. 예수님은 오직 '**아버지의 영광**'을 위해서 하늘보좌를 버리시고 이 세상에 오셨고 십자가를 지고 가셨습니다. 이제 남은 것은 예수님이 예전의 그 영광의 자리로 되돌아가는 것입니다. 그것은 예수님이 부활하는 것이고 승천하셔서 하나님의 보좌 우편에 앉는 것입니다. 그리고 창조주, 만왕의 왕, 만유의 주로서 우주 만물을 다스리시는 것입니다. 그것이 바로 **'아들의 영광'**이고 바로 그것을 위해서 예수님이 기도하고 계신 것입니다.

1절 '태산을 넘어 험곡에 가도 빛 가운데로 걸어가면 주께서 항상 지키시기로 약속한 말씀 변치않네 하늘의 영광 하늘의 영광 나의 맘속에 차고도 넘쳐 할렐루야를 힘차게 불러 영원히 주를 찬양하리'(통일찬송가502장 새찬송가445장)

15. 예수그리스도는 하나님의 아들이시요 인류의 구원자시요 '참' 하나님이십니다.

마태복음16장을 보면 예수님이 제자들과 함께 **가이샤라 빌립보** 지방을 찾아 가셨습니다. 그 때 예수님이 제자들에게 이렇게 물으셨습니다. "사람들이 인자를 누구라 하느냐"(13절) 그러자 제자들이 이렇게 대답을 했습니다. "더러는 세례요한 더러는 엘리야 어떤 이는 예레미야나 선지자 중의 하나라 하나이다"(14절) 그러자 예수님이 이렇게 물으셨습니다. "너희는 나를 누구라 하느냐"(15절) 그러자 베드로가 이렇게 대답을 했습니다. "주는 그리스도시요 살아계신 하나님의 아들이시니이다"(16절) 그러자 예수님이 베드로를 칭찬하시면서 이렇게 말씀하셨습니다. "바요나 시몬아 네가 복이 있도다 이를 네게 알게 한 이는 혈육이 아니요 하늘에 계신 내 아버지시니라"(17절) 여기에서 예수님이 베드로를 칭찬하신 것은 베드로가 예수님을 정확히 알고 있었기 때문입니다. 그것은 예수님이 주와 그리스도와 하나님의 아들이시라는 고백입니다. 이것을 정확하게 설명한다면 '예수님은 인류의 구원을 위해서 하나님이 기름을 부어서 보내신 하나님의 아들이시요 구주시다'라는 것입니다.

요한복음 9장을 보면 어느날 예수님이 길을 가시다가 날 때부터 소경된 사람을 만나셨는데 그 때 예수님은 놀랍게도 땅에 침을 뱉아서 진흙을 이기신 후에 그것을 소경의 눈에 바르시고 나서 그에게 이렇게 명령하셨습니다. "실로암 못에 가서 씻으라"(7절) 그러자 그가 실로암 못에 가서 눈을 씻고 밝은 눈으로 돌아왔던 것입니다. 여기서 우리의 의문점은 이것입니다. '왜 예수님은 소경 바디매오처럼 "네 소원대로 되라"고 명령하지 않으시고 그의 눈에 더러운 침을 뱉아 이긴 진흙을 바르셨는가?' 하는 것입니다. 추측컨대 예수님은 이 소경의 완악함을 아셨고 그렇게 하지 않으면 이 소경이 멀리 실로암못까지 가서 눈을 씻을 사람이 아니라는 것을 아셨기 때문입니다. 예수님이 침을 뱉아 이긴 진흙을 눈에 바르자 그는 어쩔 수 없이 멀리 실로암못에까지 가서 씻고 왔던 것입니다. 그러자 그의 눈이 밝아져서 기뻐 뛰면서 돌아왔던 것입니다. 이렇게 예수님의 하시는 역사는 사람마다 다르게 나타기도 하는 것입니다. 그런데 공교롭게도 그날이 마침 안식일이었기 때문에 유대인들과 바리새인들에게 큰 문제가 되었던 것입니다. 며칠 후에 예수님이 길에서 그를 만나서 이렇게 물으셨습니다. "네가 인자를 믿느냐"(35절) 그러자 그가 이렇게 대답했습니다 "주여 그가 누구시오니까 내가 믿고자 하나이다"(36절) 그러자 예수님이 이렇게 말씀하셨습니다. "네가 그를 보았거니와 지금 너와 말하는 자가 그이니라"(37절) 그러자 눈뜬 소경이 예수님께 이런 고백을 했습니다 "주여 내가 믿나이다"(38절)

지금 너와 말하는 자가 그이니라! 예수님은 **바로 그 분!** 이십니다. 그러나 유대인들은 하나님의 백성이었는데도 불구하고 율법의 형식주의에 매여 예수님이 **바로 그 분!**인 것을 알지 못하고 십자가에 못박아 죽였던 것입니다. 그러나 여기에도 하나님의 뜻이 있었으니 그로 인하여 복음이 이방 세계에 전해져서 온 인류가 구원을 받게 된 것입니다. 그러나 문제는 지금도 나타나고 있는 것입니다. 아직도 세상에 매여 예수 그리스도가 **바로 그 분!**인 것을 알지 못하고 죽어가는 영혼들이 이 땅에 많이 있는 것입니다.

요한복음 4장을 보면 예수님이 **사마리아의 우물가**에서 대낮에 물길러 온 한 여자를 만나셨는데 이렇게 말씀하셨습니다. "아버지께 참으로 예배하는 자는 영과 진리로 예배할 때가 오나니 곧 이 때라 아버지께서는 이렇게 자기에게 예배하는 자들을 찾으시느니라 하나님은 영이시니 예배하는 자가 영과 진리로 예배할지니라"(23-24절) 그러자 그 여자가 예수님께 이렇게 말하고 있습니다. "메시아 곧 그리스도라 하는 이가 오실 줄을 내가 아노니 그가 오시면 모든 것을 우리에게 고하시리이다"(25절) 그러자 예수님이 이렇게 말씀하셨습니다. "네게 말하는 내가 그로라"(26절) **내가 그로라!** 예수님은 **바로 그 분!**이십니다. ① 하나님의 아들이시요 ② 만왕의 왕이시요, ③ 만유의 주시요, ④ 하나님의 어린양이시요, ⑤ 인류의 구원자시요 ⑥ 해보다 더 밝은 빛이시요 ⑦ 영원한 생명이시요 ⑧ 나의 구주시오. ⑨ 참 하나님이십니다. 아멘!

예수님은 이렇게 말씀하셨습니다. "너희는 아래에서 났고 나는 위에서 났으며 너희는 이 세상에 속하였고 나는 이 세상에 속하지 아니하였느니라 그러므로 내가 너희에게 말하기를 너희가 너희 죄 가운데서 죽으리라 하였노라 너희가 만일 내가 그인 줄 믿지 아니하면 너희 죄 가운데서 죽으리라"(요한복음8:23-24절)

a. "너희가 만일 내가 그인 줄 믿지 아니하면" 이것이 영어 성경(N.I.V)에서는 'If you do not believe that I am the One I claim to be'라고 되어 있습니다. 예수님은 겸손하셔서 자신을 잘 드러내지 않고 숨기셨습니다. 예수님이 자신에 대해서 가장 많이 사용하신 용어는 **인자**(人子) 즉 the Son of man이었습니다. 예수님은 동정녀 마리아에게서 태어나셨습니다. 그래서 예수님은 인자가 되십니다. 성경에서 인자는 '하나님의 아들'의 또 다른 이름인 것입니다. 예수님은 인자(the Son of man)이면서 '하나님의 아들'(the Son of God)이십니다. 구약 성경에서는 **'하나님의 아들'**이 세상에 오실 것을 이미 예언하고 있습니다.(시편2:7,12절)이 '하나님의 아들'이 바로 대제사장들과 바리새인들과 율법사들이 그토록 무시하던 나사렛 목수의 아들 예수 그리스도인 것입니다. 그러나 성경은 예수님을 '하나님의 아들'로만 묘사하고 있지 않습니다. 성경은 예수님을 **'하나님'**으로까지 높이고 있습니다. 왜냐하면 '하나님의 아들'은 곧 '하나님'이시기 때문입니다.

예수님으로부터 가장 사랑을 많이 받았던 **사도 요한**은 예수님에 대해서 이렇게 증거하고 있습니다. "본래 하나님을 본 사람이 없으되 아버지 품 속에 있는 독생하신 하나님이 나타내셨느니라"(요한복음1:18절) 예수님은 독생(獨生)하신 하나님 즉 the only begotten God 이십니다. 원래 예수님은 하늘 나라에서 하나님의 본체(本體)이셨으나 인류의 구원을 위하여 스스로 낮아지셔서 사람이 되셨습니다. 그리고 십자가에서 죽으셨습니다.(빌립보서2:6-8절) 그리고 3일 만에 부활하셔서 하늘에 오르셨고 하나님 보좌 우편에 앉으심으로 하나님이 되신 것을 증명해 보이셨습니다.

그러면 왜 예수님이 십자가에서 죽으셔야 했습니까? 인간의 구원은 말이나 깨달음이나 가르침으로 되는 것이 아니기 때문입니다. 아무리 좋은 말을 해도 인간은 변화되지 않습니다. 아무리 산속이나 사막에 들어가서 수도를 하고 고행을 해도 사람의 본질, 인간의 본성은 변화되지 않습니다. 예수님도 제자들과 3년이나 동고동락(同苦同樂)하시면서 가르치셨으나 제자들은 변화되지 않았습니다. 그들은 예수님이 잡혀가자 도망을 갔고 예수님이 십자가에서 죽으시자 실망하여 고향으로 돌아갔던 것입니다. 그러다가 예수님이 부활하고 성령이 임하자 비로소 예수님이 인류(나)의 죄를 대신 지시고 십자가에서 죽으신 것을 깨닫고 회개하여 새사람으로 거듭났던 것입니다. **이것은 지금도 마찬가지입니다.** 예수님이 십자가에서 인류(나)의 죄를 대신 지시고 죽으신 것을 믿고 깨닫게 될 때 비로소 죄와 자신을 알게 되고 회개하고 새사람으로 거듭나게 되는 것입니다. 에덴동산에서 하나님의 명령을 거역하고 타락한 인간은 죽지 않고는 결코 새사람으로 거듭날 수 없는 것입니다.

사도 요한은 예수님에 대하여 또 이렇게 증거하고 있습니다. "또 아는 것은 하나님의 아들이 이르러 우리에게 지각을 주사 우리로 '참'된 자를 알게 하신 것과 또한 우리가 '참'된 자 곧 그의 아들 예수 그리스도 안에 있는 것이니 그는 '참' 하나님이시오 영생이시라"(요한일서 5:20절) 여기에서 **'참'**이라는 말이 세 번이나 나오고 있습니다. 하나님은 **'참'**이시고 예수님은 '참된 자'로 오셨고 또 '참 하나님'이십니다. 이 '참'이라는 한 단어 속에 하나님의 모든 것이 다 들어 있습니다. 그래서 우리도 참이신 하나님을 믿어야 참된 인간이 되고 하나님과 영원히 동행할 수가 있는 것입니다.

유대인으로서 바리새인이요 율법사요 로마의 시민권자요 당대 최고의 엘리트요 대제사장의 측근으로서 교회의 원수가 되어서 교회를 핍박하고 교회를 말살시키려고 대제사장의 공문을 가지고 다마스커스(다메섹)로 가다가 부활하신 예수님을 만나고 극적으로 기독교로 개종하여 예수그리스도의 사도가 되었던 바울도 예수님에 대하여 이렇게 증거하고 있습니다. "저는 만물 위에 계셔 세세에 찬양 받으실 하나님이시라"(로마서9;5절) 율법과 지성을 대표하던 바울의 입에서 이런 고백이 나왔다는 것은 참 놀라운 것입니다. 그는 예수님을 '하나님의 아들'이요 '인류의 구원자'요 '하나님'이시라' 고 고백하고 있습니다. 그런데 만약 이것을 믿지 아니하면 어떻게 되겠습니까? 그 대답이 여기 있습니다.

b. **"너희가 너희 죄 가운데서 죽으리라"** 이것은 영원히 저주받는 것입니다. 이것이 영어 성경(N.I.V)에서는 'You will indeed die in your sins'라 고 되어 있습니다. 그냥 죽는 것도 억울한데 '죄 가운데서' 죽으면 어떻게 되겠습니까? 사후(死後)에라도 전혀 희망이 없는 것입니다. **그러면 여기서 죄가 어떤 죄입니까?** 법을 어겼습니까? 윤리 도덕을 거스리고 양심을 속였습니까? 여기서 죄는 그런 죄가 아니고 하나님이 인류의 구원을 위해서 보내신 '하나님의 아들'을 믿지 않는 **'불신앙의 죄'**인 것입니다. 이 죄가 그 어떤 죄보다 더 큰 것입니다. 그래서 세상법을 어기면 감옥에 가지만 하나님이 보내신 예수 그리스도를 믿지 않으면 하나님의 심판을 받고 … 그 다음의 일은 여러분의 상상에 맡기겠습니다. '세상에 그런게 어디 있어?' 라고 물으신다면 성경에 있습니다. 2,000년 전이나 지금이나 인간성에는 전혀 변화가 없습니다. 이 세상에서 그 누가 '나는 죄가 없다'고 큰 소리 칠 수 있습니까? 아무도 없습니다. 이 세상에 살면서 누구나 한 두번은 남을 미워하고 시기하고 원망하고 욕하고 헐뜯고 정죄하고 저주하고 속으로는 사람을 수없이 죽였을 것입니다. 이런 죄들이 하나님의 심판대 앞에서 낱낱이 드러날 때가 오는 것입니다.(로마서2:14-16절) 그러나 예수님은 우리를 대신하여 십

자가를 지심으로 우리를 죄에서 **구속**(救贖)하셨고 또 사망에서 우리를 **구원**(救援)하여 주셨습니다. 그래서 이 말씀은 반대의 의미도 가지고 있는 것입니다. "너희가 만일 내가 그 인줄 믿으면 구원받아 하나님의 자녀(子女)가 되고 천국에 이르러 영생복락을 누리며 살리라".

끝으로 예수님은 이렇게 말씀하셨습니다. "너희가 나를 알았더면 내 아버지도 알았으리로다 이제부터는 너희가 그를 알았고 또 보았느니라"(요한복음14:7절) "나와 아버지는 하나이니라"(요한복음10;30절) 예수님은 자신을 하나님과 동일시 하셨습니다. 이것이 당시에는 믿어지지 않았으나 예수님이 부활하심으로 예수님의 실체가 백일하에 드러나고 예수님이 '하나님의 아들'로, '하나님'으로 널리 선포되고 인정되고 믿어지게 되자 성령이 임하시고 드디어 이 땅에 교회(敎會)가 탄생하게 된 것입니다.

기독교는 십자가와 부활의 종교입니다! 이것을 **'케리그마'** 즉 '복음의 핵심'이라고 하는데 이것을 공식으로 표현하면 이와 같습니다. ① **'십자가+부활= 복음'(복음의 법칙)** 복음은 '구원의 기쁜 소식' 즉 the good news of salvation입니다. 예수님은 이 복음을 증거하러 오셨는데 예수님의 말씀이 곧 복음인 것입니다. 그리고 복음을 믿으면 하나님의 은혜로 구원을 받습니다. 이것을 공식으로 나타내면 이렇습니다. ② **'믿음+은혜= 구원'(구원의 법칙)** 그리고 예수님은 십자가를 앞에 두시고 이렇게 말씀하셨습니다. "내 살을 먹고 내 피를 마시는 자는 영생을 가졌고 마지막 날에 내가 그를 다시 살리리니 내 살은 참된 양식이요 내 피는 참된 음료로다"(요한복음 6;54-55절) 여기에서 예수님의 살과 피! 즉 양식과 음료는 영적인 의미로는 의와 사랑입니다. 하나님은 십자가에서 '의'로 마귀를 심판하셨고 '사랑'으로 인간을 구원하셨습니다! 그래서 이런 공식이 성립하는 것입니다. ③ **'의 + 사랑**

= 빛 에너지 생명'(**영적 에너지 생명의 법칙).** 예수님은 다시 오시겠다고 약속하셨습니다. "내가 너희를 위하여 처소를 예비하러 가노니 가서 너희를 위하여 처소를 예비하면 내가 다시 와서 너희를 내게로 영접하여 나 있는 곳에 너희도 있게 하리라"(요한복음 14:2-3절) 이것을 공식으로 나타내면 이렇습니다. ④ '재림+휴거=천국**(영생의 법칙)'** 예수 그리스도의 복음은 이 '네 가지 법칙'속에 다 들어 있습니다.

더 이상 무슨 말이 필요하겠습니까? 이제 예수그리스도에 대한 오해(誤解)와 편견(偏見) 자신의 무지(無知)와 아집(我執)에서 벗어나십시오! 예수 믿고 어두움에서 빛으로, 악에서 선으로, 불의에서 의로, 미움에서 사랑으로, 절 망에서 소망으로, 속박에서 자유로, 죽음에서 생명으로, 지옥에서 천국으로 나오십시오! 구원의 문은 언제나 열려있지 않습니다. "보라 지금은 은혜 받을만한 때요 지금은 구원의 날이로다"(고린도후서6:2절) 바로 지금이 예수님이 2,000년 전에 세상에 오심으로 하늘문이 열려서 은혜받고 구원 받을 때입니다.

성경은 이렇게 끝이 나고 있습니다. "아멘 주 예수여 오시옵소서"(요한계시록22:20절) Amen Come, Lord Jesus!

2024.1.18

전도문

"오직 성령이 너희에게 임하시면 너희가 권능을 받고 예루살렘과 온 유대와 사마리아와 땅 끝까지 이르러 나의 증인이 되리라"(사도행전1:8절)

자랑스런 대한민국!
복음 전할 위대한 민족!
천국복음은 대한민국에서 전 세계로!
광화문 광장에서 예루살렘으로!
전파된다.

천국복음 찬가

1.꽃 중의 꽃 '복음의 꽃' 오천만의 가슴에 피었네 피었네
  아름답게 피었네. 백두산 상상봉에 한라산 언덕 위에
  민족의 꽃이 되어 아름답게 피었네.

2.별 중의 별 '천국의 별' 오천만의 가슴에 빛나네 빛나네
  영원히 빛나네. 이 강산 온누리에 조국의 하늘 위에
  민족의 별이 되어 영원히 빛나네. 아멘!

3. 빛 중의 빛 '예수의 빛' 온 인류의 마음에 비추네 비추네

찬란히 비추네 오대양 육대주에 글로벌 지구촌에

'구원의 빛'이 되어 영원히 비추리

"내가 주의 목소리를 들이니 주께서 이르시되 내가 누구를 보내며 누가 우리를 위하여 갈꼬 하시니 그 대에 내가 이르되 내가 여기 있나이다 나를 보내소서" (이사야서 6:8절)

후원자를 모집합니다!

"예수 그리스도와 천국복음"은 여러분의 후원으로 다시 발행이 됩니다.

천국복음 선교회 민 조수아 목사.

계좌번호: 국민은행 283501-04-565251